材料科学基础

吴玉程 主编

中国教育出版传媒集团

高等教育出版社·北京

内容提要

本书系统全面地介绍了材料科学基础理论知识,内容涉及有关金属材料、功能高分子材料、无机非金属材料和亚稳态材料领域,特别注重新型金属材料和新能源材料领域。

本书由合肥工业大学、太原理工大学、中北大学、太原科技大学联合编写,全书除绪论外,共十章,包括原子结构与键合、固体结构、晶体缺陷、固体中原子的运动、相图及其应用、材料的凝固、固态相变的原理、材料的变形与再结晶、材料的功能性和材料科学基础理论在典型材料性能调控中的应用。

本书可作为普通高等学校材料类各专业的教材,也可供其他类型院校相关专业选用,亦可供工程技术人员参考。

图书在版编目(CIP)数据

材料科学基础 / 吴玉程主编. -- 北京 : 高等教育出版社, 2025.7

ISBN 978-7-04-058356-4

Ⅰ.①材… Ⅱ.①吴… Ⅲ.①材料科学-高等学校-教材 Ⅳ.①TB3

中国版本图书馆 CIP 数据核字(2022)第 038491 号

Cailiao Kexue Jichu

策划编辑	马 奔	责任编辑	马 奔	封面设计	张雨微	版式设计	杨 树
插图绘制	于 博	责任校对	吕红颖	责任印制	耿 轩		

出版发行	高等教育出版社	网　　址	http://www.hep.edu.cn
社　　址	北京市西城区德外大街 4 号		http://www.hep.com.cn
邮政编码	100120	网上订购	http://www.hepmall.com.cn
印　　刷	河北信瑞彩印刷有限公司		http://www.hepmall.com
开　　本	787mm×1092mm 1/16		http://www.hepmall.cn
印　　张	32.75		
字　　数	730 千字	版　　次	2025 年 7 月第 1 版
购书热线	010-58581118	印　　次	2025 年 7 月第 1 次印刷
咨询电话	400-810-0598	定　　价	64.00 元

材料科学基础

吴玉程　主编

1　计算机访问 https://abooks.hep.com.cn/1261431 或手机微信扫描下方二维码进入新形态教材网。

2　注册并登录后，计算机端进入"个人中心"，点击"绑定防伪码"，输入图书封底防伪码（20位密码，刮开涂层可见），完成课程绑定；或手机端点击"扫码"按钮，使用"扫码绑图书"功能，完成课程绑定。

3　在"个人中心"→"我的学习"或"我的图书"中选择本书，开始学习。

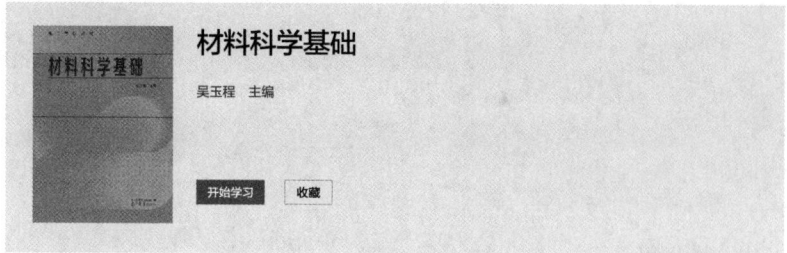

　　受硬件限制，部分内容可能无法在手机端显示，请按照提示通过计算机访问学习。

　　如有使用问题，请直接在页面点击答疑图标进行咨询。

扫描二维码
下载 Abook 应用

https://abooks.hep.com.cn/1261431

前　言

本书历经 1998 年教育部高等学校本科专业设置调整、2017 年高等学校"新工科"建设和 2019 年一流本科专业建设"双万计划"等教育改革大背景,根据材料科学与工程学科的发展与专业建设需要,教学团队倾注多年教学、科研和实践经验,精心编撰而成。本书内容涉及金属材料、无机非金属材料、高分子材料等学科方向的共性科学原理和方法,重点阐述材料科学相关基本概念和基础理论,注重内容的科学性、渐进性、先进性与实用性,培养学生运用科学知识解决材料相关复杂工程问题的能力。

材料科学是研究材料的成分、组织、结构、制备工艺及材料性能与应用之间相互关系的科学,其基础原理来源于凝聚态物理学、物理化学以及合成化学等多个学科,并对材料制备、应用及发展具有重要指导意义。材料科学的发展贯穿于人类文明与社会进步的历程。随着现代科技的快速推动,材料种类不断增加,材料性能也得到显著提高,能够满足更加苛刻的服役环境。因此,材料科学在科技发展中发挥着至关重要的基础作用,成为工业生产的支柱。在材料科学的发展过程中,为了不断改善材料品质,提高其性能,开发新材料,必须深入掌握材料的本质特征,阐明材料性能提升与相互作用的机理,掌握作用规律,以此作为新材料研究的理论基础,指导材料科学的研究与应用实践活动。

作为材料科学与工程相关专业本科生的专业基础课程教材,本书旨在为学生后续教学环节奠定基本理论基础。本书主要内容包括原子结构与键合、固体结构、晶体缺陷、固体中原子的运动、相图及其应用、材料的凝固、固态相变的原理、材料的变形与再结晶、材料的功能性和材料科学基础理论在典型材料性能调控中的应用等。在实际教学过程中本书可凸显不同材料的共性基础,区别不同材料的个性特征,帮助学生更深入地理解材料科学的本质,掌握相关理论知识,为今后的研究和实践打下基础。

本书除绪论外,共十章,各章分工如下:绪论、第七章由合肥工业大学吴玉程编写,第一、五章由合肥工业大学崔接武编写,第二章由合肥工业大学余翠平与吴玉程编写,第三章由太原理工大学胡兰青编写,第四章由合肥工业大学孙建编写,第六章由中北大学侯华编写,第八章由太原理工大学曹晓卿编写,第九章由太原科技大学刘光明编写,第十章由太原理工大学王晓敏、韩培德、侯利锋、程伟丽和乔珺威联合编写,全书由吴玉程担任主编,崔接武和余翠平统稿。

本书在编写过程中,周玉院士、周济院士、聂祚仁院士、朱美芳院士和蒋成保院士提出了具体指导意见,赵乃勤教授、耿林教授和单智伟教授也给出了很好的建议,在此表示衷心的感谢。

　　由于编者水平有限,书中难免存在不妥和疏漏之处,敬请广大读者批评指正。编者邮箱:ycwu@ hfut. edu. cn

吴玉程

2025 年 2 月

目　　录

绪论

　　材料是人类生产活动中必不可少的物质基础,人类社会的发展、进步和繁荣与材料有着密不可分的联系。材料被视为现代文明的支柱之一,而在 21 世纪,信息、生物技术和新材料已成为最重要、最有发展潜力的领域。世界上现有传统材料的种类已达几十万种,而新材料的品种则以每年大约 5% 的速度增长。每一种代表性新材料的发现和广泛利用都使人类支配和改造自然的能力提高一个新的水平,促进生产方式的改变与进步,推动人类物质文明和精神文明的快速发展。

　　无论是金属材料、高分子材料、无机非金属材料,还是由它们组成的复合材料,只有将其加工或制造成具有一定形状和一定尺寸的产品,才能使其发挥所要求的结构性或功能性作用。为了制造某种产品或结构,如何选择合适的材料,改性现有的材料,开发新的材料;如何选择合适的加工工艺,改善现有的工艺或者开发新的工艺,都需要我们了解和掌握材料内部结构和性能之间的依赖关系,需要材料科学的理论指导。

1. 什么是材料科学

　　材料科学是研究各种材料的成分、组织结构、制备加工工艺与材料性能(材料固有性能和材料使用性能)之间相互关系的科学。它不仅着眼于"理论研究",也考虑工程应用,对生产、使用和发展材料具有重要的指导意义[1-2]。

　　材料的品种及应用多种多样,材料的问题涉及许多科学与工程学科,因此人们一直关心各种材料的统一性和相关性。材料科学四个基本要素的提出,使得在貌似不相关的材料之间找到了共同点,即无论哪种材料都包括以下四个基本要素:成分与结构、合成与加工、固有性能(性质或固有属性)及使用性能。把四个基本要素连接在一起,就形成一个四面体,如图 0-1 所示。该四面体模型较好地描述了作为一

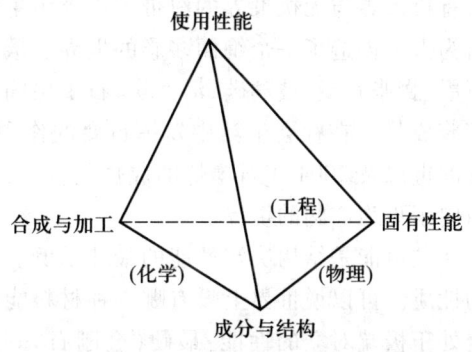

图 0-1　材料科学与工程内涵四要素

个整体的材料科学与工程的内涵和特点,反映了材料科学与工程研究中的共性问题[3-4]。

　　成分与结构:材料的成分是指组成材料的元素种类及其含量,通常用质量分数表示,有时也用原子分数表示。材料的结构一般包含几个层次:原子结构、原子或分子间的结合方式、原子的空间排列和组织(宏观组织和微观组织)。

　　合成与加工:材料的合成主要指把原子和分子组合在一起来制造新材料时所采用的物理和化学方法。材料的加工包括材料的制备、加工、后处理(循环处理)在内的各种工艺。

　　固有性能:材料的固有性能包括材料的物理性能,如导电性、导热性、折射率、磁化

率等;化学性能,如抗氧化性、抗腐蚀性和降解性等;力学性能,如强度、塑性、韧性等。

使用性能(或服役性能):指材料在服役条件下所表现的特性,它是材料性质与服役条件、产品设计及加工融合在一起所决定的要素,其度量指标有可靠性、有效寿命、安全性和成本等综合因素。

材料的物理性能、化学性能、力学性能都是成分和结构的体现,它们决定着材料的使用性能。在材料的使用过程中,不可避免地会出现材料的失效,失效形态一般有过量变形失效、摩擦磨损失效、断裂失效和腐蚀失效。

在四个基本要素中,最核心的是结构与性能间的关系。"材料科学基础"课程的主要目标就是研究材料的结构、性能以及两者间的关系。目前材料科学基础的课程内容并未定型,有的偏重材料,有的偏重性能,且知识面比较宽[3],本书的内容侧重材料的基础理论,并且结合各种新材料讲述上述基础理论在性能调控中的应用。

2. 材料的内部结构和性能间的关系

内部结构中最微小的层次是组成材料的原子结构,电子围绕着原子核的排列情况对材料的物理性能(如电学、磁学、热学、光学)乃至化学性能(如腐蚀性能)都有重大影响[4]。特别需要指出的是,电子的排列会影响原子的键合,使材料表现出金属、陶瓷和高分子的性能。根据原子在空间排列上是否具有周期性、规则性和长程有序性可以将材料划分为晶体、非晶体和准晶三类。晶体的结构会影响材料的力学性能、物理性能和化学性能。

碳是最早被人类发现和利用的元素之一,早在"钻木取火"时代,人类就开始利用碳了。碳储量丰富,既可以天然无机矿物的形式存在,又是有机体的重要组元,成为联系有机世界与无机世界的纽带。以碳为主要组成元素的塑料、橡胶和纤维三大合成材料为人类创造了一个绚丽多彩的世界。碳质材料家族非常兴旺,各种人造石墨、热解石墨、膨胀石墨、玻璃碳、活性炭、石墨层间化合物、金刚石膜、碳纤维及其复合材料等家族成员已在社会生活中发挥重要的作用。1985年富勒烯的发现、1991年碳纳米管的问世以及2004年石墨烯的成功制备,又从结构与功能的多种角度把人们的想象力引向了更为广阔的境界。

碳可能是结构决定性能的最佳示例。碳材料几乎包括了地球上所有物质所具有的性质。可以说世界上没有哪一种材料能够像碳材料一样呈现出如此广泛、甚至是完全处于极端对立的性能:最硬(金刚石)—最软(石墨);优良的绝缘体(金刚石)—优良的导电体(石墨、碳纳米管);优良的绝热体(石墨层间、炭黑、碳毡)—优良的导热体(金刚石、石墨纤维、碳纳米管);全透光(金刚石、石墨烯)—全吸光(石墨、碳纳米管)等。

以石墨烯为例。石墨烯是一种由碳原子紧密堆积构成的二维晶体,英国曼彻斯特大学的安德烈·盖姆教授和康斯坦丁·诺沃肖洛夫教授率先于2004年通过一种简单的方法从石墨中剥离得到单层石墨烯。在目前得到的二维材料里,石墨烯厚度最薄、比表面积较大,是人类已知强度最大、韧性最好、质量最小、透光率最高、导电性最佳的材料。正是由于这些优异的物理性能及巨大的应用前景,石墨烯的发现者于2010年获得了诺贝尔物理学奖。

以陶瓷材料的透光性为例。如图 0-2 所示的三个氧化铝样品,从左到右分别为单晶、多晶无孔、多晶含 5% 孔洞结构,其宏观组织结构不同,从而导致透光性大相径庭。人们很早就发现高压钠灯具有发光效率高、耗电少、寿命长、透雾能力强和耐腐蚀等优点,但是由于钠蒸气放电时会产生 1 000 ℃ 以上的高温,具有很强的腐蚀性,玻璃灯管根本无法耐受,所以一直到透明陶瓷问世以后,高压钠灯才有了实际的应用。半透明氧化铝陶瓷通常被用来制备高压钠灯灯罩,广泛应用于高速公路、机场、码头、广场、街道交汇处、工矿企业、公园、庭院照明,节省了能源,使我们的生活更加光亮且丰富多彩。

另外,传统牙套支架由金属支架和金属丝组成,会让人担心佩戴牙套会失去美丽的笑容。透明多晶氧化铝陶瓷牙套能让人们保持"汤姆·克鲁斯"式微笑,如图 0-3 所示。

图 0-2　三个氧化铝样品的透光性(从左到右分别为单晶、多晶无孔、多晶含 5% 孔洞结构)

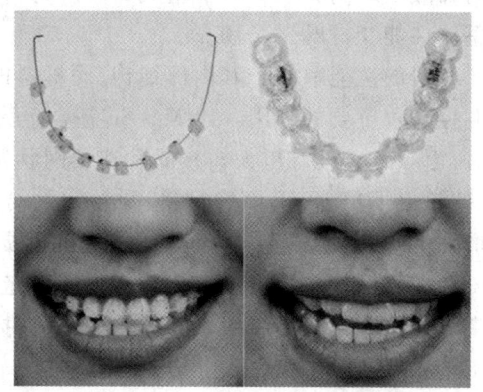

图 0-3　透明多晶氧化铝陶瓷牙套

目前绝大多数工程材料是合金,人们将金属元素与其他金属或非金属元素进行组合,即合金化,以获得所需的各种性能。材料合金化的本质是通过加入合金元素改变原有晶格的电子态和应变场,或是形成具有不同性质的新相来改变材料的性能。例如,在 Fe 中加入 C 和 Mn 可以获得更高的强度和硬度,加入 Cr 和 Ni 可获得更好的耐腐蚀性等。合金化对传统工程材料的发展发挥了巨大的作用。为了满足人类社会发展对于材料性能不断提出的新要求,材料中添加的合金元素越来越多,元素周期表中几乎所有金属的元素都被用于材料的合金化。比如航空发动机用的高温合金,其基本组分就多达十余种合金元素。合金化带来的另一个问题是材料成本的急剧增加,尤其是添加了稀有元素的合金材料。在过去几十年(1980—2010)的发展历程中,由于诸多稀有元素的添加,单晶高温合金的成本提高了约 10 倍,但其相应的使用温度仅由 1 010 ℃ 提高至约 1 110 ℃,提高幅度不足 10%。

空位、位错、晶界和相界等各种缺陷(原子空间排列的不规则)广泛存在于实际晶体中,这些缺陷对材料的物理、化学、力学等性能都会产生影响。因此,即使不改变材料的化学成分也可以通过调控缺陷来改变材料的各种性能。将一张铁片反复弯折,铁片会变得越来越硬,这就是加工硬化现象。这是由于铁片在反复弯折过程中产生的大量缺陷阻碍了位错的运动,从而使材料硬化。对变形后的铁片进行退火,变形产生的缺陷发生回复,材料会再度变软。从这个角度看,缺陷像合金元素一样能够用来调控材料的性能,传统的晶粒细晶强化就是一个典型例子。但是缺陷的不稳定性限制了这种方法在工程领域的广泛应用。

在研究内部结构和性能的关系时,必须考虑其尺寸的影响。当前,由于材料的性质和使用性能愈来愈多地取决于材料的纳米结构,对介于宏观尺度和微观尺度之间的纳米尺度的探究已成为材料科学与工程领域的新重点。例如,纳米结构金属材料的强度和硬度能达到相同成分粗晶材料的 20 倍以上,纳米结构纯 Al 的强度会高于高强度钢,而纳米结构钢则可达到陶瓷的硬度。在低合金钢中制备出镶嵌着纳米尺寸渗碳体相的亚微米尺寸的铁素体晶粒,即可获得超高强度和高断裂韧性;针对 Al_2O_3 和聚甲基丙烯酸甲酯高分子材料所组成的复合材料,构筑分级的"砖−泥"纳米结构可以使材料整体性能变得既强又韧。

材料的性能取决于其内部结构,而材料的成分与制备、加工工艺对材料内部结构的调控有着重要的作用。以 Mg-Sn 基合金为例,当合金成分不变,通过金属型铸造成形时,由于合金具有粗大树枝晶和连续网状第二相结构,其屈服强度仅有 100 MPa 左右,伸长率不足 10%;而经过挤压成形后,合金的显微组织变成均匀的微纳米 Mg_2Sn 相增强的动态再结晶晶粒,屈服强度可以提高至 250 MPa 以上,伸长率同步提高至 20% 左右。另外,对于铝合金而言,连续铸造可以实现将熔融的铝合金制备成连续的卷带材。这些带材可以用于后续的冷轧、拉拔加工。与传统的非连续铸造或半连续铸造工艺相比,连续铸造工艺省去了中间的热轧工艺流程。因此,大大降低该工艺的设备投资和生产成本。由于其较高的生产效率,该工艺受到了很多现代化工厂的青睐。在铝合金和其他金属的成形制备工艺中,连续铸造工艺展现了巨大的商业竞争力。

如今,通信产业、生物技术、新能源技术、宇航技术等,都对材料提出了更高的要求。复合化、功能化、智能化、低维化、高性能化以及与环境相协调已成为新材料开发的重要目标。这要求人们从材料的四个基本要素出发,深入原子和电子尺度研究材料结构与性质的关系,按使用要求对材料进行组装和剪裁,得到一系列具有理想性质的新材料,同时还要重视开发材料的先进加工制备工艺和智能制造技术。

3. 材料科学与材料工程的关系

材料工程的核心内容,在于研究材料在制备、成形、处理和加工过程中的工艺技术问题,其目的是解决"怎样做"。把"材料科学"与"材料工程"两者有机结合起来,就形成了"材料科学与工程"。

材料科学为材料工程提供设计依据,并为更好地选择、使用和发展新材料提供了理论基础。同时,材料工程也为材料科学提供了丰富的研究课题和物质基础。由此可见,材料科学与材料工程是紧密联系的。

材料科学与工程具有物理学、化学、冶金学、陶瓷学、高分子学等多学科相互融合、相互交叉的特点,并且与实际应用的关系非常密切,具有鲜明的工程性。实验室的研究成果必须经过工程研究与开发,以确定合理的工艺流程,并通过中试试验后才能生产出符合要求的材料。此外,各种材料在使用中还会暴露出一些问题,需要反馈到研究与开发环节,进行改进后再回到应用领域。只有经过反复的应用与改进,才能成为成熟的材料。即便是成熟的材料,随着科技的发展与需求的推动,还要不断加以改进。因此,在材料研究中,将会涉及材料研究、工艺改进、试验测试、中试试验、推广应用和完善改进等各阶段的研究工作。

发展材料科学与工程的目的是开发新材料,并为之提供新技术、新方法和新工艺,或提高已有材料的性能和质量,降低成本和减少污染,以更好地使用已有材料,充分发挥其作用。与材料物理、材料化学相比,材料科学与工程在这一点上有着重要区别。

在材料科学与工程中,材料科学侧重于发现和揭示材料四个基本要素之间的关系,以提出新概念和新理论;而材料工程则侧重于寻求新手段以实现新材料的设计思想并使之投入应用。两者相辅相成、密不可分。

材料科学的基础理论实际上就是综合数学、自然科学、工程基础等各种基础知识来分析实际材料问题的。本书的基础理论主要包括固体材料的结构理论(晶体学基础)、晶体缺陷理论、固体动力学理论、固体材料热力学和相图理论、凝固和相变理论以及材料塑性变形理论。同时,还应注意到材料科学是一门应用科学。因此,在深入学习和牢固掌握基础知识、基础理论的同时,还要注重基础理论在工程实践中的应用及其对社会可持续发展的影响。培养利用科学实验和研究验证理论,归纳实验规律的能力以及推进理论创新发展的综合素养。

参 考 文 献

第一章　原子结构与键合

【本章导读】

　　固体材料的宏观使用性能、物理化学性能以及工艺性能取决于其化学成分、组织与结构。材料的化学成分差异会导致其具有不同的性能,而具有相同化学成分的材料在经过不同的处理方式之后,则会呈现不同的组织结构和性能。在化学成分、组织和结构中,材料的晶体结构对其性能起到决定性的作用,而物质之间不同的键合方式最终决定物质的晶体结构。

　　基于单原子的结构考虑,其内部结构是由原子核与核外电子所构成。原子核中的质子和中子几乎占据了其全部质量,而核外电子的质量虽然可以忽略,但其排列方式却决定了原子的物理化学性能和键合方式。

　　本章主要讨论原子的内部结构、核外电子分布及其规律,在此基础上介绍原子间的键合方式及其对材料性能的影响。

【本章重点和难点】

　　核外电子的分布规律、金属键、离子键和共价键,以及由三种化学键分别所形成物质的特点。

　　工程上所使用的材料基本上都是以固体形式存在,可以说材料是国民经济发展的物质基础。生产力水平的提高、科技水平的快速进步以及生活水准的大幅改善都离不开种类多样且性能各异的材料。因此,长期以来,人们采用不同的手段对材料进行研究,以期可以从根本上对材料的性能进行调控,根据使用人的意愿对材料进行设计和加工。大量的实践和研究表明:材料的性能取决于多种因素,其中原子结构是最根本的影响因素,如原子自身的结构、原子间的彼此作用都会直接影响材料的最终性能。为了实现对材料的可控设计和加工,了解并掌握材料的微观结构是改善和发展新材料的前提条件。本章将介绍原子的微观结构以及原子间的键合,为后续的课程奠定基础。

1.1　原　子　结　构

　　近代科学研究表明,所有物质都是由大量微粒按照特定的方式聚集而形成,这些微粒可能是原子、分子或者离子。分子是一种可以独立存在且化学性质较为稳定的微粒,如 N_2 分子、H_2O 分子等。分子自身的尺寸较小,如 H_2O 分子的半径约为 1.9 Å,N_2 分子的半径约为 0.8 Å;同时,分子的质量存在较大的差异性,分子世界中质

量最小的 H_2 分子,其相对分子质量仅为 2,而有些有机化合物的质量却极大,如肌球蛋白的相对分子质量可以达到 51 万,甚至有些天然蛋白质的相对分子质量可达数百万[1-2]。

分子并不是构成物质的最小单元。通过对分子结构的进一步研究表明,分子是由原子构成的。准确地说,原子是化学变化中的最小颗粒。根据量子力学的知识可知,原子可以再细分为夸克,其具有非常复杂的结构,然而其超出了本书的研究范畴,在本书中仅介绍经典的原子结构。

1.1.1 原子的结构

经典的原子结构理论表明,原子由原子核与核外电子组成。原子核包含带正电的质子和不带电的中子,整个原子核呈现正电性。在静电引力的作用下,电子围绕原子核进行旋转。一个质子所带的正电荷量与一个电子所带的负电荷量相等,均等于 $1.602\ 2\times10^{-23}$ C。由于原子核内质子的数量与核外电子的数量相等,因此原子整体上呈现电中性。同时,元素的核内质子数与原子序数、核外电子数相等,例如元素周期表中的第六号碳元素,其核内质子数和核外电子数均为 6。需要注意的是,原子内质子数量与核外电子数量相等,但是质子数量与中子数量并不一定相等,我们将原子核内质子数相同而中子数不同元素的原子称为同位素,由于原子的质量是其不同同位素质量的平均值,从而导致原子质量并非是一个整数值。

原子的尺寸较小,其直径的数量级为 10^{-10} m,且原子核更小,其尺寸数量级仅为 10^{-15} m。在原子核内部,单个质子和单个中子的质量相差无几,约为 1.67×10^{-24} g,而每个电子质量却只有 9.11×10^{-28} g,质子质量约为电子质量的 1 836 倍,因此原子核几乎占据了原子的全部质量。

1.1.2 原子的电子结构

带负电荷的电子犹如云雾一般笼罩在原子核周围,形象地将其称为电子云。同时,电子围绕原子核做高速旋转。电子在旋转过程中呈现出波粒二象性,一方面具有粒子性,另一方面具有波动性。电子在运动过程中并没有固定的轨道,但是可以根据电子运动时所占据的能量高低对其轨道进行区分,低能量的电子一般在距离原子核较近的区域进行绕核旋转,而高能量的电子通常在距离原子核较远的区域绕核旋转。根据薛定谔方程可知,每个电子在原子核外所处的能级与空间位置是由四个量子数所决定的。

1. 主量子数

主量子数 n 直接决定原子核外的电子能量及其距核平均距离,也就是电子所处的量子壳层,通常采用正整数 1、2、3、4、5…进行表示;同时,量子壳层一般利用英文大写字母进行表示,例如,$n=1$ 的壳层采用字母 K 进行表示,$n=2$ 的壳层采用字母 L 进行表示,$n=3$ 壳层用字母 M 进行表示,以此类推,如图 1−1 所示。

2. 轨道角动量量子数

轨道角动量量子数,简称角量子数,代表的是电子在同一量子壳层中的电子亚层

分布,其与电子运动的角动量密切相
关,一般记作 l,取值为 0、1、2、$\cdots$、$n-1$
(n 为主量子数)。例如,当 $n=3$ 时,就
有 $l=0$、$l=1$ 和 $l=2$ 三个角量子数,也就
是说在 M 壳层之中,根据电子能量的大
小,将其细分为三个电子亚层。一般情
况下,电子亚层用小写的英文字母进行
表示。

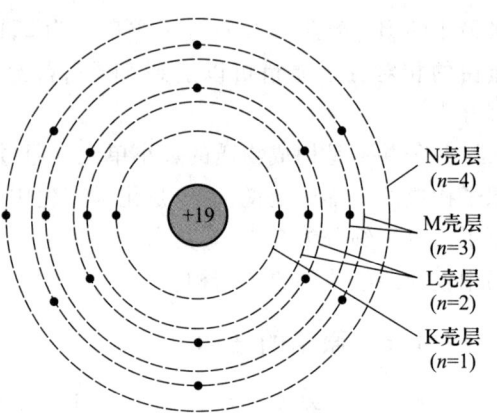

$l=0$	s 能级
$l=1$	p 能级
$l=2$	d 能级
$l=3$	f 能级
$l=4$	g 能级

图 1-1　钾原子结构中 K、L、M 和 N 量
子壳层的电子分布状态

在同一个量子壳层内,亚层电子的能量按照 s、p、d、f、g 的次序依次增加,同时处
于不同电子亚层内电子云的形状也有巨大差异,如 s 亚层的电子云以原子核为中心呈
现球形分布,p 亚层电子云呈现纺锤状分布,部分亚层电子运行轨道如图 1-2 所示。

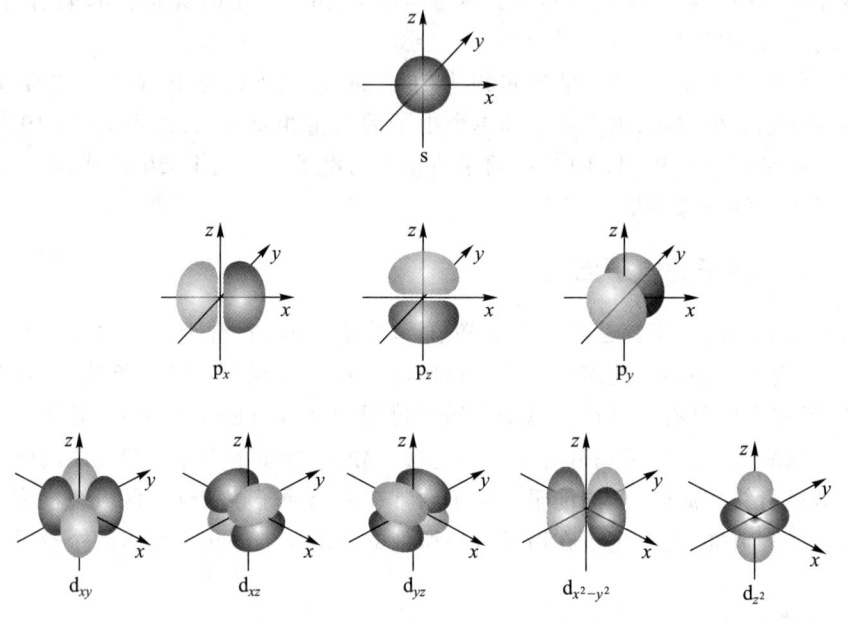

图 1-2　s、p 和 d 亚层电子运行轨道

3. 磁量子数

磁量子数给出了每个角动量量子数所对应的能级数或轨道数,每个角动量量子数
下的磁量子数 m 为 $2l+1$。例如,当 $l=2$ 时,其代表 d 亚层,d 亚层中的能级数由磁量
子数决定,即 $2\times2+1=5$,其取值分别为 -2、-1、0、$+1$、$+2$。同时,磁量子数决定电子云
运动的空间取向,从而使 s、p、d、f 四个电子亚层分别拥有 1、3、5、7 个电子轨道。

4. 自旋量子数

自旋量子数 s 反映的是电子不同的自旋方向, s 取值为 $+\frac{1}{2}$ 和 $-\frac{1}{2}$, 分别代表电子以顺时针和逆时针两种自旋方向运动, 如图 1–3 所示, 通常用"↑"和"↓"表示。

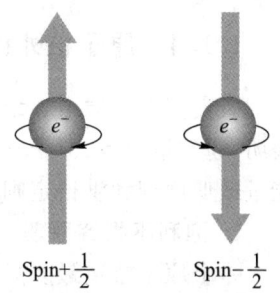

图 1–3　电子两种不同的自旋方向

1.1.3　原子轨道近似能级图

众所周知, 原子核外电子的运动状态是由四个量子数决定的, 其中自旋量子数 s 仅仅影响电子自旋的方向, 而不会影响电子所具有的能量。在没有外场作用的情况下, 电子的能量与轨道磁量子数 m 无关, 因此原子轨道的能级取决于主量子数 n 和角量子数 l。一般情况下, 不同原子轨道上电子的能量随着主量子数的增加而不断增加。在多电子的原子中, 由于存在电子间的相互作用, 各轨道的能级还与角量子数密切相关。假定在没有外场的作用下, 且不考虑电子自旋的影响, 根据光谱实验结果, 鲍林 (L. Pauling) 总结出多电子原子的原子轨道近似能级图, 如图 1–4 所示。图中横线代表核外电子运动的轨道, 方框中的各轨道能量相近, 因此合称为一个能级组。

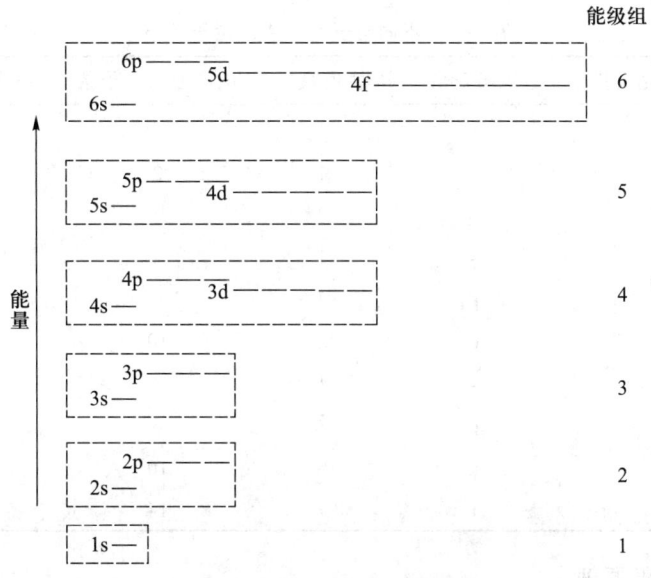

图 1–4　原子轨道近似能级图

从图 1–4 中可以看出以下规律:① 在同一量子壳层中, 远离原子核的电子亚层拥有更高的能量, 即 $E_{nf} > E_{nd} > E_{np} > E_{ns}$;② 在不同量子壳层中的电子亚层, 距离原子核越远, 其电子的能量越高, 即 $E_{nl} > E_{(n-1)l}$;③ 当核外电子较多时, 不同的电子亚层之间甚至会出现电子亚层交错排列的现象, 例如 $E_{4s} < E_{3d}$、$E_{6s} < E_{4f} < E_{5d}$ 等。原子轨道近似能级图是我们研究原子核外电子填充过程的基础。

1.1.4   原子核外电子分布

研究多电子原子的结构,主要目的是解决核外电子的分布问题。光谱学研究结果表明,通常情况下,原子核外电子的分布遵循以下三个基本规律,即泡利不相容原理、能量最低原理和洪德定则。

1. 泡利不相容原理

一个原子轨道最多只能容纳运动状态完全不同的两个电子,这意味着不存在上述四个量子数完全相同的电子,这就是泡利不相容原理。对于一个原子轨道来说,即使 n、l 和 m 都是相同的,则这个轨道中电子的 s 必须不同,而我们知道,s 的取值只有 $+\frac{1}{2}$ 和 $-\frac{1}{2}$,所以,该轨道中最多仅能容纳两个自旋方向相反的电子,根据这一原则可知,主量子数为 n 的壳层,其角动量数字为 $(n-1)$,则其对应有 $1+3+5+7+\cdots+[2(n-1)+1]$ 个磁量子数 m,故磁量子数 m 的值为 $n\times\dfrac{1+[2(n-1)+1]}{2}=n^2$,这表明第 n 壳层有 n^2 个轨道,因此,第 n 壳层最多可以容纳的电子数量为 $2n^2$,为了使读者更清晰地了解并掌握上述四个量子数对原子核外电子排布规律的影响,表 1-1 给出了不同电子壳层中的电子状态。

表 1-1   不同电子壳层中的电子状态

主量子数 n	壳层代号	电子亚层	轨道数量	电子亚层电子数	电子壳层电子数
1	K	s	1	2	2
2	L	s	1	2	8
		p	3	6	
3	M	s	1	2	18
		p	3	6	
		d	5	10	
4	N	s	1	2	32
		p	3	6	
		d	5	10	
		f	7	14	

2. 能量最低原理

自然界中有一个规律:体系的能量越低,则体系存在的状态越稳定。这一规律同样适用于原子结构。在原子核外电子填充轨道的过程中,总是优先占领能级较低的轨道,从而使整个体系的能量处于最低状态,这就是能量最低原理。需要注意的是,原子核外电子在填充过程中满足能量最低原理,其前提条件是不可违背泡利不相容原理。

在能量最低原理和原子轨道近似能级图的基础上,可以基本确定电子在原子轨道中的充填顺序为:1s、2s、2p、3s、3p、4s、3d、4p、5s、4d、5p、6s、4f、5d、6p、7s、5f、6d 等轨道,如图 1-5 所示。

3. 洪德定则

能量最低原理解决了原子核外电子在不同能级中的分布情况。主量子数 n 和角量子数 l 都相同的三个 p 轨道、五个 d 轨道和七个 f 轨道，其能级都是相同的，我们将其称为等价轨道。为了解决核外电子在等价轨道上的分布问题，洪德通过光谱数据分析，得到了电子在等价轨道上的分布规律，将其称为洪德定则，即当核外电子在等价轨道中分布时，应首先分占不同的轨道，并且电子具有相同的自旋方向。例如，某壳层 p 轨道中有两个电子时，其电子分布状态应为 ⭡⭡—，不是 ⭡⭣—，也不是 ⭥——，其中—表示电子运动轨道，↑↑ 表示两个电子自旋方向相同，↑↓ 表示两个电子自旋方向相反。同时，当等价轨道为全空、全充满或者半充满状态时，整个体系则处于比较稳定的状态。

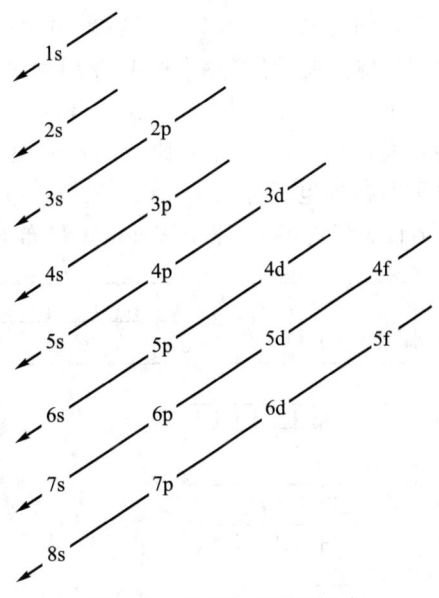

图 1-5　核外电子填充顺序

在泡利不相容原理、能量最低原理以及洪德定则的基础上，结合电子填充顺序，大部分原子处于基态时的电子分布式即可确定，图 1-6 给出了 C、Ne、Na 和 Cl 四种常见元素的电子分布式。

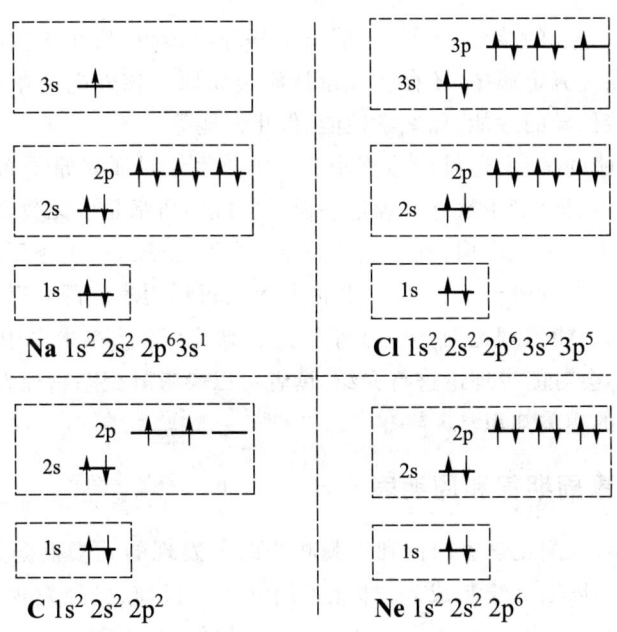

图 1-6　四种常见元素的电子分布式

需要特别强调的是，原子核外电子填充并非全部按照上述规则进行排布，尤其是原子序数比较大时，d 亚层和 f 亚层开始充填的情况下，邻近壳层的不同亚层之间会产生交叠的现象。由图 1-4 可以看出, 4s 亚层的电子能量低于 3d 亚层的电子能量, 5s 亚层的电子能量低于 4d 和 4f 亚层的电子能量。从而导致内层电子在尚未填满时而进入下一壳层进行填充的情况出现。以常见元素 Fe(26 号元素)为例介绍其电子的填充情况,理论上, Fe 原子的核外电子分布应为 $1s^2 2s^2 2p^6 3s^2 3p^6 3d^8$,而实际上, Fe 原子的核外电子分布为 $1s^2 2s^2 2p^6 3s^2 3p^6 3d^6 4s^2$,其偏离了 Fe 原子的理论电子结构,图 1-7 直观展现了 Fe 原子核外电子排布的填充衍化过程。

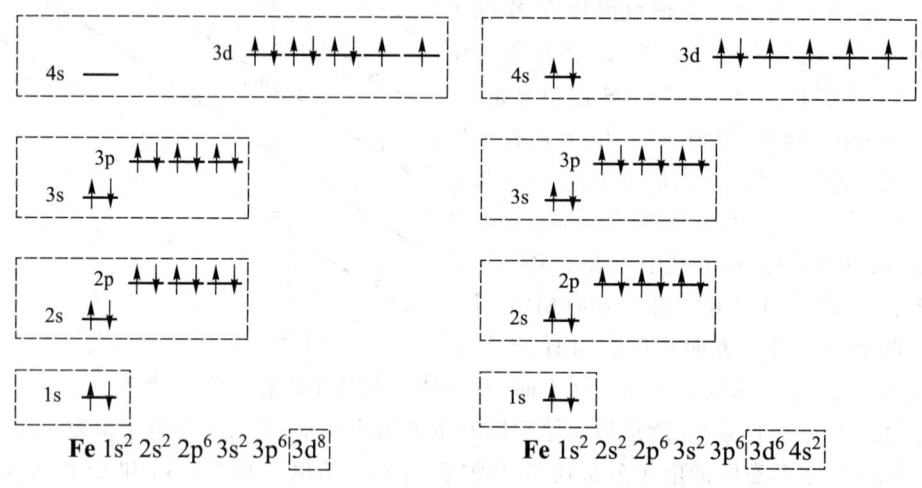

图 1-7　Fe 原子核外电子排布的填充衍化过程

正是由于 Fe 原子的核外电子排布偏离了其理论排布,从而使金属铁及其合金产生磁性。此外,在过渡金属中,还存在大量过渡金属原子核外电子排布偏离其理论结构,从而产生某些优异的性能,如磁学性能、催化性能等。

需要特别说明的是,上述讨论的核外电子排布是针对孤立原子而言的,核外电子的运动状态可以由四个量子数进行确定。但是实际物质都是由无数个原子构成的,不同原子之间的电子会相互影响,各个原子的能级会因电子云的重叠而形成近似连续的能带。由于固体中大量电子的相互作用,因此无法再利用薛定谔方程对电子运动轨道进行解析,而是利用能带理论对多电子系统进行研究[3-4]。在本书中,由于研究内容的侧重点不同,不会对能带理论进行介绍,读者可以参考凝聚态物理方面的相关书籍,深入了解该领域的相关知识。

1.1.5　元素周期律和周期表

早在 1869 年,俄国化学家门捷列夫就将当时已发现的元素根据其物理性质和化学性质的相似性和周期性绘制成表,即元素周期表。目前,已经发现的元素超过 100 种,而且元素周期表的成员还在不断增加。元素的外层电子结构随着原子序数的增加,同时呈现一定周期性的规律性变化的现象称为元素周期律。

在元素周期表中,将每一横行称为一个周期,每一纵列称为一个族。目前已知元素所构成的元素周期表中包含 7 个周期 18 个族。在元素周期表中,从左到右,第一、二纵列,第十三纵列到第十七纵列为主族元素,分别采用 $I_A \sim VII_A$ 进行表示,第十八纵列称为零族元素。第十一、十二纵行,第三至第七纵列为副族元素,分别采用 $I_B \sim VII_B$ 进行表示,第八、九、十这三个纵列也是副族元素,将其合称为第 VIII 组元素。元素周期表反映不同元素之间相互关联的内在规律,元素在周期表中的位置反映元素的微观结构和物理化学特性。在同一周期中,原子的核外电子层数虽然相同,但是随着原子序数的增加,原子核对核外电子的束缚能力增强,从而导致原子半径不断减小,失电子能力不断减弱,得电子能力不断增强,最终使原子的金属性愈来愈弱,非金属性愈来愈强。在同一族中,随着原子序数的不断增加,原子半径不断增大,失电子能力不断变强,得电子能力不断变弱,导致元素金属性越来越强,非金属性越来越弱。

随着现代显微表征技术的进步,人们对于原子结构的认识不断深入,研究人员发现元素周期律与原子核外电子的排布有着密切的关系。元素在周期表中的位置、物理化学性质等都是由核外电子的分布所决定的。在元素周期表的同一周期中,所有元素均具有相同的电子层数,即主量子数。例如,第一周期中的 H 元素和 He 元素的核外电子排布分别是 $1s^1$ 和 $1s^2$,有且仅有一个电子壳层;第三周期中的所有元素核外电子至多排到 $3s^8$,如表 1-2 所示,故其只有三个电子壳层。

表 1-2　第三周期中元素的核外电子排布

元素	原子序数	核外电子排布
Na	11	$1s^2 2s^2 2p^6 3s^1$
Mg	12	$1s^2 2s^2 2p^6 3s^2$
Al	13	$1s^2 2s^2 2p^6 3s^2 3p^1$
Si	14	$1s^2 2s^2 2p^6 3s^2 3p^2$
P	15	$1s^2 2s^2 2p^6 3s^2 3p^3$
S	16	$1s^2 2s^2 2p^6 3s^2 3p^4$
Cl	17	$1s^2 2s^2 2p^6 3s^2 3p^5$
Ar	18	$1s^2 2s^2 2p^6 3s^2 3p^6$

同时,不同元素在周期表中的族数则与某些电子层中的电子数密切相关。例如,在 I_A 中的 Li、Na、K、Rb 等原子的最外层电子数均为 1,在 VI_A 中的 O、S、Se、Te 等原子的最外层电子数均为 6,所有主族元素在元素周期表中的族数均等同于其最外层电子数;除了主族元素,部分副族元素也出现了类似的情况。在 I_B 和 II_B 中,其族数也等于其最外层电子数。而 $III_B \sim VII_B$ 元素的族数为该原子 $(n-1)d$ 及 ns 轨道上的电子数总和,$III_B \sim VII_B$ 中部分元素的核外电子排布如表 1-3 所示。

表 1-3　$III_B \sim VII_B$ 中部分元素的核外电子排布

元素	原子序数	核外电子排布	3d 及 4s 轨道电子数总和	所属族
Sc	21	$1s^2 2s^2 2p^6 3s^2 3p^6 3d^1 4s^2$	3	III_B
Ti	22	$1s^2 2s^2 2p^6 3s^2 3p^6 3d^2 4s^2$	4	IV_B

续表

元素	原子序数	核外电子排布	3d 及 4s 轨道电子数总和	所属族
V	23	$1s^2 2s^2 2p^6 3s^2 3p^6 3d^3 4s^2$	5	V$_B$
Cr	24	$1s^2 2s^2 2p^6 3s^2 3p^6 3d^5 4s^1$	6	VI$_B$
Mn	25	$1s^2 2s^2 2p^6 3s^2 3p^6 3d^5 4s^2$	7	VII$_B$

由于元素周期表是根据周期律绘制而成的,因此通过元素在周期表中的位置可以判断某一元素的基本性质。在自然界中存在的物质,大部分都是通过元素化合而形成的化合物,因此元素之间的化合能力对化合物的性能起决定性的作用。元素的化合能力也可以通过元素周期表获得。通常情况下,元素的价态与原子核外的电子结构,尤其是价电子数(最外层电子数)密切相关。例如,在第一主族元素中,其最外层电子数只有一个,因此,第一主族元素在与其他元素形成化合物时极易失去电子,从而表现出很强的金属性;而零族元素的最外层电子全部达到了 8 个电子(He 的核外电子仅有两个)的稳定结构,其价电子数目为零,因此其没有电子参与化学反应,零族元素化学性质极为稳定。对于过渡族元素来说,其化合情况要复杂得多。由于其核外电子在排布时不同亚层之间的电子出现层叠的现象,故而在化合时,s 亚层电子、d 亚层电子,乃至 f 亚层电子都会参与新键的形成,最终导致过渡族元素呈现出不同的化合价。

1.2 原子间的键合

原子之间可以通过相互作用结合形成分子,那么原子间的键合方式是否一致呢?为了解决这个疑问,首先需要了解原子间的键合方式。一般情况下,人们将原子之间强烈的相互作用称为化学键。整体而言,化学键可以分为离子键、共价键和金属键三类。除化学键外,材料中还存在分子键和氢键两种物理键[6]。本节接下来介绍以上五种键合方式。

1.2.1 离子键

离子键是失去电子的正离子与得到电子的负离子之间,通过静电引力相互作用而形成的一种键合方式。对于大部分的盐类、碱类以及金属氧化物而言,主要以离子键的方式进行键合,如 NaCl、CaF$_2$ 以及 CaO 等。Na 原子失去一个电子成为 Na$^+$ 离子,Cl 原子得到一个电子成为 Cl$^-$ 离子,Na$^+$ 离子和 Cl$^-$ 离子在静电引力的作用下相互靠拢,与此同时,阴阳离子的原子核之间将产生斥力,当引力和斥力达到平衡时正负离子处于相对稳定的位置,形成 NaCl 晶体,如图 1-8 所示。离子键键合的主要特征是其以离子为结合单元,而非原子。同时构成离子键的正负离子之间交替排列,异号离子之间的相互引力达到最大值,同号离子间的斥力达到最小值,从而使离子键不具有方向性和饱和性。

通常情况下,离子键的结合力很强,从而导致结合能较高,因此离子晶体具有高熔点、高硬度、低膨胀系数等特点[5]。在离子晶体中,由于电子无法自由运动,因此离子晶体在通常情况下是不导电的;但是在熔融状态下,正负离子的定向运动可以导电。

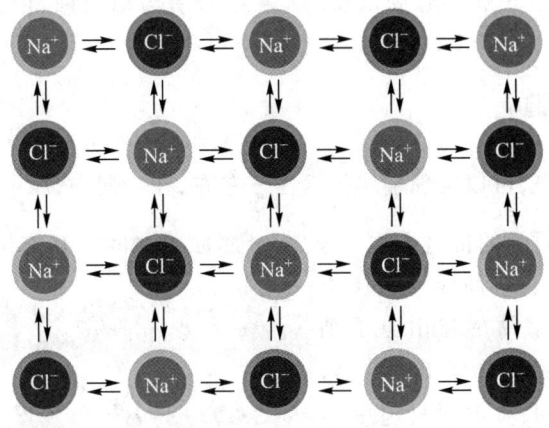

图 1-8　NaCl 离子键示意图

1.2.2　共价键

共价键是电负性相差较小的原子通过共用电子对而形成的一种键合方式。在元素周期表中,第 IV$_A$ 族的 C、Si、Ge 等元素以及第 VI$_A$ 族的 Se、Te 等元素大多以共价键相结合。在这种情况下,无法通过电子的转移使单个原子的最外层都达到稳定结构($1s^2$ 或 8 个电子结构),从而导致原子间不可能通过离子键使其结合成分子或者晶体。但是,相邻原子可以通过共用一对或者几对价电子使各自原子的最外层电子都达到 $1s^2$ 或 8 个电子的稳定结构。例如,形成二氧化硅晶体的硅原子的核外电子就是与相邻的氧原子通过形成共用电子对而形成 8 个电子稳定结构的。同理,二氧化硅中的氧原子通过与硅原子的核外电子形成共用电子对形成稳定结构,如图 1-9 所示。

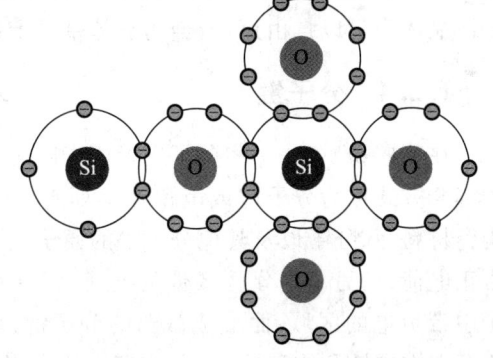

图 1-9　SiO_2 中 Si 和 O 原子间的共价键示意图

共价键可以分为极性/非极性共价键。在形成共价键时,若共用电子对偏向于某一个原子时,导致分子中正负电荷中心不重合,从而形成极性共价键,如 H_2O 分子。H 原子与 O 原子形成水分子时,共用电子对会偏向 O 原子,从而形成极性共价键。如果共用电子对均匀地分布在两个原子之间,就会形成非极性共价键,如 H_2 分子、N_2 分子等。

根据原子核外电子结构理论和图 1-2 可知,原子核外的电子因所在亚层的差异,电子云分布会产生较大的差异。s 亚层电子呈现球形对称分布,p、d 亚层电子云都具有各自特有的方向。在以共价键的形成结合时,为使电子云获得最大程度的重叠,共价键会呈现出方向性。与此同时,一个电子与另外一个电子配对之后,则无法再与其他的电子进行配对,使成对电子的数量是确定的,因此共价键具有饱和性。一般而言,由共价键形成的晶体一般具有高硬度、高熔点和结构稳定性,但其导电性和延展性极差。

1.2.3 金属键

纵观元素周期表,可以发现金属元素占 $\frac{4}{5}$ 左右,在金属中,原子主要通过金属键进行结合。由于金属原子的价电子数目较少,金属原子之间相互作用时,各金属原子都极易失去最外层的电子而成为金属正离子。挣脱原子核束缚的自由电子则被相互结合的所有金属正离子所共有,成为电子云。金属正离子与自由电子之间的静电引力所形成的键合方式称为金属键,如图 1-10 所示。

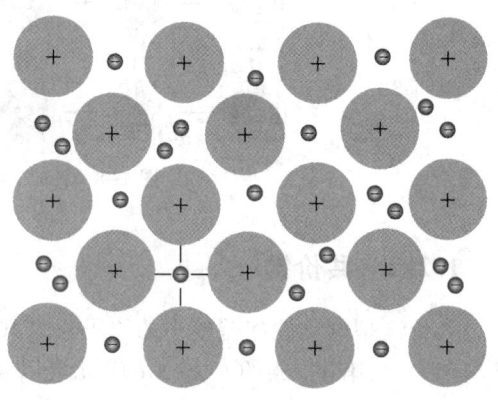

图 1-10 金属键示意图

由于金属晶体中的自由电子是被金属正离子所共有的,故金属键不具有方向性和饱和性。这使得每个原子都有可能与更多的原子结合,趋于形成密排结构。同时,在金属发生塑性变形的过程中,金属键不会受到破坏,从而保证了金属具有良好的延展性。由于自由电子在金属晶体内可以自由穿梭,金属晶体基本上都具有良好的导电性与导热性。

1.2.4 分子键

在某些物质中,一些分子或者原子团可以通过微弱的静电吸引而连接在一起,这种键合方式称为分子键或范德瓦耳斯键(van der Waals bond)。大部分高分子材料、陶瓷材料、水分子以及其他分子中的原子通过化学键键合时,导致分子的一部分区域带正电荷,而另一部分区域带负电荷[7]。一个分子中带正电的区域会吸引另一个分子中带负电的区域,而形成微弱的分子键,如图 1-11a 所示。分子键是一种次价键,不存在方向性和饱和性,它普遍存在于各种分子之间,其对物质的物理化学性能,如熔、沸点,溶解度等均起具有举足轻重的作用。由于次价键的键能比化学键弱得多,因此其稳定性较差。例如,将水加热至沸点之后,液态水将变为水蒸气,在这个过程中破坏了水分子之间的分子键,但是并未破坏水分子内部 H 原子与 O 原子之间的共价键。然而在高分子材料中存在一种特殊的现象,高分子材料的相对分子量很大,材料内部的分子键键能之和会超过共价键键能之和,在所有的分子键消失之前,共价键早已完全断裂,从而导致高分子材料只具有液态和固态两种存在状态。

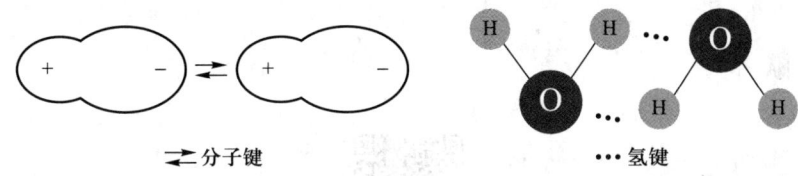

(a) 极性分子间的分子键示意图　　(b) H₂O分子间的氢键示意图

图 1-11　极性分子间的分子键示意图与 H_2O 分子间的氢键示意图

1.2.5　氢键

　　氢键是一种特殊的分子键,存在于几种特殊的物质中,如 HF、H_2O 和 NH_3,分子内部通过共价键结合,分子之间通过氢键进行连接[8]。下面以常见的水为例进行氢键构成方式的介绍,图 1-11b 是 H_2O 分子间的氢键示意图。H_2O 分子中的 H 原子与 O 原子形成共价键时,共用电子对将会偏向于 O 原子,使 H 端带正电荷,O 端带负电荷。从而导致一个分子中的 H 端与另一个分子中 O 端相互吸引而结合形成氢键。氢键是一种物理键,也具有方向性和饱和性。

　　通过上述内容可知,离子键、共价键与金属键都属于化学键,键能较大;而分子键和氢键是物理键,键能较弱。表 1-4 列出了不同结合键及材料的特性。

表 1-4　不同结合键及材料的特性

物质	键合方式	键能/(kJ/mol)	熔点/℃	材料特性
Hg	金属键	68	-39	1. 具有良好的导电导热性
Na		108	97.5	2. 无方向性和饱和性
Fe		406	1 538	3. 具有良好的延展性
W		849	3 410±20	4. 具有金属光泽
NaCl	离子键	640	801	1. 无方向性和饱和性
				2. 熔点高,硬度高
MgO		1 000	2 852	3. 固体不导电
Si	共价键	450	1 410	1. 具有方向性和饱和性
SiO₂		460	1 650±50	2. 熔点高,硬度高
C(金刚石)		713	>3 550	3. 不导电
Ar	分子键	7.7	-189	1. 具有方向性
				2. 熔点低,硬度低
Cl₂		31	-101	3. 不导电
NH₃	氢键	5.4	-78	1. 熔点低,硬度低
H₂O		19	0	2. 不导电
HF		29	-83	

参考文献

第二章　固体结构

【本章导读】

根据物质的聚集状态不同,通常可以将其分为气态、液态和固态三种类型;根据组成物质的原子或分子的排列规律,还可将物质分为晶体(原子或分子排列规则)和非晶体(原子或分子排列无规则)。通常情况下,通过改变外部环境或加工制备方法,晶态与非晶态之间可以相互转化。物质的原子排列是决定其组织及性能的重要因素之一。例如,金属铜、铝具有面心立方晶体结构,其延展性通常较好,而金属锌则具有密排六方晶体结构,因此呈现出较脆的特性。因此,研究物质内部的原子排列和分布规律等内部结构可以为进一步掌握物质的性能及其变化规律奠定基础,从而为开发新材料提供新方法、新途径。

【本章重点和难点】

掌握空间点阵和晶胞、晶向和晶面指数、晶体的原子堆垛方式和间隙、典型金属的晶体结构、合金相结构、离子晶体及非晶态结构。

难点是理解和掌握几种典型金属的晶体结构及其对性能的影响规律。

2.1　晶体学基础

2.1.1　晶体与晶体学

人们在日常生活中会接触到各种各样的自然晶体,正是对自然晶体的逐渐认识开启了人们对晶体结构的探索。最初,晶体被定义为具有规则几何外形的天然矿物。晶体的内部结构和生长条件是决定晶体外形的主要因素[1]。如果将一个不规则晶种置于合适的环境中自由生长,最终也会生长成几何外形规则的晶体,所以上述关于晶体的界定并不严谨。无论是天然生成还是人工合成,无论是化合物还是单质,也无论其外部形状如何,晶体的结构基元,如原子、分子、离子等,都具备长程有序的排列规律。而结构基元呈短程有序或长程无序排列规律的物质称为非晶体,亦可称为无定形体,如沥青、石蜡、玻璃等,其结构基元仅在微观范围内保持有序排列。因此,一个材料是否归为晶体,主要取决于其结构基元的排列是否具备长程有序的规律,即该材料是否具有点阵结构[2-3]。

实际上,晶体中存在着无法避免的缺陷,这些缺陷会导致晶体的结构基元不完全呈现长程有序的排列规律,即晶体的长程有序结构中出现少量无序部分,因此会对晶体的性能产生影响。同时,借助一定的条件可以实现非晶体和晶体的相互转化。例如,通过调整玻璃内部结构基元的排列方式,可以实现非晶体向晶体的可控转变,该过程称为晶化或退玻璃化。相反地,晶体内部结构基元的周期性被破坏后,晶体就会转变为非晶体,这个过程即非晶化或玻璃化。从内能的角度上看,当物质内部的结构基元呈现长程有序的排列规律并处于平衡位置时,其内能最小,所以晶体的内能最小,结构最稳定。因此,物质的晶化过程一般是一个不稳定态转为稳定态的自发过程,而晶体的非晶化或玻璃化过程需要额外的能量输入。

晶体可以分为单晶体和多晶体。其中,当一整块晶体内部原子的长程有序排列是连续的时候,该晶体称为单晶体;当晶体是由众多晶体颗粒组成时,该晶体称为多晶体。晶粒间的分界面称为界面或晶面。一般而言,单晶的缺陷密度较低,因此具备较高的强度和硬度,而多晶的物理化学性能则取决于其内部晶粒的性质以及晶粒大小、取向关系等。晶体具备许多独特的性质,如均匀性(晶体不同部分的宏观性质相同)、自限性(晶体可自发地形成规则的外形结构)、各向异性(晶体不同方向的性质不同)、对称性(晶体在不同方向或位置上会规律地重复出现相同的性质)以及稳定性(晶体结构基元的规则排列使得晶体的内能最小,从而具有稳定性)。

晶体学是研究晶体的形核与生长、内外部结构及其内部结构与性质的构效关系等内容的自然科学。随着人们对晶体认知的深入,晶体学逐渐从对自然界矿物晶体的研究中独立出来,其研究范围不断扩展,最终成为一门单独的学科。19 世纪,德国学者赫塞尔推导出晶体外形对称的 32 种点群,基于此,苏联晶体学家费道罗夫推导出 230 种空间群来描述晶体结构,自此形成了基本成熟的晶体结构点阵理论。然而,直到 1912 年,德国科学家劳厄发现晶体具有 X 射线衍射现象后,才证明了晶体结构点阵理论的正确性,同时,劳厄的发现也促进了 X 射线晶体学的兴起。1913 年,晶体学家布拉格父子提出了布拉格公式,并开始系统研究晶体结构。材料的结构研究是与应用紧密相连,不同的应用领域需要不同特征的晶体材料。近代晶体学需要探究的问题包括材料内部结构、物相组成、结构与其性能之间的关系,解决这些问题是联系晶体材料与其应用的桥梁[4]。

2.1.2   晶体结构与空间点阵

晶体是具有周期性规则排列的结构基元,因此研究原子、分子或离子等结构基元的排列规律是研究晶体结构的首要任务。通过 X 射线衍射可确定物质的晶体结构,但由于晶体的结构基元、排列规则以及周期有所不同,实际的晶体结构种类较多[5]。为了系统并全面地研究晶体的排列规律,可忽略缺陷的存在而将实际的晶体近似为完美无缺的理想晶体,通过将结构基元抽象为一个几何点(简称为阵点)进而可以将结构基元的周期性排列近似为点的周期性排列,从而建立一个抽象的三维几何图形,即空间点阵(简称点阵),以此描述晶体结构的规律性和特征,如图 2-1 所示。

连接阵点可形成三维空间格子,在点阵中选取一个最小平行六面体,将其作为基本单元晶胞,通过晶胞的重复堆叠就可形成空间点阵。图 2-2 展示了不同选择方式下所得到的不同晶胞,为了反映点阵对称性,所选取的晶胞需要满足以下原则:

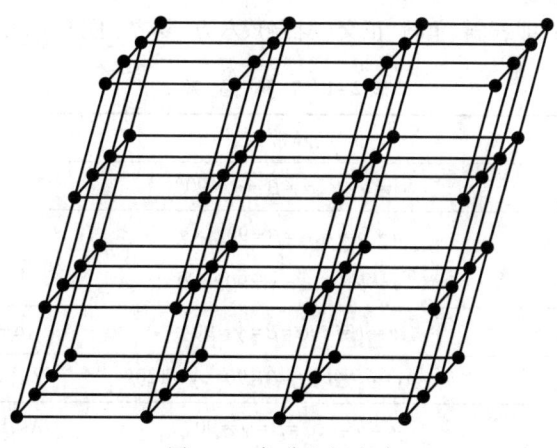

图 2-1 部分空间点阵

① 选取的最小平行六面体要充分体现空间点阵的对称性和周期性；

② 同等条件下，选取的平行六面体内棱和角相等的数目应最多；

③ 晶胞内应该尽可能多地包括直角；

④ 在满足①、②、③的基础上，晶胞对应的体积应该最小。

基于选取的晶胞可建立坐标系，一般而言，选取晶胞的一个顶点作为坐标系的原点，与坐标原点相交的三条棱 x、y、z 作为坐标轴，y 轴和 z 轴、x 轴和 z 轴、x 轴和 y 轴之间的夹角分别为 α、β、γ，如图 2-3 所示。可借助平行六面体的边长 a、b、c 和夹角 α、β、γ 来描述晶胞的大小和形状，这些参数称为点阵常数或晶格常数。由于矢量既有大小又有方向，因此可将上述 6 个晶格常数简化为点阵矢量 a、b、c，此时，点阵中任何阵点的位置都可以由式 2-1 表示

$$r_{uvw} = ua + vb + wc \qquad (2-1)$$

式中，r_{uvw} 代表由坐标原点到某一阵点的矢量，u、v、w 为该阵点在 x、y、z 坐标轴上的坐标值。

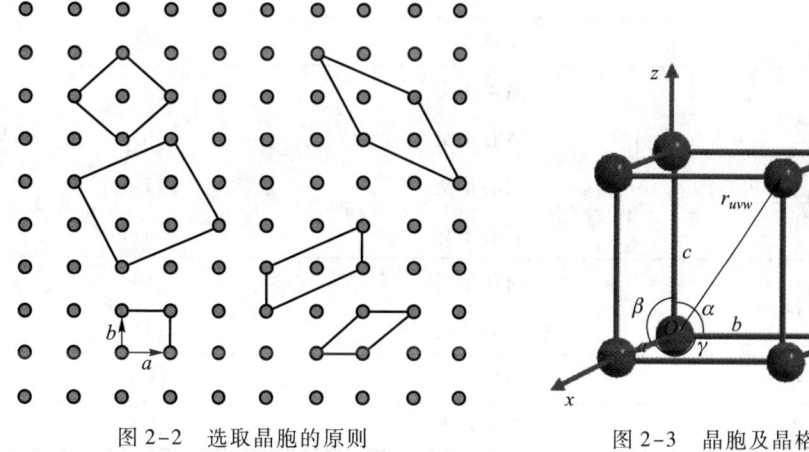

图 2-2 选取晶胞的原则   图 2-3 晶胞及晶格常数

根据上述 6 个晶格常数的关系、特点以及空间点阵的对称性，可将全部空间点阵划

分为 7 种不同的晶系,即三斜、单斜、正交(斜方)、六方、菱方、正方(四方)和立方(表 2-1)。

表 2-1 7 种 晶 系

晶系	点阵常数	实例
三斜	$a \neq b \neq c, \alpha \neq \beta \neq \gamma \neq 90°$	K_2CrO_7
单斜	$a \neq b \neq c, \alpha = \beta = 90° \neq \gamma$	$\beta\text{-}S$
	$a \neq b \neq c, \alpha = \gamma = 90° \neq \beta$	$CaSO_4 \cdot 2H_2O$
正交(斜方)	$a \neq b \neq c, \alpha = \beta = \gamma = 90°$	$\alpha\text{-}S, Fe_3C, Ga$
六方	$a_1 = a_2 = a_3 \neq c, \alpha = \beta = 90°, \gamma = 120°$	$Zn, Mg, Cd, Ni\text{-}As$
菱方	$a = b = c, \alpha = \beta = \gamma \neq 90°$	$As, Bi, Sb, 方解石$
正方(四方)	$a = b \neq c, \alpha = \beta = \gamma = 90°$	$\beta\text{-}Sn(白锡), TiO_2$
立方	$a = b = c, \alpha = \beta = \gamma = 90°$	$\alpha\text{-}Fe, Cr, Cu, Ag, NaCl$

同时,布拉维(Bravais)推导出 14 种空间点阵,称为布拉维点阵,如表 2-2 及图 2-4 所示。这 14 种布拉维点阵可以描述所有的空间点阵,这些点阵的晶胞可分为两类:一类是仅包含一个质点的简单晶胞,如简单立方、简单正方和三斜等;另一类是包含一个以上质点的复杂晶胞,如体心立方、面心立方等。

表 2-2 14 种布拉维点阵

晶系	布拉维点阵	图 2.4 中对应的标号
立方	简单立方	(a)
	体心立方	(b)
	面心立方	(c)
正方	简单正方	(d)
	体心正方	(e)
菱方	简单菱方	(f)
正交	简单正交	(g)
	体心正交	(h)
	底心正交	(i)
	面心正交	(j)
单斜	简单单斜	(k)
	底心单斜	(l)
三斜	简单三斜	(m)
六方	简单六方	(n)

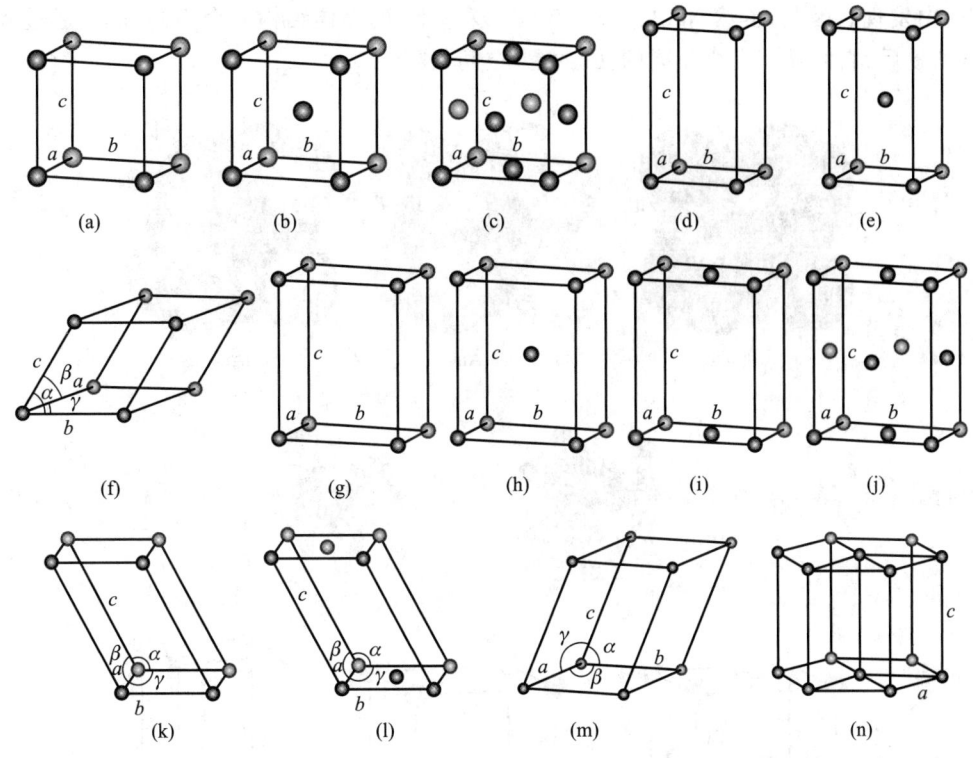

图 2-4 14 种布拉维点阵的晶胞

　　除了具备关联性,晶体结构与空间点阵之间也存在着差别。对于物质的晶体结构而言,晶体中分子、离子或原子等实际质点的不同排列方式可以构成无数种不同的组合方式,因此晶体结构是无限的。另外,空间点阵是从晶体结构抽象而来的,实际晶体结构中的结构基元呈现周期性规则排列,按照一定的周期平移后可以完全重合,故结构基元抽象而成的阵点具备平移重合的特征,具有完全相同的几何环境和物理环境,因此可将晶体结构看作空间点阵和结构基元的组合态。总体而言,① 晶体结构是晶体的直接表达,而空间点阵则是对晶体结构的数学抽象表达;② 晶体结构中的质点代表实际的原子,而空间点阵中的质点(阵点)是数学上抽象的点,代表的是一个或几个原子;③ 空间点阵只有 14 种(14 种布拉维点阵),而晶体结构却有无限种排列方式。

　　相同的晶体结构可以对应不同的空间点阵,而相同的空间点阵也有可能和不同的晶体结构相对应。如图 2-5a 所示,γ-Fe、Cu_3Au、CuAu 具有相同的晶体结构,但却分别隶属于面心立方、简单立方和简单四方三种不同的晶体点阵。而在图 2-5b 中 NaCl 的晶体结构中,所有的 Na^+ 上下、左右的位置上均为 Cl^-,而所有的 Cl^- 上下、左右的位置上均为 Na^+。另外,由于 Na^+ 的周围环境不同于 Cl^- 的周围环境,不可以将单独的 Na^+ 或 Cl^- 抽象为空间点阵中的阵点,但将 Na^+ 和 Cl^- 抽象为一个阵点时,可以发现该阵点周围的环境完全一样,因此可以将 Na^+ 和 Cl^- 结合起来作为阵点。这种情况也可以在 CaF_2 晶体(将 Ca^{2+} 和 F^- 抽象为一个阵点)和 ZnS 晶体(将 Zn^{2+} 和 S^{2-} 抽象为一个阵点)中发现。因此,虽然 $NaCl$、CaF_2、ZnS 以及 γ-Fe 的晶体结构完全不同,但是通过数学抽象后,它们具有完全相同的面心立方空间点阵。

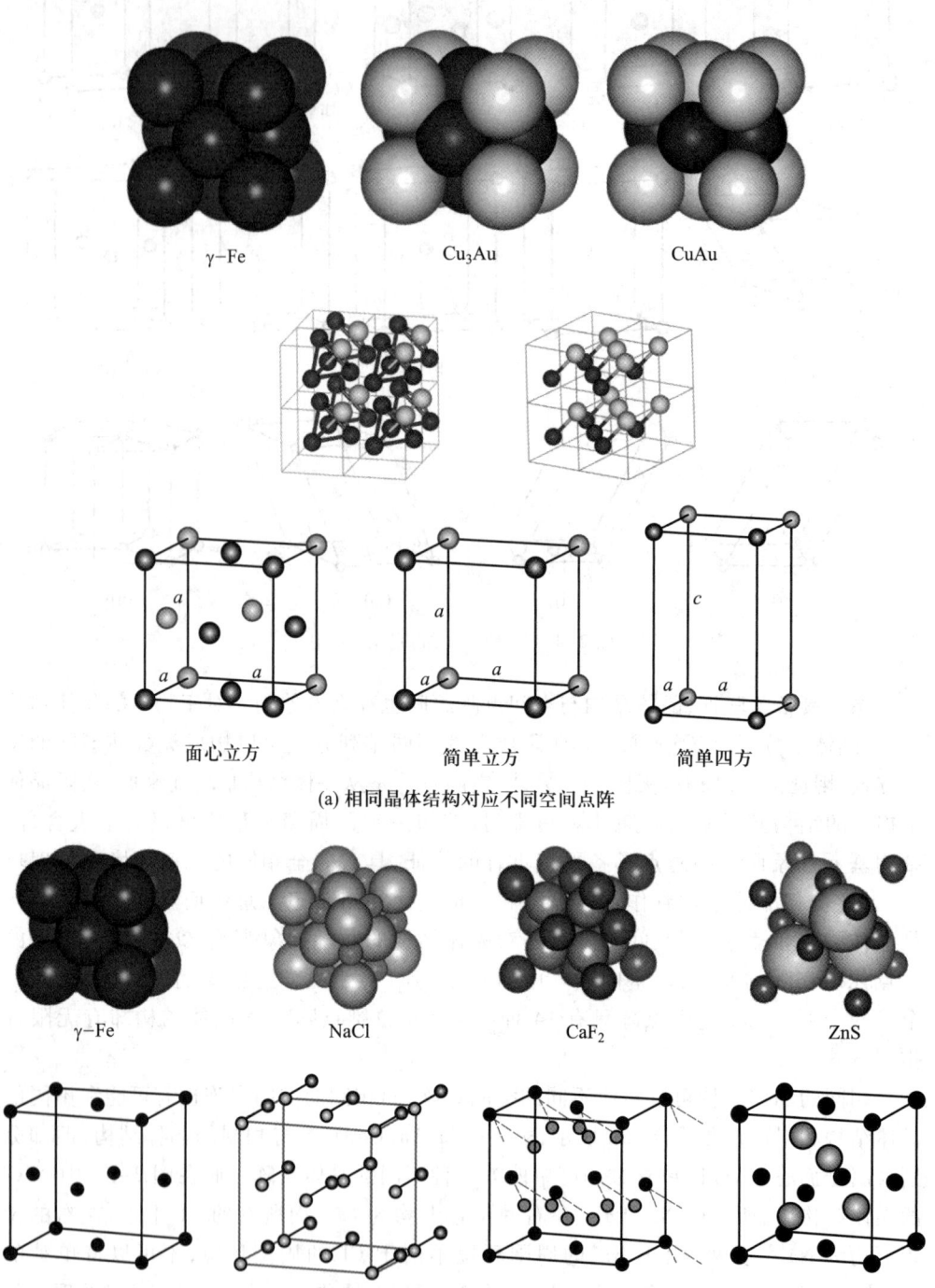

γ-Fe　　　　　　Cu₃Au　　　　　　CuAu

面心立方　　　　　简单立方　　　　　简单四方

(a) 相同晶体结构对应不同空间点阵

γ-Fe　　　　　　NaCl　　　　　　CaF₂　　　　　　ZnS

(b) 相同空间点阵对应不同晶体结构

图 2-5　空间点阵与晶体结构的对应关系

2.1.3 晶向指数与晶面指数

在三维空间中,晶体中的原子按照一定规律周期性排列。其中,连接任意原子列的直线方向称为晶向,而穿过晶体的平面称为晶面。不同晶向或晶面上原子排列方式及原子密度的不同,会导致晶体的各向异性,所以材料的物理化学性能、力学性能、相变等都与晶向、晶面有关。因此,对晶体的晶向和晶面进行研究是非常有必要的。

1. 晶向指数

在通过坐标原点的直线上选取一点,将该点的指数互质化,用 $[uvw]$ 表示,即晶向指数。确定晶向指数中 u、v、w 的步骤如下所示:

① 建立坐标:确定坐标原点 O,建立坐标系,过原点作所求晶向 AB 的平行线 OP;

② 求投影:确定阵点 P 在三坐标轴上的投影,记为 x、y、z;

③ 化整数:确定最小公约数,将 x、y、z 化为最小整数 u、v、w;

④ 加方括号:形式为 $[uvw]$,若 u、v 或 w 的值为负数,可将负号标在该数值的正上方。

晶向指数的确定如图 2-6 所示,并可根据上述步骤确定正交晶系中一些晶向指数,如图 2-7 所示。

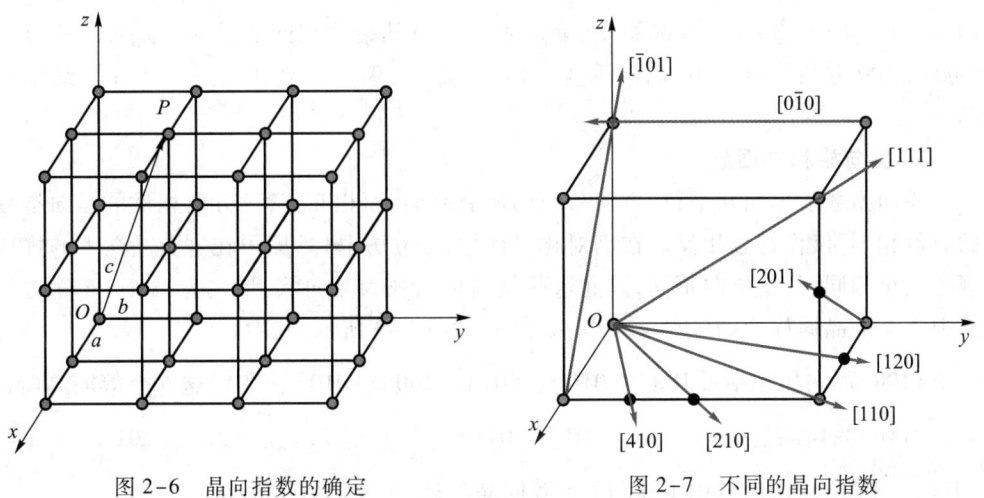

图 2-6 晶向指数的确定   图 2-7 不同的晶向指数

需要注意的是:① 所有相互平行、方向一致的晶向都可以用一个晶向指数表示;② 若两晶向平行但方向相反,则该两晶向指数的数字相同,仅符号相反,如 $[100]$ 和 $[\bar{1}00]$;③ 改变立方晶体的晶向指数顺序不会影响该晶向上的原子排布,但不适用于其他结构晶体。

2. 晶面指数

确定晶面指数的步骤如下:

① 建立坐标:建立方法类似于晶向指数的坐标建立,但为了避免出现零截距,坐标原点不能选取在待确定晶面上;

② 求截距:求出所求晶面在三个坐标轴上的截距。其中,当该晶面平行于某一坐

标轴时,则该晶面在此坐标轴上的截距为∞;当该晶面相截于某坐标轴负方向时,则该晶面在此坐标轴上的截距为负值;

③ 求倒数:取三个截距值的倒数;

④ 化整数:将上述倒数化为最小整数,记为 h、k、l;

⑤ 加圆括号:形式为(hkl)。

可根据上述步骤确定正交晶系中一些晶面指数,如图 2-8 所示。

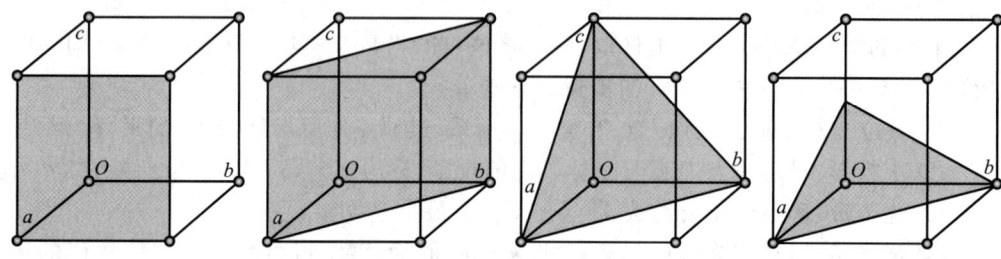

图 2-8 几个晶面的晶面指数

同时需要注意的是:① 晶面指数(hkl)不特指某一个晶面,一组相互平行的晶面均可由此晶面指数表示;② 平行晶面的晶面指数相同,或数字相同而符号相反,如(111)和($\bar{1}\bar{1}\bar{1}$);③ 在立方晶系中,晶向垂直于与其指数相同的晶面,即[hkl]垂直于(hkl),如立方晶系中[110]晶向垂直于(110)晶面,但是该规律不适用于其他结构的晶体。

3. 晶向族和晶面族

晶向指数表示相互平行、方向一致的所有晶向,而相互平行、方向相反的晶向指数的数值相同,仅仅符号相反。在高对称晶体中,如立方晶体,原子在这类晶向上的排列规律完全相同,只是位向不同,因此这些晶向可以视为晶向族,形式为<uvw>。立方晶系中常见的晶向族为<100>、<110>、<111>,如图 2-9 所示,其中:

<100>晶向族包括:[100]、[010]、[001]、[$\bar{1}$00]、[0$\bar{1}$0]、[00$\bar{1}$]这 6 个等同晶向;

<110>晶向族包括:[110]、[101]、[011]、[$\bar{1}$10]、[1$\bar{1}$0]、[$\bar{1}$01]、[10$\bar{1}$]、[0$\bar{1}$1]、[01$\bar{1}$]、[$\bar{1}\bar{1}$0]、[$\bar{1}$0$\bar{1}$]、[01$\bar{1}$]这 12 个等同晶向;

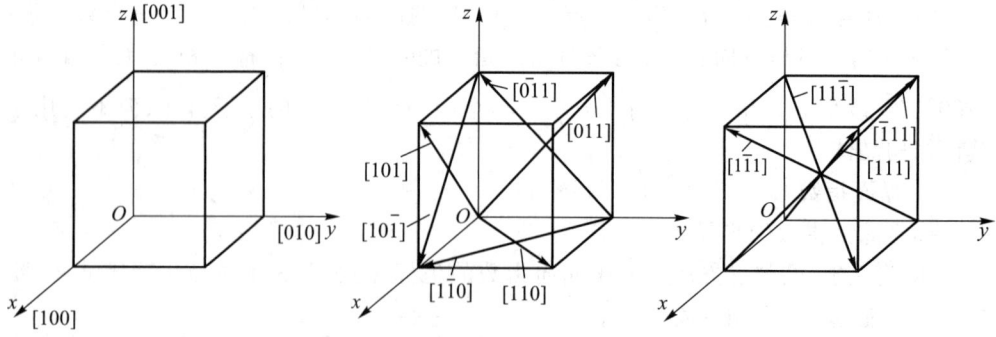

图 2-9 立方晶系中<100>、<110>、<111>晶向族

    <111>晶向族包括:$[111]$、$[\bar{1}11]$、$[1\bar{1}1]$、$[11\bar{1}]$、$[\bar{1}\bar{1}1]$、$[1\bar{1}\bar{1}]$、$[\bar{1}1\bar{1}]$、$[\bar{1}\bar{1}\bar{1}]$这8个等同晶向。

    类似于晶向族,原子排列完全相同,只是空间位向不同的各组晶面可称作晶面族,用$\{hkl\}$表示。在立方晶系中,常见的晶面族有$\{100\}$、$\{110\}$、$\{111\}$,如图2-10所示,其中:

    $\{100\}$晶面族包括(100)、(010)、(001)、$(\bar{1}00)$、$(0\bar{1}0)$、$(00\bar{1})$这6个等同晶面;

    $\{111\}$晶面族包括(111)、$(\bar{1}11)$、$(1\bar{1}1)$、$(11\bar{1})$、$(\bar{1}\bar{1}1)$、$(1\bar{1}\bar{1})$、$(\bar{1}1\bar{1})$、$(\bar{1}\bar{1}\bar{1})$这8个等同晶面;

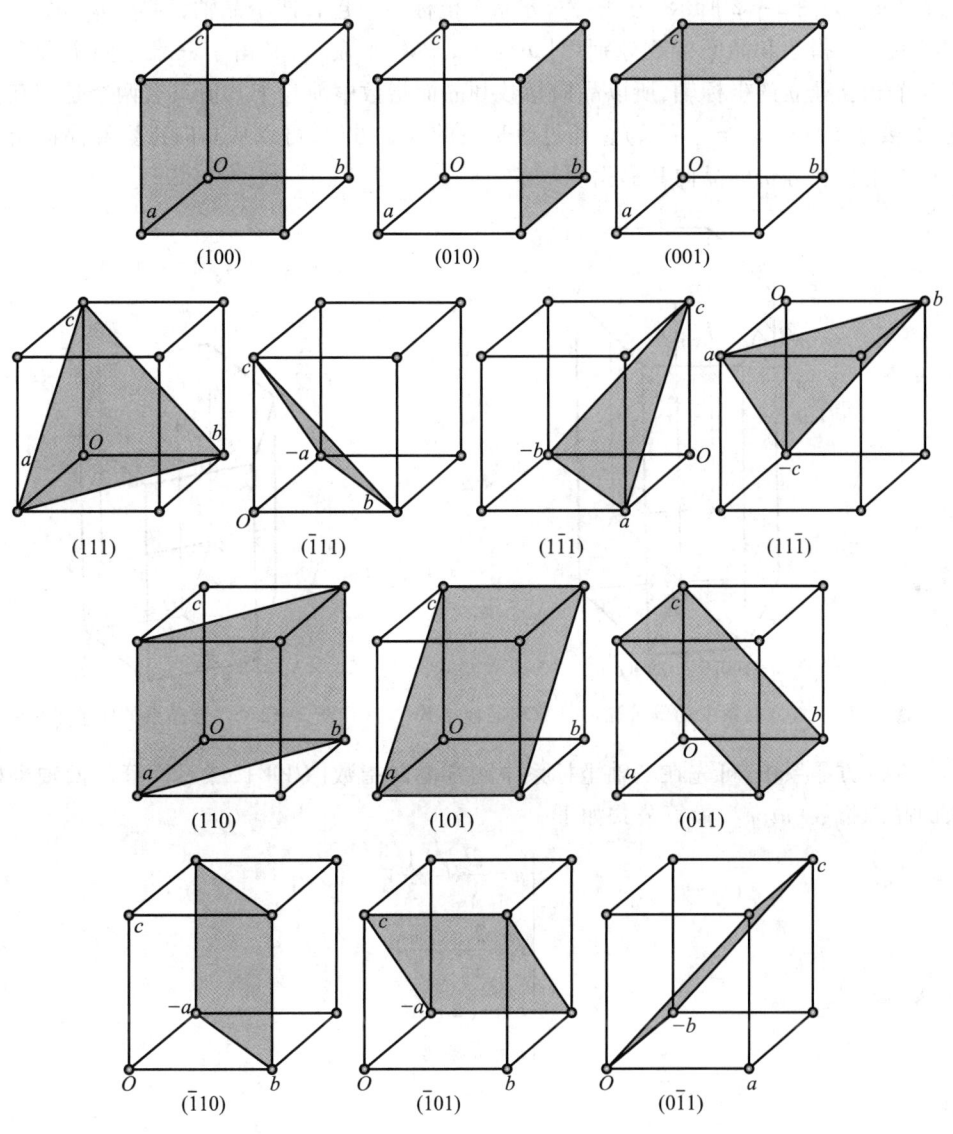

图2-10 立方晶系中$\{100\}$、$\{110\}$、$\{111\}$晶面族

$\{110\}$晶面族包括(110)、(101)、(011)、$(\overline{1}10)$、$(1\overline{1}0)$、$(\overline{1}01)$、$(10\overline{1})$、$(0\overline{1}1)$、$(01\overline{1})$、$(\overline{1}\overline{1}0)$、$(\overline{1}0\overline{1})$、$(0\overline{1}\overline{1})$这 12 个等同晶面。

4. 六方晶系的晶向指数与晶面指数

如果采用立方晶系的标定方法来标定六方晶系,则会导致标定的晶向指数和晶面指数无法显示六方晶系的对称性。例如,在图 2-11 中,晶向指数为$[100]$和$[110]$上的原子排列情况相同,属于晶体学上的等价方向。而该图中(100)和$(1\overline{1}0)$属于等价晶面,但两者指数显然不同。

因此,为了反映六方晶系的对称性,需要在立方晶系三指数坐标系的基础上增加一个指数,如图 2-12 所示。其中,六方晶系坐标系中包含四个晶轴,即a_1、a_2、a_3和c,此时的晶向指数和晶面指数分别用$[uvtw]$、$(hkil)$来表示,又由于三维空间中最多只有 3 个相互独立的坐标轴,所以晶向指数和晶面指数中前三个数值只有两个是相互独立的,要求$u+v=-t, i=-(h+k)$。通过改进后的标定方法,可以从晶向指数和晶面指数上很好地反映等价的晶向和晶面。

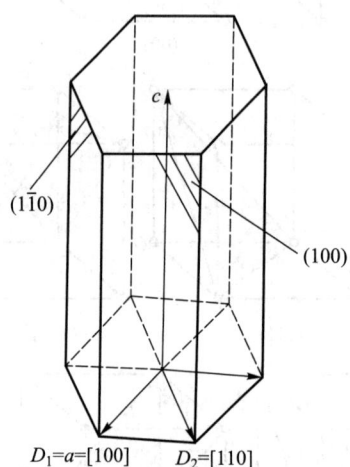

$D_1=a=[100] \quad D_2=[110]$

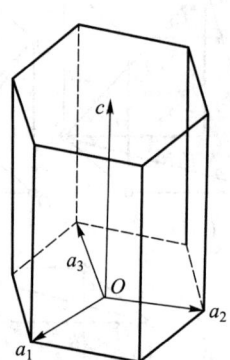

图 2-11 六方晶系中的等价晶向指数和晶面指数   图 2-12 六方晶系的四轴坐标系

在六方晶系中,可先在三轴坐标系中确定晶向指数$[UVW]$,然后换算成四轴坐标系的晶向指数$[uvtw]$,换算公式如下

$$\begin{cases} u=\dfrac{2}{3}U-\dfrac{1}{3}V \\ v=\dfrac{2}{3}V-\dfrac{1}{3}U \\ t=-(u+v) \\ w=W \end{cases} \qquad (2-2)$$

$$\begin{cases} U=u-t \\ V=v-t \\ W=w \end{cases} \qquad (2-3)$$

同理,六方晶系晶面指数的标定与三轴坐标系相同,取晶面在四个坐标轴上的截距即可。六方晶系中常见的晶向指数及晶面指数如图2-13所示。

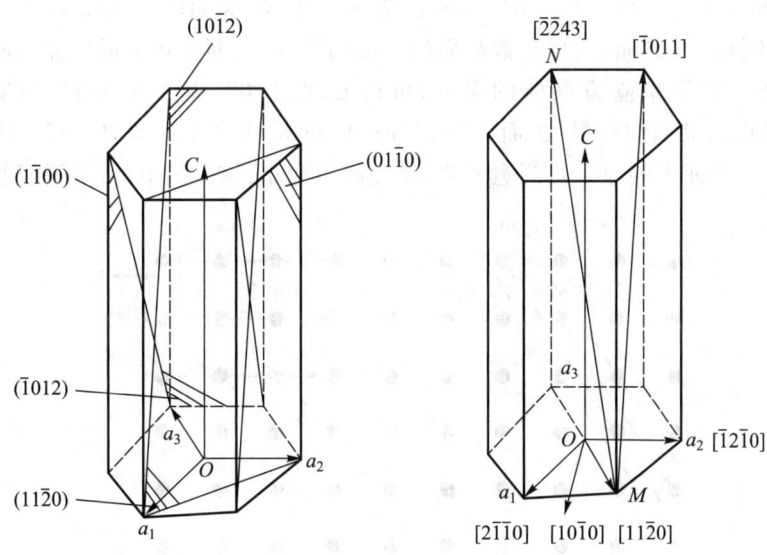

图2-13 六方晶系中常见的晶向指数及晶面指数

2.1.4 晶带定律

与某一晶向直线相互平行或相交的所有晶面称为晶带,该直线为晶带轴,该组晶面为晶带面,如图2-14所示。晶带轴$[uvw]$与该晶带的晶面(hkl)的关系如下

$$hu+kv+lw = 0 \qquad (2-4)$$

式(2-4)即晶带定律,满足此公式的晶面均是以$[uvw]$为晶带轴的晶带。利用上述晶带定律可分析较多晶体学问题,最常见的两个应用如下:

应用一 两不平行的晶面分别为$(h_1k_1l_1)$、$(h_2k_2l_2)$,则两者所确定的晶带轴指数$[uvw]$为

$$\begin{cases} u = k_1 l_2 - k_2 l_1 \\ v = l_1 h_2 - l_2 h_1 \\ w = h_1 k_2 - h_2 k_1 \end{cases}$$

应用二 两晶向分别为$[u_1v_1w_1]$、$[u_2v_2w_2]$,则两者所确定的晶面指数(hkl)为

$$\begin{cases} h = v_1 w_2 - v_2 w_1 \\ k = w_1 u_2 - w_2 u_1 \\ l = u_1 v_2 - u_2 v_1 \end{cases}$$

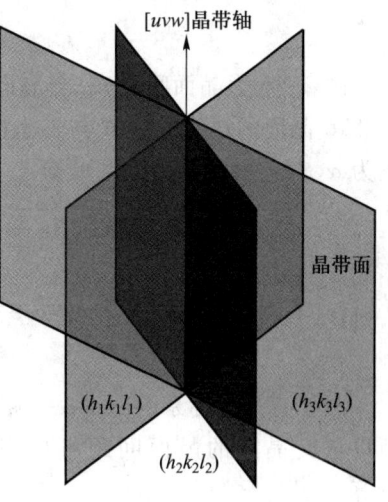

图2-14 晶带面和晶带轴

2.1.5 晶面间距

晶面间距 d_{hkl} 是指晶体中相邻两晶面之间的距离,晶面的晶面指数不同,其晶面间距也会不同。总体而言,低指数晶面的晶面间距较大,而高指数晶面晶面间距较小。图 2-15 所示为简单立方晶体的点阵,可以发现,{100} 晶面族所包含的(010)和(100)两晶面的晶面间距最大,而(230)晶面的晶面间距最小。同时也可以发现,晶面间距愈大,该晶面上的原子排列愈密集;晶面间距愈小,该晶面上的原子排列愈稀疏。

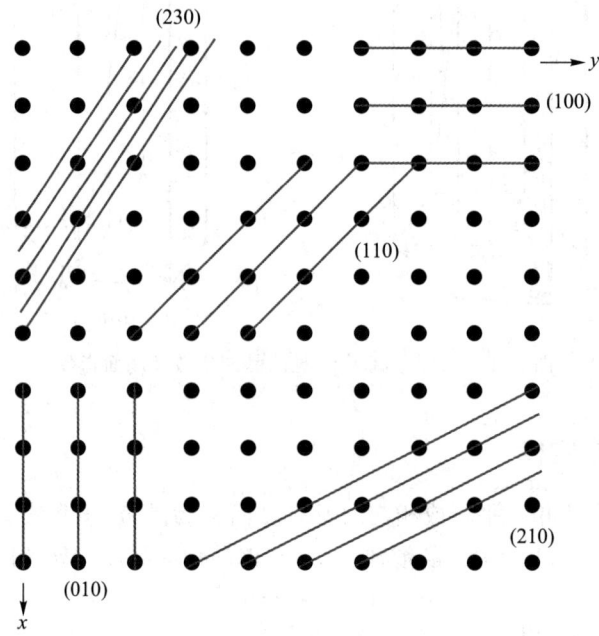

图 2-15　晶面间距

图 2-16 为晶面间距 d_{hkl} 与晶面指数(hkl)之间的关系,其中距离坐标原点 O 最近的 ABC 晶面的法线方向 N 与三坐标轴的夹角分别为 α、β、γ,根据几何关系可知

$$d_{hkl} = \frac{a}{h}\cos\alpha = \frac{b}{k}\cos\beta = \frac{c}{l}\cos\gamma$$

$$d_{hkl}^2 \left[\left(\frac{h}{a}\right)^2 + \left(\frac{k}{b}\right)^2 + \left(\frac{l}{c}\right)^2 \right] = \cos^2\alpha + \cos^2\beta + \cos^2\gamma \tag{2-5}$$

由于直角坐标系的 $\cos^2\alpha + \cos^2\beta + \cos^2\gamma = 1$,所以正交晶系的晶面间距可根据式(2-6)来计算:

$$d_{hkl} = \frac{1}{\sqrt{\left(\frac{h}{a}\right)^2 + \left(\frac{k}{b}\right)^2 + \left(\frac{l}{c}\right)^2}} \tag{2-6}$$

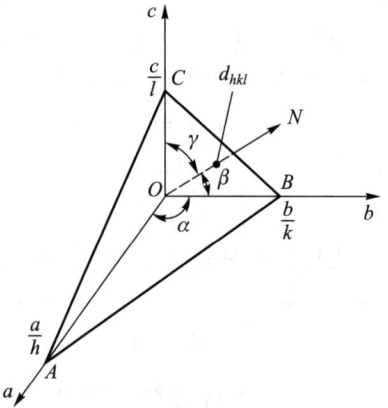

图 2-16　晶面间距 d_{hkl} 与晶面指数(hkl)之间的关系

因此,立方晶系的晶面间距为

$$d_{hkl} = \frac{a}{\sqrt{h^2+k^2+l^2}} \qquad (2-7)$$

正交和四方晶系的晶面间距

$$d_{hkl} = \frac{1}{\sqrt{\left(\frac{h}{a}\right)^2 + \left(\frac{k}{b}\right)^2 + \left(\frac{l}{c}\right)^2}} \qquad (2-8)$$

六方晶系的晶面间距

$$d_{hkl} = \frac{1}{\sqrt{\frac{4}{3}\frac{(h^2+hk+k^2)}{a^2} + \left(\frac{l}{c}\right)^2}} \qquad (2-9)$$

需要特别注意的是,晶面间距与点阵类型有关,式(2-7)、式(2-8)、式(2-9)仅适用于简单晶胞,而对于复杂晶胞,如体心立方、面心立方等,由于中心型原子的存在使晶面层数增加,故还需要充分考虑晶面层数对晶面间距的影响。当体心立方的 $h+k+l=$ 奇数时,或面心立方 h、k、l 不全为奇数时,会存在附加面,因此实际的晶面间距应该除以 2,即 $d_{hkl}/2$。

2.1.6 晶体的对称性

日常生活中,许多物质会呈现不同种类的对称规律,如雪花、树叶、金刚石等。对于晶体来说,其结构基元具有周期性规则排列的特征,同时晶体结构还具备高度对称性。物质中的相同部分做有规律地重复,称为对称。在对晶体进行对称操作(或对称变换)时所借助的几何元素为对称元素。晶体的对称操作可分为宏观对称操作和微观对称操作。其中,宏观对称元素和微观对称元素的结合可反映晶体中原子排列的对称性,而晶体宏观性质和外部形貌的对称性则是通过宏观对称元素来表现的。

1. 宏观对称元素

(1) 对称中心

经过某一点的反演可以复原晶体内所有的点,那么该点即对称中心,如图 2-17 中的 O 点,用 i 表示,该对称中心一定是该晶体的几何中心点。

(2) 对称面

如图 2-18 所示,晶体可以通过对称面或镜面 P 作镜像转化,从而得到复原。对称面必定经过晶体的几何中心,通常是晶体内晶面或晶棱的垂直平分面,或多面角的平分面。

(3) 回转-对称轴

晶体围绕其内部的某一轴做回转时可以完全复原为原来状态,此轴为晶体的回转-对称轴。回转-对称轴必

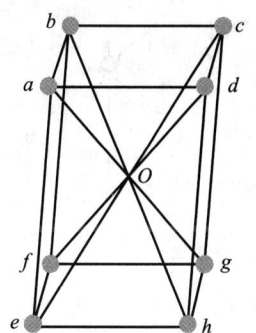

图 2-17 对称中心(O 点)

须经过几何中心,并且位于该几何中心与棱边或角顶的中心或面心的连线上。回转一周时,若晶体能复原 n 次,即 n 次回转对称轴。需要注意的是,由于 5 次旋转轴以及大于 6 次的旋转轴与晶体的周期性相悖,所以不存在 5 次旋转轴以及大于 6 次的旋转轴。实际上,晶体中可能存在 1、2、3、4 和 6 次回转对称轴,通常用符号 L^1、L^2、L^3、L^4、L^6 来表示。在图 2-19 中,所有晶体经过 360°旋转后均能重合,所以均具备 1 次旋转轴。

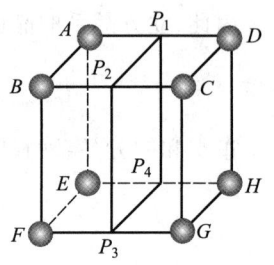

图 2-18　对称面(P 面)

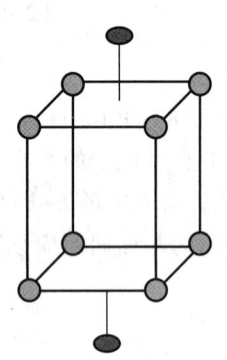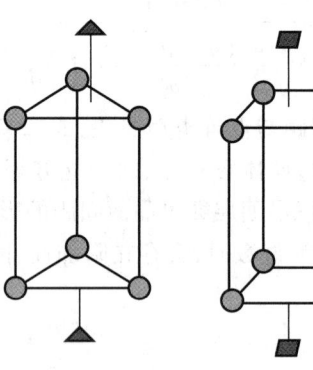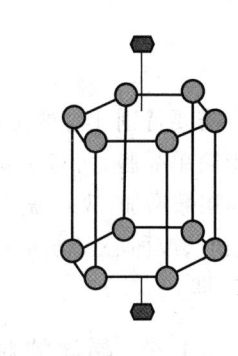

图 2-19　2、3、4、6 次回转-对称轴

（4）回转-反演轴

若晶体绕某一轴回转一定角度（360°/n）,再以轴上的一个中心点做反演之后能得到复原时,此轴即晶体的回转-反演轴,如图 2-20 所示。需要注意的是,和回转-对

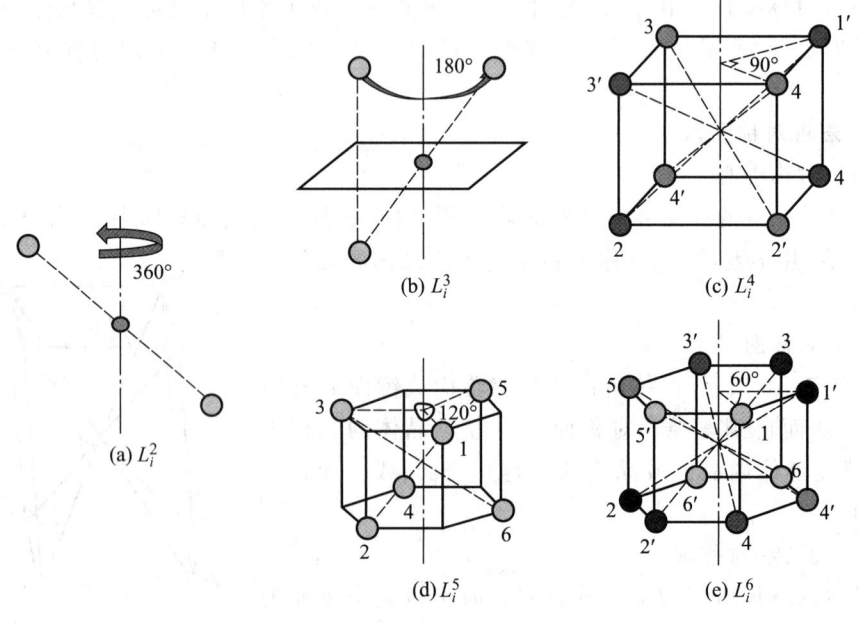

图 2-20　回转-反演轴

称轴类似,回转-反演轴也有 1、2、3、4、6 次回转-反演轴,分别借助于符号 $\bar{1}$、$\bar{2}$、$\bar{3}$、$\bar{4}$、$\bar{6}$ 来表示。实际上,$\bar{1}$、$\bar{2}$、$\bar{3}$、$\bar{6}$ 分别与对称中心、对称面、3 次旋转轴加上对称中心、3 次旋转轴加上一个与它垂直的对称面等效。晶体的宏观对称元素、对称操作如表 2-3 所示。

表 2-3　晶体的宏观对称元素、对称操作

对称元素	回转-对称轴					对称中心	对称面	回转-反演轴		
	1 次	2 次	3 次	4 次	6 次			3 次	4 次	6 次
辅助几何元素	直线					点	平面	直线和直线上的定点		
对称操作	绕直线旋转					对点反演	对面反映	绕线旋转+对点反演		
基转角 $\alpha/(°)$	360	180	120	90	60	i		120	90	60
国际符号	1	2	3	4	6		m	$\bar{3}$	$\bar{4}$	$\bar{6}$
等效对称元素						$\bar{1}$	$\bar{2}$	3+i		3+m

2. 微观对称元素

当分析晶体结构对称性时,需要考虑多种因素,除了宏观对称元素,还要充分考虑滑动面和螺旋轴这两种微观对称元素。

（1）滑动面

对称面加上沿着该面的平移构成了晶体的滑动面。晶体的相同部分沿着平行于该面的方向平移并反演后可以得到复原。以图 2-21 为例,图 2-21a 中点 B 是点 A 的反映,PP'面是对称面。但是,图 2-21b 中的结构仅仅通过反演不能得到复原。实际上,点 A 经 PP'面反演后再平移 $a/2$ 距离才能与点 B 重合,此时的 PP'面即滑动面。

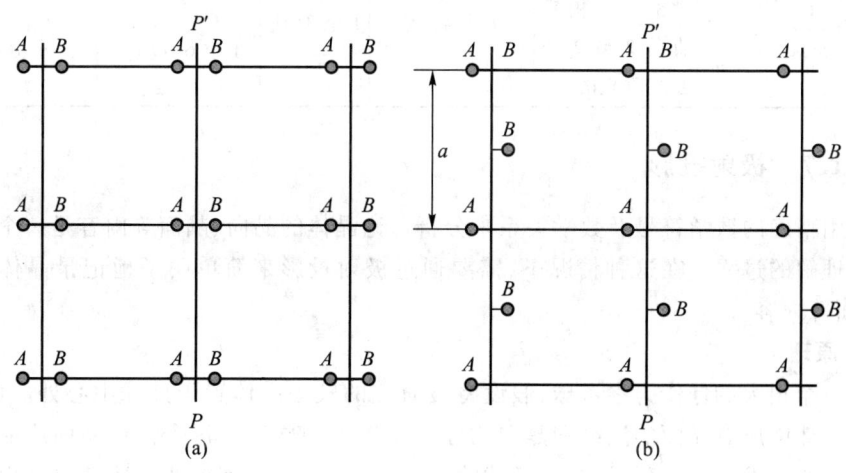

图 2-21　滑动面

（2）螺旋轴

晶体的螺旋轴一般由回转-对称轴和平行于轴的平移构成。晶体结构可以通过

绕螺旋轴回转 360°/n，并沿轴平移一定距离而得到重合，此螺旋轴称为 n 次螺旋轴，而 n 只能为 1、2、3、4、6。如图 2-22 所示，某些结构绕此 3 次螺旋轴回转 120°并沿轴平移 $c/3$ 的距离就会复原。根据回转方向，螺旋轴可分为右旋螺旋轴和左旋螺旋轴。

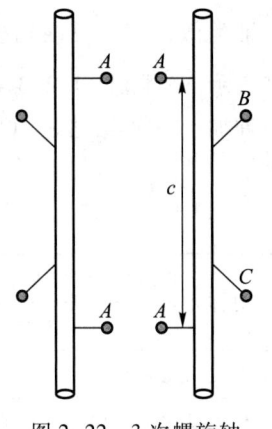

图 2-22　3 次螺旋轴

3. 32 种点群

晶体中所有点对称元素的集合称为点群。通过宏观对称元素在一点上组合，可推导出可能存在的晶体对称类型。但是，由于晶体结构中同时存在点对称与平移对称，两者相互协调并彼此制约，且点对称元素组合时必须通过一个公共点，同时必须遵循一定的规则，使组合的对称元素之间能够自洽。因此，晶体外形中只能有 32 种点群，如表 2-4 所示。

表 2-4　32 种 点 群

晶系	三斜	单斜	正交			四方	菱方	六方	立方	
对称要素	1	m	2	m	m	$\bar{4}$	3	$\bar{6}$	2	3
	$\bar{1}$	2	2	2	2	4	$\bar{3}$	6	$2/m$	$\bar{3}$
		$2/m$	$2/m$	$2/m$	$2/m$	$4/m$	3 m	$6/m$	$\bar{4}$ 3 m	
						$\bar{4}$ 2 m	3 2 m	$\bar{6}$ 2 m	4 3 2	
						4 2 m	$\bar{3}$ $2/m$	6 2 m	$4/m$ $\bar{3}$ $2/m$	
						4 2 2		6 2 2		
						$4/m$ $2/m$ $2/m$		$6/m$ $2/m$ $2/m$		
特征对称要素	无	1 个 2（或 m）	3 个互相垂直的 2 或 2 个互相垂直的 m			1 个 4（或 $\bar{4}$）	1 个 3（或 $\bar{3}$）	1 个 6（或 $\bar{6}$）	4 个 3	

2.1.7　极射投影

使用精确的数学符号及数学关系来分析讨论晶体的晶向、晶面等内容是一个复杂且难以理解的过程。在这种情况下，需要通过极射投影来简单明了地记录晶体的晶向、晶面等内容。

1. 原理

以一个很大的球作为参考球，假设将被研究的较小晶体置于该球中心处。此时，可认为晶体中所有晶面的法线和晶向均经过参考球的球心。每个特定晶面或晶向的直线从球心出发并向外延长，与参考球的球面交于一点，而该点即上述特定晶面或晶向的极点。

晶体的极射投影原理图如图 2-23 所示，B 点表示投射光源，而观察者位于投影面的背面。首先，任意选定一经过参考球球心的直径 AB，经过 A 点作一相切于球面的平面,即投影面。将晶体内某一晶面的极点 P 与 B 相连,并将其延长至投影面,所得到的焦点 P' 即 P 点的极射投影。与 AB 垂直并通过球心的平面会与球面相交,所得到的交线为一大圆,而该圆在投影面上的投影即基圆(其直径等于参考球半径的 2 倍)。左半球上的所有极点均能投影至基圆内,而右半球上的所有极点只能投影至基圆外。进一步地,极射投影又可分为极射赤面投影和极射平面投影。如果将参考球比作地球,A、B 分别为北极和南极,那么过球心的投影面即赤道平面,如果以地球的南极或北极为投射点,将球面投影射到赤道平面上,则得到极射赤面投影,否则为极射平面投影。

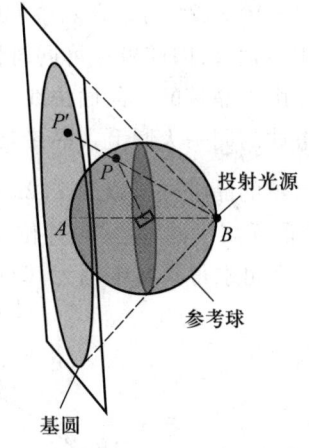

图 2-23 晶体的极射投影原理图

2. 吴氏(Wulff)网

吴氏网(图 2-24)是分析晶体极射投影的重要工具,它由经线和纬线组成。其中,经线是由参考球空间每隔 2° 等分且以 NS 轴为直径的一组大圆投影而成,而纬线是由垂直于 NS 轴且按 2° 等分球面空间的一组大圆投影所构成的。在绘制吴氏网时,需要如实地保存着角度关系,经度沿赤道线读数,纬度沿基圆读数。测量步骤如下:首先在透明纸上绘制投影图,并确保其基圆直径等于所用吴氏网的直径,同时保证两极点位于吴氏网经线或赤道上;然后将此透明纸复合在吴氏网上进行测量。通过吴氏网,可以读出任一极点的方位并测定投影面上任意两极点间的夹角。

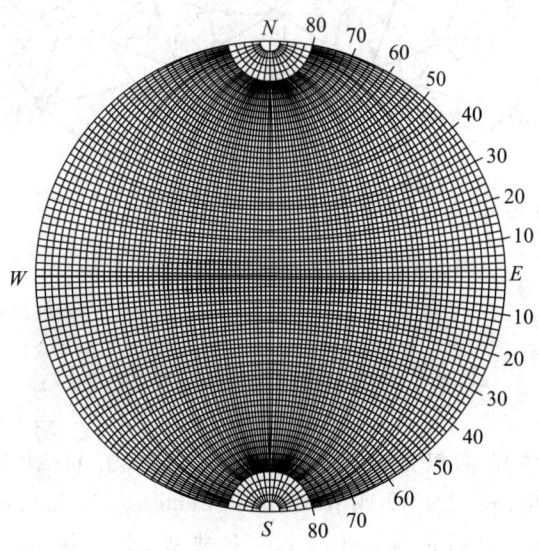

图 2-24 吴氏网(分度为 2°)

3. 标准投影图

以晶体的某个晶面在平行于投影面上作出全部晶面的极射投影图,即标准投影。在立方晶系中,常用的投影面有(001)、(110)、(111)晶面,而六方晶系中则为(0001)

晶面。图 2-25 为立方晶系的(001)标准投影图,其中,立方晶系相同指数的晶面和晶向相互垂直,因此极点可同时代表晶向和晶面。

由于晶带的各晶面法线位于同一平面上,所以同一晶带的各晶面的极点一定位于参考球的同一大圆上。晶带轴与其晶面的法线相互垂直,可根据晶面所在的大圆求出该晶带的晶带轴。以图 2-25 中的 (100)、$(\bar{1}\bar{1}\bar{1})$、$(\bar{1}00)$、$(0\bar{1}1)$ 和 $(11\bar{1})$ 晶面为例,该 5 个晶面属于同一晶带,并位于同一经线上。此时,通过吴氏网在赤道线上向右量出 90°,即可求得其晶带轴为 $[011]$。

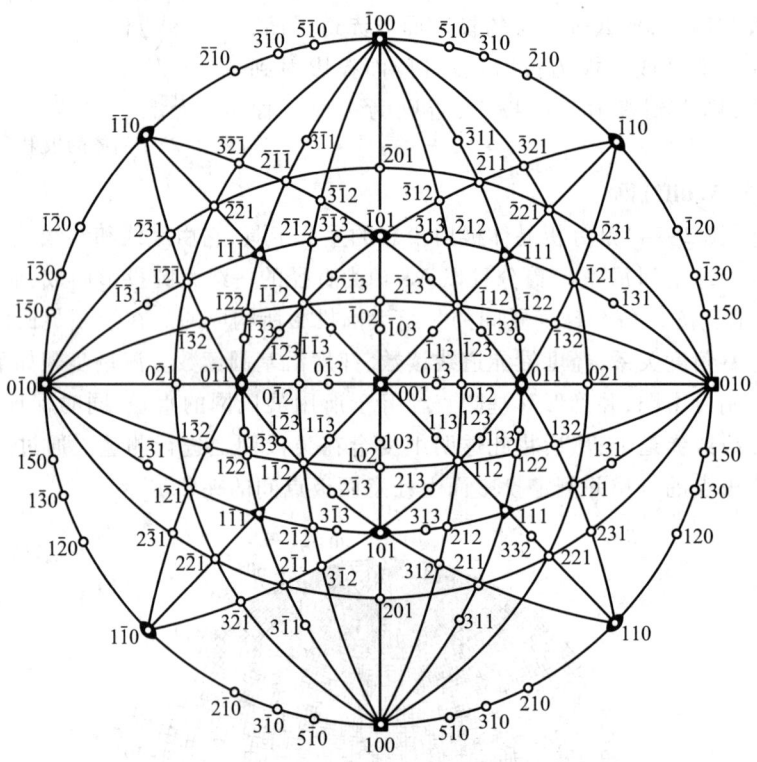

图 2-25 立方晶系的(001)标准投影图

2.2 典型金属的晶体结构

典型金属的晶体结构包括面心立方结构,表示为 A1 或 FCC(Face Centered Cubic);体心立方结构,表示为 A2 或 BCC(Body Centered Cubic);密排六方结构,表示为 A3 或 HCP(Hexagonal Close Packed)。这三种典型金属晶体结构的晶胞及其特征分别如图 2-26 ~ 图 2-28 所示。本节将详细介绍 FCC、BCC 及 HCP 的晶体结构(包括晶胞原子数、原子半径、致密度、配位数)、密排面和密排方向、原子堆垛方式、四面体间隙和八面体间隙、同素异构和多晶型性等内容。

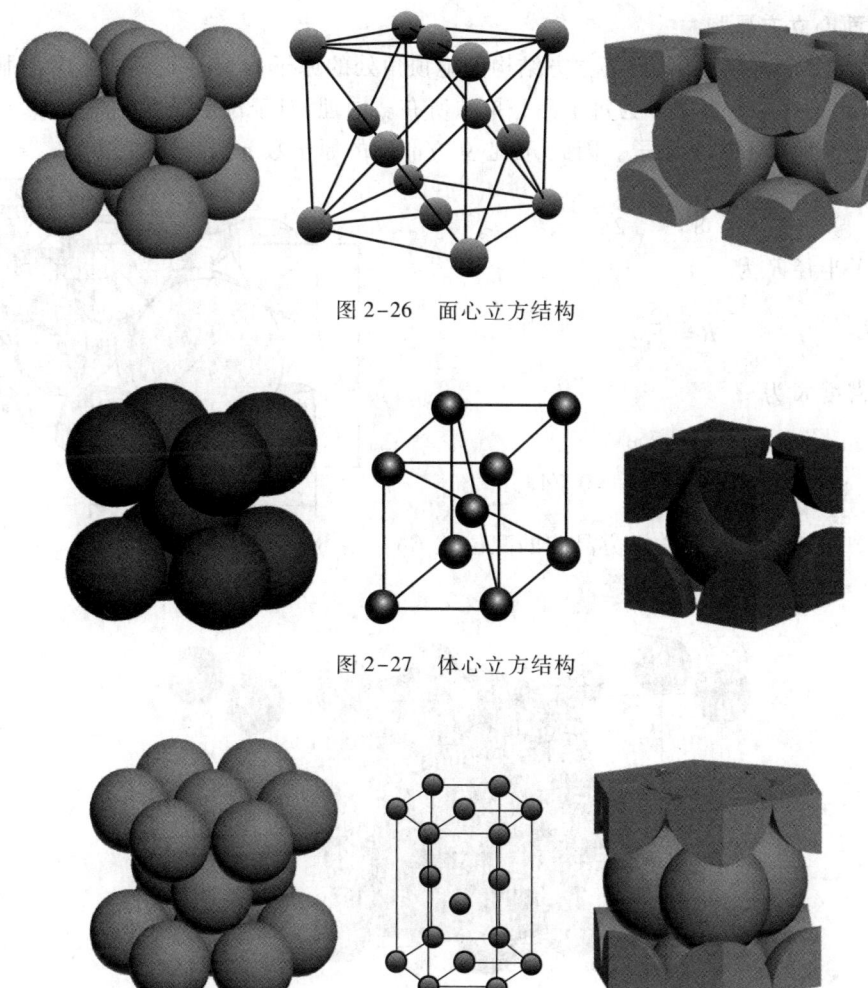

图 2-26 面心立方结构

图 2-27 体心立方结构

图 2-28 密排六方结构

2.2.1 常见金属的晶体结构

晶胞原子数(n) 指一个晶胞内所包含的原子数目。然而,只有在晶胞体积内的原子才单独为一个晶胞所有,而顶角处、晶面上的原子均为几个晶胞所共有。

原子半径(R) 晶胞中原子密度最大方向上最邻近原子间距的一半为原子半径。实际上,原子半径并非固定不变的参数,与温度、压力等外界条件以及结合键、配位数以及外层电子结构等因素紧密相关。

致密度(K) 指晶胞中原子本身所占的体积百分数,其计算公式如式(2-10)所示,其中,V、n、V_0 分别代表晶胞中的一个原子体积、原子个数、晶胞体积。

$$K = \frac{nV}{V_0} \tag{2-10}$$

配位数(CN) 指晶格中与任一原子直接相邻,并且距离相等的原子数目。

1. 面心立方晶胞

由图 2-29 可以看出,面心立方结构晶胞顶角处的原子为与其相邻的 7 个晶胞所共有,因此只有 1/8 个原子为每个晶胞单独所有。同理,对于位于晶面上的原子,每个晶胞只单独拥有 1/2 个原子。因此,面心立方晶胞的原子数 n 为

$$n = 8 \times \frac{1}{8} + 6 \times \frac{1}{2} = 4$$

原子半径 R 为

$$R = \frac{\sqrt{2}}{4} a$$

致密度 K 为

$$K = \frac{nV}{V_0} = \frac{4 \times \frac{4}{3} \pi R^3}{a^3} = 0.74$$

由图 2-30 可知,面心立方晶胞的配位数 CN 为 12。

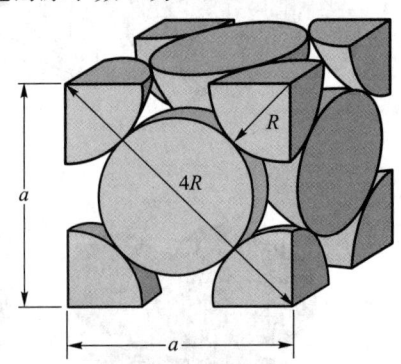

图 2-29 面心立方晶胞的原子半径

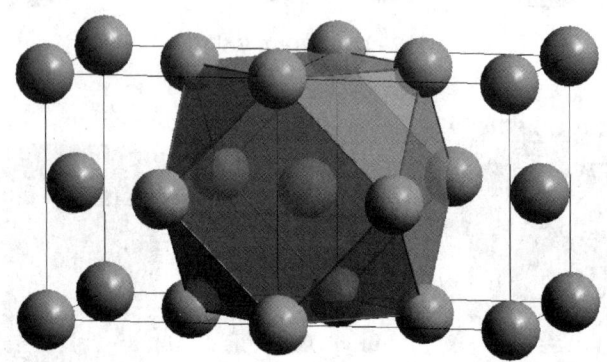

图 2-30 面心立方晶胞的配位数

2. 体心立方晶胞

$$n = 8 \times \frac{1}{8} + 1 = 2$$

原子半径 R 为

$$R = \frac{\sqrt{3}}{4} a$$

致密度 K 为

$$K = \frac{nV}{V_0} = \frac{2 \times \frac{4}{3} \pi R^3}{a^3} = 0.68$$

从图 2-31 和图 2-32 可以看出,体心立方晶胞的配位数 CN 为 8。此外,有时也会将 6 个距离为 a 的次近邻原子算作体心立方晶胞的配位数,此时记为 14。

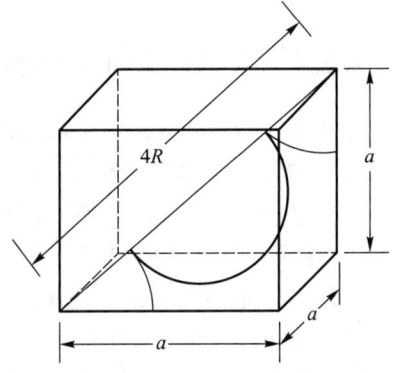

图 2-31 体心立方晶胞的原子半径

3. 密排六方晶胞

图 2-28 为理想情况下的密排六方晶胞,其点阵常数 $c/a = 1.633$,此时原子数 n 为

$$n = 12 \times \frac{1}{6} + 2 \times \frac{1}{2} + 3 = 6$$

原子半径 R 为

$$R = \frac{1}{2}a$$

致密度 K 为

$$K = \frac{nV}{V_0} = \frac{6 \times \frac{4}{3}\pi R^3}{\frac{3\sqrt{3}}{2}a^2 \times \sqrt{\frac{8}{3}}a} = 0.74$$

由图 2-33 可知,理想情况下密排六方晶胞配位数 CN 为 12,而在非理想情况下,即 $c/a \neq 1.633$,则有同一层的 6 个原子和上、下层的各 3 个原子,故此时的配位数为 (6+6)。

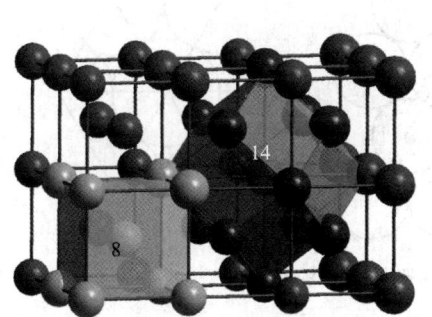 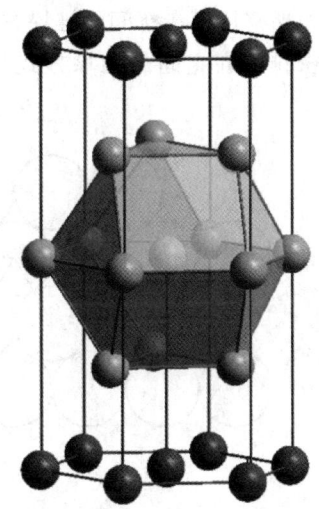

图 2-32　体心立方晶体的配位数　　　图 2-33　密排六方晶体的配位数

2.2.2　原子堆垛方式

上述结果表明面心立方晶胞和密排六方晶胞的致密度和配位数均相同,属于纯金属中最密集的结构。那么为什么两种结构不同的晶胞却具备相同的致密度和配位数呢?这和晶胞内原子的堆垛方式有关。如图 2-34 所示为两种不同的原子堆垛方式,相比之下,明显图 2-34b 具备更加紧密的排列结构。由图 2-26 ~ 图 2-28 也可以发现,面心立方晶胞、体心立方晶胞、密排六方晶胞中某些晶向或晶面上的原子最多,而具有最大原子密度的晶向或晶面称为密排方向或密排面。面心立方晶胞的密排方向、密排面分别为 $\langle 110 \rangle$、$\{111\}$;体心立方晶胞的密排方向、密排面分别为 $\langle 111 \rangle$、$\{110\}$;

而密排六方晶胞的密排方向、密排面分别为〈11$\overline{2}$0〉、{0001}。原子密排面经过层层平行堆垛即可构成上述三种不同的晶体结构。

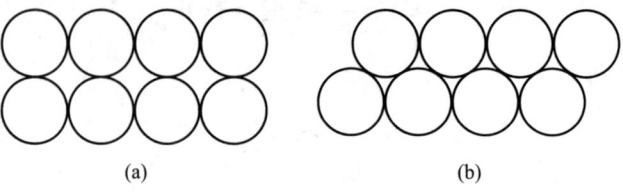

(a)   (b)

图 2-34   两种不同的原子堆垛方式

如图 2-35 所示,原子在面心立方晶胞的{111}晶面、密排六方晶胞的{0001}晶面上的排列情况相同。密排面的原子中心会形成一个由六个等边三角形所组成的六边形,而这六个三角形的中心又与原子之间的六个空隙中心相重合。同时,上述所构成的六个空隙可分为 B、C 两组,每组可组成一个等边三角形,如图 2-36a 所示。当第二层密排面的每个原子落入第一层密排面每三个原子之间的空隙上时,可以得到最密排结构,如图 2-36b 所示。除此之外,第二层原子也可以堆积在空隙 C 处,如图 2-36c 所示。如果密排面在空间的堆垛方式为 ABAB… 或 ACAC…,就会形成密排六方结构,而如果密排面在空间的堆垛方式为 ABCABC… 或 ACCACB…,此时会形成面心立方结构。

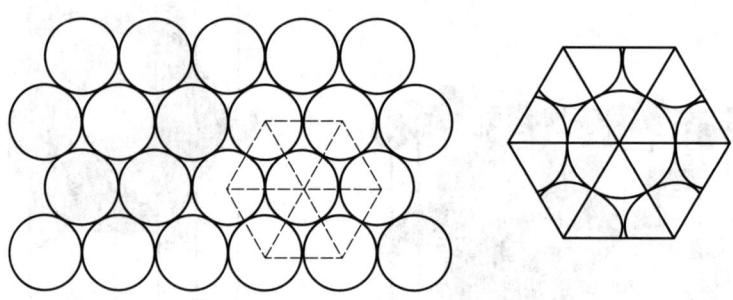

图 2-35   密排面的原子排列

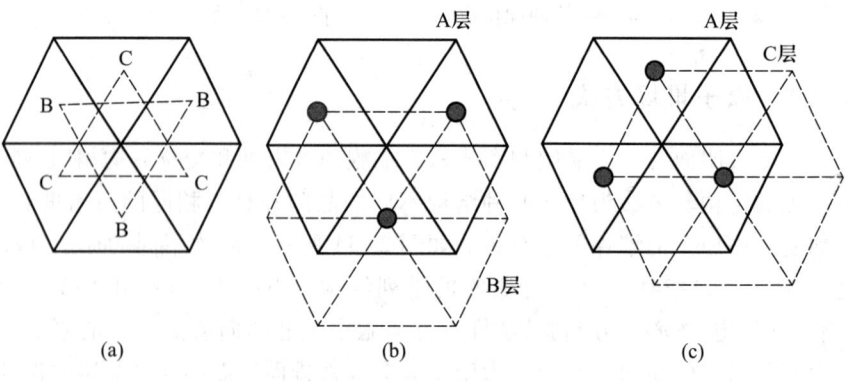

(a)   (b)   (c)

图 2-36   密排面的堆积

2.2.3 八面体间隙和四面体间隙

若晶体的致密度小于1,则说明金属晶体中存在许多间隙。例如,钢中Fe原子和C原子的有效半径分别为0.124 nm、0.07 nm,将C渗入Fe基体中时,C可以置换空间点阵阵点上的Fe原子,亦可以挤入Fe原子的间隙位置,而这种间隙对金属的性能具有重要的作用。因此,研究三种典型晶体的间隙位置及间隙大小是有必要的。常见的间隙有八面体间隙和四面体间隙两类。

1. 面心立方的八面体间隙和四面体间隙

如图2-37所示,面心立方晶胞的八面体间隙位于晶胞中心和棱中心处,数量和晶胞的原子数相类似。此时考虑到该间隙与相邻晶胞的共享情况,因此八面体间隙的个数为4;同理,四面体间隙位于<111>对角线1/4处,共有8个四面体间隙。

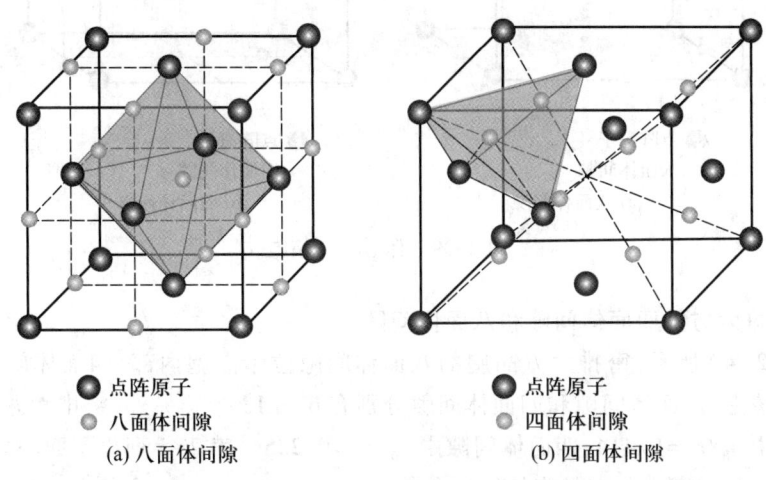

- ● 点阵原子
- ○ 八面体间隙
- (a) 八面体间隙

- ● 点阵原子
- ○ 四面体间隙
- (b) 四面体间隙

图2-37 面心立方晶胞的八面体间隙和四面体间隙

将原子半径标注为r_A,间隙中所能包含的最大圆半径标注为r_B,如图2-38所示,此时计算出面心立方晶胞的八面体间隙中$r_B/r_A=0.414$,四面体间隙中$r_B/r_A=0.225$。

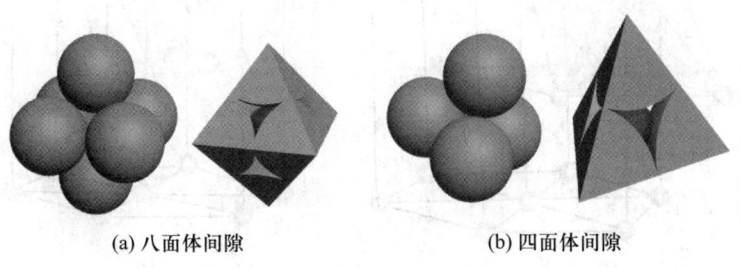

(a) 八面体间隙　　　　　　　　(b) 四面体间隙

图2-38 面心立方晶胞的八面体间隙和四面体间隙

2. 体心立方的四面体间隙和八面体间隙

如图2-39所示,体心立方晶胞的八面体间隙位于面心和棱中心处,四面体间隙位于面平分线的1/4处,八面体间隙和四面体间隙分别有6和12个。同时,体心立方晶胞的八面体间隙中 $r_B/r_A = 0.154$（<100>方向）或 0.633（<110>方向），四面体间隙中 $r_B/r_A = 0.291$。

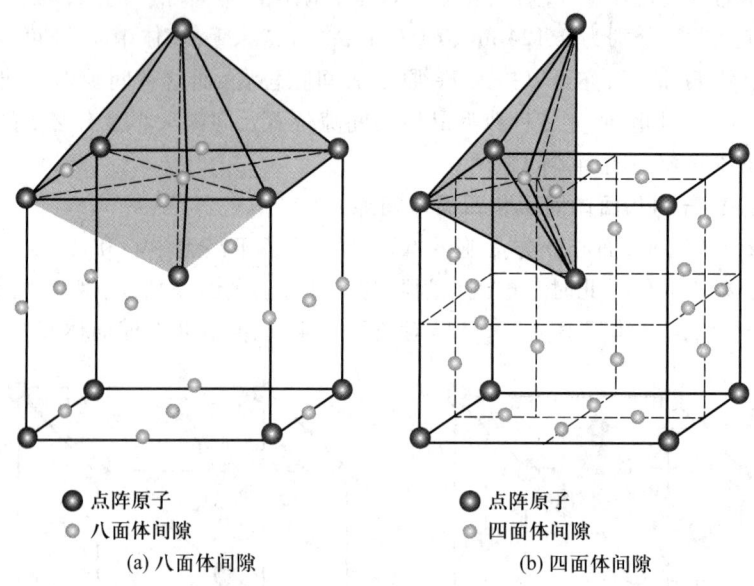

　　●点阵原子　　　　　　　　　　　●点阵原子
　　○八面体间隙　　　　　　　　　　○四面体间隙
　　(a) 八面体间隙　　　　　　　　　(b) 四面体间隙

图 2-39　体心立方晶胞

3. 密排六方的四面体间隙和八面体间隙

　　如图 2-40 所示，密排六方晶胞的八面体间隙位于晶胞内部，四面体间隙位于晶胞内部和棱上，八面体间隙和四面体间隙分别有 6 和 12 个。另外，密排六方晶胞的八面体间隙中 $r_B/r_A = 0.414$，四面体间隙中 $r_B/r_A = 0.225$。表 2-5 列出了面心立方晶胞、体心立方晶胞和密排六方晶胞的结构参数。

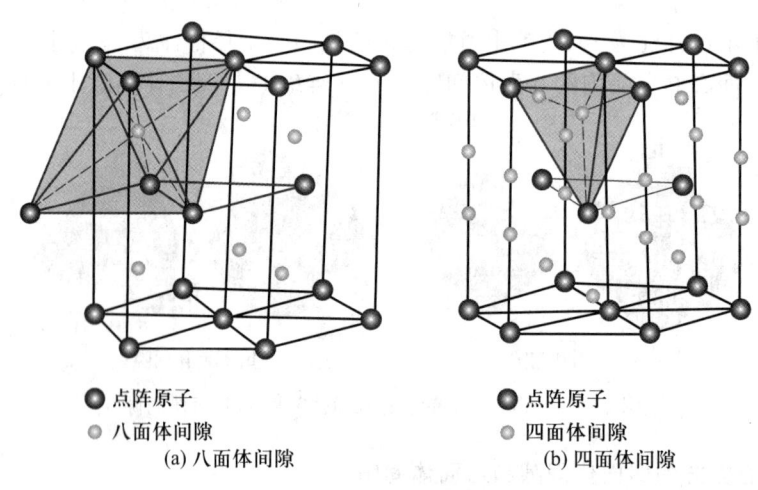

　　●点阵原子　　　　　　　　　　　●点阵原子
　　○八面体间隙　　　　　　　　　　○四面体间隙
　　(a) 八面体间隙　　　　　　　　　(b) 四面体间隙

图 2-40　密排六方晶胞

表 2-5 三种典型晶体的结构参数

结构参数 structure parameters	晶体结构类型		
	面心立方 （FCC）	体心立方 （BCC）	密排六方 （HCP）
点阵常数 lattice constants	a	a	$a,c(c/a=1.633)$
原子半径（R） atomic radius	$\sqrt{2}\,a/4$	$\sqrt{3}\,a/4$	$a/2$
晶胞内原子数（n） atom number	4	2	6
配位数（CN） coordination number	12	8	12
致密度（K） packing factor	0.74	0.68	0.74
密排面 close-packed plane	$\{111\}$	$\{110\}$	$\{0001\}$
密排方向 close-packed orientation	$<110>$	$<111>$	$<11\bar{2}0>$
四面体间隙 数量	8	12	12
大小	$0.225R$	$0.291R$	$0.225R$
八面体间隙 数量	4	6	6
大小	$0.414R$	$0.154R<100>$ $0.633R<110>$	$0.414R$

2.2.4 同素异构和多晶型性

某些固态金属在不同的温度和压力下具有不同的晶体结构,这种性质称为多晶型性,转变产物称为同素异构体,转变类型即同素异构转变。改变温度或压力等条件时,这些金属的晶体结构会随之发生变化,因此其性能也会相应地改变。Fe、Mn、Ti、Co、Sn、Zr 等金属均具备多晶型性。如图 2-41 所示,Fe 加热时发生同素异构转变。其中,在 912 ℃以下的 Fe 称为 α-Fe 具备体心立方结构;在 912 ~ 1 394 ℃内的 Fe 称为 γ-Fe,具备面心立方结构;而温度在 1 394 ℃至熔点范围内的 Fe 又会变成体心立方结构,此时的 Fe 称为 δ-Fe。不同晶体结构具有不同的致密度,所以当金属发生同素异构转变时,其体积及其他性质往往也会变化。

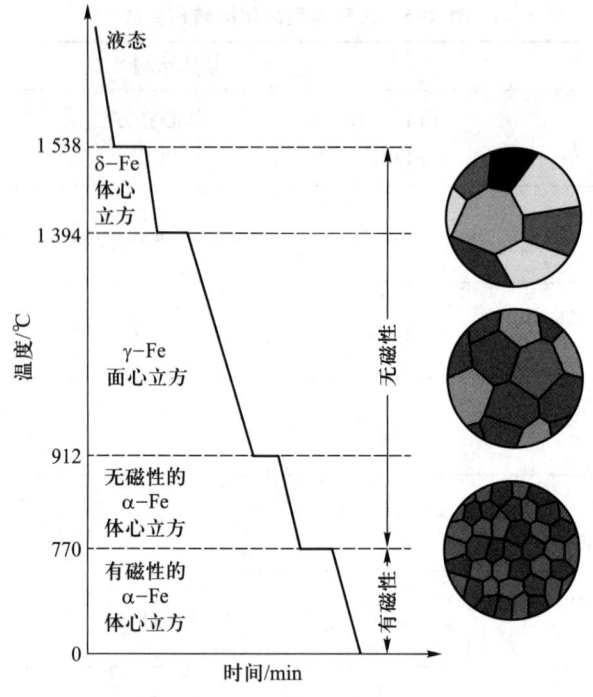

图 2-41　Fe 加热时的同素异构转变

2.3　合金相结构

纯金属的性能,特别是强度等指标往往无法满足实际生产和生活中的要求。因此,得到广泛应用的金属材料往往是合金。合金化可有效提高材料的性能。合金是由两种或两种以上的金属元素,或非金属元素与金属元素,经过熔炼、烧结等手段而结合在一起而形成的具有金属特性的物质。例如,应用广泛的铸铁和碳钢均为 Fe 和 C 所构成的合金,Cu 和 Zn 可以构成黄铜。组元是组成合金最基本的独立物质,具有同一聚集状态、相同晶体结构和性质,并被界面相互分开的组分,称为相。合金相可分为固溶体和中间相(或金属间化合物)。

2.3.1　固溶体

所形成合金的结构与组成合金的某一组元的结构相同时,该合金称为固溶体,表示为 α、β、γ。其中,与合金晶体结构相同的元素称溶剂,其他元素称溶质,保持原溶剂的晶体结构是固溶体晶体结构的最大特点。根据溶质所处的位置不同,固溶体可分为置换固溶体和间隙固溶体,如图 2-42 所示。

1. 置换固溶体

溶剂晶格的某些结点被溶质原子所占据,此时的固溶体即置换固溶体。如图 2-43所示为纯 Cu 及 Cu-Ni 置换固溶体,纯 Cu 为面心立方结构,而在 Cu-Ni 合金中,Ni 占据了部分 Cu 的位置,形成了置换固溶体。

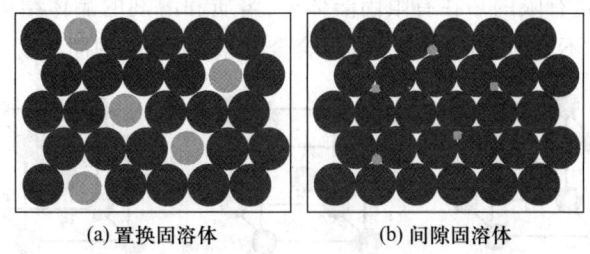

(a) 置换固溶体　　　　　　　　(b) 间隙固溶体

图 2-42　置换固溶体和间隙固溶体的示意图

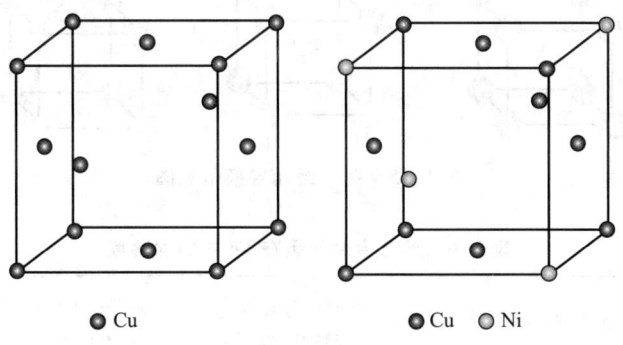

● Cu　　　　　　　　● Cu　○ Ni

图 2-43　纯 Cu 及 Cu-Ni 置换固溶体

　　固溶体的固溶度是指溶质原子在固溶体中的极限浓度。如果组成元素可以无限互溶,那么形成的固溶体被称为无限固溶体,如上述的 Cu-Ni 无限固溶体。而固溶度有一定限度的固溶体被称为有限固溶体,如 Cu-Zn 有限固溶体,如图 2-44 所示。影响固溶体固溶度的因素有很多,主要包括晶体结构、原子尺寸、化学亲和力(或电负性因素)、电子浓度因素和温度等。

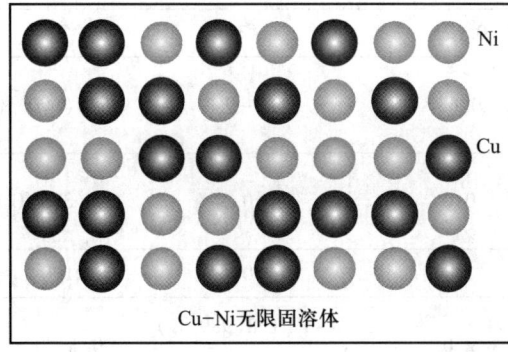
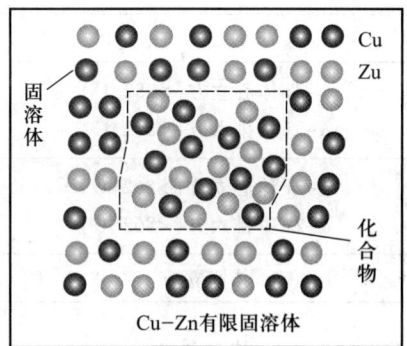

图 2-44　Cu-Ni 无限固溶体和 Cu-Zn 有限固溶体

(1)晶体结构因素

　　晶体结构相同是形成无限固溶体的前提条件。如图 2-45 所示为 A、B 组元置换示意图,只有 B 的结构类型与 A 相同时,B 原子才能够置换 A 原子。也正是由于 Cu

和 Ni 均为面心立方结构,因此才能形成 Cu-Ni 无限固溶体。而当组元的晶体结构类型不同时,其固溶度是有限的。在有限固溶体中,溶质和溶剂的晶体结构相同时的固溶度也会大于晶体结构不同时的固溶度。部分合金元素在 Fe 中的固溶度如表 2-6 所示。

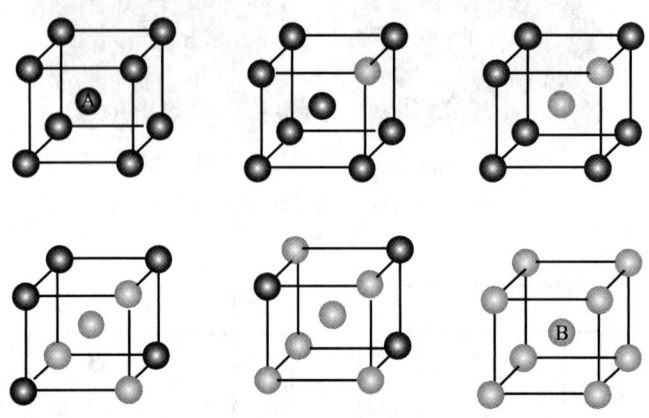

图 2-45   A、B 组元置换示意图

表 2-6   部分合金元素在 Fe 中的固溶度

元素	结构类型	在 γ-Fe 中的最大固溶度/%	在 α-Fe 中的最大固溶度/%	室温下在 α-Fe 中的最大固溶度/%
C	六方 金刚石型	2.11	0.021 8	0.008(600 ℃)
N	简单立方	2.8	0.1	0.001(100 ℃)
B	正交	0.018~0.026	~0.008	<0.001
H	六方	0.000 8	0.003	~0.000 1
P	正交	0.3	2.55	~1.2
Al	面心立方	0.625	~36	35
Ti	β-Ti 体心立方(>882 ℃) α-Ti 密排六方(<882 ℃)	0.63	7~9	~2.5(600 ℃)
Zr	β-Zr 体心立方(>862 ℃) α-Zr 密排六方(<862 ℃)	0.7	~0.3	0.3(385 ℃)
V	体心立方	1.4	100	100
Nb	体心立方	2.0	α-Fe 1.8(989 ℃) δ-Fe 4.5(1 360 ℃)	0.1~0.2
Mo	体心立方	~3	37.5	1.4
W	体心立方	~3.2	35.5	4.5(700 ℃)
Cr	体心立方	12.8	100	100

续表

元素	结构类型	在 γ-Fe 中的最大固溶度/%	在 α-Fe 中的最大固溶度/%	室温下在 α-Fe 中的最大固溶度/%
Mn	δ-Mn 体心立方(>1 133 ℃) γ-Mn 面心立方(1 095~1 133 ℃) α、β-Mn 复杂立方(<1 095 ℃)	100	~3	~3
Co	β-Co 面心立方(>450 ℃) α-Co 密排六方(<450 ℃)	100	76	76
Ni	面心立方	100	~10	~10
Cu	面心立方	~8	2.13	0.2
Si	金刚石型	2.15	18.5	15

(2) 原子尺寸因素

原子尺寸因素是通过固溶体中溶剂原子半径 r_A 和溶质原子半径 r_B 的相对差值来体现的,即

$$\Delta r = (r_A - r_B)/r_A \times 100\% \qquad (2-11)$$

形成固溶体时,溶质原子溶入时会造成不同程度的晶格点阵畸变,如图 2-46 所示。其中,若所溶入的溶质原子的半径大于溶剂原子,则溶质原子周围的溶剂原子将会受到排斥,反之,当溶质原子的半径比溶剂原子小时,溶质原子溶入溶剂后,溶质原子周围的溶剂原子将会向溶质原子靠拢。晶格点阵畸变的程度会随着溶质原子加入量的增加而逐渐变严重。因此,Δr 的数值是固溶体固溶度的限制因素。一系列统计结果表明,当组元的原子半径差 $\Delta r < 15\%$ 时,有利于形成溶解度较大的固溶体;而当 $\Delta r > 15\%$ 时,Δr 越大,溶质原子溶入后晶格点阵畸变的程度越大,而畸变能的升高使得结构不稳定,从而导致溶解度变小。

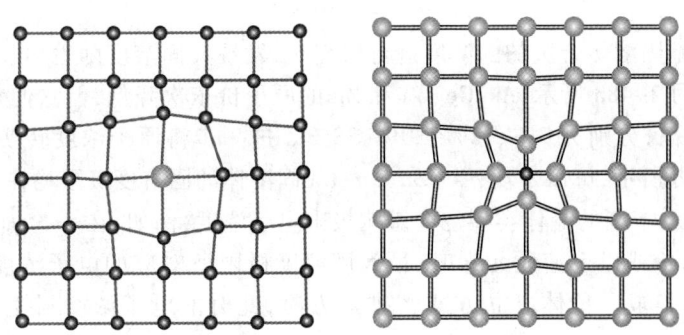

图 2-46 置换固溶体形成时所发生的点阵畸变

(3) 化学亲和力因素(或电负性因素)

溶剂与溶质元素之间的化学亲和力(即合金组元间电负性差)是影响固溶体溶解

度的重要因素之一。若溶剂与溶质元素之间的化学亲和力强,则不利于固溶体的生成,此时倾向于形成化合物,即使形成了固溶体,其溶解度也很小。电负性与原子序数有关,且具有周期性。其中,同一周期内电负性随原子序数的增大而增大,而在同一族中,电负性随原子序数的增大而逐渐减少,如图 2-47 所示。

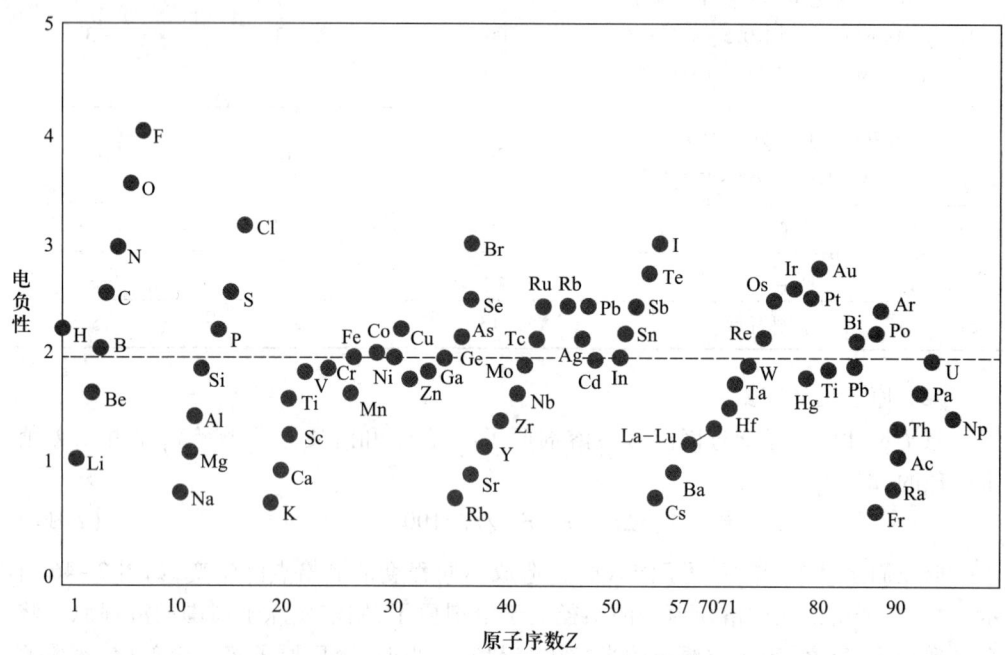

图 2-47   元素电负性(虚线为 Fe 的电负性数值)

(4)电子浓度因素

电子浓度是指合金中价电子数目 e 与原子数目 a 的比值。若溶剂和溶质的原子价分别为 A、B,溶质的原子数分数为 x,则电子浓度可表示为

$$e/a = \frac{A(100-x)+Bx}{100} \tag{2-12}$$

在对 Cu 基固溶体合金的固溶度进行研究时,发现其固溶度随着溶质原子价的增大而降低,如图 2-48a 所示,As、Ge、Ga 和 Zn 的原子价依次降低,但它们在 Cu 中的固溶度却依次升高,分别为 7%、12%、20%、38%。进一步将原子浓度转换成电子浓度后,如图 2-48b 所示,可以发现,Cu-Zn、Cu-Ga 固溶体的固溶度极限均在 1.4 附近,即极限电子浓度。溶剂的晶体类型也会影响极限电子浓度,例如,在一价面心立方溶剂金属中溶入二价或以上溶质元素时,最大固溶度极限所对应的电子浓度为 1.36,而当把溶剂金属换成一价体心立方或密排六方时,此时的电子浓度则变成了 1.48 或 1.75。

(5)温度(因素)

一般而言,固溶体的固溶度会随着温度的升高而变大,但对于如 Cu-Zn 合金等少数含有中间相的复杂合金,则会呈现相反的趋势。

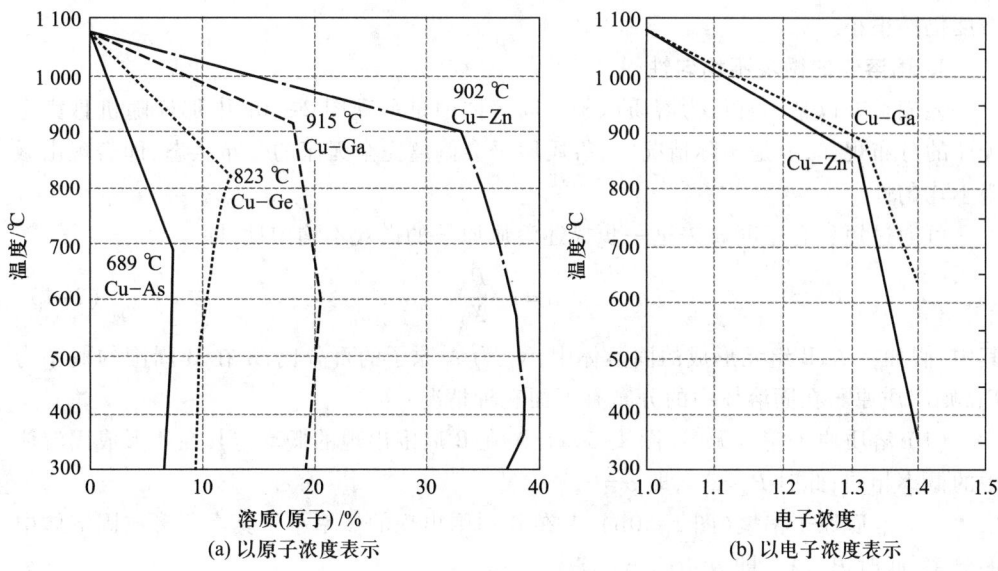

(a) 以原子浓度表示   (b) 以电子浓度表示

图 2-48 不同元素在铜中的固溶度

2. 间隙固溶体

除了取代溶剂原子,溶质原子也可进入溶剂晶格间隙,此时形成的固溶体即间隙固溶体。如图 2-49 所示,当 C 溶入 Ni 晶体结构中时,不会占据 Ni 溶剂的结点位置,而是位于溶剂晶格的间隙中。间隙固溶体中的溶质一般为原子半径小(<0.1 nm)的非金属元素,如 O、N、C、B、H 等,而溶剂元素一般是过渡元素。一般 $r_质/r_剂 < 0.59$ 时会倾向于形成间隙固溶体。对于间隙固溶体而言,由于间隙的尺寸小于溶质原子的尺寸,溶质原子溶入后会使得溶剂点阵常数和畸变能变大,因此间隙固溶体都是有限固溶体,且溶解度不大。

溶质原子的大小是决定间隙固溶体固溶度大小的重要因素之一,同时,由于溶剂元素的晶格类型决定了其间隙的形状与大小,所以溶剂元素晶格类型也是关键因素。C 溶入 Fe 中所形成的间隙固溶体为钢中的重要合金相,而由 2.2.4 节可知 Fe 具有同素异构和多晶型性。例如,C 原子会溶入 γ-Fe 和 α-Fe 的八面体间隙中,而 C 在 γ-Fe、α-Fe 中的最大固溶度分别为 2.11% 和 0.021 8%(质量分数),其较大的固溶度差值主要是由于 γ-Fe 的八面体间隙尺寸大于 α-Fe 的八

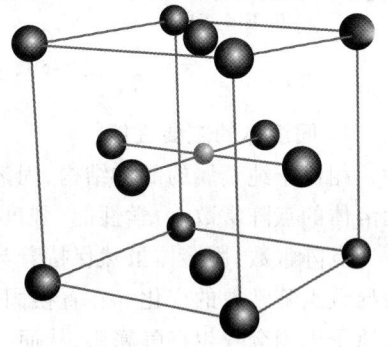

图 2-49 间隙固溶体

面体间隙尺寸,γ-Fe 可以容纳更多的 C 原子。同时,体心立方 α-Fe 的八面体间隙为扁八面体(见图 2-39),虽然其 <100> 方向上的间隙较小($r_B/r_A = 0.154$),但 <110> 方向上的间隙大小($r_B/r_A = 0.633$)远远大于四面体间隙($r_B/r_A = 0.291$),这也是 C 会溶入 α-Fe 的八面体间隙而非四面体间隙中的原因。尽管如此,C 在 α-Fe 中的实际固

溶度仍然很小。

3. 固溶体的微观不均匀性

人们长期以来一直认为溶质原子在固溶体中是呈现图 2-50a 中那样随机且完全无序的分布规律,但是实际情况中,溶质原子会偏离完全无序的分布状态,即表现出微观不均匀性。

可通过短程有序度 α 来进一步描述溶质原子的微观不均匀性,即

$$\alpha = 1 - \frac{P_A}{X_A} \tag{2-13}$$

其中,假如在 A、B 组元形成的固溶体中,X_A 为 A 原子的百分比,A 在 B 周围的概率为 P_A,则溶质原子在固溶体中的分布有下面三种情况:

（1）溶质原子完全无序(图 2-50a),A 在 B 周围出现的概率与其在所形成固溶体中的概率相同,此时 $P_A = X_A$,即 $\alpha = 0$;

（2）溶质原子偏聚(图 2-50b),A 在 B 周围出现的概率小于其在所形成固溶体中的概率,此时 $P_A < X_A$,即 $\alpha > 0$;

（3）溶质原子短程有序(图 2-50c),A 在 B 周围出现的概率大于其在所形成固溶体中的概率,此时 $P_A > X_A$,即 $\alpha < 0$。

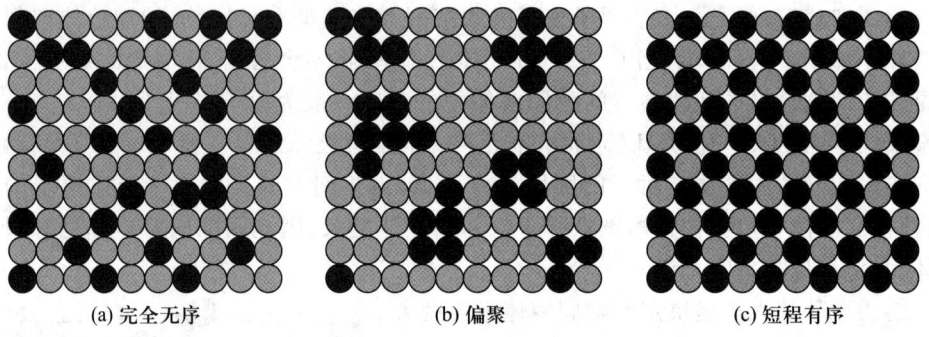

(a) 完全无序　　　　　　　(b) 偏聚　　　　　　　(c) 短程有序

图 2-50　溶质原子在固溶体中的分布

4. 固溶体的主要性能

相比于纯金属的晶体结构,固溶体中溶质原子的溶入会产生晶格畸变,从而使得固溶体的点阵常数、力学性能(强度与硬度)以及物理性能发生不同程度的改变。

点阵常数:固溶体虽然保持着与溶剂一致的晶体结构,但溶质与溶剂原子的差异会导致点阵常数的变化。在置换固溶体中,当溶质原子半径大于溶剂原子半径时,溶质原子周围会发生点阵膨胀,从而导致点阵常数增大;反之,溶质原子周围会发生点阵收缩,点阵常数减小。而对于间隙固溶体而言,由于溶质原子溶入到晶格间隙中,因此会使得点阵常数增大。

力学性能(强度与硬度):相比于纯金属,固溶体的力学性能(特别是强度和硬度)得到了提升。这是由于溶质原子的溶入使晶格发生畸变及对位错的钉扎作用,阻碍了位错的运动,这种现象也被称为固溶强化。其中,强化的程度主要与固溶体成分、类型、结构以及溶质原子的固溶度等因素有关。金属的强化方式主要有四种,即固溶强

化、加工硬化、细晶强化、第二相强化,具体知识将在后续章节中详细介绍。

物理化学性能:成分改变时,固溶体的磁学、热学、电学等物理性能一般会呈非线性变化趋势。如图 2-51 所示为 Cu-Ni 固溶体在 0 ℃时电阻率与成分的关系,可以发现 Cu-Ni 固溶体的电阻率随着固溶体中 Ni 的增加而先升高后降低,在中间某一浓度时电阻率达到最大值。此外,含有 2%~4% Si 的 α-Fe(硅钢)为应用较广的软磁材料;Cr 溶入不锈钢中会导致电极电位上升,抗腐蚀性提高,不锈钢性能也会突变,即非磁向有磁转变,顺磁向铁磁转变。这些都表明固溶体成分对其物理化学性能具有重要影响。

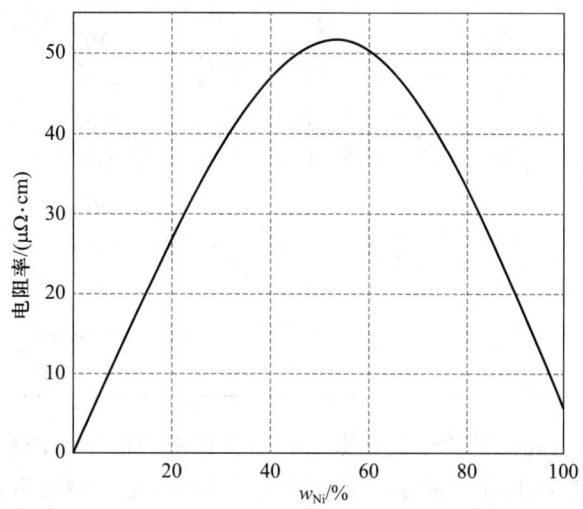

图 2-51　Cu-Ni 固溶体在 0 ℃时电阻率与成分的关系

2.3.2　中间相

不同于固溶体,合金中各组元之间可以发生化学反应,形成与组成组元的晶体结构均不相同的新相。在二元相图中,所形成的新相通常位于两端际固溶体的中间位置,所以称为中间相。而由不同金属,或者金属与亚金属所构成的中间相则称为金属间化合物。大部分中间相的键合方式是以金属键为主的混合键,因此,中间相均会显示金属特性。相比于组成组元,中间相的性能会得到明显提升,在科技领域,中间相扮演着重要的角色,例如形状记忆合金(Ni-Ti 合金)、核反应堆材料(Zr_3Al)、超导材料(Nb_3Sn)等。

类似于固溶体,电负性、电子浓度、原子尺寸也是影响中间相形成及晶体结构的重要因素。因此,可以将中间相归纳为正常价化合物(服从原子价规律)、电子化合物(受控于电子浓度)、与原子尺寸因素有关的化合物(间隙相、间隙化合物)和超结构(或有序固溶体)等。

1. 正常价化合物

由金属元素与ⅣA、ⅤA、ⅥA族电负性较强的元素组成,并遵守原子价规律的化合物称为正常价化合物。正常价化合物的分子式通常为 AB(NaCl 或 ZnS 结构)、AB_2（CaF_2 结构）、A_2B（反 CaF_2 结构）、A_3B_2（反 M_2O_3 结构，M 为金属），如表 2-7 所示，它们具有严格的化合比，成分固定不变，如 Mg_2Si，Mg_2Pb，MnS 等。

表 2-7　部分正常价化合物及其晶体结构

NaCl 结构	CaF_2 结构	反 CaF_2 结构	立方 ZnS 结构	六方 ZnS 结构
MgSe	$PtSn_2$	Mg_2Si	ZnS	ZnS
CaSe	$PtIn_2$	Mg_2Ge	CdS	CdS
SrSe	$AuAl_2$	Mg_2Sn	MnS	MgTe
BaSe	Pt_2P	Mg_2Pb	AlP	CdTe
MnSe		Cu_2Se	ZnSe	MnSe
PbSe		Ir_2P	MnSe	AlN
CaTe		LiMgN	AlAs	GaN
SrTe		LiMgAs	ZnTe	InN
BaTe		CuCdSb	CdTe	
SnTe		Li_3AlN_2	AlTe	
PbTe		Li_5TiN_3	InSb	
			SiC	

　　构成中间相的组元的电负性差是影响中间相稳定性的主要因素，电负性差越大，化合物越稳定，越趋向于离子键结合；而电负性差越小，化合物越不稳定，越趋向于金属键结合。例如，Si、Sn、Pb 与 Mg 的电负性差呈现逐渐减小的趋势，因此，Mg_2Si、Mg_2Sn、Mg_2Pb 的键合分别为离子键、共价键和金属键，三者的稳定性也在逐渐降低，其中，三者的熔点分别为 1 102 ℃、773 ℃和 550 ℃。

2. 电子化合物

　　电子化合物是休姆-罗瑟里（Hume-Rothery）在研究 Ag、Au、Cu 等ⅠB 族贵金属与ⅡB、ⅢA、ⅣA 族元素发生合金化时发现的，后来在 Fe-Al、Ni-Al 等其他合金中也有发现，因此电子化合物也称为休姆-罗瑟里相。电子化合物的稳定性主要取决于其电子浓度，具有相同电子浓度的电子化合物具备相同的晶体结构。但在计算过渡元素（不包含ⅠB、ⅡB 族）的电子浓度时，由于它们的 d 层电子未被填满，实际不贡献价电子数，因此其价电子数被视为 0。

　　β 相：电子浓度为 21/14 的电子化合物称为 β 相，β 相通常具有体心立方结构，但有时还可能呈复杂立方的 β-Mn 结构（如 Cu_5Si、Au_3Al 等），或密排六方结构（如 Cu_5Ga、Ag_5Sn 等）。

　　γ 相：电子浓度为 21/13 的电子化合物称为 γ 相，γ 相一般具有复杂立方结构（如 γ-黄铜）。

　　ε 相：电子浓度为 21/12 的电子化合物称为 ε 相，ε 相一般具有密排六方结构（如 ε-黄铜）。

常见的电子化合物及其晶体结构如表 2-8 所示。

表 2-8　常见的电子化合物及其晶体结构

电子浓度 $=\dfrac{2}{3}$，即 $\dfrac{21}{14}$			电子浓度 $=\dfrac{21}{13}$	电子浓度 $=\dfrac{7}{4}$，即 $\dfrac{21}{12}$
体心立方结构	面心立方结构	密排六方结构	复杂立方结构	密排六方结构
$CuZn$	Cu_5Si	Cu_3Ga	Cu_5Zn_8	$CuZn_3$
$CuBe$	Ag_3Al	Cu_5Ge	Cu_5Cd_8	$CuCd_3$
$CuAl$	Au_3Al	$AgZn$	Cu_5Hg_8	Cu_3Sn
Cu_3Ga^*	$CoZn_3$	$AgCd$	Cu_9Al_4	Gu_3Si
Cu_3Ln		$AgAl$	Cu_9Ln_4	$AgZn_3$
Cu_5Si^*		Ag_3Ga	$Cu_{31}Si_8$	$AgCd_3$
Cu_5Sn		Ag_3In	$Cu_{31}Sn_8$	Ag_3Sn
$AgMg^*$		Ag_3Sn	Ag_3Zn_8	Ag_3Al
$AgZn^*$		Ag_7Sb	Ag_3Zn_8	$AuZri_3$
$AgCd^*$		Au_3Ln	Ag_5Cd_8	$AuCd_3$
Ag_3In^*		Au_5Sn	Ag_5Hg_8	Au_3Sn
Ag_3Al^*			Ag_9Ln_4	$AuAl_3$
$AuZn$			Au_9Ln_8	
$AuCd$			Au_5Cd_8	
$AuMg$			Au_9Ln_4	
$FeAl$			Fe_5Zn_{21}	
$CoAl$			Co_5Zn_{31}	
$NiAl$			Ni_5Be_{21}	
$PdIn$			$Na_{31}Pb_8$	

*　不同温度出现不同结构

需要注意的是,虽然电子化合物可以用化学分子式来表示,但其成分并不是固定的,而是存在一定的成分范围,且其电子浓度也在一定的范围内发生变化。例如,图 2-52 中的 Cu_3Al、Cu_9Al_4、Cu_5Al_3。

由于电子化合物的键合主要是金属键,因此电子化合物具有明显的金属特性。然而,不同电子化合物的性能也会发生明显的差异。例如,γ-黄铜(Cu_5Zn_8)导电性差且质脆,而 β-黄铜($CuZn$)导电性及塑性均较好。

3. 与原子尺寸因素有关的化合物

化合物的类型会受到其组成元素原子尺寸差异的影响,对于间隙相和间隙化合物而言,其组成化合物的两种原子半径差通常很大,而两种原子半径接近时,则会倾向形成拓扑密堆相,下面主要介绍间隙相和间隙化合物。

过渡金属与 B、O、H、C、N 等小原子半径的非金属元素可形成间隙相或间隙化合

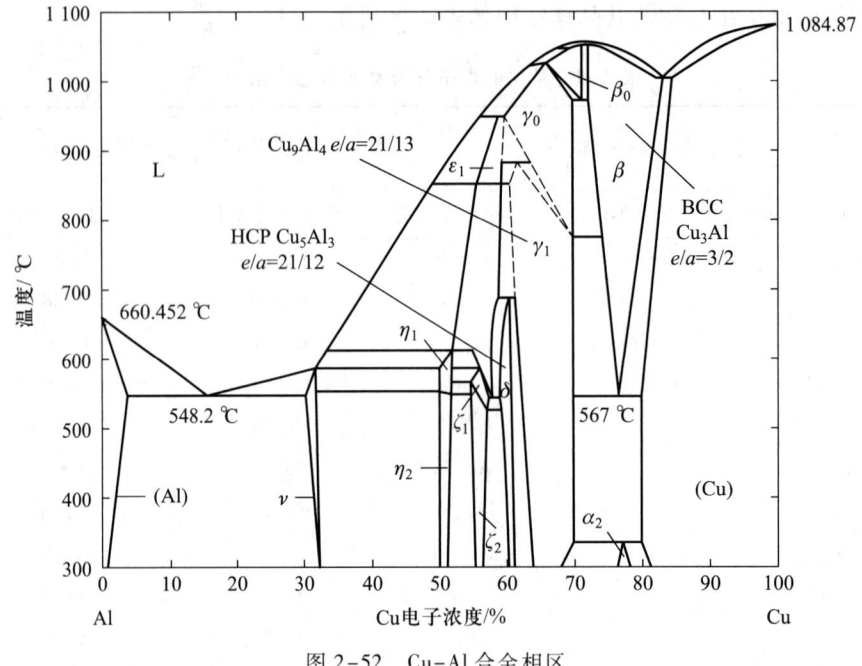

图 2-52　Cu-Al 合金相区

物,而具体会形成间隙相还是间隙化合物主要取决于非金属(X)和金属(M)原子半径的比值 R_X/R_M,当 $R_X/R_M<0.59$,且两者之间的电负性相差较大时,可形成晶体结构简单的化合物,即间隙相,需要注意的是,当 $R_X/R_M<0.59$ 但两者之间的电负性接近时,会形成间隙固溶体;而当 $R_X/R_M>0.59$,且两者之间的电负性相差较大时,可形成晶体结构复杂的化合物,即间隙化合物。H、N、C、B 的原子半径依次增大,分别为 0.046 nm、0.071 nm、0.077 nm、0.097 nm。对于非金属元素 H、N 与过渡金属所形成的化合物,由于 H、N 的原子半径较小,因此所形成的化合物均为间隙相;而过渡金属硼化物均为间隙化合物,这主要是由于 B 的原子半径较大;C 的原子半径位于中间范围,因此所形成的过渡金属碳化物一部分为结构复杂的间隙化合物,如 Fe_3C、Cr_7C_3、Fe_4W_2C 等,另一部分为结构简单的间隙相,如 TiC、VC、NbC、WC 等。

(1) 间隙相

间隙相的晶体结构较简单,如面心立方结构、密排六方结构、体心立方结构、简单六方结构。但与组元的晶体结构不同,如金属 V 为体心立方结构,但 V 与 C 所形成的间隙相为面心立方结构,如图 2-53 所示。非金属原子有规则地分布在晶格间隙中,而具体会占据哪种类型的间隙也主要取决于原子半径之比,当 $R_X/R_M<0.414$ 时,间隙原子大概率会占据四面体间隙,而假如 $R_X/R_M>0.414$ 时,间隙原子会占据八面体间隙。

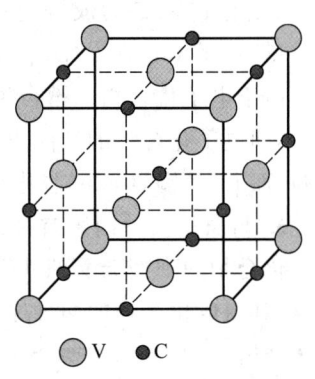

● V　● C

通常可以用简单的化学式来表示间隙相,常见的　图 2-53　间隙相 VC 的晶体结构

间隙相分子式为 M_4X、M_2X、MX、MX_2 四种，如表 2-9 所示。然而，虽然间隙相有一定的化学式，但实际上大部分间隙相具有一定的成分范围，如表 2-10 所示。这主要是由于间隙相可看作基于化合物的固溶体。其中，除了可溶解组成元素，如果间隙相之间的结构类型及原子尺寸都相近，间隙相与间隙相之间也会溶解，甚至可以形成如 $TiC-VC$、$TiC-NbC$、$NbC-VC$ 等无限固溶体。

表 2-9 间隙相举例

分子式	间隙相举例	金属原子排列类类型
M_4X	Fe_4N，Mn_4N	面心立方结构
M_2X	Ti_2H，Zr_2H，Fe_2N，Cr_2N，V_2N，W_2C，Mo_2C，V_2C	密排六方结构
MX	TaC，TiC，ZrC，VC，ZrN，VN，TiN，CrN，ZrH，TiH	面心立方结构
MX	TaH，NbH	体心立方结构
MX	WC，MoN	简单六方结构
MX_2	TiH_2，ThH_2，ZnH_2	面心立方结构

表 2-10 部分间隙相的成分范围

相的名称	$Fe_4N(\gamma')$	$Fe_2N(\varepsilon)$	Mn_4N	Mn_2N	Mo_4C	NbC	PdH	TaC
非金属 X/%（原子）	19~21	17~33	20~21.5	25~34	30~39	44~48	39~45	45~50

相的名称	TiC	TiN	Ti_2H	$TiH \sim TiH_2$	VC		ZrC	UC_2
非金属 X/%（原子）	25~50	30~50	0~33	47~62	43~50		33~50	26~65

间隙相中的原子主要是依靠金属键和共价键结合的，因此即使间隙相中非金属组元的原子百分比超过一半，间隙相仍然具有明显的金属性能，如高熔点、高硬度等，如表 2-11 所示。间隙相具有较广泛的应用，是合金工具钢、硬质合金中的重要组成相，在工件表面沉积薄层间隙相可提高工件的强度。

表 2-11 部分金属及其间隙相的熔点和硬度

物质名称	W	W_2C	WC	Mo	Mo_2C	MoC	Ta	TaC
熔点/℃	3 630	3 130	2 867	2 890±40	2 960±50	2 960±50	3 300	4 150±140
矿物硬度等级	6.5~7.5	>9	9	6~7	7~9	7~8	6	8~9
硬度/HV	约 400	3 000	1 730	350	1 480	—	300	1 550

物质名称	TaN	Nb	WC	Nb_2N	V	VC	Ta	TaC
熔点/℃	3 360±50	2 770	3 770±50	2 300	1 993	3 023	3 805	3 410
矿物硬度等级	8	6	9	—	6.5	>9	>9	>9
硬度/HV	—	300	2 050	—	—	2 010	2 840	2 850

（2）间隙化合物

间隙化合物的晶体结构较复杂，一般常见的间隙化合物有 M_3C 型（如 Fe_3C、M_3C 等）、M_7C_3 型（如 Cr_7C_3 等）、$M_{23}C_6$ 型（如 $Cr_{23}C_6$ 等）、M_6C 型（如 Fe_3W_3C、Fe_4W_2C 等）等。对于间隙化合物中的金属元素 M，也可以被其他金属元素所取代，形成如（Fe, Mn$)_3$C、（Cr,Fc$)_7C_3$、（Fe,Ni$)_3$（W,Mo$)_3$C 等以化合物为基的固溶体。下面主要列举 M_3C、$M_{23}C_6$ 两种典型的结构。

① M_3C 型结构

Fe_3C 为典型的 M_3C 型结构，又称为渗碳体，为正交晶系，其晶体结构如图 2-54 所示。其中，晶胞中有 4 个 C 原子，12 个 Fe 原子，符合 Fe∶C=3∶1 的关系，且 Fe 原子近于密堆排列，而 C 原子分布于其间隙中。Fe_3C 的硬度比较高，为 950 ~ 1 050 HV，是钢中的主要强化相。

② $M_{23}C_6$ 型结构

$M_{23}C_6$ 型结构为较复杂的立方结构，金属原子、C 原子数目分别为 92、24，可将其看成由 8 个亚胞交替排列组成的大晶胞，如图 2-55 所示。$Cr_{23}C_6$ 为典型的 $M_{23}C_6$ 型结构，它的熔

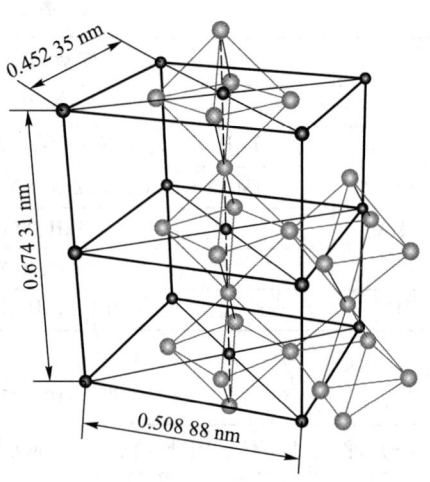

图 2-54 Fe_3C 晶体结构

点与 Fe 的熔点相当，硬度为 1 050 HV，常存在于镍基、铁基等高温合金中，为不锈钢中的主要碳化物。

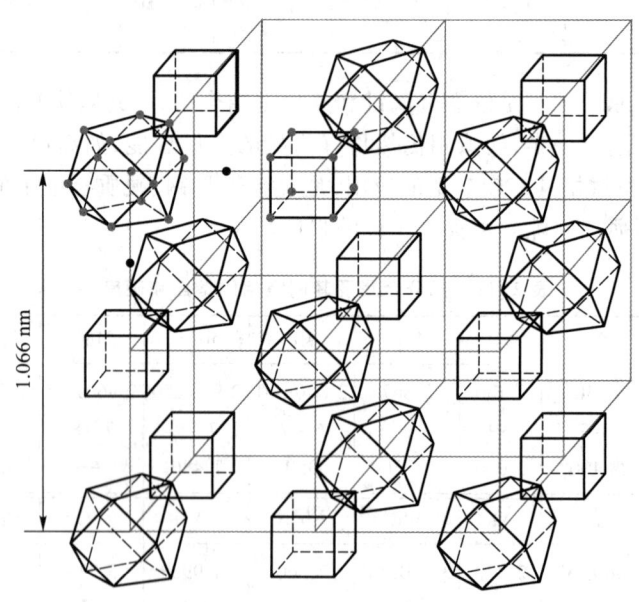

图 2-55 $M_{23}C_6$ 的晶体结构

4. 超结构（有序固溶体）

当短程有序固溶体的成分接近一定的原子比值,并从高温缓慢冷却至一临界温度以下时,溶剂原子和溶质原子会呈现规则排列,即从短程有序状态转变为长程有序状态,从而形成了有序固溶体,该过程称为有序化转变。有序固溶体的 X 射线衍射结果示意图会出现附加的超结构线如图 2-56 所示。因此,有序固溶体也被称为超点阵或超结构。

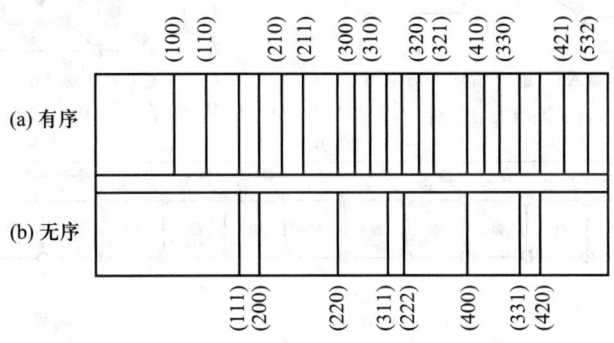

图 2-56　Cu₃Au 的德拜相示意

超结构有较多的类型,主要可分为以面心立方为基的超结构、以体心立方为基的超结构以及以密排立方为基的超结构这三类,如表 2-12 所示,相应的晶胞图形如图 2-57 所示。

表 2-12　典型超结构

结构类型	典型合金	晶胞图形	合金举例
以面心立方 为基的超结构	Cu_3Au Ⅰ 型	图 2-57a	Ag_3Mg、Au_3Cu、$FeNi_3$、Fe_3Pt
	CuAu Ⅰ 型	图 2-57b	$AuCu$、$FePt$、$NiPt$
	CuAu Ⅱ 型	图 2-57c	$CuAu$ Ⅱ
以体心立方 为基的超结构	$CuZn$（β 黄铜）型	图 2-57d	β'-$CuZn$、β-$AlNi$、β-$NiZn$、$AgZn$、$FeCo$、FeV、$AgCd$
	Fe_3Al 型	图 2-57e	Fe_3Al、α'-Fe_3Si、β-Cu_3Sb、Cu_2MnAl
以密排立方 为基的超结构	$MgCd_3$ 型	图 2-57f	$CdMg_3$、$AgIn$、Ti_3Al

有序固溶体在从短程有序状态到长程有序状态的转化中,需要满足异类原子之间的相互吸引大于同类原子间的吸引作用这一基本条件,以确保能量得到降低。此时,可通过"长程有序度参数"S 来定量地表示有序化程度,其定义为

$$S = \frac{P - X_A}{1 - X_A} \tag{2-14}$$

其中,A 原子在合金中的原子数分数为 X_A,A 原子的正确位置上(即在完全有序时此位置应为 A 原子所占据)出现 A 原子的概率为 P。完全有序时,P 和 S 均为 1;完全无序时,$P = X_A$,而 $S = 0$。

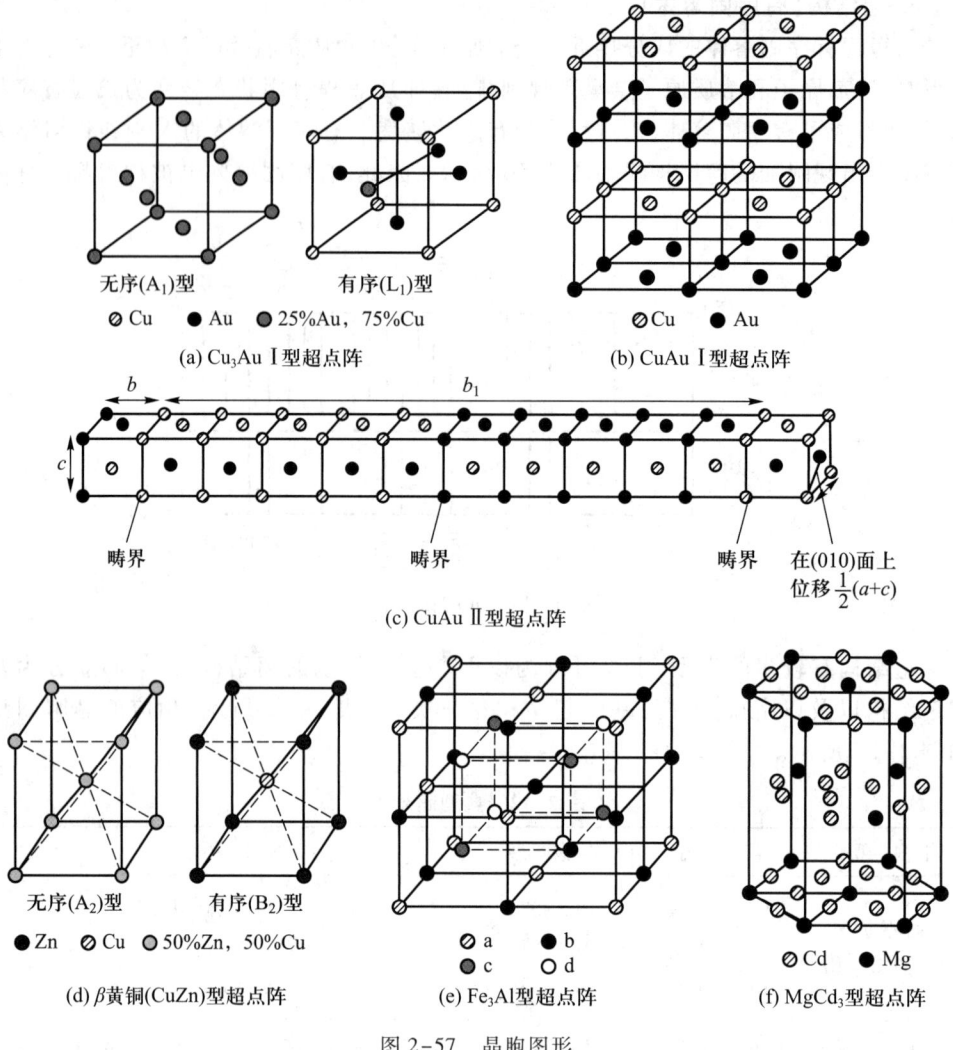

图 2-57 晶胞图形

有序化转变是通过原子迁移来实现的,其过程涉及形核和长大的过程。初始阶段的核心是短程有序的微小区域,但当合金缓慢冷却至临界温度(有序化转变点)时,各个核心开始长大直至相互接壤,这些小块有序区域被称为有序畴,但彼此原子之间存在界面,即反相畴界,其两边的有序畴称为反相畴(图 2-58)。反相畴说明了固溶体的有序化过程是在多个地点同时进行的,当小区域长大到相互接触时就会停止长大。但由于这些小区域是单独形核的,因此它们的原子排列顺序不同,从而生成了反相畴界。

有序化过程受多种因素影响,包括温度、冷却速度和合金成分等。其中,温度升高、冷却速度加快或者合金成分偏离理想成分均不利于得到完全的有序结构。合金的有序化也会影响合金的性能,如电阻率急剧降低、硬度增加和磁性改变等。

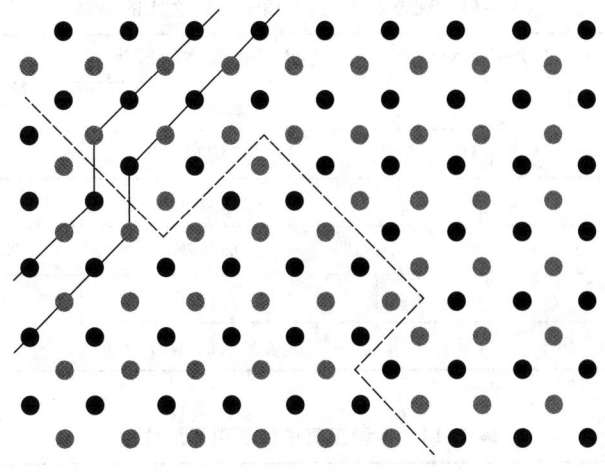

图 2-58 两个反相畴

2.4 离子晶体结构

在材料学范畴内通常将材料划分为金属材料、无机非金属材料和高分子材料。传统的无机非金属材料包括玻璃、水泥、陶瓷以及耐火材料等,它们大多数是由兼具共价键和离子键的混合键无机化合物组成的,可呈现出不同于金属材料和高分子材料的特性,如硬度高、脆性大、耐高温以及耐腐蚀性能等。同时,由于上述材料均为 SiO_2 的化合物,所以也被称为传统硅酸盐材料。

2.4.1 离子晶体结构的结构规则

基于大量的实验研究,鲍林在离子键理论的基础上总结出鲍林第一规则、鲍林第二规则、鲍林第三规则、鲍林第四规则以及鲍林第五规则。

鲍林第一规则:即负离子配位多面体规则。在离子化合物中,一般在正离子周围形成负离子配位多面体,正、负离子的半径比决定了正离子的配位数,而正、负离子之间的距离是由离子半径之和来决定的。简单离子晶体的结构通常可以通过晶胞内离子所处的位置及其配位数来描述。使用这一规则时,需要将离子晶体结构视为由负离子配位多面体按一定方式连接而成,正离子则处于负离子所组成多面体的中央。以 NaCl 离子晶体为例,其结构可视为由氯八面体(Cl^- 的配位多面体)所连接而成的,而所有氯八面体的中央均为 Na^+ 。因此,NaCl 离子晶体就是由钠氯八面体 $[NaCl_6]$ 按照一定的方式所连接而成的。

降低晶体结构的总能量可以提高其稳定性,所以一个稳定结构中正、负离子的堆积要尽可能紧密,以获得最大的配位数,而配位数的大小取决于正、负离子半径之比,如表 2-13 所示。在陶瓷的晶体结构中,一般情况下负离子均为 O^{2-} ,各种正离子的氧离子配位数如表 2-14 所示。

表 2-13　配位数与正、负离子半径之比的关系

r_+/r_- 值	正离子的配位数	负离子多面体的形状	实例
0.000 ~ 0.155	2	哑铃形	干冰 CO_2
0.155 ~ 0.225	3	三角形	B_2O_3
0.255 ~ 0.414	4	四面体形	SiO_2,GeO_2
0.414 ~ 0.732	6	八面体形	$NaCl$,MgO,TiO_2
0.732 ~ 1.000	8	立方体形	ZrO_2,CaF,$CsCl$
1.00 以上	12	立方八面体形	

表 2-14　各种正离子的氧离子配位数

配位数	正离子
3	B^{2+}, N^{5+}
4	Be^{2+}, B^{3+}, Al^{3+}, Si^{4+}, P^{5+}, S^{6+}, V^{5+}, Cr^{6+}, Mn^{7+}, Zn^{2+}, Ga^{3+}, Ge^{4+}, As^{5+}, Se^{6+}
6	Li^+, Mg^{2+}, Al^{3+}, Se^{3+}, Ti^{4+}, Cr^{3+}, Mn^{2+}, Fe^{2+}, Fe^{3+}, Co^{2+}, Ni^{2+}, Cu^{2+}, Zn^{2+}, Ga^{3+}, Nb^{5+}, Ta^{5+}, Sn^{4+}
6 ~ 8	Na^+, Ca^{2+}, Sr^{2+}, Y^{3+}, Zr^{4+}, Cd^{2+}, Ba^{2+}, Ce^{4+}, Sm^{3+}, Hf^{4+}, Th^{4+}, U^{4+}
8 ~ 12	Na^+, K^+, Ca^{2+}, Rb^+, Sr^{2+}, Ba^{2+}, La^{3+}, Ce^{3+}, Sm^{3+}, Pb^{2+}

　　鲍林第二规则:即电价规则。离子晶体结构稳定时,负离子的电价 Z_- 近似于与之邻接的正离子静电强度(S)的总和,即

$$Z_- = \sum_i S_i = \sum_i \left(\frac{Z_+}{n}\right)_i \tag{2-15}$$

式中,Z_+、Z_- 分别为正、负离子的电荷数(电价);S_i 为第 i 种正离子静电键强度;n 为正离子的配位数。由此可知,负离子一定被一定数量的负离子配位多面体所共有。鲍林第二规则不仅适用于所有的离子晶体,在多数情况下也适用于兼具共价性和离子性的晶体结构。

　　鲍林第三规则:即负离子多面体共用顶、棱和面的规则。配位多面体共用棱,特别是共用面时会降低结构稳定性,这个效应在高电价、低配位数的正离子中更为显著。以两个四面体为例,如果它们共用一个顶点时,两个四面体中心的距离定为1,那么在共用棱、共用面时的中心距则分别为0.58、0.33;而在八面体中,相同情况下的距离分别为1、0.71、0.58。库仑定律表明,同种电荷间的斥力与其距离的平方成反比。因此,距离的显著缩短必然导致正离子间库仑斥力的激增,从而大大降低结构的稳定性。

　　鲍林第四规则:即不同种类正离子配位多面体间的连接规则。硅酸盐、多元离子化合物中多种多样的正离子使得这些化合物中可形成一种以上的配位多面体。在含有一种以上正离子的离子晶体中,一些配位数较低、电价较高的正离子会倾向于共顶点。

　　鲍林第五规则:即节约规则。在同一晶体中,由于不同尺寸的离子和多面体难以

有效地堆积在一起,因此同种正离子与同种负离子的结合方式应尽可能地趋于一致。

2.4.2 典型的离子晶体结构

在元素周期表中,ⅠA 族中的 Li、Na、K、Cs 等碱金属元素和ⅦA 族中的 F、Cl、Br、I 卤族元素以阴阳离子为结合单元所形成的化合物晶体,即典型的离子晶体。其中, NaCl 是典型的离子晶体之一,它是由 Na^+ 和 Cl^- 之间的离子键形成的。根据不同的化 学成分,离子晶体可以分为 AB 型、AB_2 型和 A_2B_3 型化合物的二元化合物,以及 ABO_3 型、AB_2O_4 型的多元化合物,下面将依次介绍上述几种化合物。

1. AB 型结构

AB 型化合物中阴、阳离子个数相等,其配位数有 4∶4、6∶6、8∶8 等,同时可分为 NaCl 结构、CsCl 结构、闪锌矿结构以及纤锌矿结构。

NaCl 结构:NaCl 的晶体结构如图 2-59 所示,属于面心立方点阵,配位数为 6∶6。 实际上,它可看作由两个面心立方点阵相互 叠加而形成的晶体。许多化合物均属于 NaCl 结构,如 NiO、CoO、MgO、CaO 等氧化物, VC、TiC 等碳化物。大多数具有 NaCl 结构的 化合物稳定性高、熔点高。

CsCl 结构:如图 2-60 所示,CsCl 结构是 一种简单的体心立方结构。其中,Cs^+、Cl^- 分 别位于晶胞的体心、顶角处,可以明显地看 到,中心的 Cs^+ 与相邻的 8 个顶角 Cl^- 结合, 所以 CsCl 结构的配位数为 8∶8。类似地, CsB、CsI 也属于 CsCl 结构的化合物。

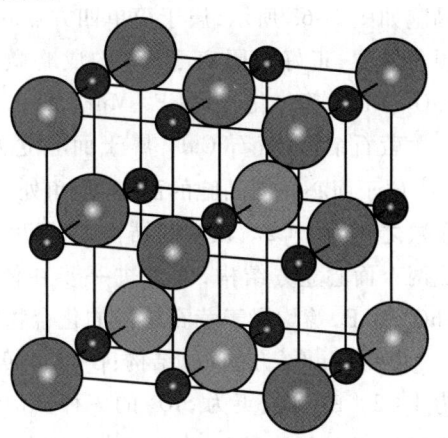

图 2-59　NaCl 的晶体结构

闪锌矿结构:闪锌矿结构又称立方 ZnS 结构,属于立方晶系的面心立方点阵,配位 数为 4∶4(图 2-61)。在闪锌矿结构中,阴离子 S^{2-} 构成面心立方晶格,分别位于立方 晶胞的面心、角顶,而阳离子 Zn^{2+} 则在体对角线 1/4 处互相穿插而成,共同构成了完整 的面心立方。CuCl、ZnSe、AgI 均属于闪锌矿结构。

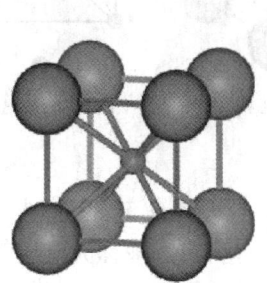

图 2-60　CsCl 晶体结构

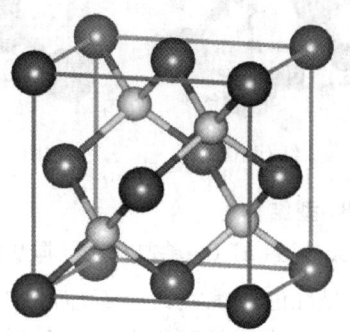

图 2-61　闪锌矿结构

纤锌矿结构:纤锌矿结构又称六方 ZnS 结构,
为六方晶系,配位数为 4∶4(图 2-62)。该结构
中,阴离子 S^{2-}、阳离子 Zn^{2+} 的坐标分别为

$$2S^{2-}:000;\frac{2}{3}\frac{1}{3}\frac{1}{2}$$

$$2Zn^{2+}:00\frac{7}{8};\frac{2}{3}\frac{1}{3}\frac{3}{8}$$

ZnO、BeO 等氧化物,六方 BN、AlN 等氮化物,
以及 ZnSe、AgI 等均属于纤锌矿结构化合物。

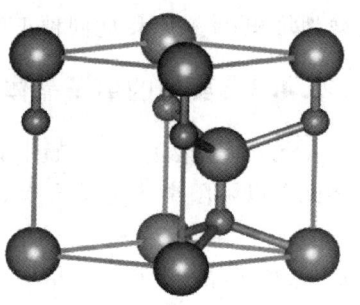

图 2-62   纤锌矿结构

2. AB₂ 型结构

金红石结构:金红石、锐钛矿以及板钛矿是 TiO_2 的稳定性结构。其中,金红石的
晶胞如图 2-63 所示,属于简单四方点阵,配位数为 6∶3,阳离子 Ti^{4+} 位于中心和 8 个
顶角位置,正好与阴离子 O^{2-} 构成略微变形的八面体中心。此外,MnO_2、VO_2、PbO_2、
SnO_2、NbO_2 等氧化物,MgF_2、MnF_2、FeF_2 等氟化物均属于金红石结构的化合物。

萤石结构:萤石 CaF_2 属于面心立方点阵,其晶体结构如图 2-64 所示。阳离子
Ca^{2+} 位于面心立方晶胞的面心、顶角处,阴离子 F^- 则处于 8 个四面体间隙中,阳、阴离
子数之比为 1∶2。在空间结构上,阳离子 Ca^{2+} 构成一个面心立方结构,而阴离子 F^- 构
成两个面心立方结构,两者进一步在体对角线 1/4 和 3/4 处相互穿插。CeO_2、VO_2、
ThO_2、BaF_2 等均属于萤石结构的化合物。

β-方石英(方晶石)结构:β-方石英结构如图 2-65 所示,属于立方晶系,配位数
为 4∶2。β-方石英为 SiO_2 的一种异构体,其他的 SiO_2 异构体均可由 β-方石英晶格
变形得到。在 β-方石英中,Si^{4+} 可以与 4 个相邻的 O^{2-} 结合形成[SiO_4]四面体,所形成
的[SiO_4]四面体通过共用顶点而形成 β-方石英结构。

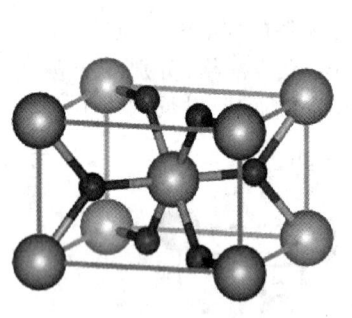

图 2-63   金红石结构

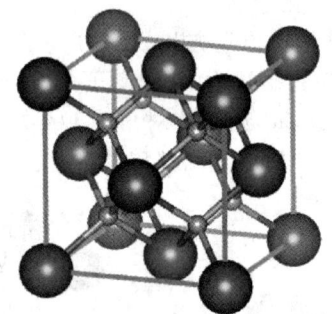

图 2-64   萤石结构

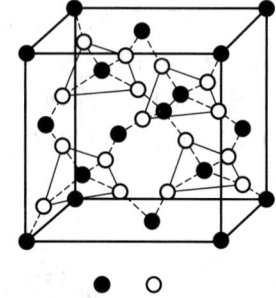

图 2-65   β-方石英结构

3. A₂B₃ 型结构

刚玉(天然 α-Al_2O_3 单晶体)为典型的 A_2B_3 型结构,配位数为 6∶4。其中,含铬
元素的刚玉呈红色,被称为红宝石;而含钛元素的刚玉呈蓝色,被称为蓝宝石。图 2-66
展示了刚玉结构中原子层的排列结构和堆积顺序,可以看到,阴离子 O^{2-} 排列成一个
完整的密排六方结构,而阳离子 Al^{3+} 占据了所形成密排六方结构中 2/3 的八面体间

隙,剩余的空位呈现均匀排布规律。这些原子层经过六层堆积形成完整周期结构,而多个周期结构相互堆积,即可形成刚玉结构。

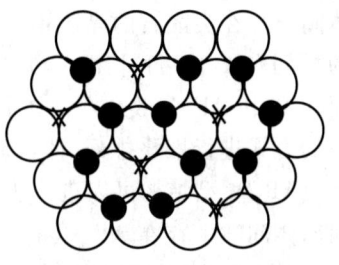

图 2-66　刚玉的阳离子排列

具有刚玉结构的化合物具有硬度高(莫氏硬度 9)、不易破碎、熔点高(2 050 ℃)等优势,V_2O_5、Cr_2O_3、α-Fe_2O_3(赤铁矿)、α-Ga_2O_3 等均为具备刚玉型结构的化合物。

4. ABO_3 型结构

方解石型结构:$CaCO_3$ 是典型的方解石型结构,其结构如图 2-67 所示。在晶胞中,分别有 4 个 Ca^{2+} 和相等数量的络合离子 $[CO_3]^{2-}$。其中,一个 Ca^{2+} 周围包围有 6 个 $[CO_3]^{2-}$,在 $[CO_3]^{2-}$ 中,3 个 O^{2-} 排列成等边三角形,中心位置为 C^{4+},C、O 通过共价键结合,而 Ca^{2+}、$[CO_3]^{2-}$ 通过离子键结合。菱镁矿($MgCO_3$)、白云石($CaCO_3 \cdot MgCO_3$)均具有 ABO_3 型结构。

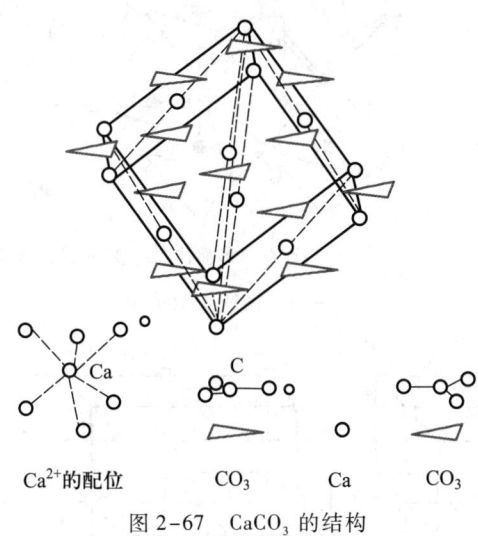

Ca^{2+}的配位　　　CO_3　　Ca　　CO_3

图 2-67　$CaCO_3$ 的结构

钙钛矿型结构:钙钛矿也被称为灰钛石,其主要成分为 $CaTiO_3$,在理想情况下属于立方晶系,但在低温的条件下可以变为正交晶系。钙钛矿的理想立方晶体结构如图 2-68 所示。在钙钛矿结构中,六个面心上为阴离子 O^{2-},顶角处为 Ca^{2+},阴离子 O^{2-} 和阳离子 Ca^{2+} 构成了完整的面心立方结构。相比之下,Ti^{4+} 较小,位于由 Ca^{2+} 构成的立方体的中心,该中心位置同时也是 6 个 O^{2-} 所组成的 $[TiO_6]$ 八面体空隙,但 Ti^{4+} 只填满 1/4 个八面体空隙。Ca^{2+}、Ti^{4+} 的配位数为 12∶6。钙钛矿型结构具有很高的结构稳定性。此外,$SrTiO_3$、$BaTiO_3$、$SrZrO_3$、$PbTiO_3$ 等也是钙钛矿型结构的化合物。

5. AB_2O_4 型结构

尖晶石 $MgAl_2O_4$ 是一种典型的 AB_2O_4 型结构,其结构如图 2-69 所示,属于立方晶系中的面心立方点阵,O^{2-} 所形成的骨架中一共存在 32 个八面体间隙和 64 个四面体间隙。在尖晶石的晶胞中,可近似地看作由 8 个小单元所组成,这些小单元中质点的排列有 A、B 两种情况。在 A 中,Mg^{2+} 分散在四面体间隙处,占据四面体间隙的 1/8;而在 B 中,Al^{3+} 分散在八面体间隙处,占据八面体间隙的 1/2。将 A、B 按照图 2-69a 中的方式进行堆叠排列,即可形成完整的尖晶石晶胞。

AB_2O_4 型结构可以进一步分为正型尖晶石和反型尖晶石两种。在正型尖晶石中,四面体间隙中存在 A^{2+},共有 8 个;而在反型尖晶石中,八面体间隙中存在 A^{2+},且 B^{2+} 占据 8 个四面体间隙以及 8 个八面体间隙。

尖晶石 $MgAl_2O_4$ 中的 Al–O、Mg–O 通过较强的离子键结合,因此具有尖晶石结构的化合物一般化学稳定性好、硬度高和熔点高。另外,$FeAl_2O_4$、$NiAl_2O_4$、$MnAl_2O_4$、$ZnFe_2O_4$、$CdFe_2N_4$ 和 $ZnAl_2O_4$ 等均具有尖晶石结构。

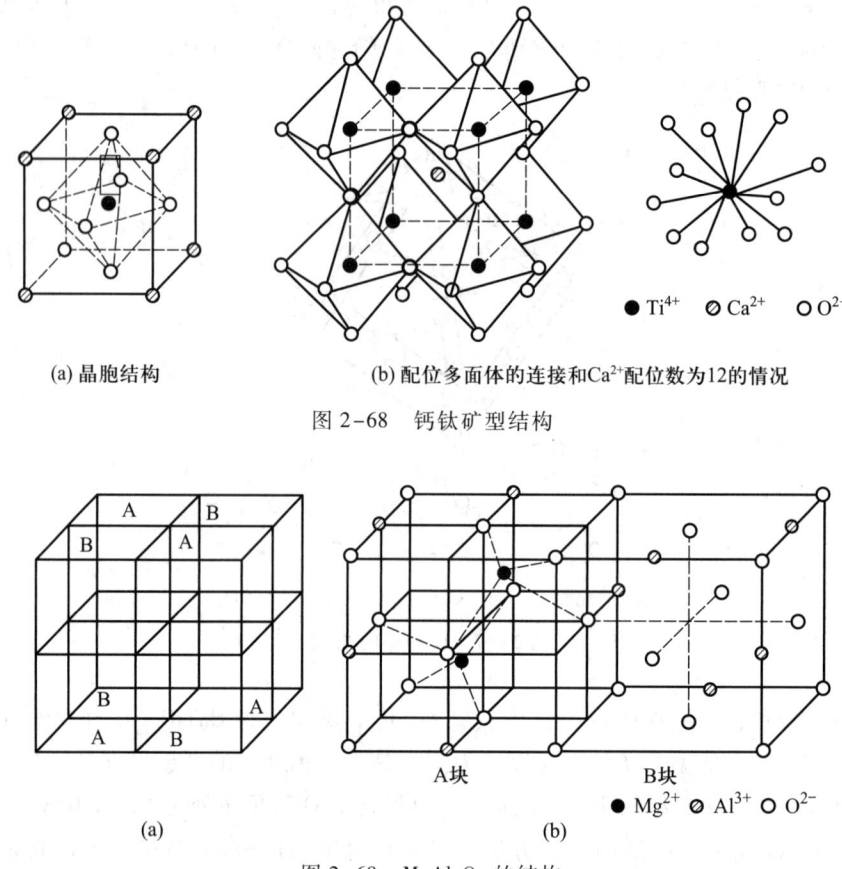

(a) 晶胞结构　　　　(b) 配位多面体的连接和 Ca^{2+} 配位数为12的情况

● Ti^{4+}　　◎ Ca^{2+}　　○ O^{2-}

图 2-68　钙钛矿型结构

(a)　　　　(b)

A块　　　　B块

● Mg^{2+}　◎ Al^{3+}　○ O^{2-}

图 2-69　$MgAl_2O_4$ 的结构

2.4.3　硅酸盐的晶体结构

硅酸盐是地壳中的主要矿物之一,同时也是水泥、玻璃、陶瓷以及耐火材料的主要原料及构成部分。硅酸盐具有多种多样的结构形式,虽然成分较复杂,但基本上可分为三部分,即硅氧骨干(硅酸盐的基本结构单元)及正离子、负离子。硅酸盐晶体结构

的基本特点如下:

① $[SiO_4]^{4-}$ 四面体为硅酸盐的基本单元,如图 2-70 所示。氧、硅之间的平均距离(0.16 nm)小于氧离子、硅离子的半径之和,这表明除了离子键外,硅、氧之间还存在部分共价键;

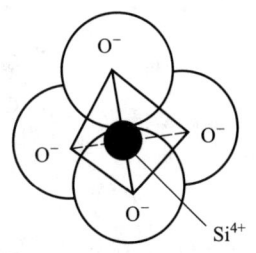

图 2-70 $[SiO_4]^{4-}$ 四面体

② 一个氧离子最多能被两个 $[SiO_4]^{4-}$ 四面体所共有;

③ 一般而言,同种硅酸盐中 $[SiO_4]^{4-}$ 四面体之间只存在一种连接方式,且不能共棱、共面,$[SiO_4]^{4-}$ 四面体在结构中既可以孤立存在,也可以通过共用顶点而相互连接;

④ $[SiO_4]^{4-}$ 四面体中的 Si-O-Si 结合键一般为折线(键角为 145°)。

根据空间结合情况的不同,硅酸盐结构可以分为链状、岛状、层状、架状以及组群状 5 种方式,如表 2-15 所示。

表 2-15 5 种不同的硅酸盐晶体结构

结构类型	$[SiO_4]$共用 O^{2-} 数	形状	配合阴离子	Si : O	实例
岛状	0	四面体	$[SiO_4]^{4-}$	1 : 4	镁橄榄石 $Mg_2[SiO_4]$
组群状	1	双四面体	$[Si_2O_7]^{6-}$	2 : 7	硅钙石 $Ca_3[Si_2O_7]$
	2	三节环	$[Si_3O_9]^{6-}$	1 : 3	蓝锥矿 $BaTi[Si_3O_9]$
	2	四节环	$[Si_4O_{12}]^{8-}$	1 : 3	
	2	六节环	$[Si_6O_{18}]^{12-}$	1 : 3	绿宝石 $Be_3Al_2[Si_6O_{18}]$
链状	2	单链	$[Si_2O_6]^{4-}$	1 : 3	透辉石 $CaMg[Si_2O_6]$
	2.3	双链	$[Si_4O_{11}]^{6-}$	4 : 11	透闪石 $Ca_2Mg_5[Si_4O_{11}]_2(OH)_2$
层状	3	平面层	$[Si_4O_{10}]^{4-}$		滑石 $Mg_3[Si_4O_{10}](OH)_2$
架状	4	骨架	$[SiO_2]$ $[(Al_xSi_{4-x})O_8]^{x-}$	1 : 2	石英 SiO_2 钠长石 $Na[AlSi_3O_8]$

1. 链状结构

在链状硅酸盐结构中,公共的氧用于连接 $[SiO_4]^{4-}$ 四面体,形成无限延伸的一维单链结构或者双链结构,如图 2-71 所示。$R_2[Si_2O_6]$(辉石族)是典型的单链结构硅酸盐,如 $Mg_2[Si_2O_6]$(顽火辉石)、$CaMg[Si_2O_6]$(透辉石)、$LiAl[Si_2O_6]$(锂辉石)等,因为 Si-O 的键强大于链间的 M-O 键,所以链状结构硅酸盐极易在薄弱的链间裂开。具有双链结构的硅酸盐主要有 $Ca_2Mg_5[Si_4O_{11}]_2(OH)_2$(透闪石)、$(Mg,Fe)_7[Si_4O_{11}]_2(OH)_2$(斜方角闪石)、$Al[AlSiO_5]$(硅线石)、$Al[Al_{1+x} \cdot Si_{1-x}O_{5-x/2}]_{(x=0.25~0.40)}$(莫来石)、石棉类矿物等。

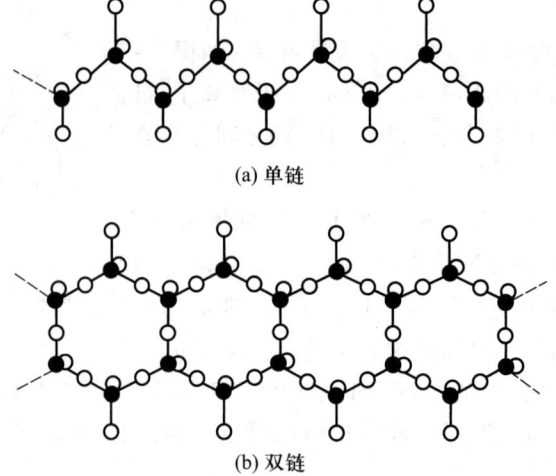

(a) 单链

(b) 双链

图 2-71　链状硅酸盐结构

2. 岛状结构

岛状结构硅酸盐又被称为原硅酸盐，其 $[SiO_4]^{4-}$ 四面体不相互连接，而以孤立的状态存在，$[SiO_4]^{4-}$ 四面体之间通过 Fe^{2+}、Mn^{2+}、Mg^{2+}、Ca^{2+} 等金属正离子连接。如图 2-72 所示，岛状结构硅酸盐既可以是单一四面体结构也可以是成对四面体和环状四面体结构。

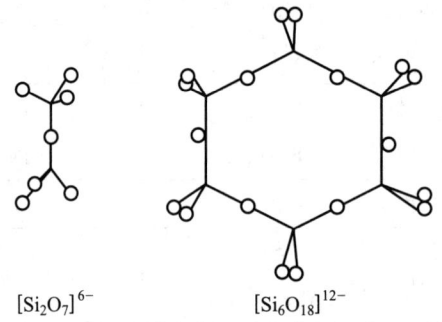

$[Si_2O_7]^{6-}$　　　　$[Si_6O_{18}]^{12-}$

图 2-72　岛状硅酸盐结构（成对四面体、环状四面体）

镁橄榄石结构：主要成分为 $Mg_2[SiO_4]$，图 2-73 所示的镁橄榄石的结构为正交晶系。其中，Mg^{2+} 连接起了孤立的 $[SiO_4]^{4-}$ 四面体，而 6 个 O^{2-} 构成了八面体，且其中心被 Mg^{2+} 所占据。镁橄榄石结构较紧密，且键合较强，因此镁橄榄石结构稳定，熔点及硬度均较高，可用于耐火材料。此外，镁橄榄石结构中的 Mg^{2+} 可被 Fe^{2+} 或 Ca^{2+} 部分取代，从而形成 $(Mg,Fe)_2[SiO_4]$ 或 $(Ca,Mg)_2[SiO_4]$ 橄榄石。

锆英石结构：主要成分为 $Zr[SiO_4]$，图 2-74 所示的锆英石的结构为四方晶系，Zr^{4+} 连接起了孤立的 $[SiO_4]^{4-}$ 四面体，锆英石的耐火度较高，可用来制备锆质耐火材料。

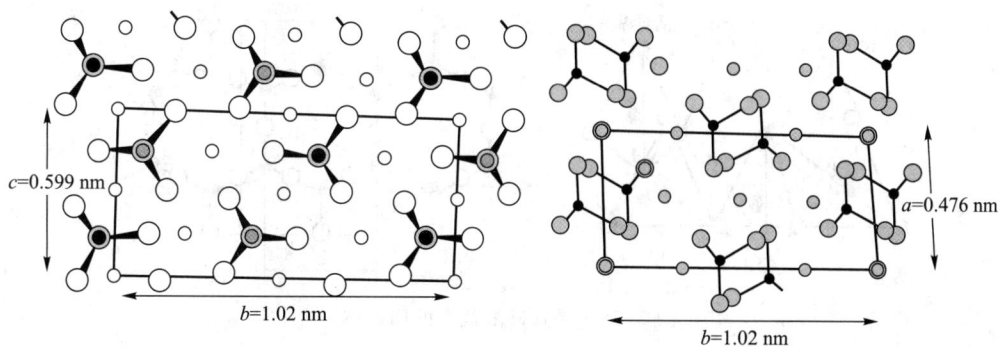

图 2-73　镁橄榄石结构

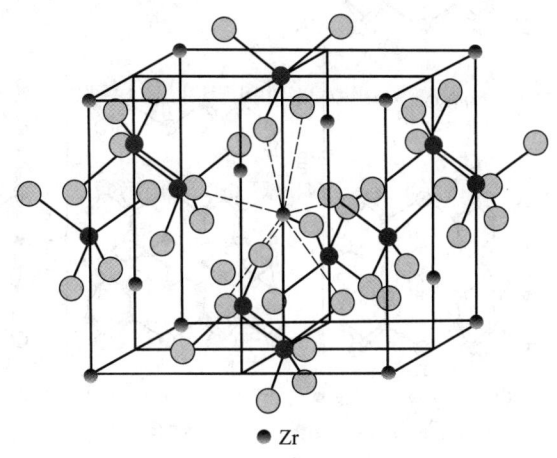

图 2-74　锆英石结构

3. 层状结构

$[SiO_4]^{4-}$ 四面体的某一个由 3 个氧离子所组成的面,通过共用顶点连接成二维层状结构,即层状硅酸盐结构。其重复周期为连接的 2 个 $[SiO_4]^{4-}$ 四面体,而 1 个处于自由端的氧离子价态并未达到饱和状态,因此被称为活性氧,活性氧可以与 Li^+、Na^+、K^+、Al^{3+}、Mg^{2+}、Fe^{2+}、Fe^{3+}、Mn^{3+} 等金属离子结合,形成比较稳定的结构,如图 2-75 所示。$Al_4[Si_4O_{10}](OH)_8$(硅酸盐矿物高岭土)为典型的层状硅酸盐,除此之外,$Mg_3[Si_4O_{10}](OH)_2$(滑石)、$Al_2[Si_4O_{10}](OH)_2$(叶蜡石)、$(M_x \cdot nH_2O)$ $(Al_{2-x}Mg_x)[Si_4O_{10}](OH)_2$(蒙脱石)、$KAl_2[AlSi_3O_{10}](OH)_2$(白云母)等也具有层状结构,其结构如图 2-76 所示。层状硅酸盐结构的层间为较弱的分子键或氢键,因此层状硅酸盐结构层间容易发生剥离,形成片状解理。

4. 架状结构

架状硅酸盐结构是由 $[SiO_4]^{4-}$ 四面体所连接形成的三维骨架,其中桥氧直接连接 $[SiO_4]^{4-}$ 四面体。SiO_2(石英族晶体)是典型的架状硅酸盐结构,当 Al^{3+} 取代石英结构中的 Si^{4+} 时,需要添加其他金属离子以达到平衡电价的目的,例如 Na^+、K^+、Ca^{2+}、Ba^{2+} 等,从而会形成 $Na[AlSiO_4]$(霞石)、$Na[AlSi_2O_6] \cdot H_2O$(沸石)以及 $(K,Na,Ca)[AlSi_3O_8]$(长石族)等架状硅酸盐。

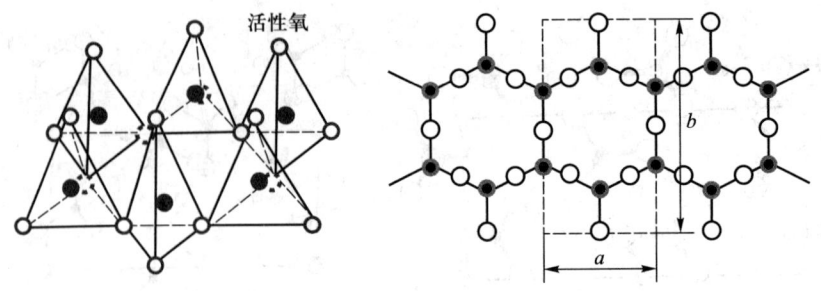

图 2-75　层状硅酸盐中的四面体

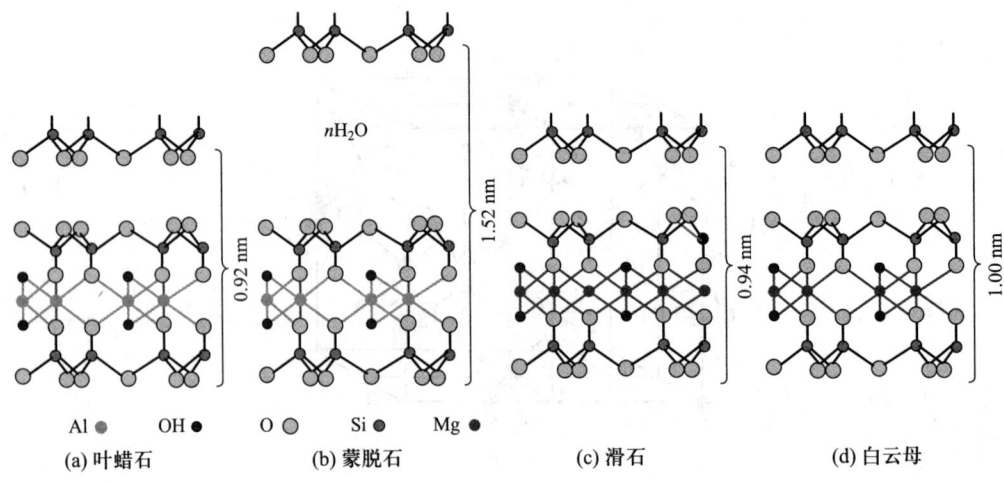

Al ●　　OH ●　　O ○　　Si ●　　Mg ●

(a) 叶蜡石　　　　　(b) 蒙脱石　　　　　(c) 滑石　　　　　(d) 白云母

图 2-76　叶蜡石、蒙脱石、滑石以及白云母的结构

5. 组群状结构

在组群状硅酸盐中,一般是由 2、3、4 或者 6 个 $[SiO_4]^{4-}$ 四面体通过共用氧相连,从而形成硅氧配位阴离子,而这些硅氧配位阴离子之间可通过某些金属阳离子相互联系,如图 2-77 所示。

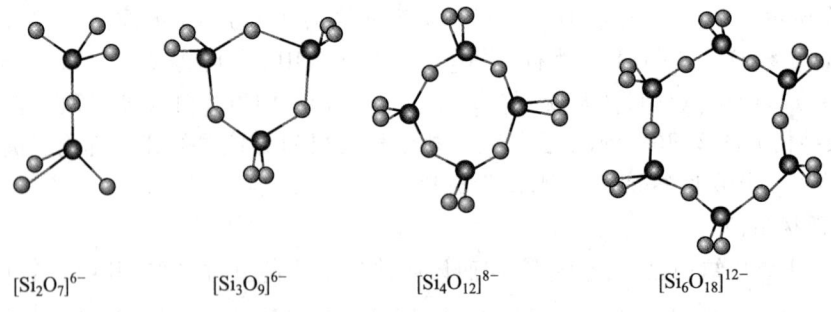

$[Si_2O_7]^{6-}$　　　$[Si_3O_9]^{6-}$　　　$[Si_4O_{12}]^{8-}$　　　$[Si_6O_{18}]^{12-}$

图 2-77　孤立的有限硅氧四面体群的各种形状

$Be_3Al_2[Si_6O_{18}]$(绿宝石)是典型的组群状硅酸盐,属于六方晶系。图 2-78 展示了绿宝石的 1/2 晶胞投影,其基本结构单元是由 6 个硅氧四面体形成的六节环。这些

六节环之间通过 Al^{3+} 和 Be^{2+} 离子连接,Al^{3+} 的配位数为 6,与硅氧网络的非桥氧形成 $[AlO_6]$ 八面体,而 Be^{2+} 配位数为 4,构成 $[BeO_4]$ 四面体。绿宝石结构是离子导电的良好载体,因为其结构上下叠置,且六节环内拥有巨大的通道,而这些通道可以储存 K^+、Na^+、Cs^+ 或者 H_2O 分子。当绿宝石六节环中有一个四面体中的 Si^{4+} 被 Al^{3+} 所取代或者环外的 (Be_3Al_2) 被 (Mg_2Al_3) 所取代时,就可以形成 $Mg_2Al_3[AlSi_5O_{18}]$(董青石),董青石具有优良的抗热震性能。

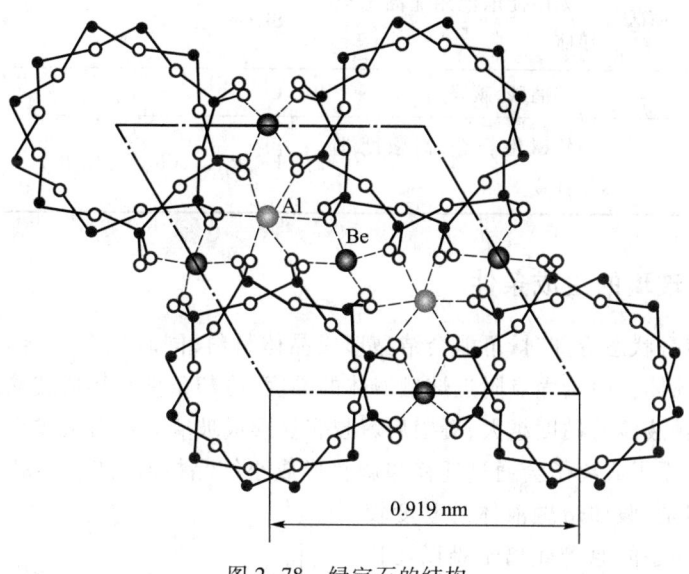

0.919 nm

图 2-78　绿宝石的结构

2.5　非晶态结构

2.5.1　无机非晶态材料

相对于晶态结构,非晶态结构的原子或离子在三维空间上没有呈现出规律性和周期性的排列,故可用短程有序和长程无序来描述非晶态的结构特征。非晶态材料可分为无机非晶态材料、高分子聚合物、无定形材料等。其中,无机非晶态材料可以进一步分为玻璃及玻璃以外的其他非晶态材料,如表 2-16 所示。玻璃具有玻璃化转变温度,而其他非晶态材料(如非晶半导体、无定形碳等)不存在玻璃化转变温度。因此,有无玻璃化转变温度成为区别玻璃和其他非晶态材料的重要特征。

表 2-16　非晶态材料

种类	材料(举例)	化学组成(举例)
无机玻璃(氧化物及氟化物)	石英玻璃平板,光学玻璃,氟化物玻璃	SiO_2,$16Na_2O \cdot 12CaO \cdot 72SiO_2$,$53La_2O_3 \cdot 37B_2O_3 \cdot 5ZrO_2 \cdot 5Ta_2O_5$,$NaF-BoF_2$

续表

种类	材料(举例)	化学组成(举例)
凝胶	石英凝胶,氧化硅,氧化铝(吸附剂,催化剂载体)	SiO_2,$SiO_2 \cdot Al_2O_3$
氧族化物玻璃	电视摄像管用光电膜	Sc,$As_{40}Sc_{30}Te_{30}$
非晶态元素半导体	太阳能电池用非晶态半导体	Si,Ge
无定形碳	玻璃碳,碳膜	C
合金玻璃	软磁性合金,高强度非晶合金	$Fe_{30}P_{13}C_7$,$Co_{70}Fe_5Si_{13}Bi_{10}$

2.5.2   玻璃的生成条件

材料从熔融状态冷却时,可能会结晶形成晶体材料,同时也有可能形成非晶态固体,即玻璃态固体。而凝固点附近熔融液体的黏度、冷却条件是形成玻璃的关键因素。

通常,熔融液体的黏度越大,凝固后就越容易形成玻璃。熔融液体在冷却过程中,无规则排列的原子或离子会通过迁移和调整形成小结晶核心,随后小晶核长大,形成晶体结构。但是,假如熔融液体的黏度较大时,原始无序态的原子或离子难以迁移和调整,那么凝固后仍然会保留原始液体结构而成为玻璃。需要注意的是,玻璃化转变温度并不是一个确定的数值,而是一个温度区间,它会随着冷却速率的变化而变化,如图 2-79 所示。黏度与材料的键合及结构都有关系,例如,离子键的物质在熔融状态时会以单独的离子存在,此时极易迁移,所以它的流动性好、黏度低、无法形成玻璃体;而对于通过极性共价键结合的物质、熔融状态下呈现复杂链状或层状结构的物质,它们的高黏度可保证形成玻璃态。

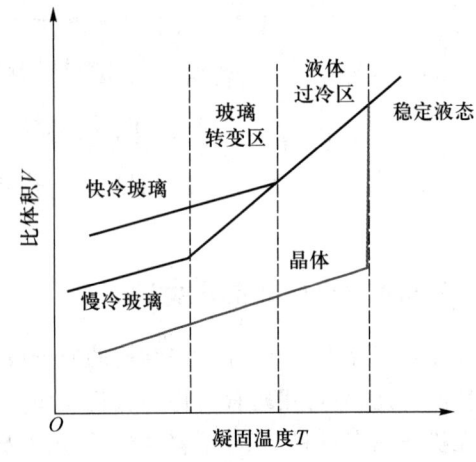

图 2-79   玻璃态、结晶态、液态之间的关系

另外,冷却速率也是玻璃形成的条件。当冷却速率很大时,原子或离子的迁移和调整受到抑制,来不及生成小晶核,此时熔融液态的无序状态会被保留下来,从而可形成玻璃态。例如,将石英加热至 1 710 ℃形成熔融态后,若急剧冷却将会形成石英玻璃,而缓慢冷却时就会生成石英晶体。

2.5.3 玻璃的成分

部分常见玻璃的化学成分如表 2-17 所示。其中,玻璃的网络形成体为 SiO_2,除此之外,B_2O_3 是硼酸盐玻璃的骨架,而其他的氧化物均可以制成玻璃。

表 2-17　部分常见玻璃的化学成分

玻璃名称	SiO_2	Na_2O	K_2O	CaO	MgO	PbO	B_2O_3	Al_2O_3
石英玻璃	99.5							
平板玻璃	71~73	12~14		10~12	1~4			
铅玻璃	63	7.6	6	0.3	0.2	21	0.2	0.6
高铅玻璃	35		7.2			58		
低膨胀系数硼玻璃	80.5	3.8	0.4				12.9	2.2
铝硅酸盐玻璃	57	1.0		5.5	12		4	20.5

一般而言,玻璃中需要添加其他氧化物来改善某方面的性能。例如,添加 MgO、CaO 可以提高玻璃的抗腐蚀性能,而添加 Al_2O_3、B_2O_3 可以提高玻璃的化学稳定性,表 2-18 总结了玻璃中主要氧化物的功能。

表 2-18　玻璃中主要氧化物的功能

氧化物	在玻璃中的含量	对玻璃性质的影响	
		减低	增高
SiO_2	铅玻璃含量在 52% 以上	密度	熔融温度、退火温度、耐热性、化学稳定性强度
Bi_2O_3	硼硅玻璃含量为 16%,耐热玻璃含量为 23.5%	熔融温度、韧性、析晶倾向	化学稳定性、耐热性、折射率
K_2O、Na_2O	工业玻璃含量为 13%~16.5%,超过此含量则化学稳定性恶化	化学稳定性、耐热性、熔融温度、退火温度、析晶倾向、韧性	热膨胀系数
CaO	允许含量为 13%,过多则易析晶	耐热性	化学稳定性、退火温度、强度、硬度、析晶倾向
MgO	一般玻璃含量 <5.5%,特殊耐热玻璃含量可达 9%	(含量 <2.5% 时)析晶倾向、韧性	耐热性、化学稳定性、退火温度、机械强度
PbO	铅玻璃含量为 33%,光学玻璃含量可达 60%	熔融温度、光学稳定性	密度、光泽、折射率、抗照射性
Al_2O_3	普通玻璃含量为 15%,超过则成型困难	(含量 2%~5% 时)析晶倾向	氧化物

续表

氧化物	在玻璃中的含量	对玻璃性质的影响	
		减低	增高
BaO	一般含量<15%	熔融温度、化学稳定性	软化温度、密度、光泽、折射率、析晶倾向
ZnO	普通玻璃含量为 2% ~ 4%，锌玻璃含量可达 10%	热膨胀系数	耐热性、化学稳定性、熔融温度

2.5.4　玻璃的种类

1. 结构玻璃

石英玻璃（SiO_2）具有膨胀系数小、耐热、耐蚀等优势，因此得到了广泛应用。硅酸盐玻璃中的主要成分为 SiO_2，当硅酸盐玻璃中 Al_2O_3 的含量较多时可称为铝硅酸盐玻璃，这种玻璃的软化温度较高，因此可以用作高温玻璃。以 B_2O_3 为主体的玻璃称为硼酸盐玻璃，这类玻璃的耐热性能较好。当玻璃纤维作为增强相加入水泥基体中时，由于基体呈现碱性，因此要求所加入的玻璃纤维具备一定的耐碱性。此时，可选用含 ZrO_2 的耐碱玻璃，例如，耐碱玻璃 G20 中含有约 16 % 的 ZrO_2，且提高 ZrO_2 的加入量，该系列玻璃的耐碱性会逐步提高。此外，氮的加入可提高玻璃的弹性模量，含氮玻璃的硬度、断裂韧性及弹性模量均较好，且通过调控成分及微观结构可进一步优化含氮玻璃的性能。

2. 功能玻璃

玻璃除了具备一定的力学性能外，还具有多种功能特性。例如，可应用于窗用玻璃的透光玻璃。将卤化银颗粒加入铝硼酸盐玻璃后就可得到光色玻璃，该种玻璃在有光照时可以着色，而当没有光照的情况下即可恢复透明，这种现象称为光致变色现象。玻璃一般为绝缘体，但 $AgI-Ag_2O-P_2O_5$、$AgI-Ag_2O-Mg$ 等玻璃在室温下的电导率高达 $10^{-2}\ \Omega^{-1}cm^{-1}$，远远高于普通玻璃的 $10^{-5}\ \Omega^{-1}cm^{-1}$。

表 2-19 列出了主要的结构玻璃和功能玻璃。

表 2-19　主要的结构玻璃和功能玻璃

玻璃名称	代表成分	用途
结构玻璃	SiO_2（单纯氧化物）	石英玻璃、光纤玻璃
	SiO_2-NaO_2-CaO（硅酸盐玻璃）	平板玻璃、容器用玻璃
	$SiO_2-Al_2O_3$（铝硅酸盐玻璃）	高压汞灯玻璃、物理化学用燃烧管
	$SiO_2-NaO_2-B_2O_3$（硼硅酸盐玻璃）	耐热玻璃
	$SiO_2-NaO_2-B_2O_3$（硼硅酸盐玻璃）	多孔石英玻璃及耐热玻璃的原料
	B_2O_3-PbO，$B_2O_3-ZnO-PbO$（硼酸盐玻璃）	焊接用玻璃
	$SiO_2-NaO_2-ZrO_2-Al_2O_3$	水泥强化用玻璃纤维
	$SiO_2N_4-SiO_2-Al_2O_3$（氮氧玻璃）	

续表

玻璃名称	代表成分	用途
光纤玻璃	$SiO_2 + SiO_2 - B_2O_3$，$SiO_2 - GeO_2$	光通信用纤维
光色玻璃	$SiO_2 - Na_2O - Al_2O_3 - B_2O_3$ + 卤化银结晶	眼镜用镜片
玻璃激光器	$SiO_2 - BaO - K_2O - Nd_2O_3$	激光核融钢铁材料
导电玻璃	$AgI - Ag_2O - P_2O_5$	
高强度玻璃	$SiO_2 - MgO - Al_2O_3$	调频绝缘体、IC 基板
低热膨胀玻璃	$SiO_2 - Li_2O - Al_2O_3$ $SiO_2 - TiO_2$	家庭用品、热交换器、大型反射镜

3. 微晶玻璃

微晶玻璃既是陶瓷也是玻璃,所以也被称为玻璃陶瓷。它是在玻璃相基体中加入大量的微小晶体而形成的。微晶玻璃结构致密、基本上没有气孔的存在,细小的晶体分布较均匀,其强度要远高于普通玻璃。相比于陶瓷材料,微晶玻璃生产工艺简单,且性能可在一定的范围内调整。如 $Li_2O - Al_2O_3 - SiO_2$ 微晶玻璃具备近乎零的热膨胀系数、高强度、耐磨损、耐腐蚀等优势,可广泛应用于滚珠轴承、耐腐蚀管道等领域;$MgO - Al_2O_3 - SiO_2$ 微晶玻璃的电性能好、强度高,因此可用于印制电路板、火箭或飞机的前锥体、微波天线、微波外壳以及电子管外壳等。

参 考 文 献

第三章　晶体缺陷

【本章导读】

第二章讨论理想晶体的结构,即原子或分子在空间呈绝对规则的排列。但实际上,由于晶体的形成条件、晶体中原子的热运动、对晶体进行的加工过程以及其他因素(如辐照、氧化)的影响,某些区域会出现原子的不规则排列,而呈现不完整性,这就是晶体结构缺陷,以下简称晶体缺陷。晶体缺陷对晶体的力学性能(如强度、塑性)和物理化学变化(如电阻率、扩散、固态相变等)都有着重大影响。本章将以金属为例,系统讨论晶体缺陷的结构和性质。按晶体缺陷的几何组态,晶体缺陷可将其分成三类,即点缺陷、线缺陷、面缺陷。

① 点缺陷:例如空位、间隙原子、置换原子等。其特征是在三维方向上的尺寸很小,为几个原子间距,也称为零维缺陷。

② 线缺陷:例如位错。其特征是仅在一维方向上的尺寸较大,而另外两维的尺寸都很小,也称为一维缺陷。

③ 面缺陷:例如晶体表面、晶界、孪晶界、相界和堆垛层错等。其特征是在两维方向上的尺寸较大,而另外一维方向上的尺寸很小,也称为二维缺陷。

在晶体中,缺陷并不是静止或稳定不变地存在着,而是随着各种条件的改变而不断变化的,它们可以产生、发展、运动和交互作用,从而对晶体性能产生复杂的影响。

【本章重点和难点】

学习本章应重点掌握晶体缺陷的类型、基本特征和基本性质(热力学性质、弹性性质、运动性质和缺陷的产生与增殖等性质)。掌握位错运动的基本形式——滑移和攀移;注意位错线与柏氏矢量、位错线移动方向、晶体滑移方向与外加切应力方向之间的关系;了解位错的应力场和应变能;位错的线张力和作用在位错线上的力;位错的增殖、塞积和交割。了解晶界与相界的特性。位错部分的内容丰富,许多概念和属性较难理解,其难点是位错周围应力场的分布及位错间的交互作用。本章引入不少空间模型讨论晶体结构缺陷的特性,学习时应着重从基本概念出发加以分析,不宜过多地纠缠在复杂的空间模型上,而在数学模型部分则需要应用弹性力学和矢量分析的知识来加以理解和计算。

3.1　点　缺　陷

晶体中的点缺陷除空位、间隙原子、置换原子外,还包括由这些基本点缺陷组成的三维方向上的尺寸都很小的复杂缺陷,例如空位对或空位片等。本节将重点讨论空位及间隙原子。

3.1.1　点缺陷的形成

构成晶体的所有原子总是以其平衡位置为中心进行热振动[1-2]。原子热振动的平均能量与晶体所处的温度有关,温度越高,平均能量越大。当温度一定时,原子热振动的平均能量是一定的。但各原子在同一瞬间的热振动能量并不相同,而且同一原子在不同瞬间的能量也不相同,也就是说各原子的能量总是处于不断的起伏变化之中,这种现象称为能量起伏;由于能量起伏,总有一些原子的能量大到足以克服周围原子对它的束缚,就有可能迁移到别处,这样在原来的平衡位置上出现空结点,称为"空位"。离位原子有三个去处:一是迁移到晶体表面或内表面的正常结点位置上,而使晶体内部留下空位,这种空位称为肖特基(W. Schottky)空位,如图 3-1a 所示。二是挤入点阵的间隙位置,在晶体中同时形成数目相等的空位和间隙原子,这种空位称为弗仑克尔(Frenkel)空位,如图 3-1b 所示。三是跑到其他空位中,使空位消失或使空位位移。在一定条件下,晶体表面上的原子也可能跑到晶体内部的间隙位置,成为间隙原子,如图 3-1c 所示。

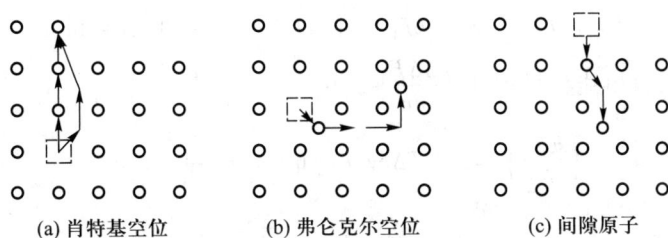

(a) 肖特基空位　　　(b) 弗仑克尔空位　　　(c) 间隙原子

图 3-1　晶体中的点缺陷[3]

空位产生后,其周围原子失去一个近邻原子导致其相互间的作用失去平衡,这些原子则朝空位方向稍有移动,偏离其平衡位置,并使空位周围出现一个涉及几个原子间距范围的弹性畸变区;处于间隙位置的间隙原子,同样会使其周围点阵产生弹性畸变,引起晶体内能升高。这部分增加的能量称为点缺陷形成能。通常空位引起的晶格畸变小于间隙原子畸变,空位形成能也小于间隙原子形成能。

3.1.2　点缺陷的平衡浓度

晶体中点缺陷的存在一方面造成点阵畸变,使晶体的内能升高,降低了晶体的热力学稳定性,另一方面,增大了原子排列的混乱程度,并改变了其周围原子的振动频率,引起组态熵和振动熵的改变,使晶体熵值增大,增加了晶体的热力学稳定性。由于存在这两个相互矛盾的因素,使得晶体中的点缺陷在一定的温度下有一定的平衡浓度。它可根据热力学理论求得。现以空位为例,计算过程如下。

根据热力学原理,在恒温下,系统的自由能 F 为

$$F = U - TS \tag{3-1}$$

式中，U 为内能；S 为总熵值（包括组态熵 S_c 和振动熵 S_f）；T 为绝对温度。

设由 N 个原子组成的晶体中含有 n 个空位，若形成一个空位所需能量为 E_v，则晶体中含有 n 个空位时，其内能将增加 $\Delta U = nE_v$，而 n 个空位造成晶体组态熵的改变为 ΔS_c，振动熵的改变为 $n\Delta S_f$，故自由能的改变为

$$\Delta F = nE_v - T(n\Delta S_f + \Delta S_c) \tag{3-2}$$

根据统计热力学，组态熵可表示为

$$S_c = k\ln \Omega \tag{3-3}$$

式中，k 为玻尔兹曼常数（1.38×10^{-23} J/K）；Ω 为微观状态的数目。因此，在晶体中 $N+n$ 阵点位置上存在 n 个空位和 N 个原子时可能出现的不同排列方式数目为

$$\Omega = \frac{(N+n)!}{N! \, n!} \tag{3-4}$$

于是，晶体组态熵的增值为

$$\Delta S_c = k\left[\ln \frac{(N+n)!}{N! \, n!} - \ln 1\right] = k\ln \frac{(N+n)!}{N! \, n!} \tag{3-5}$$

当 N 和 n 值都很大时，可用斯特林近似公式 $\ln x! \approx x\ln x - x$ 将上式改写为

$$\Delta S_c = k\left[(N+n)\ln(N+n) - N\ln N - n\ln n\right]$$

于是

$$\Delta F = n(E_v - T\Delta S_f) - kT\left[(N+n)\ln(N+n) - N\ln N - n\ln n\right]$$

在平衡时，自由能为最小，即 $\left(\dfrac{\partial \Delta F}{\partial n}\right)_T = 0$

$$\left(\frac{\partial \Delta F}{\partial n}\right)_T = E_v - T\Delta S_f - kT\left[\ln(N+n) - \ln n\right] = 0$$

所以

$$\ln \frac{N+n}{n} = \frac{E_v - T\Delta S_f}{kT}$$

当 $n \ll N$ 时，$\ln \dfrac{N}{n} \approx \dfrac{E_v - T\Delta S_f}{kT}$

故空位在 T 温度时的平衡浓度为

$$C = \frac{n}{N} = \exp\left(-\frac{E_v - T\Delta S_f}{kT}\right) = A\exp\left(-\frac{E_v}{kT}\right) \tag{3-6}$$

式中，$A = \exp(\Delta S_f/k)$，是由振动熵决定的系数，一般为 $1 \sim 10$，如果将上式中指数的分子分母同乘以阿伏伽德罗常数 N_A（6.022×10^{23}），于是有

$$C = A\exp(-N_A E_v/kN_A T) = A\exp(-Q_f/RT) \tag{3-7}$$

式中，$Q_f = N_A E_v$，为形成 1 摩尔空位所需做的功，单位为 J/mol；$R = kN$ 为气体常数，其值为 8.31 J/mol。

空位的热力学平衡浓度 C 的大小主要取决于空位形成能 E_v 和温度 T。当温度一定时，空位形成能越高则空位平衡浓度越低。当空位形成能一定时，温度越高则空位平衡浓度越高。表 3-1 和表 3-2 分别列出了一部分金属的空位形成能和温度对空位平衡浓度的影响。

表 3-1 一部分金属的空位形成能及其对空位平衡浓度的影响

金属	Pb	Al	Mg	Au	Pt	Cu	W
空位形成能/$(10^{-18}$ J$)$	0.08	0.12	0.14	0.15	0.24	0.17	0.56
空位平衡浓度（令 $A=1$, $T=500$ K）	9.2×10^{-6}	2.08×10^{-8}	1.5×10^{-9}	3.6×10^{-10}	7.8×10^{-16}	2.0×10^{-11}	5.7×10^{-36}

表 3-2 铜的空位平衡浓度与温度的关系

温度/K	300	500	700	900	1 000
空位平衡浓度(n/N)	106×10^{-18}	2.0×10^{-11}	2.3×10^{-8}	1.2×10^{-6}	4.6×10^{-6}

按照类似的计算，也可求得间隙原子的平衡浓度 C' 为

$$C' = \frac{n'}{N'} = A'\exp\left(-\frac{E'_v}{kT}\right) \tag{3-8}$$

式中，N' 为晶体中间隙位置总数；n' 为间隙原子数；$\Delta E'_v$ 为形成一个间隙原子所需的能量。

在一般的晶体中，间隙原子的形成能 $\Delta E'_v$ 较大（为空位形成能 ΔE_v 的 3~4 倍）。因此，在同一温度下，晶体中间隙原子的平衡浓度 C' 要比空位平衡浓度 C 低得多。例如，铜的空位形成能为 1.7×10^{-19} J，而间隙原子形成能为 4.8×10^{-19} J，在 1 273 K 时，其空位平衡浓度约为 10^{-4}，而间隙原子的平衡浓度仅约为 10^{-11}，两者浓度比接近 10^7。因此，相对于空位，间隙原子通常可以忽略不计，但在高能粒子辐照后，产生了大量的弗仑克尔缺陷，间隙原子数增多，不能忽略。

3.1.3 点缺陷的运动

由以上分析得知，在一定温度下，晶体中达到统计平衡的空位和间隙原子的数目是一定的，而且晶体中的点缺陷并不是固定不动的，而是处于不停的运动过程中。例如，空位周围的原子，由于热激活，某个原子有可能获得足够的能量而跳入空位中，并占据这个平衡位置。这时，在该原子的原来位置上，就形成一个空位。这一过程可以看作空位向邻近阵点位置的迁移。同理，由于热运动，晶体中的间隙原子也可由一个间隙位置迁移到另一个间隙位置。在运动过程中，当间隙原子与一个空位相遇时，它将落入该空位，而使两者都消失，这一过程称为复合。与此同时，由于能量起伏，在其他地方可能又会出现新的空位和间隙原子，以保持在该温度下的平衡浓度不变。

晶体中的原子正是由于空位和间隙原子不断地产生与复合才不停地由一处向另一处作无规则的布朗运动，这就是晶体中原子的自扩散，是固态相变、表面化学热处理、蠕变、烧结等物理化学过程的基础。

3.1.4 过饱和点缺陷的形成

在点缺陷的平衡浓度下，晶体的自由能最低，因此最稳定。具有平衡浓度的缺陷

又称为热力学平衡缺陷。常温晶体中热力学平衡的点缺陷的浓度很小。但在某些特殊情况下,晶体也可以具有超过平衡浓度的点缺陷,称之为过饱和点缺陷或非平衡点缺陷。通常获得过饱和点缺陷的方法有以下三种。

1. 高温淬火

将晶体加热到高温,保温足够的时间,晶体中便形成较多的空位,然后从高温快速冷却到低温(称淬火),使空位在冷却过程来不及以向位错、晶界等处扩散的方式消失,晶体在低温形成过饱和空位。

2. 辐照

高能粒子(如快中子、重粒子、电子等)辐照金属晶体时,点阵上的原子将被击出并进入点阵间隙中,形成数量相等的空位和间隙原子(即形成弗仑克尔缺陷)。由于被击出的原子具有很高的能量,可进一步把其他阵点上的原子碰撞离位,依次继续下去,就会形成大量的等量的空位和间隙原子(这与热平衡缺陷不同)。

3. 塑性变形

晶体塑性变形时,通过位错的交割而产生过饱和点缺陷。

这些过饱和点缺陷是非平衡点缺陷,是不稳定的。在加热过程中它们将通过运动消失,最后又趋于平衡浓度。

3.1.5 点缺陷对晶体性能的影响

点缺陷对晶体的物理性能和力学性能都有一定的影响。

1. 电阻率

金属的电阻来源于离子对传导电子的散射。在完整晶体中,电子基本上是在均匀电场中运动,而在有缺陷的晶体中,缺陷区点阵的周期性被破坏,电场急剧变化,因而对电子产生强烈散射,导致晶体的电阻率增大。

2. 比容

为在晶体内部产生一个空位,需将该处的原子移到晶体表面上的新原子位置处,这就导致晶体体积膨胀,密度减小。

3. 比热容

由于形成点缺陷须向晶体提供附加的能量(空位生成焓),因而引起附加比热容。

点缺陷对金属力学性能的影响较小,在一般情况下,它只是通过和位错交互作用阻碍位错运动而使晶体强化。但在高能粒子辐照的情形下,大量的点缺陷的形成会引起晶体显著硬化和脆化。这种现象称为辐照硬化。

空位对金属的许多过程有影响,特别是对高温下进行的过程起着重要的作用。显然,这与高温时空位的平衡浓度急剧增高有关。诸如金属的扩散、高温塑性变形和断裂、退火、沉淀、表面化学热处理、表面氧化、烧结等过程都与空位的存在和运动有密切联系。

3.1.6 其他晶体的点缺陷

空位和自间隙原子是热力学平衡点缺陷,所以只要不为绝对零度,离子晶体、共价晶体及聚合物晶体中都存在空位和间隙原子。但有些晶体(如离子晶体)不仅要求整体呈电中性,而且局部也要呈电中性。因此对于离子晶体,由于局部电中性的要求,离子晶体中的肖特基点缺陷只能是等量的正离子空位和负离子空位。另外,由于离子晶体中负离子的半径往往比正离子大得多,负离子不易形成间隙原子,所以弗仑克尔点缺陷只能是等量的正离子空位和正离子间隙原子。图3-2为NaCl晶体中的肖特基缺陷。

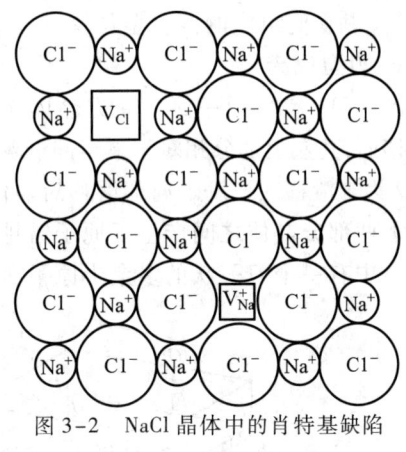

图 3-2　NaCl晶体中的肖特基缺陷
(Na⁺和Cl⁻离子空位)

3.2　位　　错

位错是晶体中非常重要的晶体缺陷,属于线缺陷。位错最早是在研究晶体滑移过程时被提出来的。早在位错被提出之前,人们就对晶体的塑性变形做了广泛的研究,并指出塑性变形是通过晶体的滑移来实现的,把晶体的滑移过程看作滑移面两侧的晶体做整体的刚性滑动,连接滑移面两侧的原子的结合键将同时断裂。为了从理论上解释滑移现象,1926年弗仑克尔从刚体模型出发,对晶体的切变屈服强度进行估算。结果发现,计算得到的理论屈服强度和晶体的实际屈服强度值相比,大了3~4个数量级。

理论屈服强度与实际晶体的屈服强度的巨大差异,说明晶体变形时不是通过滑移面两侧的所有原子都同时做整体刚性滑动来实现的,1934年泰勒(G. E. Taylor)、奥罗万(E. Orowan)、波拉尼(M. Polanyi)几乎同时独立提出晶体中位错的概念,他们认为晶体实际滑移是通过在晶体中存在的且称为位错的线缺陷来进行的,位错在较低应力的作用下就开始移动,使滑移区逐渐扩大,直至整个滑移面上的原子都先后发生相对位移。按照这一模型进行理论计算,其理论屈服强度接近于实验值。在此基础上位错理论有了很大发展,20世纪50年代后,随着电子显微分析技术的发展,位错模型才被实验所证实,位错理论有了进一步的发展。泰勒还用位错运动解释了晶体在很小的切应力作用下能够发生滑移和塑性变形的原因。

位错的特点是在一维方向上缺陷的尺寸较长,在另外二维方向上尺寸很小,从宏观看缺陷是线状的,从微观角度看是管状的。位错对晶体的生成、扩散、强度、塑性、相变、塑性变形、断裂及其他许多物理、化学性质都有影响。

3.2.1　位错的基本类型和特征

位错的几何组态比较复杂,但是了解位错几何组态是掌握该晶体缺陷基本性质的基础。在此,以简单立方晶体为例,介绍两种最基本的位错类型:刃型位错和螺型位错,以及由它们组成的混合型位错。

1. 刃型位错

图 3-3a 展示了一简单立方晶体在切应力 τ 的作用下发生局部滑移,其中 $ABCD$ 为滑移面,其左上部分相对于下半部沿着滑移面滑移一个原子间距,$ABEF$ 为已滑移区,$EFCD$ 为未滑移区。发生局部滑移后晶体内出现了一个多余半原子面 $FEGH$,使 $ABCD$ 面上下两部分晶体之间产生了原子错排,晶体内产生了缺陷,这就是位错。这种位错在晶体中有一个刀刃状的多余半原子面,所以称为刃型位错。

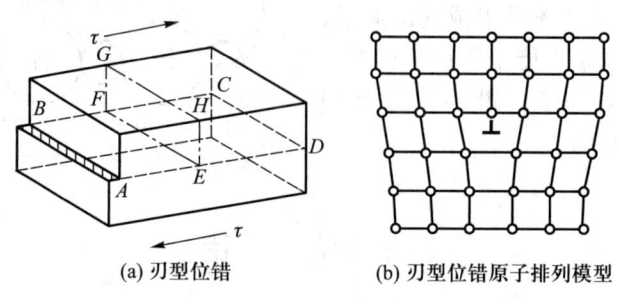

(a) 刃型位错　　　　　　　(b) 刃型位错原子排列模型

图 3-3　刃型位错[3]

多余半原子面与滑移面的交线 EF 就是位错线,也是已滑移区和未滑移区的交界,它与滑移方向垂直。位错在晶体中引起的畸变在位错线处最大,离位错线越远晶格畸变越小。原子严重错排的区域有 3~4 个原子间距,因此,位错是沿位错线为中心的一个管道。图 3-3b 是刃型位错的原子排列模型。通常把多余半原子面在滑移面以上的刃型位错称为正刃型位错,用符号"⊥"表示;反之,把多余半原子面在滑移面以下的刃型位错称为负刃型位错,用符号"⊤"表示。显然,正刃型位错和负刃型位错并无本质的差别,只要将晶体翻转,位错就反号。

刃型位错的重要特征如下。

① 刃型位错有一额外半原子面,点阵畸变相对于多余半原子面呈左右对称。

② 位错周围点阵发生弹性畸变,其中既有正应变,又有切应变。对于正刃型位错,滑移面之上晶格受到压应力,滑移面之下为拉应力。负刃型位错与此相反。

③ 位错线与晶体滑移的方向垂直,位错线运动的方向垂直于位错线。

④ 位错线是一个具有一定宽度的细长晶格畸变管道。

2. 螺型位错

晶体受到切应力 τ 的作用,其右侧上下两部分原子沿滑移面 $ABCD$ 发生了错动,如图 3-4a 所示。此时已滑移区和未滑移区的边界线(位错线)bb' 平行于滑移方向。图 3-4b 给出了 bb' 附近原子排列的情况。图 3-4 中用圆点表示滑移面 $ABCD$ 下方的原子,用圆圈表示滑移面上方的原子。可以看出,在 aa' 右方的晶体,上下层原子相对错动了一个原子间距,而在 bb' 和 aa' 之间出现了一个约有几个原子宽的、上下层原子位置不吻合的过渡区。在过渡区中,原子的正常排列遭到破坏。如果以 bb' 为轴线,从 a 开始,按顺时针方向依次连接此过渡区内的各原子,则其走向与一个右螺旋线的前进方向一样,如图 3-4c 所示。由于位错线附近的原子是按螺旋形排列的,所以把这种位错称为螺型位错。

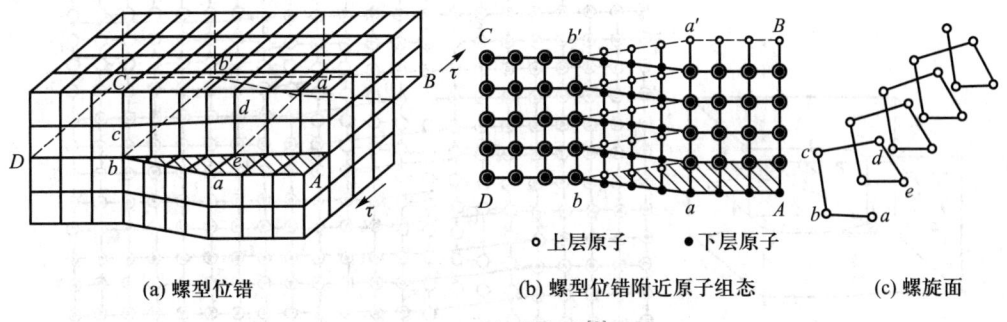

图 3-4　螺型位错[3]

　　根据螺旋面旋转方向,螺型位错分为左旋和右旋。通常用拇指代表螺旋的前进方向,而其余四指代表螺旋的旋转方向。凡符合右手法则的称为右螺型位错,符合左手法则的称为左螺型位错。按这种规定,如图 3-4 所示的是右螺型位错。

　　应该指出,左螺型位错与右螺型位错是有本质区别的。无论将晶体如何放置,也不可能使左(或右)螺型位错变为右(或左)螺型位错。

　　螺型位错的重要特征如下。

　　① 螺型位错无额外半原子面,原子错排呈轴对称。

　　② 位错周围点阵发生弹性畸变,其中只有切应变,而无正应变。

　　③ 位错线与滑移方向平行,位错线运动的方向与位错线垂直。

　　④ 螺型位错线是一个具有一定宽度的细长的晶格畸变管道。

3. 混合型位错

　　当位错线既不平行也不垂直于滑移方向,而与其交成任意角度时,这种位错称为混合位错。图 3-5a 给出了形成混合位错时晶体局部滑移的情况。可以看出,混合位错线 AC 是一条曲线。在 A 处,位错线与滑移矢量平行,因此是螺型位错;而在 C 处,位错线与滑移矢量垂直,因此是刃型位错。在 A 与 C 之间,位错线既不垂直也不平行于滑移矢量,每一小段位错线都可分解为刃型和螺型两个分量。图 3-5b 给出了一条任意曲线位错附近的原子组态的俯视图。可以看出,从螺型位错到刃型位错的连续变化。其中,空心圆代表滑移面上面的原子,实心圆代表滑移面下面的原子。

　　由于位错线是已滑移区和未滑移区的边界线,因此此位错具有一个很重要的性质,即位错线不能终止于晶体内部,而只能露头于晶体表面(包括晶界)。若它终止于晶体内部,则必与其他位错线相连接,或在晶体内部形成封闭线。形成封闭线的位错称为位错环,如图 3-6a 所示,阴影区是滑移面上一个封闭的已滑移区。显然,位错环各处的位错结构类型也可按各处位错线的方向与滑移矢量的关系加以分析。图 3-6b 给出了位错环的俯视图,为了能使读者更清晰地理解其位错环呈圆环状。可以看出,此位错环只有 A、B 两处是刃型位错,且是异号的;C、D 两处是螺型位错,也是异号的;而其他各处都是混合位错。

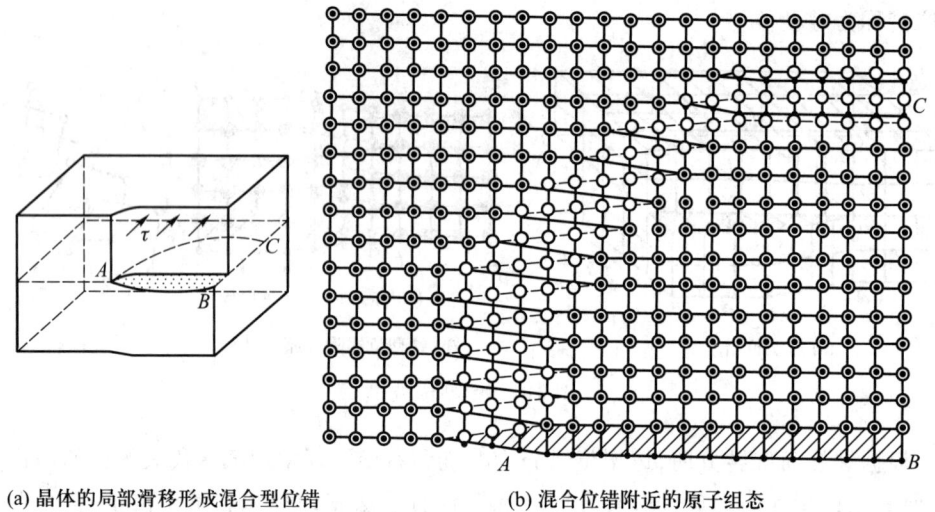

(a) 晶体的局部滑移形成混合型位错　　　　(b) 混合位错附近的原子组态

图 3-5　混合型位错[3]

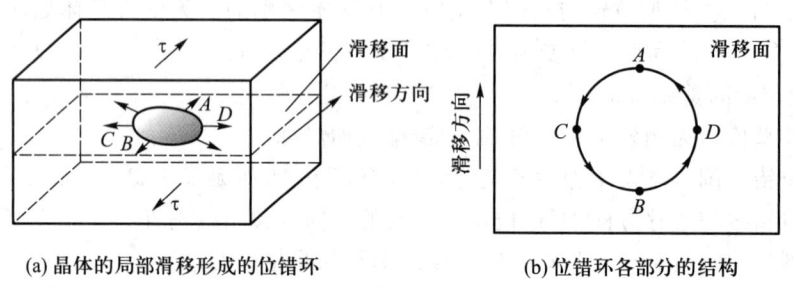

(a) 晶体的局部滑移形成的位错环　　　　(b) 位错环各部分的结构

图 3-6　晶体中的位错环[3]

3.2.2　柏氏矢量

从上面介绍的位错模型可知,位错线附近的一定区域内均会发生晶格畸变。由于位错的类型不同,故位错区域内原子排列情况与晶格畸变的大小和方向也都不相同。人们设想,最好能有一个量,它不但可以表示位错的性质,而且可以表示晶格畸变的大小和方向,使人们在研究位错时能够摆脱位错区域内原子排列具体细节的约束。1939年,柏格斯(J. M. Burgers)提出采用一个规定的矢量来描述位错,以此揭示位错的本质,这个矢量就是柏氏矢量。

1. 柏氏矢量的确定

图 3-7a 为实际晶体回路,图 3-7b 为完整晶体的相应回路。确定该位错柏氏矢量的方法如下。

① 规定位错线的正方向,通常指定位错线出纸面的方向为正向。

② 从实际晶体中的任意一个原子出发,围绕位错线(应避开位错附近严重畸变区域)以一定的步数作一个闭合回路 MNOPQ(简称柏氏回路)。要求该回路的方向和位错线的正方向成右螺旋关系,回路的每一步都连接相邻的原子,如图 3-7a 所示。

③ 在完整晶体中按同样的方向和步数作相同的回路,如图 3-7b 所示,该回路没有封闭。自终点 Q 向始点 M 引一个矢量 **b**,使该回路闭合,如图 3-7b 所示。这个矢量 **b** 称为实际晶体中位错的柏氏矢量。

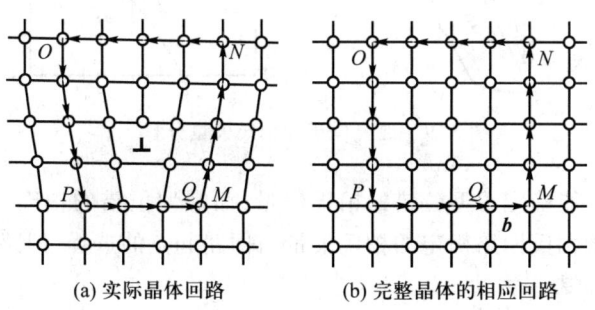

(a) 实际晶体回路 (b) 完整晶体的相应回路

图 3-7 刃型位错柏氏矢量的确定[3]

从柏氏回路可以看出,刃型位错的柏氏矢量与其位错线相垂直,这是刃型位错的一个重要特征。有位错线和柏氏矢量,就可以确定位错线的正负。通常首先人为规定位错线的方向,然后用右手法则来确定,即用右手的拇指、食指和中指构成直角坐标,以食指指向位错线的方向,中指指向柏氏矢量的方向,则拇指的指向代表多余半原子面的位向,且规定拇指向上者为正刃型位错,反之为负刃型位错。图 3-7a 展示了正刃型位错。

螺型位错的柏氏矢量与位错线平行,这是螺型位错的一个重要特征。螺型位错的柏氏矢量也可按相同的方法加以确定,如图 3-8 所示。通常规定,柏氏矢量与位错线正向一致则为右螺型位错,反之为左螺型位错。图 3-8a 展示了右螺型位错。

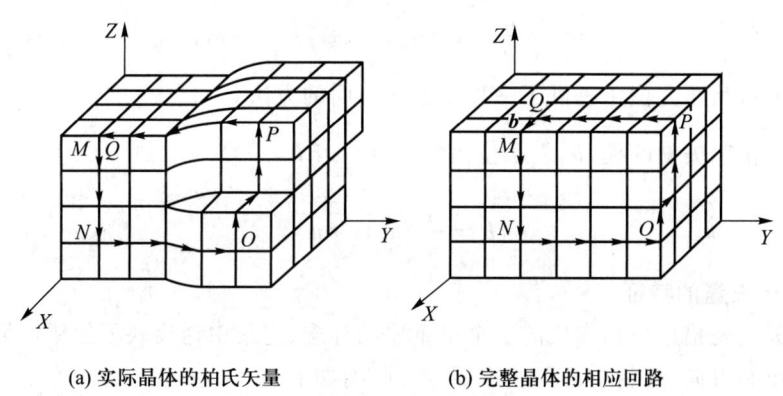

(a) 实际晶体的柏氏矢量 (b) 完整晶体的相应回路

图 3-8 螺型位错柏氏矢量的确定[3]

混合位错的柏氏矢量既不垂直也不平行于位错线,而与位错线相交成 φ 角($0 < \varphi < \frac{\pi}{2}$)。可将其分解为垂直于和平行于位错线的两个分量,如图 3-9 所示。垂直分量 $b_e = b\sin\varphi$(刃型位错),平行分量 $b_s = b\cos\varphi$(螺型位错)。

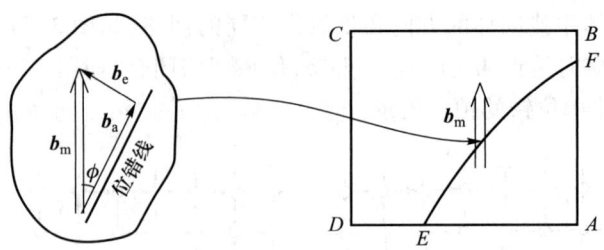

图 3-9 混合位错的柏氏矢量分解[3]

在二维晶格中能确定刃型位错的柏氏矢量,而螺型位错的柏氏矢量,则只能在三维晶格中确定。用柏氏回路确定的柏氏矢量与回路起点的选择、回路的大小无关。

2. 柏氏矢量的表示方法

晶体中柏氏矢量的大小和方向是以它在晶轴上的分量,即点阵矢量 $\boldsymbol{a}$、$\boldsymbol{b}$、$\boldsymbol{c}$ 来表示。对于立方晶系的晶体,由于 $\boldsymbol{a}=\boldsymbol{b}=\boldsymbol{c}$,故可用与柏氏矢量 $\boldsymbol{b}$ 同向的晶向指数来表示。例如在面心立方晶体中,从原点到底心的柏氏矢量 $\boldsymbol{b}$ 在三个晶轴上的分量分别为 $\frac{a}{2}$、$\frac{a}{2}$、0,故可写成 $\boldsymbol{b}=\frac{a}{2}[110]$。一般立方晶系的柏氏矢量可记为 $\boldsymbol{b}=\frac{a}{n}[uvw]$,表示从原点到晶体中坐标值为 $\frac{u}{n}$、$\frac{v}{n}$、$\frac{w}{n}$ 的阵点的柏氏矢量,其中 n 为正整数。

如果一个柏氏矢量 $\boldsymbol{b}$ 是另外两个柏氏矢量 $\boldsymbol{b}_1=\frac{a}{n}[u_1v_1w_1]$ 与 $\boldsymbol{b}_2=\frac{a}{n}[u_2v_2w_2]$ 之和,则按矢量关系有

$$\boldsymbol{b}=\boldsymbol{b}_1+\boldsymbol{b}_2=\frac{a}{n}[u_1v_1w_1]+\frac{a}{n}[u_2v_2w_2]$$

$$=\frac{a}{n}[(u_1+u_2)(v_1+v_2)(w_1+w_2)]。$$

柏氏矢量为研究位错提供了一种抽象而简明的方法。

通常用柏氏矢量的模 $|\boldsymbol{b}|$ 表示位错的强度。若 $\boldsymbol{b}=\frac{a}{n}[uvw]$,则

$$|\boldsymbol{b}|=\frac{a}{n}\sqrt{u^2+v^2+w^2} \tag{3-9}$$

3. 柏氏矢量的特征

柏氏矢量是描述位错实质的一个很重要的标志,它集中地反映了位错区域内畸变总量的大小和方向,现将它的一些重要特性归纳如下。

1) 位错周围的所有原子,都不同程度地偏离其平衡位置。离位错中心越远的原子,偏离量越小。通过柏氏回路将这些畸变叠加起来,畸变总量的大小和方向可由柏氏矢量表示。因此,柏氏矢量是一个反映由位错引起的点阵畸变大小的物理量。该矢量的方向表示位错的性质与位错线的取向,而该矢量的模 $|\boldsymbol{b}|$ 表示畸变的程度,称为位错的强度。

2) 在确定柏氏矢量时,只规定了柏氏回路必须避开位错线附近原子严重畸变区

域,而对其形状、大小和位置并没做任何限制。这就意味着柏氏矢量与回路起点的选择及具体路径无关。如果事先规定了位错线的正向,并按右螺旋法则确定回路方向,那么一根位错线的柏氏矢量就是恒定不变的。换句话说,只要不和其他位错线相遇,不论回路怎样扩大、缩小或移动,此回路定出的柏氏矢量是唯一的。这就是柏氏矢量的守恒性。由此可以得出以下推论。

① 一条位错线只有唯一的柏氏矢量。因此,位错在晶体中运动或形态改变(可以在刃型、螺型和混合型之间变化)时,其柏氏矢量是不变的。

② 若一个柏氏矢量为 b 的位错可以分解为柏氏矢量分别为 $b_1,\cdots,b_n$ 的 n 个位错,则分解后各位错柏氏矢量之和恒等于原位错的柏氏矢量,即 $b=\sum_{i=1}^{n} b_i$。如图 3-10 所示,位错线 b_1 分解为 b_2 和 b_3 两个位错,则 $b_1=b_2+b_3$。显然,若有数根位错线相交于一点(称为位错结点),则指向结点的各位错线的柏氏矢量之和,应等于离开结点的各位错线的柏氏矢量之和。存在一种特例,如所有位错线都指向(或离开)结点,则它们的柏氏矢量之和为零,即 $\sum b_i=0$,如图 3-11 所示。

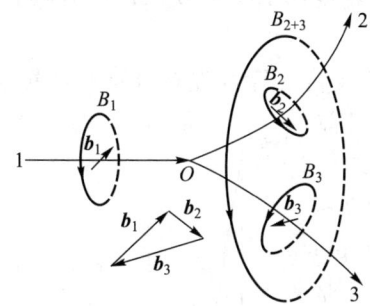 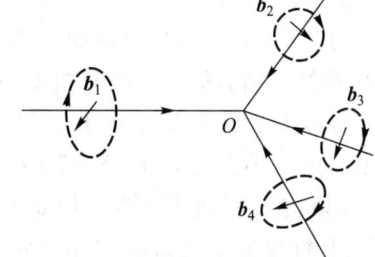

图 3-10 位错结点 $b_1=b_2+b_3$[3]　　　　图 3-11 柏氏矢量总和为零的情况[1]

③ 位错线不能在晶体内部中断。在晶体内,位错可以自成闭合的位错环,或者和其他位错相连接,或者穿过晶体终止在晶界或晶体表面。

综上所述,用柏氏矢量给位错下一个严格的定义,即位错是柏氏矢量不为零的晶体缺陷。

4. 位错密度

应用一些物理和化学的实验方法可以将晶体中的位错显示出来。如用浸蚀法可得位错腐蚀坑,由于位错附近的能量较高,所以位错在晶体表面露头的地方最容易受到腐蚀,从而产生蚀坑。位错蚀坑与位错是一一对应的。此外,用电子显微镜可以直接观察金属薄膜中的位错组态及分布,还可以用 X 射线衍射等方法间接地检查位错的存在[4-6]。

由于位错是已滑移区和未滑移区的边界,所以位错线不能中止在晶体内部,而只能中止在晶体的表面或晶界上。在晶体内部,位错线一定是封闭的,或者自身封闭成一个位错圈,或者构成三维位错网络,图 3-12 是晶体中的位错网络示意图。

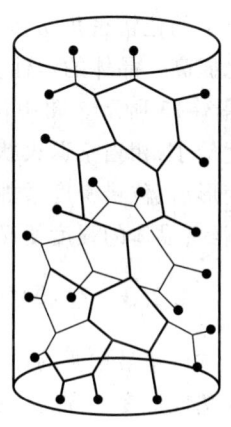

图 3-12 晶体中的位错网络示意图[7]

在实际晶体中经常含有大量的位错,通常把单位体积中所包含的位错线的总长度称为位错密度,即

$$\rho_v = \frac{L}{V} \tag{3-10}$$

式中,V 为晶体体积;L 为该晶体中位错线的总长度;ρ_v 的单位为 m^{-2}。

但是,由于很难从实验中直接测出位错总长度 L,实际上无法直接测定 ρ_v。为了方便,经常用穿过单位面积晶面的位错数目 ρ_s 来表示位错密度。

$$\rho_s = \frac{n}{S} \tag{3-11}$$

式中,n 为穿过截面的位错数;S 为截面面积;ρ_s 的单位为 m^{-2}。

位错在晶体中的分布形式很多。位错在经充分退火的金属中可以相互连接成网络,称为位错网;也可以垂直排列成小角度晶界。在经塑性变形的金属中,位错可以在滑移面上形成塞积群,也可能在夹杂物或沉淀物周围形成位错环,也可能形成更复杂的位错缠结等。总之,晶体中位错的组态非常复杂。

一般在经过充分退火的多晶体金属中,位错密度达 $10^{10} \sim 10^{12}\ m^{-2}$,而经剧烈冷塑性变形的金属,其位错密度达 $10^{15} \sim 10^{16}\ m^{-2}$。

位错的存在,对金属材料的机械性能、扩散及相变等过程有着重要的影响。如果金属中不含位错,那么它将有极高的强度,目前采用一些特殊方法已能制造几乎不含位错的、结构完整的小晶体——直径为 $0.05 \sim 2\ \mu m$,长度为 $2 \sim 10\ mm$ 的晶须,其变形抗力很高。例如直径为 $1.6\ \mu m$ 的铁晶须,其抗拉强度竟高达 $13\,400\ MN/m^2$;而工业上应用的退火纯铁,抗拉强度则低于 $300\ MN/m^2$,两者相差 40 多倍。不含位错的晶须,不易塑性变形,因而强度很高,而工业纯铁中含有位错,易于塑性变形,所以强度很低,如果采用冷塑性变形等方法使金属中的位错密度大大增加,则金属的强度也可以随之提高。晶体的塑性变形抗力与位错密度的关系如图 3-13 所示。图中位错密度 ρ_m 处,晶体的抗拉强度最小,相当于退火状态下的晶体强度,当经过加工变形后,位错密度增加,由于位错之间的相互作用和制约,晶体的强度便又上升。

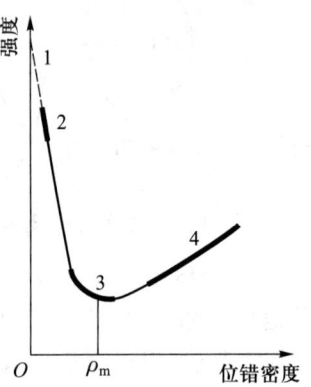

1—理论强度;2—晶须强度;
3—未强化的纯金属强度;
4—合金化、加工硬化或热处
理的合金强度

图 3-13 晶体的塑性变形抗力
与位错密度的关系[7]

3.2.3 位错的运动

位错最重要的性质之一是其可以在晶体中运动。若没有位错的运动,则没有晶体的塑性形变。同时位错运动的难易程度直接关系到晶体的强度。

位错的运动有两种基本形式,即滑移和攀移。

1. 位错的滑移

位错的滑移是在外加切应力的作用下,通过位错中心附近的原子沿 **b** 方向做少量的移动(小于一个原子间距)而逐步实现的。

(1)刃型位错的滑移

图 3-14a 表示正刃型位错在切应力 τ 作用下,从 Q 位置移动一个原子间距到达 Q' 位置时,位错附近原子移动的情况。可以看出,位错附近的原子由"·"位置移动小于一个原子间距的距离到达"○"位置,使位错在滑移面向左移动了一个原子间距。如果应力继续作用,位错将继续向左移动。当位错到达晶体表面后,晶体的上、下部分便沿滑移面相对滑移了一个柏氏矢量的距离,在晶体表面沿柏氏矢量方向产生了宽度为一个柏氏矢量 **b** 的台阶,如图 3-14b 所示。若有 n 个柏氏矢量 **b** 相同的位错扫过滑移面,晶体将产生 nb 的宏观滑移量,即造成了晶体的塑性变形。

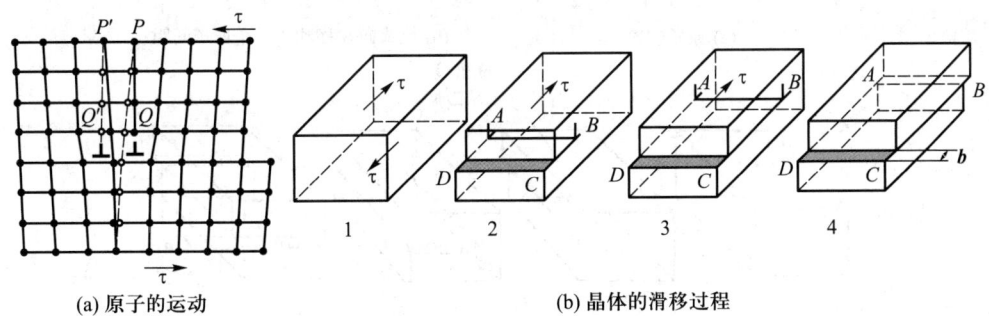

(a) 原子的运动　　　　　　　　(b) 晶体的滑移过程

图 3-14　刃型位错的滑移[1]

刃型位错的滑移面是位错线与其柏氏矢量共同决定的平面,而其滑移方向即柏氏矢量的方向。刃型位错的位错线和柏氏矢量相互垂直,所以其滑移面是唯一的。刃型位错的滑移方向与位错线垂直,而与柏氏矢量、切应力方向以及晶体滑移方向平行。

(2)螺型位错的滑移

图 3-15a、b 表示螺型位错周围原子沿滑移面的移动情况。设图面为滑移面,图中"○"表示滑移面下方的原子,"·"表示滑移面上方的原子;虚线表示点阵的原始状态,实线表示位错滑移一个原子间距后的状态。可以看出,在切应力 τ 的作用下,只要位错周围的原子沿着与位错运动相垂直的方向移动一个微小的距离,就可使位错向左移动一个原子间距(图中第 6 原子列移到第 7 列)。若位错继续向左滑移,当位错到达晶体表面后,在晶体表面沿柏氏矢量方向也会产生宽度为一个柏氏矢量 **b** 的台阶,如图 3-15c 所示。当 n 个柏氏矢量相同的螺型位错滑出晶体时,也会在晶体表面形成一个为 nb 的宏观滑移量。

可以看到,螺型位错的滑移方向垂直于位错线及其柏氏矢量。由于其位错线与柏氏矢量平行,它不像刃型位错具有确定的滑移面,而可以在通过位错线的任何原子面上滑移。螺型位错的滑移方向与柏氏矢量、切应力方向以及晶体滑移方向相垂直。

对于螺型位错而言,所有包含位错线的晶面都可作为滑移面,这使得螺型位错在某一滑移面上的滑移受阻时,位错可以离开原滑移面到与其相交的其他滑移面上继续滑移。螺型位错的这种运动称为交滑移。当然,已发生交滑移的螺型位错可经过再一次的交滑移转回到与原滑移面平行的滑移面上继续运动,这种现象称为双交滑移。图3-16为螺型位错的交滑移。

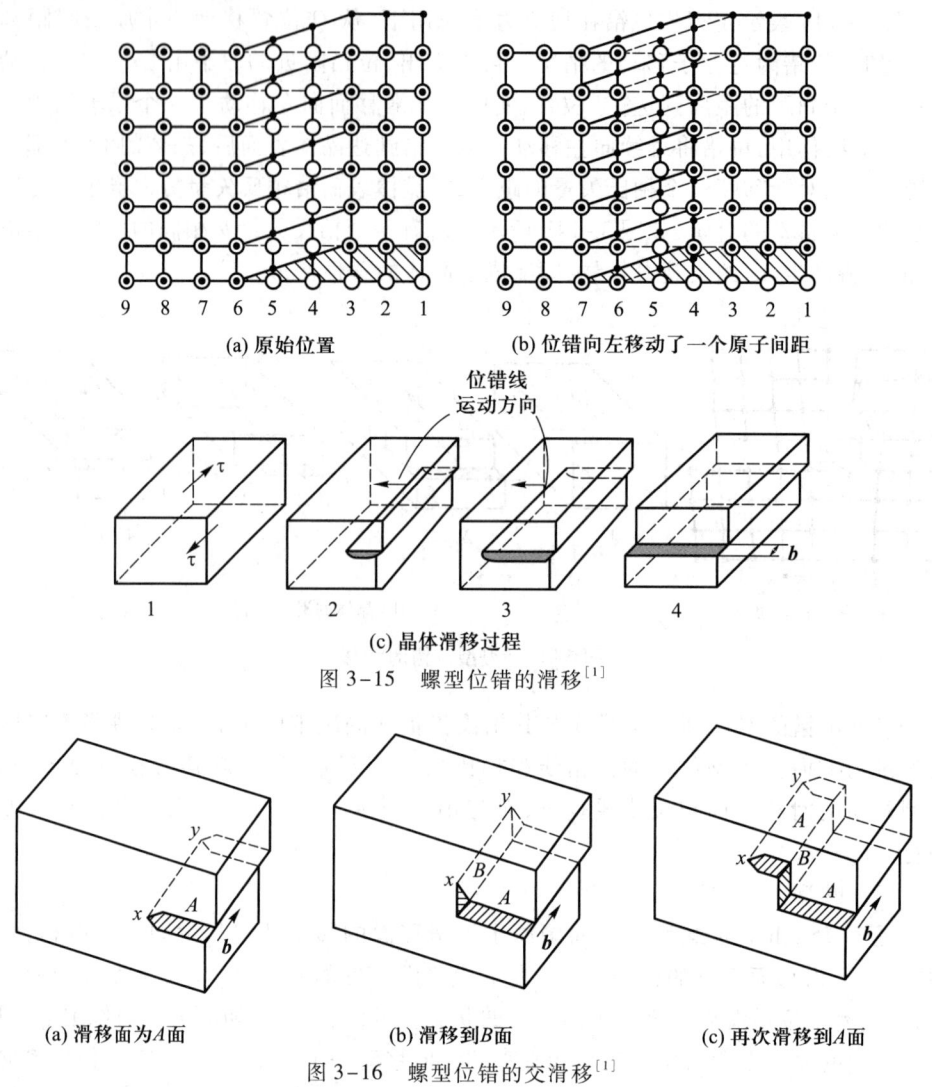

(a) 原始位置　　　　　　　(b) 位错向左移动了一个原子间距

位错线
运动方向

(c) 晶体滑移过程

图3-15　螺型位错的滑移[1]

(a) 滑移面为A面　　　　　(b) 滑移到B面　　　　　(c) 再次滑移到A面

图3-16　螺型位错的交滑移[1]

刃型位错由于只有一个滑移面,因此不可能产生交滑移。

(3)混合位错的滑移

图3-17是混合位错的滑移。晶体内部含有一个位错环,位错环上除A、B、C、D四点外,其他各点为混合位错。其中A、B两处与柏氏矢量垂直是刃型位错,C、D两处与柏氏矢量平行是螺型位错。若沿 b 的方向施加切应力 τ 时,根据确定位错线运动方向的右手定则,包括A、B、C、D四点在内的位错环上的各点沿其法向方向在滑移面上向外扩展。当位错环滑过整个滑移面且滑出晶体时,晶体表面处沿切应力方向会形成一

个宽度为 b 的台阶。

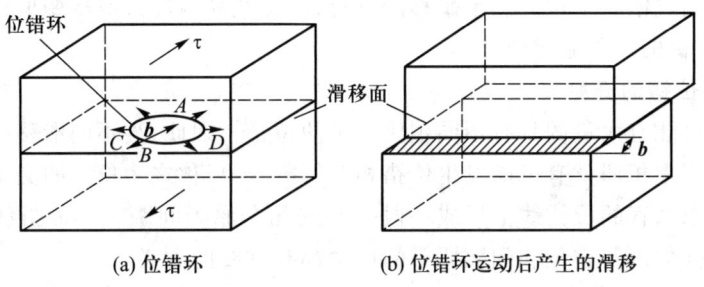

(a) 位错环 (b) 位错环运动后产生的滑移

图 3-17 混合位错的滑移[1]

2. 位错的攀移

刃型位错的攀移实质上就是构成刃型位错的多余半原子面的扩大或缩小。

半原子面的扩大或缩小是通过物质迁移即原子扩散实现的。如图 3-18 所示,当半原子面下端的原子跳入间隙位置,或空位迁移到半原子面下端时,半原子面将缩小,位错将向上运动,这种运动称为正攀移;反之,当间隙原子扩散到位错线上,或位错周围的原子迁移到半原子面下端,或空位离开位错时,半原子面将扩大,位错就向下运动,这种运动称为负攀移。

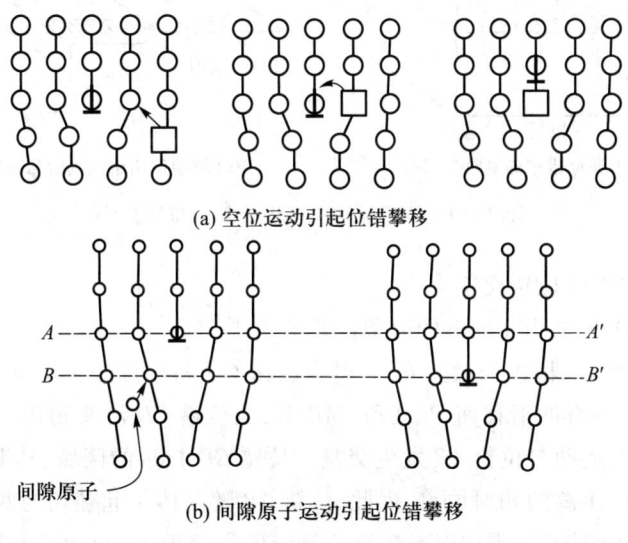

(a) 空位运动引起位错攀移

(b) 间隙原子运动引起位错攀移

图 3-18 刃型位错的攀移[3]

螺型位错没有半原子面,因此不会发生攀移运动。

由于攀移伴随着半原子面的缩小或扩大,即半原子面上原子数不守恒,故攀移也称为非守恒运动,而滑移称为守恒运动。

由于位错的攀移需要原子扩散,因此较滑移所需的能量更大。对于大多数金属而言,这种运动在室温下很难进行,但施加外力或升高温度可以促进其发生。当外加应力为垂直于半原子面的张应力时,有助于间隙原子扩散到位错处,而使半原子面扩大,发生负攀移;当外加应力为压应力时,有助于空位迁移到位错线附近而促使位错正攀移。晶体中的过饱和空位有利于攀移的进行,因此经高温淬火或冷变形加工后的金属在加热时,位错的攀移起重要作用。

3. 运动位错的交割

晶体中可能有大量的具有不同柏氏矢量的位错。因此,当不同滑移面上运动的位错在运动过程中相遇就有可能发生位错相互切割现象,称之为位错的交割。位错的交割结果是在原来直的位错线上形成一段一个或几个原子间距大小的折线。位错的交割对金属的强化以及空位和间隙原子的产生都有重要的意义。

(1)割阶与扭折

位错并不一定是直线,由于各种原因,位错线上往往会出现长度只有几个原子间距的曲折线段。这种曲折线段可以垂直于位错的滑移面,也可以就在位错的滑移面上。当它垂直于位错的滑移面时称为割阶,而当它就在位错的滑移面上时称为扭折。图 3–19a 是刃型位错中的割阶与扭折,刃型位错的割阶部分仍为刃型位错,而扭折部分则为螺型位错。图 3–19b 为螺型位错中的割阶与扭折。

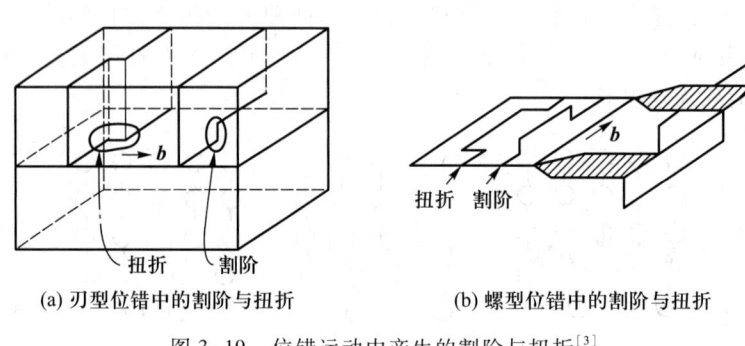

(a) 刃型位错中的割阶与扭折　　　　　(b) 螺型位错中的割阶与扭折

图 3–19　位错运动中产生的割阶与扭折[3]

(2)几种典型的位错交割

1)两个柏氏矢量相互垂直的刃型位错的交割

如图 3–20 所示,柏氏矢量为 b_1 的刃型位错 CD 和柏氏矢量为 b_2 的刃型位错 AB 分别位于两相互垂直的滑移面 PCD 和 PAB 上,当位错 CD 沿其柏氏矢量 b_1 方向在滑移面 PCD 上向下运动与位错 AB 发生交割。位错 CD 扫过的区域,其滑移面 PCD 两侧的晶体将发生 b_1 距离的相对位移,因此,位错 AB 随晶体一起被切为两段,整个位错线形成一条 APP'B 的折线,因 PP'不在原位错线的滑移面上,故 PP'为割阶。显然,PP'的大小和方向取决于 b_1。由于柏氏矢量的守恒性,PP'的柏氏矢量仍为 b_2,PP'与 b_2垂直,故可知 PP'也是刃型位错,而且它位于滑移面上,因此割阶 PP'可与位错线 AB一起移动。从图 3–20b 还可看出,由于 b_2 与位错 CD 是互相平行的,因此位错 CD 没有受到影响。

2)两个柏氏矢量相互平行的刃型位错的交割

如果相互正交的两个刃型位错的柏氏矢量相互平行(图 3–21),则这两个位错交割后,分别按对方的柏氏矢量方向产生一段折线 PP'和 QQ',如图 3–21b 所示。由于

PP' 和 QQ' 分别平行于其原位错线的柏氏矢量 b_2、b_1,因而它们均属于螺型位错;同时又由于它们都位于原位错的滑移面上,所以 PP' 和 QQ' 均为扭折。由于扭折能沿着原滑移面移动,故它不影响位错的滑移。在运动过程中,这种扭折在线张力的作用下可能被拉直而消失。

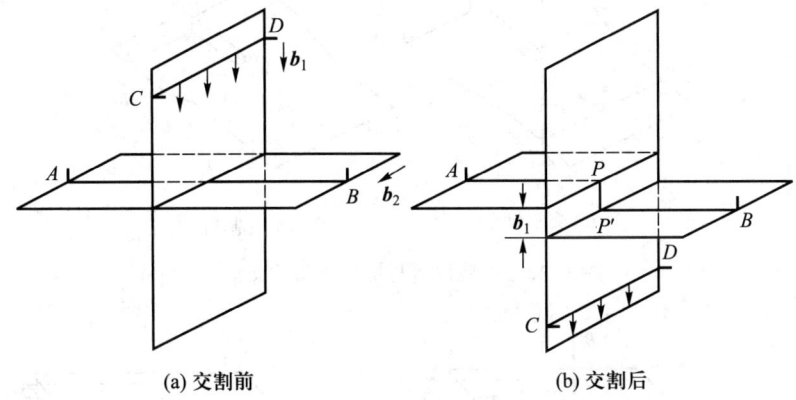

(a) 交割前　　　　　　　　　(b) 交割后

图 3-20　两个刃型位错的交割(柏氏矢量互相垂直)[1]

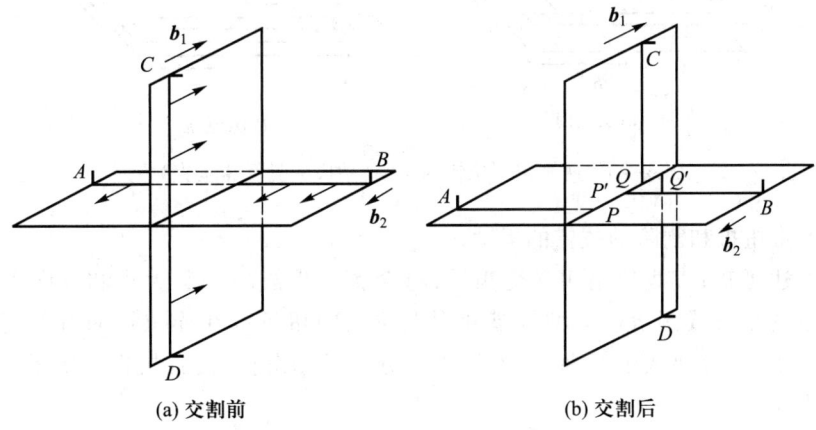

(a) 交割前　　　　　　　　　(b) 交割后

图 3-21　两个刃型位错的交割(柏氏矢量互相平行)[1]

3)两个柏氏矢量相互垂直的刃型位错与螺型位错的交割

如图 3-22 所示,柏氏矢量为 b_1 的刃型位错 AB 在滑移面上运动,和一穿过其滑移面的与其正交的螺型位错 CD(柏氏矢量为 b_2)相交割,交割后,在刃型位错 AB 上形成大小等于 $|b_2|$ 且方向平行于 b_2 的割阶 PP',其柏氏矢量为 b_1,属于刃型位错;螺型位错 CD 上也形成大小等于 $|b_1|$ 且方向平行于 b_1 的一段折线 QQ',由于它垂直于 b_2,所以是刃型位错;又由于它位于螺型位错 CD 的滑移面上,因此是扭折。

4)两个柏氏矢量相互垂直的螺型位错的交割

如图 3-23 所示,柏氏矢量分别为 b_1 和 b_2 的螺型位错 AA' 和 BB',交割后,位错线 AA' 产生一个大小为 $|b_2|$、方向与 b_2 一致、柏氏矢量为 b_1 的割阶 MM'。由图 3-23b 可知,MM' 为刃型位错,其滑移面与原位错线 AA' 的运动方向相垂直,因此,它不能随位错

AA'进行滑移,而只能沿 $\boldsymbol{b}_1$ 方向滑移。螺型位错 BB' 与螺型位错 AA' 交割后,也形成一个刃型割阶 NN',其性质与 MM' 相似。这种刃型割阶会阻碍螺位错的移动。

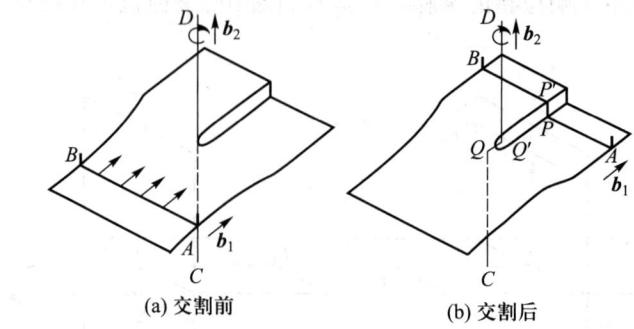

(a) 交割前　　　　　　　　(b) 交割后

图 3-22　刃型位错与螺型位错的交割[1]

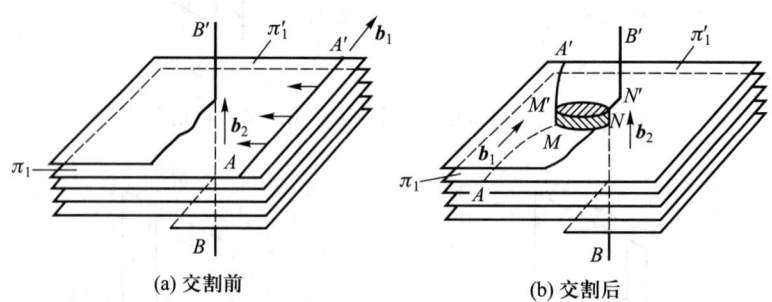

(a) 交割前　　　　　　　　(b) 交割后

图 3-23　两个螺型位错的交割(柏氏矢量互相垂直)[3]

（3）带扭折和割阶的位错的运动

由上述可知,直线位错相互交割后,将会各自生成一个其大小和方向等于对方柏氏矢量的扭折或割阶。刃型位错和螺型位错的扭折都在原位错的滑移面上。在外力作用下,原位错线继续前进,而扭折部分向一侧滑移,而且扭折在线张力作用下易于消失。

刃型位错的割阶也是刃型位错,如图 3-24a 所示,但割阶部分 MM',其滑移面 π_1 为 MM' 与 $\boldsymbol{b}_1$ 所决定的平面,而不是原位错线 AA' 的滑移面,因此往往也不是晶体的最易滑移面。这样,带割阶的刃型位错运动时,所受的阻力就较大。

螺型位错交割后产生的割阶是刃型位错,其滑移面为割阶线与其柏氏矢量决定的平面,半原子面如图 3-24b 中的阴影区所示。由于割阶的滑移面与原位错的滑移面不一致,因此带着割阶的螺型位错拖着割阶一起运动时,割阶部分发生攀移,并在其后留下一串空位,这是一种非守恒运动,只有在温度较高和外力足够大时才能发生,因此螺型位错的割阶是位错运动的障碍。

3.2.4　位错的弹性性质

晶体中位错周围的原子由于偏离平衡位置而处于弹性应变状态,形成弹性应力场。晶体中的位错在运动过程中与其他位错和点缺陷发生交互作用,这些交互作用是通过其应力场实现的。要进一步了解位错的性质，就需要讨论位错的弹性应力场，由此可推算出位错所具有的能量、位错间的作用力以及位错与其他晶体缺陷间的交互作用。

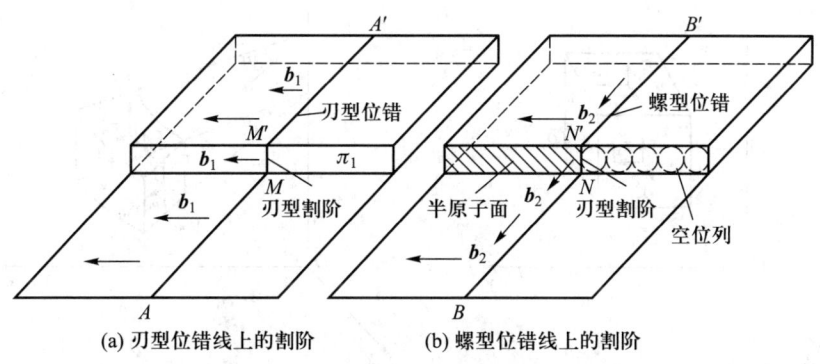

(a) 刃型位错线上的割阶　　　(b) 螺型位错线上的割阶

图 3-24　位错交割后形成的割阶[3]

1. 位错的应力场

（1）位错的连续介质模型

1753 年，瑞士著名科学家欧拉提出了连续介质模型。位错理论提出以后，人们借用它来处理位错的长程弹性性质问题[8-9]。

1）位错弹性连续介质模型的一些简化假设

首先，假设晶体是完全弹性体，服从胡克定律；其次，近似地认为晶体内部由连续介质组成，晶体中没有空隙，因此晶体中的应力、应变、位移等是连续的，可用连续函数表示；最后，把晶体看作是各向同性的，晶体的弹性常数（弹性模量、泊松比等）不随方向改变而改变。这样可应用经典的弹性理论计算应力场。由于该模型未考虑位错中心区的严重点阵畸变的情况，因此导出的结果不能应用于位错中心区，但对位错中心区以外的区域还是适用的。

2）应力与应变的表示方法

物体中任意一点可以抽象为一个小立方体，其应力状态可用 9 个应力分量描述，图 3-25a、b 分别用直角坐标和柱面坐标给出这 9 个应力分量，其中 σ_{xx}、σ_{yy}、σ_{zz}（σ_{rr}、$\sigma_{\theta\theta}$、σ_{zz}）为三个正应力分量，而 τ_{xy}、τ_{yx}、τ_{xz}、τ_{zx}、τ_{yz} 和 τ_{zy}（$\tau_{r\theta}$、$\tau_{\theta r}$、$\tau_{\theta z}$、τ_{rz}、$\tau_{z\theta}$ 和 $\tau_{\theta z}$）则为六个切应力分量。应力分量中的第一个下标表示应力作用面的外法线方向，第二个下标表示应力的指向。

由于物体处于平衡状态时 $\tau_{ij} = \tau_{ji}$（切应力互等定律），即 $\tau_{xy} = \tau_{yx}$，$\tau_{yz} = \tau_{zy}$，$\tau_{zx} = \tau_{xz}$（$\tau_{r\theta} = \tau_{\theta r}$，$\tau_{\theta z} = \tau_{z\theta}$，$\tau_{zr} = \tau_{rz}$），因此实际上只要六个应力分量就可决定任一点的应力状态。相应地也有六个应变分量，其中三个为正应变分量 ε_{xx}、ε_{yy} 和 ε_{zz}，三个为切应变分量 γ_{xy}（$= \gamma_{yx}$）、γ_{yz}（$= \gamma_{zy}$）和 γ_{zx}（$= \gamma_{xz}$）。

（2）螺型位错的应力场

设想有一内半径为 r_0、外半径为 R 的各向同性材料的空心弹性圆柱，先将圆柱沿 XOZ 面切开，然后将切面两侧沿 Z 轴相对位移一个距离 b，并把位移后的两侧面胶合起来,如图 3-26 所示。这样就相当于形成了一个柏氏矢量为 b 的螺型位错,图中 Z 轴为位错线,XOZ 为滑移面。

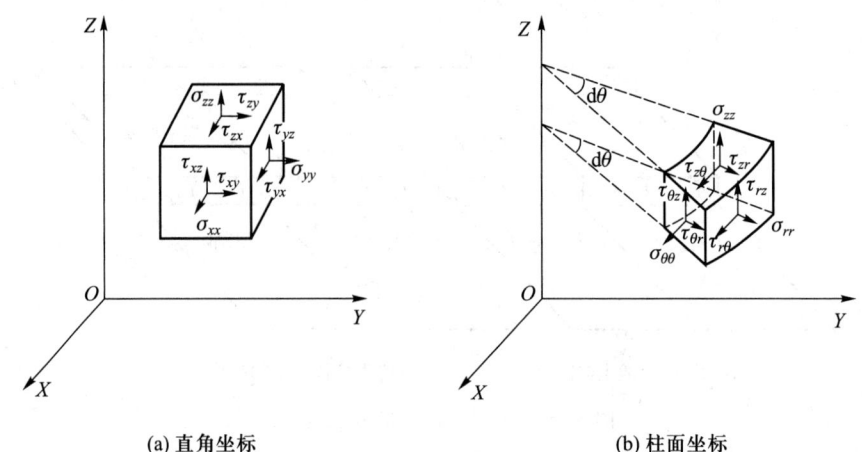

(a) 直角坐标　　　　　　　　　　　(b) 柱面坐标

图 3-25　物体内部任一点的应力状态[3]

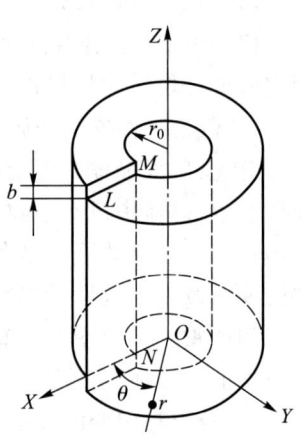

采用柱面坐标,由于圆柱只有沿 Z 方向的位移,因此只有一个切应变

$$\gamma_{\theta z} = \frac{b}{2\pi r} \qquad (3-12)$$

而相应的切应力为

$$\tau_{z\theta} = \tau_{\theta z} = G\gamma_{\theta z} = \frac{Gb}{2\pi r} \qquad (3-13)$$

其余应力分量均为 0,即

$$\sigma_{rr} = \sigma_{\theta\theta} = \sigma_{zz} = \tau_{r\theta} = \tau_{\theta r} = \tau_{rz} = \tau_{zr} = 0$$

若用直角坐标表示,则

图 3-26　螺型位错连续
介质模型[1]

$$\tau_{xz} = \tau_{zx} = -\frac{Gb}{2\pi} \frac{y}{(x^2 + y^2)}$$

$$\tau_{yz} = \tau_{zy} = \frac{Gb}{2\pi} \frac{x}{(x^2 + y^2)} \qquad (3-14)$$

$$\sigma_{xx} = \sigma_{yy} = \sigma_{zz} = \tau_{xy} = \tau_{yx} = 0$$

由式(3-13)可以看出,螺型位错的应力场具有如下特点。

① 没有正应力分量,只有两个互等的切应力分量。

② 螺型位错所产生的切应力分量只与 r 有关(成反比),而与 θ、z 无关。只要 r 一定,$\tau_{z\theta}$ 就为常数。因此,螺型位错的应力场是中心对称的,即与位错等距离的各处,其切应力恒等,并随着与位错距离的增大,应力值减小。

当 r 接近于零时,$\tau_{\theta z}$ 趋于无穷大,这显然与实际情况不符,说明上述结果不适用于位错中心区,该中心区的半径 r_0 为 $0.5 \sim 1$ nm。

（3）刃型位错的应力场

刃型位错的应力场要比螺型位错复杂得多，但仍可用同样的方法分析。沿 XOZ 面将空心弹性圆柱切开后，使切面两侧沿径向（X 轴方向）相对位移一个 b 的距离，再胶合起来，这样就形成了以位错线为 Z 轴，柏氏矢量为 b，滑移面为 XOZ 的正刃型位错的应力场，如图 3-27 所示，ZOY 面则相当于多余半原子面。

根据此模型可以求得刃型位错应力场的表达式：

$$\sigma_{xx} = -A\,\frac{y(3x^2+y^2)}{(x^2+y^2)^2}$$

$$\sigma_{yy} = A\,\frac{y(x^2-y^2)}{(x^2+y^2)^2}$$

$$\sigma_{zz} = \nu(\sigma_{xx}+\sigma_{yy}) \qquad\qquad (3-15)$$

$$\tau_{xy} = \tau_{yx} = A\,\frac{x(x^2-y^2)}{(x^2+y^2)^2}$$

$$\tau_{xz} = \tau_{zx} = \tau_{yz} = \tau_{zy} = 0$$

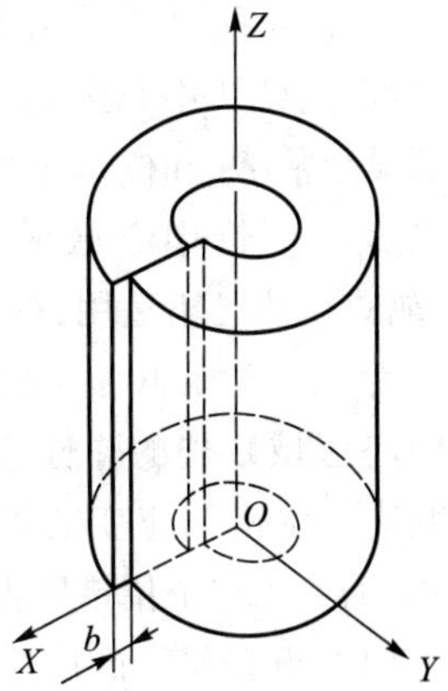

图 3-27 刃型位错连续
介质模型[1]

若用柱面坐标表示，则为

$$\sigma_{rr} = \sigma_{\theta\theta} = -A\,\frac{\sin\theta}{r}$$

$$\sigma_{zz} = \nu(\sigma_{rr}+\sigma_{\theta\theta})$$

$$\tau_{r\theta} = \tau_{\theta r} = A\,\frac{\cos\theta}{r} \qquad\qquad (3-16)$$

$$\tau_{rz} = \tau_{zr} = \tau_{\theta z} = \tau_{z\theta} = 0$$

式中：$A = \dfrac{Gb}{2\pi(1-\nu)}$，$G$ 为切变模量，ν 为泊松比，b 为柏氏矢量。

分析以上结果，可以看出刃型位错应力场具有以下特点。

① 同时存在正应力分量与切应力分量，而且各应力分量的大小与 G 和 b 成正比，与 r 成反比，即随着与位错距离的增大，应力的绝对值减小。

② 各应力分量都是 x、y 的函数，而与 z 无关。表明在平行于位错线的直线上，任一点的应力均相同。

③ 刃型位错的应力场对称于多余半原子面（YOZ 面），即对称于 Y 轴。

④ $y=0$ 时，$\sigma_{xx}=\sigma_{yy}=\sigma_{zz}=0$，说明在滑移面上，没有正应力，只有切应力，而且切应力 τ_{xy} 达到极大值 $\left[\dfrac{Gb}{2\pi(1-\nu)}\cdot\dfrac{1}{x}\right]$。

⑤ $y>0$ 时，$\sigma_{xx}<0$；而 $y<0$ 时，$\sigma_{xx}>0$。说明正刃型位错，滑移面上侧为压应力，滑移面下侧为拉应力。

⑥ 在应力场的任意位置处，$|\sigma_{xx}|>|\sigma_{yy}|$。

⑦ $x=\pm y$ 时，σ_{yy}、τ_{xy} 均为零，说明在直角坐标的两条对角线处，只有 σ_{xx}，而且在每条对角线的两侧，$\tau_{xy}(\tau_{yx})$ 及 σ_{yy} 的符号相反。

从式（3-15）和式（3-16）可以看出，当 x 和 y（或 r）接近于零时，应力趋于无穷大，说明上述结果也不适用于位错中心区。

刃型位错周围的应力场如图 3-28 所示。

2. 位错的应变能

由于位错周围点阵畸变形成弹性应力
场导致晶体能量的增高,增加的能量称为
位错的应变能[10-12]。位错的应变能包括
两个部分:位错中心区由于原子严重错排引
起的畸变能 E_c 和位错应力场引起的弹性应
变能 E_e。位错中心区域由于点阵畸变严
重,胡克定律已不适用,据估计,这部分能量
大约为总应变能 10%,通常可忽略不计,而
以中心区域以外的弹性应变能代表位错的
应变能。位错的应变能可利用连续介质模
型,根据形成这个位错所做的功求得。

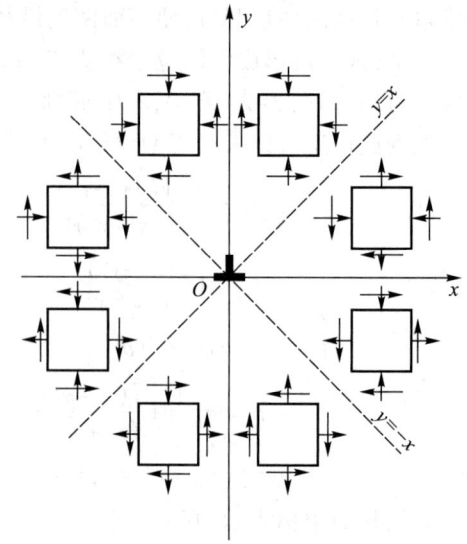

图 3-28　刃型位错周围的应力场[3]

（1）刃型位错的应变能

假定图 3-27 所示的刃型位错是一个
单位长度的位错。由于在形成这个位错的过程中,沿滑移方向的位移 x 是从 0 逐渐增
加到 b 的,因而位移是个变量,同时滑移面 XOZ 上所受的力也随 r 而变化。故在位移
过程中,当位移为 x 时,切应力 $\tau_{\theta r} = \dfrac{Gx}{2\pi(1-\nu)} \cdot \dfrac{\cos\theta}{r}$。

这里 $\theta = 0$,因此,为克服切应力 $\tau_{\theta r}$ 所做的功

$$W = \int_{r_0}^{R}\int_0^b \tau_{\theta r}\,\mathrm{d}x\,\mathrm{d}r = \int_{r_0}^{R}\int_0^b \frac{Gb}{2\pi(1-\nu)} \cdot \frac{1}{r}\,\mathrm{d}x\,\mathrm{d}r = \frac{Gb^2}{4\pi(1-\nu)}\ln\frac{R}{r_0} \tag{3-17}$$

这就是单位长度刃型位错的应变能 E_e^e。

（2）螺型位错的应变能

由式（3-13）,螺型位错的 $\tau_{\theta z} = \dfrac{Gb}{2\pi r}$,同理可以求得单位长度螺型位错的应变能为

$$E_e^s = \frac{Gb^2}{4\pi}\ln\frac{R}{r_0} \tag{3-18}$$

比较式（3-17）和式（3-18）可以看出,当 b 相同时,$E_e^e = \dfrac{1}{1-\nu}E_e^s$。

一般金属材料的泊松比 $\nu = 0.3 \sim 0.4$,若取 $\nu = 1/3$,则 $E_e^e \approx \dfrac{3}{2}E_e^s$。也就是说,刃型
位错的弹性应变能约为螺型位错的 1.5 倍。

（3）混合位错的应变能

对于一个位错线与其柏氏矢量 $\boldsymbol{b}$ 成 θ 角的混合位错,可以分解为一个柏氏矢量为
$b\sin\theta$ 的刃型位错分量和一个柏氏矢量为 $b\cos\theta$ 的螺型位错分量。由于相互平行的
螺型位错和刃型位错没有相同的应力分量,它们之间无相互作用能,分别算出这两个
位错分量的应变能,它们的和就是混合位错的应变能,即

$$E_e^m = E_e^e + E_e^s = \frac{Gb^2\sin^2\theta}{4\pi(1-\nu)}\ln\frac{R}{r_0} + \frac{Gb^2\cos^2\theta}{4\pi}\ln\frac{R}{r_0} = \frac{Gb^2}{4\pi k}\ln\frac{R}{r_0} \qquad (3-19)$$

式中：$k = \dfrac{1-\nu}{1-\nu\cos^2\theta}$，称为混合位错的角度因素，$k \approx 0.75 \sim 1$。对于螺型位错 $k=1$，对于刃型位错 $k=1-\nu$。

可以看出，位错应变能的大小与 r_0 和 R 有关。r_0 为位错中心区的半径，可以近似地认为 r_0 的数值接近于 b，约为 10^{-10} m，R 是位错应力场最大作用范围的半径，实际晶体中由于存在亚结构，R 数值为亚晶尺寸，约为 10^{-8} m。因此，单位长度位错线的总应变能可简化为

$$E = \alpha Gb^2 \qquad (3-20)$$

式中：α 为与几何因素有关的系数，其值为 $0.5 \sim 1.0$。

由式（3-20）可以看出，位错的应变能与其柏氏矢量 b 的平方成正比，b 越小，位错的能量越低，位错越稳定。也就是说，金属晶体中的稳定位错将是那些柏氏矢量最小的位错。两点之间的直线位错要比曲线位错具有更低的能量，因此位错有自发变直和缩短其长度的趋势。

由上述分析可知，位错具有很大的畸变能，且位错熵值对自由能的贡献远比畸变能要小，因此位错的自由能主要取决于其畸变能。位错的存在使体系的自由能增加，所以，位错是热力学不稳定的晶体缺陷。

3. 位错的线张力

为了降低能量，位错线有自发变直的趋势。这种趋势可用位错的线张力 T 来描述。线张力沿位错线方向作用在位错线上。位错的线张力 T 类似于液体的表面张力。

如果使直线位错的长度增加 ds，则必须对抗位错线张力 T 做功 Tds，此功等于位错所增加的能量 dE。因此，$T = dE/ds$，表明直线位错的线张力在数值上等于单位长度位错的应变能，即 $T = E = \alpha Gb^2$。

需要指出，位错的线张力不仅驱使位错变直，而且也是晶体中位错呈三维网络分布的原因。因为位错网络中相交于同一结点的各个位错，其线张力处于平衡状态，所以保证了位错在晶体中的相对稳定性[13]。

下面讨论能使两端固定的位错发生弯曲所需的切应力 τ。如图 3-29 所示，在切应力 τ 作用下两端固定的位错发生弯曲，平衡时位错线曲率半径为 R，张角为 $d\theta$，弯曲位错的长度为 ds，这样作用在单位长度位错线上的作用力为 $dF = \tau b$，F 与作用在弯曲位错线上的线张力相平衡，这时有

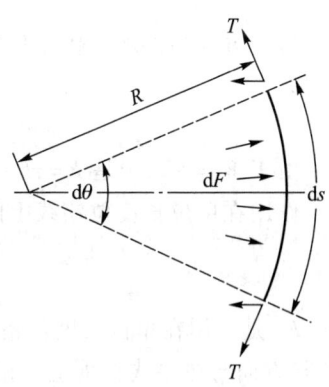

图 3-29 位错的线张力[1]

$$\tau b \cdot dS = 2T\sin(d\theta/2)$$

由于 $ds = Rd\theta$，$d\theta$ 很小时，$\sin(d\theta/2) \approx d\theta/2$，故

$$dF = \tau b = \frac{T}{R} \approx \frac{Gb^2}{2R} \qquad (3-21)$$

或
$$\tau \approx \frac{Gb}{2R} \tag{3-22}$$

由上式可知,能使两端固定的位错发生弯曲所需的外加切应力 τ 和位错线的曲率半径 R 成反比,即位错的曲率半径越小,要求与它相平衡所需的切应力越大。

4. 作用在位错上的力

晶体中的位错在外加应力或其他缺陷产生的内应力的作用下将会发生运动或有运动的趋势。为了便于描述位错的运动或运动趋势,假定在位错上作用了一个力 F,此力驱使位错运动。按照这个假定,F 必然和位错线的运动方向一致,即 F 必垂直于位错线。因此,可以设想有一个垂直于位错线的"力"作用在位错线上。

（1）引起位错滑移的力

利用虚功原理可以导出外力场对位错的作用力。如图 3-30 所示,设有柏氏矢量为 b、长度为 dl 的刃型位错,在切应力 τ 的作用下,沿滑移面移动了 ds 的距离,使晶体沿滑移面产生了 b 的滑移,故切应力所做的功为

$$W_1 = (\tau dA) \cdot b = \tau dl \cdot ds \cdot b$$

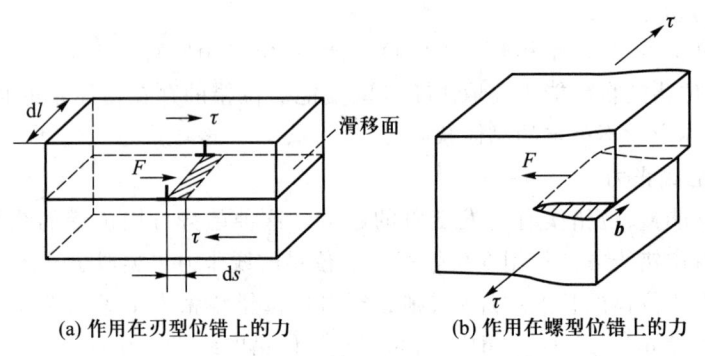

(a) 作用在刃型位错上的力　　　　(b) 作用在螺型位错上的力

图 3-30　外力场对位错的作用力[1]

另一方面,此功也相当于作用在位错线上的力 F 使位错线移动 ds 距离所做的功,即

$$W_2 = F \cdot ds$$

由于 $W_1 = W_2$,于是 $F = \tau b \cdot dl$

作用在单位长度位错线上的力 F_d 为

$$F_d = \frac{F}{dl} = \tau b \tag{3-23}$$

F_d 是作用在单位长度位错线上的力,它与外切应力 τ 和位错的柏氏矢量 b 成正比,其方向与位错线相垂直并指向滑移面的未滑移部分。由于一条位错线上各部分的柏氏矢量都相同,只要作用在晶体上的切应力是均匀的,那么同一条位错线中各段所受力的大小是相同的。必须指出:作用在位错上的力并不代表位错线附近的原子实际上所受的作用力,而是作用在位错这种组态上的虚构力。这一虚构力 F 来源于晶体中的内、外应力场,只要存在内、外应力场,即使静止的位错也受到 F 的作用——它使位错有运动的趋势。F 实为位错运动的驱动力,始终垂直于位错线,而与切应力或柏

氏矢量的方向无确定关系。如刃型位错的 F_d 和 τ 方向一致,而螺型位错的 F_d 和 τ 方向垂直。

对于任意形状的混合位错来说,F_d 和 τ 的方向既不平行也不垂直,力的方向为位错线上各点的法线。

(2)引起刃型位错攀移的力

如果对晶体加上一正应力分量,显然,位错不会沿滑移面滑移,对刃型位错而言,则可在垂直于滑移面的方向运动,即发生攀移,此时刃位错所受的力也称为攀移力。

如图 3-31 所示,设有一单位长度的位错线,当晶体受到 x 方向的拉应力 σ 作用后,此位错线段在 F_y 作用下向下运动 dy 距离,则 $F_y \cdot dy$ 为位错攀移所消耗的功。位错线向下攀移 dy 距离后,在 x 方向推开了一个 b 大小的距离,引起晶体体积膨胀为 $dy \cdot b \cdot 1$,而正应力所做膨胀功为 $-\sigma \cdot dy \cdot b \cdot 1$。

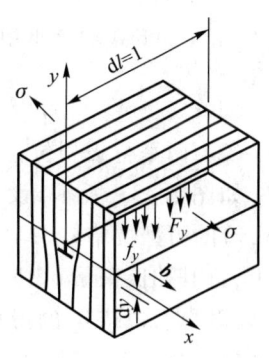

根据虚功原理,$F_y \cdot dy = -\sigma \cdot dy \cdot b \cdot 1$

$$F_y = -\sigma \cdot b \tag{3-24}$$

由此可见,作用在单位长度刃型位错上的攀移力 F_y 的方向和位错线攀移方向一致,也垂直于位错线。σ 是作用在多余半原子面上的正应力,它的方向与 b 平行。若负号表示 σ 为拉应力时,F_y 向下;若 σ 为压应力时,F_y 向上。

图 3-31 引起刃型位错攀移的力[17]

位错在应力场中所受的作用力是位错理论中的一个重要问题,通过对位错受力的分析,可以判断位错在应力作用下的运动,也是讨论位错间及位错和其他缺陷相互作用的基础。

5. 位错与位错间的交互作用

每个位错都产生一个应力场,因而使其他的位错受到作用力,这种作用力将影响位错的运动和分布。把位错的应力场公式和位错受力的公式结合起来,便可求出位错间的交互作用力[14]。

(1)两平行螺型位错间的交互作用

如图 3-32a 所示,设位于坐标原点 O 的螺型位错 S_1 和点 (r, θ) 的螺型位错 S_2 都平行于 Z 轴,其柏氏矢量分别为 b_1 和 b_2。由式(3-13)知,位错 S_1 在 (r, θ) 处的应力场中只有沿 Z 的分量

$$\tau_{\theta z} = \frac{Gb_1}{2\pi r}$$

因此,位错 S_2 在 $\tau_{\theta z}$ 的作用下受到的力为

$$f_r = \tau_{\theta z} \cdot b_2 = \frac{Gb_1 b_2}{2\pi r} \tag{3-25}$$

其方向为矢径 r 的方向。同理,位错 S_1 在位错 S_2 应力场的作用下,也将受到一个大小相等、方向相反的作用力。由式(3-25)还可看出,b_1 与 b_2 同向时,$f_r > 0$,作用力为斥力;b_1 与 b_2 反向时,$f_r < 0$,作用力为引力(图 3-32b)。因此,两平行螺型位错交互

作用的结果,同号相斥,异号相吸。交互作用力的绝对值与两位错强度的乘积成正比,与两位错间的距离成反比。

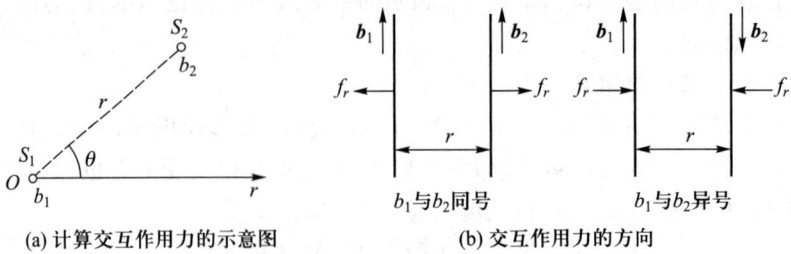

(a) 计算交互作用力的示意图　　　(b) 交互作用力的方向

图 3-32　两平衡螺型位错的交互作用力[3]

（2）两平行刃型位错间的交互作用

如图 3-33 所示,设有两个平行于 Z 轴,相距为 $r(x,y)$ 的刃型位错 e_1、e_2 分别位于两个相互平行的滑移面上,且其柏氏矢量 b_1、b_2 均与 X 轴同向。设位错 e_1 位于坐标原点,位错 e_2 的滑移面平行于 XOZ 面,因此在 e_1 的各应力分量中,只有切应力分量 τ_{yx} 和正应力分量 σ_{xx} 对位错 e_2 起作用,切应力分量 τ_{yx} 使 e_2 沿 X 轴方向滑移,正应力分量 σ_{xx} 使 e_2 沿 Y 轴方向攀移。作用于位错 e_2 上的力为

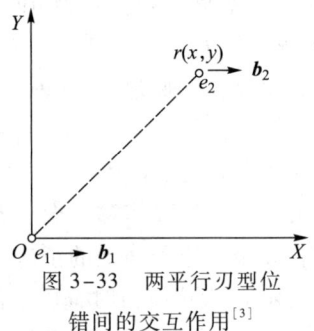

图 3-33　两平行刃型位错间的交互作用[3]

$$f_x = \tau_{yx} b_2 = \frac{Gb_1 b_2}{2\pi(1-\nu)} \cdot \frac{x(x^2 - y^2)}{(x^2 + y^2)^2} \tag{3-26}$$

$$f_y = -\sigma_{xx} b_2 = \frac{Gb_1 b_2}{2\pi(1-\nu)} \cdot \frac{y(3x^2 + y^2)}{(x^2 + y^2)^2} \tag{3-27}$$

由式（3-26）可以看出,滑移力 f_x 随位错 e_2 所处位置的不同而变化。对于两个同号刃型位错,它们之间的交互作用如图 3-34a 所示。

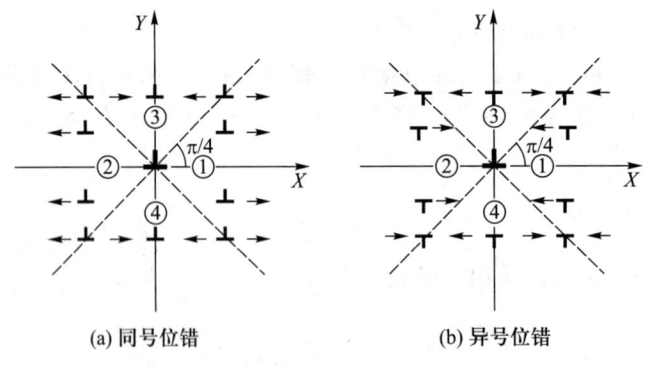

(a) 同号位错　　　　　　　　(b) 异号位错

图 3-34　两刃型位错在 X 轴方向上的交互作用[3]

当 $|x| > |y|$ 时,若 $x>0$,则 $f_x>0$;若 $x<0$,则 $f_x<0$,表明当位错 e_2 位于图 3-34a 中的①、②区间时,两位错相互排斥。

当$|x|<|y|$时,若$x>0$,则$f_x<0$;若$x<0$,则$f_x>0$,表明当位错e_2位于图3-34a中的③、④区间时,两位错相互吸引。

当$|x|=|y|$时,$f_x=0$,表明此时不存在使位错e_2滑移的力,一旦偏离此位置,就会受到位错e_1的吸引或排斥,使它偏离的更远,这一位置是位错e_2的介稳定平衡位置。

当$x=0$时,位错e_2处于Y轴上时,$f_x=0$,表明此时也不存在使位错e_2滑移的作用力,而且一旦稍许偏离这个位置,它所受到e_1的吸引将其推回原处,因此这一位置是位错e_2的稳定平衡位置。

将刃型位错沿着与其柏氏矢量垂直的方向排列起来,这种呈垂直排列的位错组态称为位错墙。

当$y=0$时,若$x>0$,则$f_x>0$;若$x<0$,则$f_x<0$。此时,$f_x\propto\dfrac{1}{x}$,表明处于同一滑移面的同号刃型位错总是相互排斥的,距离越小,排斥力也越大。

对于两个异号的刃型位错,由于

$$f_x = -\tau_{yx}b_2 = -\frac{Gb_1b_2}{2\pi(1-\nu)} \cdot \frac{x(x^2-y^2)}{(x^2+y^2)^2} \tag{3-28}$$

因此,其交互作用力f_x的方向与上述同号位错相反,而且位错e_2的稳定平衡位置和介稳定平衡位置也恰好相互对换,如图3-34b所示。

图3-35给出了两平行刃型位错间的交互作用力f_x与距离x之间的关系。y为两平行位错间的垂直距离(即滑移面间距),x表示两平行位错的水平距离(以y的倍数度量)。f_x为$\dfrac{Gb_1b_2}{2\pi(1-\nu)y}$。可以看出,两同号位错间的作用力(图3-35中实线)与两异号位错间的作用力(图中虚线)大小相等,方向相反。

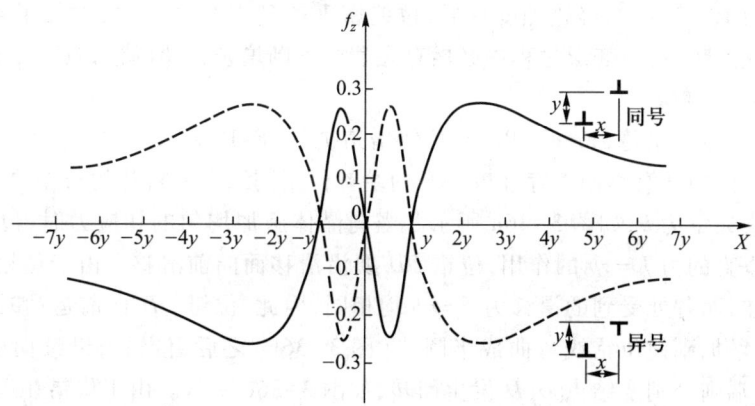

图3-35 两平行刃型位错沿柏氏矢量方向的交互作用力[3]

由式(3-27)可知,使位错e_2沿Y轴方向攀移的作用力f_y的指向与两平行刃型位错的性质有关。同号位错的f_y与y同号,如果同时允许滑移和攀移,则沿Y轴方向的两同号位错总是相互排斥,并尽可能远离;而异号位错的f_y与y异号,所以沿y轴方向的两异号位错总是相互吸引,并尽可能靠近乃至消失。

3.2.5　位错的增殖

前面在讨论点缺陷时曾指出,尽管形成点缺陷需要做功,晶体的内能升高,但由于熵增加(混合熵),自由能仍然可能下降,因此晶体中有自发形成点缺陷的趋势,在一定的温度下有一定的(平衡浓度的)点缺陷。然而,形成位错时内能的升高(即位错的弹性能)远大于熵的增加,因而自由能总是升高的。既然如此,晶体中为什么会形成位错? 位错的起源是什么?

1. 位错的起源

实验发现,材料在凝固、固态冷却、外延生长等过程中都可能形成位错。

凝固过程中形成位错的原因是:① "仔晶"或其他外来晶核表面(包括容器壁)上的位错或其他缺陷直接"长入"正在凝固的晶体中。② 在不同部位成核和长大的晶体(如树枝晶),由于位向不同,在相遇时界面原子必然"错配"而形成(界面)位错。

在固态冷却(特别是快冷)过程中形成位错的原因有:① 当固体从接近熔点的温度急冷时得到大量的(过饱和的)空位,这些空位通过扩散聚集成大的空位团,空位团又进一步塌陷为空位片(即位错环)。② 由于温度梯度、杂质等因素引起的内应力,导致各部分晶体收缩不均匀而形成位错。③ 由于冷却过程中发生再结晶或固态相变,使晶界或相界面上原子错配而形成界面位错。④ 在非常高的外加应力作用下,无缺陷的均匀晶体(理想晶体)中也可能形成位错,但这种概率一般较小。

正由于位错早在晶体的形成过程中就已存在,因而晶体在随后的加工过程中,可在远小于理论切变强度的外力作用下,使位错逐步地移至晶体表面而产生宏观变形。显然,按照这种位错移动导致晶体变形的观点,变形后晶体中的位错数目应越来越少,最终导致形成无位错的理想晶体。然而事实恰恰相反,如退火状态的金属在变形前的位错密度为 $10^{6 \sim 8}$ cm^{-2},经剧烈变形后,位错密度达到 $10^{10 \sim 12}$ cm^{-2},增加了 $4 \sim 5$ 个数量级。这就意味着,在变形过程中必然存在着能不断增殖位错的位错源[15]。

2. 位错的增殖

(1) 弗兰克-里德(Frank-Read)位错增殖机制(F-R 源)

设想晶体中某滑移面上存在着一个两端被位错网结点所钉扎的刃型位错 DD',位错线的柏氏矢量为 **b**,如图 3-36a 所示。当向晶体施加均匀的切应力时,位错线受到方向与之垂直的力 $F = \tau b$ 的作用,位错 DD' 要沿滑移面向前滑移。由于位错 DD' 的两端被固定住,而各处受到的滑移力 $F = \tau b$ 均相同,因此,位错 DD' 向前运动时将发生弯曲,当外力增加到使位错线弯曲成半圆状(图 3-36b)之后,位错将继续向前弯曲、扩展,而其两端则分别绕结点 D、D' 发生回转,如图 3-36c 所示。由于位错在运动过程中柏氏矢量始终不变,因此随着 DD' 的弯曲和扩展,当回转弯曲部分相互靠近时,m、n 两处的异号纯螺型位错便要相遇(如图 3-36d),进而彼此抵消,使原来的位错线断开成两部分,外面部分为封闭的位错环,里面部分为一段连接 D 和 D' 的弯曲位错线,如图 3-36e 所示。位错环在切应力的作用下,继续向外扩展;而断开后的另一段位错线,在线张力的作用下,逐渐变直并回复到位错 DD' 的原始状态(如图 3-36f)。在外力的继续作用下,它将重复上述过程。每重复一次,就产生一个位错环,从而造成位错的增殖,并使晶体产生可观的滑移量。这就是弗兰克-里德位错增殖机制。

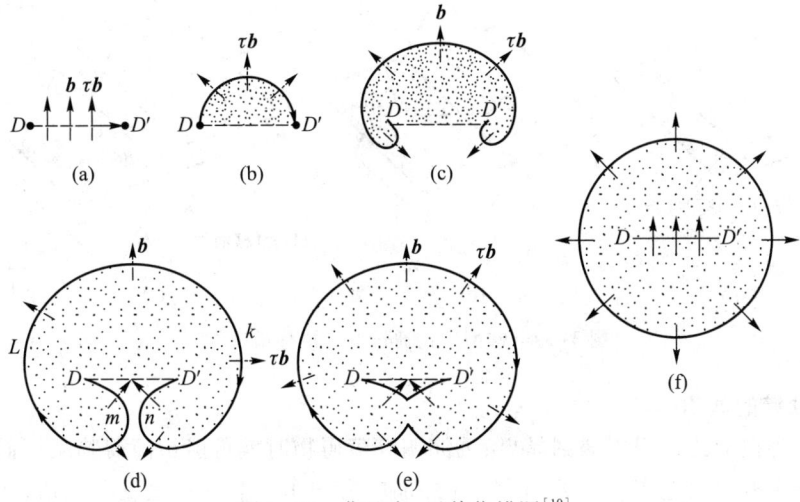

图 3-36   弗兰克-里德位错源[10]

为使 F-R 源开动,外应力必须克服位错线弯曲时由线张力所引起的阻力。位错弯曲的切应力公式[式(3-22)]及 $\tau = \dfrac{Gb}{2R}$ 表明,欲使位错继续弯曲,所需的外加切应力与位错线的曲率半径成反比,即所需的外加切应力随曲率 R 的减小而增大。当 DD' 弯曲成半圆(图 3-36b)时,曲率半径最小,所需的外加切应力最大,此时 $R = L/2$,L 为 D 与 D' 的距离,故使 F-R 源开动的临界切应力为

$$\tau_c = \frac{Gb}{L} \tag{3-29}$$

位错网结点间距的数量级约为 10^{-6} m(相当于一般亚晶的尺寸),若以此作为 L,同时取 $b \approx 10^{-10}$ m(一个原子间距),则根据式(3-29)可估计出临界切应力的数量级为 $10^{-4}G$,这和实际晶体的屈服强度接近。

F-R 源及其产生的位错环已被实验所证实。由于晶体的各向异性,位错环各点的扩展速度未必相同,故实验中观察到的位错环往往是多边形的,如方形、六边形等。

（2）双交滑移位错增殖机制

前面讨论过螺型位错的交滑移现象,位错也可以通过双交滑移增殖,如图 3-37 所示。设一螺型位错在面心立方(111)晶面上滑移(图 3-37a),于某处受阻,可通过交滑移转移到与(111)面相交的($1\overline{1}1$)面上移动,即发生了交滑移,但在($1\overline{1}1$)面上移动时要同时产生刃型位错 AC 和 BD,见图 3-37b,这样的刃型位错称为割阶,此刃型割阶不在原位错的滑移面上,它不能随原位错线一起向前运动移动。然后位错 CD 又通过交滑移回到和其原来滑移面平行的另一个(111)面上。此时,AC 和 BD 两个不动割阶就起着弗兰克-里德源中的结点(钉扎)作用,因此位错线 CD 可以不断地在滑移面上增殖位错(图 3-37c),这种方式称双交滑移增殖机制。有时,在第二个(111)面扩展出来的位错圈又可以通过双交滑移转移到第三个(111)面上进行增殖。故这个过程可使位错迅速增加,是比弗兰克-里德源更有效的增殖机制。

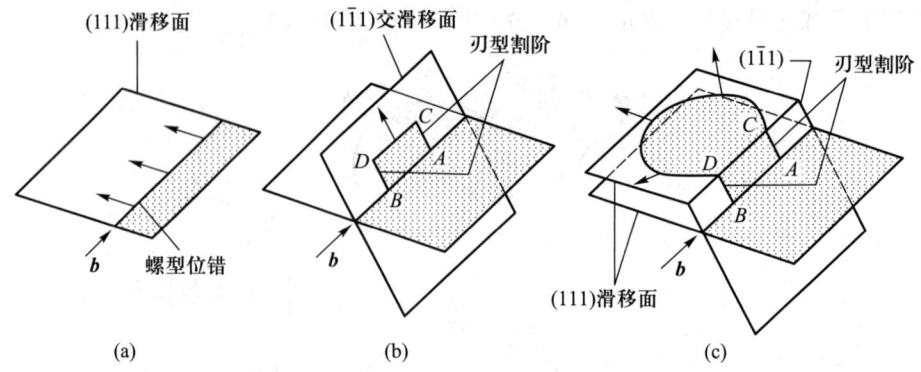

图 3-37 螺型位错通过双交滑移增殖[1]

3. 位错的塞积

当位错在滑移过程中遇到晶界、沉淀相等障碍物时就可能被障碍物阻挡而停止运动。如果在滑移面上有一个 F-R 源,在外加应力 τ 作用下不断地发射位错,那么当领先的位错遇到障碍物时,后面的各个位错都将受到阻碍而停止滑移,因而在滑移面上将塞积一列位错,并在塞积群的前端造成了高度的应力集中,如图 3-38 所示。

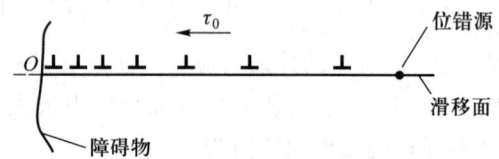

图 3-38 位错在障碍前的塞积[1]

塞积群中的位错所受的作用力有如下几种。

① 由外加切应力 τ_0 所产生的滑移力 $f_x = \tau_0 b$,该力使位错向障碍物方向推移,并尽量靠近障碍;

② 位错间的相互排斥力,该力使位错群沿滑移面尽量散开;

③ 障碍物的阻力,该力一般仅作用于塞积群前端的位错(称为领先位错)上。

当这三种力达到平衡时,塞积群中的位错便按一定的规律分布(图3-38),靠近障碍处,位错排列比较密集,远离障碍处,位错排列比较稀疏。

由于塞积群的领先位错同时受到以上三种力的作用,在领先位错与障碍之间的局部应力 τ 可达到很高的数值。为了计算 τ 的大小,假定障碍物只施加短程的作用力,且只与领先位错起交互作用。设障碍物对领先位错的阻力为 f'_x,(等于 f_x,但方向相反),若领先位错克服障碍的阻力位移了 δ_x 的距离,则所做的功为

$$W = \tau b \delta_x$$

另一方面,如果在外加切应力的作用下,整个塞积群(共有 n 个位错)向前移动了微小距离 δ_x,则外力场所做的功为

$$W' = n\tau_0 b \delta_x$$

按照虚功原理,平衡时,这两个功应该相等,故得

$$\tau = n\tau_0 \tag{3-30}$$

式(3-30)表明,在包含 n 个位错的塞积群前端产生了很大的应力集中,其数值等于外加切应力的 n 倍。这个结论很重要,因为若塞积群的每一个位错的柏氏矢量都为 b,则可以简单地认为,塞积群周围所产生的应力场与一个具有 nb 柏氏矢量的大位错所产生的应力场相当。

位错塞积可能造成以下一些后果。

① 由于使 F-R 源开动所需的应力大增(增加 n 倍),故材料加工硬化。

② 若塞积位错是刃型的,则当 n 足够大时会出现微裂纹。

③ 若障碍物是晶界,则可能引发相邻晶粒内(在晶界附近)的 F-R 源开动,发生塑性变形。

④ 若障碍物是沉淀颗粒,位错是螺型的,则可发生交滑移;若位错是刃型的,变形温度又较高,则位错可能攀移。交滑移和攀移都会使塞积应力下降,导致晶体软化。

3.2.6 实际晶体结构中的位错

前文以简单立方晶体结构为例,介绍了位错结构的一般特性,然而实际的晶体结构复杂多样,仅典型金属的晶体结构就有面心立方、体心立方和密排六方结构等,在这些晶体结构中的位错更为复杂,除了上述位错的共性之外,还有一些特殊的位错组态和性质。

1. 实际晶体结构中的单位位错

简单立方晶体中位错的柏氏矢量 b 总是等于点阵矢量。点阵矢量是点阵中连接任意两结点的矢量。在实际晶体结构中,位错的柏氏矢量除了等于点阵矢量外,还可能小于或大于点阵矢量。通常将柏氏矢量等于单位点阵矢量的称为单位位错,柏氏矢量等于单位点阵矢量或其整数倍的称为全位错,柏氏矢量不等于点阵矢量整数倍的称为不全位错。

实际晶体结构中,位错的柏氏矢量不能是任意的,它要符合晶体的结构条件和能量条件。晶体结构条件是指柏氏矢量必须连接一个原子平衡位置到另一平衡位置。从能量条件考虑,由于位错能量正比于 b^2,柏氏矢量 b 越小越好,柏氏矢量为最短的点阵矢量的位错(即单位位错)是最稳定的位错。

表 3-3 为典型晶体结构中单位位错的柏氏矢量。

表 3-3　典型晶体结构中单位位错的柏氏矢量

结构类型	柏氏矢量	方向	$|b|$	数量
简单立方	$a<100>$	$<100>$	a	3
面心立方	$\dfrac{a}{2}<110>$	$<110>$	$\dfrac{1}{2}\sqrt{2}\,a$	6
体心立方	$\dfrac{a}{2}<111>$	$<111>$	$\dfrac{1}{2}\sqrt{3}\,a$	4
密排六方	$\dfrac{a}{3}<11\bar{2}0>$	$<11\bar{2}0>$	a	3

2. 堆垛层错

在讨论晶体结构时已经指出,面心立方和密排六方同属于密堆结构,其密排面分别为$\{111\}$和$\{0001\}$,面心立方结构是以密排面$\{111\}$按 ABCABC⋯顺序堆垛而成;密排六方结构是以密排面$\{0001\}$按 ABAB⋯顺序堆垛而成(图3-39)。为了方便起见,用符号"△"表示 AB、BC、CA⋯顺序,"▽"表示相反的顺序,如 BA、AC、CB⋯。因此,面心立方结构的堆垛顺序表示为△△△△⋯(图3-39a),密排六方结构的堆垛顺序表示为△▽△▽⋯(图3-39b)。

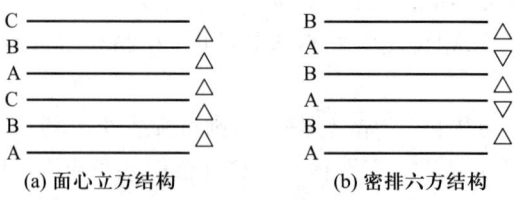

图 3-39 密排面的堆垛顺序[1]

在晶体中,某一区域的密排面堆垛顺序如果出现差错,在此处产生了晶体缺陷(属面缺陷),称为堆垛层错(简称层错)。例如,面心立方结构中堆垛顺序为 ABCBCA⋯(即△△▽△△⋯),即有一个▽代替了原来的△(图3-40a),它相当于在正常堆垛顺序中抽去了一层原子面(A 层),这样的层错称为抽出型;此外还有一种堆垛顺序为 ABCBAB⋯(即△△△▽▽⋯),如图3-40b 所示,有两处堆垛顺序出现了差错,它相当于有一层 B 原子面插入 C 层和 A 层原子面之间,称为插入型层错,即一个插入型层错相当于两层抽出型层。从图3-40 还可看出,面心立方晶体中存在堆垛层错时相当于在其间形成一薄层的密排六方结构晶体(BCBC⋯)。

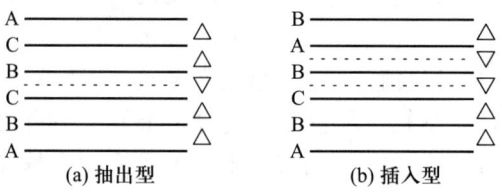

图 3-40 面心立方结构的堆垛顺序[1]

密排六方结构正常是由密排面$\{0001\}$按照 ABABAB⋯,即△▽△▽△⋯的顺序堆垛,它也可能形成堆垛层错,其层错包含面心立方晶体的堆垛顺序。密排六方晶体的层错也有两种类型:具有抽出型层错时,堆垛顺序变为▽△▽▽△▽⋯,即 BABA-CAC⋯;而插入型层错则为▽△▽▽▽△▽⋯,即 BABACBCB⋯。

体心立方晶体的密排面$\{110\}$和$\{100\}$的堆垛顺序只能是 ABABAB⋯,故这两组密排面上不可能有堆垛层错。但是,它的$\{112\}$面堆垛顺序却是周期性的,如图3-41 所示,图中表示有两个体心立方晶胞和一组平行的$(\bar{1}1\bar{2})$面的位置。由于立方结构中相同指数的晶向指数和晶面指数互相垂直,沿$[\bar{1}1\bar{2}]$方向可以看出各层$(\bar{1}1\bar{2})$面的堆垛顺序为 ABCDEFAB…,当{112}面的堆垛顺序发生差错时,可产生 ABCDCDEFA…堆垛层错。

形成层错时几乎不产生点阵畸变,但它破坏了晶体的正常周期性,使电子发生反常的衍射效应,故导致晶体能量的增加,这部分能量增量称为"堆垛层错能 γ(单位为 J/m^2)"。金属的层错能一般用实验方法间接测得,表 3-4 给出了一些面心立方金属的层错能和平衡距离。金属中出现层错的概率与层错能有关,层错能越高,形成层错的概率越小。如在层错能低的奥氏体不锈钢中、α 黄铜中,常可看到大量的层错,而在层错能高的铝中,就看不到层错。

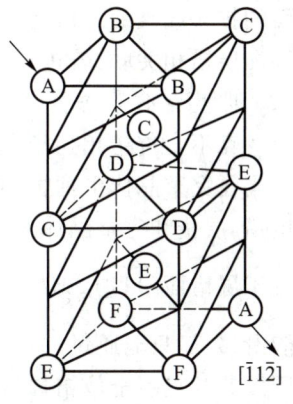

图 3-41 体心立方结构
$(\bar{1}\bar{1}2)$ 面的堆垛顺序示意图[1]

表 3-4 一些面心立方金属的层错能和平衡距离

金属	层错能 γ/ (J/m^2)	不全位错的平均距离 d/原子间距	金属	层错能 γ/ (J/m^2)	不全位错的平均距离 d/原子间距
银	0.02	12.0	铝	0.20	1.5
金	0.06	5.7	镍	0.25	2.0
铜	0.04	10.0	钴	0.02	35.0

3. 不全位错

若堆垛层错不发生在晶体的整个原子面上而只在部分区域存在,则层错与完整晶体之间的边界是位错(图 3-42),但其柏氏矢量 $\boldsymbol{b}$ 不等于而是小于点阵矢量,所以是不全位错。根据层错的形成方式不同,面心立方晶体中有两种重要的不全位错,称为肖克莱(Schockley)不全位错和弗兰克(Frank)不全位错。

(1) 肖克莱不全位错

图 3-43 为面心立方晶体中的肖克莱不全位错。图面代表 $(10\bar{1})$ 面,密排面(111)垂直于图面。右边这部分晶体按 ABCABC…正常顺序堆垛,而左部分晶体是按 ABCBCAB…顺序堆垛,即有层错存在,层错与完整晶体的边界就是肖克莱位错。这相当于左侧原来的 A 层原子面在 $[1\bar{2}1]$ 方向沿即 LM 滑移到了 B 层位置所形

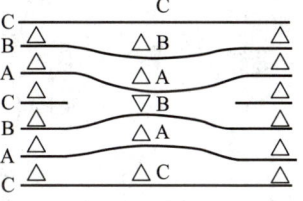

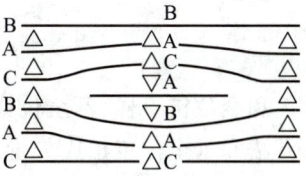

图 3-42 层错的边界为位错[1]

成。位错的柏氏矢量(即滑移矢量)$\boldsymbol{b} = \dfrac{a}{6}[1\bar{2}1]$。可以看出,该不全位错的柏氏矢量方向与位错线互相垂直,因此这是刃型不全位错。根据柏氏矢量与位错线之间的关系还可以有螺型不全位错和混合型不全位错。肖克莱位错是可以滑移的,其滑移相当于

层错面的扩大或收缩。但是,即使是纯刃型的肖克莱不全位错也不能攀移,这是因为它始终和层错相关联,若进行攀移,势必离开层错面,这是不可能的。

（2）弗兰克不全位错

弗兰克不全位错相当于在晶体中插入半层或抽去半层密排面而形成,如图 3-44 所示。当在完整晶体中抽去半层 B 后,这部分晶体的堆垛顺序变成 ABCACABC…,产生了层错,层错和完整晶体之间的边界是弗兰克不全位错,属纯刃型位错。其柏氏矢量垂直于层错面(111),即 $b = \frac{1}{3}<111>$。由于其柏氏矢量不在滑移面上,故弗兰克位错不能滑移,而只能通过点缺陷的凝聚或扩散,沿层错面进行攀移,使层错面扩大或缩小。所以弗兰克不全位错称为固定位错,而肖克莱不全位错称可动位错。

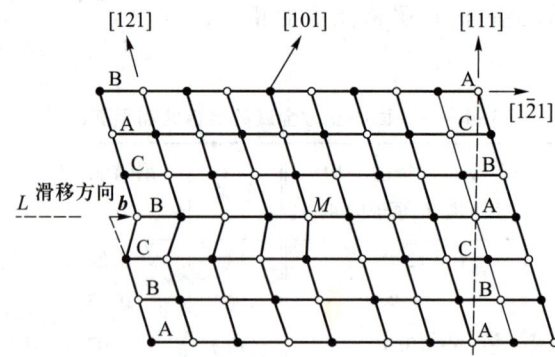

图 3-43 面心立方晶体中的肖克莱不全位错[1]

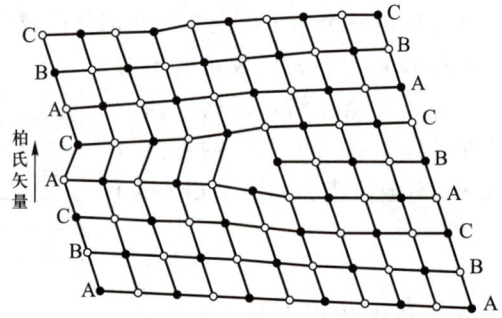

图 3-44 抽去一层密排面形成的弗兰克不全位错[1]

和全位错一样,不全位错的特性亦由其柏氏矢量来标志。确定不全位错柏氏矢量的方法和求全位错柏氏矢量基本相似,只是不全位错的柏氏回路的开始点必须从层错面上出发。

密排六方晶体和面心立方晶体相似,可以通过滑移形成肖克莱不全位错,通过插入或抽去一层形成弗兰克不全位错。对于体心立方晶体,当在 {112} 面出现堆垛层错后,在层错边界也会出现不全位错。

4. 位错反应

实际晶体中,组态不稳定的位错可以转化为组态稳定的位错,具有不同柏氏矢量的位错线可以合并为一条位错线;反之,一条位错线也可以分解为两条或更多条具有不同柏氏矢量的位错线。通常将位错之间的相互转化(分解或合并)称为位错反应。

位错反应能否进行,取决于是否满足以下两个条件。

① 几何条件:按照柏氏矢量守恒性的要求,反应后位错的柏氏矢量和应该等于反应前位错的柏氏矢量和,即

$$\sum |\boldsymbol{b}_{前}| = \sum |\boldsymbol{b}_{后}| \tag{3-31}$$

② 能量条件:按照热力学要求,位错反应必须是一个伴随着能量降低的过程。因此,反应后诸位错的总能量应小于反应前诸位错的总能量。由于位错能量正比于其柏氏矢量的平方,故可近似地把一组位错的总能量看作是 $\sum |\boldsymbol{b}_i|^2$,于是引入一个位错反应进行可能性的能量判据

$$\sum |\boldsymbol{b}_{前}|^2 > \sum |\boldsymbol{b}_{后}|^2 \tag{3-32}$$

面心立方晶体中能量最低,处于 $\{111\}$ 面上的全位错 $\dfrac{a}{2}<110>$,有时会分解为两个肖克莱不全位错,例如 (111) 面上柏氏矢量为 $\dfrac{a}{2}[\overline{1}10]$ 的全位错,就可通过下列位错反应分解为 $\dfrac{a}{6}[\overline{1}2\overline{1}]$ 与 $\dfrac{a}{6}[\overline{2}11]$ 两个不全位错,即

$$\frac{a}{2}[\overline{1}10] \rightarrow \frac{a}{6}[\overline{1}2\overline{1}] + \frac{a}{6}[\overline{2}11] \tag{3-33}$$

这个反应之所以能够进行,是因为它不仅满足柏氏矢量守恒条件,而且也满足能量条件,因为

反应前 $\qquad\qquad \sum |\boldsymbol{b}_{前}|^2 = \left(\dfrac{a}{2}[\overline{1}10]\right)^2 = \dfrac{a^2}{2}$

反应后 $\qquad\qquad \sum |\boldsymbol{b}_{后}|^2 = \left(\dfrac{a}{6}[\overline{1}2\overline{1}]\right)^2 + \left(\dfrac{a}{6}[\overline{2}11]\right)^2 = \dfrac{a^2}{3}$

$$\sum |\boldsymbol{b}_{前}|^2 > \sum |\boldsymbol{b}_{后}|^2$$

5. 扩展位错

现在具体分析面心立方晶体处于 $\{111\}$ 晶面上的全位错 $\dfrac{a}{2}<110>$ 滑移时原子是如何运动的。由前可知,面心立方晶体 $\{111\}$ 面的堆垛顺序是 ABCABC。图 3-45 表明,矢量为 $\dfrac{a}{2}[\overline{1}10]$ 的滑移是 B 层 (111) 面上一个平衡位置 (B_1) 上的原子,沿 $[\overline{1}10]$ 方向位移一个点阵矢量,到达另一个平衡位置 (B_2) 的滑移。显然,这种滑移不会改变原子的堆垛情况。但从图 3-45 直观看到,直接沿 $[\overline{1}10]$ 方向滑移会和相邻的 A 层原子发生明显的碰撞,使晶体发生较大的局部畸变,能量显著增加。因此,从能量上考虑,如果 B_1 层原子先沿 A 层原子间的"低谷"滑移到位置 C,即 $\boldsymbol{b}_1 = \dfrac{a}{6}[\overline{1}2\overline{1}]$,再经过第二个"低谷"滑移到 B_2 位置,即 $\boldsymbol{b}_2 = \dfrac{a}{6}[\overline{2}1\overline{1}]$,这样引起 A 原子的位移(或晶体的局部畸变)

最小,能量的增加也最小。因此在第一步滑移完成后,(111)面的堆垛顺序将会发生变化,即由原来的 ABCABC… 正常堆垛顺序变为 ABCACABC… 顺序,经第二步滑移后,重新恢复其正常堆垛顺序。故 $\boldsymbol{b}_1$ 和 $\boldsymbol{b}_2$ 为肖克莱不全位错。

　　既然分两步滑移造成了层错,因此在层错区与正常区之间必然会形成两个不全位错(柏氏矢量分别为 $\dfrac{a}{6}[\overline{1}2\overline{1}]$ 与 $\dfrac{a}{6}[\overline{2}11]$)。由于这两个不全位错位于同一滑移面上,彼此同号且其柏氏矢量的夹角 $\theta=60°<\dfrac{\pi}{2}$,故它们必然相互排斥并分开,其间夹着一片堆垛层错区。通常把一个全位错分解为两个不全位错,中间夹着一个堆垛层错的整个位错组态称为扩展位错,图 3-46 为面心立方晶体中的扩展位错。

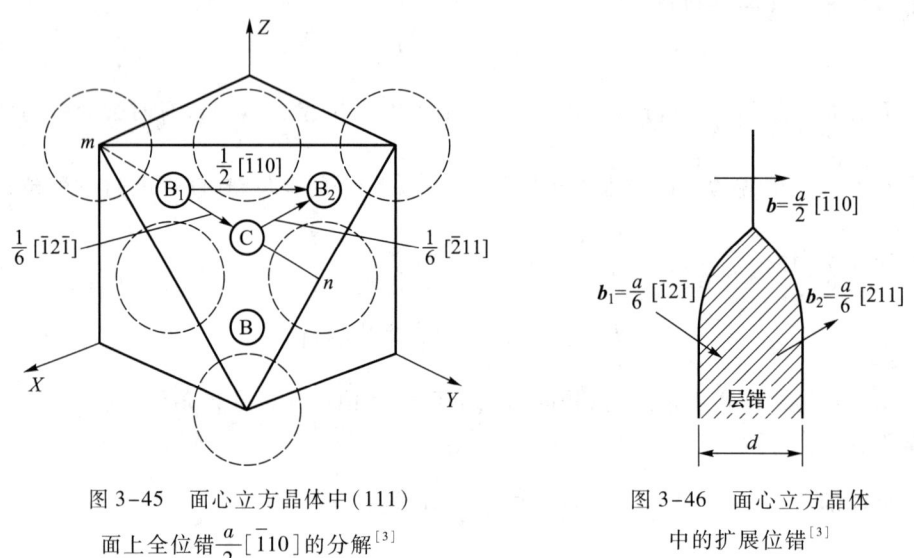

图 3-45　面心立方晶体中(111)
面上全位错$\dfrac{a}{2}[\overline{1}10]$的分解[3]

图 3-46　面心立方晶体
中的扩展位错[3]

（1）扩展位错的宽度

　　扩展位错的平衡宽度是指两个平行的不全位错中间夹着的层错区的宽度,它由两不全位错间的斥力和层错能决定。层错能使两不全位错间的距离减小(层错区变窄乃至消失),而两个分位错之间的交互作用力 f 将增加宽度,使层错区变宽。(注意:根据式 $f=\dfrac{G\boldsymbol{b}_1\cdot\boldsymbol{b}_2}{2\pi r}$,且 $\boldsymbol{b}_1$ 和 $\boldsymbol{b}_2$ 成 60° 角,故 $f>0$,为斥力)

　　若两个不全位错的柏氏矢量分别为 $\boldsymbol{b}_1$ 和 $\boldsymbol{b}_2$,则平行不全位错之间的斥力为

$$f=\frac{G\boldsymbol{b}_1\cdot\boldsymbol{b}_2}{2\pi r} \tag{3-34}$$

式中,r 为两不全位错的间距。两平行不全位错间的层错具有一定的能量,单位面积的层错能 γ 可视为单位长度的张力。由于层错要降低其表面张力,故将力求使两不全位错彼此尽量靠近。当层错的表面张力与不全位错的斥力达到平衡时,两不全位错的间距 r 为该扩展位错的宽度 d,即

$$f=\gamma=\frac{G\boldsymbol{b}_1\cdot\boldsymbol{b}_2}{2\pi d}$$

所以

$$d = \frac{G\boldsymbol{b}_1 \cdot \boldsymbol{b}_2}{2\pi\gamma} \qquad (3-35)$$

由上式可见,扩展位错的宽度(层错的宽度)与晶体的单位面积层错能 γ 成反比,与弹性模量 G 成正比。层错能越大,则扩展位错的宽度越小(见表 3-4)。因此,在层错能很低的奥氏体不锈钢和 α 黄铜中,存在很宽的扩展位错,其宽度可达几十个原子间距。而在层错能很高的铝中,其宽度很窄,仅 $1 \sim 2$ 个原子间距,即使在电子显微镜下也很难分辨,实际上可以认为铝中不会形成扩展位错。

(2) 扩展位错的束集

扩展位错的宽度主要取决于晶体的层错能,因此凡影响层错能的因素也必然影响扩展位错的宽度。当层错面上某局部地区存在着障碍(如杂质原子、不可动位错等)致使该处的能量增高时,扩展位错的宽度将会缩小,甚至重新收缩成原来的全位错,这个过程称为束集。束集可以看作是位错扩展的反过程。

例如,图 3-47 中的 $(\bar{1}11)$ 面上 P 点处由于存在着某种障碍而使能量增高,于是在该处两个不全位错 $\frac{a}{6}[12\bar{1}]$ 和 $\frac{a}{6}[211]$ 重新合并为原来的全位错 $\frac{a}{2}[110]$。可以看出,扩展位错束集时,不仅两个不全位错的间距减小,层错变窄,而且位错线变长、变弯,形成弧线。因此,形成束集需要能量,称为束集能。扩展位错宽度大的金属(如铜)束集能较大,反之较小。显然,束集能越大越难束集。

(3) 扩展位错的交滑移

束集对面心立方晶体的交叉滑移过程有重要作用。由前可知,只有螺型位错可以进行交滑移,但是,如果螺型位错已在 {111} 面上分解为扩展位错,则由于扩展位错只能在原滑移面上滑移,若要进行交滑移,扩展位错必须首先束

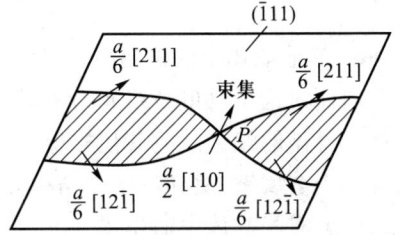

图 3-47 扩展位错在障碍物处束集[3]

集为全位错,然后再由该全位错交滑移到另一滑移面上,并在新的滑移面上重新分解为扩展位错,继续进行滑移。如图 3-48 所示,可以看到面心立方晶体中 $\frac{a}{2}[110]$ 扩展位错的交滑移过程。在 $(\bar{1}11)$ 面上,柏氏矢量为 $\frac{a}{2}[110]$ 的螺型位错已分解为扩展位错,此扩展位错在运动过程中,由于某种原因被迫中止于该滑移面上的某处。并在 $(\bar{1}11)$ 面与 $(1\bar{1}1)$ 面的交线处首先束集成一结点,然后合并成一段长为 $2l_0$ 的位错线(图 3-48a);当该束集线段在 τ 的继续作用下,交滑移到 $(1\bar{1}1)$ 面上时,它重新分解为由 $\frac{a}{6}[121]$ 和 $\frac{a}{6}[21\bar{1}]$ 两个不全位错组成的扩展位错(图 3-48b);最后,这一扩展位错在切应力的作用下,不断束集,而逐步地把整个位错转移到 $(1\bar{1}1)$ 面上并在该面上运动,如图 3-48c 所示。

由于扩展位错滑移时需要两个不全位错附近及层错区原子同时位移,其所需外应力远大于使单个位错滑移的力,所以扩展位错的交滑移比全位错的交滑移要更困难。且层错能越低,扩展位错越宽,束集越困难,交滑移越不容易。

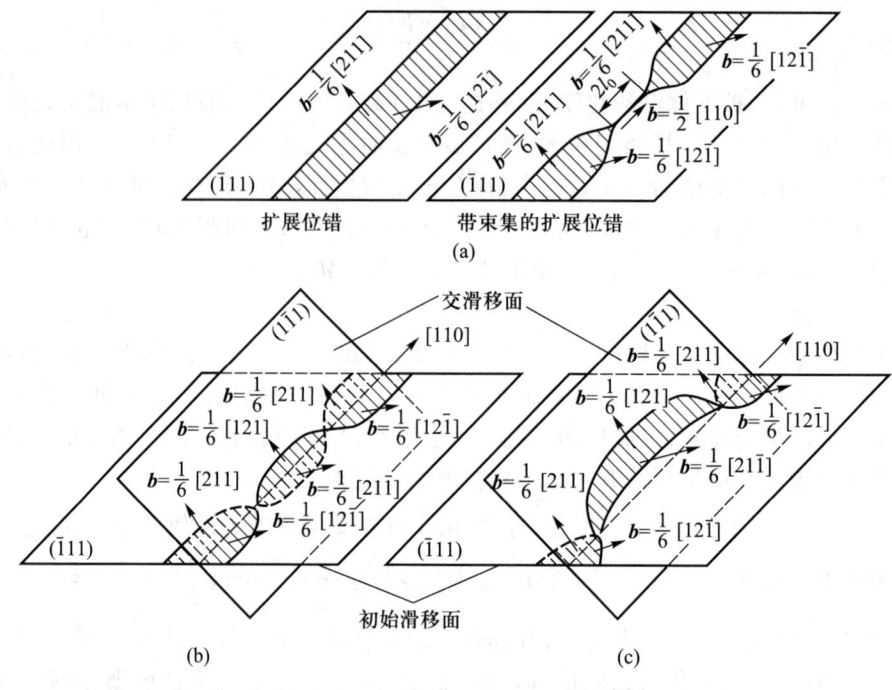

图 3-48 扩展位错的交滑移过程[3]

6. 其他晶体中的位错

前面讨论了以单一组元为主成分的金属晶体的位错,其他晶体的位错服从金属中位错所遵循的规律。但其他非金属晶体通常是由两个以上的组元组成的,加之化学键也有别于金属键,故其位错的结构和运动规律有其特殊性。

(1)离子晶体中的位错

以具有面心立方点阵的 NaCl 为例,离子晶体中的位错具有以下一些特点。

① 滑移面未必是最密排面,但柏氏矢量仍为最短的点阵矢量。例如,NaCl 的主滑移面是 {110},其次是 {100},偶尔也有 {111} 和 {112} 等滑移面,但柏氏矢量均为 $\frac{a}{2}<110>$,即最密排方向。其滑移面不是最密排面可能和位错中心区内的静电交互作用的强度有关。

② 刃型位错存在两个互补的多余半原子平面,如图 3-49 所示。该图是滑移面为 $(1\bar{1}0)$,$b=\frac{a}{2}[110]$ 的纯刃型位错在 (001) 表面上的原子组态,在位错露头处具有有效电荷。

③ 刃型位错在滑移面 (110) 上滑移时沿着位错线没有离子和电荷的移动,因此位错露头处的有效电荷不改变符号,且弯折处没有有效电荷。但割阶处是正离子空位,故具有负的有效电荷。

(2)共价晶体中的位错

在第二章中曾指出共价键具有方向性和局域性的基本特点,这使得晶体的微观对称性(即原子排列的对称性)下降,对位错的特性有较大的影响。例如,具有面心立方点阵的金属,其滑移系是{111}<110>。这里{111}的堆垛次序是 ABCABC…,柏氏矢量为 $\frac{a}{2}$<110> 的全位错可以位于任意一层{111}上,其性质都相同。然而对于具有面心立方点阵的金刚石来说,虽然滑移系统也是{111}<110>,全位错的柏氏矢量也是 $\frac{a}{2}$<110>,但位错的特性却和它的滑移面位置有关。为了说明这点,可将原子投影到 $(1\bar{1}0)$ 面上,如图 3-50 所示。此时(111)面的堆垛次序是 AaBbCcAaBbCc…,其中同名字母的相邻(111)面的间距为 $\frac{\sqrt{3}a}{4}\approx0.433a$,异名字母的相邻(111)面的间距为 $\frac{\sqrt{3}a}{3}-\frac{\sqrt{3}a}{4}\approx0.144a$。最容易出现的滑移面应位于异名字母的相邻(111)面之间。有时称易滑移的位错为滑动型位错,难滑移的位错为拖动型位错。

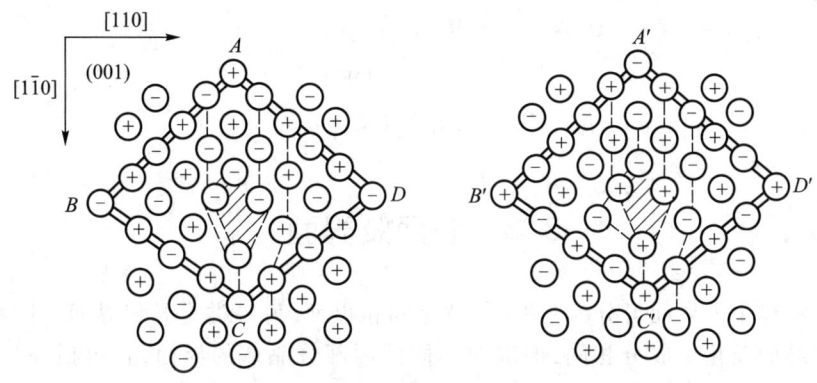

(a) 初始的表面离子组态   (b) 去掉表面后下一层(次表面层)的离子组态

图 3-49 NaCl 中的刃型位错(Na$^+$ 和 Cl$^-$ 离子分别用 $\oplus$ 和 $\ominus$ 表示)[10]

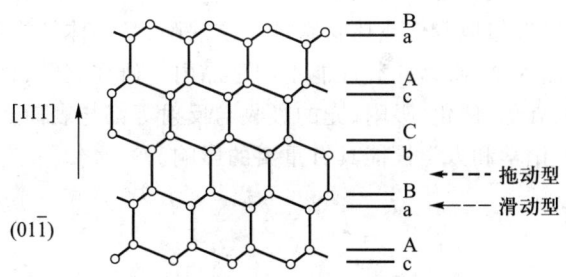

图 3-50   金刚石原子在 $(1\bar{1}0)$ 面上的投影[10]

（3）聚合物晶体中的位错

晶态和半晶态聚合物的范性形变机制也与一般晶体相同,即位错滑移和形变孪生,有时还有马氏体相变。

聚合物晶体结构的特点是,在分子链轴方向具有很强的共价键,而在横向则是很弱的范德瓦耳斯力,因此重要的位错都沿链轴方向。图 3-51 给出了聚乙烯的正交相结构,其位错便是沿链轴[001]方向的。它可以为螺型,也可以为刃型。螺型位错的柏氏矢量 $\boldsymbol{b}=[001]$(即沿[001]方向的最短点阵矢量),滑移面可以是(100)、(010)和 $\{110\}$。刃型位错的柏氏矢量 $\boldsymbol{b}=<110>$,滑移面是 $\{110\}$。这种刃型位错可以分解为两个柏氏矢量为 $\frac{1}{2}<110>$ 的肖克莱分位错,中间夹着一片 $\{110\}$ 面层错区。

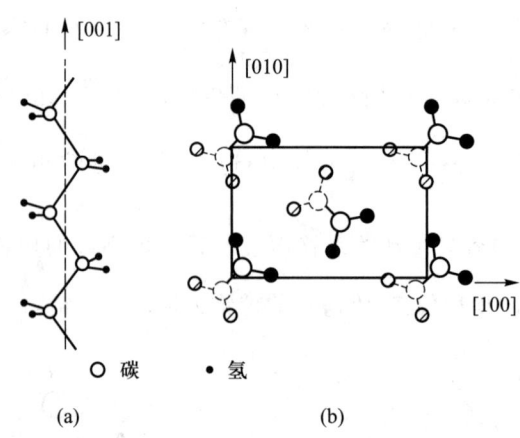

$\bigcirc$ 碳 $\bullet$ 氢

(a)   (b)

图 3-51 聚乙烯的正交相结构[10]

3.3 表面及界面

  晶体材料中的界面可分为两类,一类是同相界面,另一类是异相界面。同相界面是指晶体结构及化学成分相同,但取向不同的两部分晶体的界面,它包括晶界、亚晶界、孪晶界、畴界和堆垛层错等。异相界面是指不仅取向不同,晶体结构也不相同、化学成分也可能不同的区域之间的界面,即界面两侧的区域属于不同的相,简称为相界。固体与气体之间的分界面通常称为表面。

  表面与界面可以近似地看作晶体材料的二维缺陷,是晶体结构的组成部分。它们的结构明显不同于晶内结构,因此其性能不同于晶内。研究表明,材料的许多性能,诸如摩擦、磨损、腐蚀、氧化、催化、吸附、光的吸收与反射等都与表面及界面密切相关,因此界面对晶体物理、化学和力学性能具有重要的影响。

3.3.1 表面

1. 表面结构

  在晶体表面上,原子的排列情况与晶体内部不同,每个原子只是部分地被其他原子包围着,它的相邻原子数比晶粒内部的原子要少。因此,表层原子间的结合键与晶体内部并不相等,表面原子偏离平衡位置,原子间距发生变化,造成表层的点阵畸变。这种影响一般涉及几个原子层,使其能量比规则排列的晶体内部高,这几层能量高的原子层称为表面。

  在垂直于表面的方向上,原子排列的周期性遭到破坏,因此表面中原子周围的电子云密度与晶体内部不同。动能较大的自由电子可以穿透表面而在表面上聚集形成过剩电子层,而晶体为保持中性,会在靠近表面的晶体内部形成一个带正电的区域,其结果是在表面形成偶极矩,如图 3-52 所示。表面偶极矩的形成使晶体表面极易吸附其他物质。例如,即使在 1×10^{-3} MPa 的压力下,金属表面在两分钟内也可被气体分子所覆盖。

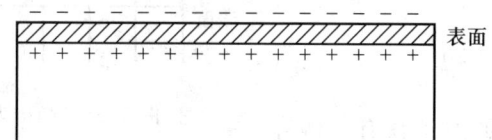

图 3-52 晶体表面的偶极矩[3]

表面原子的周围环境与晶体内部不同。晶体内部的任一原子,其周围的原子排列都是高度对称的,在各个方向上受到的原子间作用力也是对称的。表面原子则不同,在表面以外没有原子与其相互作用,为了达到平衡,表面原子将偏离阵点的平衡位置,使表面内的原子间距彼此不同,称为原子弛豫;如图 3-53 所示,表面层之间以及表面和体内原子层之间的垂直距离 d_s 和体内原子层间距 d_0 相比有膨胀或压缩的现象。发生弛豫的原因是表面层原子受力的情况出现了明显的不对称性。它可能涉及几个原子层,而每一层间的相对膨胀和压缩可能是不同的,而且离体内越远,变化越显著。

表面原子的间距与晶体内的原子间距也不相同,称为重构,即表面层的晶体结构和体内有本质的不同。重构通常表现为表面超结构的出现,即两维晶胞的基矢按整数倍扩大。例如,(110)面(1×2)即表示(110)面的一个基矢不变,另一个基矢加倍,如图 3-54 所示。

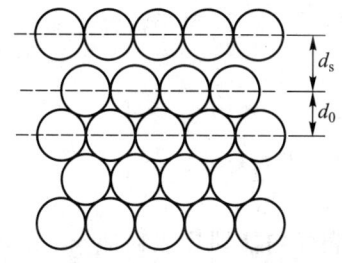

图 3-53 弛豫表面示意图[16]

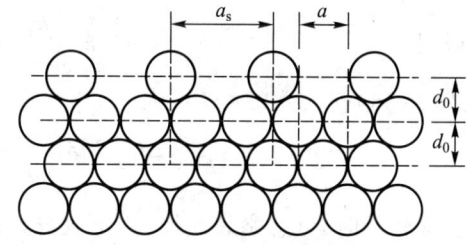

图 3-54 重构表面示意图[16]

由于表面原子偏离了能量最低的平衡位置,所以表面原子的能量大于晶体内部原子的能量。超出的能量正比于减少的键数,这部分能量就是表面能。晶体密排面的原子密度最大,因此在垂直于密排面方向上的键数最少。当密排面与表面重合时,表面能最低。系统总是力图占据能量最低的状态,所以在达到平衡时,晶体的自然状态应当是以密排面组成其外表面。

实际上晶体的外表面往往不是一个密排面,而是由许多密排面的台阶构成。这样,密排面虽然裸露在表面上,但密排面并不与表面吻合(图 3-55)。

此外,对于合金来说,表面的成分与晶体内部往往并不相同,有些元素倾向偏聚于表面,有些元素则在表面发生贫化。

2. 表面能

（1）表面能的来源

单位面积表面能（比表面能）即单位面积表面吉布斯自由能，由表面内能和表面熵两部分组成。

$$\gamma = \frac{\Delta E - T\Delta S}{A} \qquad (3-36)$$

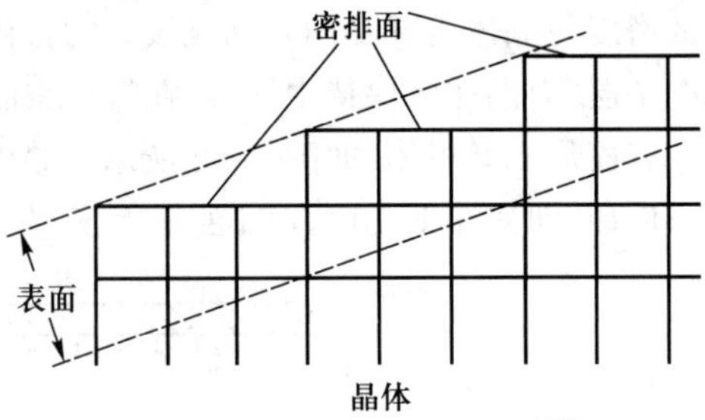

图 3-55 晶体表面的台阶[16]

处于固体表面上的原子只有一侧存在近邻，表面内能是表面原子近邻原子键数变化所引起，近邻原子键数减少，断键数增加，表面内能增加。以面心立方晶体（111）密排面为例，如每个原子的键能为 $\frac{\varepsilon}{2}$，形成表面时一个原子失去的键数为 3，则单位面积表面内能为

$$\frac{\Delta E}{A} = \frac{\text{单位（111）面积内的原子数} \times \frac{3}{2}\varepsilon}{\text{单位（111）面的面积}}$$

$$= \frac{\left(3 \times \frac{1}{6} + 3 \times \frac{1}{2}\right) \times 3 \times \frac{\varepsilon}{2}}{\frac{\sqrt{3}}{2}a^2} = \frac{2\sqrt{3}}{a^2} \cdot \varepsilon \qquad (3-37)$$

键能 ε 可由升华热 L_S 确定，1 摩尔面心立方固相气化，形成 $12N_A$ 个断键，有以下关系

$$L_S = 12N_A \cdot \frac{\varepsilon}{2}$$

可得到

$$\varepsilon = \frac{L_S}{6N_A} \qquad (3-38)$$

将式（3-38）代入式（3-37），则

$$\Delta E_A = \frac{\Delta E}{A} = \frac{2\sqrt{3}}{a^2} \cdot \frac{L_S}{6N_A} = \frac{0.577 L_S}{a^2 \cdot N_A} \qquad (3-39)$$

当温度较低时，可忽略表面熵，则上式导出的表面内能即比表面能 γ。在较高温度，考虑表面熵时，因熵值为正，故表面吉布斯自由能低于表面内能，即 $\gamma < \Delta E_A$。

（2）表面能与取向关系

表面能与晶体表面原子排列密度有关。若表面不是密排面，与密排面有一位向差角，可把任意位向的表面分解为平行密排面的许多小台阶以降低能量，图 3-56 中一简单立方晶体的表面与密排面成 θ 角。

单位面积表面中沿单位长度方向的断键数可由图 3-56 所示几何关系求出，在垂直方向断键数为 $m = \sin\theta/a$，水平方向断键数为 $n = \cos\theta/a$，沿单位宽度方向的断键数为 $1/a$，则单位面积表面的断键数为 $(\sin\theta/a + \cos\theta/a) \times 1/a$。每个断键提供 $\varepsilon/2$ 键能，故引起表面内能增加

$$\Delta E_A = (\cos\theta + \sin\theta) \cdot \frac{\varepsilon}{2a^2} \qquad (3-40)$$

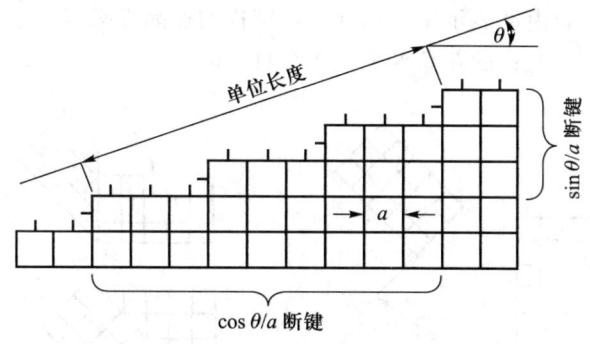

图 3-56 表面能的断键模型[10]

说明表面内能与位向角的差 θ 有关,且有图 3-57 所示的关系,同样,γ 与 θ 也有类似关系。当表面与密排面重合时,表面能最低,在图 3-57 中出现尖点。

（3）影响表面能的因素

① 外部介质的性质。介质不同,则表面能不同。外部介质的分子或原子对晶体界面原子的作用力与晶体内部原子对界面原子的作用力相差悬殊,则表面能越大,反之则表面能越小。

② 裸露晶面的原子密度。实验结果表明,表面能的大小因裸露晶面的不同而异,当裸露的表面是密排晶面时,则表面能最小,非密排晶面的表面能则较大,因此晶体易于使其密排晶面裸露在表面。

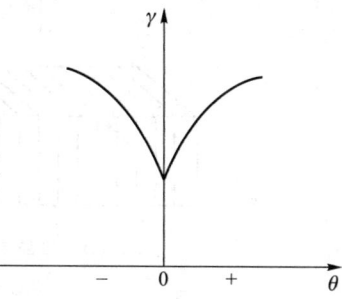

图 3-57 表面能与位相差角关系[10]

③ 晶体表面的曲率。表面能的大小与表面的曲率有关,表面的曲率越大,则表面能越大。即表面的曲率半径越小,则表面能越高。

此外,表面能的大小还和晶体的性质有关,如晶体本身的结合能高,则表面能大。结合能的大小与晶体的熔点有关,熔点高,则结合能大,因而表面能也较高。

3.3.2 晶界和亚晶界

晶界、亚晶界是晶体结构和组成成分相同,但取向不同的两部分晶体的界面。晶粒之间的界面叫晶界,亚晶之间的界面叫亚晶界。晶粒的平均直径通常为 0.015～0.24 mm,亚晶粒的平均直径通常为 0.001 mm 数量级。

为描述晶界的几何特征,采用两个参量,一是两个晶粒之间的位向差 θ,二是晶界相对于某一晶粒的位向 ϕ。对二维晶体来说,两个参量 θ 和 ϕ 即可表征,如图 3-58a、b 所示,其几何自由度为 2。对三维晶体来说,则需要 5 个自由度确定晶界的位置,如图 3-58c、d 所示。如将图 3-58c 所示的晶体沿 XOZ 平面剖开,并使右半部旋转一个角度,即可使两部分晶体具有不同的位向。由于旋转可绕 3 个轴进行,因此为了使这两部分具有确定的相对位向,必须确定 3 个角度,θ_1、θ_2、θ_3；在相对位向一定的两个晶体之间形成的界面还可以有不同的位置,界面绕 X 轴和 Z 轴旋转都可改变界面的位置,故界面相对于一个晶粒的位置能够以两个参量 ϕ_1、ϕ_2 表示,因此,三维晶体中晶界位置可以用 5 个自由度表示。对具有对称结构的亚晶界只需 1 个自由度,即 2 个亚晶之间的位向差。不对称的亚晶界则有 2 个自由度。

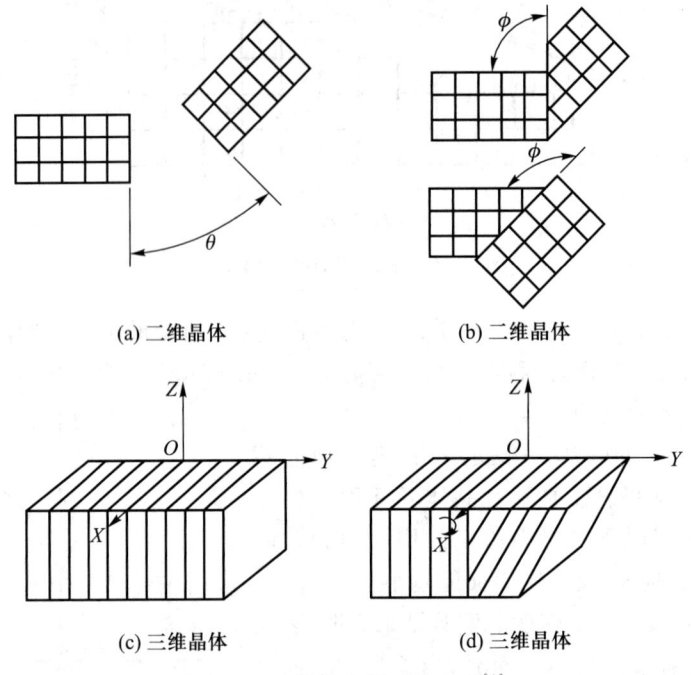

(a) 二维晶体　　　　　　　　(b) 二维晶体

(c) 三维晶体　　　　　　　　(d) 三维晶体

图 3-58　晶体中界面的表示[1]

　　根据相邻晶粒之间的位相差 θ 的不同,晶界可以分为小角晶界和大角晶界,它们之间的差异不单是位向差大小不同,其晶体结构和性质也不相同。

1. 小角晶界

　　如果两个晶粒的位向差小于 10° 时,它们之间的界面称为小角晶界。亚晶界通常都是小角晶界,其位相差一般不超过 2°。小角晶界可分为倾侧晶界和扭转晶界。小角晶界由位错组成,倾侧晶界由刃型位错组成,扭转晶界由螺型位错组成。

　　(1) 对称倾侧晶界

　　最简单的晶界是对称倾侧晶界(图 3-59),它是由一系列相隔一定距离的刃型位错垂直排列而构成。其两侧的晶体有位向差 θ,相当于晶界两边的晶体绕平行于位错线的轴各自旋转了一个方向相反的 $\dfrac{\theta}{2}$ 角而成的(图 3-60),所以称为对称倾侧晶界。这种晶界只有一个变量 θ,是一个自由度晶界。晶界中位错的间距 D(图 3-59)与位错的柏氏矢量 $\boldsymbol{b}$ 之间的关系为

$$D = \frac{b}{2\sin\dfrac{\theta}{2}} \tag{3-41}$$

当 θ 很小时,$\sin\dfrac{\theta}{2} \approx \dfrac{\theta}{2}$,此时

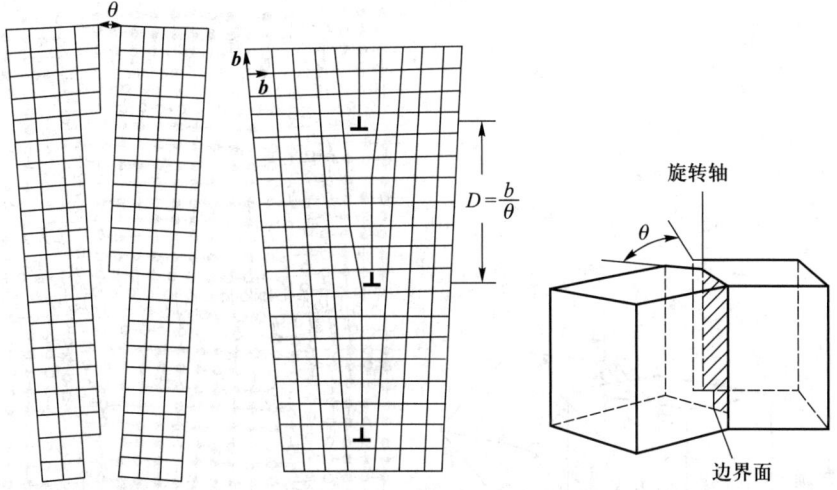

图 3-59　对称倾斜晶界的位错模型[1]　　　图 3-60　对称倾侧晶界的形成[1]

$$D = \frac{b}{\theta} \tag{3-42}$$

由上式可以看出，θ 较大（例如为 10°）时，D 就会变得很小，致使位错中心发生重叠，此时，这种模型就不适用。

（2）不对称倾侧晶界

如果倾侧晶界的界面绕 X 轴转了一个角度 ϕ，如图 3-61 所示，两晶粒之间的倾侧角度为 θ，θ 角仍然很小，但是，界面相对于两晶粒是不对称的，所以称为不对称倾侧晶界。它有 ϕ 和 θ 两个自由度，在这种情况下，只靠垂直的同号刃型位错（柏氏矢量为 $b_\perp$）排列就不够了，还要加入另一组其柏氏矢量 $b_\vdash$ 与 $b_\perp$ 垂直的位错。两组位错各自之间的距离分别为

$$D_\perp = \frac{b_\perp}{\theta \sin \phi}$$

$$D_\vdash = \frac{b_\vdash}{\theta \cos \varphi} \tag{3-43}$$

这两组位错的数量取决于 θ 角及 ϕ 角。

（3）扭转晶界

如将晶体的两部分切开并绕垂直于此切开面的轴旋转 θ 角，再把它们黏合起来，就可得到

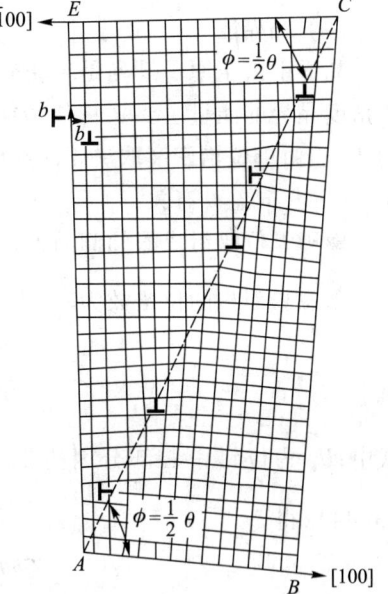

图 3-61　不对称倾侧晶界的位错模型（简单立方晶体）[1]

如图 3-62 所示的扭转晶界。扭转晶界两侧的原子位置互相不吻合，但这种不吻合可以集中于一部分原子，而其余部分仍然吻合。不吻合的部分就是螺型位错。整个扭转晶界由两组交叉的螺型位错构成的网络组成，其结构如图 3-63 所示。

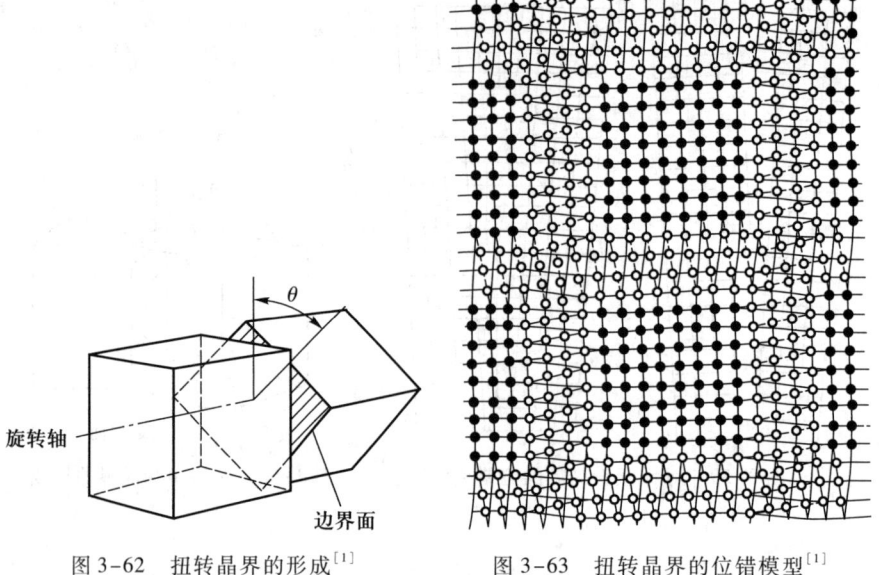

图 3-62　扭转晶界的形成[1]　　　　图 3-63　扭转晶界的位错模型[1]

　　纯粹的倾侧晶界和扭转晶界是小角晶界的两种特殊情况,对于一般的小角晶界,其旋转轴和界面可以有任意的取向关系,所以是由刃型位错和螺型位错或混合位错构成。

　　(4) 晶界能

　　晶界上由于原子排列是畸变的,因此自由能较高。这额外的自由能称为晶界能。小角度晶界的能量主要来自位错能量(形成位错的能量和将位错排成有关组态所做的功)。由于位错密度取决于晶粒间的位向差,所以,小角度晶界能 γ(单位面积的能量)也和位向差 θ 有关。

　　由刃型位错组成的倾侧晶界,界面能由位错应变能引起,已知位错间距为 D,可计算出单位界面积的位错数为 $\dfrac{1}{D}$,位错引起的熵变可以忽略,则小角晶界能为

$$\gamma = \frac{1}{D}\left[\frac{Gb^2}{4\pi(1-\nu)}\ln\frac{R}{r_0}+E_c\right] \tag{3-44}$$

式中,E_c 为位错中心部分因错排引起的能量。根据 $D=\dfrac{b}{\theta}$,取 $R=D$,$r_0=b$,代入式(3-44),得

$$\gamma = \frac{Gb\theta}{4\pi(1-\nu)}\left[\frac{E_c\cdot4\pi(1-\nu)}{Gb^2}-\ln\theta\right]$$
$$= \gamma_0\theta(A-\ln\theta) \tag{3-45}$$

　　式中,$\gamma_0=\dfrac{Gb}{4\pi(1-\nu)}$ 为常数,取决于材料的切变模量 G 和柏氏矢量 b;$A=\dfrac{E_c\cdot4\pi(1-\nu)}{Gb^2}$ 为积分常数,取决于位错中心的原子错排能。由上式可知,小角晶界的

晶界能 γ 是位向差 θ 的函数,随位向差增加而增加。以 Cu 为例,有如图 3-64 所示的关系,但上述关系只能在 $10°$ 以内符合,超出 $10°$,计算值以虚线示出,与实验值(实线)不再相符合。

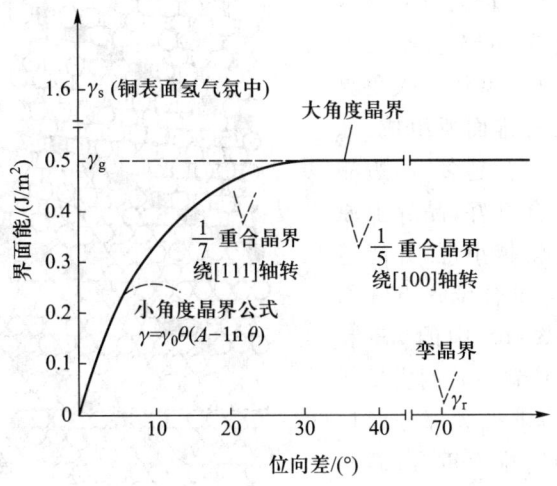

图 3-64　铜的不同类型界面的界面能[1]

以上公式对扭转晶界也可适用,但系数 γ_0 与 A 数值不同,其中 $\gamma_0 = \dfrac{Gb}{2\pi}$,$A = \dfrac{E_C \cdot 2\pi}{Gb^2}$,而 E_C 为单位长度螺型位错中心部分因错排引起的能量。

2. 大角晶界

若两个晶粒的位向差大于 $10°$,则晶粒间的界面称为大角晶界。多晶体材料中晶粒之间的界面通常为大角晶界,其位相差大都为 $30° \sim 40°$。

当晶粒的位向差较大时,不能用位错模型来描述晶界结构。一般来说,在晶界的薄层中,原子排列比较杂乱和疏松,但也存在一些比较整齐的区域。要对这种结构作精确的描述还是有困难的,一般只能求助于简化的模型。为了描述大角度晶界,早期提出两种模型。① 过冷液体模型,认为晶界层中的原子排列接近于过冷的液体或非晶态物质,在应力的作用下可引起黏性流动,但只有假定很薄的晶界层(不超过两三个原子厚度)才能符合实验的结果。② 小岛模型,首先由莫特(N. F. Mott)提出,模型认为晶界中存在原子排列匹配良好的岛屿,散布在原子排列匹配不良的区域中,这些岛屿的直径为数个原子间距。随着对大角晶界结构的不断研究,近年来,相关学者提出了大角度晶界的"重合位置点阵"模型。对某一晶型的晶体,绕一定晶体轴旋转一定角度,获得不同取向的另一晶体,将两晶体相互延伸,则不同取向晶体中有某些原子相互重合,这些原子叫重合位置原子,具有周期性分布。由这些重合原子可组成一新的点阵,称为重合位置点阵。并以参数"重合位置密度"表征重合位置点阵的特征。"重合位置密度"指重合位置点阵的阵点占原有点阵阵点的分数,以符号 $1/\Sigma$ 表示。

图 3-65 表示体心立方晶体绕[110]轴旋转了 $50.5°$ 后,两晶粒原子排列的模型。

[110]轴垂直于图面,黑圈表示相邻晶粒的点阵延伸后的重合原子位置,它构成一个新的点阵,就是重合位置点阵。在图 3-65 的具体情况下,重合位置的原子为晶体原子的 1/11,即每 11 个原子中有一个重合位置。经旋转而产生较大位向差的两晶体,它们相当于两晶粒,其交接处就是晶界。重合点阵模型认为大角界面是由重合点阵的密排面所组成,如果晶界上包含重合位置越多,两边晶体的原子在该处吻合良好,晶界上原子排列畸变的程度就越小,晶界能越低,所以晶界力求与重合位置点阵的密排面重合,如图 3-65 中的 AB 和 CD。当界面和重合位置点阵的密排面有所偏离时,晶界力求把大部分面积和重合位置点阵的密排面重合,而在重合位置点阵的密排面之间会出现台阶(如图 3-65 中的 BC)来满足晶界和

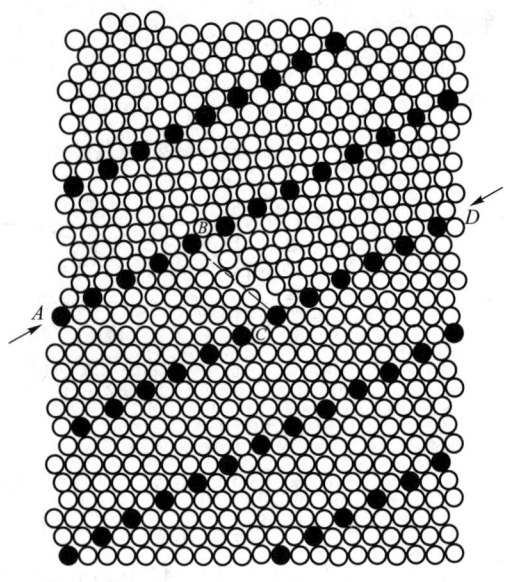

图 3-65　体心立方晶体中的重合位置点阵[1]

重合位置点阵密排面间偏离的角度。显然,界面与重合点阵密排面相差越大,台阶就越多。

各种不同的晶体点阵相对各自的特殊晶轴旋转一定角度都能出现"重合位置点阵"。表 3-5 给出了不同晶体结构中的重合位置点阵。

表 3-5　不同晶体结构中的重合位置点阵[1]

晶体结构	旋转轴	转动角度	重合位置密度 $1/\Sigma$
体心立方	<100>	36.9°	1/5
	<110>	70.5°	1/3
	<110>	38.9°	1/9
	<110>	50.5°	1/11
	<111>	60.0°	1/3
	<111>	38.2°	1/7
面心立方	<100>	36.9°	1/5
	<110>	38.9°	1/9
	<111>	60.0°	1/7
	<111>	38.2°	1/7
密排六方	<001>	21.8°	1/7
	<210>	78.5°	1/10
	<001>	86.6°	1/17
	<001>	27.8°	1/13

尽管两晶粒间有很多位向能出现重合位置点阵,但这些位向必须是特定位向,稍微偏离这些特定位向,就会破坏重合位置点阵,为了进一步探讨两晶粒具有的任意位向差的晶界,故对这个模型做了补充,提出在重合位置点阵密排面上引入一列重合位置点阵的刃型位错,使该密排面既是两个相邻晶粒的晶界,又是重合位置点阵的小角倾侧晶界,如图 3-66 所示。若小角晶界两侧晶粒位向差为 8°,则原来产生重合位置点阵的特定位向可扩展在小于 8°的各种角度。图 3-66 为以重合位置密排面为晶界,并叠加上重合位置点阵的小角度晶界。从图中可以看出,界面上加入了一些重合位置点阵的位错,即在原来重合位置密排面为晶界的基础上又叠加了重合位置点阵的小角度晶界,从而构成两晶粒的大角度晶界。

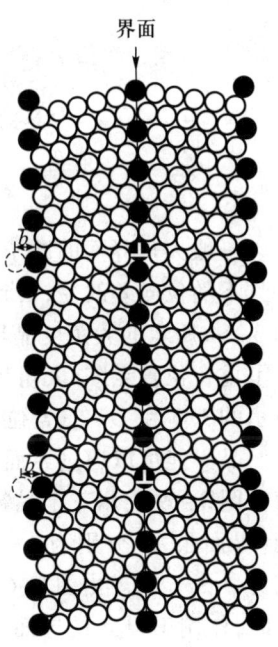

图 3-66 以重合位置密排面为晶界,并叠加上重合位置点阵的小角度晶界[1]

通过调整重合点阵位错密度,以改变二晶粒的特定位向,重合位置点阵模型可以解释大部分任意位向的晶体结构。

继重合点阵模型之后,又有人提出新的改进模型,如结构单元或重复部分模型。改进模型认为界面上的原子成群存在,这些原子群中包含少量原子,其排列规则类似于晶体内部原子的排列,界面中的原子群周期性重复排列,故叫作结构单元或重复部分模型。不同类型的重复部分对应不同的特定位向,由不同类型重复部分组成的晶界可使特定位向差有所扩展。在重复部分的基础上,引入晶界位错,可使其位向差进一步增大,如图 3-67、图 3-68 所示。

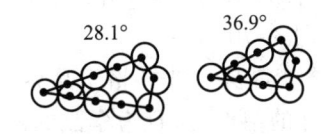

28.1°   36.9°

(a) 不同位向的重复部分

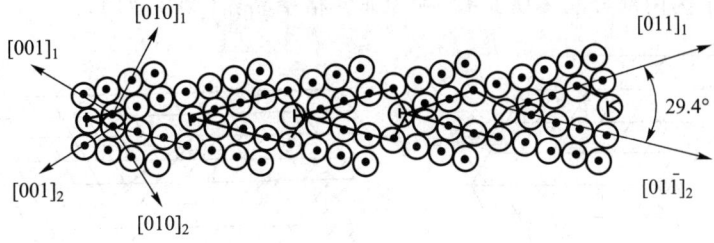

(b) 由不同类型重复部分组成的界面

图 3-67 晶界的重复部分模型[10]

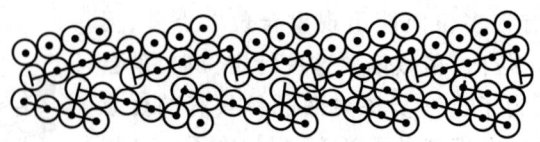

图 3-68 重复部分界面引入晶界位错[10]

一般大角界面的原子排列混乱,界面原子键合受到很大破坏,具有高的化学键能,并且不随位向差改变,大致为一定值(以 Cu 为例,其化学键能为 $500 \sim 600 \text{ mJ/m}^2$),如图 3-64 所示的大角度晶界界面能为一水平线。对某些特殊位向的大角晶界,由于形成了重合位置点阵,大角界面上有高密度的重合位置原子,使界面能有所下降,如图中所示的 1/5 和 1/7 重合位置晶界,界面能下降至 $300 \sim 400 \text{ mJ/m}^2$。

晶界能可以通过界面张力的形式表现,且可以通过界面交角的测定求出它的相对值。图 3-69 表示三个晶粒相遇于 O 点,其晶界能(界面张力)分别为 γ_{1-2}、γ_{2-3}、γ_{3-1},界面角分别为 φ_1、φ_2、φ_3。由图 3-69 可知,在达到平衡状态时,作用于 O 点的界面张力应达到力学平衡,即其矢量和为零,故

$$\gamma_{1-2} + \gamma_{2-3} \cos \varphi_2 + \gamma_{3-1} \cos \varphi_1 = 0$$

或

$$\frac{\gamma_{1-2}}{\sin \varphi_3} = \frac{\gamma_{2-3}}{\sin \varphi_1} = \frac{\gamma_{3-1}}{\sin \varphi_2} \qquad (3-46)$$

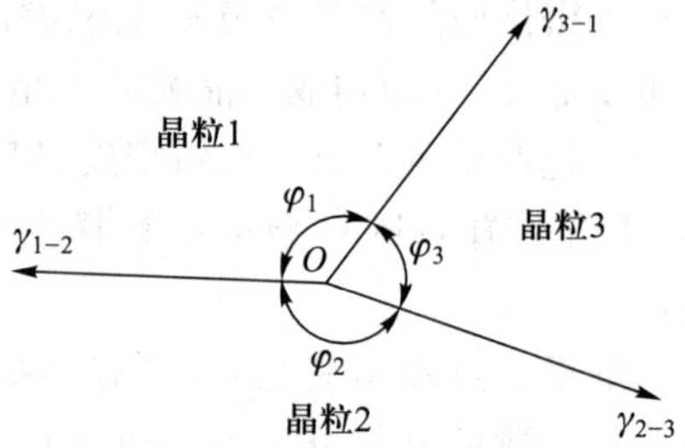

图 3-69 三叉晶棱处界面张力的平衡[3]

因此,如果取某一晶界的能量作为基准,通过测量 φ 的大小,就可计算出其他晶界的相对能量。

3.3.3 孪晶界

孪晶是指两个晶体(或一个晶体的两部分)沿一个公共晶面构成镜面对称的位向关系,此公共晶面称为孪晶面(图 3-70)。

孪晶界可分为两类,即共格孪晶界和非共格孪晶界,如图 3-71 所示。在孪晶面上的原子同时位于两个晶体点阵的结点上,且为孪晶的两部分晶体所共有,孪晶界就是孪晶面,这种形式的界面称为共格孪晶界。当孪晶界不与孪晶面重合时,孪晶界上只有部分原子为两部分晶体所共有,称为非共格孪晶界(图 3-71)。

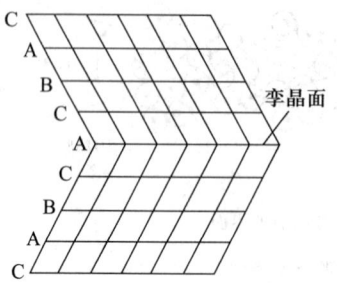

图 3-70 面心立方晶体的孪晶关系[1]

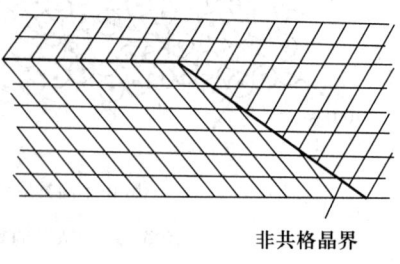

图 3-71 非共格孪晶界[1]

李晶的形成与堆垛层错有密切的关系。例如,面心立方晶体的李晶面为(111)晶面,一般情况下,面心立方晶体是以(111)面按 ABCABCABC…的顺序堆垛起来的,用符号表示应为△△△△△△△△…。如果从某一层开始,其堆垛顺序发生颠倒,即 ABCACBACBA…(图3-70),或△△△▽▽▽▽▽…,则上、下两部分晶体就形成了镜面对称的李晶关系。可以看出,…CAC…处相当于堆垛层错,接着就按倒过来的顺序 CBACBA 堆放,仍属于正常的面心立方堆垛顺序,但与出现层错之前的那部分晶体的顺序正好相反,故形成了对称的关系。

李晶面也具有界面能。当为共格李晶界时,由于界面上的原子没有发生错排现象,化学键能很低,应变能基本没有,故其界面能是很低的。例如,铜的共格李晶界面能为 25 mJ/m^2,但如果为非共格李晶界时,有较高的化学键能,界面能增高,界面能为 100 ~ 500 mJ/m^2,接近于二分之一大角度晶界能。

3.3.4 相界

相邻两个晶体不仅位向不同,晶体结构也不相同,甚至有时成分也不相同,即界面两边为两个不同的相,这种界面称为相界。

根据界面上的原子排列结构不同,相界面分为共格界面、半共格界面和非共格界面。

1. 共格界面

当界面上原子同时处于两相晶格结点上,或者两相晶格的原子在界面处完全相互匹配时,这种界面称为共格相界面。形成共格界面必须满足结构和大小一致原则,即两相在界面处相互匹配的晶面应该具有接近的原子排列和原子间距,从而使两相晶体在界面处保持一定取向关系。如在共格界面处,两相原子有轻微的不匹配,则需通过一定的弹性变形以使界面原子协调,这种变形称为共格畸变或共格应变。

当晶体内存在李晶时,李晶界两侧为位向不同的同相晶体,李晶界处原子匹配良好,属于共格界面。

共格相界示意图如图3-72所示。

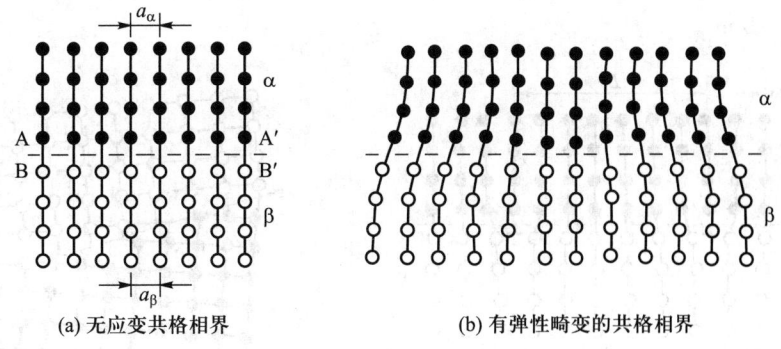

(a) 无应变共格相界   (b) 有弹性畸变的共格相界

图 3-72　共格相界示意图[10]

共格界面因界面处二相原子匹配良好,化学键能不高,但界面原子发生弹性变形以维持共格,故有高的共格应变能,共格界面能主要由共格应变能引起,一般为 $50 \sim 200 \ mJ/m^2$。

2. 半共格界面

当界面两侧的两相晶面原子排列相近,但原子间距差别较大时,则两相原子在界面处不能全部匹配,而是部分匹配形成共格区,不匹配处形成刃型位错,这种界面称为半共格界面,如图 3-73 所示。半共格界面中位错间距由两相晶面在界面处的失配度 δ 确定,失配度定义为

$$\delta = \frac{a_\alpha - a_\beta}{a_\alpha} \qquad (3-47)$$

式中,a_α 和 a_β 分别为无应力时相界面两侧的 α 相和 β 相的点阵常数,由此可求得位错间距 D 为

$$D = \frac{a_\beta}{\delta} \qquad (3-48)$$

当 δ 很小时,可以近似地写成

$$D \approx \frac{b}{\delta} \qquad (3-49)$$

式中,b 是位错的柏氏矢量,$b = (a_\alpha + a_\beta)/2$。随着失配度增大,位错间距减小,界面位错增多。如失配度很大,位错间距很小,两相在界面上完全失配,成为非共格界面。

一般,当 $0.05 \leqslant \delta \leqslant 0.25$ 时,可形成半共格界面,$\delta < 0.05$,形成共格界面,$\delta > 0.25$,则形成非共格界面。

半共格界面能由共格区和位错区组成,界面能包括共格应变能、位错应变能和非共格区的化学键能,一般为 $200 \sim 500 \ mJ/m^2$。

3. 非共格界面

界面两侧两相晶体结构和原子间距相差很大,界面原子混乱、无序、不相匹配,形成非共格界面,也即大角界面,如图 3-74 所示。由于非共格界面,原子排列混乱,界面原子键合受到很大破坏,界面上原子的化学键数目和强度与晶内相比发生很大变化,故其界面能以化学键能为主,并且不随位相差改变,而且总的界面能较高,一般为 $500 \sim 600 \ mJ/m^2$。

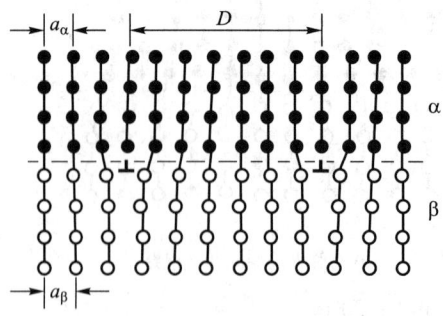

图 3-73　半共格界面示意图[10]

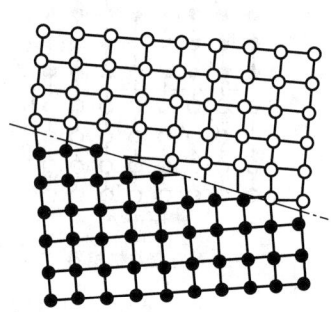

图 3-74　非共格界面示意图[10]

3.4 界面在材料强化中的作用

3.4.1 晶界的强化作用

1. 细晶强化

多晶体金属的晶粒边界通常是大角度晶界,相邻不同取向的晶粒因受力产生塑性变形时,部分施密特(E. Schmidt)因子大的晶粒内位错源先开动,并沿一定晶面产生滑移和增殖。滑移至晶界前的位错被晶界阻挡,这样一个晶粒的塑性变形就无法直接传播到相邻的晶粒中,且造成塑变晶粒内位错塞积。在外力作用下,晶界上的位错塞积产生一个应力场,可以作为激活相邻晶粒内位错源开动的驱动力。当应力场作用于位错源的作用力等于位错开动的临界应力时,相邻晶粒内的位错源开动、滑移与增殖,造成塑性形变。塞积位错应力场强度与塞积位错数目和外加切应力值有关,而塞积位错数目正比于晶粒尺寸,因此当金属材料的晶粒变细时,必须加大外加作用力以激活相邻晶粒内位错源,这就意味着,细晶粒产生塑性变形要求更高的外加作用力,也就体现了细晶粒对金属材料强化的贡献。

在材料强度学上重要的霍尔-佩奇(Hall-Petch)公式 $\sigma_s = \sigma_0 + Kd^{-1/2}$ 中,σ_0 为一常数,相当于单晶体的屈服强度,d 为多晶体中晶粒的平均直径,K 为表征晶界对强度影响程度的常数,与晶界结构有关,与温度的关系不大。

应该指出,霍尔-佩奇公式适用的晶粒尺寸有一个界限,如 $0.3 \sim 400~\mu m$。因为 $d < 0.3~\mu m$ 的非常细小的晶粒内无法提供足够数量的位错,以构成足够强度的应力集中应力场,而比 $400~\mu m$ 更为粗大的晶粒再多些塞积位错数目,对应力集中应力场强度的影响也不大。

显然,晶界越多,即晶粒越细小,其强化效果越显著。这种用细化晶粒增加晶界提高金属强度的方法称为细晶强化。细晶强化是金属材料的一种极为重要的强化方式。

2. 有序强化

一般情况下,由于固溶体并非完全无序而是呈短程有序或偏聚状态,即处于低能量的原子配置状态,故当固溶体晶体发生塑性变形时,位错的移动将使滑移面区域的原子配置情况因相对位移而受到扰乱,导致有序程度(或偏聚程度)下降,体系的能量升高,这就使位错移动所需的应力增大,对固溶强化起作用。

如果固溶体呈长程有序(超结构),其塑性变形情况就具有特殊性。从图 3-75 可以看到,超结构使晶体的对称性下降,平移一个原子间距后晶体不能复原,故其晶胞大于无序状态的晶胞,位错的柏氏矢量增大,因此在无序合金中为单位柏氏矢量的全位错在有序合金中就变成一个不全位错。这样一个位错沿滑移面移动时将使滑移面上下的有序排列状况受到破坏,由原先的不同原子间配置变成同类原子上下对应地排列,故晶体中点阵的连续性在此发生中断,被分成上下两个畴块,畴块之间的界面(即单个位错移过的面积,在图 3-75 中以虚线表示)称为反相畴界。显然,畴界的形成将导致体系的能量增高,晶体塑性变形时必须克服更大的阻力,使合金的强度有所提高。

实际上,当有序合金或有序相发生塑性变形时,位错往往倾向于成对地移动(图 3-75 为位错对移动的示意图),以降低形成反相畴界所增加的额外能量,位错对的后面一个位错可将前面位错所造成的反相畴界消除,恢复成原来的有序排列,而只在这对位错之间夹着一个反相畴界带,此带的宽度 r(即位错对的平衡距离)是决定于反相畴界的表面张力(即畴界能 γ_A)与同符号位错的斥力之间的平衡,即 $r = C/\gamma_A$。式中,C 为与晶体的柏氏矢量及弹性模量等有关的参数。因此,当有序合金的反相畴界能较高时,则平衡距离较小,位错成对地运动;而反相畴界能低的合金,其平衡距离很大,这时位错就可能单独移动而留下了反相畴界。

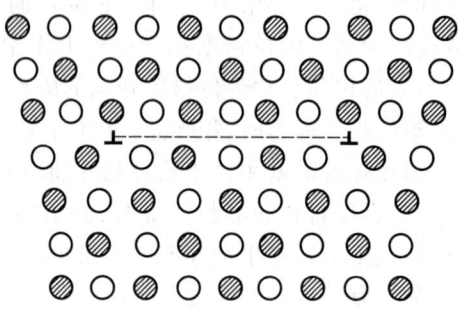

图 3-75　有序相中位错对和反相畴界[1]

单个位错在有序晶体中运动时需要更大的外加应力,但一对位错一起运动时,由于反相畴界并不增加,不引起能量的增高,故应力不需要增大。事实上,随着变形量增加而进行多组滑移时,位错要穿过与其滑移面相交的反相畴界,这就增大了无序区域的面积,导致流变应力的额外增大。此外,当位错对的前一个位错交滑移到另一滑移面,而后一个位错未能随之交滑移时,就形成了固定的位错对,阻碍该位错的移动。

有序合金中的位错是超位错。要使金属发生塑性变形就需使超位错的两个分位错同时运动(以保持反相畴边界的平衡宽度),因而需要更大的外应力,这就是有序强化。

3. 层错强化

前已指出,在面心立方金属中,滑移面上的位错可能分解为扩展位错,而扩展位错是由呈密排结构的堆垛层错和作为它的边界的两个不全位错组成的。铃木秀次首先指出,为保持热力学平衡,溶质原子在堆垛层错中的含量,应与在具有面心立方结构的基体中的含量不同。溶质原子在位错周围的这种非均匀分布,可以看作是溶质原子与位错的一种化学交互作用,常称之为铃木作用。

化学交互作用之所以能强化合金,有以下两点原因。

① 扩展位错运动时,其间的堆垛层错也必须跟着运动,但由于层错内外溶质原子浓度不同,因此增加了扩展位错运动的阻力。

② 当其他位错与扩展位错相交时,在交割前扩展位错必须先行束集成全位错。但是,溶质原子在层错区的局部偏聚,将会增加层错的宽度,因此扩展位错便难以束集,也不容易发生交叉滑移而绕过障碍,从而提高了合金的强度。

应当指出,虽然化学交互作用的强化效果较弹性交互作用小很多,二者约相差一个数量级,但它不像弹性交互作用那样随着温度的升高而减弱,因此在高温时显得十分重要。例如,将钴加到许多面心立方点阵的高温合金(如镍基高温合金等)中可以提高高温强度,这可能是阻止位错交滑移的发生所致。

3.4.2 相界的强化作用

多相合金也是多晶体,但其中有些晶粒是另一相,有些界面是相界面。多相合金的组织大体分为两类:一类是两相晶粒尺寸相近,两相的变形性能也相近;另一类是由变形性能较好的固溶体基体以及在其上分布的硬脆的第二相所组成。这类合金除了具有固溶强化效果外,还有因第二相的存在而引起的强化(这种强化方法称为第二相强化),它们的强度往往比单相固溶体的高。多相合金的塑性变形除与固溶体基体密切相关外,还与第二相本身的强度、塑性、尺寸大小、形状、数量、分布及两相之间的晶体学匹配情况、界面能、界面结合等有关。

1. 合金中两相的性能相近

当组成合金的两相晶粒尺寸属同一数量级时,如果两相的变形性能相近,则合金的变形取决于两相的体积分数,可按以下两种假设来计算合金的平均应力或平均应变。

假设各相的应变是相等的,则对于一定应变时合金的平均应力为

$$\sigma_a = f_1\sigma_1 + f_2\sigma_2 \tag{3-50}$$

式中,f_1 和 f_2 分别为两个相的体积分数,即 $f_1 + f_2 = 1$;σ_1 和 σ_2 分别为两个相在此应变时的应力。可见,合金的平均应力将随着较强相的体积分数的增加而线性增大。

假设各相受到的应力是相等的,则对于一定应力时合金的平均应变为

$$\varepsilon_a = f_1\varepsilon_1 + f_2\varepsilon_2 \tag{3-51}$$

式中,ε_1 和 ε_2 分别表示在此应力下两相的应变。

由式(3-50)和式(3-51)两式可知,并非所有的第二相都能产生强化作用,只有当第二相为较强的相时,合金才能强化。当合金发生塑性变形时,滑移首先发生于较弱的一相中;如果较强相的数量很少时,则变形基本上在较弱相中进行;如较强相占到约30%(体积)时,较弱相不能完全连续,这时两相就要以接近于相等的应变发生变形;如较强相占到高于70%(体积)时,则此相为合金的基体相,合金的塑性变形将主要由它来控制。

2. 合金中两相的性能相差很大

合金中两相的变形性能相差很大,若其中的一相硬而脆,难以变形,另一相的塑性较好,且为基体相,则合金的塑性变形除与相的相对量有关外,在很大程度上还取决于脆性相的分布情况。脆性相的分布有三种情况:

(1)硬而脆的第二相呈连续网状分布在塑性相的晶界上

这种分布情况非常不利,因为脆性相在空间上把塑性相分割开,从而使其变形能力无法发挥,经少量的变形后,即沿着连续的脆性相开裂,使合金的塑性和韧性急剧下降。这时,脆性相越多,网越连续,合金的塑性就越差,甚至强度也会随之下降。例如,

过共析钢中的二次渗碳体在晶界上呈网状分布时,钢的脆性会增加,强度和塑性也会下降。生产上可通过热加工和热处理的相互配合来破坏或消除其网状分布。

（2）脆性的第二相呈片状或层状分布在塑性相的基体上

如钢中的珠光体组织,铁素体和渗碳体呈片状分布,铁素体的塑性好,渗碳体硬而脆,所以塑性变形主要集中在铁素体中,位错的移动被限制在渗碳片之间的很短距离内,此时位错运动至障碍物渗碳体片之前时,即形成位错平面塞积群。当其造成的应力集中足以激发相邻铁素体中的位错源开动时,相邻的铁素体才开始塑性变形。因此,也可用霍尔-佩奇公式描述珠光体的屈服强度

$$\sigma_s = \sigma_i + K_s s_0^{-1/2}$$

式中,σ_i 为铁素体的屈服强度;K_s 为材料常数;s_0 为珠光体片间距。

由上式可以看出,珠光体片间距越小,则强度越高,且其变形越均匀,变形能力增加。对于细珠光体,甚至渗碳体片也可发生滑移、弯曲变形,表现出一定的变形能力。所以细珠光体不但强度高,塑性也好。因此在冷拔钢丝时,先经铅浴淬火索氏体化处理,不仅可以提高强度,还可以改善其冷拉加工性能。

亚共析钢的塑性变形首先在先共析铁素体中进行,当铁素体由于加工硬化使其流变应力达到珠光体的屈服极限时,珠光体才开始塑性变形。

共析钢经淬火加回火处理后,渗碳体呈细小弥散颗粒状分布于铁素体基体上时,变形抗力大大增加,强度显著提高。这就是下面将要讨论的脆性相弥散分布的情况。

（3）脆性相在塑性相中呈颗粒状分布

当第二相以细小弥散的颗粒均匀分布于基体相中时,将产生显著的强化作用。如果第二相颗粒是通过对过饱和固溶体的时效处理而沉淀析出并产生强化,则称为沉淀强化或时效强化;如果第二相颗粒是借粉末冶金方法加入而起强化作用,则称为弥散强化。

在讨论第二相颗粒的强化作用时,通常将颗粒分成"不可变形的"和"可变形的"两类来考虑。这两类粒子与位错交互作用的方式不同,其强化的途径也就不同。

1）不可变形颗粒的强化作用

不可变形颗粒是指具有较高硬度和一定尺寸并与母相部分共格或非共格的沉淀相颗粒。一般弥散强化型合金中的第二相颗粒属不可变形颗粒。

位错绕过第二相颗粒时,不可变形颗粒对位错运动的阻碍作用如图3-76所示。当移动着的位错与不可变形颗粒相遇时,将受到粒子的阻挡,使位错线绕着它发生弯

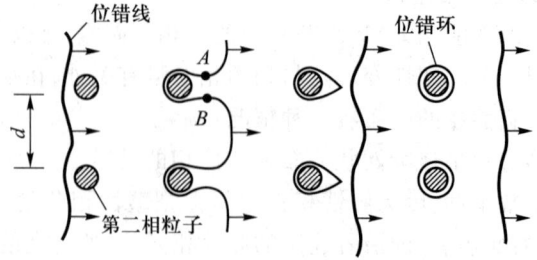

图3-76　位错绕过第二相颗粒[1]

曲;随着外加应力的增大,位错线受阻部分的弯曲加剧,以致围绕着粒子的位错线在左右两边相遇,于是正负号位错彼此抵消,形成包围着粒子的位错环,而位错线的其余部分则越过粒子继续移动。显然,位错按这种方式移动时受到的阻力是很大的,而且每个位错经过颗粒时都要留下一个位错环,此环要作用一反向应力于位错源,故继续变形时必须增大应力以克服此反向应力,使流变应力迅速提高。

前已指出,由于位错具有线张力 T,要使位错线弯曲必须克服其线张力的作用,故位错线绕过间距为 λ 的粒子时,所需的切应力 τ 可由下式确定

$$\tau = \frac{T}{b \cdot \frac{\lambda}{2}} = \frac{2T}{b\lambda} \tag{3-52}$$

式中,T 可近似地等于 $\frac{1}{2}Gb^2$,故

$$\tau = \frac{Gb}{\lambda} \tag{3-53}$$

可见,不可变形颗粒的强化作用是与粒子间距呈反比关系,即粒子间距越小,强化作用越大。因此,减小粒子尺寸(在同样的体积分数时,粒子越小则粒子间距也越小)或提高粒子的体积分数,都使合金的强度提高。

上述的位错绕过第二相颗粒的机制是由奥罗万(E. Orowan)首先提出的,故通常称为奥罗万机制。

2) 可变形颗粒的强化作用

可变形颗粒是指沉淀相通常处于与母相共格状态,颗粒尺寸小(<15 nm),可为运动的位错所切割。沉淀相的粒子多属可变形的,但当沉淀粒子在时效过程中长大到一定程度后,也能起着不可变形粒子的作用。

当第二相为可变形颗粒时,位错将切过粒子使之随同基体一起变形,如图 3-77 所示。其强化作用取决于粒子本身的性质以及其与基体的联系,主要与以下几个方面有关。

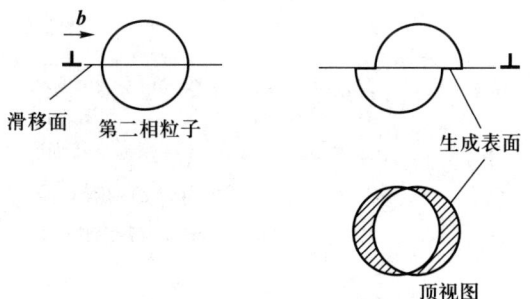

图 3-77 位错切过第二相颗粒[1]

① 第二相颗粒具有不同于基体的点阵结构和点阵常数,当位错切过共格颗粒时,在滑移面上造成错配的原子排列,因而增大位错运动的做功。

② 沉淀相颗粒的共格应力场与位错的应力场之间产生弹性交互作用,位错通过

共格应变区时,对位错的运动有阻碍作用,会产生一定的强化效应。

③ 如果粒子是有序结构,则位错切过粒子时将在滑移面上产生反相畴界,反相畴界能高于粒子与基体间的界面能。

④ 位错切过颗粒后形成宽为 b 的滑移台阶、粒子与基体间的界面面积(图 3-77 中阴影所示的面积),增加界面能,加大位错运动的能量消耗。

⑤ 当颗粒的弹性切变模量高于基体时,位错进入沉淀相便增大位错自身的弹性畸变能,引起位错的能量和线张力变大,位错运动遇到更大的阻力。

上述分析表明,与基体相完全共格的沉淀相颗粒具有显著的强化效果。

以上这些强化因素的综合作用,使合金的强度得到提高。此外,粒子的尺寸和体积分数对强度也有影响,对可变形粒子来说,增大粒子尺寸或增加体积分数都有利于提高强度[16-17]。

参 考 文 献

第四章　固体中原子的运动

【本章导读】

　　固体中原子的热运动称为扩散。扩散是物质迁移的一种方式,气体和液体中经常发生扩散现象,比如在封闭的房间里喷洒一点香水,不久后就能闻到满室芳香;又比如在一杯静止的水中加入一粒胆矾($CuSO_4$),杯中的水不久后就呈现蓝色。显然,房间内的气体和杯中的液体并未受到外界的对流和搅拌,但仍然发生了气体与液体的均匀化过程,这是由于物质原子或分子的扩散所致。固体也会发生扩散现象,以金属为例,在一定温度下金属中的原子并不是静止不动的,而是在其晶格的平衡位置上做一定规律的热振动,有些能量较高的原子在某一时刻下可能会摆脱周围原子的束缚并跃迁到一个新的位置,这种原子运动的微观现象,以及由于大量原子运动而引起物质的宏观流动,称为金属中的扩散。由于固体中没有对流,扩散是固体中物质迁移的唯一方式。虽然固体中的原子扩散速率较气体和液体中慢得多,但在很多情况下控制着固态材料中的一些重要物理化学过程的进行,如金属铸件凝固及均匀化退火、固态相变、表面化学热处理以及冷变形金属的回复与再结晶等,因此研究固态材料中的扩散具有重要的理论意义和实际意义。

【本章重点和难点】

　　研究固体中原子的扩散可从宏观与微观两方面进行,宏观上描述扩散物质的扩散速率和数量,微观上则讨论原子或分子的扩散机制。本章将从这两个方面详细阐述金属和陶瓷中原子扩散行为的相关理论及应用。读者应重点掌握金属材料中原子扩散的宏观规律,理解金属原子扩散的微观机制,以及了解扩散理论在金属材料实际问题中的应用。

4.1　宏观扩散方程

4.1.1　菲克定律

　　研究金属材料中的原子扩散行为时,经常会碰到诸如此类的问题:单位时间内,单位截面积上原子扩散的量、距离以及速率等,这些问题与生产实际密切相关。为此,德国科学家阿道夫·菲克(Adolf Fick)于 1855 年给出了答案,他将一根两端溶质原子浓度分别为 C_1 和 C_2($C_2 > C_1$)的非均匀单相固溶体合金试样加热至足够高的温度并保温一段时间后,溶质原子便由高浓度区向低浓度区扩散,其模型示意图如图4-1所示,随后他总结出溶质原子扩散所遵循的规律:在稳态扩散条件下(即扩散过程中各位置的浓度不随时间而改变,仅随距离发生改变),扩散通量(即在单位时间内通过垂直于扩散方向上的单位截面积内的物质流量)与该截面处的浓度梯度成正比。该规律被称为菲克扩散第一定律,数学表达式为

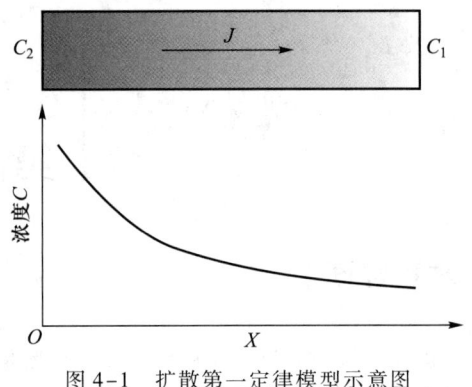

图4-1 扩散第一定律模型示意图

$$J = -D \frac{\mathrm{d}C}{\mathrm{d}x} \tag{4-1}$$

式中,J 称为扩散通量,单位为 kg/($m^2 \cdot s$) 或物质的量/($m^2 \cdot s$);C 为溶质原子的体积浓度,单位为 kg/m^3 或物质的量/m^3,$\mathrm{d}C/\mathrm{d}x$ 为溶质原子浓度沿 x 方向的变化率,即浓度梯度;D 是一个比例常数,称为扩散系数,单位为 m^2/s。扩散系数 D 是描述扩散速率的重要物理量,D 值越大,则扩散速度越快;式中的负号表示原子扩散方向与浓度梯度方向相反,即原子从高浓度区域向低浓度区域进行扩散。值得注意的是,在某些情况下,溶质原子还可以从低浓度区域向高浓度区域进行扩散,即发生"上坡扩散",这在后面我们将会详细阐述。

利用扩散第一定律,可以解决很多实际稳态扩散问题,如若通过实验测知溶质原子的扩散通量和各点处的浓度,就可以计算出扩散系数,从而反映此扩散体系中溶质原子扩散的速率。然而,生产实际中绝大多数的问题都属于非稳态扩散过程,即扩散各点的浓度既随距离发生变化,又随时间发生变化[1]。此时,扩散第一定律尽管仍然有效,但公式中却不包含时间的变量,因此不能直接求解非稳态扩散过程中的问题。为此,阿道夫·菲克在扩散第一定律的基础上,利用扩散物质质量平衡的原理推导出能够解决非稳态扩散问题的菲克扩散第二定律,其过程如下。

图4-2表示的是在一沿 x 方向扩散的系统中考虑一个横截面积为 A,厚度为 $\mathrm{d}x$ 的微小体积单元。体积元内的浓度为 C,在某一时间间隔内流入体积元的扩散通量为 J_1,流出体积元的扩散通量为 J_2。由数学关系可知

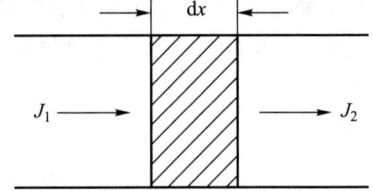

图4-2 扩散通过微小体积单元示意图

$$J_2 = J_1 + \frac{\partial J}{\partial x}\mathrm{d}x \tag{4-2}$$

将上式同乘以 A 可得

$$J_2 A = J_1 A + \frac{\partial J}{\partial x} A \mathrm{d}x \tag{4-3}$$

由扩散通量 J 的定义可知,JA 可表示为物质的积存速率,故体积元内物质积存速率可表示为 $J_1 A - J_2 A$。由式(4-3)可知

$$J_1 A - J_2 A = -\frac{\partial J}{\partial x} A \mathrm{d}x \tag{4-4}$$

从另一角度来看,微小体积内的物质积存速率,也可用浓度 C 随时间的变化率来表示

$$\frac{\partial(CA\mathrm{d}x)}{\partial t} = \frac{\partial C}{\partial t} A \mathrm{d}x \tag{4-5}$$

由式(4-4)和式(4-5)可得

$$\frac{\partial C}{\partial t} = -\frac{\partial J}{\partial x} \tag{4-6}$$

将扩散第一定律表达式[式(4-1)]代入式(4-6),可得

$$\frac{\partial C}{\partial t} = \frac{\partial}{\partial x}\left(D\frac{\partial C}{\partial x}\right) \tag{4-7}$$

式(4-7)即称为菲克扩散第二定律,如果扩散系数 D 与浓度 C 以及距离 x 无关,则式(4-7)可写为

$$\frac{\partial C}{\partial t} = D\frac{\partial^2 C}{\partial x^2} \tag{4-8}$$

菲克第二定律以微分形式给出浓度与空间、时间的关系,对上式进行求解,便可得到浓度与空间、时间之间的解析表达式。

4.1.2 扩散方程的应用

由于现实中的绝大多数扩散问题属于非稳态扩散过程,因此常需要用到扩散第二定律。从式(4-8)可以知道,C 是因变量,x 和 t 是两个独立变量,因此方程的解将具有 $C = f(x,t)$ 的关系式,但式(4-8)是偏微分方程,很难直接求解。针对此问题,一般方法是在求解过程中结合实际的扩散问题,利用实际扩散问题中具体的初始条件和边界条件,求出其解后才能应用。下面仅结合几个实际扩散问题的例子,说明扩散第二定律在生产实际中的应用。

1. 两端成分不受扩散影响的扩散偶

扩散焊接是焊接技术中的重要工艺,比如将 A、B 两根很长,且截面相同的均匀固溶体合金棒对焊在一起制成扩散偶,其中 A 棒的溶质原子浓度为 C_1,B 棒的溶质原子浓度为 C_2,且 $C_2 > C_1$。当保温一段时间后,溶质原子要发生扩散,扩散的程度对焊接界面结合强度起着至关重要的作用,因此需要了解经过一段时间后,在某个位置上溶质原子的浓度,或要求在某个位置上溶质原子的浓度要达到一定程度需要多少时间,知道这些就能够指导实际焊接工艺。那如何利用扩散第二定律求出 C 与 x 和 t 的关系呢?

设定焊接面为 $x = 0$,并以此建立坐标系,如图 4-3 所示。我们利用这个实际问题的初始条件和边界条件来求解扩散第二方程。当 $t = 0$ 时,即扩散还没发生;当 $t \geq 0$ 时,由于合金棒很长,且固态下的原子扩散很慢,因而可认为在扩散过程中合金棒两端的浓度不受影响而保持恒定。据此可以确定此扩散过程的初始条件和边界条件如下。

初始条件:$t = 0$ 时,$x < 0$,$C = C_2$

$$x > 0, C = C_1$$

边界条件：$t \geq 0$ 时，$x = -\infty$，$C = C_2$

$$x = \infty, C = C_1$$

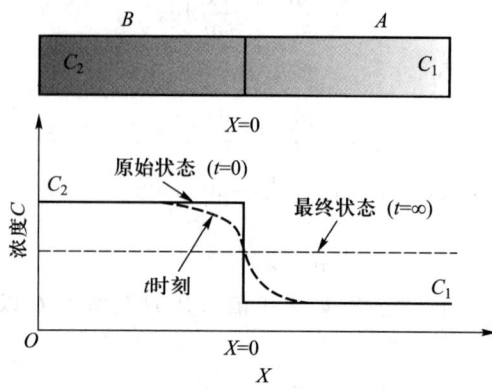

图4-3 两端成分不受扩散影响的扩散偶浓度分布示意图

下面采用变量代换的方法及上述边界条件和初始条件对式（4-8）求解，确定 $C = f(x,t)$ 的具体表达式。

首先令 $\beta = \dfrac{x}{2\sqrt{Dt}}$，经过此次变量代换可将方程中两个变量 (x,t) 转化成单一的 β 变量，即将 $C = f(x,t)$ 转化为 $C = f(\beta)$，从而使式（4-8）的偏微分方程转化为常微分方程。

根据上述变量代换，式（4-7）中的 $\dfrac{\partial C}{\partial t}$ 与 $\dfrac{\partial^2 C}{\partial x^2}$ 可用 β 表示为

$$\frac{\partial C}{\partial t} = \frac{\mathrm{d}C}{\mathrm{d}\beta}\frac{\partial \beta}{\partial t} = -\frac{xt^{-\frac{3}{2}}}{4\sqrt{D}}\frac{\mathrm{d}C}{\mathrm{d}\beta} = -\frac{x}{4\sqrt{Dt}}\frac{1}{t}\frac{\mathrm{d}C}{\mathrm{d}\beta} = -\frac{\beta}{2t}\frac{\mathrm{d}C}{\mathrm{d}\beta}$$

$$\frac{\partial^2 C}{\partial x^2} = \frac{\partial^2 C}{\partial \beta^2}\frac{\partial \beta^2}{\partial x^2} = \frac{\partial^2 C}{\partial \beta^2}\left(\frac{\partial \beta}{\partial x}\right)^2 = \frac{1}{4Dt}\frac{\mathrm{d}^2 C}{\mathrm{d}\beta^2}$$

将上面两式代入到扩散第二定律得

$$-\frac{\beta}{2t}\frac{\mathrm{d}C}{\mathrm{d}\beta} = D\frac{1}{4Dt}\frac{\mathrm{d}^2 C}{\mathrm{d}\beta^2}$$

整理可得

$$\frac{\mathrm{d}^2 C}{\mathrm{d}\beta^2} + 2\beta\frac{\mathrm{d}C}{\mathrm{d}\beta} = 0$$

至此，经过这样的变量代换已将二阶偏微分方程化为一阶常微分方程，再利用高等数学知识解得上述方程为

$$\frac{\mathrm{d}C}{\mathrm{d}\beta} = A_1\exp(-\beta^2)$$

再积分可得到最终的通解为

$$C = A_1\int_0^\beta \exp(-\beta^2)\,\mathrm{d}\beta + A_2，其中 A_1 和 A_2 为待定常数 \tag{4-9}$$

上式虽然得出了扩散第二方程的通解,但又引出了两个待定常数 A_1 和 A_2,此时需要用到此问题中的边界条件

$$x = -\infty \text{ 时},\beta = \frac{x}{2\sqrt{Dt}} = -\infty,C = C_2$$

$$x = \infty \text{ 时},\beta = \frac{x}{2\sqrt{Dt}},C = C_1$$

将边界条件代入到方程的通解式(4-9):

$$C_2 = A_1 \int_0^{-\infty} \exp(-\beta^2)\,\mathrm{d}\beta + A_2$$

$$C_1 = A_1 \int_0^{\infty} \exp(-\beta^2)\,\mathrm{d}\beta + A_2$$

这里引入高斯误差积分 $\int_0^{\infty} \exp(-\beta^2)\,\mathrm{d}\beta = \frac{\sqrt{\pi}}{2}$,可解 A_1 和 A_2 得

$$A_1 = \frac{C_1 - C_2}{\sqrt{\pi}},A_2 = \frac{C_1 + C_2}{2}$$

将 A_1、A_2 代入到式(4-9)中得

$$C = \frac{C_1 + C_2}{2} + \frac{C_1 - C_2}{2} \cdot \frac{2}{\sqrt{\pi}} \int_0^{\beta} \exp(-\beta^2)\,\mathrm{d}\beta$$

该式中 $\frac{2}{\sqrt{\pi}} \int_0^{\beta} \exp(-\beta^2)\,\mathrm{d}\beta$ 定义为误差函数,记为 $\mathrm{erf}(\beta)$,该函数有如下性质:

$$\mathrm{erf}(0) = 0$$

$$\mathrm{erf}(\infty) = 1$$

$$\mathrm{erf}(-\beta) = -\mathrm{erf}(\beta)$$

其他不同 β 值所对应的 $\mathrm{erf}(\beta)$ 值可查误差函数表(表4-1)。引入误差函数后,对于此扩散问题,第二方程的解可写为

$$C = \frac{C_1 + C_2}{2} + \frac{C_1 - C_2}{2}\mathrm{erf}(\beta) = \frac{C_1 + C_2}{2} + \frac{C_1 - C_2}{2}\mathrm{erf}\left(\frac{x}{2\sqrt{Dt}}\right) \tag{4-10}$$

表 4-1 β 与 $\mathrm{erf}(\beta)$ 的对应值

β	0	1	2	3	4	5	6	7	8	9
0.0	0.000 0	0.011 3	0.022 6	0.033 8	0.045 1	0.056 4	0.067 6	0.078 9	0.090 1	0.101 3
0.1	0.112 5	0.123 6	0.134 8	0.145 9	0.156 9	0.168 0	0.179 0	0.190 0	0.200 9	0.211 8
0.2	0.222 7	0.233 5	0.244 3	0.255 0	0.265 7	0.276 3	0.286 9	0.297 4	0.307 9	0.318 3
0.3	0.328 6	0.338 9	0.349 1	0.359 3	0.369 4	0.379 4	0.389 3	0.399 2	0.409 0	0.418 7
0.4	0.428 4	0.438 0	0.447 5	0.456 9	0.466 2	0.475 5	0.484 7	0.493 7	0.502 7	0.511 7
0.5	0.520 5	0.529 2	0.537 9	0.546 5	0.554 9	0.563 3	0.571 6	0.579 8	0.587 9	0.595 9
0.6	0.603 9	0.611 7	0.619 4	0.627 0	0.634 6	0.642 0	0.649 4	0.656 6	0.663 8	0.670 8
0.7	0.677 8	0.684 7	0.691 4	0.698 1	0.704 7	0.711 2	0.717 5	0.723 8	0.730 0	0.736 1

续表

β	0	1	2	3	4	5	6	7	8	9
0.8	0.742 1	0.748 0	0.753 8	0.759 5	0.765 1	0.770 7	0.776 1	0.781 4	0.786 7	0.791 8
0.9	0.796 9	0.801 9	0.806 8	0.811 6	0.816 3	0.820 9	0.825 4	0.829 9	0.834 2	0.838 5
1.0	0.842 7	0.846 8	0.850 8	0.854 8	0.858 6	0.862 4	0.866 1	0.869 8	0.873 3	0.876 8
1.1	0.880 2	0.883 5	0.886 8	0.890 0	0.893 1	0.896 1	0.899 1	0.902 0	0.904 8	0.907 6
1.2	0.910 3	0.913 0	0.915 5	0.918 1	0.920 5	0.922 9	0.925 2	0.927 5	0.929 7	0.931 9
1.3	0.934 0	0.936 1	0.938 1	0.940 0	0.941 9	0.943 8	0.945 6	0.947 3	0.949 0	0.950 7
1.4	0.952 3	0.953 9	0.955 4	0.956 9	0.958 3	0.959 7	0.961 1	0.962 4	0.963 7	0.964 9
1.5	0.966 1	0.967 3	0.968 7	0.969 5	0.970 6	0.971 6	0.972 6	0.973 6	0.974 5	0.973 5

β	1.55	1.6	1.65	1.7	1.75	1.8	1.9	2.0	2.2	2.7
$\mathrm{erf}(\beta)$	0.971 6	0.976 3	0.980 4	0.983 8	0.986 7	0.989 1	0.992 8	0.995 3	0.998 1	0.999 6

式(4-10)反映了在不同 t 时刻下,扩散偶中溶质浓度沿 x 方向的变化规律,即根据该式可求得试样任意位置 x 在任意时刻 t 下的浓度。下面针对式(4-10)讨论几种特殊情况。

① 在焊接面处,$x=0$,$\beta=0$,$\mathrm{erf}(\beta)=0$,因此 $C=\dfrac{C_1+C_2}{2}$。这表明在扩散偶界面处溶质原子的浓度与时间无关,且等于扩散的平均浓度。

② 若令式(4-10)中左端的 C 为常数,则 $\dfrac{x}{2\sqrt{Dt}}$ 为常数,这表明在扩散偶的不同位置可通过不同的扩散时间能获得同样的浓度值,且达到相同浓度值所需的扩散时间与至界面 x 间呈抛物线关系,即 $x \propto \sqrt{Dt}$。

③ 当扩散偶一侧不存在原始浓度时,如 $C_1=0$,则式(4-10)可简化为

$$C=\frac{C_2}{2}\left[1-\mathrm{erf}\left(\frac{x}{2\sqrt{Dt}}\right)\right]$$

2. 一端成分不受扩散影响的扩散体

渗碳是提高低碳钢或低合金钢零件表面性能的重要途径,它是指将工件置入具有活性的渗碳介质中,加热至 $900 \sim 950\ ^\circ\mathrm{C}$ 的单相奥氏体区并保温足够时间后,使渗碳介质中分解出具有活性的碳原子渗入到钢件表层,从而获得表层高碳而心部仍保持原有成分的工艺。在实际工艺过程中,根据性能要求,需要了解一段时间后在工件表层某一深度处渗入碳原子的浓度;或根据生产成本要求,需要了解在工件表层某深度处渗入一定浓度的碳原子所需的时间。了解这些问题仍需要用到扩散第二定律,设低碳钢工件表面的碳源浓度为 C_s,碳钢工件原始碳的质量分数为 C_0,由于渗碳过程中碳原子的扩散仅发生在至工件表面一定深度内,心部碳浓度保持不变,因此这种扩散可视为一端成分不受影响的扩散。

取垂直于工件表面指向心部方向为 x 轴的正方向,表面取为坐标原点,渗碳过程中碳原子将从表面向中心扩散,如图4-4所示。此问题中对扩散第二定律求解,仍需

进行 $\beta = \dfrac{x}{2\sqrt{Dt}}$ 的变量代换,并得出方程的通解,即式(4-9)。分析渗碳过程可知此问题的边界条件为

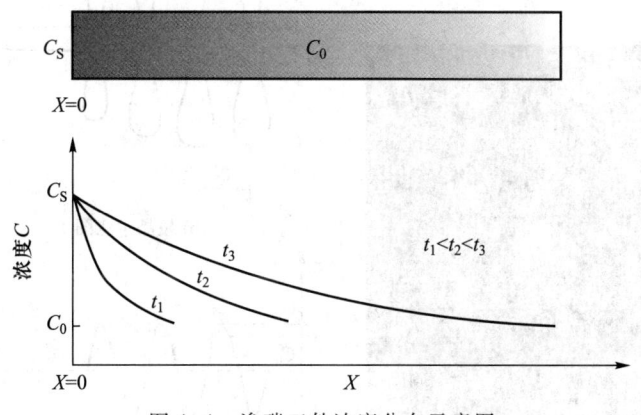

图 4-4　渗碳工件浓度分布示意图

$$t>0,x=0,\beta=0,C=C_{\mathrm{s}}$$
$$x=\infty,\beta=\infty,C=C_0$$

将此边界条件代入式(4-9),并引入高斯误差函数可求得此问题的解:

$$C=C_{\mathrm{s}}-(C_{\mathrm{s}}-C_0)\,\mathrm{erf}\!\left(\frac{x}{2\sqrt{Dt}}\right) \tag{4-11}$$

上式对指导实际渗碳等一些化学热处理工艺具有重要意义。

3. 成分偏析的均匀化退火过程

固溶体合金在非平衡冷却条件下,凝固后往往出现晶内化学成分不均匀的现象称为枝晶偏析,这将严重影响铸件的性能,生产上常用均匀化退火来减小或消除偏析[2]。这种均匀化退火过程中的溶质原子浓度随时间和距离的变化也可以用扩散第二定律来描述。

图 4-5 为二次枝晶及溶质原子分布示意图,在沿一横截二次晶轴的直线上,二次晶轴间距大致相等,其中枝干含溶质原子少,枝间含溶质原子多,且溶质原子浓度一般呈正弦波形变化,可采用正弦曲线方程表示为

$$C_x=C_0+(C_{\mathrm{m}}-C_0)\sin\frac{\pi x}{\lambda} \tag{4-12}$$

式中,C_0 表示平均浓度;C_{m} 表示溶质原子浓度最大值;λ 为溶质原子浓度的最高点与最低点之间的距离,即二次枝晶间距的一半。在均匀化退火时,由于溶质原子从高浓度区域扩散至低浓度区域,因此正弦波的振幅会逐渐减小,而波长一般不变。此问题的初始条件为

$$t=0\text{ 时},C=C_0+(C_{\mathrm{m}}-C_0)\sin\frac{\pi x}{\lambda} \tag{4-13}$$

由于成分偏析不可能完全消除,因此退火后溶质原子浓度不可能达到 C_0(表示平均浓度),且退火后溶质原子浓度是 x 和 t 的函数,则

$$C = C(x,t) + C_0 \tag{4-14}$$

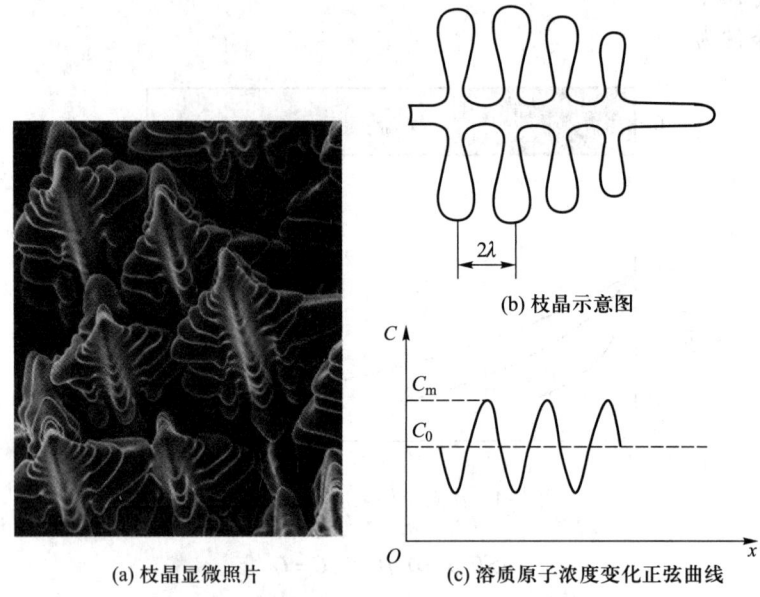

(b) 枝晶示意图

(a) 枝晶显微照片

(c) 溶质原子浓度变化正弦曲线

图 4-5   二次枝晶及溶质原子分布示意图

采用高等数学上的分离变量法对此求解,令 $C(x,t) = X(x)T(t)$,则有

$$\frac{\partial C}{\partial t} = X\frac{\mathrm{d}T}{\mathrm{d}t}$$

$$\frac{\partial^2 C}{\partial x^2} = T\frac{\mathrm{d}^2 X}{\mathrm{d}x^2}$$

由扩散第二定律可知

$$\frac{1}{T}\frac{\mathrm{d}T}{\mathrm{d}t} = \frac{D}{X}\frac{\mathrm{d}^2 X}{\mathrm{d}x^2} \tag{4-15}$$

上式左边含变量 t,右边含变量 x,显然只有两边均为常数时,等式才可能成立。令此函数为 $-u^2 D$,应有

$$\begin{cases} \dfrac{1}{T}\dfrac{\mathrm{d}T}{\mathrm{d}t} = -u^2 D \\ \dfrac{1}{X}\dfrac{\mathrm{d}^2 X}{\mathrm{d}x^2} = -u^2 \end{cases} \tag{4-16}$$

两微分方程解各自为

$$\begin{cases} T = B_1 \exp(-u^2 Dt) \\ X = B_2 \sin(ux) \end{cases} \tag{4-17}$$

将式(4-17)代入式(4-14),并令积分常数 $B = B_1 B_2$,得到

$$C = C_0 + B\sin(ux)\exp(-u^2 Dt) \tag{4-18}$$

当 $t = 0$ 时,利用初始条件式(4-13),与式(4-18)比较可得

$$B = C_m - C_0, \quad u = \frac{\pi}{\lambda}$$

由此得出均匀化退火过程中溶质浓度在枝晶中分布的表达式为

$$C = C_0 + (C_m - C_0) \sin \frac{\pi x}{\lambda} \exp\left(-\frac{\pi^2}{\lambda^2} Dt\right) \qquad (4-19)$$

上述所得的扩散第二定律表达式的特解称为正弦解。注意,式中的 C_0 并非指溶质原始浓度,而是指枝干与枝间溶质最高浓度与最低浓度之间的平均浓度。

枝晶偏析正弦曲线峰值在任一时刻的衰减程度可以用 $\frac{C-C_0}{C_m-C_0}$ 表示,则该处(即 $x = \frac{\lambda}{2}, \frac{3}{2}\lambda, \frac{5}{2}\lambda, \cdots, \frac{2n+1}{2}\lambda$ 各点)衰减程度为

$$\frac{C-C_0}{C_m-C_0} = \exp\left(-\frac{\pi^2}{l^2} Dt\right) \qquad (4-20)$$

如果均匀化退火使溶质最高浓度点的值达到初始浓度的百分之一,即 $\frac{C-C_0}{C_m-C_0} = 0.01$,就认为已消除枝晶偏析,则利用上式可求得所需的退火时间

$$t = 0.467 \frac{\lambda^2}{D} \qquad (4-21)$$

此结果表明,晶轴间距缩短,可以有效缩短均匀化退火时间,因此可以通过快速凝固来抑制枝晶生长或通过物理办法来打碎枝晶来减少均匀化退火时间。

4.1.3 置换型固溶体中的扩散方程

在上述扩散定律的应用举例中,讨论的都是间隙固溶体中溶质原子的扩散,而忽略溶剂的扩散,这是可行的,因为溶剂的扩散速率与较易迁徙的溶质原子相比是可以忽略的。然而在置换固溶体中,溶质与溶剂的可动性大致属于同一数量级,因此对溶质与溶剂原子的扩散都应加以考虑。

柯肯德尔(Kirkendall)首先证实了这一问题的存在,他在 1947 年设计了一个实验,如图 4-6 所示。他在一长方形的黄铜($w_{Zn} = 30\%$)表面上镀上一定厚度的纯铜,并在黄铜与纯铜的界面上放置钼丝,由于钼不溶于铜和黄铜,因此钼丝不会发生扩散,可以作为黄铜与纯铜原始界面的标记。将该扩散体系加热至足够高的温度,则锌原子向纯铜一侧扩散,铜原子则向黄铜一侧扩散,随着保温时间的延长,实验发现上、下排钼丝的距离减小了,这表明铜与黄铜界面随着铜原子和锌原子的扩散发生了向黄铜一侧移动,那这是什么原因造成的呢?研究人员初步考虑是铜、锌的原子半径不同造成的,假如铜与锌的扩散系数相等,则界面两侧发生的是等量的铜锌原子交换,锌的原子半径大于铜的原子半径,锌的外移会使钼丝即标记面向黄铜一侧移动,但经计算移动量仅为观察值的十分之一左右。由此可见,原子尺寸的差别不是标记面移动的主要原因,柯肯德尔认为这只能是铜锌两种原子的扩散速率不同,导致黄铜中扩散出去锌的通量大于铜原子扩散进来的通量,这种不等量扩散导致标记面移动的现象称之为柯肯德尔效应。后来,研究者们相继在 Cu-Ni、Cu-Au、Ag-Au、Ni-Al 等扩散体系中发现这种效应,那这些扩散体系中的原子扩散宏观方程是怎样的呢?达肯(Darken)在 1948 年做了解释。

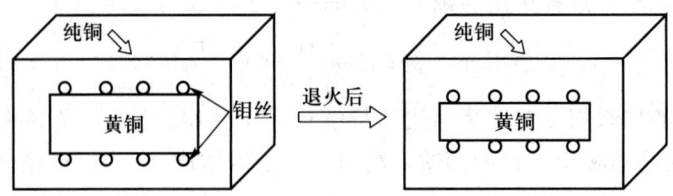

图 4-6　柯肯德尔实验示意图

在发生柯肯德尔效应的过程中,扩散偶体系中的原子相对于原始界面进行扩散,而原始界面又相对于静止的观察者发生漂移,因此观察者实际上观察到的原子扩散速度应是原始界面漂移速度与原子相对于原始界面扩散速度的叠加[3]。

令 v_m 为界面相对于观察者的漂移速度;

v_D 为原子相对于界面的扩散速度;

$v_总$ 为原子实际扩散速度。

三者的关系应为

$$v_总 = v_m + v_D \qquad (4-22)$$

若扩散组元的体积浓度为 C_i(单位体积中物质的量),原子的扩散速度为 v_i,则扩散通量 J_i 可以写为

$$J_i = C_i v_i \qquad (4-23)$$

根据式(4-22)及式(4-23),二元系中 A、B 两组元实际的扩散通量分别为

$$\left.\begin{array}{l} (J_A)_总 = C_A[v_m + (v_D)_A] = C_A v_m + C_A(v_D)_A = C_A v_m + J_A \\ (J_B)_总 = C_B[v_m + (v_D)_B] = C_B v_m + C_B(v_D)_B = C_B v_m + J_B \end{array}\right\} \qquad (4-24)$$

式中,J_A、J_B 分别为 A、B 两组元相对于标记界面的扩散通量,根据菲克第一扩散定律,又可表示为

$$\left.\begin{array}{l} J_A = -D_A \dfrac{dC_A}{dx} \\[2mm] J_B = -D_B \dfrac{dC_B}{dx} \end{array}\right\} \qquad (4-25)$$

将式(4-25)代入式(4-24),得

$$\left.\begin{array}{l} (J_A)_总 = C_A v_m - D_A \dfrac{dC_A}{dx} \\[2mm] (J_B)_总 = C_B v_m - D_B \dfrac{dC_B}{dx} \end{array}\right\} \qquad (4-26)$$

假定在扩散过程中密度保持不变,则应有 $(J_A)_总 = -(J_B)_总$,由此得

$$v_m(C_A + C_B) = D_A \frac{dC_A}{dx} + D_B \frac{dC_B}{dx} \qquad (4-27)$$

设 c 为扩散体系中单位体积的物质的量,X_A 和 X_B 分别表示 A、B 两组元的摩尔分数,则有 $X_A + X_B = 1$,$C_A = cX_A$,$C_B = cX_B$,将其代入式(4-27),整理后得

$$v_m = D_A \frac{dX_A}{dx} - D_B \frac{dX_A}{dx} = (D_A - D_B)\frac{dX_A}{dx} \qquad (4-28)$$

再将式(4-28)代入式(4-24)得

$$
\left.\begin{aligned}
(J_A)_{总} &= -(X_B D_A + X_A D_B)\frac{dC_A}{dx} = -\overline{D}\frac{dC_A}{dx} \\
(J_B)_{总} &= -(X_B D_A + X_A D_B)\frac{dC_B}{dx} = -\overline{D}\frac{dC_B}{dx}
\end{aligned}\right\}
\tag{4-29}
$$

式(4-29)称为达肯方程。由该方程可见,在发生柯肯达尔效应的扩散中,尽管会发生界面的漂移,仍可使用菲克第一扩散定律来描述其扩散过程。但值得注意的是,此时 $\overline{D}$ 是一个与两个简单扩散系数 D_A、D_B 有关的扩散系数,通常称为互扩散系数,而 D_A、D_B 分别称为 A 组元和 B 组元的本征扩散系数,三者的关系为

$$
\overline{D} = X_B D_A + X_A D_B
\tag{4-30}
$$

由于出现不等量的扩散,柯肯德尔效应还导致在标记面扩散系数较大的金属一侧,出现一些微小的孔洞,这在实际应用时有较大的失效风险。在尺度微小的集成电路内,为了提供一根外来的引线,常将金线与铝焊接成一体,电路长时间工作后,发生金和铝的互扩散,在铝的一侧出现了大量的孔洞,并且孔洞可能会合并形成孔隙,从而导致接头处逐渐变弱甚至破坏。因此,实际应用时应密切关注扩散体系中的柯肯德尔效应。

4.2 扩散的微观理论

4.2.1 扩散的微观本质

实际上,宏观上所观察到扩散现象都是由微观上原子迁移累积造成的。那微观上原子为什么能迁移呢? 通常金属晶体中的原子是按一定的规律周期性、往复性地排列,每个原子都处于一个低能的相对稳定位置,在相邻的两个原子之间都隔着一个能垒 Q,因此两个原子不能合并在一起,也很难相互换位置。但是,原子在其点阵上不是静止不动的,而是不停地在做一定幅度的热振动。由于体系中存在能量起伏,总会有部分原子具有足够高的能量,跨过能垒 Q,从原来的平衡位置跃迁到相邻的平衡位置上,此时原子克服能垒所需要的能量称为扩散激活能[4]。显然,在实际晶体中,如果原子间排列得越紧密,则结合力越大,而原子能够实现跃迁的激活能就越大。但是,只要系统的热力学温度不为零度,晶体中的原子就有热振动,依靠能量起伏就可能会有一部分原子进行迁移运动。总而言之,正是这种原子的热跃迁才导致宏观的物质传输过程,也就是说扩散的本质是原子的热迁移。

4.2.2 扩散的微观机制

在晶体内部,当原子被激活后,就要发生跃迁,但是它向何处跳动呢,如果没有合适的位置,原子扩散也无从谈起。对固态金属材料来说,原子扩散机制主要有以下两种。

1. 空位机制

由热力学可知,晶体中存在着一定平衡浓度的空位,并且随着温度的升高,空位的浓度大幅度增加。当原子被激活后,就可以通过与空位交换位置进行迁移。当原子迁移到空位位置后,原来原子所占的位置就形成了空位,可方便其他原子跃迁,如图 4-7a 所示。纯金属中的自扩散就是通过空位机制进行的,置换固溶体中的溶质和溶剂的扩散也是通过空位机制进行的。

2. 间隙机制

间隙机制主要针对间隙原子的扩散。当间隙原子被激活后,可以不断地由一个点阵间隙位置跃迁到另一个相邻的间隙位置,从而引起扩散,如图 4-7b 所示。碳在铁中的扩散就属于这一类。由于间隙位置比空位位置多,间隙扩散比空位扩散更易发生,且间隙原子尺寸越小,扩散越快。如在奥氏体中,碳原子位于面心立方晶胞的八面体间隙中,每个晶胞的八面体间隙位置有 4 个。当奥氏体中的碳的质量分数为 2.11% 时,相当于在 5 个晶胞中才有两个碳原子,因此在每个碳原子周围有大量空余的间隙位置任其跳动。

4.2.3 扩散系数与原子跃迁频率的关系

宏观扩散现象是微观上大量原子无序跃迁的统计结果,原子跃迁的频率极大影响着扩散系数。

如图 4-8 所示为两个相邻晶面 A 和 B,晶面间距为 α,其面积均为 1。假设原子以空位机制为扩散方式,令 Γ 为单位时间内单个原子跃迁到其他相邻位置上的次数,即频率;P 为单个原子在跃迁时由晶面 A 跳到 B 上(或由 B 到 A 上)的概率;n_A 为晶面 A 单位面积上的原子个数;n_B 为晶面 B 单位面积上的原子个数。

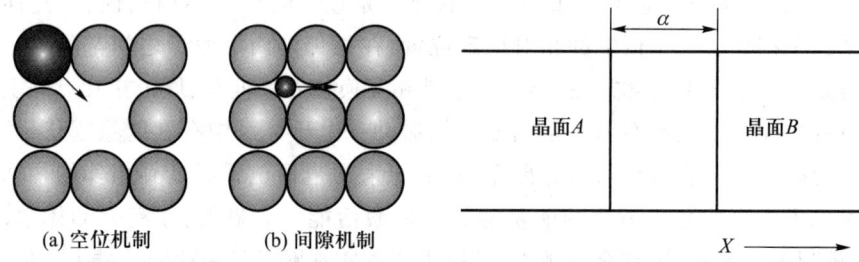

图 4-7　原子扩散机制示意图　　　　图 4-8　相邻的两个晶面及其间距

(a) 空位机制　　(b) 间隙机制

根据上述定义,单个原子在单位时间内由晶面 A 跃迁至晶面 B(或由 B 到 A 上)的次数为 ΓP。在 t 时间内由晶面 A 跃迁至 B 和由晶面 B 跃迁到 A 上的原子数分别为

$$N_{A \to B} = n_A P \Gamma t$$

$$N_{B \to A} = n_B P \Gamma t$$

假设 $n_A > n_B$,则在晶面 B 上会有原子数增加,增加的数量为

$$N_{A \to B} - N_{B \to A} = (n_A - n_B) P \Gamma t$$

根据扩散通量的定义,由此造成的扩散通量为

$$J = \frac{N_{A \to B} - N_{B \to A}}{1 \cdot t} = (n_A - n_B)P\Gamma = -(n_B - n_A)P\Gamma \tag{4-31}$$

由于相邻的晶面间距 α 很小,则晶面 B 处的体积浓度 C_B 可表示为

$$C_B = C_A + \frac{\partial C}{\partial x}\alpha \tag{4-32}$$

由于 C_A、C_B 分别为晶面 A、B 处的原子体积浓度,即原子个数除以单位体积;而 n_A、n_B 分别为晶面 A、B 处单位面积上原子个数,因此存在如下关系

$$C_A = \frac{n_A}{\alpha}, \quad C_B = \frac{n_B}{\alpha} \tag{4-33}$$

将式(4-33)代入到式(4-32)中可得

$$n_B - n_A = \alpha^2 \frac{\partial C}{\partial x} \tag{4-34}$$

由式(4-31)和式(4-34)可得

$$J = -\alpha^2 P\Gamma \frac{\partial C}{\partial x} \tag{4-35}$$

上式与菲克第一定律相比较可得

$$D = \alpha^2 P\Gamma \tag{4-36}$$

上式说明扩散系数与原子跃迁频率 Γ、跃迁方向概率 P 以及跃迁距离 α 的平方成正比。原子跃迁频率 Γ 与扩散物质本身性质和温度有密切联系。例如,碳在奥氏体中的跃迁频率 Γ 在 925 ℃时为 1.7×10^9 次每秒,而在室温时为 2.1×10^{-9} 次每秒,两者相差 18 个数量级。α 和 P 则与晶体结构相关,如立方结构的跃迁方向概率 P 为 1/6,简单立方结构的原子跳跃距离为一个晶格常数。

以间隙机制为扩散方式的原子扩散系数,也可以用同样的方法进行处理,所获得的扩散系数与原子跃迁频率也可用式(4-36)表达。例如,间隙原子在面心立方八面体间隙中的扩散,其中一个晶胞中含 13 个八面体间隙中心,即体心位置和每个棱的中心位置,假设间隙原子位于晶胞体心位置的八面体间隙中心,故跃迁方向概率 P 为 1/6,原子从体心位置跃迁到相邻间隙中心的距离为 $\frac{\sqrt{2}}{2}a$,其中 a 为晶格常数,故 $D = \frac{1}{12}\Gamma a^2$。

4.2.4 扩散激活能

当原子有了跃迁的方式和路径后,还需要克服跃迁时周围原子对其的束缚所造成的能垒,这种能垒称为扩散激活能。扩散激活能不仅与原子结合力有关,也与具体的扩散机制有关。

1. 间隙扩散机制的激活能

如图 4-9 所示,假设有一面心立方晶胞,扩散原子位于八面体间隙位置,位置 1 为跃迁之前的八面体间隙位置,位置 3 为跃迁后的八面体间隙位置。在间隙原子 B 完成 1→3 的跃迁过程中,必须从两个 A 原子之间(位置 2)挤过去,因此在两相邻的八面体间隙位置之间存在一能垒。设在位置 1 与位置 3 的间隙原子自由能为 G_1,位置 2 处的

自由能为 G_2，则间隙原子由 1 跃迁至 3 的能垒为 $\Delta G = G_2 - G_1$。显然只有那些自由能等于或高于 G_2 的间隙原子才能克服这一能垒而实现跃迁。

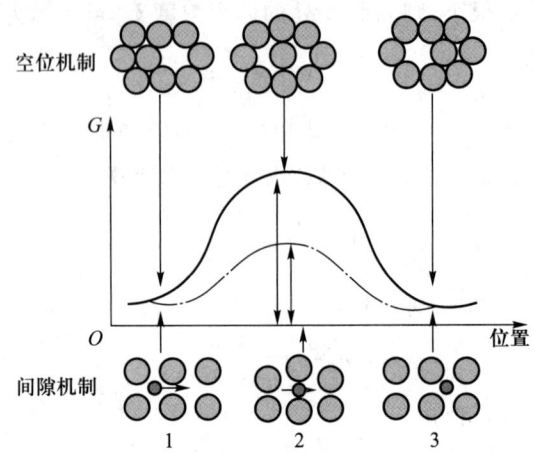

图 4-9   原子跃迁时自由能与位置的关系

间隙原子发生跃迁时除了要满足上述的能量条件外，还要满足必要的结构条件。该条件是指间隙原子跃迁之前在它的周围必须存在可供其跃迁且未被其他原子占据的间隙位置。由于晶体结构类型不同，其间隙原子的种类、数量、分布也不同，从而使间隙原子的跃迁概率不同。下面根据间隙原子跃迁的能量条件和结构条件，确定出扩散系数的表达式。

根据麦克斯韦-玻尔兹曼分布定律，在温度 T 时，N 个间隙原子中自由能大于或等于 G_2 原子数为

$$n_{(G \geqslant G_2)} = N\mathrm{e}^{-G_2/kT}$$

自由能大于或等于 G_1 的原子数为

$$n_{(G \geqslant G_1)} = N\mathrm{e}^{-G_1/kT}$$

两式中的 k 均为玻尔兹曼常数。由于 G_1 近似为间隙原子的最低自由能，所以可认为 $n_{(G \geqslant G_1)} \approx N$。这样在温度 T 下，N 个间隙原子中能够越过能垒进行跃迁的原子分数为

$$\frac{n_{(G \geqslant G_2)}}{N} = \frac{n_{(G \geqslant G_2)}}{n_{(G \geqslant G_1)}} = \mathrm{e}^{-(G_2-G_1)/kT} = \mathrm{e}^{-\Delta G/kT} \tag{4-37}$$

上式也代表一个原子可能具有跃迁能量的概率。若 Z 代表一个间隙原子最近邻的间隙位置数（即间隙配位数），且假定这些间隙位置都未被占据；ν 代表间隙原子朝着其中一个位置振动的频率，根据两个独立过程同时出现的概率是各自概率的乘积的原理，则间隙原子的跃迁频率为

$$\Gamma = Z\nu\mathrm{e}^{-\Delta G/kT} \tag{4-38}$$

将式（4-38）代入式（4-36）得

$$D = \alpha^2 PZ\nu\mathrm{e}^{-\Delta G/kT} \tag{4-39}$$

在等压等容条件下，$\Delta G = \Delta H - T\Delta S \approx \Delta E - T\Delta S$，故上式可以写为

$$D = \alpha^2 PZ\nu\mathrm{e}^{\Delta S/k}\mathrm{e}^{-\Delta E/kT} = D_0\mathrm{e}^{-\Delta E/kT} \tag{4-40}$$

其中，D_0 可视为与温度无关的间隙扩散常数；ΔE 为间隙原子完成跃迁时所需要增加的内能，称为原子跃迁激活能。

2. 空位扩散机制的激活能

如图 4-9 所示，原子在采用空位扩散机制时，也存在一定的能垒。在第三章空位这一节内容中，晶体中存在一定平衡浓度的空位，即

$$C_v = e^{\Delta S_v / k} \cdot e^{-\Delta E_v / kT}$$

其中，ΔE_v 为空位形成能，ΔS 为空位形成熵。设 Z 为晶体的配位数，则任一原子紧邻的空位数为 $Z e^{\Delta S_v / k} \cdot e^{-\Delta E_v / kT}$。再以 ν 代表原子朝着 Z 个近邻位置任一个的振动频率，而系统中一个原子可能具有跃迁能量的概率仍为 $e^{-\Delta G / kT}$，则原子的跃迁频率为

$$\Gamma = Z\nu e^{\Delta S_v / k} \cdot e^{\Delta S / k} \cdot e^{-\Delta E_v / kT} \cdot e^{-\Delta E / kT}$$

根据式（4-37），扩散系数 D 为

$$D = \alpha^2 P Z \nu e^{(\Delta S + \Delta S_v)/k} \cdot e^{-(\Delta E + \Delta E_v)/kT} = D_0 e^{-(\Delta E + \Delta E_v)/kT} \tag{4-41}$$

式中，$D_0 = \alpha^2 P Z \nu e^{(\Delta S + \Delta S_v)/k}$ 称为扩散常数。由上式可知空位扩散时所需的激活能除了原子跃迁激活能 ΔE 外，还包括空位形成能 ΔE_v。

由上述讨论可知，原子发生扩散时，需要一定的能量，即扩散激活能（以 Q 表示），并且不同的扩散机制所需要的激活能不同，其中间隙扩散机制 $Q = N_A \Delta E$，而空位扩散机制 $Q = N_A (\Delta E + \Delta E_v)$，其中 N_A 为阿伏伽德罗常数。因此，求出某种条件的扩散激活能，对于了解扩散机制是非常重要的。下面介绍通过实验求解扩散激活能的方法。

扩散系数的一般表达式如前所述，即

$$D = D_0 \exp\left(-\frac{Q}{RT}\right) \tag{4-42}$$

对上式两边取对数可得

$$\ln D = \ln D_0 - \frac{Q}{RT}$$

此时可以通过实验测出 $\ln D$ 随 $1/T$ 的变化关系，如果两者呈线性关系，则直线的斜率为 Q/R 的值，并且该直线外推至与纵坐标相交的截距为 $\ln D_0$ 的值。

4.3　扩散的热力学说明

在讨论扩散方程时，溶质原子一般是从浓度高的地方向浓度低的地方进行扩散，即浓度梯度是扩散的驱动力，如为消除枝晶偏析所做的均匀化退火过程。然而，这种原子向浓度低处扩散的"下坡扩散"现象并不是扩散的普遍规律，如过饱和固溶体中溶质原子的偏聚、奥氏体中析出二次渗碳体等过程，都是溶质原子从低浓度向高浓度扩散，即发生"上坡扩散"现象。因此，浓度梯度不是原子扩散的驱动力，那究竟什么是原子扩散的驱动力呢？这需要从热力学角度来分析。

若固溶体是由 A、B 两组元组成，根据热力学对各组元化学势 μ_A、μ_B 的定义，即组元摩尔原子浓度的微小变化所引起的系统摩尔吉布斯自由能的变化率，用公式表达为

$$\mu_A = \left(\frac{\partial G}{\partial C_A}\right)_{T,P}, \mu_B = \left(\frac{\partial G}{\partial C_B}\right)_{T,P}$$

化学势相当于重力场的势能,在重力场中势能对高度的微分是重力,在固溶体中也同样有化学势对位置的微分 $(\mathrm{d}\mu/\mathrm{d}x)$,这个微分也表达一个作用力。如果原子在固溶体各点处的化学势不相等,则会受到化学势梯度所造成的作用力 $F = -\dfrac{\mathrm{d}\mu}{\mathrm{d}x}$(式中的负号表示作用力 F 的方向与化学势降低的方向一致),这个力将驱使原子向化学势降低的方向迁移。由此可见,化学势梯度是原子扩散的驱动力。

4.4 影响扩散的因素

在一定条件下,扩散的快慢主要由扩散系数 D 决定。根据式(4-42),扩散系数与温度 T、D_0 和 Q 有关,而这些因素既与外部条件有关,又受内部条件如组织、结构和化学成分的影响,下面做一些简单的讨论。

1. 温度

温度是影响扩散的主要因素。由式(4-42)可知,温度与扩散系数呈指数关系,温度升高,扩散系数将急剧增大。原因可以从两方面解释,一是随着温度的升高,原子的振动能越大,因此借助于能量起伏而越过能垒的概率越大;二是温度升高,金属内部的空位浓度也会大幅度增加,因而可供原子跃迁的位置也会随之增加。表 4-2 列出了不同温度下一些常见元素在铁中的扩散系数。

表 4-2　不同温度下一些常见元素在铁中的扩散系数

扩散元素	扩散温度/℃	$10^5 D/(\mathrm{cm}^2/24\mathrm{h})$	扩散元素	扩散温度/℃	$10^5 D/(\mathrm{cm}^2/24\ \mathrm{h})$
	925	1 205		1 150	5.9
C	1 000	3 100	Cr	1 200	15 ~ 70
	1 100	8 640		1 300	190 ~ 460
Al	900	33			
	1 150	170			
Si	960	65			
	1 150	125			

2. 原子键能和晶体结构的影响

从扩散的微观本质可以看到,原子迁移到新位置上去时,必须挤开前进方向上的原子,也就是说要部分地破坏原子结合键才能通过。因此,原子键力越强,扩散激活能 Q 值越高。同时也可以预期,反映原子结合能的宏观参量,如熔点、熔化潜热以及膨胀系数等与扩散激活能成正比。

不同的晶体结构具有不同的扩散系数。晶体结构不同,其原子排列紧密程度也不同,因此原子间的结合力也不同,造成扩散激活能不同,故扩散系数也会不同。例如,铁是同素异构转变元素,α-Fe 的致密度要比 γ-Fe 小,因此所有原子在 α-Fe 中的扩

散系数都比在 γ-Fe 中大。例如,在 900 ℃时,置换原子 Ni 在 α-Fe 中的扩散系数比在 γ-Fe 中约大 1 400 倍;又如间隙原子氮在 527 ℃于 α-Fe 中的扩散系数比在 γ-Fe 中约大 1 500 倍,故在生产上,为了缩短工艺周期,渗氮一般都选在共析转变温度以下的铁素体相区中进行。

应当指出,尽管碳原子在 α-Fe 中的扩散系数比在 γ-Fe 中大,可渗碳仍然选择在奥氏体中进行。其原因一方面是奥氏体的溶碳能力远比铁素体大,可以获得较大的渗层深度;另一方面是温度越高,扩散系数也将大大增加。

3. 固溶体类型的影响

如前所述,间隙扩散机制的扩散激活能小于空位扩散机制。因此间隙原子的扩散激活能都比置换原子的小,所以扩散速度比较大。例如,在 927 ℃时,碳在 γ-Fe 中的扩散系数是镍在 γ-Fe 中的扩散系数的 6 倍。因此,在钢的化学热处理时,要获得相同的渗层深度,渗碳、渗氮要比渗金属的周期短。同样,在铸锭均匀化退火时,间隙原子易于均匀化,而置换型溶质原子必须加热到更高的温度才能趋于均匀。

4. 晶体缺陷的影响

在此之前只讨论了原子的体扩散,即在固溶体间隙或空位中的扩散。实际上,晶体中还存在着大量的晶界、相界、位错及自由表面等缺陷,实验证明原子扩散也可以通过这些缺陷进行。在这些缺陷处,由于点阵畸变较大,原子处于较高的能量状态,导致原子的扩散激活能较小,且原子的跃迁频率要比晶格内部高得多,因此这些区域原子具有高得多的扩散速率。通常把这些缺陷位置称为原子高速扩散通道。

例如,晶体中含有大量的位错,即使在充分退火后的金属中,位错密度仍高达 $10^{10}/m^2$。这些位错的存在对晶体中的扩散有明显的促进作用,并且随着位错密度的增加,晶体中扩散速率加快。有数据表明原子沿着位错扩散的激活能还不到体扩散的一半。

再例如,相较于单晶体,多晶体具有丰富的晶界,并且晶界处的原子排列较为松散,处于较高的能量状态,因此具有较低的原子扩散激活能和较高的扩散系数。如晶粒尺寸越小,则晶界的比例越高,原子扩散则越快。需要指出的是,晶界对扩散的这种作用仅在温度较低及晶粒较细的情况下才充分显示。随着温度的升高,晶界对扩散的促进作用减弱。

5. 化学成分的影响

在金属中加入第二或第三组元时,有的可以加速扩散,有的却抑制或阻碍扩散。目前还没有完善的理论,只是总结了部分合金系统的扩散系数与成分间的关系。

例如,在合金成分设计时,有些合金元素的添加会使合金的熔点增加,则合金中原子间的结合力增加,使得原子扩散激活能增加,因此这些合金元素会降低扩散速率。反之,某些合金元素的添加会使合金的熔点降低,这些元素则会增加扩散速率。

再例如,钢铁零件在渗碳时,合金元素也会对碳原子的扩散速度有影响。如钢中存在 W、Mo、Cr 等碳化物形成元素时,碳的扩散系数会减小,原因是这些元素与碳的亲和力比较大,容易形成碳化物,故阻碍碳原子的扩散;若如钢种存在一些不形成稳定碳化物,但容易溶解于碳化物中的元素 Mn 时,对碳的扩散系数影响则不大;若钢中存在一些不形成稳定碳化物,且易溶于铁基体中的元素时,则要具体元素具体分析,比如

Co 和 Ni 加速碳原子扩散,而 Si 却抑制扩散。

4.5 反应扩散

当某种元素通过扩散,自金属表面向内部渗透时,若该扩散元素的含量超过基体金属的溶解度,则随着扩散的进行会在金属表层形成新相(可能为中间相,也可能是另一种固溶体),这种扩散过程中发生相变的现象称为反应扩散或相变扩散[5]。下面以纯铁渗氮为例加以说明。

将纯铁放置于渗氮气氛中在 520 ℃的温度下进行氮化,经过一段时间的保温后,表面的氮浓度会逐渐增高并向内部发生扩散,由图 4-10 所示的 Fe-N 相图可知,当原子向内部扩散时首先形成的是 α-Fe(N)相,即氮在 α-Fe 中的固溶体,氮在这种条件下的扩散叫纯扩散。当表面氮浓度超过 α-Fe 的溶解度极限时,表面将出现 γ'相(即 Fe_4N 相,它是一种可变成分较小的中间相,其质量分数为 5.7% ~6.1%,氮原子有序地占据铁原子构成的面心立方点阵中的间隙位置),此过程中在发生扩散的同时也发生了相变,这种扩散叫反应扩散。在反应扩散发生后氮将在 γ'相和 α-Fe(N)相所形成的复相区域中扩散,当铁表面浓度达到 ε 相形成浓度时,继 γ'相后渗氮层还将继续发生反应扩散形成 ε 相(视 N 含量不同可形成 Fe_3N,$Fe_{2-3}N$ 或 Fe_2N,这是一种氮含量变化范围相当宽的铁氮化合物,一般氮的质量分数大致在 7.8% ~11.0% 的范围内变化,氮原子有序地位于铁原子构成的密排六方点阵中的间隙位置),此后的扩散将在这三个相中进行。由于氮原子由表及里扩散,因此保温很长时间后,氮原子浓度从表面向心部是逐渐下降的,故样品表层的组织从外而内应为 ε、γ'、α-Fe(N),如图 4-11 所示。

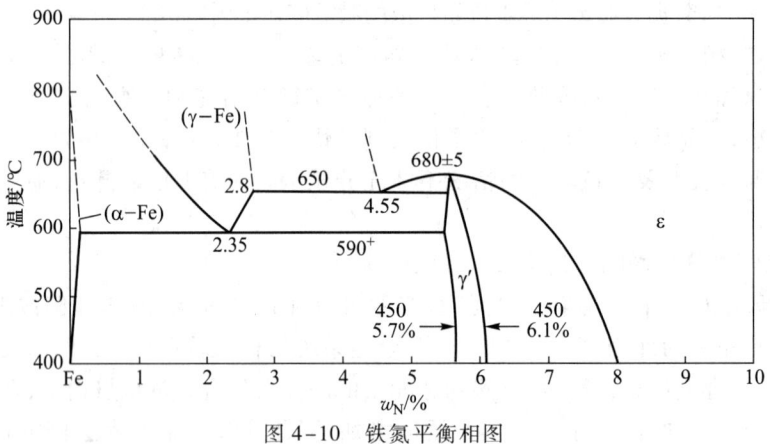

图 4-10 铁氮平衡相图

实验结果表明,在二元合金经反应扩散的渗层组织中不存在两相混合区,而且在相界面上的浓度是突变的,它对应该相在一定温度下的极限溶解度。不存在两相混合区的原因可用相的热力学平衡条件来解释:如果渗层组织中出现两相共存区,则两平衡相的化学势 μ_i 必然相等,即化学势梯度 $\dfrac{d\mu_i}{dx}=0$。这段区域中就没有扩散驱动力,扩散不能进行。同理,三元系中渗层的各部分都不能出现三相共存区,但可以有两相区。

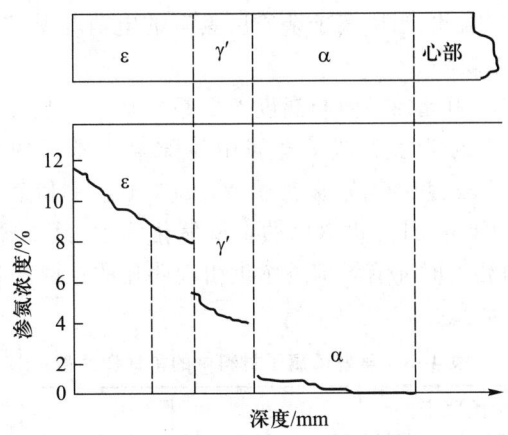

图 4-11 纯铁氮化后表层组织与氮原子浓度示意图

在一定温度下,反应扩散的速率取决于形成新相的化学反应速率和扩散速率。通常在反应扩散的开始阶段,由于新生产的相很薄,扩散组元的浓度梯度很大,原子扩散可充分保证化学反应的进行,此时反应扩散的速率主要由化学反应速率控制。随着新相层厚度的增加,扩散组元的浓度梯度减小,此时反应扩散的速率将由原子扩散控制。因此,工业生产中,渗碳层的厚度一般大于渗氮层厚度,就是因为渗碳过程中一般不发生反应扩散。

4.6 离子晶体中的扩散

在金属和合金中,原子可以跃迁进入邻近的任何空位和间隙位置,但在离子晶体中,扩散离子只能进入具有同样电荷的位置,即不能进入相邻异类离子的位置,因此离子扩散只能依靠空位来进行。一般情况下,尺寸较大的阴离子需要有阴离子空位存在时才能移动,尺寸较小的阳离子也需要有阳离子空位存在时才能扩散。

在离子晶体材料中,能够供离子扩散的点缺陷有两种,即本征点缺陷和掺杂点缺陷。本征点缺陷包含肖特基型空位和弗仑克尔型空位。离子晶体中形成空位要比金属晶体中复杂得多,因为任何局部区域都必须达到电荷平衡。这种形成空位时保持的电荷平衡可以通过两种途径来实现。第一种途径是在形成一个阳离子空位时,其邻近形成一个阴离子空位,这一对阴阳离子空位的复合就可称为肖特基型空位。第二种途径是当产生一个阳离子空位时,在其附近形成一个间隙阳离子,这样一对阳离子空位和间隙离子的复合体便是弗仑克尔型空位。离子晶体中的空位扩散可在这两种空位类型中进行。

离子晶体中扩散还可沿着掺杂点缺陷进行,那么掺杂点缺陷是如何形成的呢?离子晶体中通常掺入一些置换型杂质来改善其性能,但掺杂时必须保持电中性,这种掺杂可用相应的阴离子代替基体中的阴离子来实现,也可以通过相似的阳离子代替晶体的阳离子来实现。假如是以阳离子代替阳离子的方式进行,如 1 个 Ca^{2+} 置换 NaCl 晶体中 1 个 Na^+ 时,由于电荷数不等,在置换时就必须要求在 1 个 Na^+ 的相邻位置有一个空位才能保证电中性。因此，当阳离子杂质所具有的电荷与基体阳离子不同时，这种置换就可制造出掺杂点缺陷。

通常，由本征点缺陷引起的扩散与温度的关系类似于金属中的自扩散，由掺杂点缺陷引起的扩散与温度的关系类似于金属中间隙溶质原子的扩散。例如，由于纯NaCl中肖特基型空位比较容易形成，阳离子 Na^+ 的扩散速率和金属中的自扩散速率相差不大，而在非常纯，且具有固定化学比的金属氧化物中，其本征点缺陷的形成能很高，致使只有在很高的温度时才有足够的浓度引起明显的扩散。某些阳离子材料中的扩散激活能如表 4-3 所示。

表 4-3 某些阳离子材料中的扩散激活能

扩散原子	$Q/(kJ/mol)$
Fe 在 Feb 中	96
Na 在 NaCl 中	172
O 在 UO_2 中	151
U 在 UO_2 中	318
Co 在 CoO 中	105
Fe 在 Fe_3O_4 中	201
Cr 在 $NiCr_2O_4$ 中	318
Ni 在 $NiCr_2O_4$ 中	272
O 在 $NiCr_2O_4$ 中	226
Mg 在 MgO 中	347
Ca 在 CaO 中	322

在离子晶体中进行少量的掺杂时，就可以大大加速扩散过程。例如，NaCl 晶体中掺入微量的 Cd^{2+} 便是这种情况的典型例子，原因是掺入微量的 Cd^{2+} 可形成一定量的掺杂空位，以帮助离子扩散。

在离子晶体中，由于离子键的结合能一般大于金属键的结合能，扩散离子所需克服的能垒比金属原子大得多，而且为了保持局部的电中性，必须产生成对的缺陷，这就增加了额外的能量，再则扩散离子只能进入具有同样电荷的位置，迁移的距离较长，这些都导致了离子扩散速率通常远小于金属原子的扩散速率。还应指出，阳离子的扩散系数通常比阴离子大。因为阳离子失去了价电子，其离子半径比阴离子小，因此更易扩散。例如，在 NaCl 中，氯离子的扩散激活能约是钠离子的 2 倍。

值得注意的是，离子晶体中的电导率直接与离子的扩散系数有关，在外加电场作用下引起的离子定向扩散便产生电流。这类材料的电导率和扩散系数有如下关系

$$\frac{\sigma}{D} = \frac{Cq^2}{KT}$$

式中，σ 为电导率；D 为扩散系数；C 为扩散载流子的体积浓度；q 为载流子所带电荷；K 为玻尔兹曼常数；T 为热力学温度。在一定条件下，若测得电导率便可求得扩散系数。

参考文献

第五章 相图及其应用

【本章导读】

本章主要介绍相图的基本知识,匀晶相图、共晶相图、包晶相图,以及其他类型的二元合金相图,二元相图热力学初步知识,根据相图判断合金的性能;Fe-Fe₃C 相图、铁-石墨相图,铁碳合金的成分、组织与性能间的关系,杂质元素对钢的性能的影响;三元合金相图的成分表示方法,直线法则,杠杆定律及重心法则,相律在三元合金中的应用,三元匀晶相图,组元在液态下无限溶解、固态下有限溶解,具有四相平衡的三元共晶转变相图。

【本章重点和难点】

相律,匀晶、共晶、包晶相图分析、平衡结晶、不平衡结晶过程及室温组织,相图与合金力学性能、物理性能、工艺性能的关系;铁碳合金中的相结构和性能,Fe-Fe₃C 相图中典型合金的平衡结晶过程及室温组织分析,铁碳合金的成分、组织与性能间的关系,钢中的杂质对性能的影响;三元合金系中的直线法则、杠杆定律及重心法则,相律在三元系中的应用,具有四相平衡的共晶转变相图的相图分析、典型合金结晶过程分析、投影图、水平截面、垂直截面。

Fe-Fe₃C 相图中典型合金的平衡结晶过程及室温组织分析,铁碳合金的成分、组织与性能间的关系;三元合金系中的直线法则、杠杆定律及重心法则;具有四相平衡的共晶转变相图的相图分析、典型合金结晶过程分析、投影图、水平截面、垂直截面。

5.1 相图的基本概念

5.1.1 相图的研究意义

相图是反映物质状态(固相、液相或气相)随温度、压力等变化的关系图,故亦称为状态图。但物质在同一状态(如固相)时,改变其存在的温度,可能导致其存在不同的相(如 Fe 的多晶型性转变),各相的相平衡关系也有所差异,故而相图也称为平衡图或平衡状态图。它是物质发生液固相变和固态相变的重要图解,利用相图可以准确掌握材料在不同的温度或压力下,体系所处的平衡状态以及该状态时所包含的平衡相。对于多元系物质,可以掌握该物质成分变化与相平衡状态之间的关系[1-2]。

相图是反映材料在不同温度、压力和成分下,各种相的平衡条件、不同相之间的平衡关系的综合图形。了解并掌握相图,对学习材料在温度或压力改变时组织变化的基本规律、材料组织状态和材料性能的预测,具有重要的意义;另外,相图可以作为制订材料的各种热加工(铸造、锻造和热处理等)工艺和研究新材料的重要理论依据,利用相图可以分析平衡态的组织变化[3]。因此,从事材料研究的工作人员和工程师,学习和掌握好各种材料的相图,具有十分重要的意义。

5.1.2 相图的建立

相是合金中具有同一聚集状态、同一晶体结构和性质,并以界面相互隔开的均匀组成部分。由一种相组成的合金称为单相合金,而由几种不同的相组成的合金称为多相合金。相图主要是通过大量实验数据建立起来的,通过测定物质在温度、压力或成分改变时发生相变的临界温度,进而绘制出来的。测定物质相变临界点的手段主要包括热分析法、金相法、硬度法、X射线结构分析法、膨胀法和电阻法等。这些实验手段都是利用发生相变物质,导致某些物理性能的突变为基础而进行测试的。为了获得精确的测量结果,一般情况下,必须同时采用上述几种方法配合使用。本节通过绘制Cu-Ni二元合金相图,介绍热分析法在相图建立过程中的作用。

① 首先配制一系列不同比例的Cu-Ni合金;

② 将其分别熔化后进行缓慢冷却,在此过程中,测出不同合金的冷却曲线;

③ 找出各冷却曲线上的相变临界点;

④ 将不同成分合金的临界转变点作在温度-成分坐标中相应的合金成分线上;

⑤ 将具有相同意义的各临界点进行连接;

⑥ 结合相分析法获得相图中各相区存在的相,将它们的名称填入相应的相区内,即可获得Cu-Ni二元合金相图;如图5-1所示,建立合金相图时合金成分划分得越详细,合金的成分越纯,测温技术越先进,冷却速率越缓慢,测量的数据越精确,由此获得的相图也越精确。

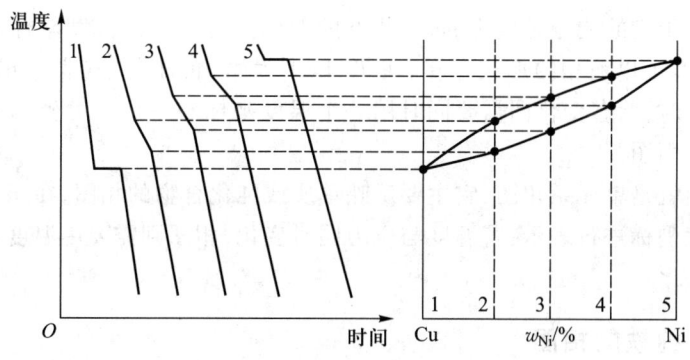

图 5-1　热分析法绘制 Cu-Ni 二元合金相图

5.1.3 相律

1. 相律

相律是物质发生相变时所遵循的规律之一,它是检验、分析和使用相图的重要理论依据。相律可用来明确合金或其他材料在相平衡状态下，体系的组元数(C)、平衡相数(P)与自由度数(f)三者之间的关系。若 T 和 P 同时变化，吉布斯相律可表示为

$$f = C - P + 2 \tag{5-1}$$

若压力恒定不变，其表达式为

$$f = C - P + 1 \tag{5-2}$$

相律的应用范围很广，可以用它来确定体系在组元数不同时，体系中存在最多的平衡相。例如：① 纯水 $C = 1$，在恒压时，由式（5-2）可知，当 $f = 0$ 时，$0 = 1 - P + 1$，$P = 2$，即最多能实现两相平衡共存，即水在恒温下进行凝固，并且能实现液、固两相平衡共存；② 对于二元合金 $C = 2$，当 $f = 0$ 时，$0 = 2 - P + 1$，$P = 3$，即二元合金在压力不变时，恒温条件下最多能实现三相平衡共存。

2. 相律推导

根据热力学条件即可推导相律表达式。假想某一多元多相合金中，包含 C 个组元，P 个相。当体系状态不受外界环境干扰时，每个相的自由变化因素只有温度、压力及其成分。但确定单一相的成分，仅需确定 $C-1$ 个组元的成分，体系存在 P 个相，因此存在 $P(C-1)$ 个成分变量。同时还包含温度和压力两个变量，那么用于描述体系状态的变量共包含 $P(C-1)+2$ 个。但这些变量并不是彼此独立的，有些是相互制约的。如当体系处于平衡状态时，每种组元在各相中的化学势都相同。因为化学势与成分密切相关，且用以确定体系状态的变量中，存在 $C(P-1)$ 个浓度变量是无法自由变化的，因此反映整个体系状态的自由度为 $f = [P(C-1)+2] - C(P-1) = C - P + 2$。

5.2　一元相图

5.2.1　一元相图的表示

单元系由于它的成分是确定的，其状态的变化图可用一个温度坐标表示，如纯水在其熔点 T_m 以上以液相的形式存在，在 T_m 以下为固相（冰）。在表示相图同时随温度和压力变化时，状态变化图需要同时用一个温度坐标和一个压力坐标进行表示，该相图是二维平面图。

一元相图就是单元系相图，它主要反映单质或纯化合物的相图，在压力恒定时，只需用一个温度坐标进行表示；若温度与压力同时变化，相图则需要用温度、压力两个坐标轴表示。

5.2.2　纯铁的相图

若温度和压力同时改变，纯 Fe 的相图如图 5-2 所示，可以看出，当纯 Fe 处于不同的温度和压力时，纯 Fe 所处的状态不同，主要分为固、液、气三种状态。由于纯 Fe 在固态时具有多晶型性，因此在 α-Fe、γ-Fe 和 δ-Fe 相区之间，由相应的转变线将各相分开，在各转变线上纯 Fe 以两相共存，如液、气两相共存，液相与 δ-Fe 两相共存，而各转变线的交点为三相共存。

通常情况下,对纯 Fe 的研究是在一个大气压下进行的。通过测出纯 Fe 的冷却曲线来绘制纯 Fe 的相图(图 5-3)。可以观察到,纯 Fe 在其熔点以上为液相 L,当冷却至 1 538 ℃ 时发生凝固,结晶出具有 BCC 结构的 δ-Fe;继续冷却到 1 394 ℃,纯 Fe 发生多晶型性转变形成 FCC 结构的 γ-Fe;温度继续降低到 912 ℃ 时,纯 Fe 又一次发生多晶型性转变形成 BCC 结构的 α-Fe。根据相律 $f=C-P+1$ 可知,纯 Fe 以单相存在时 $f=1-1+1=1$,其自由度数为 1,即温度是可以独立改变的,而纯 Fe 在其熔点(1 538 ℃)和多晶型性转变点(1 394 ℃、912 ℃)时,体系的自由度 $f=1-2+1=0$,因此纯 Fe 中发生的相变均为恒温转变。

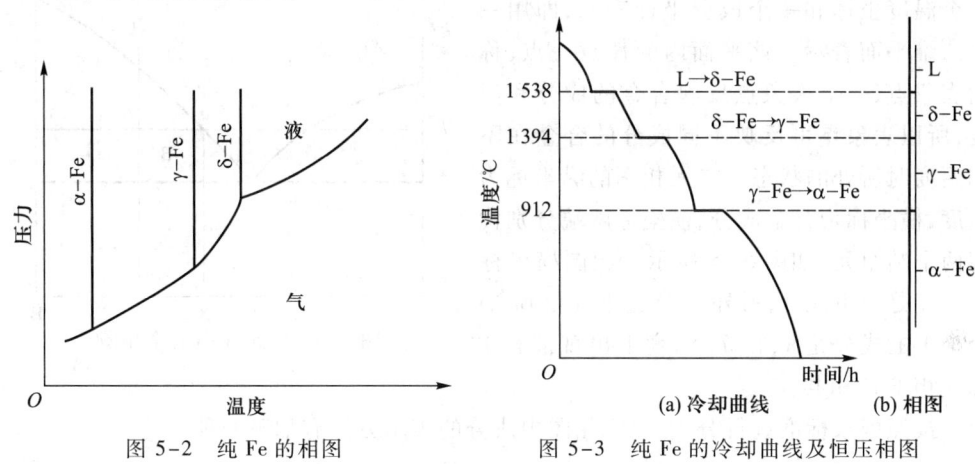

图 5-2　纯 Fe 的相图　　　　图 5-3　纯 Fe 的冷却曲线及恒压相图

5.2.3　碳的相图

碳材料的结构多种多样,导致产生较多的变体,石墨、金刚石、碳 60、碳纳米管以及石墨烯都是碳材料的不同变体。金刚石是自然界最硬的物质,在研磨、抛光、切割、钻探等行业被大量使用。因此金刚石和冶金、煤炭、石油、机械、光学仪器、玻璃陶瓷、电子行业和空间技术等发展都有紧密的关系。天然金刚石资源很少,开采量较低,只有在人造金刚石出现后,金刚石才得到广泛的应用。图 5-4 是碳在高温高压下的相平衡图,从相图可以看出稳定金刚石要采用高温高压技术通过石墨转换方可获得[4]。

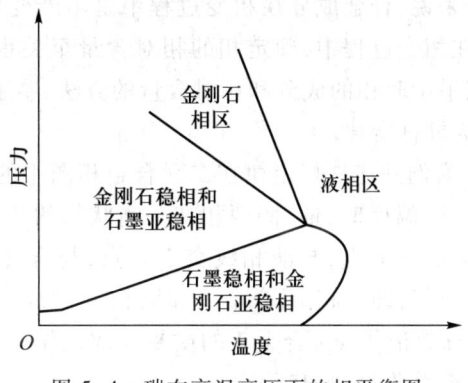

图 5-4　碳在高温高压下的相平衡图

5.3　二元相图

5.3.1　二元相图的表示

二元系相比于单元系增加了一个组元,故其成分可以发生改变,在反映体系的存在状态随成分、温度以及压力改变时,需要采用由三个坐标轴构成的三维立体相图进行表示。由于二元合金的凝固通常在一个大气压下进行,因此二元相图的表示一般用一个温度坐标和一个成分坐标表示,即用一个二维平面表示。该平面内的任意一点,称为表象点,一个表象点反映合金的成分和温度,所以表象点可反映不同成分的合金在不同温度时所处的状态。二元相图的纵坐标为温度,横坐标为合金成分,横坐标两端分别代表两个纯组元,如图 5-5 所示。相图横坐标某一端是纯组元 A,另外一端是纯组元 B;如合金 1 的成分是 x,在 T_1 温度下出现液相 L 和固相 B 两相共存。

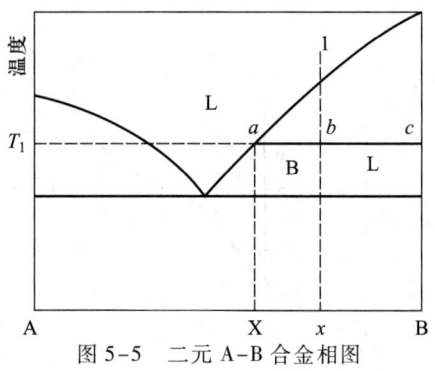

图 5-5　二元 A-B 合金相图

按照国家标准进行分类,二元相图中成分的表示方法有如下两种。

① 质量分数 w:$w_A = \dfrac{M_A n_A}{M_A n_A + M_B n_B}$,$w_B = \dfrac{M_B n_B}{M_A n_A + M_B n_B}$　　　　　　(5-3)

② 摩尔分数 n:$n_A = \dfrac{w_A/M_A}{w_A/M_A + w_B/M_B}$,$n_B = \dfrac{w_B/M_B}{w_A/M_A + w_B/M_B}$　　(5-4)

式中,w_A、w_B 分别为 A、B 组元的质量浓度,n_A、n_B 分别为 A、B 组元的摩尔浓度,M_A、M_B 分别为 A、B 组元的相对原子质量。另外,$w_A + w_B = 100\%$,$n_A + n_B = 100\%$。

5.3.2　杠杆定律

对于单元系物质来说,其成分是固定的,在相变过程中也不会产生物质成分的改变。然而对多元系合金来说,合金成分在相变过程中是不断变化,同时相的相对含量也是不断变化的;那么在相变过程中,确定相的相对含量至关重要。杠杆定律是借助相图计算合金处于两相平衡时相的成分和相对含量的方法,鉴于其类似于力学中的杠杆定律,所以亦将其称为杠杆定律。

以图 5-5 中合金 1 为例阐述杠杆定律在二元合金相图中的原理和应用方法。用杠杆定律计算合金 1 在 T_1 温度时,液、固两相在平衡状态的相对含量。经过 T_1 作水平线,该水平线与固相 B 交于 c 点,与液相线交于 a 点,与合金 1 的交点为 b。a、b、c 三点在成分坐标上的对应值,即液相 L、合金 1 和固相 B 的成分值。若固相的质量分数记作 w_B,液相的质量分数记作 w_L,合金 1 的质量分数记作 $w_1 = 100\%$。因固相与液相的质量总和应等于合金总质量,则有

$$w_B + w_L = w_1 \qquad (5-5)$$

又因为固相中含溶质组元 B 的量 $w_B c$ 加上液相中含溶质组元 B 的量 $w_L a$,应等于合金 1 中含溶质组元 B 的量 $w_1 b$,则可知

$$w_B c + w_L a = w_1 b \qquad (5-6)$$

将式(5-5)代入式(5-6)得

$$w_B c + w_L a = (w_B + w_L) b \qquad (5-7)$$

化简处理后得

$$\frac{w_L}{w_B} = \frac{c-b}{b-a} = \frac{\overline{bc}}{\overline{ab}} \qquad (5-8)$$

通过式(5-8)可以看出,当合金处于两相区时,两平衡相的相对含量反比于合金成分点两边的线段长度。合金中两平衡相的相对量能够通过下式进行计算

$$w_B = \frac{\overline{ab}}{\overline{ac}} \times 100\% ,\ w_L = \frac{\overline{bc}}{\overline{ac}} \times 100\% \qquad (5-9)$$

在此说明,在二元系相图中,杠杆定律仅适用于两相平衡状态。

5.3.3 二元匀晶相图

两种组元在固相和液相均能无限互溶,这样的二元系所形成的相图,称为二元匀晶相图。如 Cu-Ni、Au-Ag、Au-Pt、Fe-Ni、Fe-Cr、Cr-Mo、W-Mo 等。其中 Cu-Ni 相图是最典型的二元匀晶相图,本节中将以 Cu-Ni 二元合金为例进行阐述。

1. 相图分析

图 5-6 为 Cu-Ni 二元匀晶相图,按照相图中的点、线、相区进行相图分析。

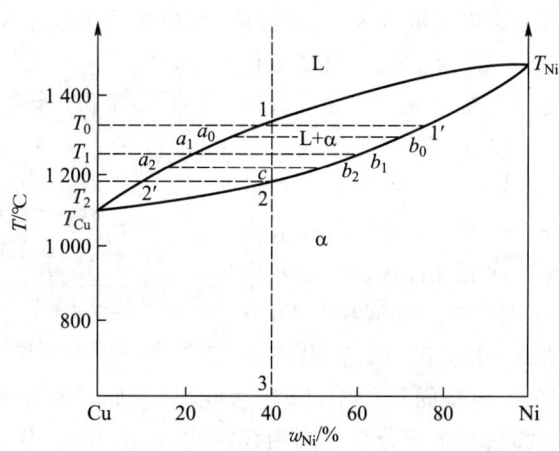

图 5-6　Cu-Ni 二元匀晶相图

① 点　相图中 T_{Cu} 是纯 Cu 的熔点,T_{Ni} 点是纯 Ni 的熔点。

② 线　$T_{Cu} T_{Ni}$ 凸曲线为液相线。不同成分的合金加热到该线以上时全部转变为液相,而冷却到该线时开始凝固出 α 固溶体。$T_{Cu} T_{Ni}$ 凹曲线为固相线,不同成分的 Cu-Ni 合金加热到该曲线时开始熔化,而降温至该曲线以下时全部形成 α 固溶体。

③ 相区 在 $T_{Cu}T_{Ni}$ 凸曲线以上为液相的单向区,用 L 表示;在 $T_{Cu}T_{Ni}$ 凹曲线以下为固相的单相区,用 α 表示;α 相是 Cu-Ni 互溶形成的置换式无限固溶体。在 $T_{Cu}T_{Ni}$ 凸曲线和 $T_{Cu}T_{Ni}$ 凹曲线之间的区域为液、固两相平衡区,用 L+α 进行表示。

④ 匀晶转变 从液相中直接析出单一固相的转变称为匀晶转变,一般表示成 L→α。匀晶转变是匀晶相图中液、固相之间的主要转变方式,而且绝大部分二元合金相图中都含有匀晶转变。

2. 固溶体合金的平衡凝固及组织

(1) 平衡凝固

熔融合金在极其缓慢的降温状态下进行凝固,由于冷却速率极其缓慢,原子可以进行充分扩散,在凝固过程中,任一时刻都能获得完全的相平衡状态,这种凝固过程称为平衡凝固。

(2) 平衡凝固过程及组织

以 $w_{Ni}=40\%$ 的 Cu-Ni 合金为例,来讨论单相固溶体合金的平衡凝固过程。由图 5-6 可以看出,该合金在液相线以上,即在 T_0 温度以上为纯液体 L,从高温冷却至 T_0 时仅为温度降低而不发生相状态的变化。当冷却至 T_0 温度时,液相开始发生匀晶转变,凝固出含高熔点组元 Ni 较多的固溶体 α_1,而液相的成分为 L_1 与合金的成分相同,此时液、固两相的相平衡关系为 $L_1 \to \alpha_1$。由相图可以看出 α_1 的 Ni 含量大于该合金的 Ni 含量,即 Ni 含量高于 40%,该现象称为选分凝固。根据杠杆定律可知,在 T_0 温度时 α_1 的质量分数为零。这说明在 T_0 温度时,由于不存在过冷度,故固相无法形成。当温度略低于 T_0 时,固相便可以形成,并且继续降低温度,固相的相对量不断增加,液相的相对量不断减少,液、固两相的成分也分别沿着液相线和固相线不断变化。如降温至 T_1 温度,从液相中凝固出成分为 α_2 固溶体,而液相的成分为 L_2,此时,液、固两相的相平衡关系变为 $L_2 \to \alpha_2$,为了在该温度下保持相平衡,在 T_1 温度以上析出 α_1 相,其成分需要经过扩散使从 α_1 变成 α_2,同时液相成分也需要经过扩散从 L_1 变成 L_2。这些变化过程的原子扩散示意图如图 5-7 所示,先析出相 Ni 含量最高,由内向外流向液相,Ni 扩散方向($\alpha_1 \to \alpha_2 \to L_2$ 中)。而固相外层的液相中 Cu 含量最高,由外向内朝 α_1 中扩散,Cu 扩散方向

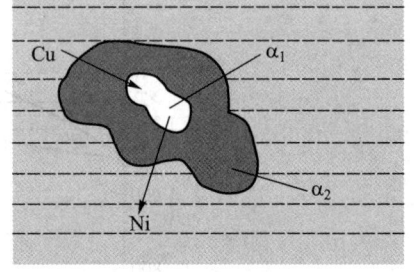

图 5-7 匀晶转变过程中原子扩散示意图

($L_2 \to \alpha_2 \to \alpha_1$ 中)。在平衡凝固过程中,降温速度极慢,原子有足够时间进行充分扩散。当冷却到 T_2 温度时,合金成分线与固相线相交,这是 L→α 转变过程中建立的最终相平衡关系 $L_3 \to \alpha_3$,则 α_2 必须通过扩散变为 α_3 成分,即合金成分;而液相的成分需要经过扩散从 L_2 变成 L_3,即最后一滴液相的成分为 L_3。继续降温,即在 T_2 温度以下凝固结束,α 相的成分不变,只是进行单纯的冷却,最后在室温时得到组织为等轴状 α 相,其成分为 $w_{Ni}=40\%$。这就是固溶体的平衡凝固过程及组织。

根据上述讨论可知,固溶体平衡凝固时,降低温度,固相的成分将沿着固相线进行变化,相对含量不断增加;液相的成分沿液相线不断变化,相对含量不断减少,这是固

溶体平衡凝固的一个重要特征。固溶体平衡凝固时,液、固两相相对含量的变化可以用杠杆定律确定,结合图 5-6 和杠杆定律可以看出,随着温度的降低,代表液相相对含量的线段不断缩短,而代表固相相对量的线段不断变长。故降低温度,液相的相对量将不断减少,而固相的相对量不断增加。

此外,固溶体合金的凝固过程与纯金属的凝固过程存在某些异同点。① 相同点:二者的凝固都需要过冷度、能量起伏和结构起伏,并以形核长大的方式进行凝固;② 不同点:纯金属的凝固过程是在恒温条件下进行的,而固溶体合金的凝固过程是变温的,该现象是固溶体凝固的一个重要特征。该特征可以用相律予以证明,对于二元合金来说,组元数 $C=2$,在液、固两相共存区平衡相数 $P=2$,则自由度 $f=2-2+1=1$,这说明在液、固两相区,温度和成分只有一个是独立可变的因素,当温度一定时,液、固两平衡相的成分一定,只有合金的成分是唯一的独立可变因素。一旦合金成分确定,只有温度可以自由变化,导致合金在一个温度范围内进行凝固,即变温凝固。另外,纯金属形核时只需要能量起伏和结构起伏,而固溶体合金形核时不仅需要能量起伏和结构起伏,还需要成分起伏。成分起伏是指液态合金中某些微小区域的成分时起时伏,此消彼长地偏离其平均成分的现象。固溶体合金发生均匀形核时,将于存在能量起伏、结构起伏和成分起伏的地方优先形核。

3. 固溶体合金的不平衡凝固及组织

根据匀晶合金的平衡凝固过程分析可知,这是一种比较理想的凝固过程,即在凝固过程中原子能够进行充分扩散,合金的成分能够达到完全均匀一致。但在实际工业生产过程中,合金凝固时冷却速率比较快,原子无法进行充分扩散,难以获得均匀一致的合金成分,因此它是在不平衡条件下进行凝固的。

(1)固溶体合金的不平衡凝固

不平衡凝固是指液态合金凝固时冷却速率较快,原子无法进行充分扩散,在凝固过程中难以获得均一成分合金的凝固过程。

以图 5-8 中 Cu-Ni 合金中成分为 C_0 的合金为例,讨论其不平衡凝固现象。由图可以看出,不平衡凝固时冷却速率较快,当液态合金过冷到 t_1 温度时才开始凝固,首先凝固出成分为 α_1 的固溶体,此时液-固界面处液相的成分为 L_1。当温度降至 t_2,在成分 α_1 的固溶体表面形成一层成分为 α_2 的固溶体,此时液-固界面处液相的成分为 L_2。由于冷却速率较快,原子无法进行充分扩散,使 t_1 温度时形成的固溶体成分来不及由 α_1 转变成 α_2,导致固体的内外成分不一致,其平均成分为 α_2^1,介于 α_1 与 α_2 之间;同样液相的成分也来不及由 L_1 转变为 L_2,液相平均成分为 L_2^1,介于 L_1 与 L_2 之间。同理,当温度降低到 t_3 时,在已凝固的固溶体表面又形成一层成分为 α_3 的固溶体,此时液-固界面处液相的成分是 L_3。而这时固溶体的平均成分为 α_1、α_2、α_3 的平均值 α_3^1,液相的平均成分为 L_1、L_2、L_3 的平均值 L_3^1。如果是平衡凝固该合金在 t_4 温度时应凝固完毕,但不平衡凝固时,该合金冷却到 t_4 温度时,液相仍有剩余,固相的平均成分也没有达到合金的成分,只有当冷却到 t_5 温度时,固溶体的平均成分才能达到合金的成分,这时液相完全消失,凝固完毕。不平衡凝固过程中,凝固终止温度总是低于平衡凝固的终止温度。若将不同温度下固溶体和液相的平均成分点分别连接成线,那么该线称为固相平均成分线和液相平均成分线。需要指出的是,不平衡凝固时,液、固相在各温度时的相平衡成分仍在平衡凝固时的液、固相线上,只是它们的平均成分偏离了平衡凝固时的液、固相线,并且偏离程度主要由冷却速率决定,冷却速率越慢,偏离程度越小,冷却速率越快,偏离程度越大。由于原子在液相中扩散速度快于固相,因此其平均成分线偏离的程度比固相平均成分线小。如若降温速度缓慢,可以认为液相平均成分线与液相线接近重合。

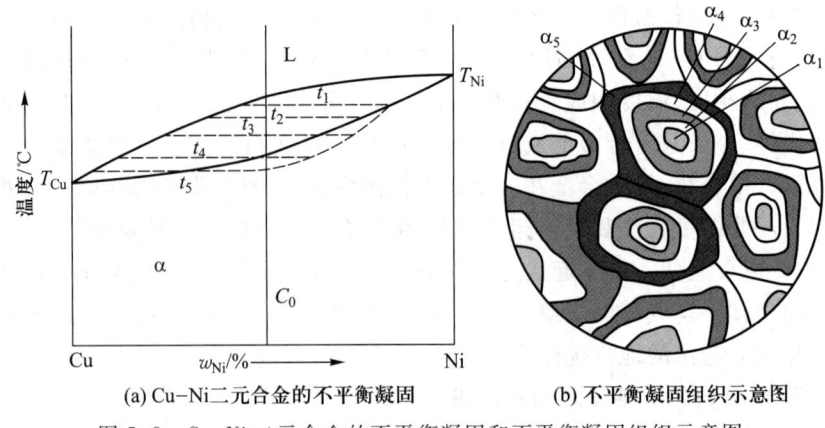

(a) Cu-Ni二元合金的不平衡凝固 (b) 不平衡凝固组织示意图

图 5-8 Cu-Ni 二元合金的不平衡凝固和不平衡凝固组织示意图

(2)固溶体合金的不平衡凝固组织

根据上述分析可知,固溶体合金在不平衡凝固过程中,先后凝固出的固溶体成分存在差异,并且没有足够的时间使固溶体成分均匀化。因此在凝固结束后,整个固溶体的成分是不一致的,人们将这种成分不均匀现象称为成分偏析,如果成分偏析发生在一个晶粒内部则称为晶内偏析。

图 5-9 为 Cu-Ni 合金的铸造组织。固溶体呈树枝状,白色枝干是先凝固的固溶体富含高熔点组元 Ni,黑色枝间是后凝固的固溶体富含低熔点组元 Cu,导致枝干和枝间的成分存在较大差异,通常这种晶内偏析亦称为枝晶偏析。

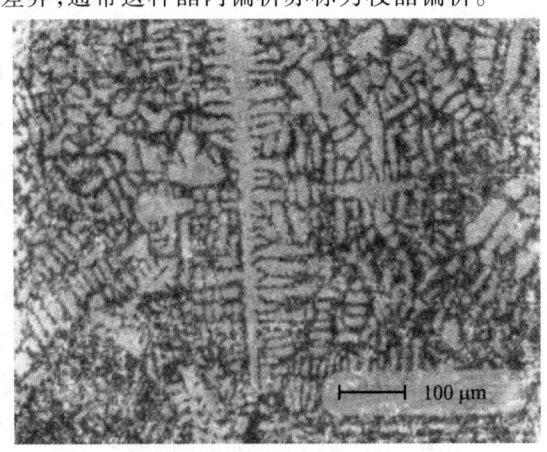

图 5-9 Cu-Ni 合金的铸造组织

固溶体合金不平衡凝固后枝晶偏析程度将会影响材料的最终性能,偏析程度通常受内外两种因素的影响。

① 内因 a. 合金液、固相线之间的水平距离和垂直距离。如果水平距离相差较大,合金凝固的成分间隔越大,则会导致不同时期凝固的固溶体成分差异越大,偏析现象越明显;垂直距离越大,合金凝固的温度区间差异越大,高低温下凝固的固溶体成分差异越大,并且在低温下原子的扩散速度降低,一般情况下,垂直距离较大时,水平距离也较大,导致偏析程度更严重。所以,合金的液、固相线间距大小将直接决定了合金凝固后的偏析程度。b. 组元的扩散能力。通常扩散能力越小,偏析程度越大,扩散能力愈大,偏析程度越小。

② 外因 合金的浇铸条件。冷却速率越快,偏析现象越严重,降低冷却速率有利于减弱偏析。

合金的枝晶偏析是一种微观偏析,它是因一个晶粒内部成分不均匀而形成的。由于成分不均匀使晶粒内部性能也不均匀,因此降低了合金的力学性能(主要是塑性和韧性)、耐蚀性能和加工工艺性能等。所以,生产上必须设法消除或改善晶粒内部成分不均匀的情况。由于枝晶偏析是在不平衡凝固时造成的,所以它是一种不平衡组织,可以采用扩散退火或均匀化退火的方法,将它加热到低于固相线 100~200 ℃ 的高温状态,然后进行长时间保温处理,保证原子能够充分扩散,这样就能使其成分基本上均匀一致,然后缓慢冷却下来,从而消除枝晶偏析。图 5-10 是 Cu-Ni 合金铸件经扩散退火后的金相照片,可以看出枝晶偏析已消失,组织接近平衡组织。

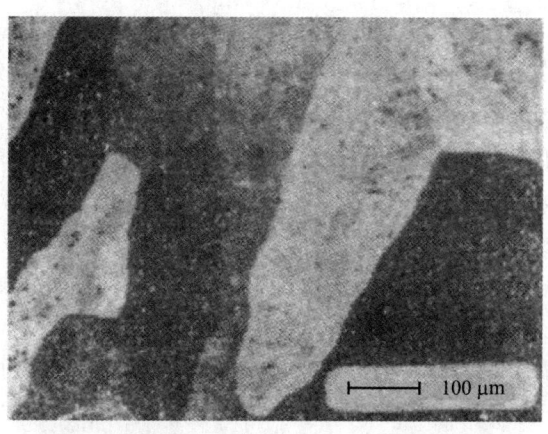

100 μm

图 5-10 Cu-Ni 合金铸件经扩散退火后的金相照片

5.3.4 二元共晶相图

若两组元能够在液相下无限互溶,在固相仅能有限互溶,并且具有共晶转变的二元合金系所形成的相图称为二元共晶相图。如 Pb-Sn、Pb-Sb、Cu-Ag、Al-Si、Al-Cu、铸铁等合金的相图都属于共晶相图。如图 5-11 所示为典型的 Pb-Sn 二元共晶相图,本节中以其为例介绍二元共晶相图。

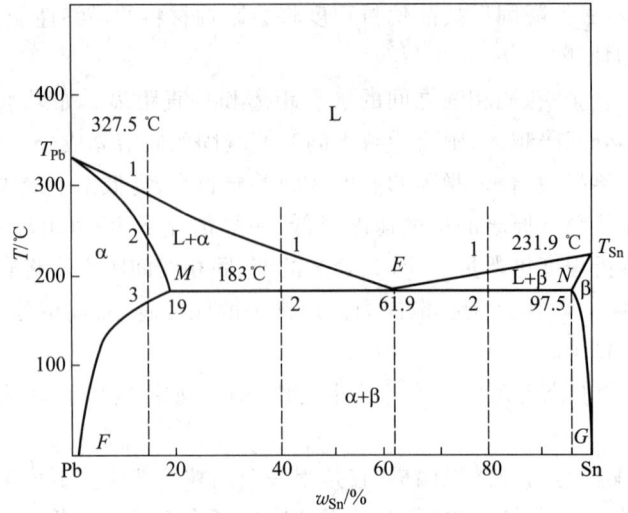

图 5-11   典型的 Pb-Sn 二元共晶相图

1. 相图分析

（1）点

T_{Pb} 点为 Pb 的熔点：327.5 ℃，T_{Sn} 点为 Sn 的熔点：231.9 ℃。

M 点：Sn 在 Pb 中的最大溶解度点。

N 点：Pb 在 Sn 中的最大溶解度点。

E 点：为共晶点，具有该点成分的合金在恒温 183 ℃ 时发生共晶转变 $L_E \rightarrow \alpha_M + \beta_N$，共晶转变是特定成分的液相在恒温下同时转变为两个具有一定成分和结构的固相的转变。

F 点：室温时 Sn 在 Pb 中的溶解度。

G 点：室温时 Pb 在 Sn 中的溶解度。

（2）线

$T_{Pb}ET_{Sn}$ 线：液相线，其中 $T_{Pb}E$ 线为冷却时 L→α 的转变开始线，ET_{Pb} 线为冷却时 L→β 的转变开始线。

$T_{Pb}MENT_{Sn}$ 线：固相线，其中 $T_{Pb}M$ 线为冷却时 L→α 的转变终止线，NT_{Sn} 线为冷却时 L→β 的转变终止线。

MEN 线：共晶线，成分在 M 与 N 之间的合金在恒温 183 ℃ 时均会发生共晶转变 $L_E \rightarrow (\alpha_M + \beta_N)$ 形成两种固溶体所形成的机械混合物，通常将其称为共晶组织。

MF 线：Sn 在 Pb 中的溶解度曲线；NG 线：Pb 在 Sn 中的溶解度曲线。

（3）相区

① 单相区　在 $T_{Pb}ET_{Sn}$ 液相线以上区域为液相区（L），它是 Pb 与 Sn 组成的合金溶液。

$T_{Pb}MF$ 线以左区域为单相 α 固溶体区，α 相是 Sn 溶于 Pb 中所形成固溶体。

$T_{Sn}NG$ 线以右区域为单相 β 固溶体区，β 相是 Pb 溶于 Sn 中所形成固溶体。

② 两相区 在 $T_{Pb}EMT_{Pb}$ 区为 L+α 两相区,在 $T_{Sn}ENT_{Sn}$ 区为 L+β 两相区。在 *FMENGF* 区为 α+β 两相区。

③ 三相区 *MEN* 线为 L+α+β 三相共存区。根据相律可知,当三相平衡共存时,体系自由度 $f=2-3+1=0$,只能在恒温下转变。

能够发生共晶转变的二元合金,据其在相图中的位置,将其分为以下几类:① 成分位于共晶点 E 的合金称为共晶合金,如 Pb-Sn 相图中 $w_{Sn}=61.9\%$ 的合金;② 成分位于共晶点(E)以左,M 点以右区域的合金称为亚共晶合金,如 $w_{Sn}=19\% \sim 61.9\%$ 的合金都是亚共晶合金;③ 成分位于共晶点 E 以右,N 点以左区域的合金称为过共晶合金,如 $w_{Sn}=61.9\% \sim 97.5\%$ 的合金都是过共晶合金;④ 成分位于 M 点以左区域,N 点以右区域的合金称为端部固溶体合金,如 $w_{Sn}<19\%$ 和 $w_{Sn}>97.5\%$ 的合金都是端部固溶体合金。

2. 共晶系典型合金的平衡凝固过程分析

(1)端部固溶体合金(15% Sn-Pb 合金)

由图 5-11 可以看出,15% Sn-Pb 合金从高温冷却,当与液相线 $T_{Pb}E$ 相交于 1 点时,开始发生由 L→α 的匀晶转变。随着温度的降低,α 相含量不断增加,L 相含量不断减少,并且 α 相的成分沿着固相线 $T_{Pb}M$ 进行变化,L 相的成分沿着液相线 $T_{Pb}E$ 进行变化。当温度降低到 2 点时,L 相全部转变成 α 相,继续降低温度 α 相自然冷却不发生成分和相的变化。当降温至 3 点,Sn 在 α 相中溶解度达到极限,继续降低温度,它处于过饱和状态,多余的 Sn 以 β 相的形式从 α 相中析出,这时 α 相的平衡成分沿着 *MF* 线进行变化,相对含量逐渐减少,而析出的 β 固溶体的平衡成分则沿着 *NG* 线进行变化,相对含量逐渐增加。一般情况下,将一种固溶体中析出另一种固相的过程称为脱溶转变,脱溶转变的产物一般称为次生相。次生相 β 相记为 $β_{II}$,与其将从液相中直接凝固出的 β 相加以区别。由于次生相一般从固相中析出,原子在固相中的扩散速度慢,因此次生相通常都非常细小,并分布在晶界上或固溶体的晶粒内部。通过上述讨论可知,该合金在室温下的组织为 $α+β_{II}$,如图 5-12 所示。图中黑色基体为 α 相,白色颗粒为 $β_{II}$ 相。图 5-13 为该合金的平衡凝固过程示意图。

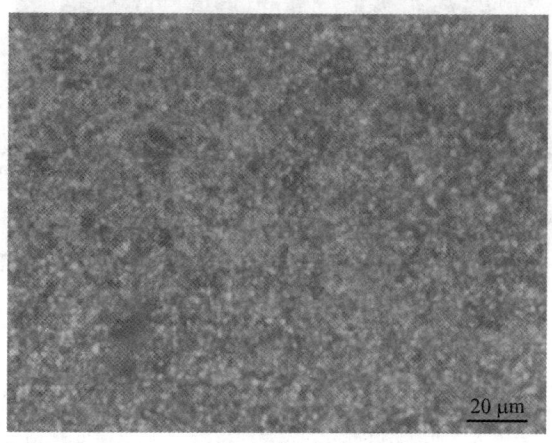

20 μm

图 5-12 端部 Pb-Sn 合金显微组织

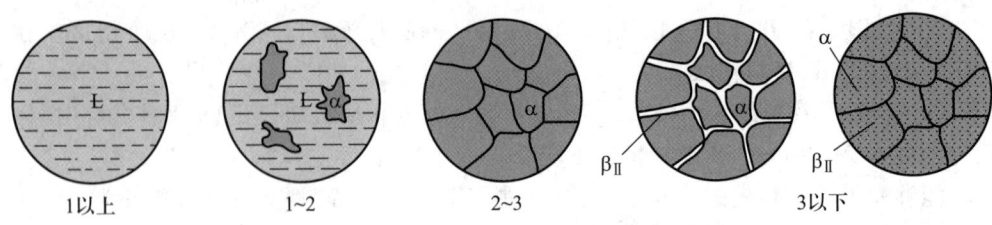

图 5-13   15% Sn-Pb 合金平衡凝固过程示意图

根据相图能够获知 F 点以左区域，G 点以右区域的合金凝固类似于匀晶合金的凝固过程，而成分处于 F 点和 M 点之间的所有合金，其平衡凝固过程都与 15% Sn-Pb 合金相同，显微组织都为 $\alpha+\beta_{II}$，只是 α 和 β_{II} 的相对含量不同。合金成分越接近 M 点，室温下 β_{II} 含量越高；而越接近 F 点，β_{II} 含量越低。

另外，由相图还可以看出，成分处于 N 点和 G 点之间的所有合金，其平衡凝固过程类似于上述合金，差别是从 $L \to \beta$，从 $\beta \to \alpha_{II}$，由于某些固溶体合金的溶解度随温度的降低而降低，故而能够借助热处理控制次生相的析出量及尺寸，进而达到改善合金性能的目的。所以，由相图不仅可以判断合金的特性，还可以指导实际工业生产。

（2）共晶合金（61.9% Sn-Pb）

由相图可以看出，61.9% Sn-Pb 合金从液态缓慢冷却到 E 点时，在恒温条件下从液相中同时结晶出两个成分不同的固相，即发生共晶转变 $L_E \to \alpha_M + \beta_N$。由于共晶转变存在三相平衡，根据相律可以获知共晶转变是在恒温下进行的。共晶转变在恒温下一直进行到液相完全消失，继续冷却 α_M 和 β_N 分别析出次生相 β_{II} 和 α_{II}，成分分别沿着 MF 和 NG 线变化。由于析出的 α_{II} 和 β_{II} 与共晶体中的 α 和 β 常常混合在一起，故而通过金相显微镜难以辨别。因此该合金在室温下的组织一般是由 $(\alpha+\beta)$ 共晶体所组成，如图 5-14 所示，它是由黑色的 α 相和白色的 β 相呈层片状交替分布。图 5-15 为该合金平衡凝固过程示意图。

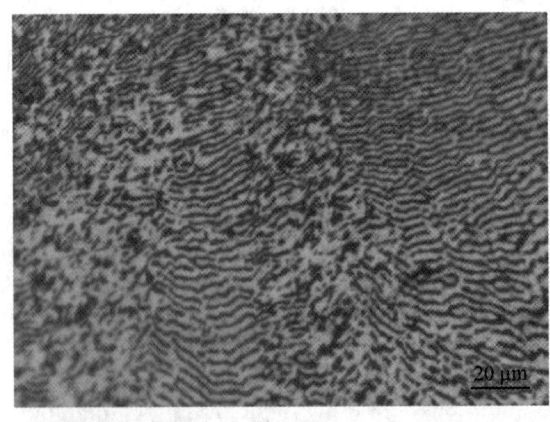

图 5-14   共晶 Pb-Sn 合金显微组织

共晶合金的显微组织包含 α 相和 β 相。相组成物是指组成合金的显微组织中包含的基本相。组织组成物是指合金在结晶过程中，形成的具有特定形态特征的独立组成部分,该合金经过凝固之后形成100%的共晶组织,在共晶温度下,共晶组织中α和β两相的相对含量可以通过杠杆定律进行计算。

$$w_{\alpha_M} = \frac{97.5-61.9}{97.5-19} \times 100\% = 45.4\%$$

$$w_{\beta_N} = 1 - w_{\alpha_M} = 54.6\%$$

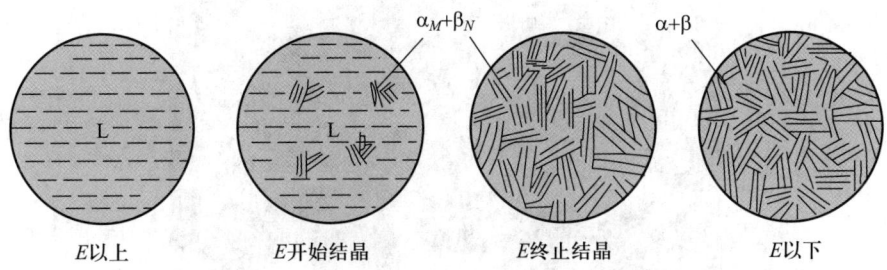

图5-15 共晶Pb-Sn合金平衡凝固过程示意图

（3）亚共晶合金（40%Sn-Pb合金）

由图5-11可以看出,40%Sn-Pb合金在冷却到1点时,开始发生由L→α的匀晶转变,该α相称为初生相或初晶固溶体或先共晶相,记为$\alpha_初$,随着温度的降低,$\alpha_初$的成分开始沿着固相线$T_{Pb}M$进行变化,相对含量不断增加,L的成分沿着液相线$T_{Pb}E$进行变化,相对含量不断减少,当冷却到2点时,$\alpha_初$的成分达到M点,剩余液相的成分达到共晶点E点,其相对含量可用杠杆定律加以计算:$w_{\alpha_初} = \dfrac{\overline{2E}}{\overline{ME}} \times 100\% = \dfrac{61.9-40}{61.9-19} \times 100\% = 51.0\%$

$$w_L = 1 - w_{\alpha_初} = 49.0\%$$

当温度低于2点时,剩余液相将发生共晶转变$L_E \to \alpha_M + \beta_N$形成共晶组织,此时的组织为$\alpha_初 + (\alpha+\beta)$,不难看出最终共晶组织的量就等于2点时剩余液相的量。因此$w_{\alpha+\beta} = w_L = 49.0\%$,这时它的相组成物为α和β,它们的相对量为$w_\alpha = \dfrac{\overline{2N}}{\overline{MN}} \times 100\% = \dfrac{97.5-40}{97.5-19} \times 100\% = 73.2\%$,$w_\beta = 1 - w_\alpha = 26.8\%$。继续降低温度,固溶体的溶解度降低,析出相将发生脱溶反应,$\alpha_初$和$\alpha_共$的成分沿MF线进行变化而不断析出二次相β_{II}。$\beta_共$的成分沿NG线进行变化而不断析出二次相α_{II},析出的二次相α_{II}和β_{II}成分也分别沿着MF和NG线进行变化,相对含量逐渐增加。由于共晶组织（$\alpha+\beta$）中析出的二次相β_{II}与共晶体α、β完全混合在一起,无法在显微镜下进行分辨,所以该合金的室温组织为$\alpha_初 + \beta_{II} + (\alpha+\beta)$。图5-16中暗黑色区域为$\alpha_初$,在其上的白色颗粒为$\beta_{II}$,而黑白相间的部分为共晶组织（$\alpha+\beta$）;图5-17为该合金的平衡凝固过程示意图。

可以看出,该合金在室温下由α相和β相组成,其相对含量可由杠杆定律进行计算。另外由相图可以看出,所有亚共晶合金的凝固过程都与该合金的凝固过程相同,唯一的差异是两相含量不同。当合金成分靠近 M 点时, $\alpha_{初}$ 的相对含量增加,析出的 β_{II} 含量增加,其($\alpha+\beta$)的相对含量减少;而合金的成分靠近 E 点时, $\alpha_{初}$ 的相对含量减少,析出的 β_{II} 含量减少,($\alpha+\beta$)相对含量增加。

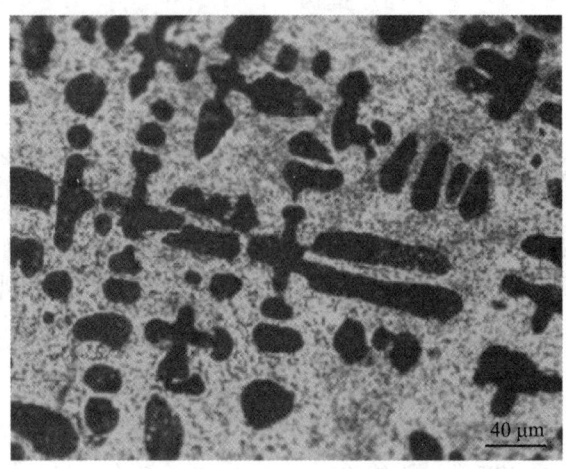

图 5-16 亚共晶 Pb-Sn 合金显微组织

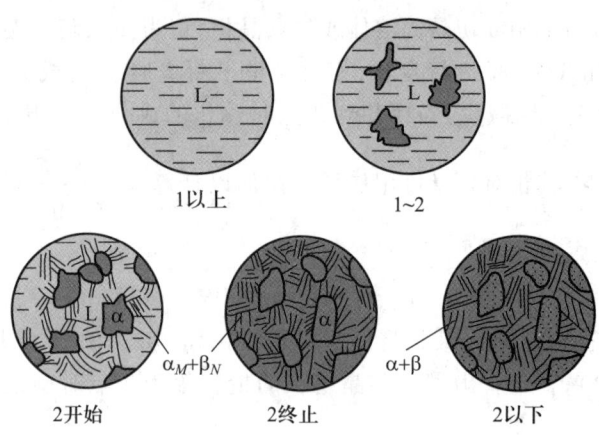

图 5-17 亚共晶 Pb-Sn 合金平衡凝固过程示意图

（4）过共晶合金（80% Sn-Pb 合金）

根据相图可以看出,过共晶合金的凝固过程类似于亚共晶合金的凝固过程,其区别仅仅是初生相变为 β 相,所以它在室温下的组织为 $\beta_{初}+\alpha_{II}+(\alpha+\beta)$,如图 5-18 所示,其中白亮色卵形部分为 $\beta_{初}$,黑白相间部分为共晶组织为 $\alpha+\beta$。

根据上述典型合金的平衡凝固过程分析可知,Pb-Sn 合金组织分区图如图 5-19 所示。可将其划分为 6 个组织区:α 单相区组织、$\alpha+\beta_{II}$ 组织、$\beta+\alpha_{II}$ 组织、$\alpha+\beta_{II}+(\alpha+\beta)$ 共晶、($\alpha+\beta$）共晶、$\beta+\alpha_{II}+(\alpha+\beta)$ 共晶。显然,相同的两相可以形成不同的组织,从而使材料的性能各异。

3. 共晶系合金的不平衡凝固及组织

共晶合金进行不平衡凝固,由于冷却速率快,原子无法进行充分扩散,一方面导致固溶体产生枝晶偏析,另一方面使共晶组织的形态和共晶组织与初晶的相对含量发生变化,共晶系合金的典型不平衡凝固组织主要有两类:伪共晶和离异共晶。

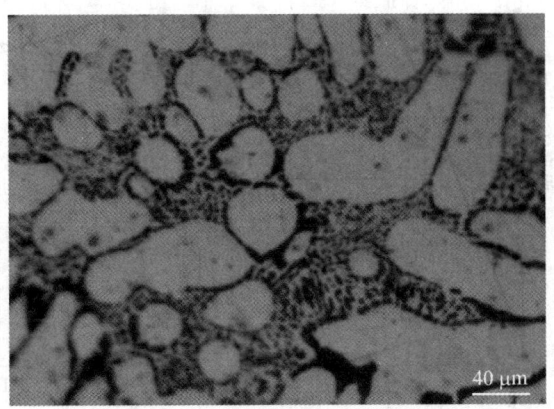

图 5-18 过共晶 Pb-Sn 合金显微组织

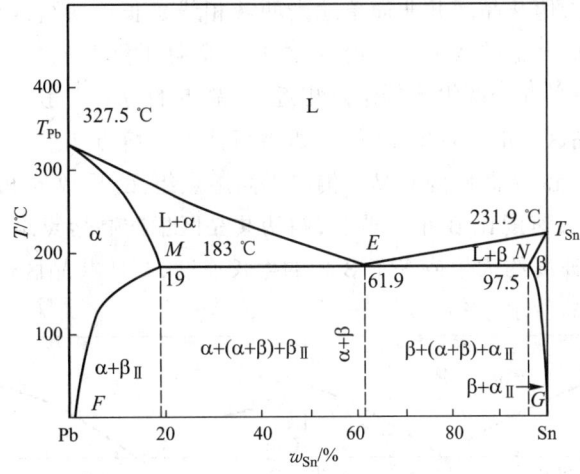

图 5-19 Pb-Sn 合金组织分区图

(1)伪共晶

通过对共晶合金的平衡凝固过程分析可知,仅有共晶成分的合金在平衡凝固条件下,方可获得全部的共晶组织。但是在不平衡凝固时,成分在共晶点附近的亚共晶和过共晶合金,亦可获得全部的共晶组织,这种由非共晶成分的合金经不平衡凝固后,所获得的全部共晶组织称为伪共晶组织。

成分在共晶点附近的亚共晶和过共晶合金,在不平衡凝固时能够获得全部共晶组织的原因在于不平衡凝固时由于冷却速率较快,合金液体被冷却到共晶温度以下才凝固,这时液相对 α 相的饱和极限,沿着 α 液相线的延长线进行变化,而液相对 β 相的饱和极限,沿着 β 液相线的延长线进行变化,当合金液体过冷到这两条延长线所包围的区域中时,同时被 α 和 β 两相所饱和,发生共晶转变而得到全部的共晶组织,这两条延长线所包围的区域称为伪共晶区,只要合金被过冷到该区域才进行凝固,就都能得到伪共晶组织,如图5-20中的合金Ⅰ所示。

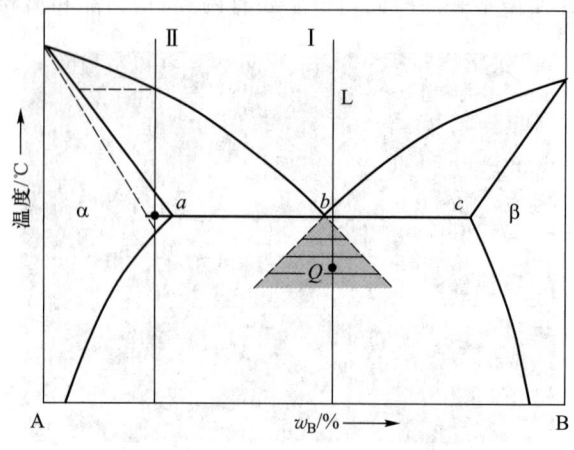

图5-20   共晶系合金的不平衡凝固

需要说明的是,伪共晶区并非简单地由两液相线延长线所构成,伪共晶区的形状和位置,一般与组成合金的两组元的熔点、组成共晶体的两相的生长速度以及共晶点的位置等因素有关[5]。若两组元的熔点相近,共晶点的位置一般处在共晶线的中部,出现对称的伪共晶区,如图5-21a所示;如果两种组元熔点相差悬殊,共晶成分点更加偏向于低熔点组元,从而使伪共晶区偏向于高熔点组元,导致α相比β相更容易形成,如果α相的生长速度比β相大得多,则伪共晶区偏向高熔点组元,如图5-21b所示;当α相的生长速度约大于或等于β相的生长速度,则伪共晶区逐渐向低熔点组元偏离,如图5-21c、d所示。

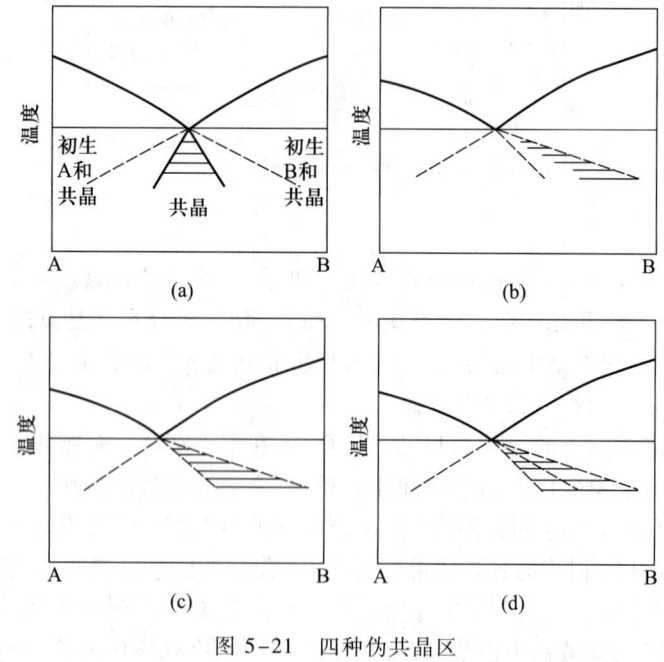

图5-21   四种伪共晶区

因此,了解伪共晶区在相图中的位置有利于掌握合金在不平衡凝固后所获得的组织,图 5-22 为 Al-Si 合金的伪共晶区,由于伪共晶区偏向 Si 侧,导致经过不平衡凝固后得到 $\alpha_{初}$+(α+Si) 的亚共晶组织;同理,过共晶成分的合金经过不平衡凝固,亦可获得亚共晶或共晶组织。

（2）离异共晶

离异共晶通常出现在成分接近 M 点或 N 点的端部固溶体合金的不平衡凝固组织中,如图 5-20 中的合金 II 所示。合金 II 在平衡凝固时,组织中不会出现共晶组织。

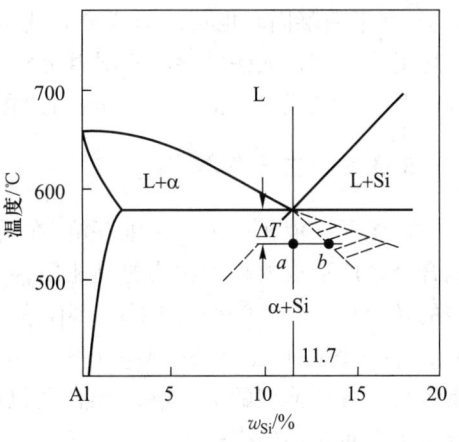

图 5-22　Al-Si 合金的伪共晶区

如果采用不平衡凝固,由于冷却速率较快,原子无法充分扩散,从而导致固溶体中存在着枝晶偏析,其平均成分线偏离了固相线,因此当合金降温至与固相线相交的温度时,凝固过程并未结束,仍剩余少量液体;当合金降温至共晶温度或低于共晶温度时,剩余液相的成分达到或接近共晶成分,它将发生共晶转变形成共晶组织,由于剩余液相的量很少,并且最后凝固,导致形成的共晶体仅为一薄层,分布在初晶固溶体的晶界或枝晶间,它的组织形态如图 5-23 所示。由于共晶组织依附初生相相同的一相生长,而把另一相推向最后凝固的晶界处,因此这种共晶组织失去了共晶组织的形态特征,似乎两相被分离开来,故称为离异共晶。图 5-23 是 4% Cu-Al 合金在不平衡凝固时形成的离异共晶组织(α+CuAl$_2$),在晶界处分布的是金属间化合物 CuAl$_2$。

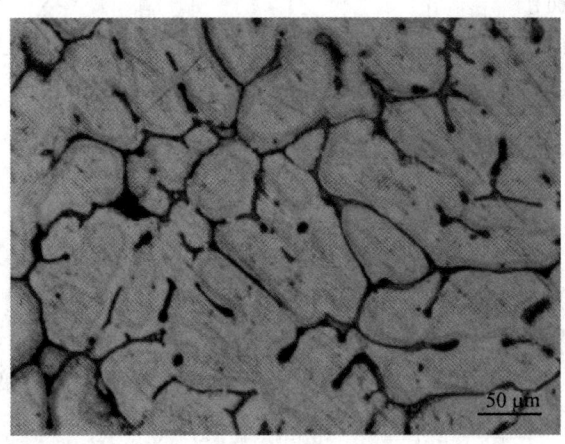

图 5-23　4% Cu-Al 合金在不平衡凝固时形成的离异共晶组织(α+CuAl$_2$)

由于端部固溶体合金在不平衡凝固时可以形成离异共晶,所以这种离异共晶组织是一种不平衡组织,可以用均匀化退火处理的方法予以消除。将具有离异共晶组织的端部固溶体合金加热到低于共晶温度并进行长时间保温,保证原子充分扩散,这样就能得到接近平衡状态的组织 α+β_{II}。另外,成分接近 M 点和 N 点的亚共晶和过共晶合金,在平衡凝固时也可能形成离异共晶,这种离异共晶并非不平衡组织,即使采用均匀化退火处理也无法消除。离异共晶组织与次生相组织易混淆,如容易将端部固溶体合金和亚共晶或过共晶合金混淆,因此在制订实际生产工艺时应严格加以区分。

5.3.5 二元包晶相图

两组元在液相中可以无限互溶,在固相中仅能有限互溶,并且具有包晶转变的二元合金系所形成的相图称为包晶相图,一种液相与一种固相在恒温下生成另外一种固相的转变称为包晶转变,用 L+α→β 表示。具有包晶相图的二元合金系主要有 Pt-Ag、Ag-Sn、Cd-Hg、Cu-Sn、Al-Pt、Sn-Sb 等,另外在许多其他二元合金系中也含有包晶转变部分。典型的 Pt-Ag 二元合金包晶相图如图 5-24 所示,本节将以 Pt-Ag 二元合金为例对包晶转变进行阐述。

1. 相图分析

参照图 5-24 分析相图。

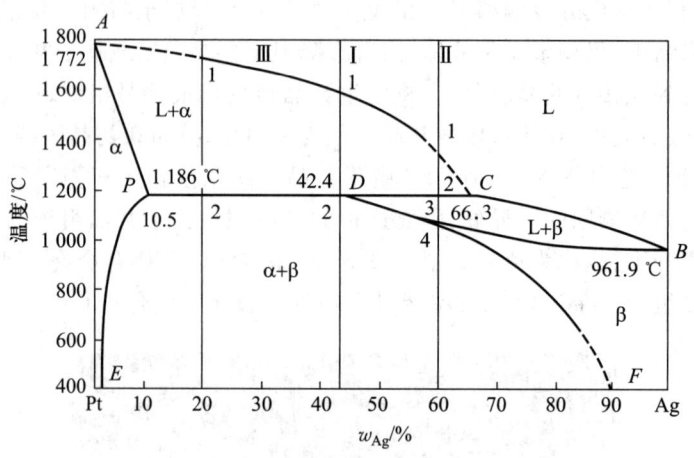

图 5-24 典型的 Pt-Ag 二元合金包晶相图

（1）点

A 点:纯组元 Pt 的熔点和凝固点(1 772 ℃)。

B 点:纯组元 Ag 的熔点和凝固点(961.9 ℃)。

C 点:包晶转变时液相的平衡成分点。

D 点:包晶点,具有该点成分的合金在固定温度下进行包晶转变,$L_C + α_P → β_D$。同时 D 点也是 Pt 在 Ag 中的最大溶解度点。

P 点:Ag 在 Pt 中的溶解极限,同时也是发生包晶转变时 α 相的平衡成分点。

E 点和 F 点分别是室温时 Ag 在 Pt 与 Pt 在 Ag 中的溶解度点。

（2）线

ACB 线为液相线,AC 线和 CB 线分别是降温时 L→α 与 L→β 的转变开始线。

$APDB$ 线表示固相线,AP 线和 DB 线分别是降温时 L→α 与 L→β 转变的转变终止线。

PDC 线是包晶转变线,成分位于 P 与 C 之间的合金在 1 186 ℃恒温条件下都会发生包晶转变,发生 $L_C + \beta_P \rightarrow \beta_D$ 转变形成单相固溶体,根据相律可以证明在三相平衡时 $f = 0$,包晶转变是一个恒温转变。

PE 线为 Ag 在 Pt 中的溶解度曲线,降温时从 α 相中析出细小的二次 β 相,即 α→ β_{II};DF 线为 Pt 在 Ag 中的溶解度曲线,降温时从 β 相中析出细小的二次 α 相,即 β→α_{II}。

(3) 相区

① 单相区 存在 L、α、β 相 3 个单相区,在 ACB 液相线以上为单相的液相区,在 APE 线以左为单相的 α 固溶体区(α 固溶体是 Ag 在 Pt 中形成的置换固溶体),在 BDF 线右下方为单相的 β 固溶体区(β 固溶体是 Pt 在 Ag 中形成的置换固溶体)。

② 两相区 存在 L+α、L+β、α+β 相 3 个两相区,ACPA 区为 L+α 相区,BCDB 区为 L+β 相区,EPDFE 区为 α+β 相区。

③ 三相区 PDC 线为 L+α+β 三相平衡区。

2. 典型合金的平衡凝固及组织

在相图 C 点以右、P 点以左区域的合金,在平衡凝固时不会发生包晶转变,其凝固过程类似于共晶相图中的端部固溶体合金的凝固过程,因此在本节中主要分析具有包晶转变合金的平衡凝固过程,C 点以右、P 点以左区域的合金的凝固过程不再赘述。

(1) 合金 I (42.4% Ag-Pt 合金)

由图 5-24 可以看出,熔融态合金从高温进行冷却,当其接触到液相线 1 点时,开始产生匀晶转变 L→α,随着系统温度的降低,α 相含量不断增加,成分沿着固相线 AP 进行变化;液相 L 含量不断减少,成分沿着液相线 AC 进行变化,当温度降低到 1 186 ℃时,液相和 α 相成分分别达到 C 点和 P 点,在该温度时具有 C 点成分的液相和具有 P 点成分的 α 相发生包晶转变 $L_C + \alpha_P \rightarrow \beta_D$,完全转变为具有 D 点成分的单相 β 固溶体,因为 β 固溶体是在 α 与液相的界面(α/L)处形核,并且包围着 α 相,通过消耗 L 相和 α 相而长大,所以称该过程为包晶转变。此时,β 相的 Ag 含量低于 L 相,但高于 α 相,Pt 含量则刚好相反,所以 β 相在生长时 α 相中的 Pt 原子需向 β 和 L 相中扩散,而 L 相中的 Ag 原子需向 β 相和 α 相中扩散,如图 5-25 所示,在包晶转变过程中,各相的相对含量可以利用杠杆定律加以计算。

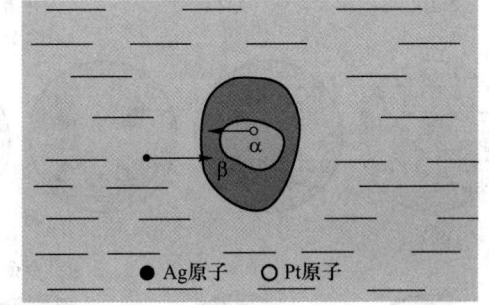

图 5-25 包晶转变时原子迁移示意图

温度刚达到 1 186 ℃时,此时形成的 α 相含量为

$$w_\alpha = \frac{\overline{CD}}{\overline{PC}} \times 100\% = \frac{66.3 - 42.4}{66.3 - 10.5} \times 100\% = 42.8\%$$

$$w_L = 1 - w_\alpha = 57.2\%$$

当包晶转变完毕后,L 相和 α 相完全消失,只剩下新生 β 相,随着温度的降低,Pt

在 β 相中的溶解度达到过饱和状态,不断析出 α_{II},其成分沿 DF 线进行变化,相对含量逐渐减少,而 α_{II} 成分沿 PE 线进行变化,相对含量逐渐增加,最后在室温时的组织为 $\beta+\alpha_{\mathrm{II}}$,该合金的平衡凝固示意图如图 5-26a 所示。

（2）合金 Ⅱ

由相图可以看出,合金成分位于 42.4% 与 66.3% 之间 Pt-Ag 合金凝固过程相同。取其中成分为 Ⅱ 的合金作为研究对象,该合金位于 1～2 点温度范围内的凝固过程与合金 Ⅰ 非常类似。当温度降低到 2 点时,L 相的成分达到 C 点,α 相的成分达到 P 点,根据杠杆定律可计算两相的相对含量,由此可知该成分的合金完成包晶转变之后仍有液相剩余,这时合金包含 β 与 $L_{剩}$,在 2～3 点温度范围内继续降温,剩余液相发生匀晶转变 $L_{剩}\rightarrow\beta$,L 的成分沿液相线 CB 进行变化,$L_{剩}$ 相对含量不断减少,β 的成分沿固相线 DB 进行变化,β 的相对含量不断增加。当温度降低到 3 点时 $L_{剩}$ 凝固过程结束,得到单相 β 固溶体;在 3～4 点随降低温度,β 相自然冷却;在冷却到 4 点以下时,Pt 在 β 相中超出其溶解极限,从 β 相中不断析出细小的二次 α 相,即 $\beta\rightarrow\alpha_{\mathrm{II}}$。这时随温度的降低,β 的成分沿 DF 进行变化,相对含量逐渐减少,α_{II} 成分沿 PE 进行变化,相对含量逐渐增加,当冷却到室温时,得到的组织为 $\beta+\alpha_{\mathrm{II}}$,该合金的平衡凝固示意图如图 5-26b 所示,根据相图观察的结果可知,成分在 DC 间的合金凝固过程都与它相同,只是成分越接近 D 点,包晶转变后剩余的液相越少,而成分越接近 C 点包晶转变完成后,剩余的液相越多。

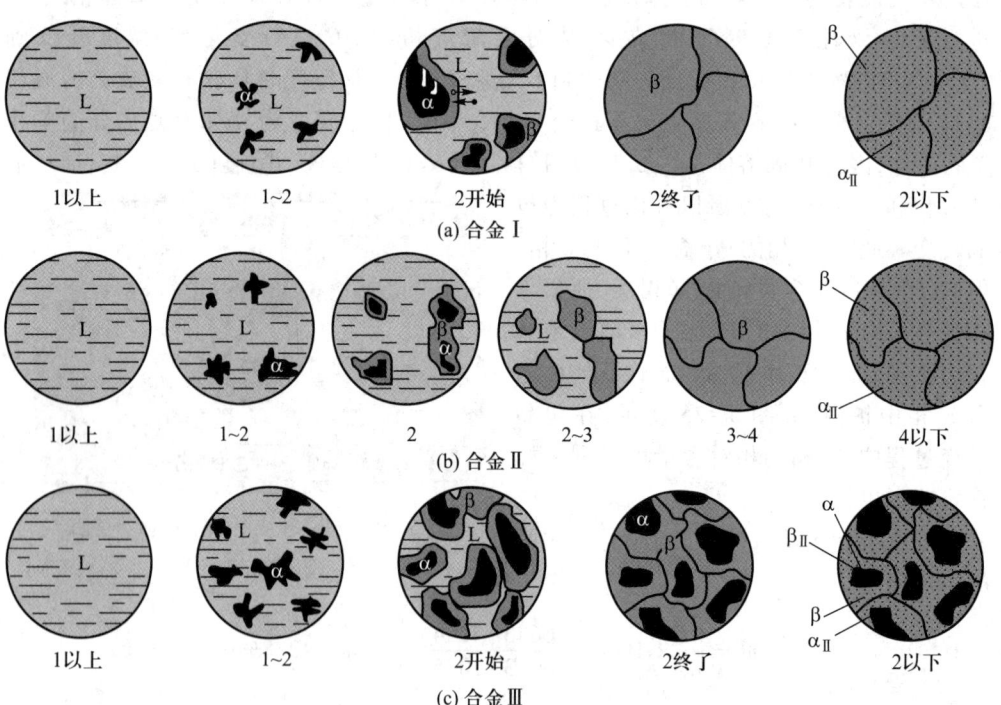

图 5-26　Pt-Ag 合金三种典型合金平衡凝固过程

（3）合金Ⅲ

由相图可以看出,合金成分位于 10.5% 与 42.4% 之间 Pt-Ag 合金凝固过程相同。以 20% Ag-Pt 合金作为研究对象,该合金在 1~2 温度范围的凝固与合金Ⅰ和Ⅱ相同,发生匀晶转变,当冷却到 2 温度时,L 相的成分达到 C 点,α 相的成分达到 P 点,其相对含量可通过杠杆定律进行计算。$w_L = \dfrac{20-10.5}{66.3-10.5} \times 100\% = 17.0\%$, $w_\alpha = 1-w_L =$ 83.0% 。此时剩余液相的含量低于 57.3%,也就是说剩余液相与 α 相进行包晶转变之时,剩余液相不足以与全部 α 相转变为 β 相,导致包晶转变结束时,L 相消失,而 α 相剩余,因此这时的组织为 α+β。继续冷却,α 相的成分沿着 PE 线进行变化而不断析出 $β_Ⅱ$,β 相的成分沿着 DF 线进行变化析出 $α_Ⅱ$。同时,随着温度的降低,α 相和 β 相相对量不断减少,而 $α_Ⅱ$ 和 $β_Ⅱ$ 的相对量逐渐增加,因此在室温时它的组织为 ($α$+ $β_Ⅱ$)+($β$+$α_Ⅱ$)。该合金的平衡凝固过程示意图如图 5-26c 所示。而成分在 P 与 D 之间的合金,凝固过程都与该合金相同,只是成分越接近 P 点,剩余的 α 相含量越多;而越接近 D 点,剩余的 α 相含量越少。

3. 包晶合金的不平衡凝固及组织

在包晶转变过程中,L 相和 α 相中的 A、B 两个组元的扩散均需穿越 β 相方可进行,而原子在固相中远低于其在液相中的扩散速度,因此包晶转变的速度也相当慢。在工业生产过程中,降温速率极快,原子无法进行充分扩散,包晶转变也无法充分进行,导致在平衡凝固时无法存在的 α 相,在不平衡凝固时有部分被保留下来,所以具有包晶转变的合金在不平衡凝固后的组织与平衡凝固后的组织相比,一般具有较多的 α 相,而具有较少的 β 相,但在包晶转变温度很高时,原子扩散较快,包晶转变可以充分进行。

同时,成分小于并接近 P 点的合金,在不平衡凝固过程中,在匀晶转变过程中会形成枝晶偏析,即使降温至包晶转变温度以下,残留少量液相,亦可进行包晶转变,形成本不应该出现的 β 相。在较快冷却速率下得到的包晶转变的不平衡组织,是由于原子扩散不充分所造成的。因此可以对样品进行扩散退火,以保证原子进行充分的扩散来改善或消除不平衡组织。

5.3.6 其他类型的二元合金相图

二元合金相图除了匀晶相图、共晶相图、包晶相图等最基本的类型外,一般还有一些其他类型的二元合金相图,本节进行简要介绍。

（1）具有其他类型恒温转变的相图

1）熔晶转变相图

一种固相在恒温下转变为一种液相和另外一种固相的过程称为熔晶转变,即 α→ L+β。图 5-27 所示的 Fe-B 相图在 1 381 ℃存在 δ→γ+L 的熔晶转变,除此之外,在 Fe-S、Cu-Sb 等二元合金中也存在熔晶转变。

2）偏晶转变相图

部分二元合金在液态时两组元只能部分溶解,甚至几乎不溶解,这类二元合金可能产生偏晶转变。由一个一定成分的液相 L_1 同时转变为另一个一定成分的液相 L_2 和一定成分的固相 α 的过程,称为偏晶转变,即 $L_1 \rightarrow L_2 + \alpha$。图 5-28 所示为 Cu-Pb 二元合金相图,可以看出在 Cu-Pb 二元合金中,存在着偏晶转变,即 $L_{36\%} \rightarrow L_{87\%} + Cu$。除此之外,在 Cu-O、Ca-Cd、Fe-O 和 Mn-Pb 等合金系中都存在偏晶转变。实践表明,偏晶合金在定向凝固时适当控制其长大条件,可以控制结晶相的距离、晶体取向以及形态,可用于纤维增强复合材料。

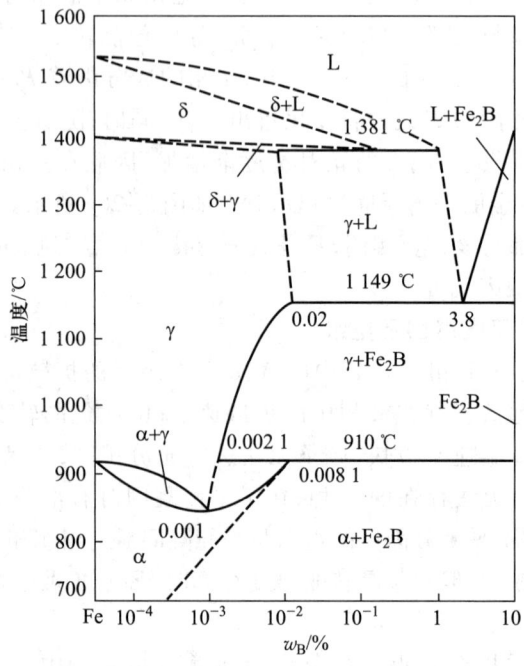

图 5-27 Fe-B 二元合金相图

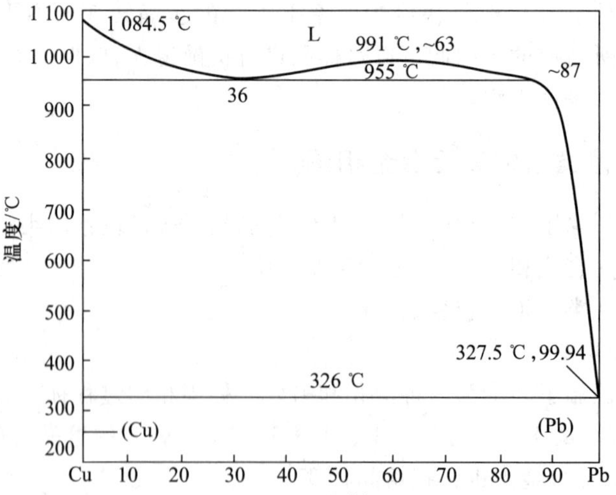

图 5-28 Cu-Pb 二元合金相图

3）合晶转变相图

两种成分确定的液相 L_1 和 L_2，在恒温下转变为一个成分固定的 α 相的过程，称为合晶转变，即 $L_1 + L_2 \rightarrow \alpha$。如图 5-29a 所示的 Na-Zn 二元合金相图，可以看出在 557 ℃ 时，产生 $L_1 + L_2 \rightarrow \beta$ 的合金转变。

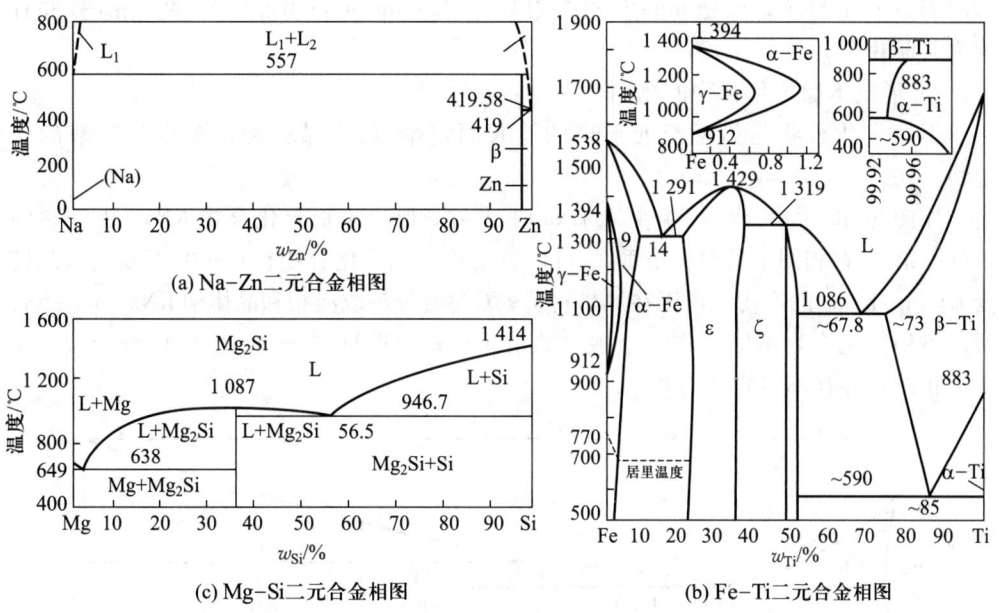

图 5-29 Na-Zn、Mg-Si、Fe-Ti 二元合金相图

4）共析转变相图

由一种确定成分的固相，在恒温条件下转变成另外两种确定成分固相的过程，称为共析转变，即 $\gamma \rightarrow \alpha + \beta$。如图 5-29b 所示的 Fe-Ti 二元合金相图，在 590 ℃ 时具有共析转变 $\beta\text{-Ti} \rightarrow \zeta + \alpha\text{-Ti}$，在 Fe-C 合金中，在 727 ℃ 奥氏体同时转变为铁素体和渗碳体，可以看出共析转变类似于共晶转变，区别仅为一种固相同时转变为另外两个固相，具有共析转变的相图很多，如 Fe-N、Cu-Sb、Cu-Sn 等。

5）包析转变相图

两种成分确定的固相，在恒温下，转变为另一种新的固相的过程，称为包析转变，即 $\gamma + \alpha \rightarrow \beta$。如图 5-27 所示的 Fe-B 合金在 910 ℃ 存在包析转变 $\gamma + Fe_2B \rightarrow \alpha$，包析转变类似于包晶转变，具有包析转变的相图很多，如 Fe-Sn、Cu-Si、Al-Cu、Fe-Ta 等。

（2）组元之间形成化合物的相图

Al_2O_3-SiO_2 体系相图与诸多常用无机非金属材料的研究与利用具有密切关系，因此，Al_2O_3-SiO_2 系统相图是研究硅酸盐材料的一个基本相图。

1）两组元形成稳定化合物的相图

稳定化合物是指两组元形成具有确定熔点，并在熔点以下保持结构稳定的化合物。Al_2O_3-SiO_2 相图中包含具有稳定的化合物，相图中只有一种化合物 $3Al_2O_3 \cdot 2SiO_2$，其质量组成是 72% 的 Al_2O_3 以及 28% 的 SiO_2。该稳定化合物的成分亦可在一定范围内进行变化,表明该化合物可以溶解其组元,形成以化合物为溶剂的固溶体,该垂直线即成为相图中的一个相区。化合物可以看作一个独立的组元,因此分析相图时,可以稳定化合物划分相图,通常以对应熔点的虚线为界进行划分,具有这类稳定化合物的相图还有 Cu-Ti、Fe-B、Cd-Sb、Fe-P、Mn-Si、Cu-Th、Mg-Si 等。如图 5-29c 所示的 Mg-Si 相图,Mg_2Si 把 Mg-Si 相图划分为 Mg-Mg_2Si 和 Mg_2Si-Si 两个相图,并且均为共晶相图。

2)形成不稳定化合物的相图

不稳定化合物是指两组元形成的没有固定熔点,在某一温度就发生分解的化合物。

如图 5-30 所示,当含 54.4% 的 Na 时,K-Na 形成不稳定化合物 KNa_2,由于它的成分固定,故在相图中呈现一条垂线,可以看出该不稳定化合物在 6.9 ℃下发生包晶转变 L+Na→KNa_2 的产物。由于在加热到 6.9 ℃时会分解成液相和晶体钠 KNa_2→ L+Na,所以不稳定化合物不能当作一个独立的组元对相图进行划分,除此之外,Sn-Sb 二元合金相图也存在不稳定化合物。

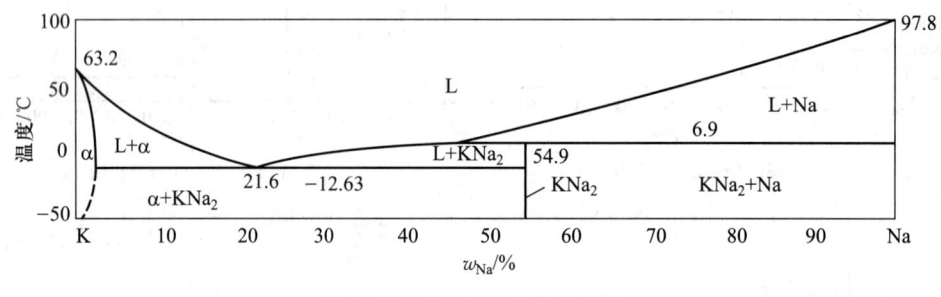

图 5-30 K-Na 二元合金相图

5.3.7 二元相图的分析与使用

1. 复杂二元合金相图的分析方法

在实际物质组成的二元相图中,看起来往往比较复杂,从根本上分析,它们都是通过基本的相图组合而成的。因此,只要掌握住各种相图的特征和相变的基本规律,就可以简化相图。

图 5-31 是 Cu-Sn 二元合金相图,看起来较为复杂,通过对其进行分析之后,可以判断出该相图中包含 11 个恒温转变,尽管二元合金相图的类型很多,但基本类型还是共晶型和包晶型两大类,为了便于掌握,将其主要的恒温转变列于表 5-1。

需要注意的是,相图仅能获得合金在平衡状态下的相及相对含量,无法提供相的形状、大小和分布等信息,而这些主要取决于相本身的特性及形成条件。因此,应用相图分析实际问题时,需要掌握合金中存在的相及其特征,在实际生产中根据需要加以调控。同时,相图无法反映非平衡条件下获得的相及组织[6-8]。

2. 根据相图判断合金的性能

合金性能主要由其组织所决定,合金组织又与其成分有着密切相关,因为相图可以反映合金成分与组织的关系,所以通过相图可以大致判断合金在平衡状态下的力学性能和物理性能。图 5-32 展示了各类合金相图与其力学性能和物理性能之间的关系。

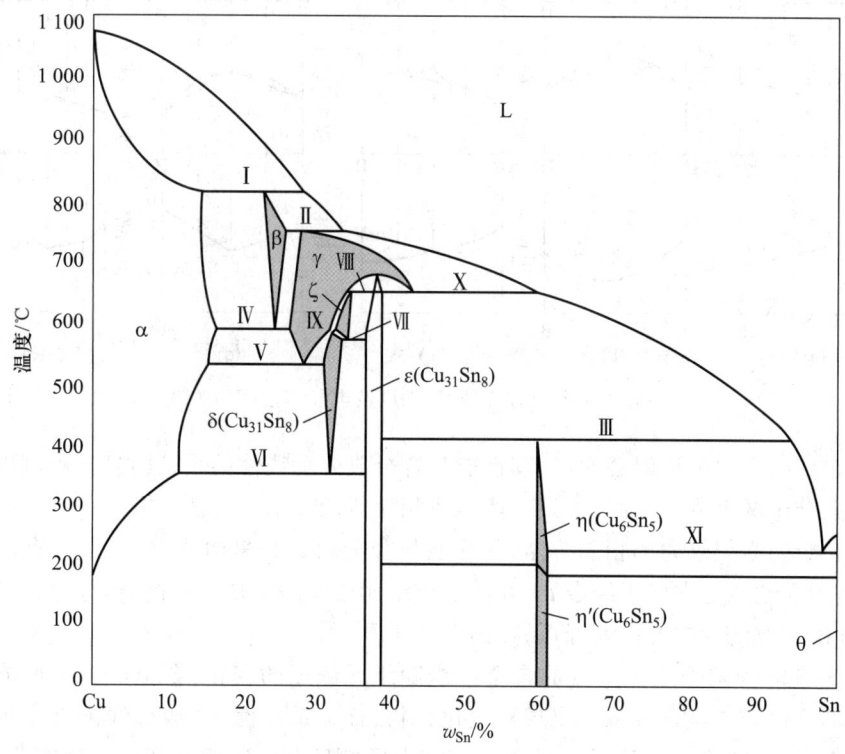

图 5-31　Cu-Sn 二元合金相图

表 5-1　二元合金各类恒温转变图形

恒温转变类型		反应式	图形特征
共晶式	共晶转变	$L \rightleftharpoons \alpha + \beta$	α ── L ── β
	共析转变	$\gamma \rightleftharpoons \alpha + \beta$	α ── γ ── β
	偏晶转变	$L_1 \rightleftharpoons L_2 + \alpha$	L_2 ── L_1 ── α
	熔晶转变	$\delta \rightleftharpoons L + \gamma$	L ── δ ── γ
包晶式	包晶转变	$L + \beta \rightleftharpoons \alpha$	L ── α ── β
	包析转变	$\gamma + \beta \rightleftharpoons \alpha$	γ ── α ── β
	合晶转变	$L_1 + L_2 \rightleftharpoons \alpha$	L_1 ── α ── L_2

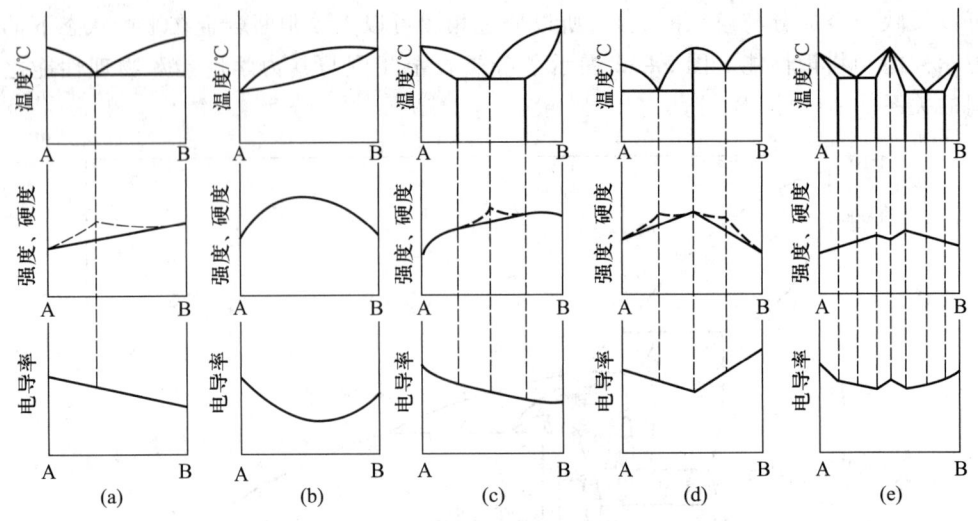

图 5-32 相图与合金硬度、强度及电导率之间的关系

若合金组织为两相混合而成,其性能与合金成分呈线性关系,其强度、硬度以及导电性一般介于两组成相之间,大致为两组成相性能的算术平均值,如图 5-32a 所示。

若合金的组织仅为单相固溶体,其性能与合金的成分呈曲线关系,由于存在固溶强化,其力学性能通常优于纯金属,并随溶质组元浓度的增加而提高,但导电性低于纯金属,并随溶质浓度的升高而降低,如图 5-32b 所示。

图 5-32c 为两固溶体组成的合金组织随组元浓度的变化,合金的力学性能变化呈现出的规律。一旦合金系中出现稳定化合物,合金系在性能-成分线上将出现升高点或降低点,如图 5-32d 所示。而图 5-32e 为形成具有一定成分范围的稳定化合物。

以上讲的是合金为平衡组织时,其性能与成分之间的关系,两相合金在不平衡凝固时,由于凝固速度越快,两组成相越细小,因此其强度、硬度越高,如图 5-32 所示的对应共晶点附近的虚线。

另外从铸造工艺的角度进行考虑,共晶成分点熔点低,并且是在恒温条件下进行,故合金的流动性好,易获得集中缩孔,热裂和偏析倾向较小。合金的铸造性能与合金相图上的液、固相线距离密切相关,若合金的液、固相线距离越大,合金的流动性越差。因此,固溶体合金的流动性显著劣于纯金属和共晶合金。根据图 5-33a 可以观察,合金的液、固相线距离越大,即合金凝固时的成分和温度间隔越大,合金的较差流动性直接导致凝固后样品分散缩孔的出现;而合金的液、固相线距离越小,即成分和温度间隔越小,合金的流动性越好,越有利于形成集中缩孔。因此,单相固溶体通常不利

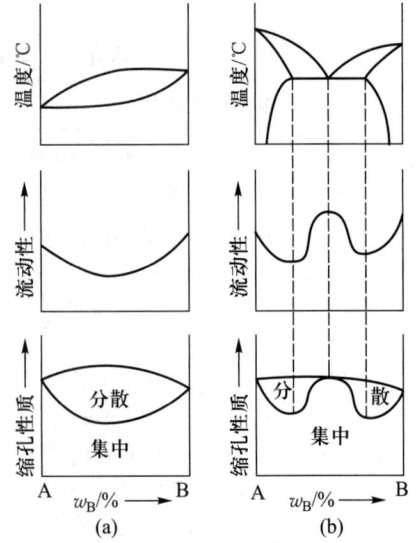

图 5-33 相图与合金铸造性能之间的关系

用铸造工艺进行加工,而是利用锻造工艺进行加工,而纯金属和共晶合金都是恒温下凝固,并且共晶合金具有较低的熔点,所以合金的成分越靠近共晶点,其流动性越好,铸造性能优良,如图5-33b所示。

此外,根据相图还可以确定合金的浇铸温度、开锻、终锻温度,以及制订合金热处理工艺等。

5.3.8 铁碳相图和铁碳合金

钢与铸铁是现代工业和国民经济中应用最广泛的合金,因此掌握铁碳合金相图,对了解钢铁材料的成分、组织与性能之间的关系,以及制订钢铁材料的各种热加工工艺,都具有参考价值。铁与碳可以形成 Fe_3C、Fe_2C、FeC 等多种稳定化合物,然而实际使用时发现,若碳的质量分数超过5%,铁碳合金脆性很大,应用价值较低,故常用的铁碳合金碳的质量分数都低于6.69%,这是因为铁与碳形成的化合物渗碳体 Fe_3C 是一个稳定化合物,其碳的质量分数达到6.69%,因此可以将其看作一个组元,在铁碳合金相图中是一条垂直线,它与铁组成的相图就是本节需要重点讨论的铁碳合金相图,实际上应该称为 $Fe-Fe_3C$ 相图。$Fe-Fe_3C$ 相图是反映碳的质量分数小于6.69%的铁碳合金在缓慢冷却条件下,温度、成分、相和组织的转变关系图。在探讨铁碳相图之前,了解并掌握关于纯铁的特征,对于研究铁碳合金相图十分必要。

1. Fe-C 相图

（1）纯铁

纯铁的多晶型性转变　纯铁具有多晶型性转变,根据其冷却曲线可以得到纯铁的相图,如图5-3所示。掌握纯铁的相图,有利于进一步了解和掌握铁碳合金相图。纯铁熔点为1 538 ℃,温度变化时会产生多晶型性转变,在1 538～1 394 ℃为BCC结构,称为 δ-Fe;在1 394 ℃～912 ℃为FCC结构,称为 γ-Fe;低于912 ℃时为BCC结构,称为 α-Fe。不论纯铁以何种晶体结构存在,其整体特点就是强硬度低,难以用作结构材料,但是其磁导率较高,可用于制作各种仪器仪表的铁芯。

（2）铁与碳形成的相

在通常使用的铁碳合金中,铁与碳主要形成五个基本相。

① 熔融液相　用 L 表示,Fe 和 C 在液态无限互溶形成均匀的熔融液体。

② δ 相　它是 C 溶于 δ-Fe 形成的间隙固溶体,具有 BCC 结构,又称为高温铁素体,一般用 δ 表示。由于体心立方的 δ-Fe 的点阵常数 $a=0.293$ nm,它的晶格间隙小,碳在其中的最大溶解度为0.09%。

③ γ 相　它是 C 溶于 γ-Fe 形成的间隙固溶体,具有 FCC 结构,又称奥氏体,常用 γ 或 A 表示,由于面心立方的 γ-Fe 的点阵常数 $a=0.366$ nm,它的晶格间隙较大,碳在其中的最大溶解度为2.11%,奥氏体的强度与硬度较低,塑性与韧性较高,是一种塑性相,它具有顺磁性。

④ α 相　它是 C 溶于 α-Fe 形成的间隙固溶体,具有 BCC 结构的间隙固溶体被称为铁素体,常用 α 或 F 表示,由于体心立方的 α-Fe 的点阵常数 $a=0.287$ nm,它的晶格间隙很小,碳在其中的最大溶解度为0.021 8%,铁素体的力学性能与纯铁相差无

几,居里温度为 770 ℃。

⑤ 金属间化合物（Fe_3C） 它是 Fe 与 C 形成的间隙化合物,C 的质量分数为 6.69%,称为渗碳体。渗碳体是稳定化合物,理论熔点为 1 227 ℃。渗碳体的特点是硬度高,塑性低,其维氏硬度可达 HV=950~1 050,但是塑性极差($\delta\approx 0$),是一种硬脆相,铁碳合金中 Fe_3C 的数量和分布对合金的组织和性能有很大影响。Fe_3C 能够产生磁性转变,在 230 ℃ 以上具有顺磁性,在 230 ℃ 以下具有铁磁性,该温度称为 Fe_3C 的磁性转变温度或居里温度,常用 A_0 表示。

（3）铁碳合金相图

由于碳的一种存在形式是石墨,同时其热力学稳定性高于 Fe_3C,导致 Fe_3C 在一定条件下将发生分解形成石墨($Fe_3C \xrightarrow{\text{分解}} 3Fe+C$ 石墨),这种现象在铸铁和石墨钢中具有极其重要的作用。从热力学角度考虑,Fe_3C 是一个亚稳定相,石墨才是稳定相,但石墨的表面能很大,形核需要克服很高的能量,故在一般条件下,铁碳合金中的大部分碳以渗碳体的形式存在。因此铁碳合金相图是一种双重相图,即一个是 $Fe-Fe_3C$ ($w_C=6.69\%$)亚稳系相图(常用实线表示),另一个是 Fe-C(石墨 $w_C=100\%$)稳定系相图(常用虚线表示),如图 5-34 所示,本节主要介绍 $Fe-Fe_3C$ 亚稳系相图。

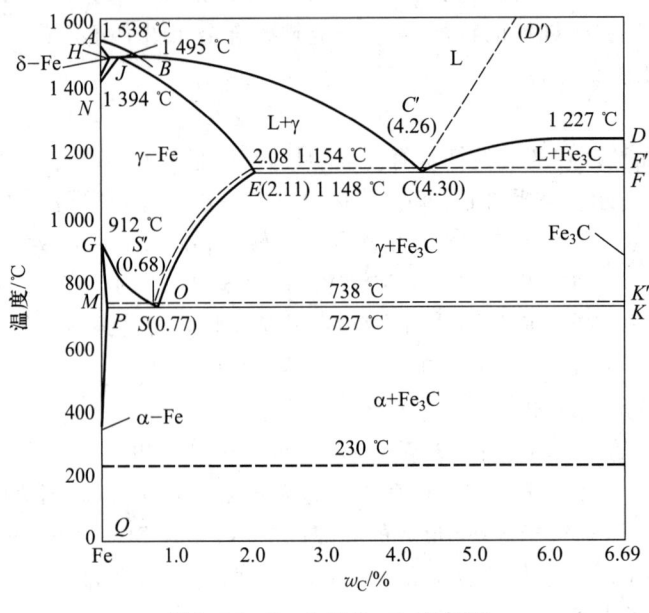

图 5-34　Fe-C 与 $Fe-Fe_3C$ 相图

2. $Fe-Fe_3C$ 相图

$Fe-Fe_3C$ 相图看起来非常繁琐,然而并不复杂。在二元合金的基本相图的基础上,可以对 $Fe-Fe_3C$ 相图进行剖析。

（1）相图分析

1）特征点

$Fe-Fe_3C$ 合金相图中的特征点列于表 5-2。

表 5-2 Fe-Fe$_3$C 合金相图中的特征点

特征点	温度/℃	碳的质量分数/%	含义
A	1 538	0	纯铁的熔点
B	1 495	0.53	包晶转变时液相的成分
C	1 148	4.3	共晶点
D	1 227	6.69	渗碳体的熔点
E	1 148	2.11	碳在 γ-Fe 中的最大固溶度,共晶转变时 γ 相的成分, 也是钢与铸铁的理论分界点
F	1 148	6.69	共晶转变时 Fe$_3$C 的成分
G	912	0	纯铁的多晶型性转变点 γ-Fe→α-Fe
H	1 495	0.09	碳在 δ-Fe 中的最大固溶度,包晶转变时 δ 相的成分
J	1 495	0.17	包晶点
K	727	6.69	共析转变时 Fe$_3$C 的成分点
M	770	0	纯铁的居里温度
N	1 394	0	纯铁的多晶型性转变点 δ-Fe→γ-Fe
O	770	0.5	碳的质量分数为 0.5% 合金的磁性转变点
P	727	0.021 8	碳在 α-Fe 中的最大溶解度,共析转变时 α 相的成分点, 工业纯铁与钢的理论分界点
S	727	0.77	共析点
Q	室温	<0.001	室温时碳在 α-Fe 中的固溶度

2）特征线

ABCD 和 AHJECF 分别是液相线和固相线。

HJB：包晶转变线,在 1 495 ℃时,L$_B$+δ$_H$→ γ$_J$

EC：共晶转变线,在 1 148 ℃时,L$_C$→ γ$_E$+Fe$_3$C。

HN 和 JN 分别是 δ 相↔γ 相同素异构转变线。

ES：碳在 γ 相中的固溶度曲线

GS 和 GP 分别是 γ 相↔α 相同素异构转变线。

PSK：共析转变线,在 727 ℃时,γ$_S$→ α$_P$+Fe$_3$C

PQ：碳在 α 相中的固溶度曲线。

3）相区

① 单相区　在 ABCD 线以上为液相区 L,在 AHNA 区中为 δ 相区(高温铁素体),在 NJESGN 区为 γ 相区(奥氏体区),在 GPQG 区中为 α 相区(铁素体区),在 DFKL 区为 Fe$_3$C(渗碳体区)。

② 两相区　在 ABJHA 区中为 L+δ 区,在 JBCEJ 区中为 L+γ 区,在 DCFD 区中为 L+Fe$_3$C,在 HJNH 区中为 δ+γ 区,在 GSPG 区中为 α+γ 区,在 ECFKSE 区中为 γ+Fe$_3$C,在 QPSKLQ 区中为 α+Fe$_3$C 区。

③ 三相区　HJB 线为 L+δ+γ 三相共存区,ECF 线为 L+γ+Fe$_3$C 三相共存区,PSK

线为 $\gamma+\alpha+Fe_3C$ 三相共存区。

（2）铁碳合金的分类

铁碳合金按其碳含量（质量分数）的不同，可分为三大类、七小类。

① 工业纯铁 碳的质量分数小于 0.021 8% 的铁碳合金常称为工业纯铁，它的室温组织为 α 相或 α 相和少量三次渗碳体，其力学性能与纯铁类似。

② 钢 碳的质量分数位于 0.021 8% 与 2.11% 之间的铁碳合金称为钢，钢在高温时的组织为单相的奥氏体，塑性极好，能够进行热锻处理，根据钢在室温时的组织又可将其分为以下三小类。一是亚共析钢，其碳的质量分数位于 0.021 8% 与 0.77% 之间，其室温组织为先共析铁素体和珠光体（F+P）；二是共析钢，其碳的质量分数等于 0.77%，其室温组织全部为珠光体（P）；三是过共析钢，其碳的质量分数位于 0.77% 与 2.11% 之间，其室温组织为 P 与 Fe_3C_{II}。

③ 白口铸铁 碳的质量分数位于 2.11% 与 6.69% 之间的铁碳合金称为铸铁，由于碳以 Fe_3C 的形式存在时，在金相显微镜下其断口呈白亮色，所以称作白口铸铁，它们在凝固时发生共晶转变，具有较好的铸造性能，但共晶转变后得到以 Fe_3C 为基的莱氏体脆性很大，导致白口铸铁的塑性极差。白口铸铁依据其室温组织可将其分成三小类。一是亚共晶白口铸铁，其碳的质量分数位于 2.11% 与 4.3% 之间，其室温组织 P+ Fe_3C_{II} +Le′；二是共晶白口铸铁，其碳的质量分数等于 4.3%，其室温组织全部为变态莱氏体（Le′）；三是过共晶白口铸铁，其碳的质量分数位于 4.3% 与 6.69% 之间，其室温组织为 Fe_3C_I +Le′。

（3）典型合金的平衡凝固过程分析

铁碳合金中存在七种典型成分的合金，如图 5-35 所示，即工业纯铁、共析钢、亚共析钢、过共析钢、共晶铸铁、亚共晶铸铁、过共晶铸铁。下面将逐一分析其凝固过程。

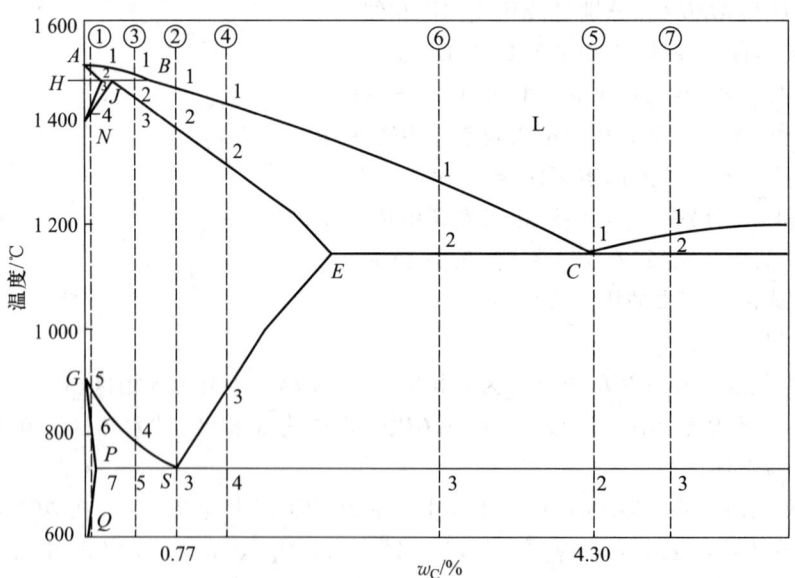

图 5-35 典型 Fe-Fe_3C 合金冷却过程分析

① 合金1 合金1的成分为工业纯铁,碳的质量分数约为0.01%,其在相图中的位置参见图5-35。显而易见,该合金降温至与液相线相交的1点时,开始进行匀晶转变,从液相中凝固出δ相,继续降低温度,液相的成分沿着相线AB进行变化,碳的质量分数不断增加,但相对含量呈现减少的趋势;而δ相的成分沿着固相线AH进行变化,碳的质量分数和相对含量得以继续增加。当冷却到2点时,L相向δ相转变完毕,获得$w_c=0.01\%$的δ相,温度从2点降至3点,δ相的成分和结构均不改变,仅对为降温冷却。当冷却至3点时,开始发生固溶体的多晶型性转变,由δ相→γ相。一般情况下,γ相的晶核优先在δ相的晶界处形成,在3~4点之间随温度的降低,δ相的成分沿着HN线进行变化,碳的质量分数和相对含量都不断减少;而γ相的成分沿着JN线进行变化,碳的质量分数不断降低,但相对含量不断增加。降温至4点时,固溶体完成多晶型性转变,δ相耗尽,获得$w_c=0.01\%$的γ相。在4~5点之间,随着温度的降低,γ相的成分和结构都不变,只是进行降温冷却。当冷却到5点时又开始发生固溶体的多晶型性转变,由γ相→α相进行转变。同样的道理,α相优先在γ相的晶界上形核。在5~6点之间随温度的降低,γ相的成分沿着GS线进行变化,碳的质量分数不断增加,但相对含量不断减少;而α相的成分沿GP线进行变化,碳的质量分数和相对含量都不断增加。当冷却至6点时,固溶体的多晶型性转变完毕,γ相完全转变α相,从而获得成分为$w_c=0.01\%$的α相。在6~7点之间随温度的降低,α相成分、结构均不改变,只是降温冷却,当降至7点时,α相的溶碳量达到溶解极限,在7点以下α相将发生脱溶转变,$\alpha \xrightarrow{\text{析出}} Fe_3C_{III}$,这时α相的成分沿PQ线进行变化,相对量逐渐减少,而Fe_3C_{III}的含量逐渐增加。Fe_3C_{III}的析出量一般很少,沿α相的晶界分布,它的凝固过程示意图如图5-36所示,它在室温时的组织为α相+Fe_3C_{III},如图5-37所示。根据杠杆定律可以获知它在室温下的组织组成物和相组成物的相对含量。工业纯铁碳的质量分数为0.021 8%时,析出的三次渗碳体的含量最多,用杠杆定律计算,Fe_3C_{III}最大的

质量分数 $=\dfrac{0.021\ 8-0.000\ 8}{6.69-0.000\ 8}\times100\%=0.3\%$。

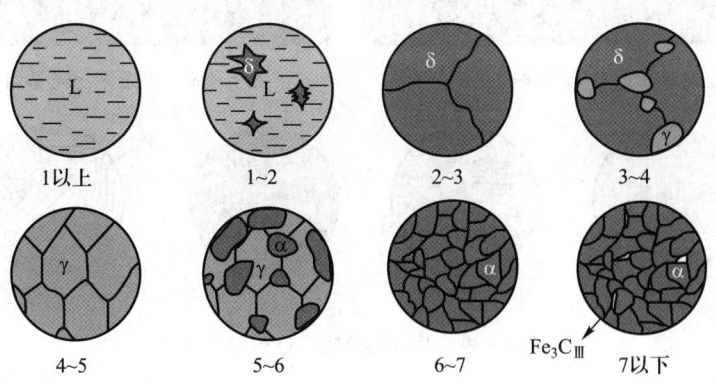

图5-36 工业纯铁的凝固过程示意图

根据铁碳相图可知,全部工业纯铁的凝固过程都类似于$w_c=0.01\%$合金的凝固过程,唯一的差别是Fe_3C_{III}的含量不同。

② 合金 2　碳的质量分数为 0.77% 的共析钢在相图中的位置参见图 5-35,不难观察,当合金从液相冷却到与液相线 *BC* 相交的 1 点时,发生匀晶转变从 L 相→γ 相,随着温度的降低,液相的成分沿着液相线 *BC* 进行变化,碳的质量分数不断增加但相对含量不断减少;而 γ 相的成分沿着固相线 *JE* 进行变化,碳的质量分数和相对含量都不断增加。当降温至 2 点时匀晶转变完毕,L 相消失,获得 $w_C = 0.77\%$ 的单相 γ 相,温度在 2~3 点逐渐降低,γ 相的成分、结构均保留,只是进行降温冷却。当冷却到 3 点时。奥氏体在恒温(727 ℃)发生共析转变,$\gamma_{0.77} \xrightarrow{727\ ℃} \alpha_{0.021\ 8} + Fe_3C$,转变产物称为珠光体(一般用 P 表示),它是 α 相和 Fe_3C 的机械混合物,该铁素体一般称为共析铁素体,用 α_P 表示,该渗碳体通常称为共析渗碳体,用 Fe_3C_K 表示。共析渗碳体通常呈层片状分布在铁素体基体上,如图 5-38 所示,其形成过程示意图如图 5-39 所示。共析渗碳体经过球化退火工艺处理后,以球状或粒状分布在 α 相基体中,称为球状珠光体。在 3 点以下共析 α 相的成分沿 *PQ* 线进行变化,发生脱溶转变析出三次渗碳体,$\alpha_P \rightarrow Fe_3C_{Ⅲ}$,它和共析渗碳体混合在一起,并且量很少,所以在显微镜下难以分辨,一般忽略不计,而共析 Fe_3C 和 $Fe_3C_{Ⅲ}$ 的成分都不发生变化,只是进行降温冷却。所以共析钢在室温时的组织组成物全部为珠光体。其相组成物为 α 相+Fe_3C,相对含量可采用杠杆定律加以计算。

图 5-37　工业纯铁的光学显微组织照片　　　　图 5-38　珠光体的光学组织照片

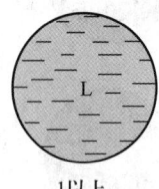  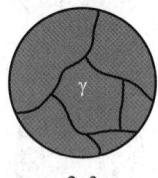 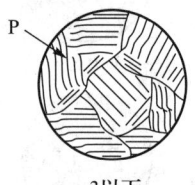

1以上　　　　　　1~2　　　　　　2~3　　　　　　3以下

图 5-39　共析钢的凝固过程示意图

$$在共析温度时:w_\alpha = \frac{6.69 - 0.77}{6.69 - 0.021\ 8} \times 100\% = 88.8\%$$

$$w_{Fe_3C} = 1 - w_\alpha = 11.2\%$$

室温时：$w_\alpha = \dfrac{6.69-0.77}{6.69-0.000\,8} \times 100\% = 88.5\%$

$$w_{\mathrm{Fe_3C}} = 1 - w_\alpha = 11.5\%$$

③ 合金 3 以碳的质量分数为 0.4% 的亚共析钢对其凝固过程进行说明，由图 5-35 可知，一旦它从液相降温至与液相线 AB 相交的 1 点，就会发生匀晶转变，从 L 相→δ 相，继续降低温度，液相成分沿着液相线 AB 进行变化，碳的质量分数不断增加，但相对含量不断减少，而 δ 相的成分沿着固相线 AH 进行改变，碳的质量分数和相对含量都不断增加，当冷却到 2 点时，液相的成分达到 B 点（$w_C = 0.53\%$），δ 相的成分达到 H 点（$w_C = 0.09\%$），这时液相和 δ 相在恒温下（1 495 ℃）发生包晶转变 $L_{0.53} + \delta_{0.09} \xrightarrow{1\,495\,℃} \gamma_{0.17}$，由于该钢的碳的质量分数 0.4% ＞包晶成分 $w_C = 0.17\%$，因此包晶转变完毕后有液相剩余。在 2～3 点之间随着温度的降低，剩余液相发生匀晶转变，不断凝固出 γ 相（$L_{\text{剩}} \rightarrow \gamma$ 相），其成分沿液相线 BC 进行改变，碳的质量分数不断增加，但相对含量不断减少；而包晶转变得到的 γ 相和匀晶转变得到的 γ 相成分都沿固相线 JE 改变，碳的质量分数和相对含量不断增加，当冷却至 3 点时匀晶转变结束，液相消失，得到成分为 $w_C = 0.4\%$ 的单相奥氏体，在 3～4 点之间随温度的降低，γ 相的成分和结构都不变，只是进行降温冷却。当降温至 4 点时开始发生固溶体的多晶型性转变，由 γ 相→α 相。通常 α 相优先在 γ 相晶界上形核。位于 4～5 点之间的合金，随着温度的降低，奥氏体成分沿着 GS 线转变，碳的质量分数不断增加，但相对含量不断减少，而 α 相的成分沿着 GP 线进行改变，碳的质量分数和相对含量都不断增加。当冷却到 5 点时，α 相的成分达到 P 点（$w_C = 0.021\,8\%$），剩余的 γ 相的成分达到共析成分 S 点（$w_C = 0.77\%$），这部分 γ 相在恒温（727 ℃）下发生共析转变 $\gamma_{0.77} \xrightarrow{727\,℃} \alpha_{0.021\,8} + \mathrm{Fe_3C}$ 形成珠光体，通常将在共析转变前由多晶型性转变形成的 α 相称为先共析铁素体 $\alpha_{\text{先}}$，在 5 点以下，$\alpha_{\text{先}}$ 和 $\alpha_{\text{共析}}$ 的成分都沿 PQ 线改变，发生脱溶转变析出三次渗碳体 $\alpha_{\text{先}} \rightarrow \mathrm{Fe_3C_{III}}$，$\alpha_{\text{共析}} \rightarrow \mathrm{Fe_3C_{III}}$，而共析渗碳体的成分不变，只是降温冷却，由于析出的 $\mathrm{Fe_3C_{III}}$ 量很少，一般忽略不计，所以 0.4%C 的亚共析钢在室温时的组成为 $\alpha_{\text{先}} + P$（先共析铁素体+珠光体）。它的凝固过程示意图如图 5-40 所示，图 5-41 为亚共析钢的光学组织照片。

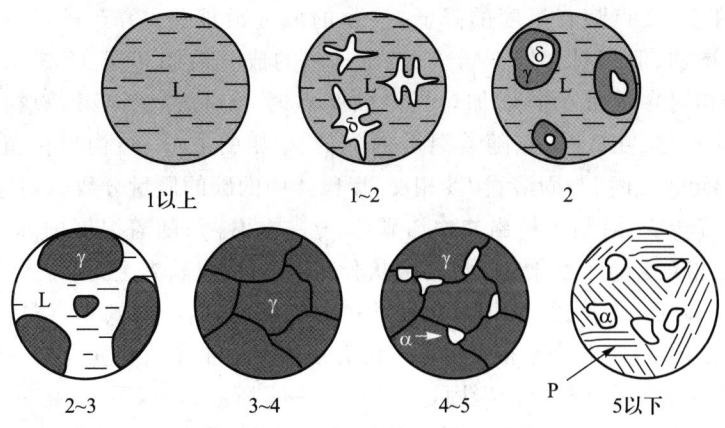

图 5-40 共析钢的凝固过程示意图

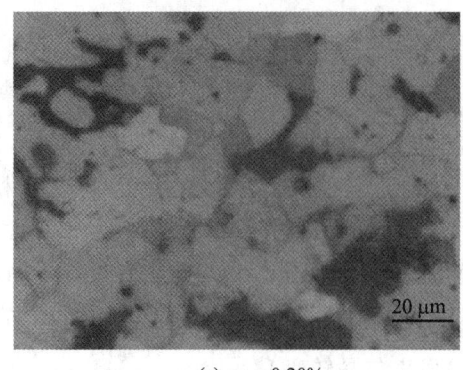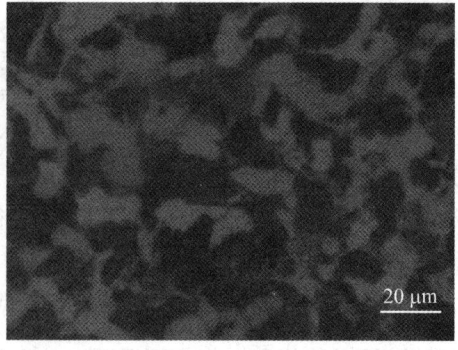

(a) $w_C=0.20\%$　　　　　　　　　　　(b) $w_C=0.45\%$

图 5-41　亚共析钢的光学组织照片

该钢在室温时的组织组成物和相组成物的相对含量也可用杠杆定律进行计算,相组构成为 $\alpha+Fe_3C$:

$$w_\alpha=\frac{6.69-0.40}{6.69-0.000\,8}\times100\%=94\%\,,w_{Fe_3C}=1-94\%=6\%$$

组织组成物为 $\alpha_{先}+P$:

$$w_{\alpha_{先}}=\frac{0.77-0.40}{0.77-0.021\,8}\times100\%=49.5\%\,,w_P=1-49.5\%=50.5\%$$

此外,先共析铁素体中还是析出三次渗碳体,其析出相的质量分数为 $w_{\alpha_{先}}\times$ 0.3% =0.15%。

由上述讨论结合相图可以看出,碳的质量分数在 0.17% 与 0.53% 之间的亚共析钢的平衡凝固过程都类似该合金凝固过程,而碳的质量分数在 0.53% 与 0.77% 之间的亚共析钢,在平衡凝固时只是不发生包晶转变,但其组织组成物都是由 $\alpha+P$ 组成,所不同的是亚共析钢随着碳的质量分数的增加,组织中珠光体含量不断增加,铁素体含量不断减少,并且两相的分布状态也有所改变,如图 5-41 所示。

④ 合金 4　以碳的质量分数为 1.1% 的过共析钢对其凝固过程进行说明,根据相图可知,当它从液相降温至与液相线 BC 相交的 1 点时,发生匀晶转变,从液相中凝固出 γ 相,在 1~2 点随着温度的降低,液相的成分沿液相线 BC 进行改变,碳的质量分数不断增加,但相对含量不断减少;而 γ 相的成分沿固相线 JE 进行变化,碳的质量分数和相对含量都不断增加。当冷到 2 点时,匀晶转变结束,液相消失,得到 $w_C=1.1\%$ 的 γ 相,在 2~3 点随着温度的降低,γ 相的成分、结构均保留,仅做降温处理,当降温至 3 点时,与固溶线 ES 相交,奥氏体中的碳的质量分数达到过饱和状态,开始发生脱溶转变,沿晶界析出二次渗碳体($\gamma\to Fe_3C_{\rm II}$);随着温度的降低,$Fe_3C_{\rm II}$ 的成分不变,但相对含量不断增加,并呈网状分布在 γ 相的晶界上,而 γ 相的成分沿固溶线 ES 转变,碳的质量分数和相对含量都在不断减少,当冷却到 4 点时,γ 相的成分达到共析成分 S 点,这部分 γ 相在 727 ℃恒温条件下发生共析转变 $\gamma_{0.77}\to P$,而 $Fe_3C_{\rm II}$ 不变。$w_C=1.1\%$ 的过共析钢的凝固过程如图 5-42 所示,可以看出,该钢在室温时的组织为 $P+$网状 $Fe_3C_{\rm II}$,如图 5-43 所示,用不同的浸蚀剂浸蚀后,P 和 $Fe_3C_{\rm II}$ 的颜色不

同,用硝酸酒精时,Fe₃C$_\text{II}$呈白色网状,P为黑色;用苦味酸钠时 Fe₃C$_\text{II}$呈黑色网状,P为浅灰色。

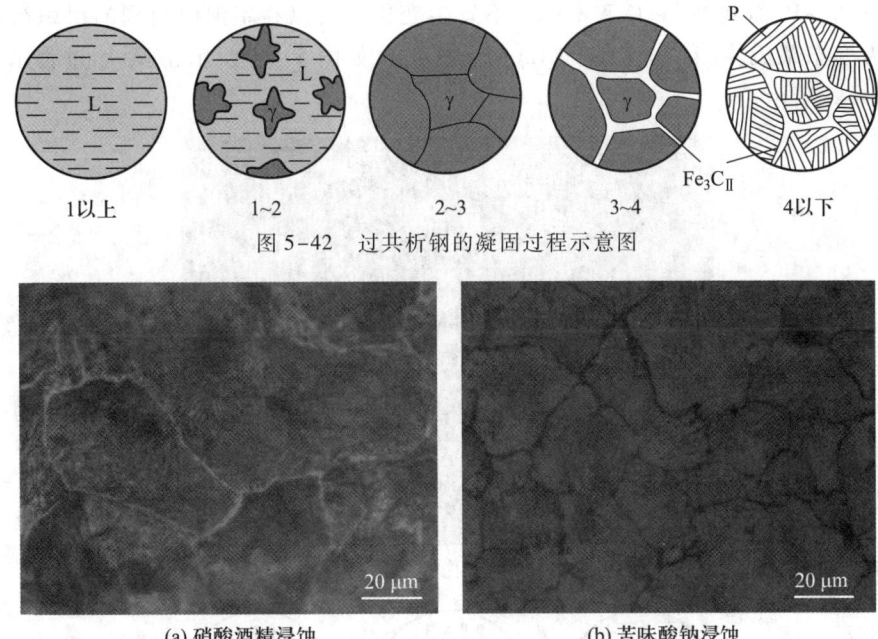

图 5-42　过共析钢的凝固过程示意图

(a) 硝酸酒精浸蚀　　　　　　　　(b) 苦味酸钠浸蚀

图 5-43　过共析钢的光学显微照片(图 a 为硝酸酒精浸蚀,白色为网状二次渗碳体,
暗黑色为珠光体;图 b 为苦味酸钠浸蚀,黑色为网状二次渗碳体,白浅白色为珠光体)

该钢在室温时的组织组成物和相组成物的相对量也可用杠杆定律计算。
组织组成物为 P+Fe₃C$_\text{II}$:

$$w_\text{P}=\frac{6.69-1.10}{6.69-0.77}\times100\%=94.43\%,w_{\text{Fe}_3\text{C}_\text{II}}=1-94.43\%=5.57\%$$

相组成物为 α+Fe₃C:

$$w_\alpha=\frac{6.69-1.10}{6.69-0.000\,8}\times100\%=83.57\%,w_{\text{Fe}_3\text{C}}=1-83.57\%=16.43\%$$

根据相图可知,所有的过共析钢的凝固过程都类似于该合金的凝固,不同的是,碳的质量分数越接近 0.77%,析出的 Fe₃C$_\text{II}$越少,呈断续网状分布,并且网很薄。若碳的质量分数接近 2.11%,析出的 Fe₃C$_\text{II}$多呈连续网状分布,并且网的厚度增加,过共析钢在 w_C=2.11% 时析出的 Fe₃C$_\text{II}$量最大,可用杠杆定律计算:

$$w_{\text{Fe}_3\text{C}_\text{II}}=\frac{2.11-0.77}{6.69-0.77}\times100\%=22.6\%$$

⑤ 合金 5　碳的质量分数为 4.3% 的共晶白口铸铁在相图中的位置参见图 5-35,根据相图进行分析,合金从液相降温至 1 点时,在 1 148 ℃条件下发生共晶转变 L$_{4.3}$→γ$_{2.11}$+Fe₃C,该共晶体称为莱氏体(L$_\text{d}$),莱氏体中的 γ 相称为共晶 γ 相,Fe₃C 称为共晶 Fe₃C,在 1~2 点之间随着温度的降低,共晶 γ 相发生脱溶转变析出 Fe₃C$_\text{II}$,其成分沿固溶线 ES 线进行变化,碳的质量分数和相对含量不断减少,Fe₃C$_\text{II}$的成分不变,相对

含量不断增加,但共晶 Fe_3C 的成分和相对含量都不变,只是进行降温冷却,当冷却到 2 点时,共晶 γ 的成分达到共析点(S 点),这部分 γ 相在 727 ℃条件下发生共析转变 $\gamma_{0.77} \rightarrow P$,而共晶 Fe_3C 和 Fe_3C_{II} 不发生变化。所以在室温时得到的组织组成物全部为变态莱氏体(L'_d)=($P + Fe_3C_{\mathrm{II}} + Fe_3C_{\text{共晶}}$),如图 5-44 所示,其凝固过程示意图如图 5-45 所示。

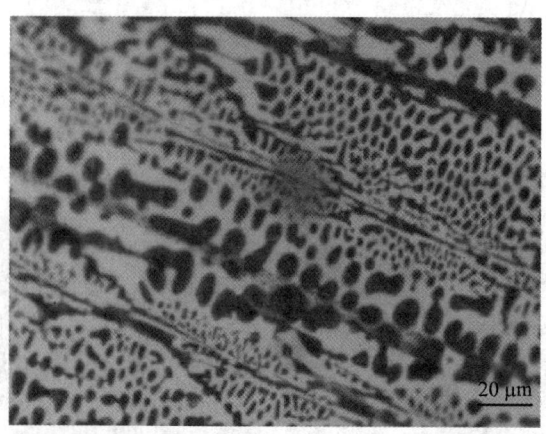

图 5-44　共晶白口铸铁的光学组织照片(白色基体是共晶渗碳体,黑色颗粒是珠光体)

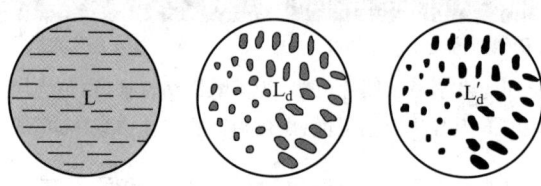

图 5-45　共晶白口铸铁的凝固过程示意图

共晶转变后莱氏体中的共晶 γ 相和共晶 Fe_3C 的相对含量可用杠杆定律计算。

$$w_{\gamma_{\text{共晶}}} = \frac{6.69-4.3}{6.69-2.11} \times 100\% = 52.2\% \ , \ w_{Fe_3C_{\text{共晶}}} = 1 - 52.2\% = 47.8\% \ 。$$

共析转变为 $P + Fe_3C$($Fe_3C_{\mathrm{II}} + Fe_3C_{\text{共晶}}$),它们的相对含量也可用杠杆定律计算。

$$w_P = \frac{6.69-4.3}{6.69-0.77} \times 100\% = 40.37\% \ , \ w_{Fe_3C} = 1 - 40.37\% = 59.63\%$$

因此,$w_{Fe_3C_{\mathrm{II}}} = w_{\gamma_{\text{共晶}}} \times w_{Fe_3C_{\mathrm{II} \text{最大}}} = 52.2\% \times 22.6\% = 11.80\%$ 。

该合金在室温时的相组成物为 $\alpha + Fe_3C$,它们的相对含量也可用杠杆定律计算。

$$w_{\alpha} = \frac{6.69-4.3}{6.69-0.008} \times 100\% = 35.73\% \ , \ w_{Fe_3C} = 1 - 35.73\% = 64.27\%$$

⑥ 合金6　本节利用碳的质量分数为 3.2%(图 5-35)的亚共晶白口铸铁阐述其凝固过程。该合金从液相降温至与液相线 BC 相交的 1 点时,开始发生匀晶转变从 L 相 $\rightarrow \gamma$ 相,在 1~2 点之间随温度的降低,液相的成分沿液相线 BC 不断变化,碳的质量分数不断增加,但相对含量不断减少,而 γ 相的成分沿固相线 JE 改变,碳的质量分数和相对含量都不断增加。当冷却到 2 点时,γ 相的成分达到 E 点($w_C = 2.11\%$),而液相的成分达到共晶成分 C 点($w_C = 4.3\%$),在 1 148 ℃条件下发生共晶转变 $L_{4.3} \rightarrow \gamma_{2.11} + Fe_3C$,

形成莱氏体。在共晶转变之前,从液相中先凝固出的 γ 相称为初晶奥氏体,记为 $\gamma_{初}$,它在共晶转变时不发生变化。在 2~3 点之间随着温度的降低,共晶 Fe_3C 不发生变化,只是进行降温冷却,但 $\gamma_{初}$ 和 $\gamma_{共晶}$ 的成分沿固溶线 ES 改变,发生脱溶转变析出 Fe_3C_{II},它们的碳的质量分数和相对含量都不断减少,而 Fe_3C_{II} 的成分不变,相对量不断增加,当冷却到 3 点时,$\gamma_{初}$ 和 $\gamma_{共晶}$ 的成分都达到共析成分 S 点($w_C = 0.77\%$),都在 727 ℃ 条件下进行共析转变 $\gamma_{0.77} \rightarrow P(\alpha + Fe_3C)$ 形成珠光体,因此最后的室温组织为 $P + Fe_3C_{II} + L'_d$,如图 5-46 所示。由该图可以看出,$\gamma_{初}$ 转变的 P 在室温时仍保留着 $\gamma_{初}$ 的树枝状形态,该合金在室温时的组织组成物和相组成物的相对含量也可用杠杆定律计算:组织组成物为 $P + Fe_3C_{II} + L'_d$。由于共晶转变后的组织为 $\gamma_{初} + L_d$,$w_{\gamma_{初}} = \dfrac{4.3 - 3.2}{4.3 - 2.11} \times$

$100\% = \dfrac{1.1}{2.19} \times 100\% = 50.23\%$,$w_{L_d} = 1 - 50.23\% = 49.77\%$。则 $w_{L'_d} = w_{L_d} = 49.77\%$,因

为 $w_{Fe_3C_{II}最大} = 22.6\%$,所以 $w_{Fe_3C_{II}} = w_{\gamma_{初}} \times 22.6\% = 50.23\% \times 22.6\% = 11.35\%$;因此,$w_P =$

$w_{\gamma_{初}} - w_{Fe_3C_{II}} = 50.23\% - 11.35\% = 38.88\%$。相组成物为 $\alpha + Fe_3C$,$w_\alpha = \dfrac{6.69 - 3.2}{6.69 - 0.0008} \times$

$100\% = \dfrac{3.49}{6.6892} \times 100\% = 52.17\%$;$w_{Fe_3C} = 100\% - 52.17\% = 47.83\%$。

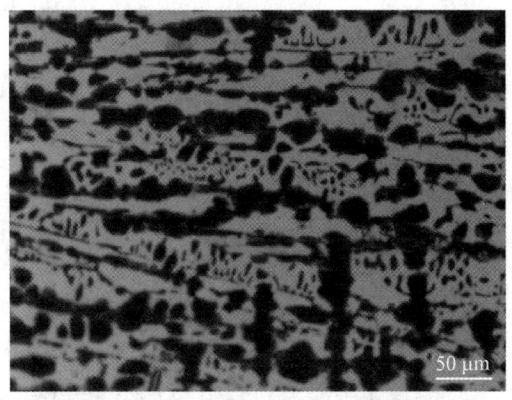

图 5-46 亚共晶白口铸铁的光学组织照片(黑色树枝状组织为 P,其余为 L'_d)

由相图可以看出,所有亚共晶白口铸铁的凝固过程都类似于该合金的凝固过程,区别是碳的质量分数越接近 2.11%,P 和 Fe_3C_{II} 的量增加,L'_d 减少,而碳的质量分数接近 4.3% 时,P 和 Fe_3C_{II} 的量减少,L'_d 量增加,亚共晶白口铸铁与共晶白口铸铁相比只是多了 $\gamma_{初}$,其他的与共晶白口铸相同,该合金的凝固过程示意图如图 5-47 所示。

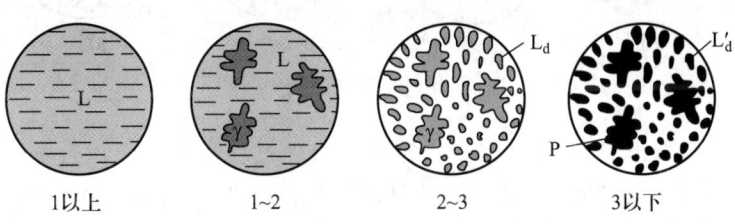

图 5-47 亚共晶白口铸铁凝固过程示意图

⑦ 合金7   利用碳的质量分数为 5%（图 5-35）的过共晶白口铸铁阐述其凝固过程，该合金从液相降温至与液相线 CD 相交的 1 点时，开始发生匀晶转变，从液相中凝固出条状的一次渗碳体（记为 Fe_3C_I），在 1～2 点随着温度的降低，液相的成分沿液相线 CD 转变，碳的质量分数和相对含量不断减少，而 Fe_3C_I 的成分不变，但相对含量不断增加，当冷却到 2 点时，液相的成分达到共晶成分 C 点（$w_C = 4.3\%$），在 1 148 ℃ 恒温条件下发生共晶转变：$L_{4.3} \rightarrow L_d(\gamma_{2.11} + Fe_3C)$，形成莱氏体，在 2～3 点随着温度的降低，共晶 γ 的成分沿固溶线 ES 改变，发生脱溶转变析出 Fe_3C_{II}，它的碳的质量分数和相对含量都不断减少，析出的 Fe_3C_{II} 成分不变，但相对含量不断增加，当冷却到 3 点时，共晶 γ 成分达到共析成分 S 点（$w_C = 0.77\%$），在 727 ℃ 恒温条件下发生共析转变形成 P，最后得到的室温组织为 $Fe_3C_I + L'_d$，如图 5-48 所示，Fe_3C_I 具有规则的外形。它的凝固过程示意图如图 5-49 所示。该合金在室温下的组织组成物和相组成物的相对含量也可用杠杆定律计算，组织组成物为 $Fe_3C_I + L'_d$，$w_{L'_d} = w_{L_d} = \dfrac{6.69-5}{6.69-4.3} \times 100\% = \dfrac{1.69}{2.39} \times 100\% = 70.71\%$，$w_{Fe_3C_I} = 100\% - 70.71\% = 29.29\%$。相组成物包含 α 相和 Fe_3C，$w_\alpha = \dfrac{6.69-5.00}{6.69-0.000\,8} \times 100\% = 25.26\%$，$w_{Fe_3C} = 1 - 25.26\% = 74.74\%$。

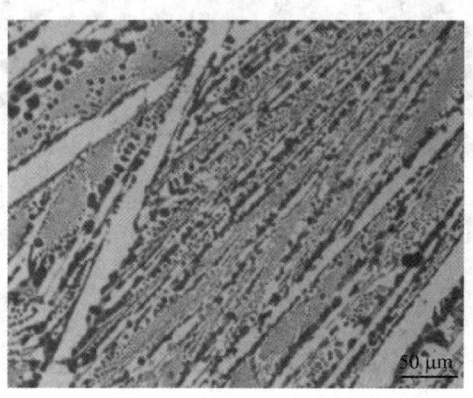

图 5-48   过共晶白口铸铁的光学组织照片（白色条状为 Fe_3C_I，其他部分为 L'_d）

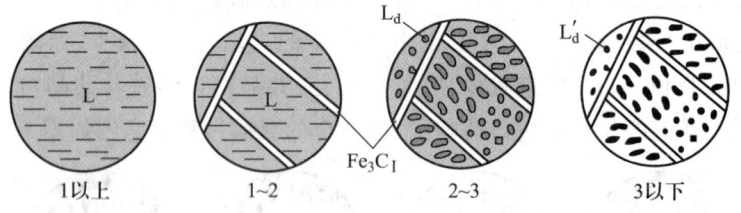

图 5-49   过共晶白口铸铁的凝固过程示意图

由相图可以看出，所有过共晶白口铸铁的凝固过程都类似于该合金的凝固过程，区别是在于当碳的质量分数接近 4.3% 时，L'_d 含量增加，Fe_3C_I 含量减少，而碳的质量分数接近 6.69% 时，L'_d 含量减少，Fe_3C_I 含量增加。由上述典型成分铁碳合金的平衡凝固过程分析,可以得出铁碳合金的成分与组织的关系图,即 $Fe-Fe_3C$ 相图的组织分区图(组织组成物图),如图 5-50 所示。掌握该图有利于了解各种不同成分的铁碳合金在平衡凝固后的组织变化。

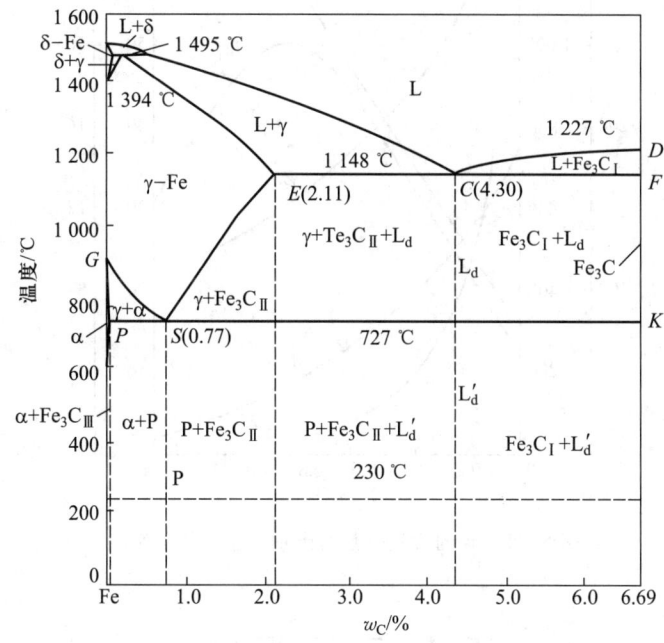

图 5-50 $Fe-Fe_3C$ 相图的组织分区图

（4）碳的质量分数对碳钢组织与性能的影响

由上述分析可知,铁碳合金随碳的质量分数的增加,其组织的变化规律为: $\alpha + Fe_3C_{III} \rightarrow \alpha + P$（珠光体） $\rightarrow P \rightarrow P + Fe_3C_{II} \rightarrow P + Fe_3C_{II} + L'_d$（变态莱氏体） $\rightarrow L'_d + Fe_3C_I$。

由于平衡凝固后铁碳合金的各种组织,均由 α 相和渗碳体两种基本相组成,而铁碳合金随着碳的质量分数的增加,这两种基本相的变化规律是 α 相含量不断减少,渗碳体含量不断增加。因 α 相塑形变形能力高,渗碳体的特点是质硬脆,因此铁碳合金的力学性能主要取决于这两种基本相的性能、相对含量、形貌及其分布。

碳的质量分数对碳钢力学性能的影响如图 5-51 所示。当碳的质量分数低于 1% 时,随碳的质量分数的增加,钢的强度、硬度增加,但塑性、韧性降低,这说明渗碳体起到了较好的强化相作用,若碳的质量分数超过 1% ,继续增加碳的质量分数,钢的硬度增加,但其强度、塑性、韧性下降, Fe_3C_{II} 形成连续网状分布,进一步破坏了 α 相基体之间的连接作用。

对白口铸铁而言,由于其组织中的莱氏体是以渗碳体为基体的硬脆组织,所以白口铸铁的特点是硬度和耐磨性高,但脆性很大,故它们只能用作犁铧、球磨机磨球等需要高硬度、高耐磨性、受冲击较小的零件。

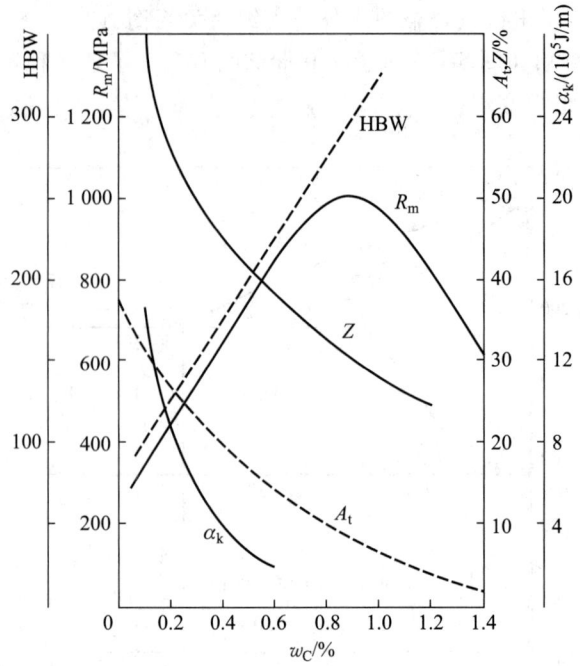

图 5-51 碳的质量分数对碳钢力学性能的影响

5.4 三元相图

工业上使用的合金有很多包含三个组元甚至更多组元,例如,Fe-C-Cr 轴承钢、Fe-Cr-Ni 不锈钢、Al-Mg-Si 合金等,因此三元相图具有非常重要的应用价值。

5.4.1 三元相图表示

三元系比二元系又多了一个组元,因此其成分变量增加至两个,需采用两个坐标轴进行表示:假设压力不变,加上一个温度坐标,三元系相图为三维立体图。该立体通常为三棱柱体,三棱柱体内的任意一点都代表着不同成分的三元合金及其状态。

三元系中存在两个独立的成分变量,需要两个成分坐标来反映合金的成分,由成分坐标轴限定的三角形平面区称为成分三角形或浓度三角形,该三角形内的任意一点即不同成分的三元物质。三元相图常用的成分三角形是正三角形,在少数情况下亦可使用等腰三角形和直角三角形来反映三元系的合金成分。

1. 正三角形

正三角形是三元相图中最常用的一种成分表示法,它是利用正三角形的某些几何特征表示三元系中三组元之间的成分关系。其具体表示方法如图 5-52 所示,由图可以看出:① 正三角形中三个顶角,代表三元合金的三个纯组元 A、B、C;② 正三角形的三条边,代表三元合金系中三个二元合金 A-B、B-C 和 C-A 的成分变化;③ 正三角形中的任何一点都表示一个特定成分的三元合金。合金所含三个组元的量可用下述方法求得,(图 5-52a)。若以 E 合金为例,首先过 E[①] 点分别作正三角形的三条平行线,并相交于各边,这样与各顶角相对的平行线与正三角形各边的截距,分别表示各顶角组元的含量。如 E 合金中包含组元 A、B、C 的含量分别为 $a\%$、$b\%$、$c\%$。由正三角形的几何特征可知 $a\% + b\% + c\% = 100\%$。

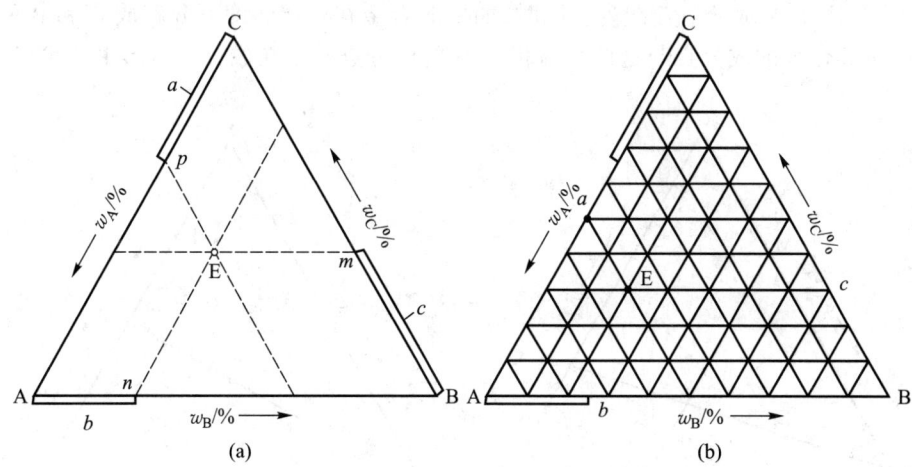

图 5-52 正三角形内合金成分的表示及包含浓度网格的成分三角形

通常情况下,可把正三角形用相同的格值做成带成分网格的三角形(图 5-52b),可以快速确定各三元合金的成分。如图 5-52b 中 E 合金含组元 A、B、C 的含量分别为 50%、20%、30%。

2. 成分三角形中的特征线

用正三角形表示三元合金的成分时,在成分三角形中存在着具有特定意义的两种直线,如图 5-53 所示。

① 等含量直线 该直线的含义是只要位于这样直线上的合金,它们含其对应顶角组元的成分是相同的。如 MN 线上的合金 A 组元的含量相同。

② 等比例直线 该直线的含义是只要位于这样直线上的合金,它们含另外两组元的成分比是恒定不变的,如 AD 线上的合金含 B、C 组元的成分比是不变的。

3. 其他成分三角形

除了可以用正三角形表示三元合金的成分,在少数情况下还可以用等腰三角形或者直角三角形表示其成分,在本章中研究的三元合金均采用正三角形表示其成分,因此,用等腰三角形和直角三角形表示合金成分在本书中不再赘述。

5.4.2 三元系中成分计算

三元系相图中杠杆定律的应用如下。

1. 共线法则

三元系中出现两相平衡时,通过共线法则确定合金成分以及相成分之间的关系。

---

① 在成分三角形中,各点表示合金或组元,在本节中用正体表示。

当三元合金在特定条件下出现两相平衡时,合金成分与两相平衡的成分点必定在成分三角形内的某一直线上,这一规律就称为共线法则。

在图 5-54 中,两个不同成分的三元合金 M、N 混合熔化后,构成一个新成分的三元合金 E,这三个合金 M、N、E 的成分点在成分三角形中共线上,并且 E 合金的成分一定位于 M、N 合金成分点连线内。同时,如果 E 合金在一定温度下分解成 α 和 β 两个新相,则 E 合金的成分点与这两个新相 α、β 的成分点必定在成分三角形中共线。

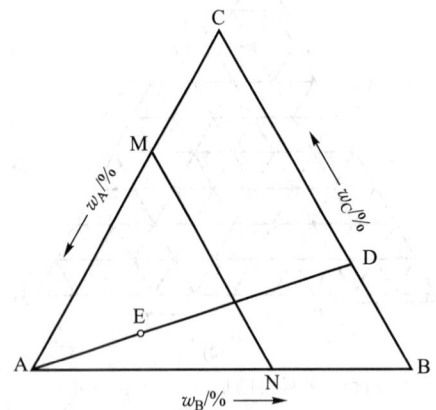

图 5-53   成分三角形中存在的特殊直线

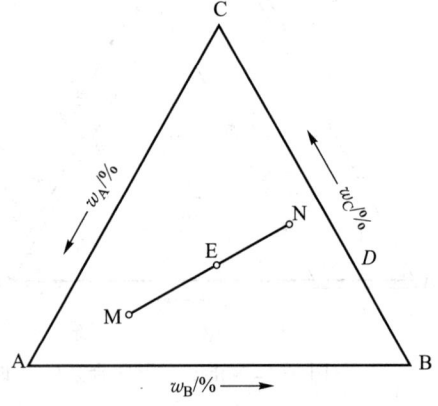

图 5-54   三元相图中的共线法则

2. 共线法则的证明

三元合金出现两相平衡时,遵循的共线法则可以用以下方法证明,如图 5-55 所示。假设 O 合金在特定条件下分解成 α 相和 β 相,α 相和 β 相的成分点分别为 a、b 点,根据成分三角形可知合金、α 相和 β 相中 B 组元的含量分别为 A_{o_1}、A_{a_1} 和 A_{b_1},而 C 组元的量分别是 A_{o_2}、A_{a_2} 和 A_{b_2}。若此时 α 相的含量为 w_α,则 β 相的含量则为 $1-w_\alpha$。

根据质量守恒定律可知,α 相和 β 相中的 B 组元总质量与合金中 B 组元的总质量相同,同理,α 相和 β 相中 C 组元总质量与合金中 C 组元总质量相同。即

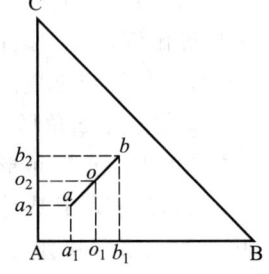

图 5-55   共线法则的证明

$$\begin{cases} A_{a_1}w_\alpha + A_{b_1}(1-w_\alpha) = A_{o_1} \\ A_{a_2}w_\alpha + A_{b_2}(1-w_\alpha) = A_{o_2} \end{cases}$$

移项得
$$\begin{cases} w_\alpha(A_{a_1}-A_{b_1}) = A_{o_1}-A_{b_1} \\ w_\alpha(A_{a_2}-A_{b_2}) = A_{o_2}-A_{b_2} \end{cases}$$

上下两式相除得:$\dfrac{A_{a_1}-A_{b_1}}{A_{a_2}-A_{b_2}} = \dfrac{A_{o_1}-A_{b_1}}{A_{o_2}-A_{b_2}}$,由此可得三元合金

在两相平衡时,两平衡相的成分点与合金的成分点为直线关系,即 o、a、b 在一条直线上。

3. 杠杆定律的应用

由于三元合金在两相平衡时遵守共线法则,所以在该直线上可以利用杠杆定律来计算两平衡相的相对含量。以图 5-55 中 O 合金为例,它在一定温度处于 α、β 两相

平衡，若设 α 相的质量分数为 w_α，则由上述分析可得 $w_\alpha(A_{a_1}-A_{b_1})=A_{o_1}-A_{b_1}$，移项得

$$w_\alpha=\frac{A_{b_1}-A_{o_1}}{A_{b_1}-A_{a_1}}=\frac{\overline{o_1b_1}}{\overline{a_1b_1}}=\frac{\overline{ob}}{\overline{ab}},\quad w_\beta=1-w_\alpha=\frac{\overline{ao}}{\overline{ab}}$$，即两相平衡时的相对量与其线段长度成反比。

需要说明的是，在计算两平衡相的相对含量时，应先确定出合金和两平衡相的成分，若 O 合金中组元 B 和 C 的质量分数分别为 30% 和 30%，α 相中组元 B 和 C 的质量分数分别为 15% 和 15%，β 相中组元 B 和 C 的质量分数分别为 40% 和 40%，则

$$w_\alpha=\frac{40-30}{40-15}\times100\%=40\%,\quad w_\beta=\frac{30-15}{40-15}\times100\%=60\%。$$

根据三元合金系中共线法则和杠杆定律的分析，可以得出以下推论。

若某一成分的三元合金在特定条件下出现 α 相和 β 相两相平衡，一旦确定 α 相的成分，则 β 相的成分必然在 α 相成分点和合金成分点连线延长线上；如果 α 相和 β 相两平衡相成分确定，合金成分点一定位于 α 相和 β 相成分点的连线上。

5.4.3　重心定律

重心法则是三元合金出现三相平衡时，合金的成分点与其三平衡相成分点所遵循的法则，也称为重心定律。某种三元合金在特定条件下获得 α、β、γ 相三相平衡，那么合金的成分点势必处于 α、β、γ 相三相成分点构成三角形的质量重心上，这个规律就称为重心定律。借助重心定律可以看出，在三元合金系中存在三相平衡时，体系的自由度是 1。确定温度，三个平衡相成分也是确定的。图 5-56 中 O 合金（可以是单相固溶体或单相熔融液相）在某一条件下处于 α、β、γ 相三相平衡成分点 P、Q、S 组成的三角形质量重心处。

同样的，如果三个成分不同的三元合金，在一定温度时熔配成一个新的三元合金时，则该新三元合金的成分点一定位于三个熔配合金形成的成分三角形的质量重心位置上。

5.4.4　三元匀晶相图

根据相律可知，三元合金中存在两相平衡时，其自由度 $f=C-P+1=3-2+1=2$，因此它有两个独立可变因素，即存在温度和某一相的成分是可以独立改变的，所以三元合金的两相平衡区应是一个固定的空间区域。若组成三元合金的三个组元在液相和固相都可以无限互溶，则其所构成的相图称为三元匀晶相图，如图 5-57 所示。三元合金相图与二元合金相图类似，一般也是通过热分析法测定，先配制一系列不同成分的三元合金，测出它们的冷却曲线，然后将各合金的相同性质的相变点连接起来。

1. 相图分析

图 5-57 展示了由 A、B、C 三个组元组成的三元匀晶相图的立体模型，图中底面三角形 ABC 是 A、B、C 三组元的成分三角形，与它垂直的三个坐标都是温度坐标。

（1）点

三角形三个顶点 A、B、C 为三个纯组元。A_1、B_1、C_1 三点表示 A、B、C 三个组元的熔点。

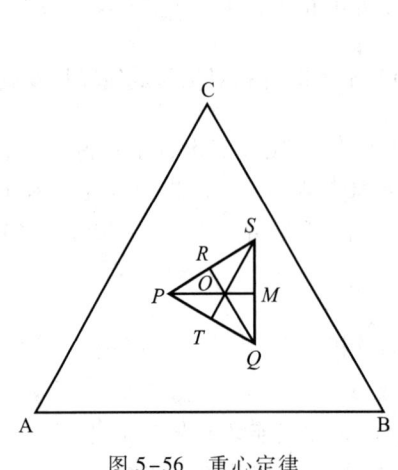

图 5-56 重心定律

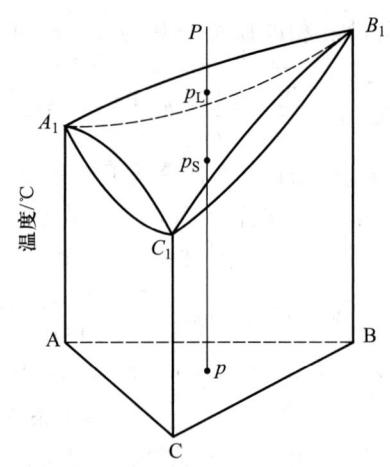

图 5-57 三元匀晶相图

（2）线

A_1B_1、B_1C_1 和 C_1A_1 上凸线分别是 A-B、B-C 和 C-A 三个二元合金系的液相线；A_1B_1、B_1C_1 和 C_1A_1 下凹线分别是 A-B、B-C 和 C-A 三个二元合金系的固相线。

（3）面

$A_1B_1C_1$ 上凸面是 A-B-C 三元合金的液相面，三元合金冷却到该面时开始凝固（L→α 的开始面），$A_1B_1C_1$ 下凹面是 A-B-C 三元合金的固相面，三元合金冷却到该面时凝固终止（L→α 的终止面），该匀晶转变从液相中凝固出的是三元合金固溶体。

（4）相区

① 单相区有 L 相和 α 相两个，在液相面 $A_1B_1C_1$ 上凸面以上为单相的液相区；在固相面 $A_1B_1C_1$ 下凹面下方是单相的 α 相区。② 两相区，在液相面 $A_1B_1C_1$ 上凸面和固相面 $A_1B_1C_1$ 下凹面中间是液相 L 相和 α 相两相区。从点、线、面、相区四个角度分析可知，三元匀晶相图的立体模型图是一个三棱柱体，它的三个侧面分别表示三个二元匀晶相图。三元合金的液相面和固相面的边缘是由这三个二元匀晶相图的液相线和固相线所组成。

2. 水平截面图和垂直截面图

三元立体相图比较复杂，对于三元立体相图的分析通常会借助水平截面图和垂直截面图，首先讨论水平截面图。水平截面图又称等温截面图，它是用来表示在某一条件下，所有合金处于平衡状态的相，各平衡相成分并可由此获得各相的相对含量。

三元匀晶相图的水平截面如图 5-58 所示，它是以一定温度为一水平面与三元匀晶相图的立体图相截，其截面就是该温度时的水平截面图（或等温截面图）。由图 5-58 可知，该水平截面与液相面和固相面的交线分别为 de 和 gf，所以 de 和 gf 分别是液相面和固相面的等温线，也就是共轭曲线，将其称为液相线和固相线。显而易见，液相线 de 和固相线 gf 把该水平截面图分为三个相区，即液相线 de 以下的液相区，固相线 gf 以上的 α 相区，de 和 gf 线之间的 L+α 两相区。需要说明的是水平截面图也是通过实验直接测定的，并非先作出立体图后再用水平截面截取而获得。

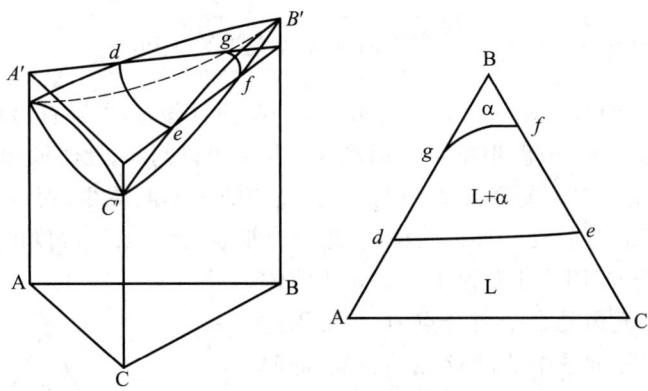

图 5-58　三元匀晶相图的水平截面

　　根据单一水平截面图只能反映三元合金在某一温度下的状态,而无法反映三元合金的凝固过程,所以通常采用一组不同温度的水平截面图分析三元合金的凝固过程。图 5-59a、b、c 分别是三元合金在三个不同温度下的水平截面图。可以看出,降低温度,α 相区扩大,L 液相区缩小,L+α 两相平衡区向液相区一方偏移。另外,各水平截面图中,L 相和 α 两相区中的直线为各不同成分的合金,在 T_1、T_2、T_3 温度时两平衡相的连接线,这些连接线也是由实验测出的。根据相律,三元合金在两相平衡时自由度为 $f = C - P + 1 = 3 - 2 + 1 = 2$,在水平截面图由于温度是确定的,所以自由度变为 1,因此只有一个相的成分是独立可变的,而另一个相的成分必定随之而变。如需确定两平衡相的成分,首先需要借助实验测出一个相的成分,通过共线法则计算出另一个相的成分,确定两平衡相的成分后,根据两平衡相的连接线就可计算出合金在该温度时,两平衡相的相对含量,如图 5-59c 所示的合金 O 在 T_3 温度时液、固两平衡相的成分点为 n 和

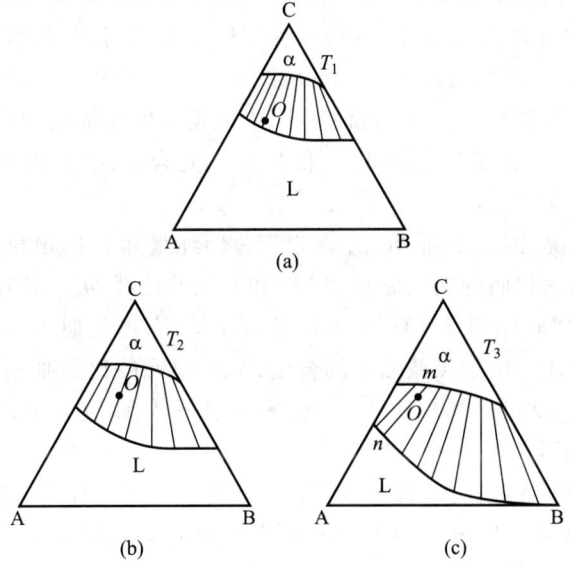

图 5-59　由水平截面图确定平衡相的成分和相对含量($T_1 > T_2 > T_3$)

m，则两平衡的相对量分别为 $w_L = \dfrac{\overline{mO}}{\overline{mn}} \times 100\%$，$w_S = \dfrac{\overline{nO}}{\overline{mn}} \times 100\%$。

另外，利用一组水平截面图分析三元合金的凝固过程时，可以看出在 T_1 温度时合金 O 处于 L 和 α 两相平衡，根据 O 点两侧线段长度可以判断，此时液相的含量较多，α 相的含量较少，随着温度的降低 $T_1 \rightarrow T_2 \rightarrow T_3$，液相的量不断减少，而 α 相的含量不断增加，在 T_3 温度时合金 O 已接近固相线，此时液相消耗殆尽，当温度继续降低到与固相（等温）线相交，凝固终止获得单相的 α 固溶体。

如果将某三元匀晶合金成分点 O，与凝固过程中的一组水平截面图中的过 O 点的各液、固两平衡相的连接线都投影到成分三角形中，并将代表液相和固相的成分点分别连接起来，不难发现三元匀晶合金凝固时，液、固两相的成分和相对量的变化符合蝴蝶形规律，即液、固两相的成分和相对含量的变化轨迹为蝴蝶形轨迹，如图 5-60 所示。

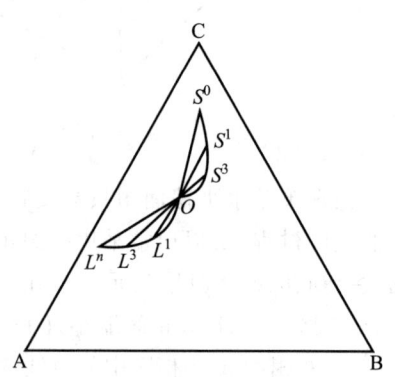

图 5-60　三元匀晶转变过程中液、固相成分变化的投影

3. 垂直截面图

三元相图常用的垂直截面图主要有两种，一种是某一组元含量恒定，采用垂直于成分三角形的一个平面与立体图的某一侧面平行而获得的截面，如图 5-61a、b 所示；另一种是某两个组元比值恒定，采用垂直于成分三角形的一个平面并且过成分三角形的一个顶点而获得的截面，如图 5-61a、c 所示。对于第一种情况，由于截面与成分三角形的交线 FE 平行于成分三角形的 AB 边，所以该截面与三元合金的液相面和固相面的交线分别为 L_1L_2 和 a_1a_2，则凸曲线 L_1L_2 和凹曲线 a_1a_2 分别为液相线和固相线，根据如图 5-61b 所示，其与二元匀晶相图很相似，在液相线 L_1L_2 以上是单相 L 相区，在固相线 a_1a_2 以下是单相的 α 相区，在 L_1L_2 和 a_1a_2 之间是 α+L 两相区。所不同的是，在该截面上的所有三元合金含 C 组元的量都相同，并且成分坐标轴的两端所代表的不是纯组元 A、B，而是 C 组元含量确定的 A-C 和 B-C 二元合金，导致液、固相线在该垂直截面图的两端不能相交成一点。

对于第二种情况，因为截面 BG 过成分三角形纯组元 B 的顶角，所以该截面与三元合金的液相面和固相面的交线分别为 bL_3 和 ba_3，凸曲线 bL_3 和凹曲线 ba_3 分别为液相线和固相线，该截面如图 5-61c 所示。显而易见，它也类似于二元匀晶相图，其包含相区在此不再赘述。位于该截面上的合金，A、C 组元的比值唯一确定，成分坐标轴的一端是纯组元 B，液固相线相交于一点，另一端是 A、C 组元是比例恒定的二元合金，液固相线不能相交。

无论采用何种垂直截面图，都可以简化三元合金凝固过程的分析步骤。如合金 O 在 t_1 温度以上为单相的 L，降温至 t_1 温度时开始进行匀晶转变 L→α，凝固出 α 固溶体，进入 L+α 两相区，在 t_2 温度时凝固完毕，形成均匀的单相 α 固溶体，只需一个垂直截面图，即可反映合金 O 在各不同温度时所处的状态。

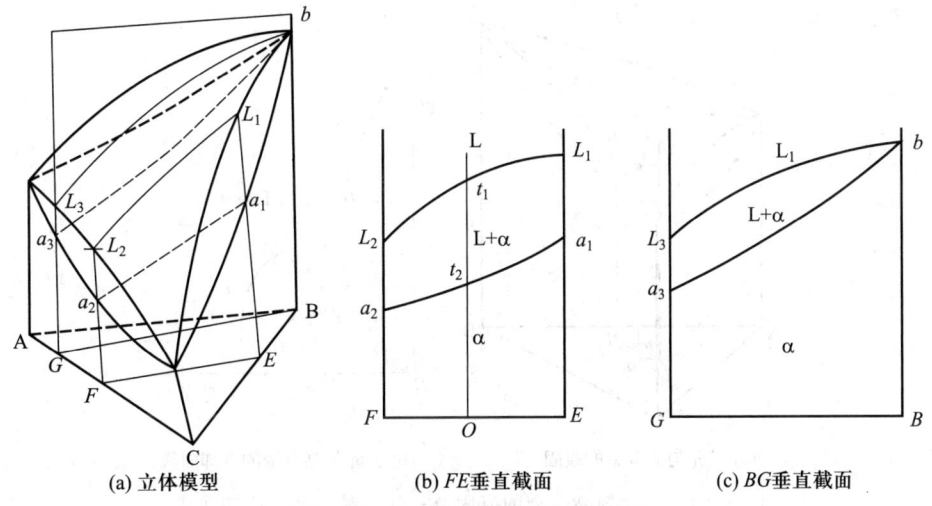

(a) 立体模型   (b) *FE*垂直截面   (c) *BG*垂直截面

图 5-61 三元匀晶相图的垂直截面

需要说明的是,用垂直截面图无法获得两平衡相的成分,也无法用杠杆定律计算两平衡相的相对量。因为垂直截面图上的液相线和固相线与二元合金相图中的液相线和固相线不同,它们是由垂直截面与立体图中的液、固相面相截得到的,截面上的液、固两相间不存在着相平衡关系。原因在于三元固溶体合金凝固时,各两相平衡的连接线不在同一个垂直平面上,所以垂直截面图上的液、固相线不能代表合金凝固时液、固两平衡相的成分变化轨迹。

4. 三元匀晶合金的平衡凝固过程分析

由于三元匀晶相图包含三个两两互成二元匀晶相图,所以三元匀晶合金的凝固过程类似二元匀晶合金,区别在于三元匀晶合金的成分变化更加复杂。以合金 O 为例,从图 5-62a 可以看出,合金 O 在液相面以上时为纯液相,当降温至与液相面相交的 t_1 温度,开始发生匀晶转变 L→α,从液相中凝固出 α 相,这时液相的成分未变,α 相的成分在固相面上为 E 点;降低温度,液相的成分沿着液相面进行变化,固相的成分沿着固相面进行变化,液相的量不断减少,固相的量不断增加;当降温至 t_2,液相的成分达到 M 点,固相的成分达到 F 点,根据共线法则可得,M 点和 F 点与合金 O 在该温度的成分点必然在同一直线上,该直线就是 L 和 α 两平衡相的连接线;继续降温至 t_3 时,液相的成分达到 N 点,固相的成分达到合金 O 的成分,该合金凝固完毕,得到均匀的 α 相组织,其冷却曲线如图 5-62b 所示,需要注意的是,合金 O 凝固时,液相 L 和 α 相的成分沿着液相面和固相面的变化线 t_1MN 和 EFt_3 是两条空间曲线,它们不在同一个垂直平面上;因此这两条空间曲线在成分三角形中的投影形状为蝴蝶形,所以三元合金平衡凝固时,两平衡相成分变化轨迹的投影按蝴蝶形规律变化,如图 5-62a 所示。由于三元合金凝固时,两相平衡的成分无法由立体图直接确定,所以必须由实验测出平衡相的成分后,方可根据共线法则确定另一平衡相的成分,继而应用杠杆定律计算它们的相对含量。如合金 O 在 t_2 温度时 L 和 α 两平衡相的连接线为 MF,则能够计算出:$w_L = \dfrac{\overline{of}}{\overline{mf}} \times 100\%$;$w_\alpha = \dfrac{\overline{om}}{\overline{mf}} \times 100\%$。

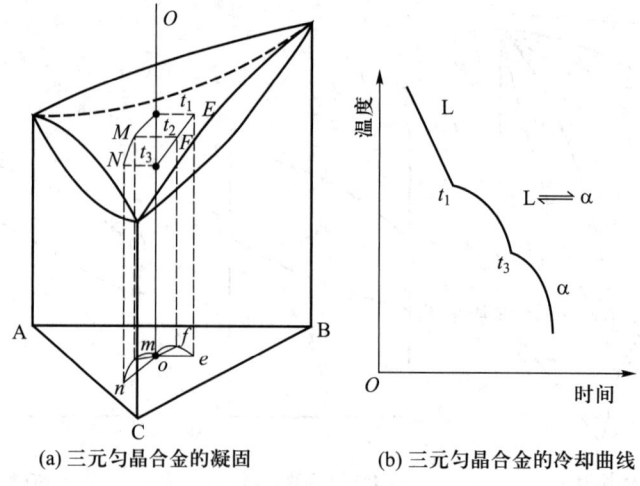

(a) 三元匀晶合金的凝固 (b) 三元匀晶合金的冷却曲线

图 5-62 三元匀晶合金的凝固及三元匀晶合金的冷却曲线

5.4.5 三元共晶相图

1. 固相互不相溶的三元共晶相图

（1）相图分析

图 5-63 展示了组元在固相中互不相溶，且具有共晶转变的相图，这是最简单的三元共晶相图。根据立体相图和各个空间相区可以对相图做一个详细的解析。

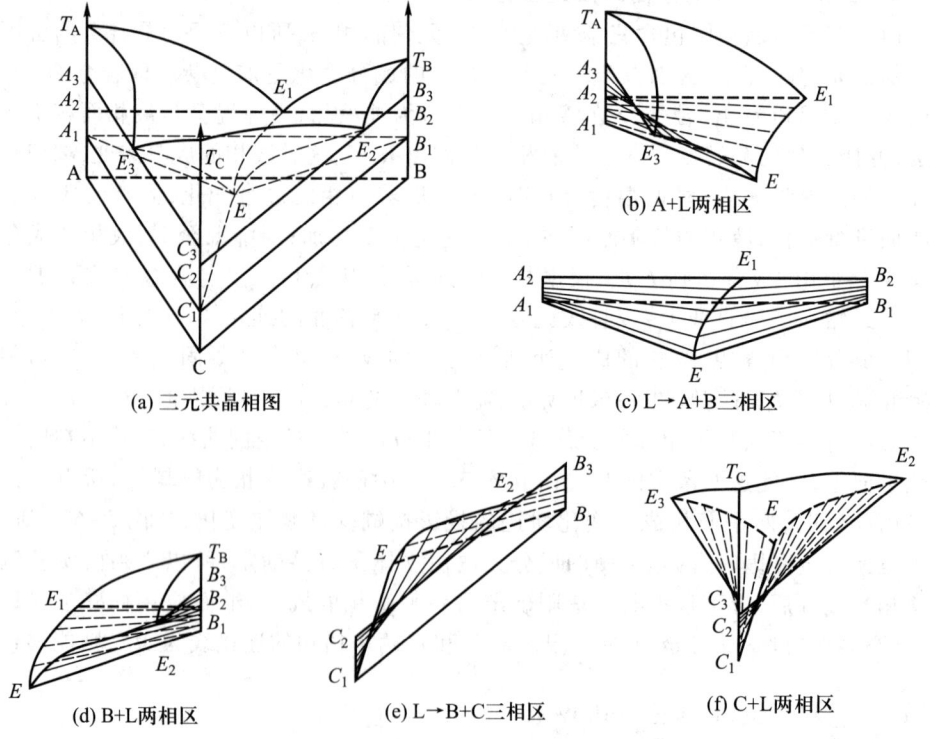

(a) 三元共晶相图

(b) A+L两相区

(c) L→A+B三相区

(d) B+L两相区

(e) L→B+C三相区

(f) C+L两相区

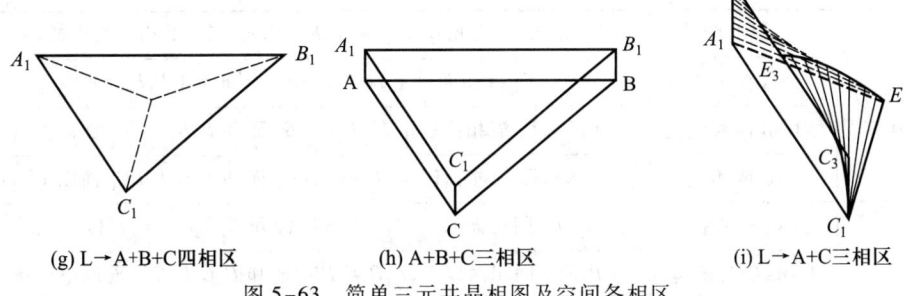

(g) L→A+B+C四相区　　　(h) A+B+C三相区　　　(i) L→A+C三相区

图 5-63　简单三元共晶相图及空间各相区

1）特征点

E 点是四相平衡共晶转变点，L→A+B+C

2）特征线

固相互不相溶的三元共晶相图的特征线如表 5-3 所示。

表 5-3　固相互不相溶的三元共晶相图的特征线

E_1E 线	L→A+B 转变的共晶沟线
E_2E 线	L→B+C 转变的共晶沟线
E_3E 线	L→A+C 转变的共晶沟线

3）特征面

固相互不相溶的三元共晶相图的特征面如表 5-4 所示。

表 5-4　固相互不相溶的三元共晶相图的特征面

液相面	$T_AE_3EE_1T_A$ 面	L→A 转变的开始面
	$T_BE_1EE_2T_B$ 面	L→B 转变的开始面
	$T_CE_2EE_3T_C$ 面	L→C 转变的开始面
固相面	A_1EB_1 面	L→A+B 转变的终止面
	B_1EC_1 面	L→B+C 转变的终止面
	A_1EC_1 面	L→C+A 转变的终止面
	$A_1B_1C_1$ 面	L→A+B+C 转变的终止面
中间面	$A_1A_2E_1EA_1$ 面	L→A+B 转变的开始面，也是 L 与 A 的直纹面
	$B_1B_2E_1EB_1$ 面	L→A+B 转变的开始面，也是 L 与 B 的直纹面
	$A_1A_3E_3EA_1$ 面	L→A+C 转变的开始面，也是 L 与 A 的直纹面
	$C_1C_3E_3EC_1$ 面	L→A+C 转变的开始面，也是 L 与 C 的直纹面
	$B_1B_3E_2EB_1$ 面	L→B+C 转变的开始面，也是 L 与 B 的直纹面
	$C_1C_2E_2EC_1$ 面	L→B+C 转变的开始面，也是 L 与 C 的直纹面

4）相区

固相互不相溶的三元共晶相图的相区如表 5-5 所示。

表 5-5   固相互不相溶的三元共晶相图的相区

单相区	L 相区	$T_A E_3 EE_1 T_A$、$T_B E_1 EE_2 T_B$ 和 $T_C E_2 EE_3 T_C$ 三个液相面之上的区域
两相区	L+A 两相区	$T_A E_3 EE_1 T_A$ 液相面以下，$A_1 A_2 E_1 EA_1$ 面和 $A_1 A_3 E_3 EA_1$ 面以上区域
	L+B 两相区	$T_B E_1 EE_2 T_B$ 液相面以下，$B_1 B_2 E_1 EB_1$ 面和 $B_1 B_3 E_2 EB_1$ 面以上区域
	L+C 两相区	$T_C E_2 EE_3 T_C$ 液相面以下，$C_1 C_3 E_3 EC_1$ 面和 $C_1 C_2 E_2 EC_1$ 面以上区域
三相区	L+A+B 三相区	$A_1 EB_1$ 固相面以上，$A_1 A_2 E_1 EA_1$ 面和 $B_1 B_2 E_1 EB_1$ 面以下区域
	L+B+C 三相区	$B_1 EC_1$ 固相面以上，$B_1 B_3 E_2 EB_1$ 面和 $C_1 C_2 E_2 EC_1$ 面以下区域
	L+A+C 三相区	$A_1 EC_1$ 固相面以上，$A_1 A_3 E_3 EA_1$ 面和 $C_1 C_3 E_3 EC_1$ 面以下区域
	A+B+C 三相区	ABC 面以上，$A_1 B_1 C_1$ 以下区域包围而形成的区域
四相区	L+A+B+C 四相区	合金发生由 L→A+B+C 的四相平衡转变

（2）冷却过程分析

图 5-64a 是简单三元共晶相图的投影图，可以利用简化的投影图对合金的冷却过程进行分析。以合金 O 为例，分析其凝固过程。液相合金 O 从高温冷却，首先接触到 $T_A E_3 EE_1 T_A$ 液相面，发生 L→A 匀晶转变，记为 $A_初$，液相成分沿着液相面变化，根据共线法则，液相的成分在 AO 的延长线上，当温度降低到 $A_1 A_2 E_1 EA_1$ 中间面，此时液相成分到达共晶沟线 $E_1 E$ 处，L→A 匀晶转变结束，L→A+B 转变开始，记为 $(A+B)_共晶$，液相成分沿着共晶沟线 $E_1 E$ 进行变化直到液相成分达到 E 点，此时 L→A+B 转变结束；继续降低温度，发生三元共晶转变 L→A+B+C，记为 $(A+B+C)_共晶$，直到所有液相全部转变为固相；随后降温的过程就是固相的冷却过程，整个过程的冷却曲线如图 5-64b 所示，最终得到的室温组织为 $A_初 + (A+B)_共晶 + (A+B+C)_共晶$。按照类似的分析方法，可以分析其他任何成分的合金的冷却过程。

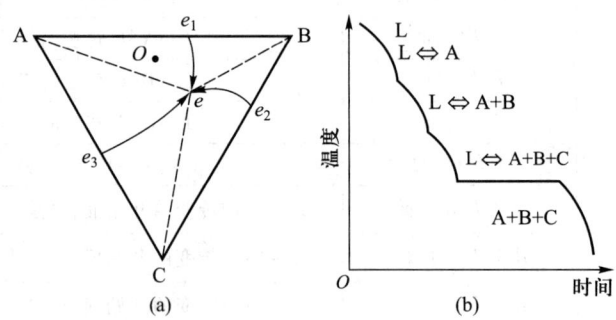

图 5-64   简单三元共晶相图的投影图及 O 点合金冷却曲线

2. 固态有限互溶的三元共晶相图

固态有限互溶的三元共晶相图是具有共晶四相平衡的三元相图，通常由组成三元合金的三对组元，两两都组成二元共晶系时所构成的，其立体模型如图 5-65 所示。根据相图可以看出，相图中三对组元在液相中可以无限互溶，在固相中只能有限互溶，并且具有四相平衡共晶转变。

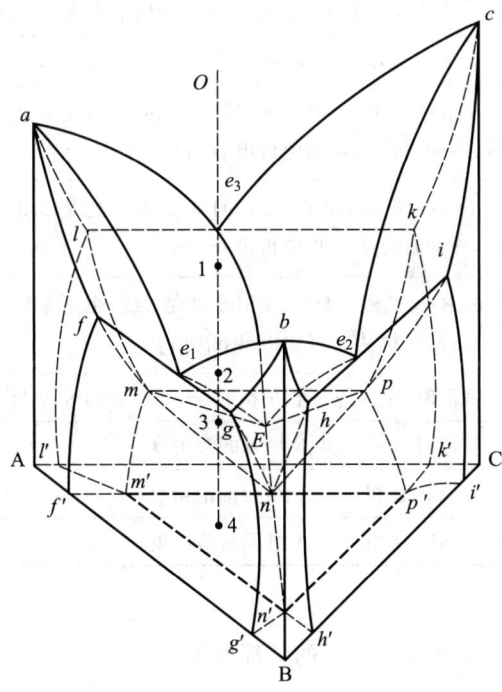

图 5-65　组元在固态有限溶解的三元共晶相图立体图

（1）相图分析

1）特征点

E 点为四相平衡共晶转变点，$L_E \xrightarrow{T_E} \alpha_m + \beta_n + \gamma_p$，$E$ 点也是四相平衡时液相的成分点，m、n、p 点分别为四相平衡时 α 相、β 相、γ 相三相的成分点，同时也是 α 相、β 相、γ 相三相中的最大溶解度点。m'、n'、p' 分别是 α 相、β 相、γ 相三相在室温时的溶解度点。

2）特征线

固态有限溶解的三元共晶相图中的特征线如表 5-6 所示。

表 5-6　固态有限溶解的三元共晶相图中的特征线

e_1E 线	L→α+β 转变的共晶沟线
e_2E 线	L→β+γ 转变的共晶沟线
e_3E 线	L→α+γ 转变的共晶沟线
fm 和 gn 线	L→α+β 三相平衡时 α 相和 β 相的单变量线
hn 和 ip 线	L→β+γ 三相平衡时 β 相和 γ 相的单变量线
kp 和 lm 线	L→γ+α 三相平衡时 γ 和 α 相的单变量线
mE、En、mn 线	在 E 点温度时 L→α+β 三相平衡时 α 与 L、L 与 β、α 与 β 的连接线

续表

nE、Ep、np 线	在 E 点温度时 L→β+γ 三相平衡时 β 与 L、L 与 γ、β 与 γ 的连接线
pE、Em、mp 线	在 E 点温度时 L→α+γ 三相平衡时 γ 与 L、L 与 α、α 与 γ 的连接线
mm'	α+β+γ 三相平衡时,α 相的单变量线,也是 α 相的溶解度曲线称为双析线,冷却时将从 α 相中析出 $β_{II}$+$γ_{II}$
nn'	α+β+γ 三相平衡时,β 相的单变量线,也是 β 相的溶解度曲线称为双析线,冷却时将从 β 相中析出 $α_{II}$+$γ_{II}$
pp'	α+β+γ 三相平衡时,γ 相的单变量线,也是 γ 相的溶解度曲线称为双析线,冷却时将从 γ 相中析出 $α_{II}$+$β_{II}$
$m'n'$、$n'p'$、$p'm'$线	室温时,α、β、γ 三相平衡时,α 与 β、β 与 γ、γ 与 α 的连接线
$f'm'$ 和 $l'm'$线	室温时 α 相对 B、C 组元的溶解度
$g'n'$ 和 $h'n'$线	室温时 β 相对 A、C 组元的溶解度
$i'p'$ 和 $k'p'$线	室温时 γ 相对 B、A 组元的溶解度

3）特征面

固态有限溶解的三元共晶相图中的特征面如表 5-7 所示。

4）相区

固态有限溶解的三元共晶相图中的相区如表 5-8 所示。

表 5-7 固态有限溶解的三元共晶相图中的特征面

液相面	ae_1Ee_3a 面	L→α 转变的开始面
	be_1Ee_2b 面	L→β 转变的开始面
	ce_2Ee_3C 面	L→γ 转变的开始面
固相面	$almfa$ 面	L→α 转变的终止面
	$bgnhb$ 面	L→β 转变的终止面
	$cipkc$ 面	L→γ 转变的终止面
	$fgnmf$ 面	L→α+β 转变的终止面,也是 α 与 β 的直纹面
	$hipnh$ 面	L→β+γ 转变的终止面,也是 β 与 γ 的直纹面
	$klmpk$ 面	L→α+γ 转变的终止面,也是 α 与 γ 的直纹面
	mnp 面	L_E→$α_m$+$β_n$+$γ_p$ 转变的终止面,四相平衡转变面
中间面	fe_1Emf 面	L→α+β 转变的开始面,也是 L 与 α 的直纹面
	ge_1Eng 面	L→α+β 转变的开始面,也是 L 与 β 的直纹面
	he_2Enh 面	L→β+γ 转变的开始面,也是 L 与 β 的直纹面
	ie_2Epi 面	L→β+γ 转变的开始面,也是 L 与 γ 的直纹面
	ke_3Epk 面	L→β+γ 转变的开始面,也是 L 与 γ 的直纹面
	le_3Eml 面	L→α+γ 转变的开始面,也是 L 与 α 的直纹面

续表

单析溶解度曲面	$fmm'f'f$ 面	从 α 相析出二次 β 相,它是 B、C 组元在 α 相中的溶解度曲面
	$lmm'l'l$ 面	从 α 相析出二次 γ 相,它是 B、C 组元在 α 相中的溶解度曲面
	$gnn'g'g$ 面	从 β 相析出二次 α 相,它是 A、C 组元在 β 相中的溶解度曲面
	$hnn'h'h$ 面	从 β 相析出二次 γ 相,它是 A、C 组元在 β 相中的溶解度曲面
	$ipp'i'i$ 面	从 γ 相析出二次 β 相,它是 A、B 组元在 γ 相中的溶解度曲面
	$kpp'k'k$ 面	从 γ 相析出二次 α 相,它是 A、B 组元在 γ 相中的溶解度曲面
双析溶解度曲面	$m'mnn'm'$面	α→β$_{II}$+γ$_{II}$、β→α$_{II}$+γ$_{II}$ 是 α、β 两相平衡溶解度曲面
	$n'npp'n'$面	β→α$_{II}$+γ$_{II}$、γ→α$_{II}$+β$_{II}$ 是 β、γ 两相平衡溶解度曲面
	$p'pmm'p'$面	γ→α$_{II}$+β$_{II}$、α→γ$_{II}$+β$_{II}$ 是 α、γ 两相平衡溶解度曲面

根据图 5-66 可看出,四相平衡面存在以下特点:① 它与四个单相区 L、α、β、γ 相交于 E、m、n、p 四个点,即以点接触;② 它与六个两相区 L+α、L+β、L+γ、α+β、β+γ、α+γ 相交于 Em、En、Ep、mn、np、pm 六条直线,即以线接触;③ 它与四个三相区 L+α+β、L+β+γ、L+α+γ 和 α+β+γ 相交于 Emn、Enp、Emp 和 mnp 四个三角形水平面,即以面接触。

表 5-8 固态有限溶解的三元共晶相图中的相区

单相区	L 相区	α、β、γ 三个液相面 ae_1Ee_3a 面、be_1Ee_2b 面和 ce_2Ee_3c 面以上
	α 相区	固相面 $afmla$ 以下和单析溶解度曲面 $fmm'f'f$ 和 $lmm'l'l$ 以外
	β 相区	固相面 $bgnhb$ 以下和单析溶解度曲面 $gan'g'g$ 和 $hnn'h'h$ 以外
	γ 相区	固相面 $cipkc$ 以下和单析溶解度曲面 $ipp'i'i$ 和 $kpp'k'k$ 以外
两相区	L+α 两相区	在液相面 ae_1Ee_3a 和固相面 $afmla$ 以及三相平衡共晶转变开始面 fe_1Emf 和 le_3Eml 之间
	L+β 两相区	在液相面 be_1Ee_2b 和固相面 $bgnhb$ 以及三相平衡共晶转变开始面 ge_1Eng 和 he_2Enh 之间
	L+γ 两相区	在液相面 ce_2Ee_3c 和固相面 $cipkc$ 以及三相平衡共晶转变开始面 ie_2Epi 和 ke_3Epk 之间
	α+β 两相区	在三相平衡共晶转变终止面 $fgnmf$ 以下和双析溶解度曲面 $m'mnn'm'$ 以外,以及两个单析溶解度曲面 fmm_2f 和 $gnn'g'g$ 之间
	β+γ 两相区	在三相平衡共晶转变终止面 $hipnh$ 以下和双析溶解度曲面 $n'npp'n'$ 以外,以及两个单析溶解度曲面 $hnn'h'h$ 和 $ippi'i$ 之间
	α+γ 两相区	在三相平衡共晶转变终止面 $klmpk$ 以下和双析溶解度曲面 $p'pmm'p'$ 以外,以及两个单析溶解度曲面 $kpp'k'k$ 和 $lmm'l'l$ 之间

续表

三相区	L+α+β 三相平衡区	在两个三相平衡共晶转变开始面 fe_1Emf 和 ge_1Eng，一个三相平衡共晶的转变终止面 $fgmf$ 之中，并与四相共晶面相接为 mEn 面以上，它们构成个封闭的三棱柱体
	L+β+γ 三相平衡区	在两个三相平衡共晶转变开始面 he_2Enh 和 ie_2Epi，一个三相平衡共晶转变终止面 $hinh$ 之中，并与四相共晶面相接为 nEp 面以上，它们也构成一个封闭的三棱柱体
	L+α+γ 三相平衡区	在两个三相平衡共晶转变开始面 ke_3Epk 和 le_3Eml，一个三相平衡共晶转变终止面 $kemp$ 之中，并与四相平衡共晶面相接为 pEm 面以上，它们也构成一个封闭的三棱柱体
	α+β+γ 三相平衡区	在四相共晶面 mnp 以下，以及三个双析溶解度曲面 $mm'n'nm'$、$n'npp'n'$ 和 $p'pmm'p'$ 之中，它们构成一个封闭的三棱柱体
四相区	L+α+β+γ	四相平衡共晶面 mnp

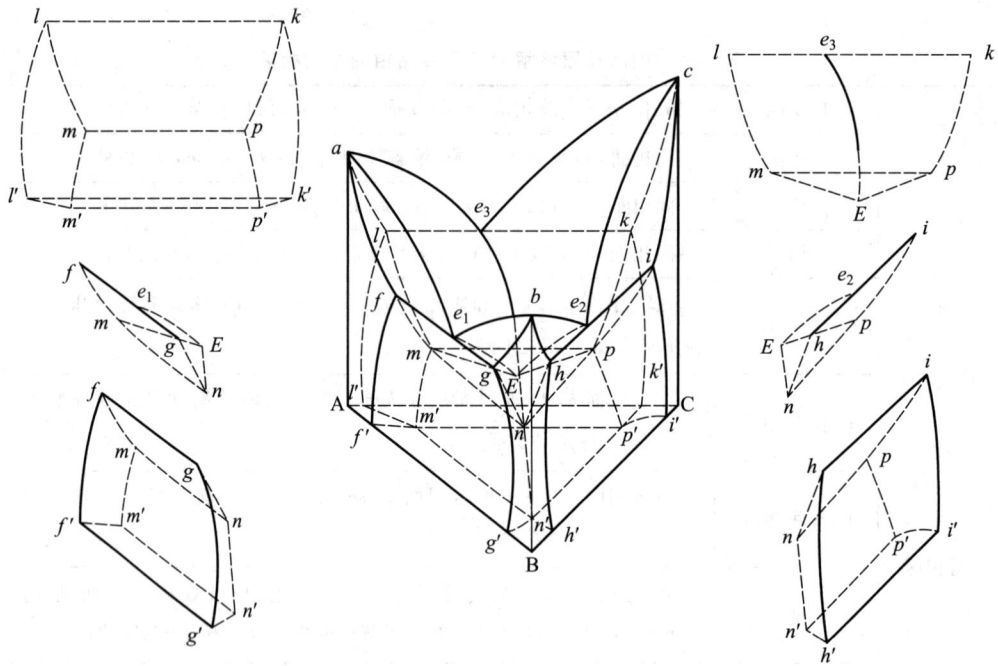

图 5-66　三元共晶相图的两相区和三相区

（2）典型合金平衡凝固过程分析

以图 5-65 中合金 O 为例，当合金 O 从液态冷却至与液相面 ae_1Ee_3a 相交时，开始由 L 相转变为 α 相，记为初晶 α 相，进入 L+α 两相区。这时 α 相的成分在 α 相的固

相面 $afmla$ 上变化,液相的成分在 α 相的液相面 ae_1Ee_3a 上变化。随着温度的降低,液相中连续凝固出初晶 $α_初$,它的成分沿着液相面进行变化,α 相的成分沿固相面变化,按照蝴蝶形规律进行变化。当冷却到与三相平衡共晶转变开始面 fe_1Emf 相交时,α 相的成分与 fm 单变量线相交,液相的成分与 e_1E 共晶线相交。这时剩余液相发生三相平衡共晶转变 L→α+β,随着温度的降低,液相的成分沿单变量线 e_1E 转变,相对量不断减少,α 相和 β 相的成分沿单变量线 fm 和 gn 转变,相对量不断增加($α_初$ 的成分也沿 fm 线转变,但相对量不变)。当降温至 t_E,液相的成分为 L_E;这时剩余液相发生四相平衡共晶转变,$L_E \xrightarrow{T_E} α_m+β_n+γ_p$,直到液相完全消失。这时合金的组织组成物为 $α_初+(α+β)_{共晶}+(α+β+γ)_{共晶}$。继续冷却合金进入 α+β+γ 三相平衡区,α、β、γ 三个相的成分分别沿双析溶解度线 mm'、nn' 和 pp' 线变化并不断析出二次相,$α→β_Ⅱ+γ_Ⅱ$、$β→α_Ⅱ+γ_Ⅱ$、$γ→β_Ⅱ+α_Ⅱ$。因此,合金 O 在室温时的相组成物为 α+β+γ,组织组成物为 $α_初+(α+β)_{共晶}+(α+β+γ)_{共晶}+α_Ⅱ+β_Ⅱ+γ_Ⅱ$。

(3) 投影图

在三元合金相图中,常用液相面投影图、液相面等温线投影图以及综合投影图对其进行分析。

1) 液相面投影图

具有四相平衡共晶转变的三元共晶相图 5-65 的液相面投影图如图 5-67a 所示。其中 e_1E、e_2E 和 e_3E 是三条共晶沟线,它们分别是 α 与 β,β 与 γ,α 与 γ 液相面的交线,同时也是三相平衡共晶转变 L→α+β、L→β+γ、L→α+γ 时液相单变量线的投影。液相面的投影图可以判断三元系中各不同成分合金的初生相,如 O_1 点合金,其凝固的初生相为 β 相,同时能够通过液相面交线的走向确定三元合金中的四相平衡转变类型。如图 5-67a 中,三液相面的交线走向都流向 E 点,所以三元合金中的四相平衡转变为共晶转变,即 L→α+β+γ。

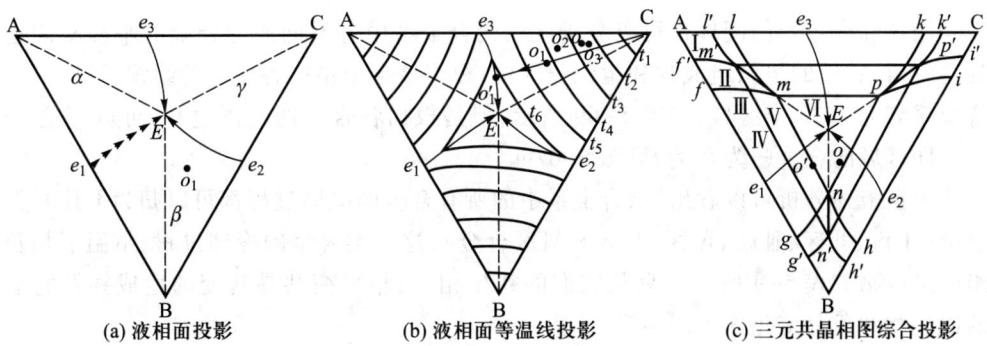

(a) 液相面投影　　　(b) 液相面等温线投影　　　(c) 三元共晶相图综合投影

图 5-67　液相面投影,液相面等温线投影及三元共晶相图综合投影

2) 液相面等温线投影图

图 5-65 的液相面等温线投影图如图 5-67b 所示,通过将不同温度的水平截面上的液相面等温线投影到成分三角形即可获得,用它可以确定各合金的开始凝固温

度和初生相,并可根据液相面交线的走向,判断四相平衡转变类型和组元熔点的高低。

3)综合投影图

综合投影图是投影图中应用最广泛的一种,如图 5-67c 所示,这种投影图是把三元合金立体图中的各种特征点、线、面和区间投影到成分三角形中而得,可全面反映三元合金立体图的全貌。只要掌握投影图中的各线及其含义,就可想象出三元合金的立体图,并用它来探讨不同成分合金的平衡凝固过程。如合金 O 在从液态冷却时,首先与 β 相的液相面 be_1Ee_2b 相交,凝固出初晶 $β_初$,这时 β 相的成分在 β 相的固相面 $bgnhb$ 面上,液相的成分为合金 O 的成分在液相面上。继续降低温度,液相的成分沿着液相面进行变化,相对含量不断减少,β 相的成分沿固相面转变,相对含量不断增加,它们成分变化轨迹符合蝴蝶形规律。由于合金 O 在冷却时要通过 L+β+γ 三相平衡区,所以当合金冷却到与三相平衡共晶转变开始面 he_2Enh 面相交时,β 相的成分与 hn 单变量线相交,液相成分与 e_2E 单变量线相交,随后将进行三相平衡共晶转变 L→β+γ,进入 L+β+γ 三相区。继续冷却液相的成分沿 e_2E 线变,相对量不断减少,β 相和 γ 相的成分分别沿 hn 和 ip 线变化,相对含量不断增加。由于合金 O 的成分点位于四相平衡平面内,所以当冷却到 t_E 温度时,剩余液相的成分为 L_E,发生四相平衡共晶转变 $L_E \xrightarrow{T_E} α_m+β_n+γ_p$,直到液相完全消失。继续冷却 α、β、γ 相的成分,分别沿双析溶解度曲线 mm'、nn'、pp' 线变化,α→$β_Ⅱ+γ_Ⅱ$,β→$α_Ⅱ+γ_Ⅱ$,γ→$α_Ⅱ+β_Ⅱ$。因此该合金在室温时的组织组成物为 $β_初+(β+γ)_共晶+(α+β+γ)_共晶+α_Ⅱ+β_Ⅱ+γ_Ⅱ$,相组成物为 α+β+γ,其冷却曲线如图 5-68 所示。

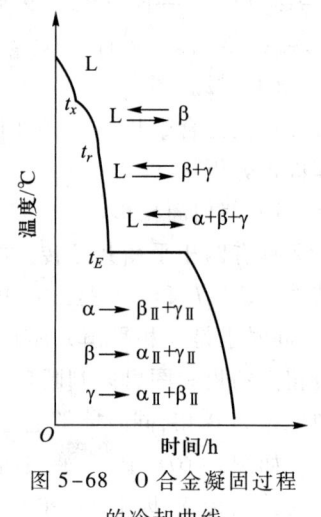

图 5-68 O 合金凝固过程的冷却曲线

用该综合投影图同样也可以分析该三元合金系中各不同成分合金的平衡凝固过程,并可得它们的组织组成物和组织分区图,根据该合金系中各合金的组织,可以将该合金系划分为 33 个区域,如图 5-69 所示,但是根据各合金的凝固过程,可以将这 33 个不同区域的合金归为六类,见图 5-67c。

根据上述分析可以看出,该合金系中的所有合金的凝固过程都可以归为上述六类合金(Ⅰ区、Ⅱ区、Ⅲ区、Ⅳ区、Ⅴ区和Ⅵ区合金),这六类合金的冷却过程、室温下相及组织组成物如表 5-9 所示。只是它们的初生相、三相平衡共晶转变的生成物及它们的次生相和成分变化面不同而已。

(4)垂直截面图

由立体图和投影图可知,垂直截面所截取的位置不同时,它的垂直截面图也有所不同,如图 5-70b、d 所示。图 5-70 在垂直截面图上为一条水平直线,其上下都与三相区相接。由图 5-70b 可以看出,在四相平衡水平线上有三个三相区,下有一个三相区,根据三上一下的特征,可以确定该四相平衡转变为共晶型四相平衡转变。另外由

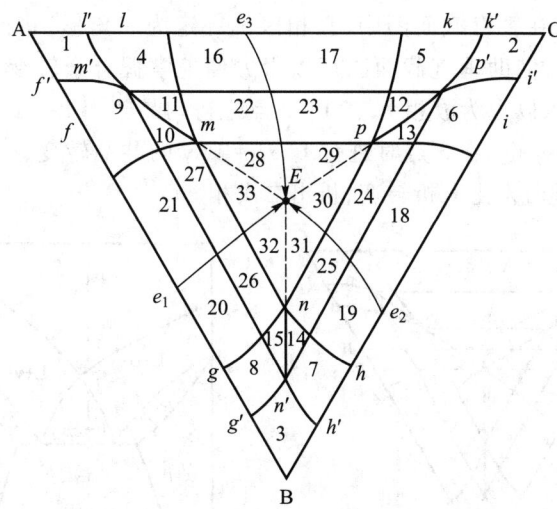

图 5-69 三元共晶相图投影图及各区分布

表 5-9 六类合金的冷却过程、室温下相及组织组成物

合金区域	冷却过程	相组成物	组织组成物
I 区	$L \to \alpha$	α	α
II 区	$L \to \alpha$ $\alpha \to \beta_{II}$	$\alpha + \beta$	$\alpha_{初} + \beta_{II}$
III 区	$L \to \alpha$ $\alpha \to \beta_{II}$ $\alpha \to \beta_{II} + \gamma_{II}$	$\alpha + \beta + \gamma$	$\alpha_{初} + \beta_{II} + \gamma_{II}$
IV 区	$L \to \alpha$ $L \to \alpha + \beta$ $\alpha \to \beta_{II}$ $\beta \to \alpha_{II}$	$\alpha + \beta$	$\alpha_{初} + (\alpha + \beta)_{共晶} + \alpha_{II} + \beta_{II}$
V 区	$L \to \alpha$ $L \to \alpha + \beta$ $\alpha \to \beta_{II}$ $\beta \to \alpha_{II}$ $\alpha \to \beta_{II} + \gamma_{II}$ $\beta \to \alpha_{II} + \gamma_{II}$	$\alpha + \beta + \gamma$	$\alpha_{初} + (\alpha + \beta)_{共晶} + \alpha_{II} + \beta_{II} + \gamma_{II}$
VI 区	$L \to \alpha$ $L \to \alpha + \beta$ $L \to \alpha + \beta + \gamma$ $\alpha \to \beta_{II} + \gamma_{II}$ $\beta \to \alpha_{II} + \gamma_{II}$ $\gamma \to \alpha_{II} + \beta_{II}$	$\alpha + \beta + \gamma$	$\alpha_{初} + (\alpha + \beta)_{共晶} + (\alpha + \beta + \gamma)_{共} + \alpha_{II} + \beta_{II} + \gamma_{II}$

图 5-70d 可以看出,在垂直截面图中,三相区不一定为三角形,并且不一定任何水平线都是四相平衡区。借助垂直截面图可以很方便地掌握合金转变的温度、转变的类型。如合金 P 在 1 点以上为液相 L,在 1~2 点进行匀晶转变 L→α,在 2~3 点进行三相平衡共晶转变 L→α+β,在 3 点时进行 L→α+β+γ 的共晶转变,3 点以下液相消失,α+β+γ 三相冷却,同时发生双析转变,析出二次相。

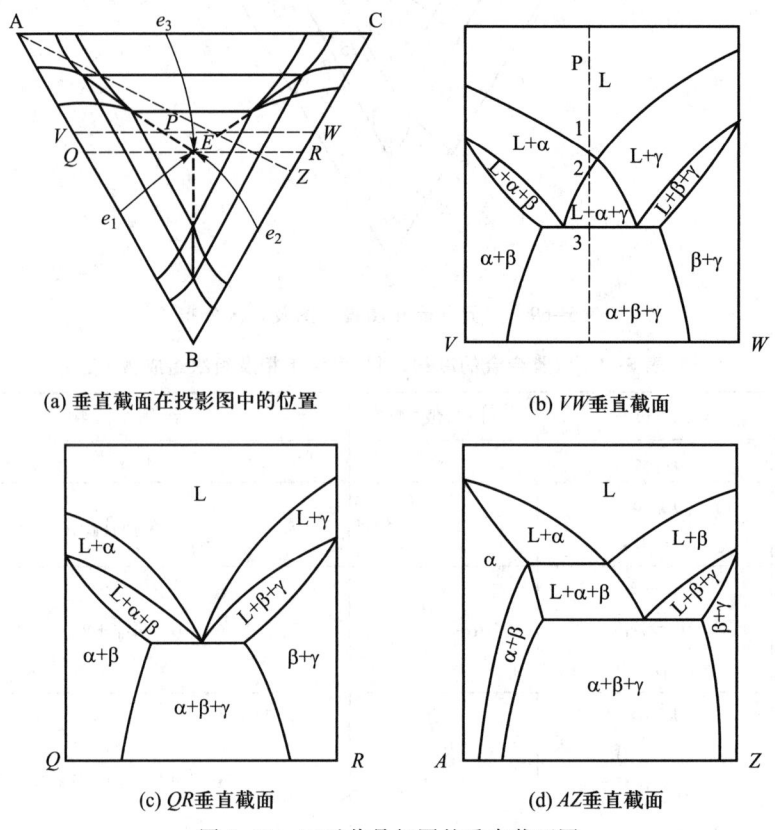

(a) 垂直截面在投影图中的位置

(b) VW垂直截面

(c) QR垂直截面

(d) AZ垂直截面

图 5-70　三元共晶相图的垂直截面图

（5）水平截面图

根据图 5-66 三元共晶相图可知,各组元的熔点与二元共晶温度的关系是:$c>a>b>e_3>e_2>e_1>E$。分别取 $T=T_{e3}$、T_{e2}、T_{e1}、T_E 四个温度可得到下列一系列水平截面图,如图 5-71 所示,可以观察它们具有如下共同特征:一是两相区通常以两条直线和两条曲线作为边界,直线与三相区毗邻,一对共轭曲线将此两相区的单个单相区隔开;二是三相区形状为共轭三角形;三是三相区以共轭三角形的边与两相区连接,边界线是相邻相区边缘的共轭线。

5.4.6　三元包共晶相图

三元相图中包含液相与固相生成两个新的固相的四相平衡反应称为包共晶相图,三元合金能够发生包共晶四相平衡转变的情况较多,可以是三个二元共晶、两个二元共晶和一个二元包晶或两个二元包晶和一个二元共晶时,发生包共晶四相平衡转变的

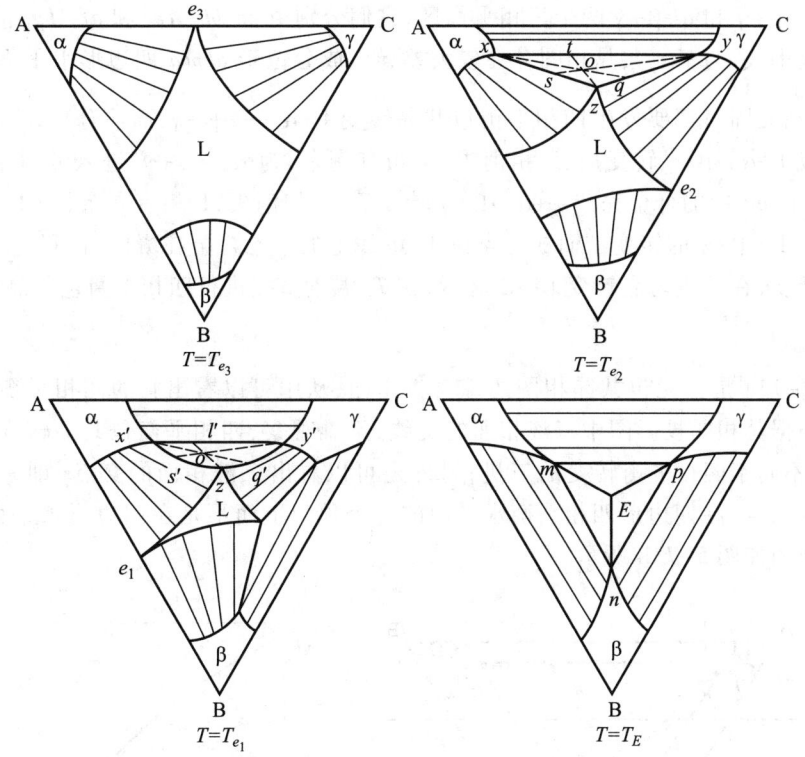

图 5-71 三元共晶相图在不同温度时的水平截面图

概率非常高。但要真正进行包共晶四相平衡转变,通常要求三对组元的三个三相平衡转变温度的差别较大,一般是两个三相平衡转变的温度高于四相平衡转变温度,一个三相平衡转变的温度低于四相平衡转变温度。这样的三元合金系一般就会发生包共晶四相平衡转变。

本节中介绍三组元在液态无限互溶,在固态有限互溶,两对组元形成二元包晶系(A-B 和 A-C),一对组元形成二元共晶系(B-C),具有包共晶四相平衡转变的相图,如图 5-72 所示。由图可以看出它的四相平衡区为 $abpca$ 四边形水平面,不同于三元共晶相图中的四相平衡区为三角形水平面,在四相平衡水平面上包含 L+α→β 和 L+α→γ 两个三相平衡区,它们分别由 p_1p、a_1a、b_1b 和 p_2p、a_2a、c_2c 三条单变量线围成,在四相平衡水平

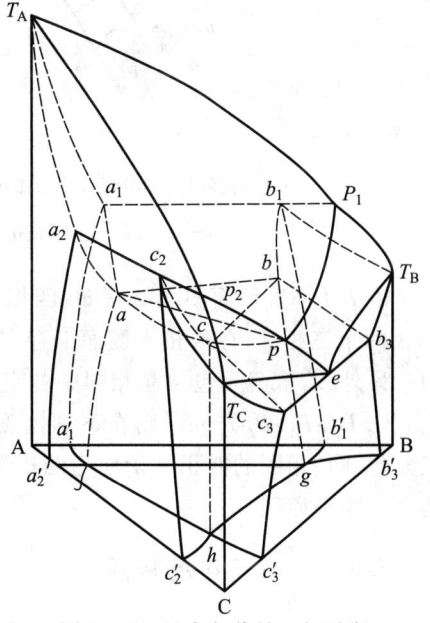

图 5-72 具有包共晶四相平衡
的三元系立体相图

面下有 L+β+γ 和 α+β+γ 两个三相平衡区,它们分别由 pe、bb_3、cc_3 和 af_0、bg_0、ch_0 三条单变量线围成,与三元共晶相图存在较大差异。成分位于 $abpca$ 四边形水平面内的三元合金,在凝固时都要发生四相平衡包共晶转变 $L+\alpha \xrightarrow{T_p} \beta+\gamma$,而成分位于 abc 中的合金完成 L+α→β+γ 转变后,L 相消失,α 相有剩余,为 $\alpha_{剩}$+β+γ,进入 α+β+γ 三相区;而位于 bpc 中的合金完成 L+α→β+γ 转变后,α 相消失,L 相有剩余,为 $L_{剩}$+β+γ,继而发生 L→β+γ 的转变。而成分点位于 ap 线上的三元合金在凝固时不发生三相平衡包晶转变,在完成匀晶转变 L→α 之后,在 T_p 温度直接进行四相平衡包共晶转变 $L+\alpha \xrightarrow{T_p} \beta+\gamma$。

　　图 5-73a 是三元包共晶相图的综合投影图,从中可以看出它的四相平衡区为四边形。根据其相图投影图中三液相面的交线,不难观察,四相平衡包共晶转变时为两进一出,不同于四相平衡转变的三进;另外还可以看出三液相面的交点(即三液相的单变线的交点)在四边形四相平衡水平面的一个顶角上而不是在四边形水平面中,其垂直截面图如图 5-73b 所示。

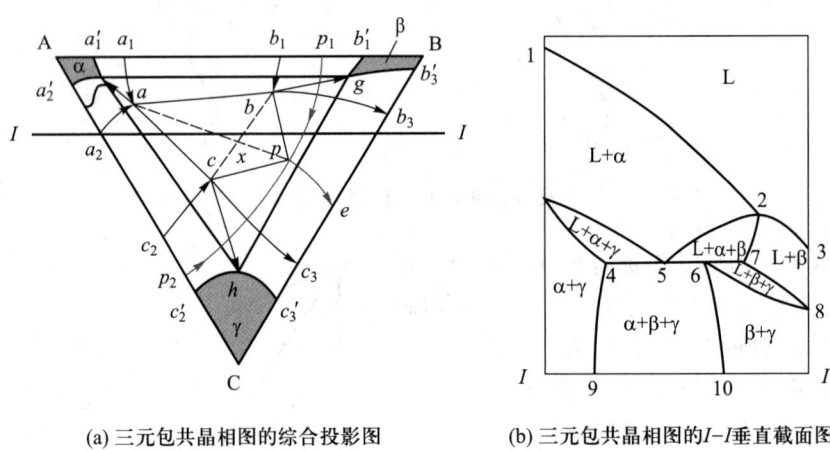

(a) 三元包共晶相图的综合投影图　　　　　(b) 三元包共晶相图的 I-I 垂直截面图

图 5-73　三元包共晶相图的综合投影图及 I-I 垂直截面图

　　由 I-I 垂直截面图能够获知,四相平衡面为一水平直线,其上包含 L+α+γ 和 L+α+β 两个三相区,在四相平衡面下存在 α+β+γ 和 L+β+γ 两个三相区,即两上两下结构。另外,若该三元包共晶相图中各组元的熔点与二元包晶和二元共晶温度的关系为 $T_A > P_1 > P_2 > T_B > P > T_c > e$。则在下列温度时的水平截面图如图 5-74 所示,也可观察到三元包共晶相图的四相平衡面为四边形水平面,在其上有两个三相平衡区,在其下有两个三相平衡区。

5.4.7　三元包晶相图

　　三个组元 A、B、C 中,若 A-B 组元形成有限固溶共晶反应,A-C,B-C 形成有限固溶包晶反应,形成三元合金时产生液相 L 与两个新固相的四相包晶反应(L→α+β+γ),这样三个组元就能形成三元包晶相图,如图 5-75 所示。

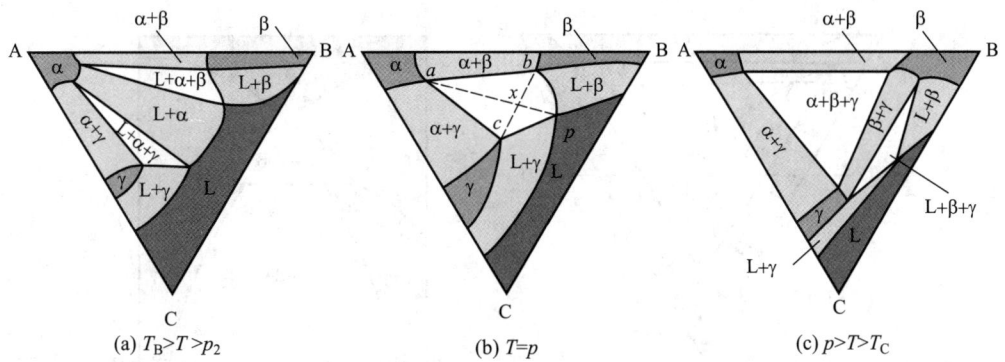

图 5-74 三元包共晶相图在不同温度时的水平截面图

此相图的四相平衡转变特点是 L+α+β→γ,其四相平衡区为三角形水平面,即三角形 abp。它与十二条单变量线相连,每三条单变量线围成一个三相平衡区,该面共与四个三相平衡区相连接;在四相平衡相区包含 L→α+β 一个三相区,通过 c_1p、a_1a、b_1b 三条单变量线围成,其与四相平衡区以面接触交线为三角形 abp;在四相平衡水平面下存在 L+α→γ(由 p_2p、a_2a、c_2c 三条单变量线围成),L+β→γ(由 p_3p、b_2b、c_3c 三条单变量线围成)和 α+β+γ(由 af、bg、ch 三条单变量线围成)三个三相平衡区,它们与四相平衡区均是面接触,交线分别为三角形 pac、三角形 pbc 和三角形 abc,即三相平衡区与四相平衡区的接触特征是一上三下。

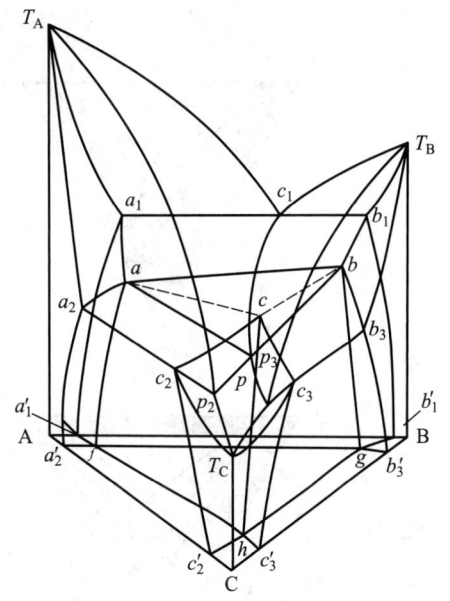

图 5-75 三元包晶相图的立体图

图 5-76a 是上述三元包晶相图立体图的综合投影图,不难观察,它的四相平衡区为三角形。根据其液相面投影中三个液相面交线的走向可以看出,四相平衡包晶转变为一进两出,且一进两出的两个相与液相为反应相,而两出所夹的相为生成相。此外,三液相面的交点交于三角形四相平衡水平面的某一顶角上,并非位于三角形水平面中。另外根据图 5-76a 中 D-D 垂直截面图,见图 5-76b,可以看出,四相平衡面为一水平直线,在它上方存在一个 L+α+β 三相平衡区,在它下方存在 L+α+γ、α+β+γ、L+β+γ 三个三相平衡区,即也具有一上三下的特征。由它的一组水平截面图也可以看出,三元包晶相图的四相平衡面是三角形水平面,在其上有一个三相区,在其下有三个三相区,如图 5-77 所示。

5.4.8 形成稳定化合物的三元相图

除了上述介绍的三元相图,实际使用的三元相图要复杂得多,因为在三元系中三

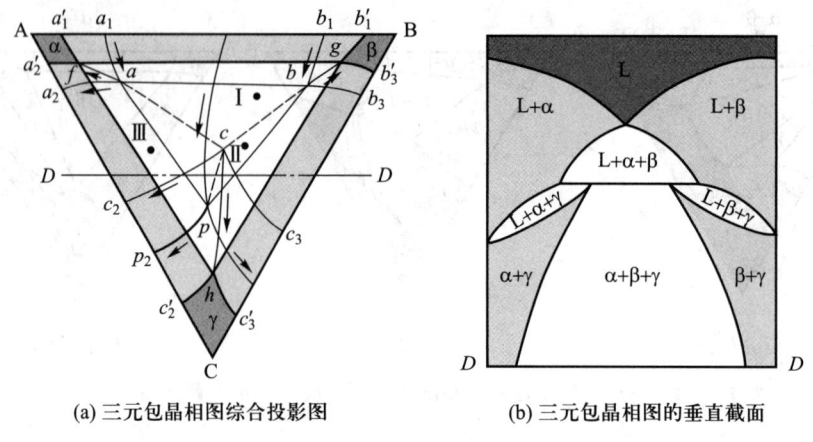

(a) 三元包晶相图综合投影图　　　(b) 三元包晶相图的垂直截面

图 5-76　三元包晶相图综合投影图及垂直截面

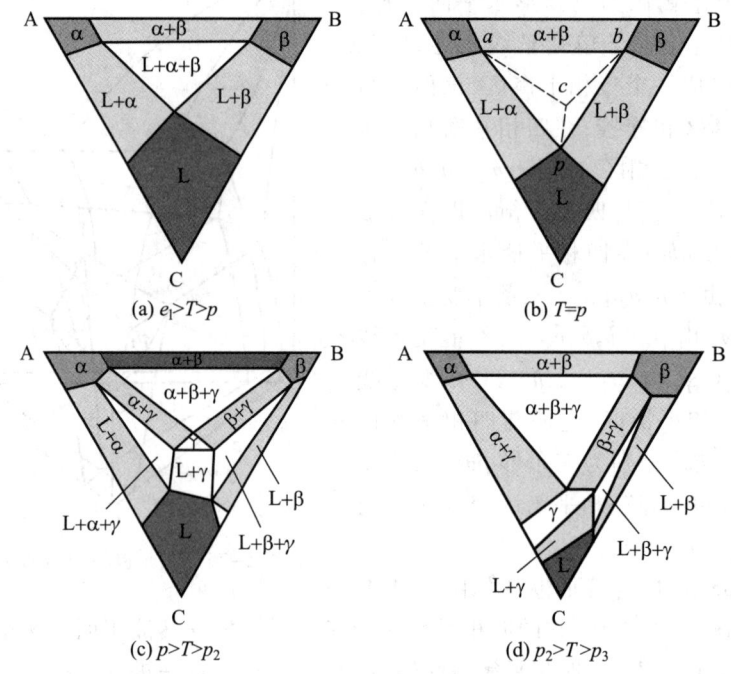

(a) $e_1 > T > p$　　　　　　　(b) $T = p$

(c) $p > T > p_2$　　　　　　　(d) $p_2 > T > p_3$

图 5-77　三元包晶相图在不同温度下的水平截面

组元之间除了形成固溶体外,还会形成化合物。三元系中的化合物通常可以分为两类：一类是在成分三角形边界通过两个组元形成的二元化合物,另一类在成分三角形中通过三个组元形成的三元化合物。若三元系中形成的化合物是稳定化合物,则可借鉴二元相图中的稳定化合物对相图进行划分,把复杂三元相图分解成几个简单的三元相图。三元系中形成的稳定化合物类型决定了其划分相图的方式也存在差异。

1. 形成二元稳定化合物

若三元合金中 B–C 二元合金中生成一个二元稳定化合物 B_mC_n,能够将该三元合金相图分割为 A–B–B_mC_n 和 A–C–B_mC_n 两个简单相图,如图 5-78a 所示。一旦三元合金中 B–C 二元合金能够生产两个二元稳定化合物 B_mC_n 和 B_pC_q,相图的分割法如图 5-78b 所示。显而易见,在三元合金中某一种二元合金中生成 n 个二元稳定化合物时,相图的分割数将是 $x=n+1$。

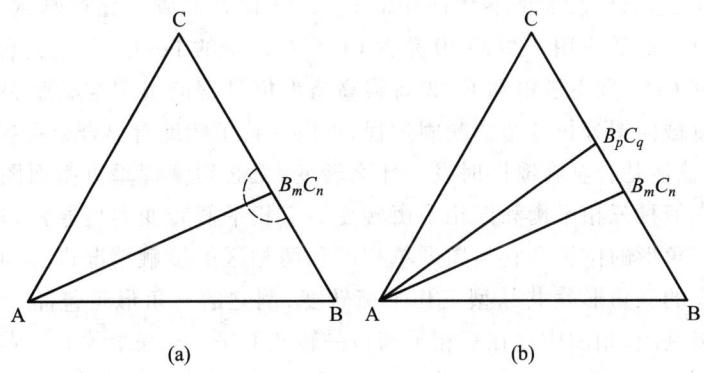

图 5-78 一个二元系形成稳定化合物时相图的分割法

2. 形成三元稳定化合物

如果三元合金中出现一个三元稳定化合物 $A_mB_nC_p$,相图的分割法见图 5-79a,可以看出,它将该相图分割为 A–C–$A_mB_nC_p$、A–B–$A_mB_nC_p$、B–C–$A_mB_nC_p$ 三个简单相图。当三元系中形成两个三元稳定化合物时,相图的分割法见图 5-79b,可以看出,它有两种可能的分割法,每种可将相图分割为五部分,然而仅有一种分法正确,必须通过实验加以确定。若三元合金中出现 m 个三元稳定化合物,那么相图分割数将是 $y=2m+1$。

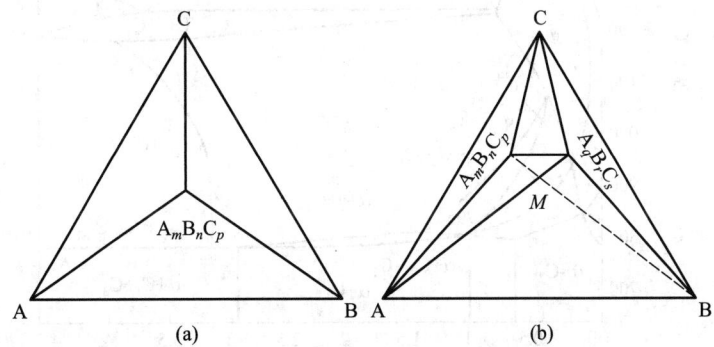

图 5-79 三元系中形成稳定化合物时相图的分割法

由上述介绍可知,三元系中若存在着 n 个二元稳定化合物和 m 个三元稳定化合物,则三元相图的分割总数 $z=n+2m+1$,若 $n=2$,$m=1$,则 $z=2+2\times1+1=5$。

5.5 实际三元相图举例

实际使用的三元相图通常比较复杂,一般不是只有一个四相平衡转变,而是存在着若干个四相平衡转变,并且实际使用的三元相图也不是立体图,而主要是垂直截面图、水平截面图或投影图。

5.5.1 Fe-C-Cr 三元系相图

Fe-C-Cr 三元合金,如铬不锈钢 0Cr13、1Cr13 以及高碳高铬模具钢 Cr12 等在实际生产中具有广泛的应用。图 5-80 是含 Cr 量为 13% 的 Fe-C-Cr 三元合金的等温截面。它是研究 Cr13 型不锈钢和 Cr12 高碳高铬型模具钢的组织与温度关系的重要图解。采用垂直截面图分析合金的凝固过程,可以一目了然地看出合金在各不同温度时的状态,但要搞清楚合金在凝固时发生什么转变,就必须掌握垂直截面图中各三相区和四相区存在何种三相平衡和四相平衡转变。三相平衡转变类型通常需要根据相图中的三相区三角形的位置和它与周围单相区和两相区的接触情况进行判断。在垂直截面图中正立的三角形是共晶型三相平衡转变,倒立的三角形是包晶型三相平衡转变。据此可以判断,相图中存在三相平衡包晶转变 $L+\alpha \rightarrow \gamma$,三相平衡共晶转变 $L \rightarrow \gamma + C_1$,三相平衡共析转变 $\gamma \rightarrow \alpha + C_2$。然而并非所有三相区的三相平衡转变,都能由垂直截面图直接判断,有些情况还必须参考其投影图以及相关的二元相图,才能判断出三相平衡转变的类型。

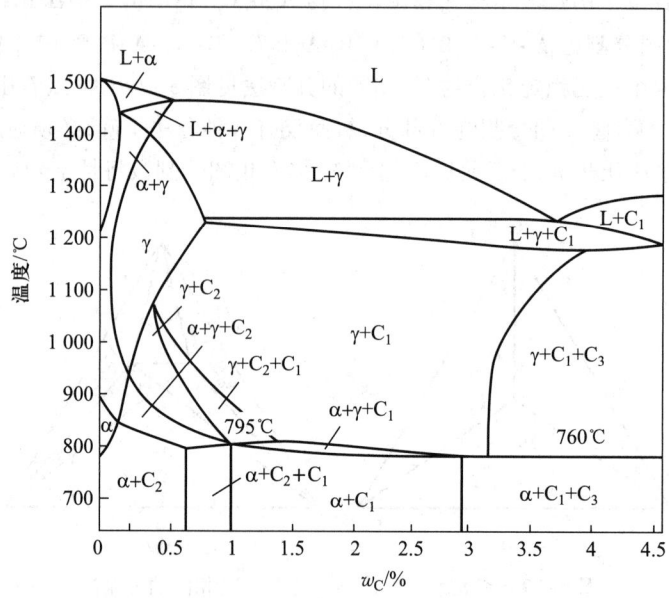

图 5-80　含 Cr 量为 13% 的 Fe-C-Cr 三元合金的等温截面

相图中的四相平衡转变只有在四相平衡水平线与四个三相区接触时,才能判断四相平衡转变的类型。如图 5-80 所示的左下方水平线与四个三相区接触,并且是两上两下,可以推断 795 ℃ 下进行包共析四相平衡转变 $\gamma + C_1 \rightarrow \alpha + C_1$,而右下角 760 ℃ 的四相平衡水平线只与三个三相区接触,无法直接判断其四相平衡转变类型。

根据图 5-80 可以看出,它含有液相 L、α 相、δ 相和 γ 相四个单相区,C_1 和 C_2 分别代表 $(Cr,Fe)_7C_3$ 和 C_2 为 $(Cr,Fe)_{23}C_6$ 两种合金碳化物,C_3 为 $(Fe,Cr)_3C$ 合金渗碳体。Cr 含量过多导致 Fe-C 相图变得比较复杂,它的包晶点、共晶点、共析点和奥氏体的最大溶碳量都发生较大程度的改变,当碳的质量分数高于 0.8% ,钢中便会出现莱氏体 $(γ+C_1)$,增加了钢中的碳化物类型。

图 5-81 是 Fe-C-Cr 三元合金在 1 150 ℃的水平截面图。图中 C 是 Cr12 模具钢的成分点(13% Cr、2% C)。根据水平截面图可以看出,在 1 150 ℃该钢包含 $γ+C_1$ 两相,将 $γ+C_1$ 区两条直边延长交于一点,连接点与 c 获得近似的共轭线 acb。由此可借助共线法则和杠杆定律求出 γ 和 C_1 的相对含量,其中 a 和 b 分别是 γ 和 C_1 的近似成分点。p 点是 18% Cr、1% C 合金钢的成分点,说明在 1 150 ℃时该钢处于 γ、C_1、C_2 三相平衡。三角形顶点为三个相的成分点,三相的相对含量可以通过重心定理获得。

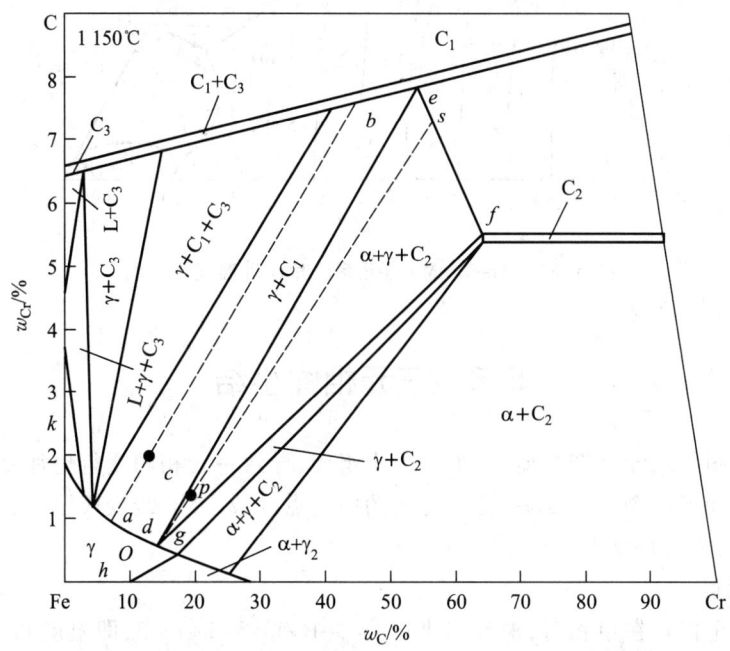

图 5-81　Fe-C-Cr 三元合金在 1 150 ℃的水平截面图

5.5.2　Al-Cu-Mg 三元系投影图

图 5-82 是 Al-Cu-Mg 三元系液相面等温线投影图的富 Al 部分,由于它带有液相面等温线,所以可用它确定合金的开始凝固温度、初生相,同时可以依据液相面交线的变化趋势确定发生的四相平衡转变类型,具体如下。

E_T 点　　L→α+θ+S

P_1 点　　L+Q→S+T

P_2 点　　L+S→α+T

E_U 点 $\quad L\rightarrow\alpha+\beta+T$

图 5-82 中，α-Al 代表以 Al 为溶剂的固溶体，β 代表 Mg_2Al_3，Y 代表 $Mg_{17}Al_{12}$，θ 代表 $CuAl_{12}$，Q 代表 $Cu_3Mg_6Al_7$，S 代表 $CuMgAl_2$，T 代表 $Mg_{32}(Al,Cu)_{49}$。

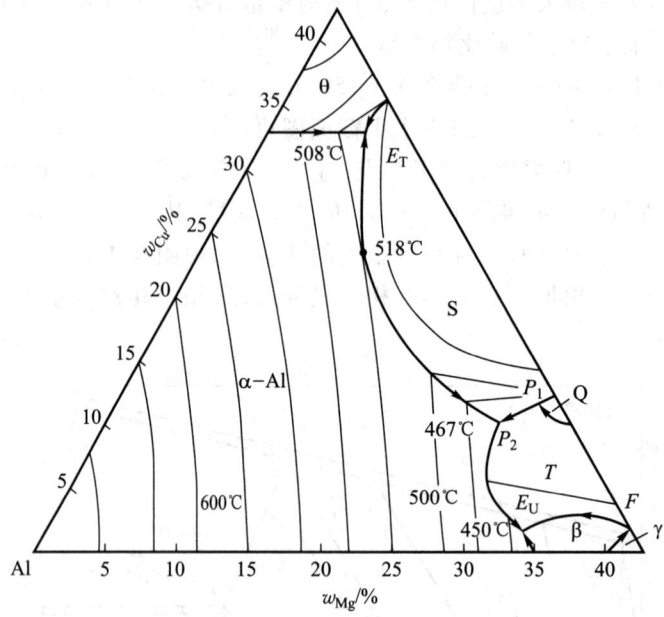

图 5-82　Al-Cu-Mg 三元系液相面等温线投影图

5.6　三元相图小结

三元相图与二元相图相比，增加了一个组元，导致三元相图变得更加复杂，这主要是因为它增加了一个成分变量，使二元相图中的点变成了线，线变成了面，但根据相律可知，三元相图具有以下特征。

1. 单相区

三元合金仅存在单相时，根据相律知 $f=C-P+1=3-1+1=3$，即温度和两个组元成分的独立变量，因此，在三元相图中，单相区是一个空间区域，其中温度和成分可以自由变化。

2. 两相平衡区

三元合金中可以存在液-液两相平衡、液-固两相平衡或固-固两相平衡。根据相律可知，若三元合金中存在两相平衡，体系自由度 $f=C-P+1=3-2+1=2$，也就是说温度与某一相中的一个组元成分能够自由变化，但是此相中另外两个组元的含量和另一相的成分都随之而定，无法独立改变。因此，在三元相图中，两相区之间存在共轭关系，在垂直截面图和水平截面图中，两个单相区之间均为一对共轭曲线。在一定温度时，三元系实现两相平衡时满足共线法则，根据连接线可利用杠杆定律获得两平衡相的相对含量。两相区与三相区的界面为两平衡相连接线组成的直纹面。

3. 三相平衡区

若三元合金中出现三相平衡,根据相律可得,体系自由度 $f = C - P + 1 = 3 - 3 + 1 = 1$,也就是说温度和各平衡相成分仅有一个能够自由变化,一旦温度确定,三个平衡相的成分也就唯一确定。它与二元相图的三相平衡转变的最大区别是,三元系三相平衡转变是变温转变,而二元系三相平衡转变是恒温转变。

三元合金中的三相平衡转变主要有共晶型转变和包晶型转变,具体如下:

共晶转变 $L \rightarrow \alpha + \beta$

共析转变 $\gamma \rightarrow \alpha + \beta$

偏晶转变 $L_1 \rightarrow L_2 + \alpha$

熔晶转变 $\gamma \rightarrow L + \alpha$

包晶转变 $L + \alpha \rightarrow \beta$

包析转变 $\alpha + \gamma \rightarrow \beta$

合晶转变 $L_1 + L_2 \rightarrow \alpha$

上述转变的三相平衡区均由参与反应的三个相的三条单变量线构成。若发生三相平衡转变,三个平衡相成分则沿着三条单变量线进行变化。共晶型三相平衡转变三相区,是两个三相平衡转变开始面在上,一个三相平衡转变终止面在下;而包晶型三相平衡转变三相区是一个三相平衡转变开始面在上,两个三相平衡转变终止面在下,如图 5-83 所示。

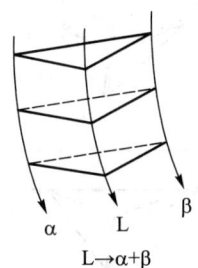
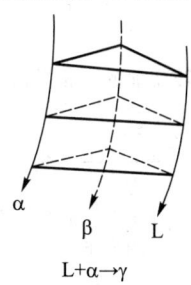

图 5-83　三元相图中的三相平衡区特征

4. 四相平衡区

三元系在四相平衡时根据相律可得,体系自由度 $f = C - P + 1 = 3 - 4 + 1 = 0$,即温度与四个平衡相的成分固定不变,所以其只能在特定条件下呈现一个水平面。三元合金中的四相平衡转变主要有共晶型转变、包共晶型转变和包晶型转变,具体如下。

共晶转变 $L \rightarrow \alpha + \beta + \gamma$

共析转变 $\delta \rightarrow \alpha + \beta + \gamma$

包共晶转变 $L + \alpha \rightarrow \beta + \gamma$

包共析转变 $\delta + \alpha \rightarrow \beta + \gamma$

包晶转变 $L + \alpha + \beta \rightarrow \gamma$

包析转变 $\delta + \alpha + \beta \rightarrow \gamma$

共晶型和包晶型四相平衡面为三角形水平面,包共晶型四相平衡面为四边形水平面,在相应的垂直截面图中呈现一条水平线。每个四相平衡面与十二条单变量线相连,每三条单变量线围成一个三相平衡区,因此一个四相平衡面与四个三相平衡区均是面接触,与六个二相平衡区均是线接触,与四个单相区以点接触。具体见图 5-84,这三种四相平衡转变的重要特征见表 5-10。

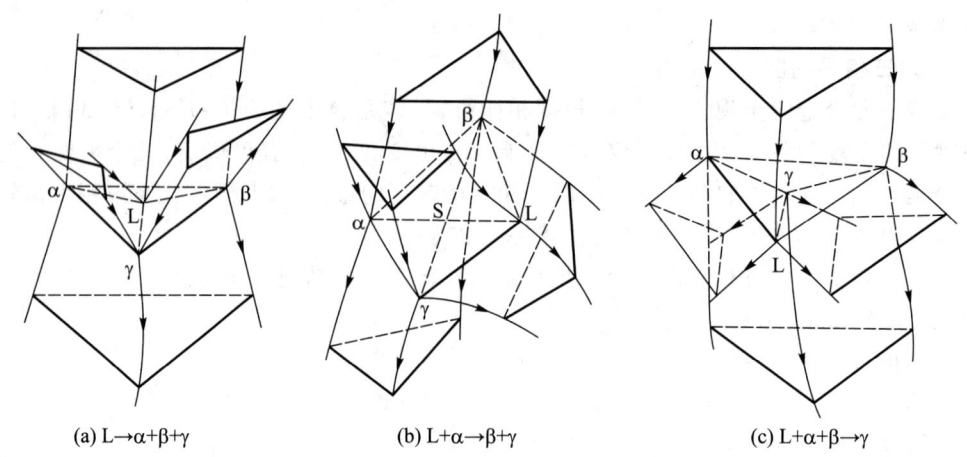

(a) L→α+β+γ　　　　　(b) L+α→β+γ　　　　　(c) L+α+β→γ

图 5-84　三种四相平衡面与三相平衡区的连接方式

表 5-10　三元系中的四相平衡转变特征

转变类型	L→α+β+γ	L+α→β+γ	L+α+β→γ
转变前的三相平衡			
四相平衡			
转变后的三相平衡			
液相面交线的投影			

参考文献

第六章　材料的凝固

【本章导读】

　　物质从液态到固态的转变过程称为凝固。如果液态转变为结晶态材料,这个过程又称为结晶。结晶过程是一个相变过程,掌握结晶过程的规律可为今后研究固态相变的普遍规律奠定基础,对控制产品质量,提高性能也是非常重要的。本章阐述了不同材料的凝固形核机制,从热力学和动力学角度介绍目前主要常用的凝固方法。金属凝固是工业制造中最常见的凝固,由于金属合金熔液黏度小,易流动,常可直接凝固成所需的零部件,或者把合金熔液浇注成锭子,然后开坯,再通过热加工或冷加工等工序制成产品。凝固是冶金、机械制造、先进金属材料及无机功能晶体材料制备的关键环节。材料的性能取决于其组织特征,而凝固组织主要受材料成分、冷却速率和冷却方式等控制。金属的制备加工过程几乎都要经过凝固过程,包括金属锭和铸件,在这一过程中涉及析出相组成、形态、分布以及偏析、裂纹、缩孔、疏松以及夹杂物的数量等,其对材料的性能具有重要的影响,控制凝固过程已成为提高传统材料性能和研制新材料的最关键手段之一。熔化和凝固过程均是热力学原理和动力学条件决定的相变过程,涉及凝聚态物理学、界面与表面科学、传热传质学、流体力学、流变学、弹性力学、化学及数值计算方法等。机械行业的铸、焊方向与凝固理论和相应的技术控制非常密切,尤其是铸造专业主要是以凝固理论和相应的技术控制为研究核心。

【本章重点和难点】

　　掌握纯金属的结晶、过冷以及热力学条件。掌握金属结晶及形核、长大过程。理解固溶体合金的非平衡结晶及溶质重新分配,掌握成分过冷的概念。掌握共晶组织的形成及转变机制。掌握铸锭组织的形成与控制,了解新的凝固技术。理解非均匀形核、成分过冷、非平衡结晶、固溶体合金结晶时溶质的重新分布。

6.1　纯金属的结晶

　　凝固是指从液态向固态转变的相变过程,广泛存在于自然界和工程技术领域[1-2]。从水的结冰到火山熔岩的固化,从钢铁生产过程中铸锭的制造到机械工业领域各种铸件的铸造,以及非晶、微晶材料的快速凝固,半导体及各种功能晶体的液相生长,均属凝固过程。几乎一切金属制品在其生产流程中都要经历一次或一次以上的凝固过程。凝固技术是以凝固理论为基础进行凝固过程控制的工程技术,是对各种凝固过程控制手段的综合应用。其目标是以尽可能简单、节约、高效的方法获得具有预期凝固组织的优质制品。凝固过程控制是根据热力学、物理冶金学、流体力学及传热传质原理[3],采用科学实验及计算机模拟技术等方法,研究金属材料制备、铸造成形、熔焊,以及新型金属、半导体与其他无机非金属材料液相法制备过程中的液—固相变原理与过程控制技术,实现技术科学领域中材料组织性能的控制与优化。其主要研究对象涉及以下几个方面。

① 金属材料的制备,包括合金熔体的成分控制,熔体的变质及微合金化处理,熔体中杂质与气体的去除,铸锭的凝固过程控制,金属液的雾化与粉体材料的制备。

② 金属材料的成形加工,包括铸造过程的充型行为、凝固过程的形核、固相的生长形态与凝固组织控制、凝固缺陷的形成与控制、焊接过程中的熔化与凝固行为、喷射成形过程凝固特性、其他液相法材料成形过程的形状与组织控制。

③ 无机非金属材料的合成与晶体生长,包括化合物晶体材料的合成、熔体法晶体生长、溶液法晶体生长、区熔法及其他凝固方法晶体生长与材料提纯的技术。

④ 非平衡新材料的研制,包括快速凝固及其非晶、准晶、微晶、纳米晶材料的制备,高压等特殊条件下的凝固过程控制与非平衡材料制备,激光、等离子体、电子束等高能束在凝固控制中的应用。

6.1.1 结晶的过冷

过冷是指液态金属被冷却至平衡液相线以下某一温度范围而未发生结晶或凝固的现象。过冷度是平衡液相线温度(T_m)与金属熔体开始形核的实际温度(T_N)之差。当合金熔体的过冷度达到某一范围时,合金熔体的凝固就会完全在 T_0 温度(T_0 是同成分固、液相自由能相等的温度)下进行,此时熔体就处于超过冷状态,而对应的过冷度就是超过冷度。金属熔体的超过冷临界值可以由公式 $\Delta T_{hyper} = \Delta H_m / C_P$ 预测,其中,ΔH_m 是合金的熔化焓,C_P 是熔体的比热容。达到超过冷的合金熔体处于极端非平衡状态,能够实现熔体的"等焓凝固",即结晶潜热能够全部被过冷的液相吸收而无须向外界散热以实现合金熔体的快速凝固。因此,超过冷为合金熔体在快速凝固过程中实现相选择和组织选择提供了必要的热力学和动力学条件。

液态金属的深过冷及超过冷通常指通过各种有效的净化手段避免、消除或钝化金属或合金熔体中的异质形核质点,抑制非均质形核,使得液态金属或合金获得在常规凝固条件下难以达到的过冷度甚至超过冷,从而实现极端非平衡凝固[4]。其特点是快速凝固过程不受外界散热条件的制约,可以在慢速冷却条件下实现大体积合金熔体的快速凝固,这是目前通过凝固直接实现三维大体积液态金属快速凝固的唯一手段。

6.1.2 结晶的热力学条件

液态金属从高温冷却到低温时,会发生从液态向固态转变的凝固过程。纯金属的凝固为什么能够自发地进行呢? 这与热力学条件紧密相关。根据吉布斯最小自由能原理

$$(\Delta G)_{T,P} \leq 0 \tag{6-1}$$

即在等温、定压的条件下,体系物理化学过程自发进行的结果,使吉布斯自由能 G 降低。自发过程进行的限度,是体系的自由能降至最低值,此时体系达到了平衡。

根据物理化学,存在下列关系

$$dG = VdP - SdT \tag{6-2}$$

式中,S 为体系的熵,反映了所考察体系紊乱程度的大小;V、P、T 分别为体系的体积、压力和温度。金属凝固过程一般在定压下进行,故上式可表示为

$$\left(\frac{\partial G}{\partial T}\right)_P = -S \tag{6-3}$$

已知体系的熵恒为正值。对金属来说,温度升高时,其吉布斯自由能降低,同时降低速率取决于熵值大小。液态金属呈短程有序的排列结构,其紊乱度大于固态金属,故有高的熵值,其吉布斯自由能随温度上升而降低的速率高于固态金属的速率。若对式(6-3)求二阶偏导数,则有

$$\left(\frac{\partial^2 G}{\partial T^2}\right)_P = -\left(\frac{\partial S}{\partial T}\right)_P \tag{6-4}$$

并利用基本关系式

$$dH = TdS + VdP \tag{6-5}$$

式中,H 为体系的焓。在定压条件下,上式第二项等于零,又知定压热容为

$$G_P = -\left(\frac{\partial H}{\partial T}\right)_P \tag{6-6}$$

于是式(6-4)可写成

$$\left(\frac{\partial^2 G}{\partial T^2}\right)_P = -\frac{G_P}{T} \tag{6-7}$$

利用式(6-3)和式(6-7),可表示纯金属液、固两相吉布斯自由能与温度的关系。由图 6-1 可见,液、固态金属的吉布斯自由能曲线,在温度为 T_m 时相交,液、固态金属达到平衡。T_m 为纯金属的熔点。当温度 $T > T_m$ 时,液态金属比固态金属的吉布斯自由能低。据吉布斯最小自由能原理,金属便自发地发生熔化过程。温度 T 时两相吉布斯自由能差 ΔG,即熔化的驱动力。反之,当温度 $T < T_m$ 时,金属即发生凝固。

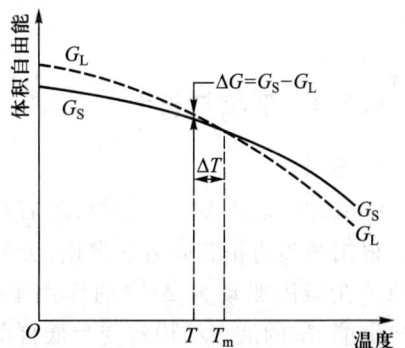

图 6-1 纯金属液、固两相吉布斯
自由能随温度变化示意图

在熔点附近凝固时,焓与熵值随温度变化的数值可忽略不计,则有

$$\Delta G_m = \Delta H_m - T\Delta S_m \tag{6-8}$$

式中,ΔG_m 为金属熔化时的吉布斯自由能变化;ΔH_m 为金属的熔化焓(凝固潜热);ΔS_m 为金属的熔化熵。

当 $T = T_m$ 时,式(6-8)等于零,故

$$\Delta S_{m} = \frac{\Delta H_{m}}{T_{m}} \tag{6-9}$$

代入式(6-8)有

$$\Delta G_{m} = \Delta H_{m}\left(1 - \frac{T}{T_{m}}\right) = \frac{\Delta H_{m}\Delta T}{T_{m}} \tag{6-10}$$

式中,ΔT 为过冷度,$\Delta T = T_{m} - T$。可见,金属凝固的驱动力主要取决于过冷度,过冷度越大,凝固的驱动力越大,因此金属不可能在 $T = T_{m}$ 时凝固。

6.1.3　金属的结晶过程

金属结晶是由晶核核心形成和晶核长大两个基本过程组成的,即金属从液态冷却为固态的过程,原子从不规则排列的状态过渡到原子规则排列的晶体状态的过程(图6-2)。物质由液态转变为固态的过程称为凝固,由于液态金属凝固后一般都为晶体,所以液态金属转变为固态金属的过程也称为结晶。绝大多数金属材料都是先经过冶炼后浇铸成形,即它的原始组织为铸态组织。了解金属结晶过程对理解铸件组织的形成,以及对其锻造性能和零件的最终使用性能的影响,都是非常必要的。而且掌握纯金属的结晶规律对理解合金的结晶过程和其固态相变也有很大的帮助。

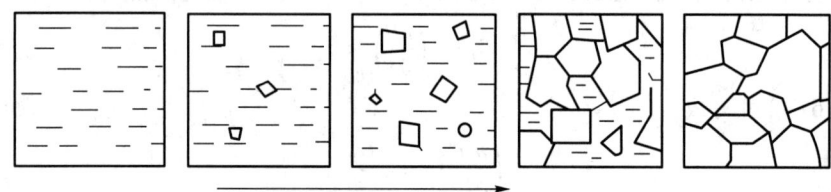

图6-2　结晶过程示意图

6.1.4　形核与长大

1. 形核

结晶过程是从形核开始的,然后晶核发生长大而使得系统逐步由液体转变为固体。根据经典的相变动力学理论,金属液相原子在凝固驱动力 ΔG_{m} 的作用下,从高自由能 G_{L} 的液态结构转变为低自由能 G_{S} 的固态晶体结构过程中,必须越过一个势垒 ΔG_{d},才能使凝固过程得以实现,如图6-3所示。

而势垒的获得,是通过液态金属内部温度起伏,即能量起伏来实现的。势垒 ΔG_{d} 也叫激活自由能(activation energy)。整个液态金属的凝固过程,就是金属原子在相变驱动力 ΔG_{m} 的驱使下,不断借助

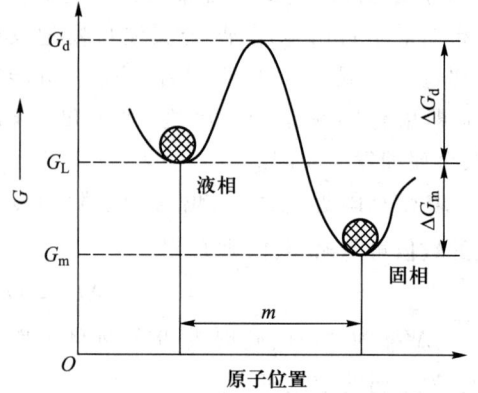

图6-3　金属凝固的吉布斯自由能变化

能量起伏以克服势垒 ΔG_{d}，并通过形核和长大的方式来实现的转变过程。

形核过程的相变驱动力 ΔG_{m}，可分为两种情况：自发形核（homogeneous nucleation）与非自发形核（heterogeneous nucleation）。当液体中出现晶核时，系统的吉布斯自由能的变化由两部分组成：一部分是液相和固相体积自由能差 ΔG_{V}，它是相变的驱动力；另一部分是由于出现了液—固界面，使系统增加了界面能 ΔG_{sf}，它是相变的阻力。这样，系统总自由能变化为

$$\Delta G = G_{\mathrm{V}} + G_{\mathrm{sf}} = \Delta G_{\mathrm{m}} + \sigma_{\mathrm{LS}} A \tag{6-11}$$

式中，ΔG_{m} 为单位体积固、液自由能差，σ_{LS} 为固—液界面张力，A 为晶核表面积。

当体系温度低于凝固温度，即 $T < T_{\mathrm{m}}$ 时，ΔG_{m} 小于零，而界面能 ΔG_{sf} 仍大于零。随着晶核体积的增大，晶核表面张力对形核的阻力则减小。因此，只有在晶核较小时，表面张力的作用才相当明显。对比 ΔG_{V} 和 ΔG_{sf} 消长的结果，ΔG 必存在某一极大值 ΔG^*，ΔG^* 被称为临界形核功。形核自由能变化达到临界形核功 ΔG^* 时的晶核，称为临界晶核。假定自发形核时晶核为球形晶核，而非自发形核时晶核为球冠（图6-4）。

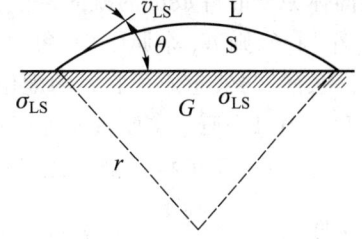

图6-4 非自发形核示意图

随晶核单位体积液、固自由能差 ΔG_{m} 增大，ΔG^* 将减小。已知 $\Delta G_{\mathrm{m}} = \Delta S_{\mathrm{m}} \Delta T$，这意味着随凝固过冷度增加，有利于形核。如果 $\Delta T = 0$，而 $f(\theta)$ 又大于零时，形核过程几乎不可能发生。可见，一般情况下，形核过程需要在一定过冷度下才能实现。

自发形核过程与非自发形核过程相比，在同样临界晶核半径 r^* 的条件下，非自发形核、临界晶核原子数 n^* 与临界形核功 ΔG^* 表达式中，均多乘了一个几何学因子。该因子随非自发形核基底间的润湿角 θ 而改变。很明显，随润湿角 θ 的增大，$f(\theta)$ 相应增大，而且 $f(\theta)$ 越小，形成临界晶核所包含的原子数就越少，标志着出现临界晶核的概率就越大，而非自发形核的临界形核功就越小，因而对所需的能量起伏要求也越低，越容易形核。概括地说，非自发形核比自发形核容易得多。理论研究与实验的结果均表明，自发形核的有效过冷度为金属熔点的 0.18 ~ 0.20 倍。而非自发形核的临界过冷度通常只有几分之一摄氏度至一二十摄氏度。

在 $\theta = 180°$，$f(\theta) = 1$ 的极端情况下，非自发形核实际就是自发形核。因此可以说，自发形核是非自发形核的一个特例。如将临界晶核半径 r^* 代入下式

$$\Delta G_{\mathrm{sf}}^* = A^* \sigma_{\mathrm{LS}} = 4\pi r^{*2} \sigma_{\mathrm{LS}} f(\theta) \tag{6-12}$$

并与非自发形核的临界形核功 ΔG^* 表示式相比得

$$\Delta G^* = \frac{1}{3} A^* \sigma_{\mathrm{LS}} \tag{6-13}$$

可见，形核功等于临界晶核界面能的 1/3，它由液相中能量起伏来提供；界面能的其余 2/3，则由形成晶核时体积自由能的降低来补偿。

2. 长大

当金属液达到一定过冷度,超过临界尺寸的晶核成为稳定晶核后,由液相到晶体表面上的原子数目将超过离开晶体表面而进入液相的原子数,于是进入晶体生长阶段。晶核形成后,紧接着就是长大过程。长大是通过液相原子向晶核表面堆砌来实现的,而晶体长大方式及速率,与晶体表面结构有关。从微观尺度考虑,人们自然将固—液界面划分为粗糙界面与光滑界面,或非小晶面(non-faceted structure)及小晶面(faceted structure)。Jackson 运用热力学方法分析晶体表面结构选择的主要影响因素。对于光滑界面,设固—液界面上 N 个可能的原子位置上都沉积液态原子后,如界面这一层原子中,每个原子与液态原子联系的配位数为 η,与下层固体原子联系的配位数为 Z_0,则界面层原子的结合能可以表示为 $\dfrac{\Delta H_0}{v}(\eta+Z_0)$,式中,$\Delta H_0$ 为一个液态原子转变成固体原子时释放出的凝固潜热。而对于粗糙界面,设界面上 N 个原子位置中只有 N_A 个原子,则 N_A 个原子中,每个原子与下层固体原子联系的平均配位数不变,仍为 Z_0。虽然,与液态原子联系的配位数与界面原子排列情况无关,但对光滑界面来说,N 个原子中每个原子接受液态原子的概率都是 1;而对界面只排有 N_A 个原子的粗糙界面来说,每个原子接受液态原子的概率,就成为 $x=N_A/N$ 了,实际相当于改变与液态原子联系的配位数,则界面单个原子的有效平均结合能为 $\dfrac{\Delta H_0}{v}(\eta x+Z_0)$。因此,光滑界面与粗糙界面间的结合能差为

$$\frac{\Delta H_0}{v}(\eta+Z_0)-\frac{\Delta H_0}{v}(\eta x+Z_0)=\frac{\Delta H_0}{v}\eta(1-x) \tag{6-14}$$

当界面沉积的液态原子总数为 Nx 时,系统的吉布斯自由能的变化值便可写成

$$\Delta G_S=\frac{\Delta H_0}{v}\eta(1-x)xN-T\Delta S \tag{6-15}$$

式中,ΔS 为凝固时原子空位与排列紊乱所引起的组态熵的变化。

$$\Delta S=-Nk\left[x\ln x+(1-x)\ln(1-x)\right] \tag{6-16}$$

代入式(6-15),并令 $T=T_m$,整理得

$$\frac{\Delta G_S}{NkT_m}=\alpha x\ln(1-x)+x\ln x+(1-x)\ln(1-x) \tag{6-17}$$

式中,

$$\alpha=\frac{\Delta H_0}{kT_m}\frac{\eta}{v}=\frac{\Delta S_m}{R}\frac{\eta}{v} \tag{6-18}$$

式(6-18)即固—液界面相对吉布斯自由能变化与界面原子沉积概率的关系。图 6-5 表示 α 值变化所引起的界面相对自由能变化值与原子所占位置分数之间的关系。曲线的最小值就是界面排列最稳定的状态。当 $\alpha>2$ 时,界面相对自由能的最小值在 x 接近 0 和接近 1 的两端处。这意味着界面上有很多空位未被原子占据,或几乎所有空位均被原子占据。这两种情况下,自由能都最小。因此,从原子尺度观察这两种情况,都属于光滑界面(图 6-6),但界面上有台阶。

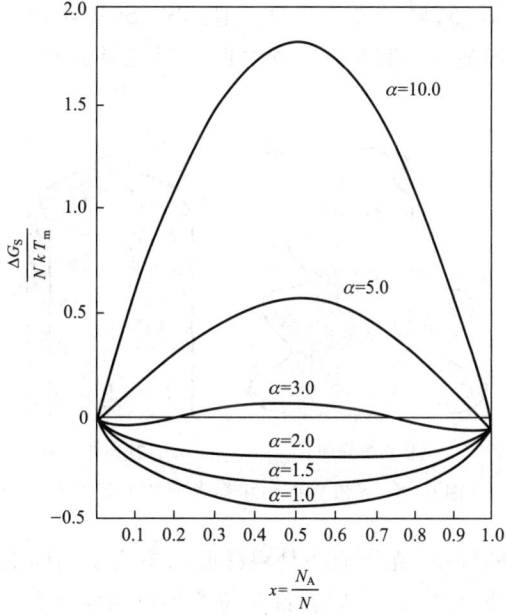

图 6-5　不同 α 值时 $\dfrac{\Delta G_\mathrm{S}}{NkT_\mathrm{m}}$ 与 x 的关系

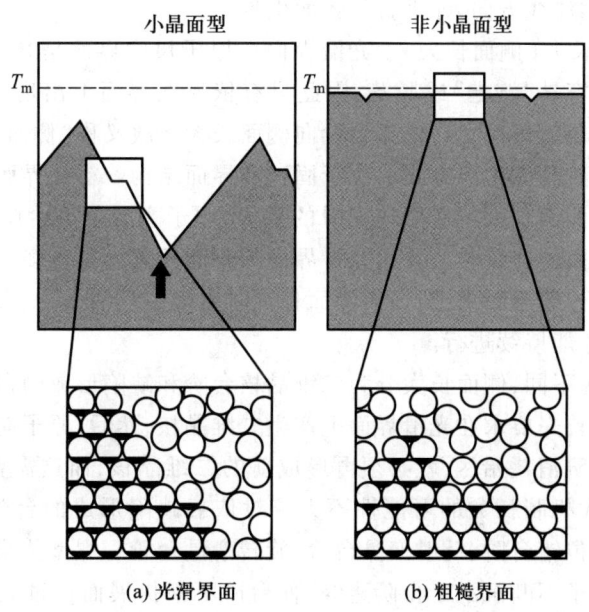

(a) 光滑界面　　　　(b) 粗糙界面

图 6-6　光滑界面与粗糙界面的区别

α 值越大,界面越光滑。当 $\alpha \leqslant 2$ 时,相对自由能的最小值在 $x = 0.5$ 附近,即界面有约 50% 的阵点被原子占有。从原子尺度上看,界面是粗糙的(图 6-6)。但宏观上看却是光滑的。α 值越小,界面越粗糙。由式(6-18)可知,α 值取决于熔化熵 ΔS_m 与原子排列结构。大多数金属的熔化熵较小,且 $\leqslant 0.5$,使得 $\alpha \leqslant 2$,属于粗糙界面;对于非金属及部分有机物，$\alpha>5$，属于光滑界面；对于 Sb、Si 等类金属材料，一般 $2<\alpha<5$，固—液界面类型介于粗糙界面和光滑界面之间。粗糙界面和光滑界面生长的晶体宏观形态如图 6-7 所示。

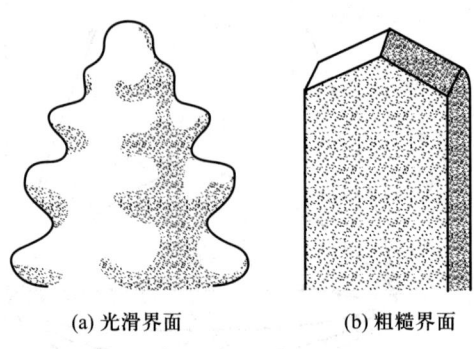

(a) 光滑界面　　　　　　　　(b) 粗糙界面

图 6-7　光滑界面与粗糙界面的宏观形态

上述固—液界面的性质（光滑面还是粗糙面），决定了晶体长大方式的差异。

① 连续长大　粗糙面的界面结构，许多位置均可为原子着落，液相扩散来的原子很容易被接纳与晶体连接起来。由于前面讨论的热力学因素，生长过程中仍可维持粗糙面的界面结构。只要原子沉积供应不成问题，就可以不断地进行"连续长大"。其生长方向为界面的法线方向，即垂直于界面生长。

② 台阶方式长大（侧面长大）　光滑界面在原子尺度界面是光滑的，单个原子与晶面的结合较弱，容易"跑走"或脱落，因此只有依靠在界面上出现台阶，然后从液相扩散来的原子沉积在台阶边缘，依靠台阶向侧面长大。故又称"侧面长大"。

前面已经提到，晶体生长方式取决于固—液界面结构。粗糙界面，对应连续长大；光滑界面，则对应侧面长大。对于较光滑的界面，原子主要依靠台阶长大。对比两种生长方式，粗糙界面的连续长大要比光滑界面的侧面长大容易得多。连续长大的含义是，长大过程可以连续不断地进行；而侧面长大时台阶一旦消失，长大必须依靠在界面形成新的台阶后才能持续进行。

根据台阶来源不同，侧面长大分为二维晶核台阶和缺陷形成的台阶长大。对于二维晶核台阶长大，首先要求在光滑界面上产生二维晶核，然后，原子向二维晶核提供的台阶沉积，一旦台阶消耗殆尽，就必须再形成新的二维晶核，而这需要较大的过冷度，因此依靠这种长大机制长大的可能性不大。对依靠缺陷形成的台阶长大，如图 6-8 所示，可分为螺型位错台阶、反射孪晶台阶、旋转孪晶台阶。螺型位错的台阶是最易沉积原子的地方，原子不断沉积于台阶边缘，使台阶不断扩展而扫过晶面。当台阶横扫晶面时，因台阶任意一点捕获原子的机会是一样的，故位错中心处台阶扫过晶面的角速度比离中心处远的地方要大，结果便产生一种螺旋塔尖状的晶体表面，图 6-8a、b 就是这种长大机制的示意图。反射孪晶的沟槽与旋转孪晶的凹角，也是捕获原子的台阶源，原子可直接向沟槽或凹角根部堆砌。图 6-8c 展示了 Al- Si 合金中 Si 晶体长大的示意图，图 6-8d 则展示了灰铸铁中片状石墨长大的示意图。已知石墨晶体具有以六角形晶格为基面的层状结构，基面之间结合较弱。结晶过程中原子排列层错使上、下层之间旋转产生一定角度,于是使石墨晶体沿着侧面[1010]方向很快长成片状。

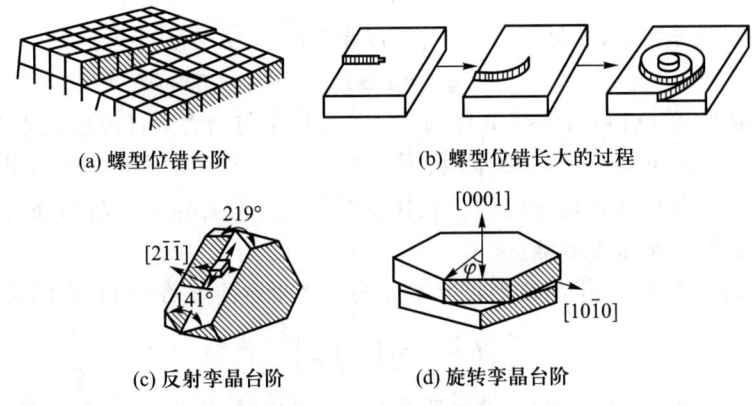

(a) 螺型位错台阶   (b) 螺型位错长大的过程

(c) 反射孪晶台阶   (d) 旋转孪晶台阶

图 6-8 不同晶体缺陷提供的长大台阶示意图

连续生长在金属及合金中占主导地位。现用古典速率理论推导出连续生长的速率表示式。根据能量分布规律,越过势垒 ΔG_d 的原子频率为

$$v_{LS} = v_0 \exp\left(-\frac{\Delta G_d}{kT}\right) \tag{6-19}$$

相反,原子由固态转变为液态时的频率,根据同一原理可表示为

$$v_{LS} = v_0 \exp\left(-\frac{\Delta G_d + \Delta G_m}{kT}\right) \tag{6-20}$$

因此,原子由液相穿过界面向固相跳跃的净频率为

$$v_{net} = v_{LS} - v_{SL} = v_{LS}\left[1 - \exp\left(-\frac{\Delta G_m}{kT}\right)\right] \tag{6-21}$$

其中,

$$\Delta G_m = \frac{\Delta H_0}{T_m}\Delta T_k \tag{6-22}$$

式中,ΔH_0 为一个原子的凝固潜热,ΔT_k 为晶体长大的动力学过冷度。将该式代入式(6-21)中,因 ΔT_k 往往很小,故指数项可利用 $e^{-x} \approx 1-x$ 的关系化简,结果得到

$$v_{net} = v_{LS}\frac{\Delta H_0 \Delta T_k}{kT_m^2} \tag{6-23}$$

晶体的长大速率 R 可写成

$$R = \alpha v_{net} = \alpha v_{LS}\frac{\Delta H_0 \Delta T_k}{kT_m^2} \tag{6-24}$$

式中,α 为界面上沉积一层原子时界面的推进距离。根据无规行走理论(random walk theory),原子通过扩散越过固—液界面势垒 ΔG_l 跳向固相的频率,还可写为

$$v_{LS} = \frac{D_L}{\alpha^2} \tag{6-25}$$

式中,D_L 为液相原子的扩散系数。代入式(6-2)中最终得到

$$R = \frac{D_L \Delta H_m \Delta T_k}{\alpha k T_m^2 N_A} \tag{6-26}$$

对于一定的金属,且扩散系数 D_L 与温度无关时,上式变为

$$R = \mu_1 \Delta T_k \tag{6-27}$$

式中,μ_1 为常数,单位为 cm/(s·K)。此时,长大速率与动力学过冷度成直线关系,据估计,μ_1 为 1 ~ 100 cm/(s·K) 数量级,因此在很小的过冷度下就可达到很大的生长速率。通常铸锭凝固或定向凝固的生长速率为 10^{-2} cm/s,界面前沿的动力学过冷度 $\Delta T = 10^{-4} \sim 10^{-2}$ K,很难准确测量。

类似的研究表明,二维晶核生长速率 R 与动力学过冷度 ΔT 间存在的关系为

$$R = \mu_2 \exp\left(-\frac{b}{\Delta T_k}\right) \tag{6-28}$$

式中,μ_2、b 为常数。由此式可知,当 ΔT 低于某临界值时,R 几乎为零;一旦超过该值,R 急剧增大,一般此临界值为 1 ~ 2 K,比连续长大所需的过冷度约大两个数量级。螺型位错生长速率 R 与动力学过冷度间存在的关系为

$$R = \mu_3 \Delta T_k^2 \tag{6-29}$$

式中,$\mu_3 = 10^{-4} \sim 10^{-2}$ cm/(s·K)。

将三种生长速率 R 与动力学过冷度 ΔT_k 的关系曲线绘于同一图中,如图 6-9 所示。光滑界面的晶体,在小过冷度下,按螺型位错长大的方式进行;在大过冷度下,则按粗糙界面的连续长大方式进行。因此,二维晶核的长大方式,对光滑界面晶体几乎是不可能的。

根据缺陷种类,具有光滑界面的晶体可以有不同的宏观形态,如线缺陷(螺型位错),晶体形态表现为针状;如面缺陷(孪晶),晶体形态表现为片状。共晶体形貌是很重要的。

实际研究结果证实,判断物质是按粗糙界面长大还是按光滑界面长大,单靠熔化熵值的大小是不够的,它还和结晶动力学,即物质在溶液中的浓度及凝固过冷度有关。如在 Al-Sn 合金中,随 Al 浓度减少,初晶 Al 的形貌可由粗糙界面转变为光滑界面。又如白磷在低的长大速度时为光滑界面,当长大速度增加时却转变为粗糙界面。因此 Temkin 等人提出了固—液界面的多原子层模型(图 6-10)。在这个多原子层界面中,既存在着原子排列较为规则的原子簇,又存在排列非常紊乱的原子,在排列规则的原子簇中的晶体位置被部分填满,并与一定的晶面相对应,随着向固相一边靠近,原子簇中原子排列的有序化程度增加。因此在过冷度较小时(即熵值比较低的金属),界面原子层数较少,生长可按原子团中每层台阶的侧面扩展方式进行,其生长固—液界面为光滑界面。对过冷度较大的情况(熵值也较大),固—液界面原子层变厚,界面上排列混乱的原子数增多,界面粗糙度增加,因此,即使原来属于光滑界面生长的物质,也可以转变为粗糙界面生长。

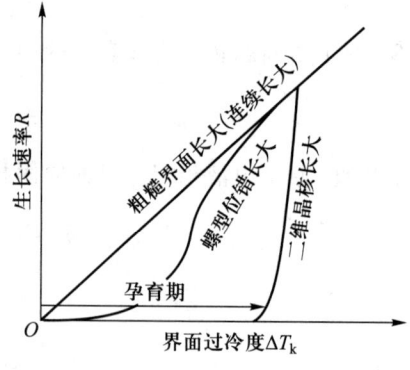

图 6-9　不同长大方式生长
速率与过冷度的关系

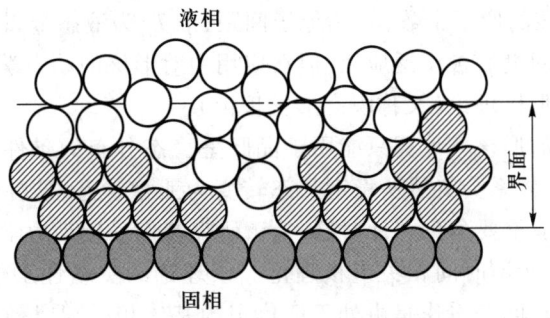

液相

界面

固相

图 6-10　固—液界面的多原子层模型

6.2　固溶体合金的结晶

6.2.1　非平衡结晶

凝固的发展始终围绕着凝固过程中两个最基本的问题:形核和生长。在快速凝固条件下,经典凝固理论面临严峻挑战,如快速凝固条件下经典稳态形核理论能否准确描述形核过程,稳态晶体生长理论中被忽略的动力学效应在快速凝固条件下是否会对晶体生长产生显著影响等。

1. 非平衡形核

（1）经典形核理论

Volmer 和 Weber 于 1926 年在吉布斯热力学的基础上,针对纯物质蒸气凝结成液滴这一最简单的过程建立了在亚稳体系中基于随机涨落的形核理论。随后 Becker 和 Döring 在动力学上对该理论加以发展,提出了经典形核理论,其稳态形核率的一般表达式如下。

$$I_{ss} = C \exp(-\xi/k_B T) \exp(-\Delta G^*/k_B T) \tag{6-30}$$

式中,ξ 为液相原子扩散激活能;k_B 为 Boltzmann 常量;T 为温度;ΔG^* 为临界形核功。

但 Becker 的表述并未给出常量 C 的数量级,这大大限制了经典形核理论的应用。Becker 以后,Turnbull 和 Fisher 导出了 C 值,并将形核率的计算公式修正为

$$I_{ss} = N_L \frac{k_B T}{h} \Gamma_z \exp(-\Delta_a g^{\#}/k_B T) \exp(-\Delta G^*/k_B T) \tag{6-31}$$

式中,N_L 为熔体中原子的总个数为阿伏伽德罗常数的数量级;h 为 Planck 常量;Γ_z 为 Zeldovich 因子;$\Delta_a g^{\#}$ 为原子向界面迁移的激活能。

Turnbull 指出 $\Delta_a g^{\#}$ 的值近似等于黏性流动激活能,在对式（6-31）进行了合理的估计,并归纳 Turnbull 等人对形核率的推导后,Christian 最终导出液体形核的稳态形核率的一般方程

$$I_{ss} = \frac{k_B T N_n}{3\eta(T) a_0^3} \exp\left(-\frac{\Delta G^*}{k_B T}\right) \tag{6-32}$$

式中，N_n 为参与形核的原子个数；a_0 为原子间距；$\eta(T)$ 为液态金属黏度。

经典形核理论问世后被广泛应用，但在应用中对形核的动力学因素考虑较少。

（2）时间相关形核理论（又称瞬态形核理论）

经典形核理论的形核率计算只能用于晶胚呈稳态分布的条件下，在多数情况下，特别是快速凝固中，体系会突然从稳定状态转变为亚稳状态，这种情况下形核动力学将在形核过程中扮演重要角色。针对这一点，研究者们采用动力学分析手段对形核过程进行分析，发展了所谓时间相关形核理论。该理论的奠基性工作是由 Zeldovich 做的。Zeldovich 将形核问题看作是由处于活化态的基体相/结晶核心控制，在驱动力作用下沿轴向的扩散过程，并在此基础上得出了一个一次相变的广义动力学方程，根据该方程，时间相关形核率可表示为

$$I(t) = I_{ss}\exp(-\tau/t) \tag{6-33}$$

式中，τ 为形核孕育时间（也称形核滞后时间或弛豫时间）；t 为形核时间。

τ 可用下式计算

$$\tau \cong \left[(a_0 kT)/w_{n_c}^+\right]\left[\partial^2 \Delta G/\partial n_c^2\right] \tag{6-34}$$

式中，a_0 为原子间距；$w_{n_c}^+$ 为原子向晶核的附着速率；ΔG 为形成临界晶核所需的吉布斯自由能；n_c 为一个临界晶核所含的原子个数。

Zeldovich 的理论模型表明形核过程是一个瞬态过程，它取决于晶核通过生长和消亡临界区间所需要的孕育时间 τ，τ 也可以理解为系统的形核过程由非稳态到稳态的特征时间，只有形核过程由非稳态过渡到稳态后，晶胚才能稳定生长并成为临界晶核。Zeldovich 之后，Kashchiev、Kelton 等人又对时间相关形核理论进行了研究，但 Zeldovich 等人所提出的模型都是基于数值解的模型，在应用过程中处理起来非常繁琐。基于此，Shao 等对式（6-33）进行了简化，并提出了孕育时间的解析表达式

$$\tau = \frac{7.2R_g f(\varphi)}{1-\cos\varphi} \cdot \frac{a_0^4}{d_a^2 x_{L.eff}} \cdot \frac{T_t}{D_l \Delta S_f \Delta T_t^2}$$
$$T_t = T/T_m \tag{6-35}$$

式中，φ 为非均匀形核时的表面润湿角；R_g 为气体常数；d_a 为固态原子半径；ΔS_f 为合金的摩尔熔化熵；T_m 为合金的熔点；D_l 为溶质在液相中的扩散系数。

Shao 和 Tsakiropoulos 等人，刘永长、杨长林等人分别对快速凝固 Al-Cr、Al-Ti、Fe-B合金凝固过程中的竞争形核问题进行了研究，发现理论预测与实验结果基本吻合。瞬态形核理论是对经典形核理论的重要发展。

（3）扩散界面理论

经典形核理论基于两个基本假设：① 晶核与液相的界面是尖锐的，是没有厚度的；② 晶核的表面张力按平界面处理，与其曲率无关。这两个基本假设使经典形核在应用过程中遇到各种问题。

① 在大过冷度下的合金熔体和金属玻璃的结晶过程中，由于临界晶核很小，固—液界面是模糊的，这种情况下尖锐界面假设显然不适用；

② 经典形核理论假设晶核界面为平界面，界面曲率对晶核与液相之间的界面能无关，显然这在临界晶核半径很小的情况下也是不合理的。

针对上述经典形核理论的缺陷,研究者们提出了扩散界面理论(diffuse interface theory,DIT)。扩散界面理论考虑了形核过程中晶核与液相界面的厚度,认为在形核过程中晶核的自由能和界面能是曲率和温度的函数,且自由能和界面能在界面中呈连续变化。实验证明扩散界面理论所预言的形核率与气相沉积中的精确数据吻合良好。Volkmann 等采用 DIT 模型及经典形核理论模型计算过冷 Fe-Cr-Ni 合金中亚稳相与稳定相的竞争形核后指出,扩散界面理论能够更准确地反映竞争两相在形核功及稳态形核率方面的差别,扩散界面理论的预测值与实验结果更接近。

(4)能量、结构起伏理论

合金熔体中存在各种起伏,包括温度起伏、成分起伏及结构起伏,它们的存在使得均匀形核成为可能。即使熔体被雾化成颗粒,其所包含的原子数目也相当可观,因此从统计学的角度来看,熔体中原子能量呈正态分布,相应的单原子保持在某一能量状态的时间与合金在整个熔融状态的时间相比非常短暂,所以从时间的角度来看,单个原子的瞬态能量也应呈正态分布。另一方面,从结构角度来看,原子之间的结合总是朝着能量最低的方向进行,所以这种结合不是随机的,也就是说,熔体中总存在一些原子团簇以降低本身能量。可以看出,无论是从哪个方面来说,熔体中的原子总是存在某种起伏,该理论正是在这一物理模型的基础上,从统计学的角度通过较严格的数学推导,建立原子的能量、结构起伏理论,然而令人遗憾的是由于过冷熔体物性参数不甚齐全,而且很难从实验上测定过冷熔体中的能量及结构起伏,因此还没有实验能证明该理论正确与否,况且由于模型建立涉及较繁杂的数学推导,这里不做详细说明。

能量、结构起伏理论和前述的扩散界面理论以及一些未基于经典形核理论框架发展起来的形核理论,均属于非经典形核理论范畴。非经典形核理论是对经典形核理论的发展与完善,但是出现较晚,其合理性和实用性仍有待进一步验证。

2. 非平衡晶体生长

1947 年,Ivantsov 在假定固—液界面上温度或浓度处处相等的前提下,通过数学分析后指出,具有旋转抛物面的针状晶和片状晶具有稳态扩散解。后来 Horvay 和 Cahn 进一步发现,具有稳态扩散解的枝晶的更普遍形式是椭圆抛物面。

在只考虑扩散的情况下,过冷熔体凝固时枝晶尖端的过冷度 ΔT 由两项组成:一项是由热扩散引起的热过冷 ΔT_t,另一项是由溶质扩散引起的成分过冷度 ΔT_c:

$$\Delta T = \Delta T_t + \Delta T_c \tag{6-36}$$

其中,

$$\Delta T_t = \frac{\Delta H_f}{C_p} I(P_t) \tag{6-37}$$

$$\Delta T_c = m_0 (C_0 - C_1^*) = \frac{k_0 \Delta T_0 I(P_c)}{1 - (1 - k_0) I(P_c)} \tag{6-38}$$

式中,ΔH_f 为熔化焓或结晶潜热;C_p 为液相比热;m_0 为平衡液相线斜率;C_1^* 为枝晶尖端液相成分。$I(P_c)$ 为 Ivantsov 函数,其中 $P_c = v_s R / 2D_1$ 为溶质的 Peclet 数,$P_t = VR / 2\alpha_L$ 为热 Peclet 数。

Ivantsov 函数具体的数学解析式为

$$I(P_c) = P_c \exp(P_c) E_1(P_c) \tag{6-39}$$

$$E_1(P_c) = \int_p^{\infty} \frac{\exp(-Z)}{Z} dZ \tag{6-40}$$

在给定的过冷度 ΔT 下,由上面几式只能求出 Peclet 数或 $v_s R$ 值,需要附加其他条件才能唯一确定 $v_s R$、ΔT 间的关系,因此这一模型还需要进一步修正。

基于 Ivantsov 的稳态扩散解,Lipton、Glicksman 和 Kurz 率先建立了小过冷度(小 Peclet 数)下的晶体生长模型(LGK 模型)。他们在考察过冷条件下枝晶尖端的曲率效应后指出,熔体的实际过冷度应由三个过冷度组成,即热过冷度、溶质过冷度和由 Gibbs-Thomson 效应引起的曲率过冷度 ΔT_r 可表示为

$$\Delta T = \Delta T_t + \Delta T_c + \Delta T_r \tag{6-41}$$

其中,

$$\Delta T_r = \frac{2\Gamma}{R} \tag{6-42}$$

Langer 和 Muller-Krumbhaar 在对 Ivantsov 的稳态扩散解修正之后提出了边缘稳定性判据(LM-K 模型),通过对界面稳定性的分析得到了枝晶尖端半径的表达式

$$R = \frac{\Gamma / \sigma^*}{\dfrac{\Delta H_f}{C_p} \cdot P_t - \dfrac{m_0 C_0 (1-k_0)}{1-(1-k_0) \cdot I(P_c)} \cdot P_c} \tag{6-43}$$

其中,$\sigma^* = 1/4\pi^2$ 为模型稳定常数。由此可以唯一地确定 v_s、R 与 ΔT 的关系。进一步分析,在低过冷度下有 $v_s R^2 =$ 常数。需要指出的是,LGK 模型没有考虑溶质截留效应对枝晶生长过程的影响,因此只能用于小过冷度下的近平衡凝固。此后不久,Lipton、Kurz 和 Trivedi 将 LGK 模型扩展到深过冷快速凝固(LKT 模型)时发现,当 Peclet 数很大时,$v_s R^2$ 不再为常数,与此对应的枝晶尖端半径也不再是 Peclet 数的单值函数,而与 Peclet 数和枝晶生长速度有复杂的函数关系

$$R = \frac{1/\sigma^*}{\xi_t \cdot P_t - \xi_c \cdot \dfrac{2P_c(1-k)}{1-(1-k) \cdot I(P_c)}} \tag{6-44}$$

式中,

$$\xi_t = 1 - \frac{1}{\left(1 + \dfrac{1}{\sigma^* P_t^2}\right)^{1/2}} \tag{6-45}$$

$$\xi_c = 1 + \frac{2k}{1 - 2k - \left(1 + \dfrac{1}{\sigma^* P_c^2}\right)^{1/2}} \tag{6-46}$$

考虑快速凝固时的溶质陷落,Aziz 提出了有效分配系数 k 与凝固速度 v_s 和平衡分配系数 k_0 之间的关系

$$k = \frac{k_0 + (a_0 v_s / D)}{1 + (a_0 v_s / D)} \tag{6-47}$$

式中,a_0 为液相中溶质扩散的特征长度,与原子间距在同一数量级。

采用 LKT 模型,Trivedi 等系统分析了过冷熔体中生长速度对溶质分配的影响。根据 LKT 模型也可以确定 v_s、R 和 ΔT 的单值对应关系,有所不足的是,虽然 LKT 模型考虑了非平衡溶质截流效应对晶体生长的影响,但却忽略了合金在快速生长时的界面动力学效应,因此该模型仍需要进一步完善。

Boettinger、Coriell 和 Trivedi 在全面考虑界面动力学效应对溶质再分配和界面过冷度的影响后,建立较为完善的过冷熔体枝晶生长理论,即 BCT 模型。在 BCT 模型中,枝晶尖端过冷度由四部分组成。

$$\Delta T = \Delta T_t + \Delta T_c + \Delta T_r + \Delta T_k \tag{6-48}$$

式中,ΔT_t、ΔT_r 为意义及表达式与前文相同;ΔT_k 为动力学过冷度。

由于溶质截留效应显著地改变了合金的溶质分配系数和液相线斜率,此时的溶质过冷度为

$$\Delta T_c = m_0 C_0 \left[1 - \frac{m/m_0}{1-(1-k) \cdot I(P_c)} \right] \tag{6-49}$$

其中,

$$m = m_0 \left\{ 1 + \frac{k_0 - k[1 - \ln(k/k_0)]}{1-k_0} \right\} \tag{6-50}$$

式(6-48)中 ΔT_k 可表示为

$$\Delta T_k = \frac{v_s}{\mu} \tag{6-51}$$

界面动力学系数 μ 是合金热物理参数及温度的函数

$$\mu = \frac{\Delta H_f v_0}{R_g T_L^2} \tag{6-52}$$

采用 BCT 模型可以准确地计算各种合金在不同过冷度下的 R 和 v_s。相对于 LKT 模型而言,BCT 模型考虑了界面动力学效应对枝晶生长的影响,形成了一套更加完善的枝晶生长理论。然而,人们对过冷熔体的枝晶生长速度进行精确的测定后发现,当熔体过冷度小于某一特征过冷度 ΔT^* 时,BCT 模型的计算结果与实验吻合较好,但当熔体过冷度大于这一特征过冷度时,枝晶生长速度 v_s 与过冷度 ΔT 的关系开始偏离 BCT 模型所预测的指数关系,而遵从线性关系。因此,BCT 模型也面临着进一步挑战。

基于上述 BCT 模型的不完善性,Galenko 和 Danilov 引入了非平衡液相扩散弛豫效应对枝晶生长的影响。他们认为溶质原子在液相中的扩散速度存在一个最大值 V_D,当晶体生长速度小于 V_D 时,固—液界面的局域平衡假设仍然成立,界面前沿存在溶质的再分配;而当晶体生长速度大于 V_D 时,固—液界面的局域平衡假设不再成立,晶体生长发生完全溶质截留,即 $k=1$。在此基础上,Galenko 和 Danilov 提出了局域非平衡枝晶生长模型。Galenko-Danilov 模型中,枝晶尖端的过冷度可以表示为

$$\Delta T = \begin{cases} \Delta T_t + \Delta T_c + \Delta T_n + \Delta T_r + \Delta T_k, & v_s < V_D \\ \Delta T_t + \Delta T_n + \Delta T_r + \Delta T_k, & v_s \geq V_D \end{cases} \tag{6-53}$$

式中,ΔT_t、ΔT_r、ΔT_k 为意义及表达式与前文相同;ΔT_c 为成分过冷度;ΔT_n 为平衡液相线温度和非平衡液相线温度的差值。

ΔT_{c} 和 ΔT_{n} 分别表示为

$$\Delta T_{c} = \begin{cases} mC_{0} \dfrac{(k-1)I(P_{c})}{1-(1-k)I(P_{c})}, & v_{s} < V \\ 0, v_{s} \geqslant V \end{cases} \tag{6-54}$$

$$\Delta T_{n} = (m_{0}-m)C_{0} \tag{6-55}$$

其中，

$$m = \begin{cases} \dfrac{m_{0}}{1-k_{0}} [1-k+\ln(k/k_{0}) + (1-k)^{2} (v_{s}/V_{D})], & v_{s} < V_{D} \\ \dfrac{m_{0}\ln k_{0}}{k_{0}-1}, & v_{s} \geqslant V_{D} \end{cases} \tag{6-56}$$

式中，

$$k = \begin{cases} \dfrac{k_{0}[1-v_{s}^{2}/(V_{D})^{2}] + v_{s}/V_{D}}{1-v_{s}^{2}/(V_{D})^{2} + v_{s}/V_{D}}, & v_{s} < V_{D} \\ 1, & v_{s} \geqslant V_{D} \end{cases} \tag{6-57}$$

加入弛豫效应后，枝晶尖端半径的表达式变为

$$R = \begin{cases} \dfrac{\Gamma}{\sigma^{*}} \left[\dfrac{\Delta H_{f}}{C_{p}} P_{t}\xi_{t} - \dfrac{2m(1-k)C_{0}P_{c}\xi_{c}}{(1-v_{s}^{2}/V_{D}^{2})[1-(1-k)I(P_{c})]} \right]^{-1}, & v_{s} < V_{D} \\ \dfrac{C_{p}\Gamma}{\Delta H_{f}P_{t}\xi_{t}\sigma^{*}}, & v_{s} \geqslant V_{D} \end{cases} \tag{6-58}$$

其中，

$$\xi_{t} = 1 - [1+1/(\sigma^{*}P_{t}^{2})]^{-1/2}$$

$$\xi_{c} = \begin{cases} 1 + \dfrac{2k}{1-2k-[1+(1-V^{2}/V_{D}^{2})/(\sigma^{*}P_{c}^{2})]^{1/2}}, & v_{s} < V_{D} \\ 0, v_{s} \geqslant V_{D} \end{cases} \tag{6-59}$$

Galenko-Danilov 模型充分考虑了弛豫效应对枝晶生长的影响，由该模型可以看出，当枝晶生长速度大于液相中的溶质原子扩散速度即 $v_{s} \geqslant V_{D}$ 时，合金将发生完全溶质截留，这时溶质分配对枝晶的生长完全不产生影响，枝晶生长完全受到传热和动力学效应的控制，将发生类似纯金属的凝固行为。该模型解释了熔体过冷度大于临界过冷度时 v_{s} 与过冷度的线性关系，可以很好地与实验结果吻合。

6.2.2 固溶体合金结晶的溶质再分配

金属凝固时各组元会按一定规律进行分配，这是造成凝固偏析的原因[4]。掌握金属凝固中溶质再分配的规律，是生产实践中控制各种凝固偏析的基础。根据凝固时晶体形成的特点，把凝固时只析出一个固相的合金称为单相合金；而把凝固时同时析出两个以上新相的合金，称为多相合金。本章只讨论单相合金的凝固溶质再分配问题。

1. 溶质再分配与平衡分配系数

除纯金属外，单相合金的凝固过程一般是在一个固、液两相共存的温度区间内完成的。在平衡凝固过程中，这一温度区间是从平衡相图中液相线温度开始，到固相线

温度结束。随着温度的下降,固相成分将沿固相线变化,液相成分沿液相线变化。因此,凝固过程中必有传质过程发生,固—液界面两侧都将不断地发生溶质再分配的现象,其原因在于各组元在不同相中化学势不同。

为了分析的方便,均假设固—液界面局部处于平衡状态,即凝固界面温度已知时,可由平衡相图直接确定界面两侧非常小的有限体积内的液相成分与固相成分。生产中常规的凝固速率 $R<10$ mm/s,使得界面推进速率小于溶质原子析出速率,故界面局部平衡的假设是完全允许的。但对整个体系而言,因存在着温度梯度和浓度梯度,故不能看成平衡体系,即采用金属学中的杠杆定律来描述凝固过程,会带来很大的偏差。

在图 6-11 的平衡相图中,设界面的温度为 T^*,则固相侧薄层中的溶质含量为 C_S^*,液相侧薄层中的溶质含量为 C_L^*,现把两者之比定义为平衡溶质分配系数

$$k_0 = \frac{C_S^*}{C_L^*} \tag{6-60}$$

为突出凝固时的主要特征,假定固相线和液相线都是直线,意味着平衡分配系数 k_0 和液相线斜率 m 对一定的合金系统都是常数。在图 6-11a 中,$C_S^*<C_L^*$,$k_0<1$;在图 6-11b 中,$C_S^*>C_L^*$,$k_0>1$。对大多数单相合金来说,$k_0<1$。因此在只讨论 $k_0<1$ 的情况下,其结论对 $k_0>1$ 的情况也是适用的。

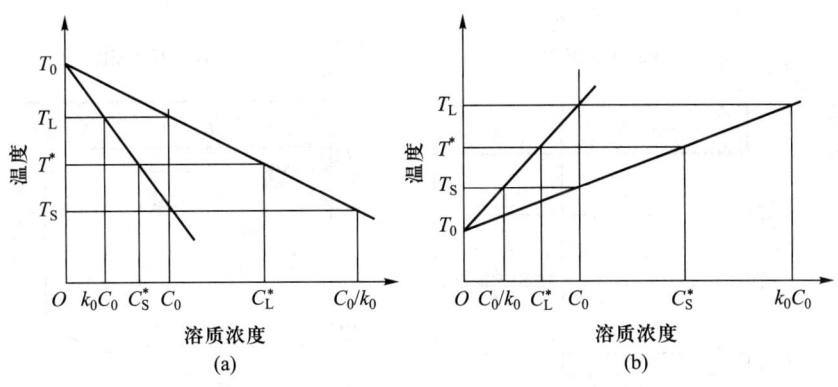

图 6-11 单相合金的平衡分配系数

在平衡凝固条件下,C_S^* 和 C_L^* 是由相图的固相线和液相线确定的。实际上这也是建立相图的物理基础。由相图仅能确定平衡凝固条件下溶质分配系数。然而,平衡凝固的情况是极少见的。对应于平衡凝固、近平衡凝固和非平衡凝固,对溶质分配系数 k 的研究包含三个层次,下面将会进一步讨论。

在通常的冷却条件下,铸件的热扩散率约为 10^{-6} m²/s 数量级,但溶质原子在液态合金中的扩散系数只有 10^{-9} m²/s,特别在固态合金中的扩散系数只有 10^{-12} m²/s 数量级,可见溶质扩散进程远落后于凝固进程。因此,实现平衡凝固是十分困难的。实际上,合金的凝固过程除界面可假定为局部平衡状态外,均为非平衡凝固的过程。为了便于分析,采用质量为 1 个单位、等截面的微元体进行研究。凝固过程中,微元体由一

个方向向另一个方向逐渐发生凝固,固相质量分数 f_S 与液相质量分数 f_L,在任何时刻都满足以下关系

$$f_S + f_L = 1 \qquad\qquad (6-61)$$

此外,忽略溶质在固相中的扩散,根据不同的传质条件,可将单相合金的溶质再分配规律归纳为以下三种情况。

2. 液相均匀混合时的溶质再分配

当凝固过程较为缓慢,且液相受到充分的对流搅拌时,液相在任何温度,或任何时刻都能保证溶质浓度完全均匀。在这种传质条件下溶质分布规律可用图 6-12 来说明。

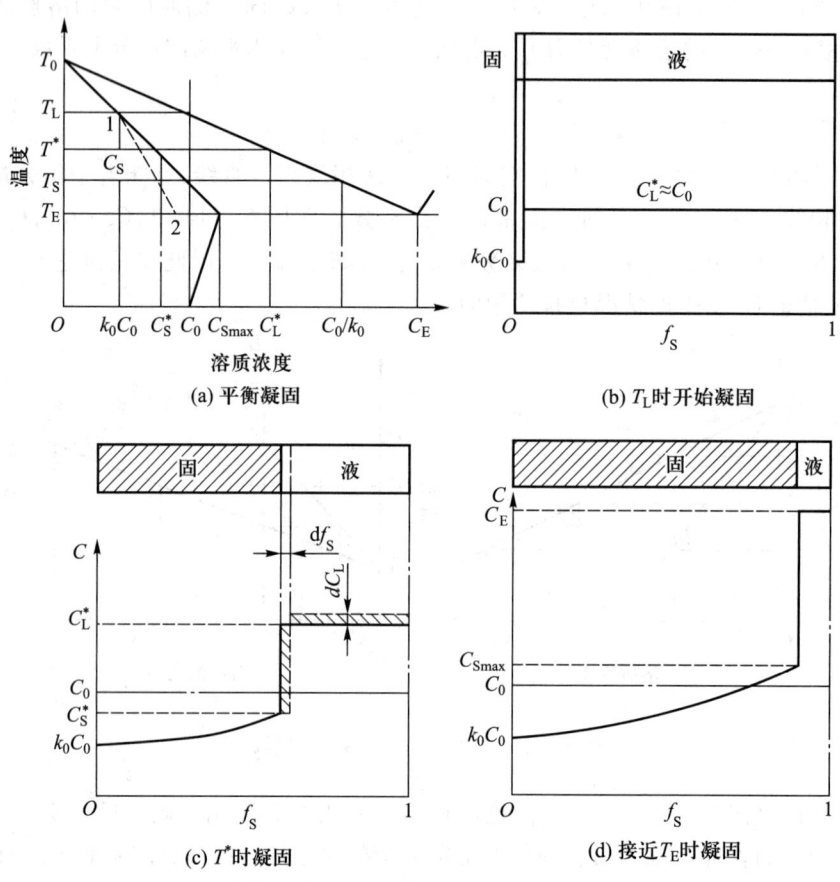

图 6-12 均匀混合时溶质的再分配

合金的原始成分为 C_0,其平衡相图如图 6-12a 所示,当微元体左端冷却到温度 T_L 时,凝固便从左端开始,这时的固相成分为 k_0C_0,而液相成分接近于 C_0,如图 6-12b 所示。当界面温度冷却到 T^* 时,界面已推进到某一距离,此时界面液相一侧的溶质浓度为 C_L^*,固相一侧浓度为 C_S^*,如图 6-12c 所示。如取平均值 $\overline{C}_S$,则固相平均成分将沿着虚线 1~2 变化,而与原来的平衡固相线偏离,如图 6-12a 所示。

设凝固过程某时刻界面上固、液相成分各为 C_S^* 和 C_L^*，相应的质量分数为 f_S 和 f_L。当固相增量为 $\mathrm{d}f_S$ 时，有 $(C_L^* - C_S^*)\mathrm{d}f_S$ 的溶质排出而使剩余液相 $(1-f_S-\mathrm{d}f_S)$ 的浓度升高 $\mathrm{d}C_L^*$，则有以下的质量平衡关系

$$(C_L^* - C_S^*)\mathrm{d}f_S = (1-f_S-\mathrm{d}f_S)\mathrm{d}C_L^* \tag{6-62}$$

由于 $k_0 = C_S^*/C_L^*$，且 $f_S = 0$ 时 $C_S^* = k_0 C_0$，并略去高阶无穷小量，解此微分方程得

$$C_S^* = k_0 C_0 (1-f_S)^{-1} \tag{6-63}$$

此即著名的 Scheil 方程，又称非平衡杠杆定理。

3. 液相中只考虑扩散时的溶质再分配

界面前沿液相中只有扩散而无对流是另一种极端情况。如图 6-13 所示，当 C_0 合金从左端开始凝固时（温度为 T_L），界面上析出成分为 $k_0 C_0$ 的固体，如图 6-13b 所示，而把多余的溶质排入界面前沿的液相中，开始形成溶质富集层，但层外液体仍保持 C_0 成分。随凝固过程的继续，界面自左向右推移，界面前沿溶质不断富集，C_S^* 和 C_L^* 都相应升高，如图 6-13c 所示。当 C_L^* 达到 C_0/k_0 时，$C_S = C_0$，初期过渡阶段结束，而进入稳定生长阶段，如图 6-13d 所示，即界面上固、液两相成分保持不变。把出现稳定生长前的固相区称为初期过渡区。在初始阶段，排入界面前沿的溶质多于被液相扩散带走的溶质，使界面前沿的浓度梯度不断增大，因此使溶质向液相内部扩散的通量增大。当固相成分由 $k_0 C_0$ 增大到 C_0（液相成分为 C_0/k_0）时，界面上排出的溶质等于扩散带走的溶质，于是界面上的固相成分和液相成分保持不变，从而凝固过程进入稳态生长阶段。当这一过程一直进行到生长临近结束时，溶质富集层被推到右端的小体积残余液相中而无法向外扩散，于是界面前沿溶质富集又继续加剧，形成了凝固的最后过渡阶段，如图 6-13e 所示。

当成分为 C_0 的合金 $(k_0<1)$ 凝固进入稳定阶段后，取如图 6-13d 所示的坐标参考点，即坐标原点位于界面上，坐标系自左至右推移，其推移速率即凝固速率 R。设离界面 x 处的液相浓度为 C_x，则当界面以速率向右推移时，相当于有 RC_x 的溶质，由右至左输入界面。同时，由于扩散，有 $D_L \partial C_x/\partial x$ 的溶质由界面自左向右输出，故界面溶质的总通量为

$$J = -RC_x - D_L \frac{\partial C_x}{\partial x} \tag{6-64}$$

由菲克第二扩散定律

$$\frac{\partial J}{\partial x} = \frac{\partial C}{\partial t} \tag{6-65}$$

代入式(6-64)可得

$$R\frac{\partial C_x}{\partial x} + D_L \frac{\partial^2 C_x}{\partial x^2} = \frac{\partial C_x}{\partial t} \tag{6-66}$$

稳态生长时，边界层内各处浓度不随时间变化，即 $\partial C_x/\partial t = 0$，故有

$$R\frac{\partial C_x}{\partial x} + D_L \frac{\partial^2 C_x}{\partial x^2} = 0 \tag{6-67}$$

将边界条件

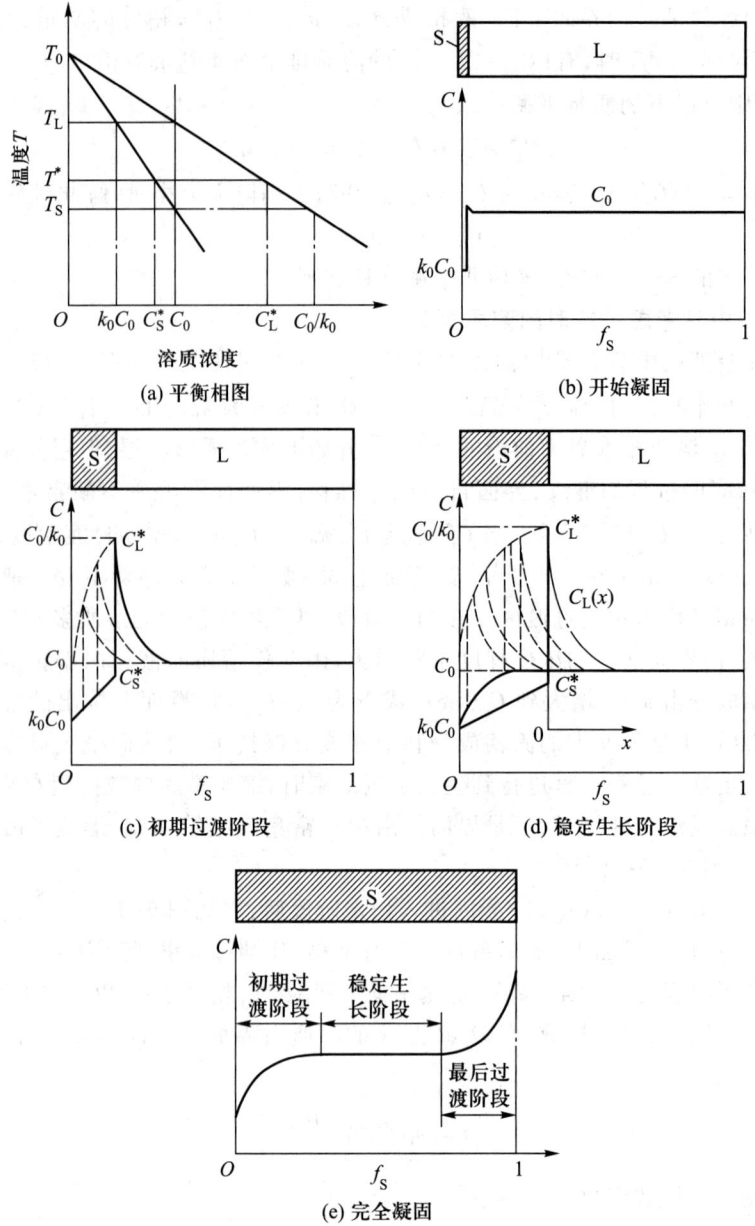

图 6-13　液相中只有扩散时溶质的再分配

① $x = 0$ 时，$C_x = C_0/k_0$；

② $x = \infty$ 时，$C_x = C_0$。

代入式(6-67)以确定常数，得

$$C_x = C_0\left(1 + \frac{1-k_0}{k_0}e^{-\frac{R}{D_L}}\right) \tag{6-68}$$

由上式可见，在相同的原始成分 C_0 下，C_x 曲线形状与凝固速率 R、溶质在液相中的扩散系数 D_L 以及平衡分配系数 k_0 有关。R 越大，D_L 或 k_0 越小，界面前溶质原子富集越严重,曲线 C_x 越陡。

4. 液相部分混合时的溶质再分配

以上讨论的是两种极端情况,实际的传质过程既有扩散又有对流搅拌。故实际的溶质再分配条件介于上述两种极端情况之间(图6-14)。在紧靠界面的前方,存在着一薄层对流作用不到的液体,溶质原子只能通过扩散作用向前方扩散,而在边界层外,液相则可借助流动达到均匀混合,溶质分布曲线如图6-14b 所示。当对流非常强烈时,界层厚度 $\delta \to 0$,其溶质再分配规律与液相完全混合时相同,如图6-14c 所示;反之,当对流极弱时,$\delta \to \infty$,其溶质再分配又接近于液相只有扩散的情况,如图6-14a 所示;一般情况下,实际的凝固过程介于两者之间。

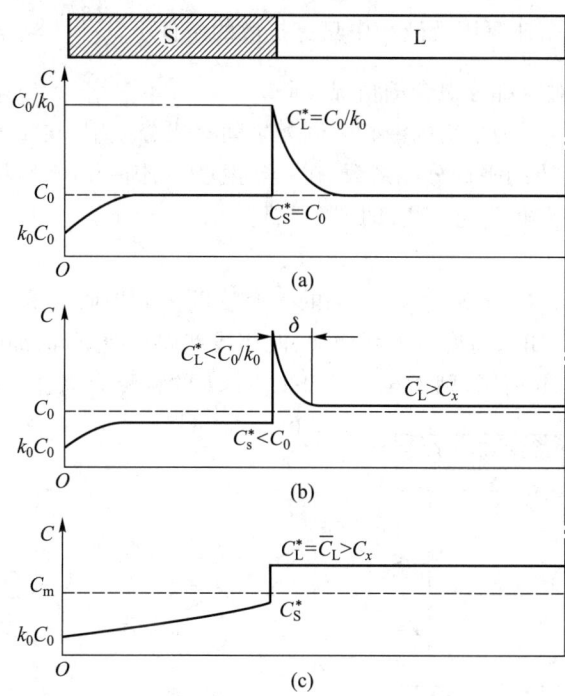

图 6-14   液相传质条件对溶质再分配规律的影响

对于一般情况,当扩散边界层达到稳定态时,式(6-67)仍然有效。如将 $x=0$ 时,$C_x = C_L^*$ 及 $x = \delta$ 时,$C_x = C_0$(当液相容积足够大时)代入式(6-67),可解得

$$\frac{C_x - C_0}{C_L^* - C_0} = 1 - \frac{1 - e^{-\frac{R}{D_L}x}}{1 - e^{-\frac{R}{D_L}\delta}} \tag{6-69}$$

如液相中只有扩散时,$\delta \to \infty$,$C_L^* = C_0/k_0$,上式即成为式(6-68)。

另外,在稳定态时,有下列关系存在

$$D_L \frac{\partial C_x}{\partial x}\bigg|_{x=0} = -R(C_x - C_S^*) \tag{6-70}$$

对式(6-69)中的 C_x,求导可得

$$D_\mathrm{L} \frac{\partial C_x}{\partial x}\Big|_{x=0} = -R\frac{C_\mathrm{L}^* - C_0}{1 - e^{-\frac{R}{D_\mathrm{L}}\delta}} \tag{6-71}$$

由于式(6-70)与式(6-71)相等,并运用 $C_\mathrm{S}^* = k_0 C_\mathrm{L}^*$ 关系整理可得

$$k_e = \frac{C_\mathrm{S}^*}{C_0} = \frac{k_0}{k_0 + (1 - k_0)\,e^{-\frac{R}{D_\mathrm{L}}\delta}} \tag{6-72}$$

式(6-72)即有效分配系数 k_e 的表达式。可以看出,对流越强,即 δ 较小时,C_S^* 越小;凝固速率 R 越大时,C_S^* 越趋近于 C_0。

把三种传质条件下溶质分布情况总结于图6-15。在慢速凝固和很强的对流条件下,$\dfrac{R\delta}{D_\mathrm{L}} < 1$,$k_e = k_0$;在高速凝固及液相中只有扩散的条件下,$\dfrac{R\delta}{D_\mathrm{L}} > 1$,$k_e = 1$ 而 $k_0 < k_e < 1$ 时,则相当于液相中有对流部分混合的情况。

固溶体凝固的特征为平衡的液相和固相之间有成分差别,在凝固时要发生溶质的重新分布,先介绍溶质的平衡分配系数:在一定温度下,固—液平衡相中溶质浓度的比值即 k_0 称为溶质的平衡分配系数,即

$$k_0 = C_\mathrm{S}/C_\mathrm{L} \tag{6-73}$$

式(6-73)中,C_S、C_L 分别为固、液相的平衡浓度。如果假定液相线和固相线均为直线,则 k_0 为常数。如果随溶质浓度增加,液相线和固相线下降,如图6-16a所示,则 $k_0 < 1$;反之如图6-16b所示,则 $k_0 > 1$。以下以 $k_0 < 1$ 的相图为例进行讨论。

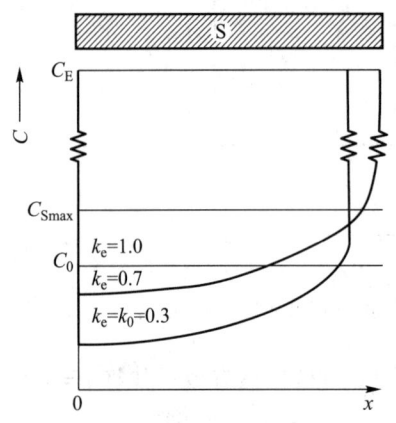

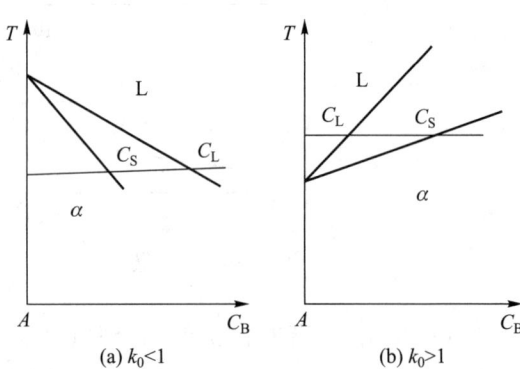

图6-15　不同 k_e 值的溶质分布情况　　　　图6-16　$k_0 < 1$ 的相图及 $k_0 > 1$ 的相图

为了便于研究,假定水平圆棒自左端向右端逐渐凝固,且固—液界面保持平面。冷却极为缓慢,达到了平衡凝固状态,即在凝固过程中,在每个温度下,液体和固体中的溶质原子都能充分混合均匀,虽然先后凝固出来的固体成分不同,但凝固完毕后,固体中各处的成分均变为原合金成分 C_0,不存在溶质的偏析。实际上要达到平衡凝固是极困难的,特别是在固相中,成分的均匀靠原子扩散来完成,所以溶质在大范围内是不可能达到均匀,在讨论实际凝固问题时,把凝固过程中析出的固相成分看作不再变化,仅讨论液相中溶质原子混合均匀程度的问题,液相中溶质原子均匀有两种机制:扩

散和液体的流动(自然对流或搅拌)。二者相比,对流产生的作用比扩散大得多。但不管流速多大,在与固相接触处总存在着一薄层无流动的边界层,扩散传输不能将凝固所排出的溶质同时都输送到对流液体中去,在边界层中产生了溶质的聚集,如图 6-17 所示。在边界层以外的液体,由于有对流混合而获得均匀的液体成分 $(C_L)_B$。由于固—液界面上总是达到或接近局部平衡,故 $(C_S)_i = k_0(C_L)_B$。边界区的开始建立过程如图 6-16b 所示。溶质开始从凝固界面连续不断地排入边界层液体中,从而在界面上富集的溶质越来越多,边界层的浓度梯度也越来越大,原子扩散也越快,当从固体界面输出溶质速度等于溶质从边界层扩散出去的速度时,达到稳定状态。这种达到稳定状态后的凝固过程,称为稳态凝固过程,于是 $(C_S)_i = k_0(C_L)_B$ 达到常数。

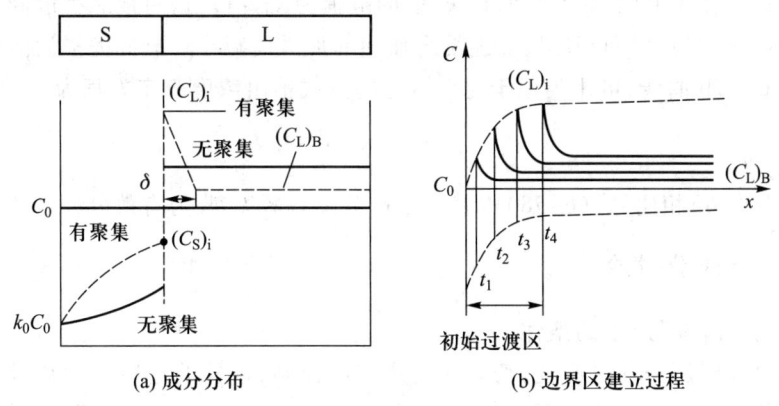

图 6-17 凝固过程中溶质的聚集现象

在稳态凝固过程中,常常采用"有效分配系数 k_e",它定义为

$$k_e = \frac{凝固时固—液界面处固相的浓度(C_S)_i}{边界层以外的液体平均浓度(C_L)_B} \qquad (6-74)$$

进入稳态凝固后,k_e 为常数,利用扩散方程可推导出

$$k_e = \frac{k_0}{k_0 + (1-k_0)e^{-R\delta/D}} \qquad (6-75)$$

式中,R 为凝固速度,δ 为边界层厚度,D 为扩散系数。

通常把稳态凝固称为正常凝固,先对凝固后的溶质分别讨论。

(1)凝固速度非常缓慢

$R\delta/D \to 0$,$k_e \to k_0$,即液体中溶质完全混合均匀。这样液体中溶质的浓度 $C_L(x)$ 随凝固过程 x 不断变化而改变,这时凝固的固体成分为 $C_L(x) = C_S(x)/k_0$,最后溶质的分配关系将如图 6-17b 线所示,可推出其分布方程为

$$C_L(x) = k_0 C_0 \left(1 - \frac{x}{L}\right)^{k_0 - 1} \qquad (6-76)$$

(2)如果凝固速度很大

$R\delta/D \to \infty$,$k_e \to 1$,则液体中溶质仅可通过扩散来混合。如果无对流和搅拌作用,达到稳定凝固过程时,固—液界面处液相成分保持 C_0/k_0,由于扩散进行较慢,边界层以外的液体仍保持 C_0。

在边界层液体中溶质分布方程由扩散方程推出。

$$C_L(x) = C_0\left[1 + \frac{1-k_0}{k_0}\exp\left(-\frac{Rx}{D}\right)\right] \tag{6-77}$$

式中，$C_L(x)$ 为距固—液界面 x 处液体中溶质的浓度。

凝固后溶质分布为：在起始处固相有一从 C_0k_0 到 C_0 的过渡区，中段均为 C_0，直到凝固临近终了时最后剩余少量液体，造成末端又出现一个溶质浓度升高的区域，结果如图 6-17a 线所示。当凝固速度快，溶质的扩散系数较小时，两端溶质分布曲线就变得陡而短。

（3）一般条件

凝固速度介于上面二者之间，即 k_e 值的范围为 $k_0 \sim 1$。这时依靠扩散和对流作用只能达到部分均匀，界面层厚度 δ 随混合作用的加强而减小。凝固完毕后溶质分布曲线示于图 6-17b 曲线，可用类似于完全混合的方式推出浓度分布方程为

$$C_S(x) = k_e C_0\left(1 - \frac{x}{L}\right)^{k_e-1} \tag{6-78}$$

与式（6-76）相比，式（6-78）将其中平衡分配系数 k_0 改为有效分配系数 k_e。

6.2.3　成分过冷

1. "成分过冷"产生的条件

金属凝固时所需的过冷度，若完全由热扩散控制，这样的过冷称为热过冷。其过冷度称为热过冷度。纯金属凝固时就是热过冷。热过冷度 ΔT_h 为理论凝固温度 T_m 与实际温度 T_2 之差，即

$$\Delta T_h = T_m - T_2 \tag{6-79}$$

合金在近平衡凝固过程中，溶质发生再分配，在液相侧中形成一个溶质富集区。液相成分的不同导致理论凝固温度的变化。当固相无扩散而液相只有扩散的单相合金凝固时，界面处溶质含量最高，离界面越远溶质含量越低（图 6-18b）。平衡液相温度 $T_L(x')$ 则与此相反，界面处最低；离界面越远，液相温度越高；最后接近原始成分合金的凝固温度 T_0（图 6-18c）。假设液相线为直线，其斜率为 m_L，纯金属的熔点为 T_m，凝固达到稳态时则固液界面前沿液相温度为

$$T_L(x') = T_m - m_L T C_L(x') \tag{6-80}$$

界面处温度 T_i 为

$$T_i = T_m - m_L C_0/k_0 \tag{6-81}$$

界面处的过冷度 ΔT_k（也称为动力学过冷度）为

$$\Delta T_k = T_i - T_2 = T_m - m_L C_0/k_0 - T \tag{6-82}$$

式中，T_2 为界面处的实际温度。

此时，固—液界面前沿液体的过冷度 ΔT_c 为平衡液相温度（即理论凝固温度）$T_L(x')$ 与实际温度 $T(x')$ 之差，即

$$\Delta T_c = T_L(x') - T(x') \tag{6-83}$$

显然，ΔT_c 是由固—液界面前沿溶质的再分配所引起的，将这样的过冷命名为

"成分过冷",其过冷度称为"成分过冷度"。$T_L(x')$ 曲线和 $T(x')$ 直线构成的如图 6-18c 所示的区称为"成分过冷区",固—液界面前过冷范围 x_c' 称为"成分过冷范围"。因此,产生"成分过冷"必须具备两个条件:第一是固—液界面前沿溶质的富集而引起成分再分配;第二是固—液界面前沿液相的实际温度分布,或温度分布梯度 G_L 必须达到一定的值。

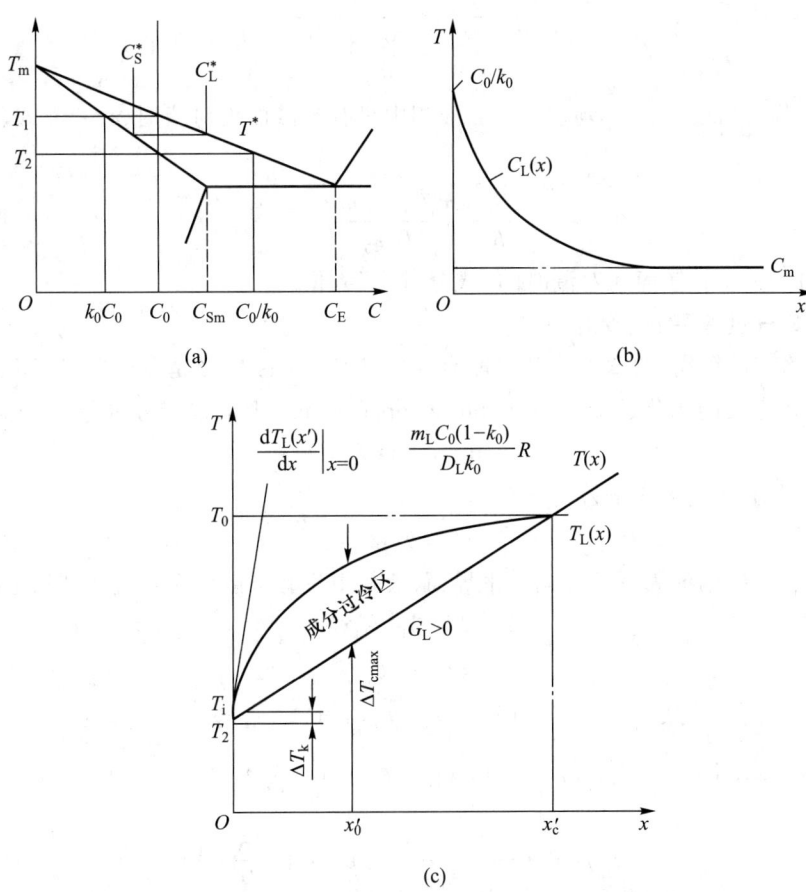

(a)   (b)

(c)

图 6-18 固—液界面前沿液相中形成"成分过冷"模型

由图 6-18c 可看出,"成分过冷"的条件为

$$G_L \leqslant \frac{dT_L(x')}{dx'} \tag{6-84}$$

而

$$\frac{dT_L(x')}{dx'} = -m_1 \frac{dG_L(x')}{dx'} \tag{6-85}$$

故

$$G_L \leqslant -m_1 \frac{dG_L(x')}{dx'}\bigg|_{x'=0} \tag{6-86}$$

从式 $D_L \dfrac{dG_L(x')}{dx'}\bigg|_{x'=0} = -R\dfrac{G_L^* - C_0}{1-\exp\left(-\dfrac{R}{D_L}\delta\right)}$ 求出

$$\left.\frac{\mathrm{d}G_\mathrm{L}(x')}{\mathrm{d}x'}\right|_{x'=0} = -\frac{R}{D_\mathrm{L}}\left(\frac{G_\mathrm{L}^* - G_0}{1-\mathrm{e}^{-R\delta/D_\mathrm{L}}}\right) \tag{6-87}$$

将上式和式 $G_\mathrm{L}^* = \dfrac{G_0}{k_0+(1-k_0)\exp\left(-\dfrac{R}{D_\mathrm{L}}\delta\right)}$ 代入式(6-86)并整理得

$$\frac{G_\mathrm{L}}{R} \leqslant \frac{m_\mathrm{L}}{D_\mathrm{L}}G_0\ \frac{1}{\dfrac{k_0}{1-k_0}+\mathrm{e}^{-\frac{R}{D_\mathrm{L}}\delta}} \tag{6-88}$$

式(6-88)称为"成分过冷"判别式。当液相中只有扩散而无对流时,$\delta\to\infty$,式(6-88)变为

$$\frac{G_\mathrm{L}}{R} \leqslant \frac{m_\mathrm{l}C_0(1-k_0)}{D_\mathrm{L}k_0} \tag{6-89}$$

式(6-89)为只有扩散而无对流时的"成分过冷"判据。

2. "成分过冷"的过冷度

20世纪50年代,加拿大著名物理冶金学家Chamers教授提出在凝固理论研究中具有划时代意义的成分过冷(constitutional supercooling)理论,"成分过冷度"表示为

$$\Delta T_\mathrm{c} = T_\mathrm{L}(x') - T(x') \tag{6-90}$$

式(6-90)中实际温度分布为

$$T(x') = T_\mathrm{i} + G_\mathrm{L}x' \tag{6-91}$$

单相合金凝固的固—液界面为平界面,液相中只有扩散而无对流达到稳态凝固时

$$T_\mathrm{i} = T_\mathrm{m} - m_\mathrm{L} - C_0/k_0$$

或

$$T_\mathrm{m} = T_\mathrm{i} + m_\mathrm{L}C_0/k_0 \tag{6-92}$$

又

$$T_\mathrm{L}(x') = T_\mathrm{m} - m_\mathrm{L}C_\mathrm{L}(x') \tag{6-93}$$

将式 $G_\mathrm{L}(x') = G_0\left[1+\dfrac{1-k_0}{k_0}\exp\left(-\dfrac{R}{D_\mathrm{L}}x'\right)\right]$ 和式(6-92)代入式(6-93),得

$$T_\mathrm{L}(x') = T_\mathrm{i} + \frac{m_\mathrm{L}C_0(1-k_0)}{k_0}\left[1-\exp\left(-\frac{R}{D_\mathrm{L}}x'\right)\right] \tag{6-94}$$

将式(6-91)和式(6-94)代入式(6-90)得

$$\Delta T_\mathrm{c} = \frac{m_\mathrm{L}C_0(1-k_0)}{k_0}\left[1-\exp\left(-\frac{R}{D_\mathrm{L}}x'\right)\right] - G_\mathrm{L}x' \tag{6-95}$$

求 ΔT_c 最大值,令 $\dfrac{\mathrm{d}\Delta T_\mathrm{c}}{\mathrm{d}x'}=0$,则得最大"成分过冷度"处的 x_0' 为

$$x_0' = \frac{D_\mathrm{L}}{R}\ln\frac{Rm_\mathrm{L}C_0(1-k_0)}{C_\mathrm{L}D_\mathrm{L}k_0} \tag{6-96}$$

将式(6-96)代入式(6-95)得最大"成分过冷度"

$$\Delta T_\mathrm{cmax} = \frac{m_\mathrm{L}C_0(1-k_0)}{k_0} - \frac{G_\mathrm{L}D_\mathrm{L}}{R}\left[1+\ln\frac{Rm_\mathrm{L}C_0(1-k_0)}{G_\mathrm{L}D_\mathrm{L}k_0}\right] \tag{6-97}$$

令 $\Delta T_\mathrm{c}=0$,由式(6-95)得

$$G_L x'_C = \frac{m_L C_0 (1-k_0)}{k_0} \left[1 - \exp\left(-\frac{R}{D_L} x'_C \right) \right] \tag{6-98}$$

由函数 $\exp\left(-\frac{R}{D_L} x'_C \right)$ 的幂级数展开式可近似求得

$$\exp\left(-\frac{R}{D_L} x'_C \right) = 1 - \frac{R}{D_L} x'_C + \frac{1}{2} \left(-\frac{R}{D_L} x'_C \right)^2 \tag{6-99}$$

将此式代入式(6-98)得

$$x'_C = \frac{2D_L}{R} - \frac{2k_0 G_L D_L^2}{m_L C_0 (1-k_0) R^2} \tag{6-100}$$

x'_C 是由于成分过冷所引起的,固—液共存区(或称糊状区)的宽度,和没有成分过冷的 $x = \frac{T_L - T_m}{G}$ 相比,其影响因素更多些,并随凝固速度 R 的增加而减少;随液体中溶质的扩散系数 D_L 的增加而增大。由于糊状区的大小和状况影响缩松、热裂等缺陷的形成,因此对糊状区的有效控制,对获得优质的铸件、焊件有重要的影响。

6.2.4 界面稳定性与晶体生长形态

对于纯金属的凝固过程,在正温度梯度下,固—液界面前方的液体几乎没有过冷,固液界面以平面方式向前推进,即晶体以平面方式生长。在负温度梯度下,界面前沿的液体强烈过冷,晶体以树枝晶方式生长。纯金属凝固所需要的过冷度 ΔT 仅与传热过程有关,这样的过冷度称为热过冷度[5]。

合金凝固与纯金属不同,除"热过冷"的影响外,更主要的受"成分过冷"的影响。成分过冷对一般单相合金凝固过程的影响与热过冷对纯金属凝固过程的影响本质上是相同的。但同时存在传质过程的制约,因此情况更为复杂。在无成分过冷或负温度梯度 $\left[\frac{dT(x')}{dx'} < 0 \right]$ 时,合金同纯金属一样,界面为平界面和树枝状形态。在正温度梯度 $\left[\frac{dT(x')}{dx'} > 0 \right]$ 时,晶体的长大方式产生多样性:当稍有成分过冷时为胞状生长,随着成分过冷的增大(即温度梯度的减小),晶体由胞状晶变为柱状晶、柱状枝晶和自由树枝晶(等轴枝晶)。下面对此逐一分析。

1. 无"成分过冷"的平面生长

当单相合金晶体生长条件符合

$$\frac{G_L}{R} \geq \frac{m_L C_0 (1-k_0)}{D_L k_0} \tag{6-101}$$

界面前沿就不产生成分过冷,图6-19a中温度分布 G_1 所示。此时,界面将以平面生长方式生长(图6-19b)。达到稳定生长阶段时,宏观平坦的界面将是等温的,并以恒定的平衡成分向前推进。最后会在稳定生长区内获得成分完全均匀的单相固溶体柱状晶甚至单晶体。由式(6-101)及图6-19b可知,平面生长的速度小,界面前沿的温度梯度大。纯金属和一般单相合金稳定生长阶段界面的生长速度 R 由界面处的热

量关系导出。由于界面液态金属温度下降和析出潜热的总热量等于固相导出的热量,故

$$G_S \lambda_S = G_L \lambda_L + R\rho L \qquad (6-102)$$

式中,G_S、G_L分别为固、液相在界面处的温度梯度,λ_S、λ_L分别为固、液两相的热导率,ρ为合金的密度,L为结晶潜热。由此可得

$$R = \frac{G_S \lambda_S - G_L \lambda_L}{\rho L} \qquad (6-103)$$

对于纯金属而言,式(6-103)中G_L只受热过冷的影响,但对于合金G_L必须受式(6-101)的约束。

一般单相合金晶体生长中同时受传质过程的影响,要保持平界面生长方式,温度梯度应更高,而生长速度应更低,因此,工艺因素的控制是很严格的,且合金的性质也有影响,C_0和$|m_L|$越大,k_0偏离l越远,D_L越大,界面越趋向于平面生长。

2. 窄成分过冷区的胞状生长

当一般单相合金晶体生长符合条件$\dfrac{G_L}{R}$稍微小于$\dfrac{m_L C_0 (1-k_0)}{D_L k_0}$或$\dfrac{T_0 - T_L}{D_L}$时,界面前方产生一个窄成分过冷,如图6-19a中温度分布梯度G_2所示。成分过冷区的存在,破坏了平界面的稳定性,这时,由于偶然的

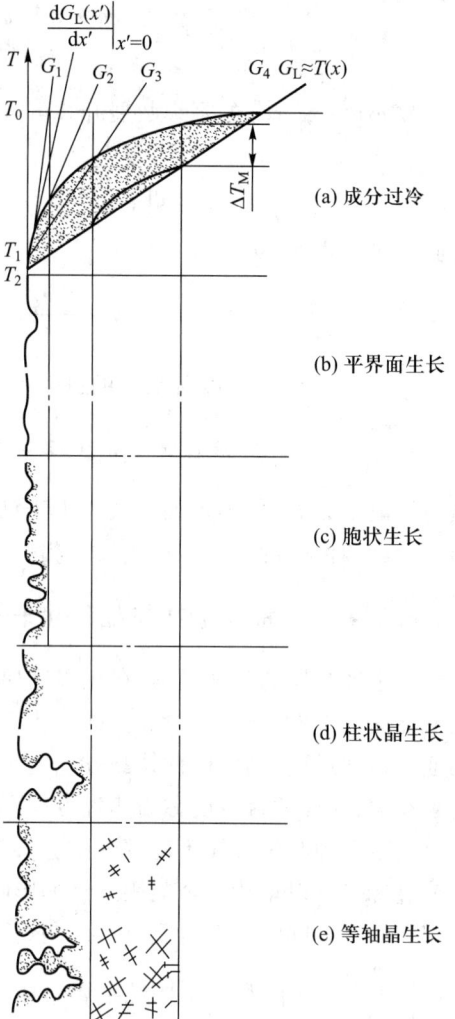

图6-19 成分过冷对晶体生长方式的影响模型

扰动,对宏观平坦的界面产生的任何凸起,都必将面临较大的过冷,而以更快的速度向前长大。同时不断向周围的熔体中排出多余的溶质,相邻凸起部分之间的凹陷区域溶质浓度增加得更快,而凹陷区域的溶质向熔体扩散比凸起部分更困难。因此,凸起部分快速生长导致凹陷部分溶质进一步富集(图6-19c)。溶质富集降低凹陷区域熔体的液相温度和过冷度,从而抑制凸起晶体的横向生长,并形成一些由低熔点溶质汇集区所构成的网络状沟槽。凸起晶体前端的生长受成分过冷区宽度的限制,不能自由向前伸展。当溶质的富集使界面各处的液相成分达到相应温度下的平衡温度时,界面形态趋于稳定。这样在窄成分过冷区的作用下,不稳定的宏观平坦界面就转变成一种稳定的、有许多近似于旋转抛物面的凸出圆胞和网络状凹陷的沟槽所构成的新的界面形态,这种形态称为胞状晶。以胞状向前推进的生长方式,称为胞状晶生长方式。对一般合金而言,圆胞显示不出特定的晶面,Fe-C-Ni-Cr合金定向凝固时,界面出现许多

的胞状晶,如图6-20所示,而对小平面生长的晶体,胞晶上将显示晶体特性的鲜明棱角。

图6-20 Fe-C-Ni-Cr合金定向凝固胞状晶扫描电镜照片

3. 较宽成分过冷区的柱状树枝晶生长

胞状晶的生长方向垂直于固—液界面,而且与晶体学取向无关。随着 G_L/R 比值的减小和溶质浓度的增加,界面前方成分过冷区加宽,如图6-19a中温度梯度 G_3 所示。此时,凸起晶胞将向熔体伸展更远,面临着新的成分过冷,原来胞晶抛物状界面逐渐变得不稳定。晶胞生长方向开始转向优先的结晶生长方向,胞晶的横向也将受晶体学因素的影响而出现凸缘结构(图6-21b),当成分过冷加强时,凸缘上又会出现锯齿结构(图6-21d),即二次枝晶。出现二次枝晶的胞晶称为胞状树枝晶,或柱状树枝晶。胞状生长向枝晶生长的转变模型如图6-22所示。如果成分过冷区足够宽,二次枝晶在随后的生长中又会在其前端分裂出三次枝晶。这样不断分枝的结果是在成分

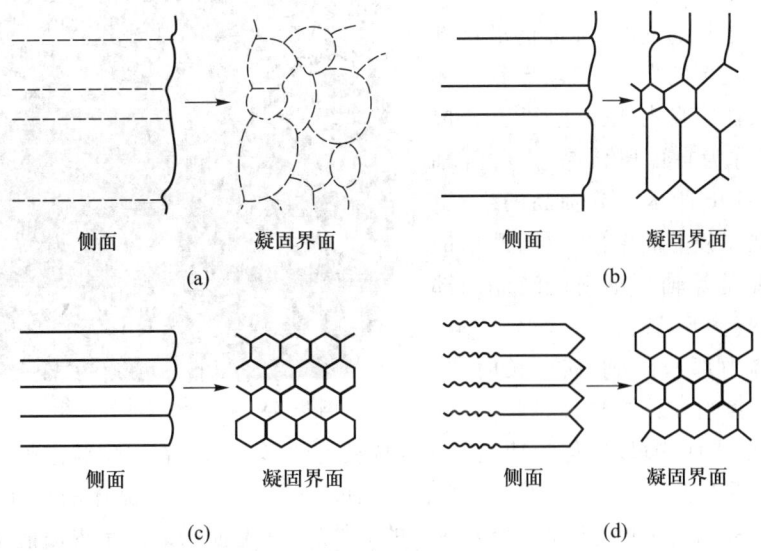

图6-21 溶质浓度或冷却速度增大引起晶体生长形状的变化

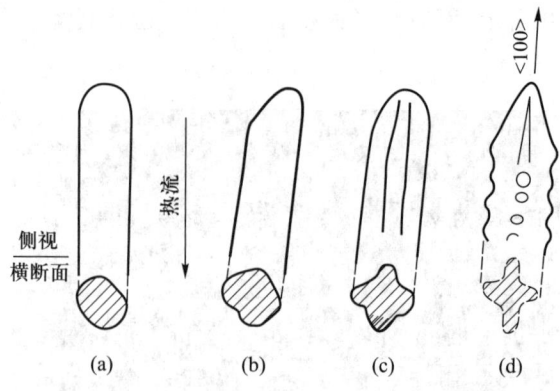

图 6-22 胞状生长向枝晶生长的转变模型

过冷区迅速形成树枝晶骨架。在构成骨架枝晶的固液两相区,随着枝晶的长大和分枝,剩余液体中的溶质不断富集,熔点不断降低,致使分枝周围熔体的过冷很快消失,分枝便停止分裂和生长。由于无成分过冷,分枝侧面往往以平面生长方式完成其凝固过程。

同纯金属在 $G_L < 0$ 下的柱状枝晶生长不同,单相合金枝晶的生长是在 $G_L > 0$ 的情况下进行的。与平面生长和胞状生长一样,是一种热量通过固相散失的约束生长,生长过程中,主干彼此平行地向着热流相反的方向延伸,相邻主干的高次分枝往往互相连接起来,而排列成方格网状,构成了柱状枝晶特有的板状阵列,如图 6-22 所示。从而使材料的性能表现出强烈的各向异性。

4. 宽成分过冷区的自由树枝晶生长

当固—液界面前沿液体中出现大范围的成分过冷时,成分过冷的最大值 ΔT_{cmax} 将大于液体中非均质形核所需的过冷度 $\Delta T_{异}$,如图 6-19a 中 G_4 所示。于是在柱状枝晶生长的同时,界面前沿这部分液体将发生新的形核过程,导致晶体在过冷的液体中自由成核生长,并长成树枝晶,这称为自由树枝晶,也称等轴晶,如图 6-19e 所示。等轴晶的生长,阻碍了柱状树枝晶的单向延伸,此后的凝固过程便是等轴晶不断向液体内部推进的过程(图 6-23)。

在液体内部,自由形核生长时,从自由能的角度看应该是球体,因为在同

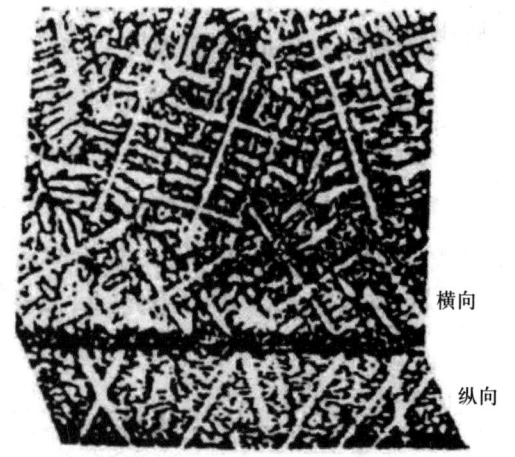

图 6-23 柱状树枝晶板状结构模型

体积下,球的表面积最小,但为什么又成为树枝晶的形态呢? 在稳定状态下,平衡的结晶形态并不是球形,而是近于球形的多面体,如图 6-24a 所示。晶体的界面总是由界面能较小的晶面所组成,所以一个多面体的晶体,那些宽而平的面是界面能小的晶面,而棱与角的狭面,是界面能大的晶面。非金属晶体界面具有强烈的晶体学特性,其平

衡态的晶体形貌具有清晰的多面体结构,而金属晶体的方向性较弱,其平衡态的初生晶体近于球形。但在近平衡态下,多面体的棱角前沿液相中的溶质浓度梯度较大,其扩散速度较快;而大平面前沿液相中溶质梯度较小,其扩散速度较慢;棱角处晶体长大速度大,平面处较小,近于球形的多面体逐渐长成星形,如图 6-24c 所示,从星形再生出分枝而成树枝状,如图 6-24d 所示。

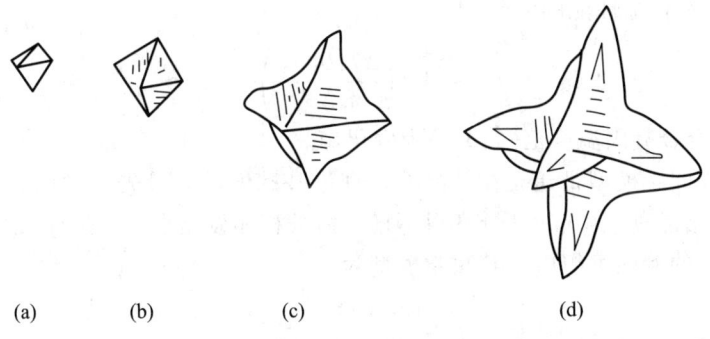

(a)　　　(b)　　　(c)　　　　　(d)

图 6-24　由八面体晶体发展成树枝晶的过程模型

就合金的宏观结晶状态而言,平面生长、胞状生长和柱状树枝晶生长都属于一种晶体自形壁生核,然后由外向内单向延伸,这种生长方式称为外生生长。而等轴晶是在液体内部自由生长的,称为内生生长。可见,成分过冷加强了晶体生长方式由外生生长向内生生长转变。这个转变取决于成分过冷的大小和外来质点异质形核的能力这两个因素。宽范围的成分过冷及具有强形核能力的生核剂,都有利于内生生长和等轴晶的形成。等轴晶具有无方向性的特性。因此等轴晶材质或成形产品的性能是各向同性的,且等轴晶越细性能越好。

5. 树枝晶的生长方向和枝晶间距

从上述的分析可知,枝晶的生长具有鲜明的晶体学特征,其主干和分枝的生长均与特定的晶向平行。对小平面生长的枝晶结构,其生长表面均为慢速生长的密排面 (111) 所包围,四个 (111) 面相交,并构成锥体尖顶,其所指的方向 $\langle 100 \rangle$ 晶向是枝晶生长的方向;对于非小平面生长的粗糙界面的非晶体学性质与其枝晶生长中的鲜明的晶体学特征尚无完善的理论解释。枝晶的生长方向依赖于晶体结构特性,立方晶系为 $\langle 100 \rangle$ 晶向,密排六方晶系为 $\langle 10\bar{1}0 \rangle$ 晶向,体心立方为 $\langle 110 \rangle$ 晶向。

枝晶间距指的是相邻同次枝晶之间的垂直距离。主轴间距为 d_1、二次分枝间距为 d_2,三次分枝间距为 d_3,枝晶间距最好小一些。在枝晶的分枝之间,充填着溶质含量高的晶体,产生溶质偏析,导致材质或形成产品的性能降低。为消除这种微观的成分偏析,往往对材质和成形件进行较长时间的均匀化热处理。枝晶间距越小,溶质越容易扩散,加热时间就越短,同时显微缩松、枝晶间夹杂物等越细,这些都有利于提高材质和产品性能。因此枝晶间距问题越来越受到人们的重视,出现了许多缩小枝晶间距的凝固方法和处理措施。

纯金属的枝晶间距决定于界面处结晶潜热的散失条件,而一般单相合金与潜热的扩散和溶质元素在枝晶间的行为有关,必须将温度场和溶质扩散场耦合起来进行研究。国内外研究者所得到的定性结论一致,但定量结论有多种模型。

定向凝固组织,如胞状晶、柱状树枝晶中一次枝晶间距的经典理论模型是 Jackson-Hunt(J-H)模型。一次枝晶间距的表达式为

$$d_1 = A_1 G_L^{-\frac{1}{2}} R^{-\frac{1}{2}} \tag{6-104}$$

式中,A_1 为表示合金性能的参数,A_1 的表达式如下。

$$A_1 = 4.3 \left(\frac{\Delta T_s D_L \sigma_{LS}}{k_0 \Delta S_m} \right)^{\frac{1}{4}} \tag{6-105}$$

式中,ΔT_s 为合金凝固温度范围;ΔS_m 为融化熵。

二次枝晶间距模型是建立在枝晶熟化理论基础上的。最先产生的二次枝晶间距较小,在后续结晶过程中,一部分变得不稳定而被相邻枝晶吞灭,只有一部分枝晶生长并保持至最后的凝固组织中。其数学模型为

$$d_2 = A_2 \left(t_s \right)^{\frac{1}{3}} \tag{6-106}$$

式中,t_s 为局部凝固时间;A_2 为常数,其表达式如下。

$$A_2 = 5.5 \left[\frac{\sigma_{LS} D_L \ln\left(\frac{w_L^m}{w_{C_0}} \right)}{m_L (1 - k_0)(w_{C_0} - w_L^m)} \right]^{\frac{1}{3}} \tag{6-107}$$

式中,w_L^m 为最终凝固液相的溶质质量分数;w_{C_0} 为原始合金成分。

对于单相定向凝固合金,有

$$t_s = \Delta T_s' / (G_L R) \tag{6-108}$$

式中,$\Delta T_s'$ 为实际凝固温度间隔。因而式(6-104)又可写为

$$d_2 = A_2 \Delta T_s'^{\frac{1}{3}} G_L^{-\frac{1}{3}} R^{-\frac{1}{3}} \tag{6-109}$$

式(6-109)适合等轴枝晶间距的描述。快速凝固技术中的冷却速度就是根据此原理确定凝固时间,再由局部凝固时间推算的。

6.3 共晶合金结晶

共晶合金是一种被广泛使用的铸造合金,共晶组织的微观形貌对合金的拉伸性能、断裂韧性和疲劳裂纹扩展行为等力学性能有重要影响。历经百年,人们通过不断努力和探索,目前已经发现了多种多样、丰富多彩的共晶组织,共晶组织的基本特征是两相交替排列,但两相的形态却是多种多样,总体大致我们可以将其分为以下几类:层片状、棒状(纤维状)、球状、针状以及螺旋状等,这些都是典型的共晶组织形态。之前我们对有关共晶分类依据主要是凭借按两组成相分布的形态或具有相同位向的共晶领域的形态(形貌)为依据,所谓共晶领域为同一个共晶晶核生长的领域,但是尽管如此,这种划分仍然还是无法如实地反映各类共晶合金组织形成的本质。后来,有些人提出按照共晶两相凝固生长时液—固界面的性质,也就是按照反映微观结构的参数 a 值大小来分类,对于为何共晶组织会出现不同的组织形态,这是由于共晶组织中的各

相的熔化熵不同,从这单一观点出发,我们可以目前就把共晶组织可以分为三大类:①粗糙—粗糙界面(即金属–金属型)共晶:也就是金属与金属所组成的共晶,例如常见的 Pb–Cd、Zn–Sn、Pb–Sn 等,包括许多金属–金属间化合物组成的合金,如常见的Cd–SnCd 等均为这一类共晶;② 粗糙—平滑界面(即金属–非金属型)共晶:液固界面为光滑界面,就是金属和非金属所组成的共晶组织,常见的包括 Al–Si、Fe–C 等合金共晶;③ 平滑—平滑界面(即非金属–非金属型)共晶:目前对于这类共晶组织形态的研究相当少。共晶组织形成的方式对探究共晶组织的形貌特征和形成机理,无疑要考虑形成共晶组织的方式和生长环境,例如不同材料形成的不同相,对形成共晶组织有一定影响,除此之外,还有成分及冷却速度对共晶组织的形貌影响,在这方面许多学者对此做了许许多多的研究和探讨。

6.3.1　共晶转变机制

共晶凝固是材料制备中的自组织过程,其两相形态的选择和演化取决于溶质扩散、表面张力和热传输的耦合作用以及晶体生长方式。共晶合金由于化学组成及凝固条件的不同,可以形成各种各样的组织形态。近年来,人们认为可以把共晶组织分成规则共晶(非小平面相—非小平面相)和非规则共晶(非小平面相—小平面相)两种类型。Croker 在对共晶组织分类时,采用溶解熵作为分类标准,凡溶解熵大于 23 J/(mol·K)则为小平面相,而小于 23 J/(mol·K)则为非小平面相。

大量实验结果证明,偏离共晶成分的合金可形成完全共晶组织,而共晶成分的合金在某些条件下会形成含有初生相的组织。为了解释共晶凝固的这种行为,引入了"耦合区"(coupled zone)的概念。耦合区是指相图中的一个温度—成分范围,在该范围内共晶两相共生生长。图 6-25 展示了两种典型的耦合区:① 为对称型,有利于形成规则板条共晶;② 为非对称型,对应非规则共晶的形成。一般采用竞争生长分析来预测共晶耦合区。这里竞争生长是指在给定成分的共晶系合金中,在相同的生长速度下能够在最小过冷度下凝固的组织是最易于形成的组织。

而在定向凝固条件下,共晶及领先相的生长速度与过冷度符合以下关系。

$$\Delta T_e = K_C V^{\frac{1}{2}} \tag{6-110}$$

$$\Delta T_\alpha = \frac{G_1 D}{V} + K_\alpha V^{\frac{1}{2}} \tag{6-111}$$

$$\Delta T_\beta = \frac{G_1 D}{V} + K_\beta V^{\frac{1}{2}} \tag{6-112}$$

在共生生长区的边界,共晶与初生相的界面温度应相等,即

$$\Delta T_\alpha - \Delta T_e = m_\alpha (C_e - C_0^\alpha) = \frac{G_1 D}{V} + (K_\alpha - K_e) V^{\frac{1}{2}} \tag{6-113}$$

$$\Delta T_\beta - \Delta T_e = m_\alpha (C_0^\beta - C_e) = \frac{G_1 D}{V} + (K_\beta - K_e) V^{\frac{1}{2}} \tag{6-114}$$

因此,共生生长区的边界可由以下成分与边界温度的关系式确定。

$$C_0^\alpha = C_e - \frac{1}{m_\alpha} \left[\frac{G_1 D K_e^2}{(T_e - T)^2} + \frac{K_\alpha - K_e}{K_e} (T_e - T) \right] \tag{6-115}$$

$$C_0^\beta = C_e - \frac{1}{m_\beta} \left[\frac{G_1 D K_e^2}{(T_e - T)^2} + \frac{K_\beta - K_e}{K_e} (T_e - T) \right] \tag{6-116}$$

以上各式中 G_1 为共晶界面前沿的液相温度梯度，K_e、K_α、K_β 为常数，D 为扩散系数，T_e 为共晶温度。ΔT_e、ΔT_α、ΔT_β 分别为共晶、α 及 β 相的过冷度，C_e 为共晶点成分，C_0^α 为给定的亚共晶合金成分，而 C_0^β 为给定的过共晶合金成分。在图 6-25 中对一给定成分 $C_0^\beta = C_0$ 的合金，根据以上公式并在实验的基础上，可以得到图 6-25 阴影所示的共晶耦合生长区。共生区之外的凝固组织中会形成初生相。由于非平衡条件下的共晶耦合区规定了共晶组织稳定生长的温度和成分范围，而其化学成分又直接与性能相关，因此，系统研究相关合金系的非平衡共生生长区，对预测和控制其组织和性能具有重要意义。

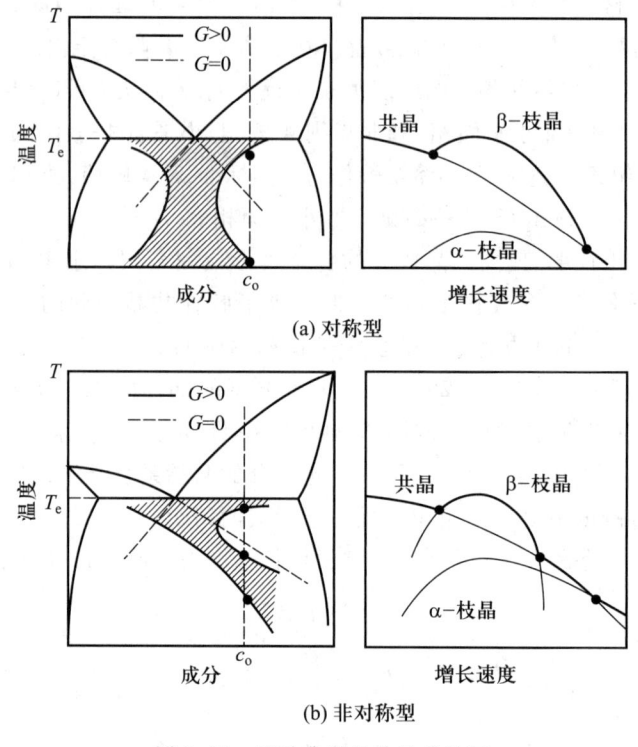

图 6-25　两种典型的共晶共生区

　　首先，对于金属—金属型共晶组织的形成机制而言，这类共晶一般主要以层片状或棒状共晶为主，而对于形成类型的形貌，一方面受生长因素、结晶前沿温度梯度等参数影响；另外一方面受界面能的影响，如两组成相的相对量和两相配合时的单位面积界面能。以层片状共晶为例来加以说明，在共晶凝固过程中，固液界面的平衡相浓度层状共晶成长时，界面前沿的横向原子扩散，共晶两相同时存在、共同成长，称为共晶凝固，共晶凝固所共同构成的共晶领域，称为共晶晶区；一个共晶领域中的每一单相并不都需要单独形核,各相间多半是通过"搭桥"连接起来的即经过搭桥分枝形成,如图6-26所示的层片状共晶形核的搭桥机制。共晶生长时的"搭桥"机构在这类共晶组织中,究竟是呈层状还是棒状,主要取决于两个因素:共晶中两相的相对量(体积分数)及相间界面能。通过简单的分析可知,当晶体中的体积分数在27.6%以下时,由于形成其棒状的总界面比形成层状小,从而有利于形成棒状共晶;当一相的体积分数在27.6%~72.4%时,反而有利于形成层片状。夏鹏举等学者利用扫描电镜等设备深入研究Mg-Al合金在不同Al含量下的铸态共晶组织形貌,分析不同共晶组织的形成机理及影响它的一些因素,结果显示共晶生长时它的领先相为β相,随着Al含量的增加,Mg-Al合金的共晶组织由离异共晶向粒状、纤维状和层片状共晶转变,伴随着冷却速度的加大,它的共晶组织愈加细化,初生α相较为发达,除此之外,初生α枝晶显著影响固溶区Mg-Al合金的共晶组织的形貌特征;同时通过对Mg-Al合金共晶组织的观察可以发现,在不同Al的含量下,α+β共晶组织是以粒状、纤维状、层片状等多种形貌存在;而当Al含量为3%和6%时,α+β共晶主要以离异形式存在;当Al含量为27%和32%时,α+β共晶主要以非规则共晶的形式生长(粒状);当Al含量为27%和32%时,a+β共晶为规则的共生生长(纤维状或层片状共晶)。粒状共晶一般是介于规则共晶与非规则共晶之间的过渡情况。大连交通大学赵丽敏的研究重点是不同Al含量Zn-Al合金液在坩埚中凝固的铸锭组织及铝基体表面凝固的镀层组织中共晶形貌特征,同时还分析在不同冷却条件下共晶组织的形成机理及影响因素,研究结果可知Zn-Al合金液铸锭源于冷却速度较小,一般属于平衡凝固,所以共晶组织为典型的片层结构;Zn-Al合金液镀层的凝固则由于其冷却速度过快,冷却速度成为共晶结构的决定因素,共晶组织为非规则共晶形貌,α富Al相呈球形、椭球形或短棒状组织。在实验中,不同冷却条件下,Zn-Al合金共晶析出时其领先相均为β富Zn相,通过实验分析可知,在较低的冷却速度下的合金铸锭凝固组织中,晶体有充足的时间形成共晶团核心,以本身为核心向四周辐射,组织以非方向凝固的球形方式生长,共晶片层α富Al相和β富Zn相彼此依托搭桥式生长,属于规则共晶生长方式。但此共晶的生长形貌由系统的总界面积和比界面能的乘积所决定,与共晶两相的所占体积分数相关,与铝的含量多少无关,总之在这合金中,影响共晶形貌特征长大的主要因素是冷却速度。

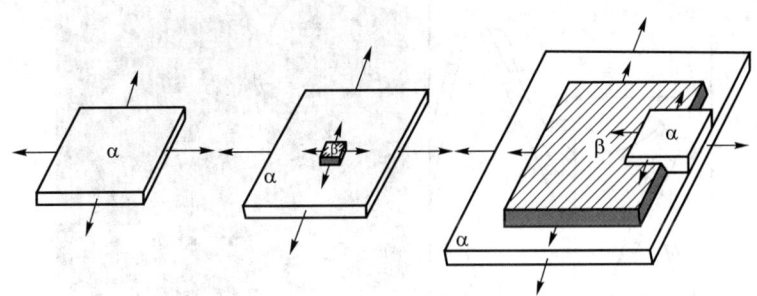

图6-26 层片状共晶形核的搭桥机制

其次,对于金属—非金属型共晶组织而言,金属—非金属型共晶组织通常形态复杂,有针片状、骨骼状等,由于具备非金属相晶体结构上的特性,其成长时具有明显的各相异性。大部分研究学者对 Al-Si 都特别感兴趣,如李爽明、H. C. Liao、J. H. Li 和 A. Banerji 对 Al-Si 共晶组织竞争生长做了大量研究,分析了共晶组织的形貌,主要为针片状。由于 Si 相生长的各相异性,就出现了分枝长大,呈不规则形态,在 Al-Si 共晶凝固时,长在界面前沿的领先相正好与动态过冷理论预测相反,不是金属 α(Al)相,而是非金属 β(Si)相。实验表明:Al-Si 共晶组织生长方式主要由两相的质量分数差异和成分过冷所决定,Al-Si 共晶成分中 Si 占 11.7%,Al 和 Si 形成的 α 和 β 固溶度均约为 1%,共晶质量分数比为 9∶1,从而导致 α 相的固液界面宽,而另一相固液界面窄。在两相长大的过程中,Al、Si 原子发生扩散,β 相因其长大的各向异性而形成取向不同的针状,α 的固液界面呈现凹陷状,主要因为在 β 相长大时,所排出的 Al 原子向邻近的 α 相界面前沿扩散,因 α 相宽,相邻 β 相的 α 相处长大速度大于远离 β 相的 α 相处。

如图 6-27 所示,汪岩采用蒙特卡罗法对 ZL102 共晶组织生长和形貌特征演变进行了模拟测试,结果显示根据 ZL102 铸态模拟组织和实际组织对比,模拟得到的共晶组织分布与实际的共晶组织分布基本一致,研究凝固过程中共晶组织形貌演变对深入掌握共晶组织形成机理和影响因素都有积极的理论和实际应用价值。高学刚等利用单辊甩带方法制备 Al-12.6Si 多元合金快速凝固条带,采用扫描电镜、透射电镜和 DSC 技术,对合金组织形貌、相结构进行了表征,结果表明:快速凝固不仅使合金组织细化,形成微纳米晶,并能使组织和相结构发生变化,形成了大量的 α-Al 等轴晶和少量的羽毛针片状共晶体组织;在共晶铝硅多元合金(ZLl08)的金属型铸态组织中,主要包括两种相:少量初生硅和大量的(α+Si)共晶体。如果合金不经过变质处理,共晶硅呈粗大的板条状。加锶变质处理以后,共晶体组织变细,共晶硅呈短棒状或颗粒状(图 6-28)。上海交通大学的王渠东等提出了另外一种研究晶体生长的新方法,也就是离心倾液法。用该方法获得了过共晶 Al-Si 合金初晶的 Si 的生长形貌,发现了初晶 Si 存在位错台阶生长机制,并且借助该生长机制成功解释了初晶 Si 的分枝和初晶 Si 包裹共晶组织的形成机理。此外,观察到共晶体包裹初晶 Si 生长的过程,在描述共晶组织形成机理方面特别清晰。在金属与非金属型合金相组织中通过快速凝固可以得到更加细化的共晶组织。

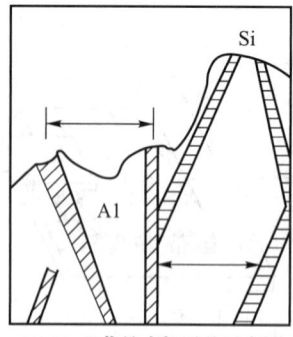
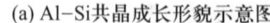

(a) Al-Si共晶成长形貌示意图　　(b) 定向凝固共晶深浸后的二次电子像

图 6-27　Al-Si 共晶成长形貌示意图和定向凝固共晶深浸后的二次电子像

6.3.2 共晶组织形貌

共晶组织的形态很多,按其中两相的分布形态,可将它们分为层片状、棒状(条状或纤维状)、球状(短棒状)、针片状、螺旋状等。共晶组织的形态受多种因素的影响。近年来有人提出,共晶组织中两个组成相的本质是其形态的决定性因素。在研究纯金属结晶时,已知晶体的生长形态与固液界面的结构有关。金属的界面为粗糙界面,半金属和非金属为光滑界面。因此,金属—金属型的两相共晶组织

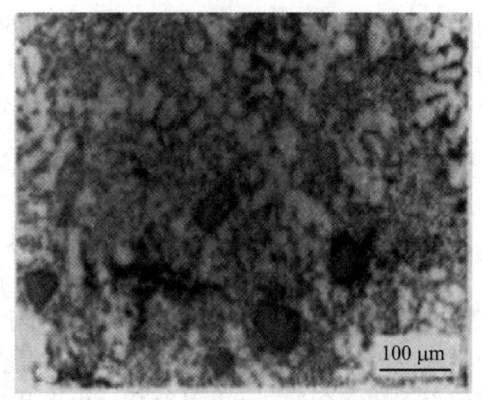

图 6-28 金属型重力铸造时 ZL108 合金的微观形貌[23]

大多为层片状或棒状,金属—非金属型的两相共晶组织通常具有复杂的形态,表现为树枝状、针片状或骨骼状等。

卢锦堂研究了冷却速度对用于热浸镀板的 Zn-0.24Ni 合金共晶组织的影响。结果表明,在炉冷、空冷和铁模水冷三种不同冷却条件下,合金分别生成粗大、细小的棒状共晶和离异共晶组织。

假定两种不同形态的共晶体如图 6-29 所示,边长均为 a,层片状共晶体中(图 6-29a),β 相片层间距与棒状共晶体(图 6-29b)β 相圆棒的中心距均为 λ,圆棒半径为 r。棒状共晶体中,β 相圆棒的总数应为 $(a/\lambda)^2$,圆棒表面总表面积为 $2\pi rL(a/\lambda)^2$。层片状共晶体片 β 层总数为 a/λ,β 片层表面总面积为 $2aL(a/\lambda)$。在两种不同形貌的共晶体中,当 α-β 界面面积相等时,$2\pi rL(a/\lambda)^2 = 2aL(a/\lambda)$,即 $r = (\lambda/\pi)$,所以通过等式可以知道此时棒状共晶 β 相所占体积分数为 $[(a/\lambda)^2 \pi(\lambda/\pi)^2 L]/(a^2 L) = 1/\pi$。因此,当 β 相所占体积分数小于 $1/\pi$ 时,棒状表面积较层片状小,此时共晶为棒状,反之共晶体应为层片状。

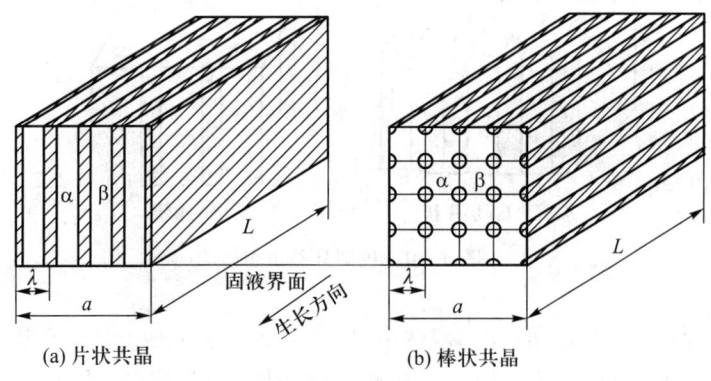

(a) 片状共晶　　(b) 棒状共晶

图 6-29 片状共晶及棒状共晶组织示意图

就共晶成分的 Zn-0.24Ni 合金而言,在共晶温度下,液相发生共晶反应:L→δ+η,形成(δ 相+纯锌 η)相)的共晶组织。由于炉冷接近平衡态,根据 Zn-Ni 二元相图,δ

相中 Ni 的摩尔分数约为 10%，密度为 7 060 kg/m³；η 相成分基本与纯 Zn 相同，密度为 6 522 kg/m³，可求得共晶 δ 相体积分数仅约为 0.02，远小于 1/π。所以，Zn-0.24Ni 合金共晶组织中的共晶 δ 相以棒状形态存在。

6.3.3　共晶合金的非平衡结晶

1. 共晶合金的分类及共晶组织的特点

一般而言，取两种或两种以上的元素，就有可能组成共晶系，从而形成二元共晶、三元共晶、四元共晶合金。仅二元共晶合金就有上千种，加上三元、四元共晶合金，其数量是巨大的。然而迄今人类熟悉的共晶合金只有一百多种，常用的仅几十种。工业用的大多数合金为二元共晶合金。由于其凝固条件、化学组成、冷却速度、冶金处理的不同，共晶合金的组织和组成相的特性呈现多样性。因此，共晶合金的凝固比单相合金的凝固要复杂得多。

根据组成相的晶体学生长方式，可将共晶合金分为规则共晶和非规则共晶两大类。规则共晶由金属—金属相或金属—金属间化合物相，即非小平面—非小平面相组成，组成相的形态为规则的棒状或层片状，如图 6-30 所示。规则共晶以棒状还是层片状生长，需由两个组成相的界面能及其符合界面能最小值原理原则所决定，同时受各相体积分数、热流方向和两组元在液相中的扩散等因素显著影响。如果共晶组织中两个组成相的界面能是各向同性的，则当某一相体积分数小于 1/π 时，容易出现棒状结构。因为在相间距一定的情况下，棒状的相间面积最小，其界面能最低。但当固—液界面的界面能呈现强烈的各向异性时，则形成层片状结构。其长大的因素决定于热流方向和两组元在液相中的扩散。溶质在横向的扩散，使两相的长大互相依存。当共晶结晶时，两相并排长大，且其生长方向与固—液界面保持宏观上的平界面。

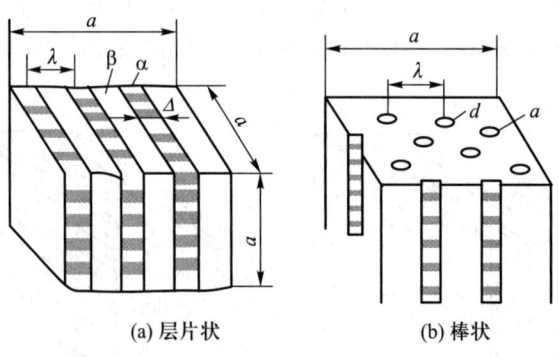

(a) 层片状　　　　　　(b) 棒状

图 6-30　规则共晶组织

非规则共晶一般由金属—非金属相（非小平面—小平面）和非金属—非金属相（小平面—小平面）组成。其组织形态根据凝固条件（化学成分、冷却速度、冶金处理方式）的不同而变化。小平面相的各向异性导致其晶体长大具有强烈的方向性。固—液界面为特定的晶面，在共晶长大过程中，虽然共晶相也依靠液相中原子扩散而协同长大，但固—液界面不是平整的，且是极不规则的。小平面相的长大属二维生长，它对凝固条件的反应极其敏感,因此非规则共晶组织的形态是多种多样的。

2. 近平衡状态下的共晶共生区

根据相图,在平衡条件下,只有具有共晶成分这一固定成分的合金才能获得100%的共晶组织。但在近平衡凝固条件下,即使非共晶成分的合金,从热力学考虑,当其较快地冷却到两条液相线的延长线所包围的影线区域时,液相内两相组元达到过饱和,两相具备了同时析出的条件,但一般总是某一相先析出,然后再在其表面上析出另一个相,于是便开始两相竞争析出的共晶凝固过程,最后获得100%的共晶组织。由这样的非共晶成分而获得的共晶组织称为伪共晶组织,影线区域称为共晶共生区,如图6-31a 所示。共生区规定了共晶凝固特定的温度和成分范围。

如果仅仅从热力学观点考虑,共晶共生区如图6-31a 所示,然而共晶凝固不仅与热力学因素有关,还在很大程度上取决于两相在动力学上的差异。因此,实际共晶共生区必须将热力学和动力学因素综合考虑,实际的共晶共生区可分为对称型(图6-31b)和非对称型(图6-31c)。

(1) 对称型共晶共生区

当组成共晶的两个组元熔点相近时,两条液相线形状彼此对称,共晶两相性质相近,两相在共晶成分附近析出能力相当,因此易形成彼此依附的双相核心。同时两相在共晶成分附近的扩散能力也接近,故也易于保持两相等速的协同生长,因此其共生区以共晶成分 C_E 为对称轴,而成为对称型共晶共生区(图6-31b)。非小平面—非小平面共晶合金的共生区属此类型。

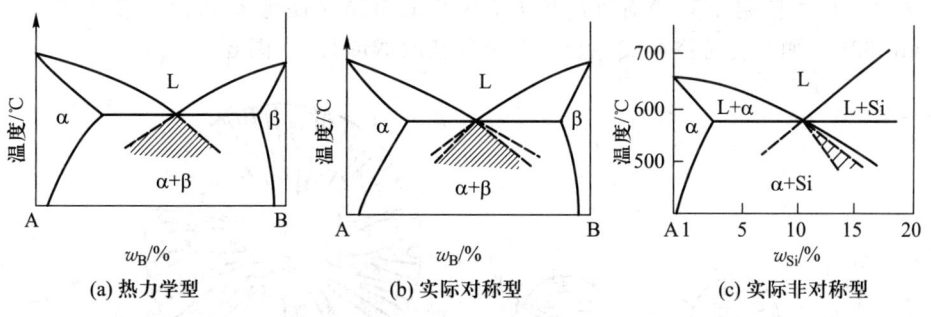

图6-31 共生区(影线部分)示意图

(2) 非对称型共晶共生区

当组成共晶的两个组元熔点相差很大时,两条液相线不对称,共晶点通常靠近低熔点组元一侧,共晶两相的性质相差很大,高熔点相往往易于析出,且其生长速度也较快,这样凝固时容易出现低熔点组元一侧的初生相。为了满足共生生长所需要的基本条件,就需要合金液在含有更多高熔点组元成分的条件下进行共晶转变。因此其共晶区就失去了对称性,而往往偏向于高熔点组元一侧。两相性质差别越大,则偏离越严重。这种类型称为非对称共晶共生区(图6-31c)。大多数非小平面—小平面共晶合金的共晶共生区属于此类型,如 Al- Si、Fe-C 合金等。

实际上,共晶共生区的形状并非像图6-31那样简单,它的多样性取决于液相温度梯度、初生相和共晶的长大速度与温度的关系。如图6-32所示,阴影部分为温度梯度 $G_L>0$,呈铁砧式的对称型金属—金属共晶共生区。可以看出,当晶体长大速度较小时(阴影区的上部),为单向凝固的情况,可以获得平直界面的共晶组织。随着长大速度或过冷度的增加,共晶组织将变为胞状、树枝状,最后成为粒状(等轴晶)。

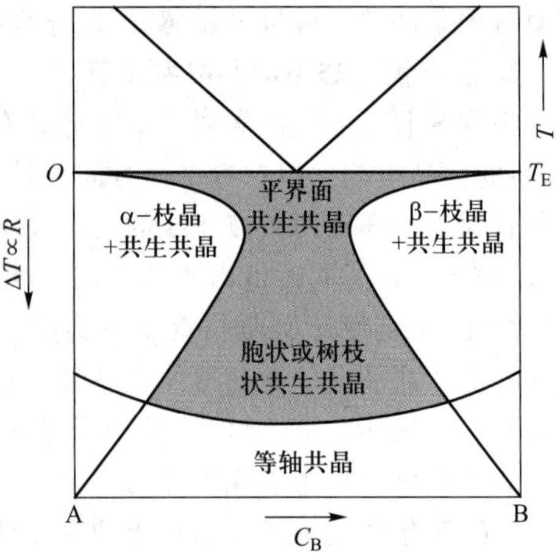

图6-32 非小平面—非小平面共晶共生区

3. 规则共晶凝固

共晶组织两相均为非小平面相时,才有可能形成规则共晶组织,如果两相中一相为小平面相时将形成非规则共晶组织。金属—金属(非小平面—非小平面)两相共晶凝固时,常为规则共晶凝固方式。

(1)层片状共晶的生长

层片状共晶组织是最常见的一类规则共晶组织,组织中共晶两相呈层片状交叠生长。一般情况下,其长大速度在四周各个方向上是均一的,因其具有球形长大的固—液界面前沿。层片状共晶合金的凝固过程如图6-33所示。根据形核理论在液相中析出呈球状的领先相(图6-33a),即 α 相为共晶核心。由于两相性质的相近,β 相以 α 相为衬底依附于其侧面析出长大。β 相的析出又促进 α 相依附 β 相侧面长大(图6-33b),如此交替搭桥式地长成如散射状的球形共晶(图6-33c)。

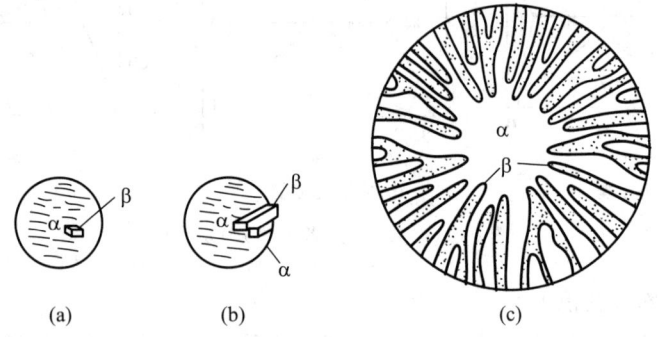

(a)   (b)   (c)

图6-33 球形共晶的形核与长大

层片状共晶组织的重要参数是共晶间距,即 α 相和 β 相的层片间距。为研究共晶间距需要建立共晶生长模型。共晶生长的经典模型是 Jackson-Hunt 模型。该模型认为当层片间距 λ 很小时,在长大过程中的横向扩散是主要的。如图6-34b所示,α 相生长排出的组元 B 为 β 相生长创造条件,而 β 相生长所排出的组元 A 又为 α 相生长创造了条件。这样 α 相前沿富集 B 原子,β 相前沿富集 A 原子,凝固界面液相侧横向的成分分布如图 6-34c 所示。α 相距离 β 相较远,排出的 B 原子不可能像两相的交界处的前沿那样快速地扩散,因此这里 B 原子富集较多,而越靠近 α 相边缘,B 原子富集得较少,在两相的交界处几乎没有富集,为共晶成分 w_E。同理,β 相中央前沿液相富集者较多的 A 原子,相对 B 原子的含量较低,越靠近 β 相边缘,富集的 A 原子越少,而 B 原子就越多。这样,α 相和 β 相边缘的生长速度大于中央的生长速度,形成如图 6-34e 所示的界面,边缘的曲率半径 r_1 小,中央的曲率半径 r 大。界面前溶质的再分配产生过冷,其过冷度与浓度差 $C_E - C_L^*$ 和液相线 T_L 的斜率 m_L 有关。其表达式为

$$\Delta T_c = m_L (C_E - C_L^*) \tag{6-117}$$

ΔT_c 呈抛物线分布,两相中央界面的液体过冷度大,而两相的交界处几乎不产生过冷。

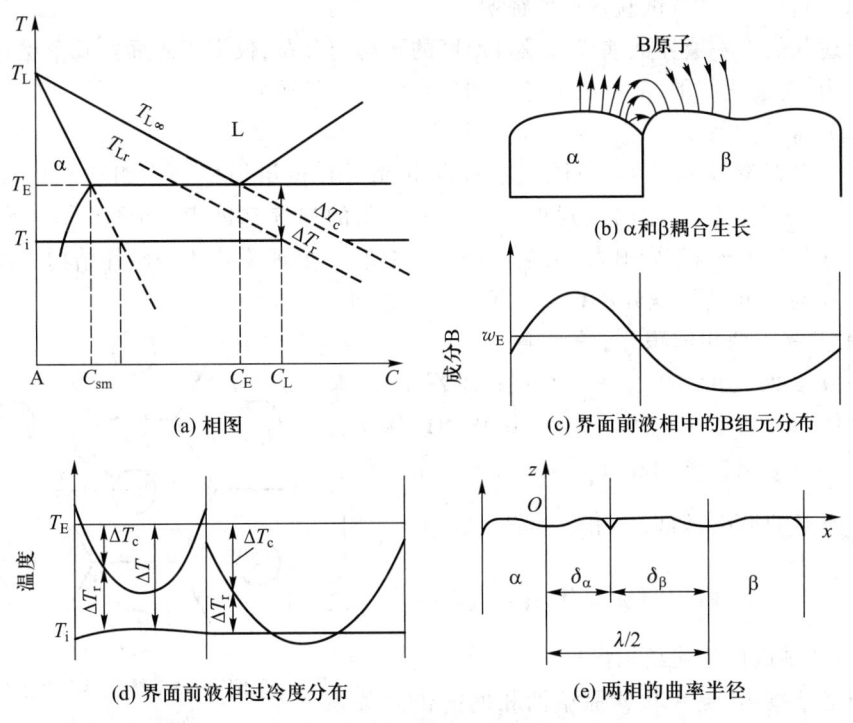

(a) 相图　　(b) α和β耦合生长　　(c) 界面前液相中的B组元分布

(d) 界面前液相过冷度分布　　(e) 两相的曲率半径

图 6-34　片状共晶生长的 J-H 模型

这样,Jackson-Hunt 模型将凝固归结为对凝固界面前液相扩散场的求解和过冷度的分析。经求解后得到凝固界面的过冷度为

$$\Delta T = T_E - T^* = T_E - T_i = \Delta T_c + \Delta T_r = \frac{m_L (w_\alpha - w_\beta)}{\pi^2 D_L} R\lambda + \frac{\sigma}{\Delta S \lambda} \tag{6-118}$$

式中,ΔT_r 为因曲率半径作用而引起的过冷,σ 为固液相界面张力,ΔS 为熔化比熵,λ 为层片间距。

从式(6-118)可看出 ΔT、R、λ 三者间的关系。当共晶相层片间距 λ 很小时,ΔT_r 很大,故曲率半径所引起的过冷的影响是主要的;反之,当共晶相层片间距 λ 较大时,ΔT_c 的影响大于 ΔT_r 的影响,即成分差产生的过冷是主要的。

式(6-118)给出了共晶生长温度和共晶相层片间距的关系,但过冷度是不确定的,为此引入最小过冷度原理,即当生长速率给定后,共晶相生长的实际间距应使生长过冷度获得最小值。这样令 $\frac{\partial \Delta T}{\partial \lambda}=0$,则可求出共晶相层片间距为

$$\lambda^2 = \frac{D_L \sigma \pi^2}{m_L R \Delta S(\varphi_\alpha - \varphi_\beta)} \tag{6-119}$$

即

$$\lambda = AR^{-\frac{1}{2}} \tag{6-120}$$

式中, $A = \sqrt{\dfrac{D_L \sigma \pi^2}{m_L \Delta S(\varphi_\alpha - \varphi_\beta)}}$。

由式(6-120)可知,共晶层片间距 λ 与凝固速率 R 的平方根成反比,即凝固速率越大,层片间距越小,这已被试验数据所证明。

上述共晶固—液界面前成分及过冷度的不均匀分布,仅限于界面前几个层片厚度的液体内,超过此范围,液相成分急剧均匀化而成共晶成分 C_E。

(2)棒状共晶

规则共晶除层片状共晶外,还有棒状共晶。在该组织中一个组成相以棒状或纤维状形态沿着生长方向规则地分布在另一相的连续基体中,如图6-35所示。

设棒状相为 α 相,则 β 相的晶界为正六边图形,出现棒状还是层片结构取决于共晶中 α 相与 β 相的体积分数和第三相组元的影响。

1)共晶中两相体积分数的影响

在 α、β 两固相间界面张力相同的情况下,当某一相的体积分数远小于另一相时,则该相以棒状方式生长。当体积含量两相相近时,则倾向于层片状生长。更确切地说,如果一相的体积分数小于 $\frac{1}{\pi}$ 时,该相将以棒状结构出现;如果体积分数在 $\frac{1}{\pi} \sim \frac{1}{2}$ 之间时,两相则以层片状结构出现。

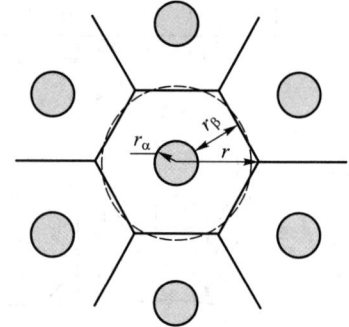

图 6-35　棒状共晶生长
横截面示意图

但必须指出,层片状共晶中两相间的位向关系比棒状共晶中两相间位向关系更强。因此,在层片状共晶中相间界面更可能是低界面能的晶面。在这种情况下,虽然一相的体积分数小于 $\frac{1}{\pi}$,也会出现层片状共晶而不是棒状共晶。

2)第三组元对共晶结构的影响

当第三组元在共晶两相中的分配数相差较大时,其在某一相的固—液界面前沿的富集,将阻碍该相的继续长大;而另一相的固—液界面前沿由于第三相组元的富集较少,其长大速率较快。于是,由于搭桥作用,落后的一相将被长大快的一相隔成筛网状组织,继而发展成棒状组织,如图6-36所示。通常在层片状共晶的交界处看到棒状共晶组织就是这样形成的。

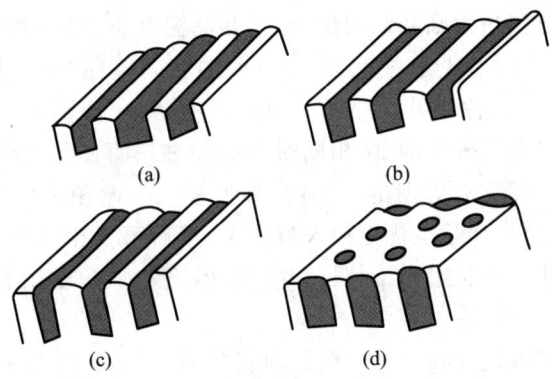

图 6-36 层片状共晶转变为棒状共晶示意图

棒状共晶可用与六边形等面积的半径 r 取代层片状共晶中的间距 λ，作为共晶组织的 Jackson-Hunt 生长模型，求解后最终获得过冷度 ΔT、凝固速率 R 及 r 之间的关系。

令 $A_b = \dfrac{m_L(\varphi_\alpha - \varphi_\beta)}{\pi^2 D_L}$，$B_b = \dfrac{\sigma}{\Delta S}$，则式（6-118）可改写成

$$\Delta T = A_b R + \frac{B_b}{r} \qquad (6-121)$$

当 $\dfrac{\partial \Delta T}{\partial r} = 0$ 时，可得 r 的极值为

$$r = \sqrt{k} \cdot R^{-\frac{1}{2}} \qquad (6-122)$$

式中，k 为由组成相的物理性质决定的常数，$k = B_b/A_b$。式（6-122）和层片状共晶间距表达式（6-120）相似，r 和 λ 均与凝固速率的平方根成反比，即生长速率越快，r 和 λ 越小，共晶组织越细，材质的性能就越好。

4. 非规则共晶凝固

当金属—非金属共晶凝固时，其热力学和动力学原理与规则共晶的凝固一样，差别在于非金属的生长机制与金属不同。当金属—金属凝固时，固—液界面从原子尺度来看是粗糙的，界面无方向性且连续不断地向前推进。而非金属的固—液界面从原子尺度看是小平面的生长方式，具有强烈的各向异性，晶体生长方向受热力学条件的控制作用不明显，而晶体的各向异性是决定晶体生长方向的关键因素。因此，晶体的长大是有方向性的，即在某一方向上生长速度很快，而在另外的方向上生长速度却很慢。所以，非规则共晶的固—液界面不是平直的，而是呈参差不齐、多角形的形貌。

非规则共晶由于两相性质差别很大，共生区往往偏向于高熔点的非金属组元一侧，呈非对称型共晶生长区。这类共晶对凝固条件表现出高度的敏感性。因此其组织形态更为复杂多变。

非规则共晶凝固模型由于其复杂性，仍有许多问题没有彻底弄清楚。对 Fe-C 和 Al-Si 这两种合金的共晶凝固研究得比较详细，下面以此为例讨论分析非规则共晶的凝固。

非规则共晶的形核与规则共晶相似,即在共晶温度下,领先相在液相中独立地形核长大,之后第二相依附其上形核长大,一旦两固相同时存在时,共晶两相即按共同"合作"的方式同时长大,称为共生生长。但不同的是,在规则共晶凝固过程中,共生生长两相的固—液界面是等温的,两相同时齐头并进。而在非规则共晶生长中,共生生长的两相固—液界面是非等温的,呈各向异性生长。两相虽以合作的方式一起生长,但小平面相的快速长大总是优先伸入液体中,然后第二相依靠领先相生长时排出的溶质的横向扩散获得生长组元,而跟随着领先相长大。领先相的形态决定着共生两相的结构形态。

Fe-C 合金按照冷却速度的不同,而分别遵循 Fe- Fe$_3$C 和 Fe-C(石墨)的介稳定系和稳定系结晶。激冷时,共晶凝固成为莱氏体组织,即奥氏体和渗碳体相的两相结构。凝固开始时,首先呈复杂正交晶格的 Fe$_3$C 以板状结构进入合金液中,并在生长过程中发生分枝,然后奥氏体在 Fe、C 板块上以树枝状方式生长(图 6-37),Fe、C 由于奥氏体相的生长而变得不稳定,于是形成两种共晶结构,在 Fe、C 板块生长方向上,形成层片状结构共晶体,而在垂直于 Fe、C 板块生长方向上形成杆状结构共晶体。垂直于板状的奥氏体与渗碳体相协调,生长速度远大于共晶在该板块方向上的速度。

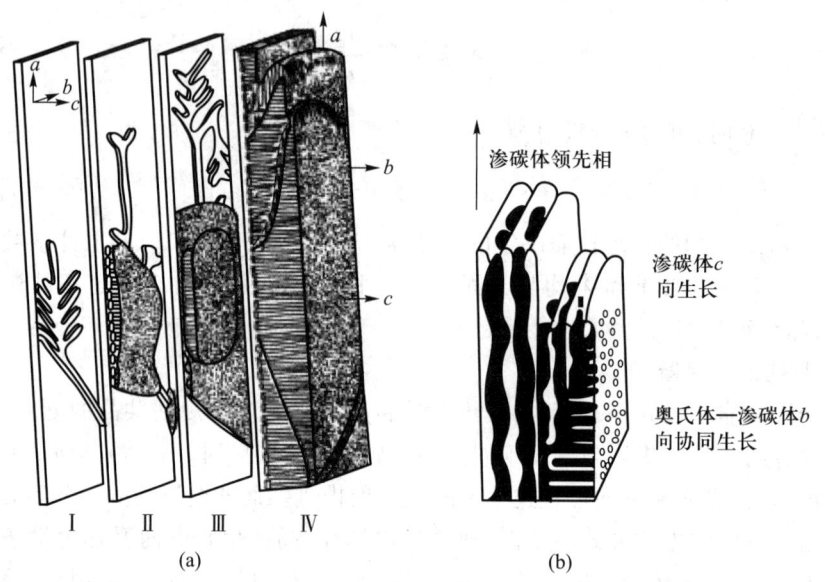

图 6-37 莱氏体共晶生长模型

上述为普通白口铸铁中渗碳体的形态,在高铬($w_{Cr} > 13\%$)铸铁中,碳化物为M7C3 型,具有六方、斜方和菱形三种晶型,在扫描电镜下呈相互连接的空心杆状和板条状。当 $w_{Cr} > 20\%$ 时,领先相为奥氏体。当加入稀土等变质剂时,碳化物明显细化。加入特殊的变质剂,还可使碳化物球团化,提高了白口铸铁的韧性。同样成分的 Fe-C 合金,当冷却速度比较缓慢时,共晶转变时形成石墨和奥氏体共晶团组织。如图 6-38c 所示,片状石墨是互相连接的,奥氏体相充填其间,同时还可以看到,奥氏体相没有封闭片墨,片墨的尖端总是与液体相接触的,其生长速度快,奥氏体相尾随其后协同生长。石墨尖端表面是不平整的,呈现魏氏体组织形貌(图6-38d)。

灰铸铁中石墨呈片状,这与石墨的晶体结构有关。如图6-39a所示,石墨呈六方晶格,基面(0001)与基面之间距离远远大于基面内原子间的距离,即基面之间原子间的作用力较弱。因此容易产生孪晶旋转台阶(图6-39b),碳原子源源不断地向台阶处堆积,石墨在[10$\bar{1}$0]方向上以旋转台阶生长方式快速生长;而(0001)面是原子的密排面,是光滑的小平面,原子极难稳定地向上堆积,只有产生螺旋位错时才能生长(图6-39c)。另外当石墨形成时,(0001)面被奥氏体包围,致使石墨(0001)面长大的动力学条件较差,因此石墨最后长成片状。片状石墨在成长过程中又产生分枝(图6-40),结果共生生长成如图6-38c所示的共晶团。

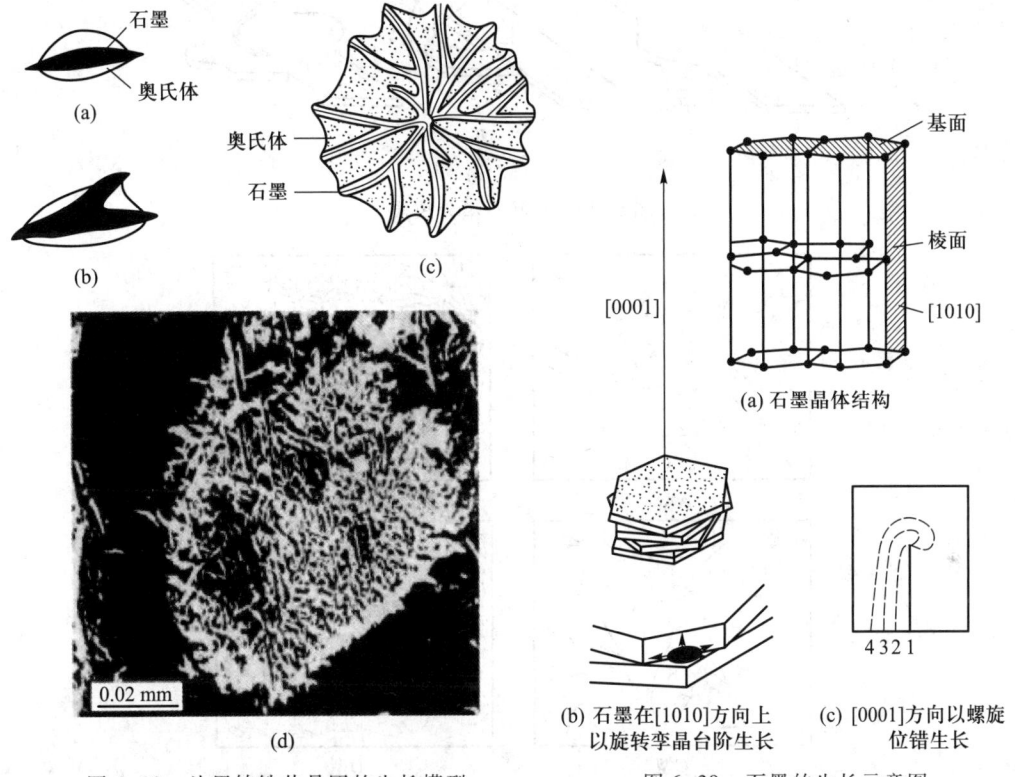

图 6-38　片墨铸铁共晶团的生长模型　　　　图 6-39　石墨的生长示意图

在不同的凝固条件下,片状石墨有各种不同的形态,有片状(A型)、菊花状(B型)、厚片状(C型)及过冷石墨(D型、E型),如图6-41所示。不同的石墨形态,其组织和性能有明显的差别,因此在进行材料设计时,可控制凝固条件(化学成分、冷却速度、冶金处理)获得不同的共晶组织以满足不同的要求。

5. 第三组元的影响

金属—非金属共晶凝固时,第三组元对非金属的长大机制影响极大。一般的Fe-C-Si合金共晶凝固时,如前述石墨长成片状。因S、O等活性元素吸附在旋转孪晶台阶处,显著降低了石墨棱面(10$\bar{1}$0)与合金液间的界面张力,使得[10$\bar{1}$0]方向的生长速度大于[0001]方向,石墨最终长成片状。

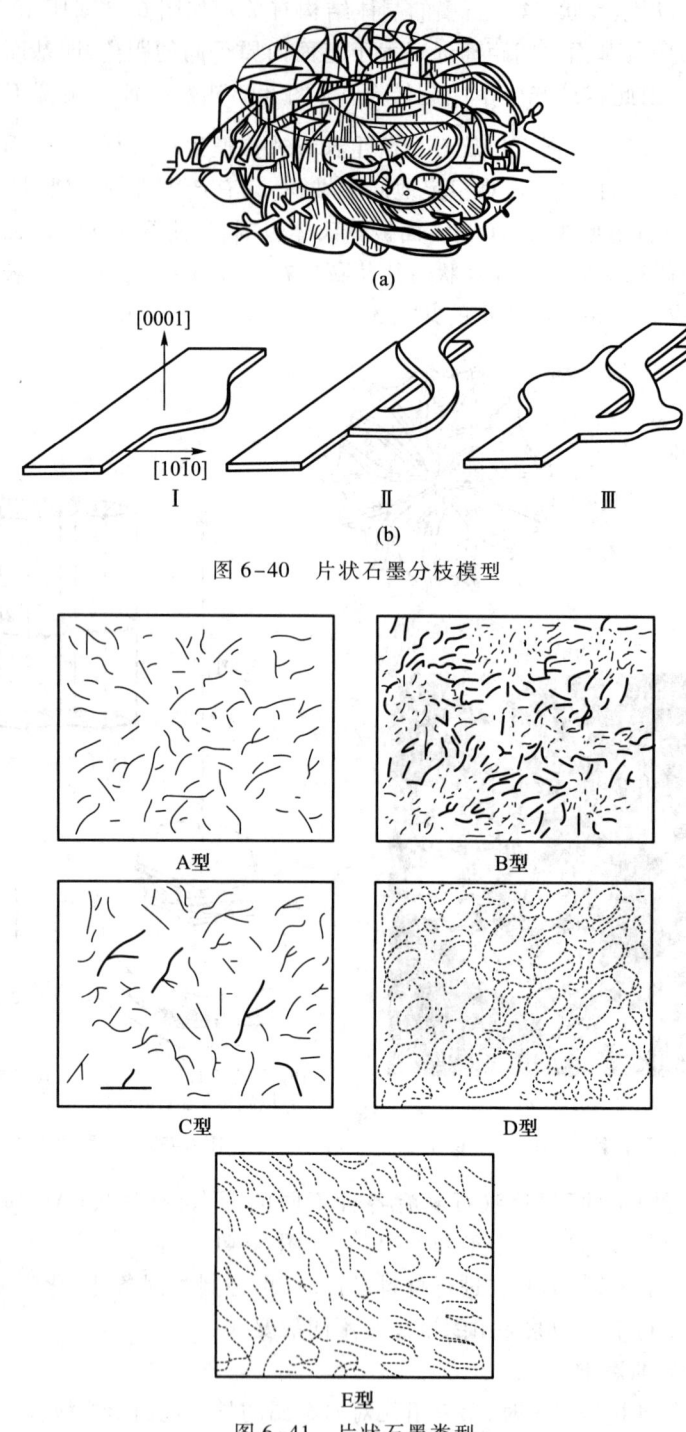

(a)

[0001]

[10$\bar{1}$0]

I   II   III

(b)

图 6-40 片状石墨分枝模型

A型   B型

C型   D型

E型

图 6-41 片状石墨类型

当对 Fe-C-Si 合金液进行球化处理时,合金液含有大量的第三组元 Mg($w_{Mg} =$

0.03% ~ 0.05%),石墨最终生长为球状(图6-42)。在低倍显微镜下观察,球状石墨接近球形,但在高倍观察时,则呈多边形的轮廓。特别是在扫描电镜下可以看出,石墨球表面一般为不光滑的球面,且有许多胞状物。从球状石墨中心截面的透射电镜照片上可以看出,石墨球内部结构具有像树的横断面的年轮状的特征,而且在球墨的中心还可看到球墨的结晶核心。根据这些特点,可看出球状石墨具有多晶结构,从核心向外辐射生长的许多晶体,每个放射角均垂直于球的径向,由呈互相平行的石墨基面堆积而成的。一个石墨由20 ~ 30个这样的锥体状的石墨单晶体组成,球的外表面都是由(0001)面覆盖,如图6-43所示。

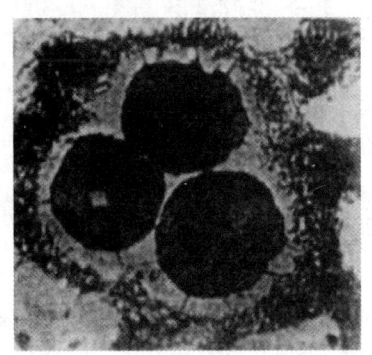

图6-42　球状石墨(100×)　　　　图6-43　球状石墨长大机制模型

第三组元同样影响 Al-Si 合金共晶凝固中的硅的生长方式及形态。未加入金属钠等第三组元变质时,共晶硅呈板片状(图6-44a),加入 Na 变质后共晶硅变成高度分枝的水草状(图6-44b)。变质前后共晶硅的生长机制,有不同的理论。其中一种理论认为,变质前共晶硅上存在台阶,硅原子沿着台阶堆积而长成片状,这类似于片状石墨的生长,如图6-45所示。变质后,第三组元 Na 或 Si 吸附在共晶硅固有的台阶上,当达到一定的浓度时,台阶生长受阻,系统将过冷到足以克服这一障碍的温度,直至产生硅晶体的另一种有利机制,如反射孪晶凹角机制而高度分枝生长。关于共晶硅由板片状变成水草或纤维状的机理还有其他观点。

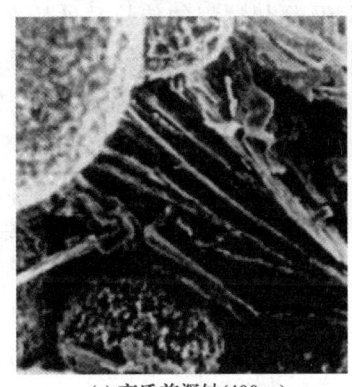
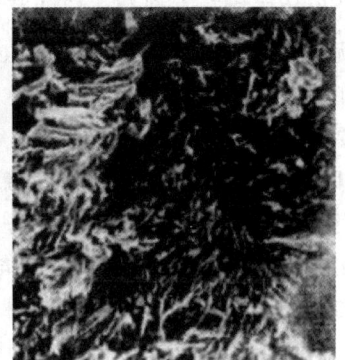

(a) 变质前深蚀(400×)　　　　　(b) 变质后深蚀(400×)

图6-44　共晶 Al-Si 合金中共晶硅电镜扫描照片

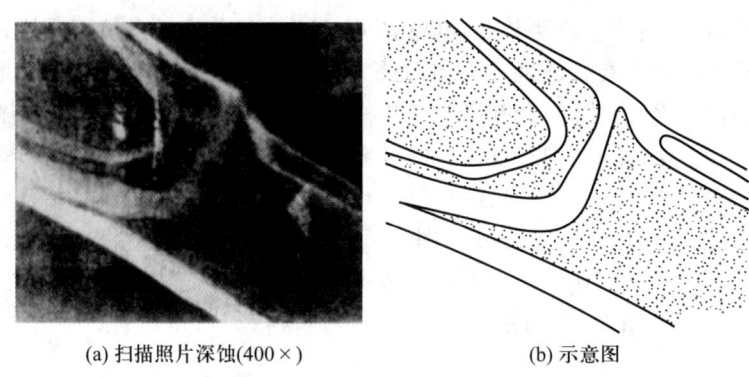

(a) 扫描照片深蚀(400×)　　　　　(b) 示意图

图 6-45　变质前共晶硅以台阶方式生长

综上所述,非规则共晶在以下几方面不同于规则共晶。

① 凝固界面在生长过程中是各向同性的。

② 定量的实验表明,非规则共晶具有大的生长过冷度,并且共晶间距远大于规则共晶。

③ 非规则共晶间距除与生长速率相关外,还依赖于温度梯度。

④ 由于大的生长过冷度,在生长界面前的液相中可能形成新的共晶晶核。

⑤ 添加少量第三组元可能对共晶组织产生非常大的影响。

⑥ 随生长速率的增大,小平面生长特性将减弱。

关于非规则共晶生长理论模型虽有许多模型,但这些模型有待进一步完善。

6.4　铸锭组织的形成与控制

6.4.1　铸锭凝固组织的形成

铸件的凝固组织受合金的成分及冷却条件的影响。在给定合金成分之后,形核及生长这两个决定凝固组织的关键环节是由传热条件控制的。铸件生产过程的传热包括合金充型过程的传热和充型结束后的凝固及冷却过程的传热。虽然在某些情况下充型过程中就发生凝固,但一般可将铸造过程的散热热量 Q 分解为浇注过程中合金在浇注系统和铸型中的散热 Q_1,以及浇注结束后冷却凝固过程中的散热 Q_2 两个部分。前者主要与浇注方式、浇注系统的结构及铸型冷却能力有关,并受浇注过程的对流换热控制,后者则由合金的性质及充型结束后合金的热状态决定。可以根据浇注过程中合金在浇注系统和铸型中的散热 Q_1 占全部散热的比值 Q_1/Q 判断凝固组织的控制环节。该比值越大,表明浇注方式对凝固组织的影响越明显。该比值通常随着铸件尺寸和壁厚的增大而减小,因此在小铸件和薄壁铸件的生产中,浇注过程的散热占的比例很大,有可能在充型过程中发生凝固,因此浇注系统设计应充分考虑对传热的影响。而对于大型和厚壁铸件而言,浇注过程的传热则是次要的,浇注系统设计的原则也将发生变化。浇注过程结束后,铸件中的温度分布与凝固方式的关系可归纳为图 6-46 所示的几种情况。对于纯金属的凝固,如果浇注结束时金属液仍处于过热状态,凝固界面前存在正的温度梯度 G_T(图 6-46a),凝固以平界面方式进行,热流通过凝固层导入铸型,形成柱状晶组织。如果在浇注结束时金属液已处于过冷状态,则可能在液相中发生内生生核,凝固潜热导入周围过冷的液态金属,发生等轴晶的凝固(图 6-46b)。合金凝固过程的情况则如图 6-46c~e 所示。其中,等轴晶的凝固条件与纯金属的情况相似,发生在过冷的液态合金中,但由于成分过冷与热过冷的叠加使实际的凝固过冷度增大,内生生核的倾向增大,发生等轴晶凝固的倾向更明显。而在定向凝固过程中,由于成分过冷的存在,仅当界面附近温度梯度足够大时才能形成平面凝固界面。在大多数情况下将发生定向的枝晶凝固(图 6-46d)。

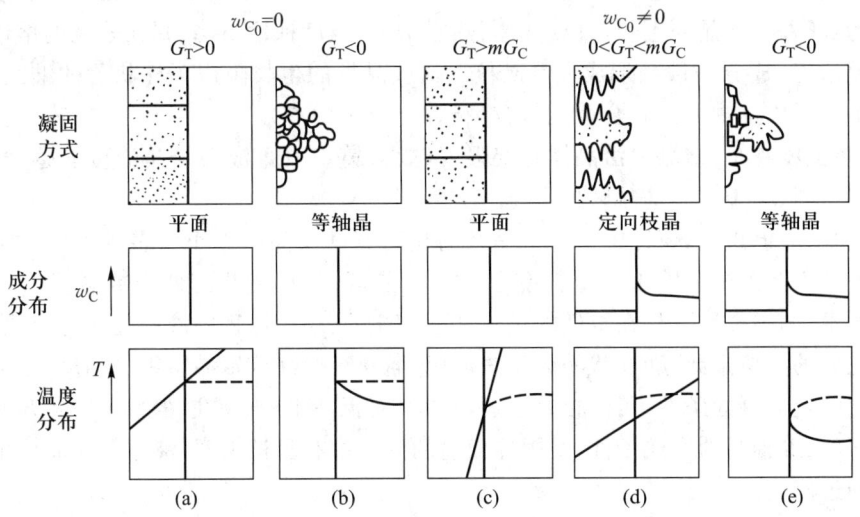

(在温度分布图中,实线表示实际温度分布,虚线表示合金液的平衡凝固温度)

G_r—温度梯度;G_c—溶质质量分数梯度;T—温度;w_c—溶质质量分数;

w_{C0}—合金原始溶质质量分数;m—液相线斜率

图 6-46　铸件中的温度分布与凝固方式

6.4.2　铸件的典型凝固组织与形成过程

铸件凝固过程通常总是自表面向中心推进的,典型的凝固组织由三个区域组成,分别是表面细等轴晶区(激冷等轴晶区)、柱状晶区和中心等轴晶区。图 6-47是具有三个晶区的铸锭晶粒组织示意图。三个晶区的形成原因如下。

① 表面细等轴晶区　当液态金属与冷的结晶器壁接触时,表层液体产生很大过冷并形成大量晶核,因此得到十分细小的晶粒。该区的宽度主要取决于结晶器壁的散热条件。由于该区的晶粒是在过冷液体中形核

图 6-47　具有三个晶区的
铸锭晶粒组织示意图

长大的,其结晶潜热既能从结晶器壁导出,也能向过冷的液体中散失,故晶粒的生长是无方向性的,通常不受器壁散热方向的影响。

② 柱状晶区   表面细等轴晶区形成之后,随着铸锭向下运动,在结晶器壁和铸锭之间由于铸锭表层凝固收缩而形成气隙,铸锭导热速度降低,使结晶前沿的过冷度明显减小,结晶只能靠表面细晶区晶体的继续长大来进行。这时,那些一次枝晶的方向与导热方向接近的晶体,由于具有最好的散热条件而得到优先长大并向内延伸形成柱状晶,而其他晶体的生长则被抑制。显然,柱状晶是铸锭表面细等轴晶区的晶体相互竞争长大的结果。合金的凝固温度范围越窄,合金中有效活性杂质越少,浇注温度越高,结晶前沿的浓度(成分)过冷越小,则越能促进形成柱状晶。

③ 中心等轴晶区   关于中心等轴晶区的形成,目前尚无统一认识。但多数研究者认为:随着柱状晶的生长,凝壳变厚,热阻增大,温度梯度下降,并在较宽的熔体范围内导致浓度(成分)过冷,形成大量晶核。这些晶核的生长阻碍了柱状晶的继续伸长,使在中心形成等轴晶区。合金元素含量越高,合金中有效活性质点越多,铸造温度越低,导热强度越小,结晶前沿晶体骨架强度越小,铸锭敞露液面结晶的可能越大,熔体搅拌越激烈,则中心等轴晶区越宽。

但是,应该指出,铸锭中每一个晶区的相对宽度及晶粒大小与多种因素有关。在生产条件下获得的铸锭不一定都有上述三个晶区,而可能只有两个或者只有一个晶区。通常,如果金属液是在很低的过热度下浇注的,凝固过程中液相处于过冷状态,并且有充分的晶核来源,则柱状晶区无法形成,而获得全部等轴晶组织。相反,在强制热流控制的定向凝固条件下,液相处于过热状态而无法形核,则能维持柱状晶方式的凝固。显然,等轴晶的形成条件:凝固界面前的液相中有晶核来源,液相存在晶核生长所需要的过冷度。

图 6-48a 显示了凝固前沿液相中温度梯度为负的情况,而图 6-48b 显示了凝固前沿液相中温度梯度为正的情况。前者过冷度由热过冷 ΔT_T、曲率过冷 ΔT_σ 和成分过冷 ΔT_C 三个部分组成,并且随着距凝固界面距离的增大而增大;后者则仅有后两项,并且过冷仅局限在凝固界面附近。图 6-48b 反映了大多数铸件和铸锭凝固过程的情况。由于液相中的对流和导热传热,随着凝固过程的进行,液相温度不断下降,过冷区扩大,过冷图中具有三个晶区的铸锭晶粒组织示意图也随之增大。通常凝固界面附近的液相优先获得过冷,为晶核的长大创造条件。随着凝固过程的进行,过冷区扩大,晶核生长的区域也扩大。大多数合金的固相密度大于液相密度,因此晶核在长大过程中不断下落。不同取向的凝固界面下落自由晶体的条件不同,因此发生柱状晶向等轴晶转变的条件也不同。液相中的自由晶体直接落在底部的凝固界面上,阻止了柱状晶的生长,最先发生向等轴晶的转变。而自外侧向中心接受自由晶体的时间差异使得底部柱状晶区的长度自外向内逐渐增大。对于侧面的凝固界面,仅当等轴晶沉积区达到一定高度时,才会阻止该高度处柱状晶的生长,引起该处柱状晶向等轴晶的转变。

Witzke 及 Lipton 的研究表明,液相的流动对凝固界面前的液相成分过冷度的形成具有重要影响,而该过冷度则是决定等轴晶形成的关键因素,可作为柱状晶向等轴晶转变的判据。Fredriksson 和 Olsson 则从凝固界面前的液相中温度变化情况的研究入手,通过数值计算和实验,分析了柱状晶向等轴晶转变的条件后指出:当凝固界面前的液相中形成的自由晶体的尺寸和数量达到一定值时,将阻止柱状晶的生长,导致柱状晶向等轴晶的转变。液相流动在凝固界面前自由晶体的形成中起决定性的影响。凝固界面前自由晶体的生长速度是由铸型的冷却速率和凝固过程动力学决定的。

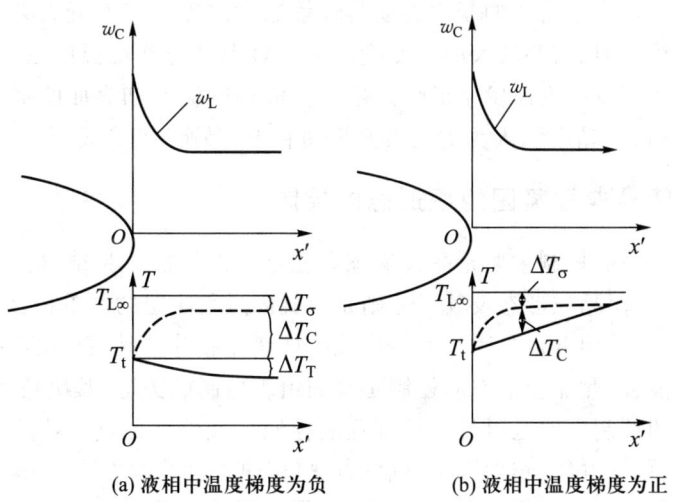

(a) 液相中温度梯度为负　　　(b) 液相中温度梯度为正

w_L—液相溶质质量分数;T—枝晶尖端温度;ΔT_C—成分过冷度;ΔT_T—热过冷度;ΔT_σ—曲率过冷度

图 6-48　凝固界面前液态金属的过冷条件

　　形核是发生柱状晶向等轴晶转变的必要条件。Winegard 和 Chalmers 以成分过冷理论为基础,提出了柱状晶前沿液相成分过冷区内非自发形核的理论,随后 Chalmers 接受了 Genders 早期的思想,提出激冷区内形成的晶核卷入并增殖的理论。此外,Jackson 等提出了枝晶熔断理论,Southin 提出了"晶雨"理论。大野笃美等则认为在凝固壳层形成之前,型壁上晶体的游离并增殖是中心等轴晶核的主要来源。

　　介万奇和周尧和对氯化铵溶液进行了二维凝固的模拟实验研究,结果表明,液相内自由晶体的主要来源是型壁上形核并按照大野笃美的机理游离;固液两相区内的枝晶被熔断并被液流带入液相区;自由表面凝固形成"晶雨"。来自以上三个方面的晶体形成于凝固过程的不同阶段并且形成条件各不相同。

　　液态金属在铸型型壁的激冷作用下出现了两种变化:① 在型壁上形成晶核;② 液态金属因冷却收缩而发生流动。生长中的晶核在液流的作用下从型壁上脱落进入液相区。铸型底部接受游离晶的机会多,重熔的机会少,最先出现游离晶。游离晶主要出现在凝固初期,随着凝固的进行,一部分晶体将发生重熔,其余部分长大并下落,原有晶核被消耗,需要通过新的途径形核。大野笃美的形核实验大多是通过对浇注过程的控制,使浇注过程的冲击液流平息之前液相处于过冷状态,因此得出游离晶是形成中心等轴晶的主要来源的结论。但当浇注后液相仍明显处于过热状态时,游离晶的作用则很有限,往往不足以引起中心等轴晶区的形成。

　　枝晶生长过程中,由于根部溶质的富集产生"缩颈"并熔断、脱落的现象已被许多实验证实。Jackson 提出被熔断的枝晶形成中心等轴晶区的理论。介万奇等通过实验观察发现,在没有强制对流的条件下,大量被熔断枝晶的形成与漂移均与侧向生长的两相区中枝晶铸型间液相的流动密切相关,并且通常与 A 型偏析同时形成。当两相区的液相流动按碳钢凝固过程的方式发生时,被熔断的枝晶被液流带入液相区,成为中心等轴晶区晶核的来源。

表面的凝固取决于熔体的凝固温度与环境温度之差。表面凝固必须具备的形核条件与内生生核相似,需要较大的过冷度。当合金温度与环境温度之差较大时,表面获得形核所需要的过冷度而发生形核并生长。液相的流动和表面的扰动会使表面形成的晶核下落形成"晶雨",人为进行表面振动利于"晶雨"的形成。

6.4.3　铸件典型凝固组织形态的控制

凝固组织形态的控制主要是晶粒形态和相结构的控制。相结构在很大程度上取决于合金的成分,而晶粒形态及其尺寸则是由凝固过程决定的。单相合金的凝固是最常见的凝固方式,单相合金凝固过程中形成的柱状晶和等轴晶两种典型凝固组织各有不同的力学性能,因此晶粒形态的控制是凝固组织控制的关键,其次是晶粒尺寸。

晶粒形态的控制主要是通过形核过程的控制实现的。促进形核的方法包括浇注过程控制方法、化学方法、物理方法、机械方法、传热条件控制方法等,这些方法将在下一节中分别讨论。各种形核控制方法的应用应根据合金的凝固温度等条件做合理的选择。许多方法对小尺寸铸件是有效的,但对高熔点的大型铸件,在浇注过程中控制、化学方法及激冷方法的作用则有限,获得细小的等轴晶非常困难,可采用电磁搅拌或机械搅拌方法进行晶粒形态控制。

抑制形核可在铸件中获得柱状晶组织。大过热度浇注及抑制对流可起到抑制形核的作用。在普通铸件中,柱状晶组织会导致力学性能及工艺性能的恶化,不是所期望的凝固组织。在高温下单向受载的铸件中,柱状晶会使其单向力学性能大幅度提高,从而使定向凝固成为其重要的凝固技术,并已取得很大进展。

在常温下使用的铸件中,细小等轴晶利于铸件力学性能的提高。增加形核速率和抑制晶核生长以细化晶粒是提高铸件性能的重要途径。促进形核,细化晶粒的主要途径还有以下几项。

① 添加晶粒细化剂,即向液态金属中引入大量形核能力很强的异质晶核,达到细化晶粒的目的。

② 添加阻止生长剂以降低晶核的长大速度,使形核数量相对提高,获得细小的等轴晶组织。

③ 采用机械搅拌、电磁搅拌、铸型振动等力学方法,促使枝晶折断、破碎,使晶粒数量增多,尺寸减小。

④ 提高冷却速率使液态金属获得大过冷度,增大形核速率。

⑤ 去除液相中的异质晶核,抑制低过冷度下的形核,使合金液获得很大过冷度,并在大过冷度下突然大量形核,获得细小等轴晶组织。快速冷却可达到最好的细化效果,甚至得到微晶或纳米晶,但对大尺寸铸件,获得很大的冷却速率是非常困难的。对于普通铸件而言,添加晶粒细化剂是获得细晶组织的理想方法。大量实验证实,降低

浇注温度是减少柱状晶获得细小等轴晶的有效措施之一,另外在减少液体流动的情况下也能得到细等轴晶组织。但是过低的浇注温度将降低液态金属的流动性,导致浇不足和夹杂等缺陷的产生,特别是对复杂的异形铸件其危害性更大,因此降低浇注温度的措施是有一定使用限度的。

合理控制冷却条件,从而形成宽的凝固区域和获得大的过冷可促进熔体形核和晶粒游离。小的温度梯度和高的冷却速度可以满足上述要求。但就铸型的冷却能力而言,除薄壁铸件外,这两者不可兼得。由于高的冷却速度不仅使温度梯度变大,而且在凝固初期还促使稳定凝固壳层的过早形成。因此对厚壁铸件,一般采用冷却能力小的铸型以确保等轴晶的形成,再辅以其他晶粒细化措施以达到满意的效果。如悬浮铸造法,在浇注过程中向液态金属中加入一定数量的金属粉末,这些金属粉末像很多的小冷铁均匀地分布于液态金属中,起显微激冷的作用,加速液态金属的冷却,促进等轴晶的形成和细化。

1. 添加晶粒细化剂法

向合金液中加入具有促进形核功能的细化剂可达到细化晶粒的目的,这种工艺措施称为孕育处理。在添加细化剂的条件下异质晶核是通过以下途径产生的。

① 晶粒细化剂中的高熔点化合物在熔化过程中不被完全熔化,在随后的凝固过程中成为异质形核的核心。如在高锰钢中加入锰铁,在高铬钢中加铬铁都可以直接作为欲细化相的非均质晶核。

② 将晶粒细化剂中的微量元素加入合金液中后,在冷却过程中首先形成化合物固相质点,起到异质形核核心的作用。如向铝合金中加入微量钛,在冷却过程中通过包晶反应形成 $TiAl_3$。

2. 动力学细化法

动力学细化法主要是采用机械力或电磁力引起固相和液相的相对运动,促进枝晶的破碎或与铸型分离,在液相中形成大量结晶核心,达到细化晶粒的效果。常用的动力学细化方法如下。

(1)浇注过程控制技术

在铸件浇注过程中,液态金属在型壁的激冷作用下大量形核,被冲击液流带入液相区,并发生增殖。若这些晶核在液相过热完全散失之前尚未被完全熔化,则成为后续凝固的结晶核心。因此通过控制浇注方式,使液态金属连续冲击铸型,可提供大量的晶核。

(2)铸型振动

在凝固过程中,振动铸型可使液相和固相发生相对运动,导致枝晶破碎形成结晶核心。同时振动铸型可促使"晶雨"的形成。由于"晶雨"的来源是液态金属表面的凝固层,当液态金属静止时表面凝固的金属结壳不能下落,铸型振动可使壳层中的枝晶破碎,形成"晶雨"。

(3)超声波振动

超声波振动可在液相中产生空化作用,形成空隙,当这些空隙崩溃时,液体迅速补充,液体流动的动量很大,产生很高的压力,起到促进形核的作用。

（4）液相搅拌

采用机械搅拌、电磁搅拌或气泡搅拌均可造成液相相对固相的运动,引起枝晶的折断、破碎与增殖,达到细化晶粒的目的。其中,机械和电磁搅拌不仅可使晶粒细化,而且可使晶粒球化,获得流动性很好的半固态金属,进行半固态铸造或半固态挤压。

（5）熔炼及浇注过程的温度控制

大量实验表明,合金液中许多难熔固相质点相当稳定,即使在高温下长时间保温仍不能完全溶解,并在以后的凝固过程中起结晶核心的作用。因此,控制合金的熔化及保温温度可达到利用这些难熔质点促进形核的目的。俄罗斯学者 Nikitin 等在这方面进行了较系统的研究,并成功地用于铸造生产过程中的控制。

6.5　凝固技术

凝固作为物质从液相转变为固相的一阶相变过程,广泛存在于自然界和工程技术领域,它在人们日常生产生活中的重要性是不言而喻的。作为一个交叉的科学领域,凝固涉及的学科有冶金学、热力学、流体力学、固体力学、三传(传热、传质和动量传输)等;凝固理论研究又是多尺度的,它贯穿原子→界面→晶粒(如枝晶)→整个研究体系(图 6-49 给出了枝晶凝固过程涉及的不同尺度下的物理现象)。因此,凝固理论研究可归类于宏观—微观理论体系的研究,它包含宏观的传输动力学(如传热、传质、对流及其边界条件等),微观的形核、生长、碰撞等。

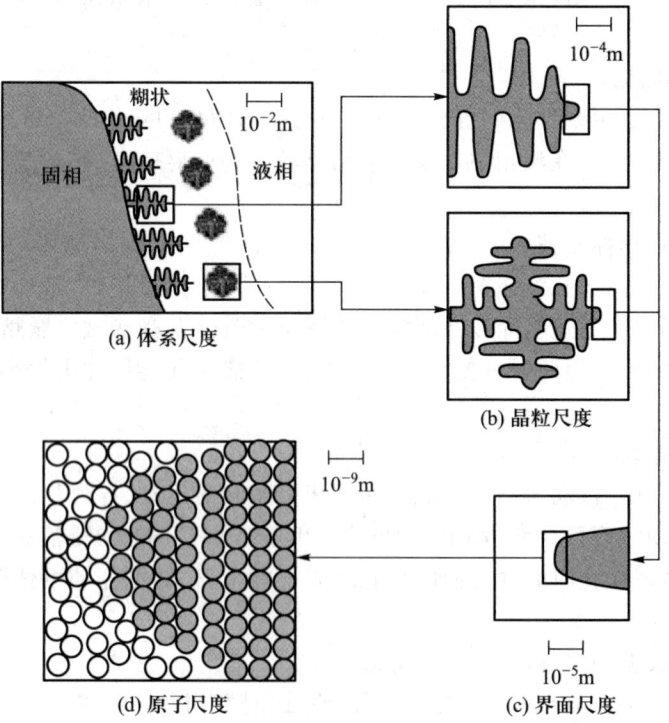

图 6-49　枝晶凝固过程中所涉及的不同尺度下的物理现象[4]

凝固的一个重要分支是非平衡凝固。广义上来讲,非平衡凝固是指在一定的温度、压力或强外场作用下,合金熔体获得比常规工艺过程快得多的冷却速度($10^4 \sim 10^9$ K/s)或者大得多的过冷度(几十至几百 K),从而在极短的时间内完成液固相变的过程。该过程偏离平衡,因此被称为非平衡凝固。非平衡凝固技术为开发新材料或改进传统材料提供了新的思路和方法。因此有必要对非平衡凝固动力学进行研究,实现非平衡凝固过程和非平衡凝固组织形成及转变的理论描述,从而为新材料的设计、制备及性能预测奠定坚实基础。

6.5.1 非平衡凝固技术的发展

20 世纪 50 年代末,美国加州理工学院的 Duwez[6] 教授等使用"枪"法使合金液获得了 $5 \times 10^8 \sim 10^9$ K/s 的冷却速度,并首次在 Au-Si 合金中获得金属玻璃。从那时起,非平衡凝固技术一直是现代材料科学与工程研究中最为活跃的研究领域之一。20 世纪 60 年代前后,这一技术主要应用于制备快速凝固非晶态合金等功能材料;20 世纪 70 年代中期,该技术被扩展至用途更为广泛的快速凝固晶态合金;20 世纪 80 年代,以色列科学家 Shechtman 在快速凝固的 Al-Mn 合金中首次发现了具有五次对称结构的准晶体(Quasicrystal),其特异的晶体学特征引起广大物理学家、材料学家和晶体学家的广泛关注;自 20 世纪 90 年代以来,伴随着国际范围内纳米和非晶材料研究热潮的兴起,微重力、声悬浮、高压、强电磁场、静电场等[2] 各种超常条件下的非平衡凝固技术不断涌现。

根据合金熔体的非平衡凝固方式,非平衡凝固技术可分为两类:① 深过冷快速凝固,从热力学角度使得合金熔体处于过冷状态;② 激冷快速凝固,从动力学角度提高凝固过程中的冷却速率。

6.5.2 深过冷快速凝固技术

合金或纯金属熔体的过冷度 ΔT 是指与原始成分 C_0 对应的平衡液相线温度 T_L 或纯金属熔点 T_m 与形核温度 T_N 之差,即 $\Delta T = T_L - T_N$ 或 $\Delta T = T_m - T_N$。通常,金属熔体的凝固通过异质形核方式进行,因此液态金属的净化可有效消除或钝化熔体中的异质核心而获得深过冷。深过冷快速凝固的特点是快速凝固阶段不受冷却速率 Φ 的制约,在足够高的过冷度下大体积合金熔体可以在慢速冷却条件下实现快速凝固。获得深过冷的方法有:乳化法(dispersion method)[7]、落管法(drop tube method)[8]、熔融玻璃净化法(glass fluxing method)[9]、循环过热法(cyclic superheating)[10]、电磁悬浮熔炼法(electromagnetic levitation melting)、静电悬浮熔炼法(electrostatic levitation melting)、超声波悬浮熔炼法(ultrasound levitation melting)和惰性涂层法(inert coating method)等。

1. 乳化法

乳化法又称微小液滴法,其基本思想是在惰性环境(如惰性悬浮液)中,随着液体分散度的提高,形核被彻底孤立于少数液滴中,因此大部分液滴可获得深过冷。乳化法的研究历史最为悠久,其缺点是熔体液滴体积太小而无法制备出具有实际应用价值的新材料。但由于此方法获得的过冷度很大,所以至今仍被用来测定过冷熔体的比热、形核率等。

2. 落管法

落管法是指液态金属在真空或充有惰性气体的落管中自由下落并完成凝固的过程中,由于避免与器壁的接触而获得深过冷的方法。利用该方法可以模拟微重力条件下合金的凝固行为,并且可以避免非均质形核,从而实现大过冷条件下的均质形核。其缺点是无法直接观测具体的凝固过程,进而无法直接得到过冷熔体凝固过程中的基本信息,例如自由下落过程中温度的变化要借助于理论模型的计算来间接确定。

3. 熔融玻璃净化法

该方法是将液态金属包覆在熔融玻璃之中,通过熔融玻璃对液态金属中杂质产生物理吸附和界面化学反应,充分去除液态金属中的异质核心而获得过冷的方法。利用该方法,不仅可以有效避免金属在熔化过程中与大气接触而发生氧化,而且由于玻璃具有良好的隔振效应,可以在一定程度上消除外部振动引起的触发形核。

4. 循环过热法

在非晶态的或触发形核作用小的坩埚中,对金属进行"加热熔化→过热保温→冷却凝固"的热循环处理,可以加速合金熔体及玻璃熔体在自身内部和界面的对流。在此过程中,金属中的异质核心会通过熔化、分解或蒸发等方式消除或发生表面钝化,进而使金属熔体失去形核衬底而获得深过冷。循环过热法存在的主要问题是在大气下很难获得深过冷。

5. 电磁悬浮熔炼法

电磁悬浮熔炼法是指在合适的线圈形状和输入频率条件下,高频电磁场在样品内部产生感应电流,该感应电流所产生的感应磁场与高频电磁场的磁场力相互排斥,从而在样品中产生悬浮力而使液态金属直接悬浮在感应线圈中,进而进行熔炼的一种无容器处理方法,其实验装置如图 6-50 所示。该方法彻底消除了坩埚壁的影响,在电

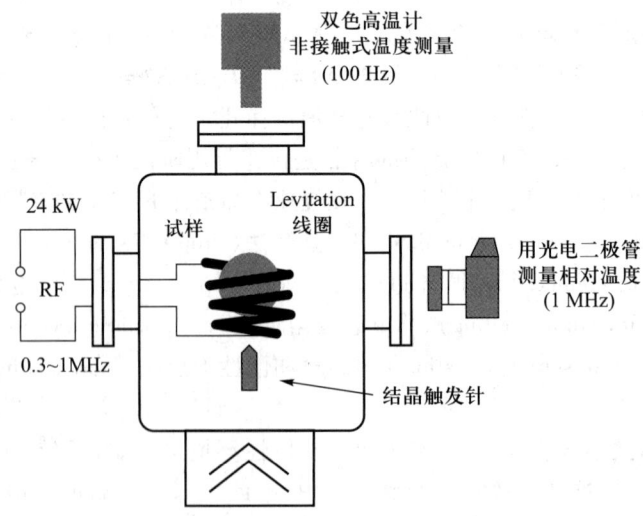

图 6-50　深过冷电磁悬浮装置示意图[6]

磁搅拌作用和还原性气氛保护下净化液态金属,是实现非平衡凝固的有效途径,但其缺点是不适用于不导电材料,此外悬浮稳定性不易控制且对样品重量的限制较大。

6. 静电悬浮熔炼法

静电悬浮熔炼和电磁悬浮熔炼一样,也是通过无容器的方式来实现液态金属深过冷的一种方法,其原理是利用静电场中带电粒子所受的库仑力来抵消重力的作用以实现样品的悬浮。该方法适合在真空中进行,但样品必须完全极化或带电。采用这种技术可以避免电磁熔炼过程中强烈的电磁搅拌作用产生的对流对凝固过程和凝固组织的影响。

深过冷快速凝固技术不仅可以得到三维尺度较大的样品,而且可以通过人工触发形核的方式实现对过冷熔体形核和生长过程的精确控制。特别是随着高速摄影和测温技术的发展,可以准确实时地监测凝固过程中的一些基本参量(如过冷度、冷却曲线、液—固界面生长速度等)。因此,该方法非常适用于从实验角度研究非平衡凝固过程中形核、生长、亚稳相形成、组织演化规律等。

6.5.3　激冷快速凝固技术

从动力学角度上看,金属熔体的凝固速度是由凝固潜热的导出速率(即冷却速率Φ)控制的,因此通过提高冷却速度可以使液—固界面快速推进,进而使凝固远离平衡而发生非平衡凝固。常见的方法有气枪法(gun method)、熔体旋铸法(melt spinning)、锤砧法(hammer-anvil quenching)、喷射沉积法(spray deposition)、激光/电子束表面熔融法(laser or electron beam surface resolidification)等。经过多年发展,激冷快速凝固方法已被广泛应用于实际的工业生产中。然而受传热的限制,如材料的热阻会随凝固层厚度的增大而迅速提高,该方法一般只适用于制备低维材料,如粉末、薄带、线材等。另外可控性和动态监测相对困难,因此不适于从科学研究角度对快速凝固的基本规律进行研究。

6.5.4　定向凝固技术

定向凝固技术是在凝固过程中采用强制手段,在凝固金属样未凝固熔体中建立沿特定方向的温度梯度,从而使熔体在气壁上形核后沿着与热流相反的方向,按要求的结晶取向进行凝固的技术。该技术最初是在高温合金的研制中建立并完善起来的。该技术最初是用来消除结晶过程中生成的横向晶界,从而提高材料的单向力学性能。该技术被运用于燃气涡轮发动机叶片的生产中,所获得的柱状乃至单晶组织的材料具有优良的抗热冲击性能、较长的疲劳寿命、较高的蠕变抗力和中温塑性,因此提高了叶片的使用寿命和使用温度,成为当时震动冶金界和工业界的重大事件之一。自1965年美国普拉特·惠特尼集团公司采用高温合金定向凝固技术以来,这项技术已经在许多国家得到应用。采用定向凝固技术可以生产出具有优良的抗热冲击性能、较长的疲劳寿命、较好的蠕变抗力和中温塑性的薄壁空心涡轮叶片。应用这种技术能使涡轮叶片的使用温度提高 10 ~ 30 ℃,涡轮进口温度提高 20 ~ 60 ℃,从而提高发动机的推力和可靠性,并延长其使用寿命。普通铸件一般由无一定结晶方向的多晶体组成。在高温疲劳和蠕变过程中,垂直于主应力的横向晶界往往是裂纹产生和扩展的主要部位,也是涡轮叶片高温工作时的薄弱环节。采用定向凝固技术可获得生长方向与主应力方向一致的单向生长的柱状晶体。定向凝固由于消除了横向晶界,从而提高了材料抗高温蠕变和疲劳的能力。定向凝固铸件的组织分为柱状、单晶和定向共晶三种。

定向凝固技术对金属的凝固理论研究与新型高温合金的发展提供了一个极其有效的手段。但是利用传统的定向凝固方法得到的铸件长度是有限的,在凝固末期易出现等轴晶,且晶粒易粗大。为此出现了连续定向凝固技术,它综合了连铸和定向凝固的优点,又相互弥补了各自的缺点及不足,从而可以得到具有理想定向凝固组织、任意长度和断面形状的铸锭或铸件。它的出现标志着定向凝固技术进入一个新的阶段。

定向凝固技术的最大优势在于其制备的合金材料消除了基体相与增强相相界面之间的影响,有效地改善了合金的综合性能。同时,该技术也是学者们研究凝固理论与金属凝固规律的重要手段。

实现定向凝固需要两个条件:首先,热流向单一方向流动并垂直于生长中的固—液界面;其次,在晶体生长前方的熔液中没有稳定的结晶核心。为此,在工艺上必须采取措施以避免侧向散热,同时在靠近固—液界面的熔液中造成较大的温度梯度,这是保证非定向柱晶和单晶生长停止,取向正确的基本要素。

实现定向凝固应满足凝固界面具有稳定的定向生长要求,抑制固—液界面前方可能出现的较大成分过冷区,而导致自由晶粒的产生。根据成分过冷理论,固—液界面要以单向的平面生长方式进行长大时,需要保证 G_L/R 足够大(G_L 为晶体生长前沿液相的温度梯度,R 为界面的生长速度),这就需要通过以下几个基本工艺措施来保证:① 严格的单向散热,要使凝固系统始终处于柱状晶生长方向的正温度梯度作用之下,并且要绝对阻止侧向散热,以避免界面前方型壁及其附近的形核和长大;② 要减小熔体的异质形核能力以避免界面前方的形核现象,即要提高熔体的纯净度;③ 要避免液态金属的对流、搅动和振动,以阻止界面前方的晶粒游离。对于晶粒密度大于液态金属的合金,避免自然对流的最好方法就是自下而上地进行单向结晶。

常见的定向凝固的方法如下。

1. 发热剂法

所谓的发热剂法就是将熔化好的金属液浇入一侧壁绝热,底部冷却,顶部覆盖发热剂的铸型中,在金属液和已凝固金属中建立起一个自上而下的温度梯度,使铸件自下而上进行凝固,实现单向凝固。这种方法由于所能获得的温度梯度不大,并且很难控制,致使凝固组织粗大,铸件性能差,因此,该法不适于大型、优质铸件的生产,但其工艺简单、成本低,可用于制造小批量零件。

2. 功率降低法

因保温炉是分段加热的,故将保温炉中的加热器分成几组。当熔融的金属液置于保温炉内后,从底部对铸件冷却的同时,自下而上顺序关闭加热器,金属则自下而上逐渐凝固,从而在铸件中实现定向凝固。通过选择合适的加热器件,可以获得较大的冷却速度,但是在凝固过程中温度梯度是逐渐减小的,致使所能允许获得的柱状晶区较短,且组织也不够理想。加之设备相对复杂,且能耗大,限制了该方法的应用。

3. 高速凝固法

为了改善功率降低法在加热器关闭后,冷却速度慢的缺点,在 Bridgman 晶体生长技术的基础上发展成了一种新的定向凝固技术,即快速凝固法。该方法的特点是铸件以一定的速度从炉中移出或炉子移离铸件,采用空冷的方式,而且炉子保持加热状态。这种方法由于避免了炉膛的影响,且利用空气冷却,因此获得了较高的温度梯度和冷却速度,所获得的柱状晶间距较长,组织细密挺直,且较均匀,使铸件的性能得以提高,在生产中有一定的应用。

4. 液态金属冷却法

HRS 法是由辐射换热来冷却的,所能获得的温度梯度和冷却速度都很有限。为了获得更高的温度梯度和生长速度,在 HRS 法的基础上,将抽拉出的铸件部分浸入具有高导热系数的高沸点、低熔点、大热容量的液态金属中,形成了一种新的定向凝固技术,即 LMC 法。这种方法提高了铸件的冷却速度和固—液界面的温度梯度,而且在较大的生长速度范围内可使界面前沿的温度梯度保持稳定,结晶在相对稳态下进行,能得到比较长的单向柱晶。

常用的液态金属有 Ga-In 合金、Ga-In-Sn 合金以及 Sn 液,前二者熔点低,但价格昂贵,因此只适于在实验室条件下使用。Sn 液熔点稍高(232 ℃),但由于价格相对比较便宜,冷却效果也比较好,因此适于工业应用。

普通铸造获得的是大量的等轴晶,等轴晶粒的长度和宽度大致相等,其纵向晶界与横向晶界的数量也大致相同。对高温合金涡轮叶片的事故分析发现,由于涡轮高速旋转时叶片受到的离心力使得横向晶界比纵向晶界更容易开裂。应用定向凝固方法得到单方向生长的柱状晶,不产生横向晶界,较大地提高了材料的单向力学性能。应用单晶铸造获得的单晶叶片可显著提高材料的磁性能,应用定向凝固技术,可使柱状晶排列方向与磁化方向一致,大大改善了材料的磁性能。定向凝固技术还广泛用于自生复合材料的生产制造,用定向凝固方法得到的自生复合材料消除了其他复合材料制备过程中增强相与基体间界面的影响,复合材料的性能大大提高。

6.6　无机非金属材料的液固相变

水泥,指加水拌和成塑性浆体后,能胶结砂、石等材料并能在空气和水中硬化的粉状水硬性胶凝材料。它是各种类型水泥的通称,换言之,水泥是一种水硬性胶凝材料。从 19 世纪初期开始组织生产、首批应用到现在已有 190 余年历史。迄今为止,已有 100 多种水泥品种问世,而且各种新型水泥仍在不断地开发应用之中。水泥作为建筑工业三大基本材料之一,使用广,用量大,素有“建筑工业的粮食”之称。根据专家预测,下一世纪的主要建筑材料,仍将是水泥及其混凝土,水泥的生产、应用和研究仍然极为重要。

对水泥的分类通常有两种方法:即按用途及性能分和按组成分类。一般按用途及性能分为三大类:通用水泥、专用水泥和特性水泥;一般按组成分为六类:硅酸盐水泥系列、铝酸盐水泥系列、氟铝酸盐水泥系列、硫铝酸盐水泥系列、铁铝酸盐水泥系列和其他系列。

6.6.1　水泥的发展

水泥作为一种无机非金属材料,在建筑材料中占有重要地位。对它的性能和应用研究从未中断过。原始水泥可追溯到五千年前。古埃及的金字塔、古希腊和古罗马时代用石灰掺砂制成的混合砂浆,曾被用于砌筑石块和砖块,这种用作砌筑用的胶凝材料被称为原始水泥,虽然按今天科学家的眼光看,它们只不过是黏土、石膏、气硬性石灰、火山灰、水硬性石灰,但就是这些原始的发现为现代水泥的发明奠定了基础。

1824 年,英国人约瑟夫·阿斯谱丁发明了一种把石灰石和黏土混合后加以煅烧来制造水泥的方法,并获得了专利权。这种水泥同英国伦敦附近波特兰(Portland)小城盛产的石材颜色相近,故称为波特兰水泥。此后,欧洲各地不断对水泥方法进行改进,1870 年以后,水泥作为一种新型工业在世界许多国家和地区得以发展和应用。

新中国成立以后,经过 70 余年的发展,我国水泥工业在世界上举足轻重,1998 年我国水泥产量已达 5.36 亿吨,居世界第一。我国在提高水泥产量的同时,水泥质量也在不断提高。产品的标准在不断更新,并逐步向国际化接轨。20 世纪 90 年代以来,水泥行业开始广泛使用产品质量国际认证体系。

在水泥的发展过程中,硅酸盐系列水泥(即波特兰水泥)从产量和用途来看,在基本建设工程中占有重要地位。但是,由于硅酸盐水泥固有的性能和特点,决定了它既不能满足一些特殊工程的需要,也不能满足现代化建设工程和施工新技术的需求。当今世界各国都在研究和发展专用水泥及特种水泥。水泥已从单一的含硅酸盐矿物的品种发展到各种化学成分、矿物组成、性能与不同应用范围的品种。

到目前为止,我国已研制成功特种水泥和专用水泥 100 余种,经常生产的有 30 余种,约占水泥总产量的 25%,如道路水泥、大坝水泥、快硬水泥、水工用水泥、油井水泥、膨胀水泥与自应力水泥、耐高温水泥、装饰水泥等。

从发展趋势上看,今后一段时间内将在改善现有水泥品种性能的基础上,逐步开发用途更为广泛的水泥。与此同时,节能的地位日益提高。围绕着节能有三方面的工作要做:第一,淘汰一批年产量在 4.4 万吨以下的小水泥厂,控制水泥工业规模总量,使原燃料、资金,市场优化配置。第二,从探索水泥的矿物中着手,研究开发节能型矿物,即低钙低烧成温度的矿物和矿物体系,系统地研究其共存条件及工业生产的可能性。要研究矿化剂的作用机理,把新型高效的矿化剂的研究和发展新品种水泥结合起来。对传统低能耗矿物 C_2S 的活性研究应进一步深入。从矿物的微观构造,尤其是从晶格缺陷理论方面的研究去开拓新的途径。第三,从可持续发展和环境保护的角度出发,利用工业废渣来生产和发展新型水泥。今后 10 年内的重点将放在解决数量最大的两种:工业废渣——粉煤灰和煤矸石的综合利用上。工业废渣作为水泥混合材仍然是主要途径,但在混凝土工程、筑路工程及发展新型墙体材料及其他建筑材料上,仍然可以利用一些工业废渣。要利用活性混合材料发展免烧(或低温烧成)水泥,如碱矿渣水泥等,以及发展一些特殊工程专用的低标号水泥,如砌筑水泥、低热大坝水泥等。如果以工业废渣为原料发展的节能改性硅酸盐水泥在性能和价格上能与传统硅酸盐水泥相竞争,也不排除在今后达到取代部分硅酸盐水泥的可能性。

6.6.2 水泥的凝结

水泥与水反应的物理变化是水泥浆体从可工作的塑性状态转变成坚硬、脆性状态的材料。水泥水化产物产生相互胶结、密实的过程称为凝结。简单地讲,凝结取决于水泥中的一些离子进入溶液中,并产生最初水化产物的速率,这些水化产物可以是胶体,也可以是晶体。凝结分为初凝和终凝,虽然没有精确定义的物理意义,但可以采用标准的方法进行测定、比较。凝结时间的长短主要取决于水灰比,因此在水泥的凝结时间与混凝土的凝结时间之间很少有相关性。水泥浆体正常的凝结是由于 C_3S 的水化。初凝一般对应诱导期的结束,而终凝多发生在加速期的中间。

不正常的凝结常常可以追溯到包括铝酸盐(C_3A 和 C_4AF)和硫酸盐(硫酸钙和硫酸碱)的化学反应。高活性的 C_3S 可能会导致不正常的凝结。另外,一些外加剂的掺入也可能导致不正常的凝结。

假凝是指浆体迅速增加硬度,但没有显著地放热的过程。假凝是由于溶液中硫酸盐处于过饱和,并且迅速产生石膏沉淀。半水石膏有较高的溶解度,并且会使溶液中的硫酸钙出现过饱和浓度。在水泥粉磨时,会产生较高的温度,使石膏部分脱水产生半水石膏。急凝伴随有强烈的放热过程,浆体会迅速变硬,并且不能通过搅拌分散。急凝是由于早期 C_3A 有较多的水化,并且生成 AFm 相。石膏及氢氧化钙含量过低,都有可能使 C_3A 迅速水化,并产生急凝。

凝结被认为是水化产物的体积增加,导致颗粒间距离减小,并且形成内聚力而限制浆体的塑性流动性。凝结由 C_3A 水化控制,但钙矾石的形成也可能有一定的作用。当铝酸盐和硫酸盐有适宜的量和溶解速率,并且可以产生细小的钙矾石覆盖层,就会产生正常的凝结。硫酸盐含量不足会导致大量 AFm 相的形成,故产生急凝;而过多的硫酸盐溶入液相中,则会结晶为二次石膏,导致假凝的产生。虽然正常的凝结是由于 C_3A 水化及 C—S—H 的形成,但细小晶粒钙矾石的生成则在诱导期维持着流动浆体,直至 C—S—H 的大量形成及浆体流动性的减小。

离子在液相中的溶解及液相的组成对水泥的凝结有重要的影响。熟料中 C_3A 的总含量并不重要,重要的是 C_3A 的活性和硫酸钙的溶解度。溶液中的硫酸盐离子浓度受可溶碱的影响。有测定表明溶液最初为石膏过饱和,$Ca(OH)_2$ 欠饱和,但在几分钟内石膏的饱和度下降,$Ca(OH)_2$ 变为过饱和。由于 AFt 相的形成,硫酸根离子和钙离子的浓度会迅速下降。碱金属离子需要更多的氢氧根离子来平衡,液相的 pH 值会迅速增加,并且产生氢氧化钙的沉淀。

石膏的掺入主要是为了调节水泥的凝结时间,但会影响到 C_3S 的水化及体积的稳定性。因此有一个最佳石膏掺量对应最大强度和最小干缩。但事实上,一定的石膏掺量并不能同时对应最大强度和最小干缩,因此应采用折中值。另外,最佳石膏掺量还与测定龄期、硫酸盐的种类、养护温度、铝酸盐相的量及其活性、水灰比及是否有外加剂的掺入有关。如图 6-51 所示,不同龄期、不同硫酸盐种类有不同的 SO_3 最佳掺量。碱含量的增加会增加对应的最佳石膏掺入量。若石膏含量过多,在浆体凝结后仍会产生过多的钙矾石,并导致浆体微结构的膨胀破坏,而石膏含量过少会产生 AFm 相。也有观点认为石膏会加速 C_3S 的水化,但又会降低 C—S—H 的固有强度,因此存在一个最佳石膏掺量。

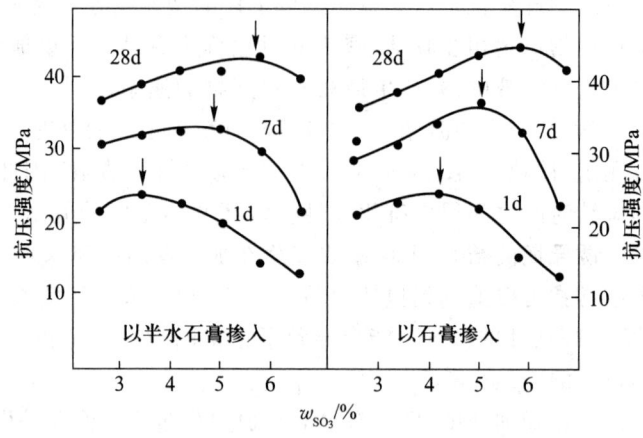

图 6-51　不同龄期 SO_3 的最佳掺入量

若外加剂会加速或延缓 C_3S 和 C_3A 的水化,则也会影响水泥的水化。但许多外加剂主要是通过影响 C_3S 的水化,进而影响水泥的水化。而水化 C_3A 则会强烈地吸附一些外加剂,这就减小了外加剂的实际效能。可以认为 C_3A 有缓冲能力,减缓了过量外加剂的不利作用。一些外加剂对 C_3S 和 C_3A 有同样的加速和延缓水化作用,也有些外加剂对 C_3S 和 C_3A 有不同的影响。例如,三乙醇胺可加速 C_3A 的水化,但对 C_3S 的水化有延缓作用。一些碱胺化合物外加剂可以加速铁相的水化,进而暴露出更多的硅酸盐相颗粒参与水化。

6.7　高分子材料的凝固

6.7.1　高分子结晶特征

结晶是非常普遍的相变现象。小分子结晶相变过程首先是结晶形核过程,然后是结晶增长过程。小分子结晶过程中当新生成的核尺寸大于临界尺寸时自由能突破形核位垒从而发生成核,之后这种核就会进一步发展增长。在小分子结晶增长阶段,通常没有明显的自由能位垒,往往形成完美、均一的结晶体。

相对来说,高分子链拓扑连接性的结构特征导致高分子结晶更为复杂。由于组成晶核的单体单元往往来自不同链或是同一条链的不同位置的链段,这就导致几个核捕获单体进入结晶相之间的竞争,从而引起增长过程中复杂的自由能图谱(free energy landscape),即非常多的亚稳态。所以高分子链构象的调整进入大范围有序的结晶态,必须跨越这些自由能位垒,这阻碍了高分子形成完美、均一的结晶体,往往形成半结晶态。

基于以上原因,高分子结晶这种大范围有序的结晶态,不仅需要形成空间结构的长程有序,而且还需要处于基态螺旋构象分子链的择优取向。如果仅有分子链取向序而没有空间上长程周期结构的话,体系处于液晶状态;反之如果仅有空间上的长程有序而没有取向序的则为塑晶。因此,高分子结晶是微观尺度上体现的多自由度和宏观尺度上多相参与的复杂多尺度问题,目前无论理论还是模拟研究都无法获得从链的折叠堆砌一直到宏观结晶形态的全过程描述,因此高分子结晶问题成为当今高分子物理理论研究中的难题和挑战。

6.7.2 成核理论

许多高分子理论都建立在小分子或更加普适的理论基础之上,高分子结晶理论也不例外。如果直接跨越到高分子结晶理论,我们往往并不清楚它原本的理论根基。因此,必要地回顾相关的理论根基,将有助于深入理解高分子结晶理论。

高分子结晶理论中重要的理论根基是成核理论,事实上,成核并非结晶现象所独有,而是所有相变过程最初的“孕育阶段”。广义上的成核概念涉及我们所熟知的自然界中云、雾和冰的形成及生活中汽水和啤酒开盖冒出的气泡等,还有我们不太熟悉的过程,如相分离、磁畴形成、宇宙中的星和星系形成以及宇宙初态等。

要想理解成核,首先需要理解我们得以存在的世界和所接触的物质。如果把这些物质广义上看成体系的话,我们通常说的体系往往是平衡态,即稳态或亚稳态。它们的性质不随时间变化,这也就是自由能与变量的一阶导数为零。自由能函数可以描述从 A 态到 B 态的转变,A 态是亚稳平衡态,是自由能局域极小值(local minimum of free energy),在小的涨落或扰动下,体系是稳定的,最终会演变成更稳定的状态,但需要很长的时间;B 态是稳态,是自由能全局极小值(global minimum of free energy)。从 A 态到 B 态的转变过程中,自由能增加到一个局域极大值,即不稳态,体系不稳定涨落最终导致该状态是短寿命的。对于亚稳态和稳态来说,自由能二阶导数一定大于零;对于不稳态来说,至少有一个导数是小于零的。相转变过程也是在不同平衡态之间转变,体系会经由一系列的非平衡态或不稳态,体系的性质也随之连续变化。早在 1878 年吉布斯就认识到相转变之间的巨大不同,并且第一次提出原子或分子构筑的小聚集体单元的出现是新相形成必要的前提条件。他将核考虑成小的液滴或蒸气气泡或小晶体,即由原子或分子组成的复合物,并且拥有本体相的性质。虽然这个图像过于简单,但却开启了该领域科学研究之门。吉布斯的观点起初并未受到重视。20 世纪 20 年代 Volmer 和 Weber 意识到这一观点在动力学研究上的重要性,并提出了第一个完整成核理论,之后不久 Farkas 也提出聚集体演变动力学模型。20 世纪 40 年代苏联物理学家 Zeldowict 和 Frenkel 以及 20 世纪 50 年代美国科学家 Turnbull 和 Fisher 对其进一步完善和发展。虽然最初的理论往往仅考虑原子或分子簇的一维,不能解释更为复杂的过程,如具有取向的结晶行为、各种势场效应和各向异性增长等,但是却为后来的动力学(不仅仅是结晶动力学)发展奠定了坚实的基础。

1. 经典成核理论

（1）稳态成核

相转变中的涨落效应通过原相中小区域新相的出现和消失，可以促使核的生成。涨落的寿命与核尺寸相关，只有超过临界尺寸，这种小涨落才会促使其演变成宏观尺度。核增长和收缩的随机性行为与相转变的位垒相关，即成核位垒。

成核位垒由新相聚集体和原相之间形成新界面导致的能量增加所致。如果从热力学角度来看有利于这种相转变发生，那么在新相中大聚集体必然比原相中相同原子或分子组成的结构具有更低的自由能，但是在界面处的原子或分子比原相和新相中的原子或分子处于更高能量态。对于新相中小聚集体来说，大多数原子或分子处于界面，因此聚集体的形成需要做更多功。形成聚集体做功，可以表示成

$$W(n) = n\Delta\mu + \sigma A \qquad (6\text{-}123)$$

式中，n 是聚集体包含的原子或分子数目，$\Delta\mu$ 是相转变中每个分子的化学势变化，σ 是界面能，A 是界面面积，σA 就是形成界面所需要做的功。第一项表征热力学驱动能量的"强度"，第二项则代表形成新界面的能量增加。形成聚集体需要做最大功（W^*）时的聚集体（由 n^* 个原子或分子组成，半径为 r^*）就定义为临界聚集体。当尺寸超过该临界值时，随着聚集体进一步增长，原子或分子在界面处的比例分数降低，相应的形成聚集体所需做的功也降低，这样聚集体更倾向于增长并完成相转变。临界聚集体的尺寸（n^*）的表达式如下

$$n^* = \frac{32\pi\sigma^3}{3\bar{v}\,|\Delta g|^3} \qquad (6\text{-}124)$$

式中，$\Delta g = \Delta\mu / \bar{v}$，$\bar{v}$ 是原子或分子的体积。

聚集体尺寸小于 n^*，聚集体总体是收缩趋势，相反则聚集体总体是增长趋势，这样可以获得体系中聚集体的平衡分布 $N^{\mathrm{eq}}(n)$

$$N^{\mathrm{eq}}(n) = N_A \exp\left(-\frac{W(n)}{k_B T}\right) \qquad (6\text{-}125)$$

式中，N_A 是阿伏伽德罗常量，k_B 是玻尔兹曼常量，T 是绝对温度。

Volmer 和 Weber 基于聚集体分布最早建立了成核动力学理论，这种理论中简单评估成核速率的方法在确定大多数相关物理参量时非常有用。在许多情况下，成核速率是与时间无关的量，即稳态成核速率 I^{st}，Volmer 和 Weber 假定当 $n<n^*$ 时，$N(n) = N^{\mathrm{eq}}(n)$，当 $n>n^*$ 时，$N(n) = 0$，获得的成核速率可表示为

$$I_{\mathrm{vw}}^{\mathrm{st}} = k^*(n^*) N^{\mathrm{eq}}(n^*) = k^*(n^*) N_A \exp\left(-\frac{W(n^*)}{k_B T}\right) \qquad (6\text{-}126)$$

式中，$k^*(n^*)$ 是尺寸为 n^* 的聚集体增加一个单分子的速率。

平面态的聚集体尺寸分布并非由经典成核动力学推导出来的，事实上，聚集体的尺寸分布趋向于稳态分布。为此 Becker 和 Doring 提出了更为恰当的稳态成核速率

$$I^{\mathrm{st}} = N^{\mathrm{eq}}(n) k^*(n) \left(\frac{N^{\mathrm{st}}(n)}{N^{\mathrm{eq}}(n)} - \frac{N^{\mathrm{st}}(n+1)}{N^{\mathrm{eq}}(n+1)}\right) \qquad (6\text{-}127)$$

聚集体的稳态成核速率可以表示为

$$I^{\text{st}} = N^{\text{eq}}(n^*) k^*(n^*) \left(\frac{|\Delta\mu|}{6\pi k_{\text{B}} T n^*} \right)^{\frac{1}{2}} \tag{6-128}$$

（2）非稳态成核（与时间相关）

成核理论中原始推导的成核速率是存在时间关联的，核数目作为时间函数 $N(t)$，等于依赖时间的成核速率 $I(t)$ 的积分，即

$$N(t) = \int_0^t I(t)\,\mathrm{d}t \tag{6-129}$$

非稳态成核时，最初成核速率非常低，但会随着时间增加而增加并达到稳态成核速率 I^{st}。对于长退火时间，核数目 $N_{\text{e}}(t)$ 可近似表示成

$$N_{\text{e}}(t) = I^{\text{st}}(t-\theta) \tag{6-130}$$

式中，θ 是有效滞后时间，实验中可以通过稳态区域核数目—时间的延长线与时间轴的交点获得。

最初研究成核问题主要集中在蒸气相体系，理论和实验研究认为成核诱导期非常短，从而诱导期问题可被忽略；但到了 20 世纪七八十年代，针对金属和硅等这些凝聚相的理论和实验研究发现这一诱导期非常明显，从而导致对成核理论公式的重新审视和分析。

回到 Volmer 和 Weber 最初的动力学模型，假定由 n 个分子组成的聚集体 C_n 通过类似二元分子反应的方式增加或减少一个分子达到增长或收缩。

$$C_{n-1} + C_1 \xrightleftharpoons[k^-(n)]{k^+(n-1)} C_n$$

$$C_n + C_1 \xrightleftharpoons[k^-(n+1)]{k^+(n)} C_{n+1} \tag{6-131}$$

式中，$k^+(n)$ 和 $k^-(n)$ 是尺寸为 n 的聚集体增加或减少一个单分子的速率，这样在反应进行中就会导致聚集体分布，时间依赖的聚集体尺寸分布 $N(n,t)$ 可通过解微分方程确定。

$$\frac{\partial N(n,t)}{\partial t} = N(n-1,t)k^+(n-1) - N(n,t)[k^+(n)+k^-(n)] + N(n+1,t)k^-(n+1) \tag{6-132}$$

聚集体尺寸为 n 时的成核速率 $I(n,t)$，就是超越该尺寸时聚集体时间依赖的流量，可表示为

$$I(n,t) = N(n,t)k^+(n) - N(n+1,t)k^-(n+1) \tag{6-133}$$

根据式（6-126）和式（6-128）可以看出，随着温度的增加成核速率随之增加，退火速率引起温度剧降，导致无法松弛到恰当的聚集体分布，就会看到明晰的非稳态成核速率，这反映在不同退火温度下为初始聚集体分布到稳态分布所需要的时间。

成核可以看作一系列离散状态随时间演变的过程，该系列过程可以通过一个相关的主方程来描述。根据式（6-132）和式（6-133），进一步可得到 Zeldovich-Frenkel（ZF）方程

$$\frac{\partial N(n,t)}{\partial t} = \frac{\partial}{\partial n}\left(k^+(n) N^{\text{eq}}(n) \frac{\partial}{\partial n}\left(\frac{N(n,t)}{N^{\text{eq}}(n)} \right) \right) \tag{6-134}$$

结合式(6-125),可写成

$$\frac{\partial N(n,t)}{\partial t} = \frac{\partial}{\partial n}\left(k^+(n)\frac{\partial N(n,t)}{\partial n}\right) + \frac{1}{k_B T}\frac{\partial}{\partial n}\left(k^+(n)N(n,t)\frac{\partial W(n)}{\partial n}\right) \quad (6-135)$$

很明显,这里包含扩散方程,$k^+(n)$ 和 $N(n,t)$ 类似扩散系数和浓度。与时间相关的成核速率 $I(n,t)$ 不仅包括扩散项,而且包括迁移项

$$I(n,t) = -k^+(n)\frac{\partial N(n,t)}{\partial n} + N(n,t)\frac{dn}{dt} \quad (6-136)$$

此迁移速率 dn/dt 也是宏观增长速率,如果忽略涨落,其形式可以表示为

$$\frac{dn}{dt} = -\frac{k^+(n)}{k_B T}\frac{\partial W(n)}{\partial n} \quad (6-137)$$

在临界尺寸附近,扩散是最重要的。当聚集体尺寸大于临界尺寸时,扩散贡献非常小,核的增长行为如下

$$I(n>n^*,t) \rightarrow N(n,t)\frac{dn}{dt} \quad (6-138)$$

松弛时间 τ 是聚集体超过临界值所需的平均时间

$$\tau^{-1} = \frac{d}{dn}\left(\frac{dn}{dt}\right)\Big|_n \quad (6-139)$$

虽然有学者批评 ZF 方程对扩散和迁移项采用特殊选择,并提出了一些替换形式的主方程,如 Shizgal 和 Barrett 等,但 ZF 方程依然有着特殊的意义。ZF 方程相对容易求解,它对成核动力学提供了深层次有价值的物理洞察,并且它的近似解析表达式在误差范围内可以描述大多数成核现象。但通过近似和截断获得的解析解是否可以真实地反映实际体系仍不可得知,因此人们对于这种复杂的时间依赖问题的求解,往往采用数值方法并与实验进行比较。另外,数值求解可以根据更真实的实际情况构建模型,如任意的初始聚集体尺寸分布、非等温退火以及异相成核等,这也激起更多与时间相关的成核问题的讨论。

2. "超越"经典成核理论

经典成核理论求解稳定,相对容易应用,能够处理广泛的成核现象,如解释成核位垒和成核速率问题。但经典成核理论往往构建在极其简化的聚集体性质基础上,且假定原相和新相界面是清晰的,即几乎不存在过渡区;几个原子或分子的聚集体也假定与宏观液滴一样的性质。此外成核位垒和成核速率的计算往往来自蒸气凝聚,但却被应用于几乎所有的基于成核的一阶相转变问题,因此经典理论往往无法定量解释实验数据。此外,对于所有相转变都给出非零的位垒,因此也无法解释不稳态下的旋节线相转变(即自发相转变)现象。

人们研究发现,原相和聚集体形成的新相之间的界面并非清晰锐利,而是存在有一定宽度的界面区。密度随着结晶周期而波动,并在远离结晶区的液体密度达到恒定值;液体在靠近聚集体时是有序的,且宽的界面区域与传统经典理论存在明显的不同。为此,Spaepen 和 Granasy 分别独立提出了界面扩散理论。界面扩散理论中自由能密度可以简单看成球晶聚集体在各向同性的无定形介质(如液态或玻璃态介质)中,离聚集体中心距离为半径 r 的径向分布函数。假定自由能密度可以用阶跃函数表示,低

于熔融温度聚集体形成可逆功,表示为

$$W(r_s) = 4\pi \int_0^{r_s} (g_s - g_1) r^2 dr + 4\pi \int_{r_s}^{r_s+\delta} (g_i - g_1) r^2 dr \tag{6-140}$$

式中,g_s 和 g_1 分别表示固、液表面自由能,δ 和 g_i 分别表示界面宽度和界面自由能,进一步推导可以获得界面张力。这些理论与经典理论进行比较,实际上可看作经典理论的简单扩展。界面扩散理论建立在未证明的假设前提下(如假设界面厚度与温度无关),因此存在一些局限性,很难考虑有序相结构信息对成核速率的影响等。

密度泛函理论(density functional theory,DFT)的建立归功于一大批数学和物理学家的努力。自 19 世纪以来,数学的发展进入到一个新的阶段,建立并发展了群论和集合论,函数概念被赋予了更为一般的意义,泛函的思想由此产生。虽然泛函分析的基本概念直到 20 世纪 20 年代才被正式确立,并在 30 年代成为数学的独立学科,但之前它已经在物理学应用方面开始发挥它的作用。密度泛函理论的理念最早可以追溯到 19 世纪末范德瓦耳斯在研究气液界面非均匀结构的自由能时,提出局部密度近似模型,即非均匀界面某处的自由能密度(单位体积的自由能)可以用均匀流体自由能密度外加一个与密度梯度有关的修正项表示。20 世纪 20 年代,托马斯和费米在量子力学体系用电子密度作为变量函数构建能量的泛函表达式。20 世纪 60 年代,Kohn 等进一步推导出针对电子基态性质的变分原理,奠定了密度泛函在量子力学领域的数学根基。即 20 世纪 50 年代,金兹堡、朗道和 Cahn、Hilliard 等受到范德瓦耳斯的启发并借用了这个模型的梯度概念,应用到相变领域,这也是早期密度泛函在成核增长研究应用的开端。这里我们仅简要介绍与成核相关的密度泛函理论思想和初步的结果[5]。

基于序参量描述相转变的密度泛函理论为研究成核提供了一种更常规的方法,该方法可以扩展处理范围更广的序参量以及相转变间的耦合。由于密度在聚集体和原相的界面处是连续变化的,其可作为密度泛函理论描述相转变的一个序参量,即可用密度来表示自由能。通过变分法取自由能的极小值,即可获得成核聚集体周围的密度轮廓图,从而不需假设就可实现自由能的计算。密度泛函理论的核心就是泛函的概念,与有一个或多个变量的函数不同,泛函可理解为函数的函数。例如,假设数密度(单位体积内粒子数作为位置的函数)是一个描述相转变合适的序参量,对于一个均一体系,吉布斯自由能对数密度的依赖关系可表示成一个函数 $g(\rho)$。然而,对于密度不均一体系,吉布斯自由能是密度的泛函 $G[\rho]$(方括号代表泛函),则从原相形成含有 $N[N = \int_V \rho(r) dr]$ 个分子构型的新相所需要的功表示为

$$W = G[\rho] - N\mu \tag{6-141}$$

式中,μ 是原相的化学势。如果是局域泛函,总的自由能可表示为体系空间中所有点贡献的积分形式,即

$$G[\rho] = \int_V g[\rho(r)] dr \tag{6-142}$$

结合式(6-141)和式(6-142)可得

$$W[\rho] = \int_V \{g[\rho(r) - \mu\rho(r)\} dr \tag{6-143}$$

其与式(6-140)的结论一致。此处需要强调,式(6-143)是一般形式,并不需要假设原相与新相有区分的界面,也没有引入一个界面自由能。数密度仅作为一个例子,对于其他序参量,泛函的表达式同样成立。

与经典成核理论中临界尺寸的概念类似,为了形成最终相需要一个密度的临界波动 ρ^*,从而需要计算形成这个临界波动的功。在鞍点的临界核相当于一个稳态,功对序参量的变分等于零,即

$$(\delta W[\rho]/\delta\rho)_{\rho=\rho^*}=0 \tag{6-144}$$

求解上式需要知道泛函 $G[\rho]$ 的具体形式。

密度泛函理论表明,经典成核理论只有在近平衡态才是可靠的,这也为描述实际体系中远离平衡态的结晶行为提供了一个新的方向。

3. 经典成核理论概述

经典成核理论对于实验科学家来说,相对容易应用,能够处理广泛的成核现象,在处理热力学本质问题上依然有着重要的科学意义和价值。但新理论如密度泛函等的出现对其产生了强有力的冲击,首先界面并不是严格锐利而是有分布宽度的,此外小聚集体性质与新相形成的宏观尺度聚集体性质并不一样,经典理论计算聚集体形成需要的能量是在平衡态或是近平衡态下才正确,因为经典理论往往以热力学为基础,而真实的体系可能远离平衡态。

此外,前述的经典成核理论要是均相成核,并没有介绍更为普遍的异相成核理论研究进展。事实上,异相成核可能发生的驱动力远小于均相成核,并且成核控制通常涉及的是非均匀性的分布控制问题。理论上,我们虽然可以通过纯化实现均匀性,但是即使在这种情况下,表面和界面处依然是异相成核主导。对于更为复杂的多组分体系的成核问题,核的组成依赖于它们的尺寸,并且核周围的组成随着成核过程,聚集体增长以非常复杂的方式变化,因为存在界面扩散问题。

6.7.3 高分子结晶经典理论

高分子的结晶是分子链规则有序排列形成的三维远程有序的晶体结构,其理论问题是高分子物理理论中最基本的核心,同时也是科学家们研究的热点。在高分子结晶理论研究初期,热力学理论与动力学理论研究齐头并进,但随着时间推移,动力学理论则显示了更强大的生命力。不可否认的是,热力学稳定态是结晶的主要驱动力,但高分子结晶难以抵达热力学最稳定态,相反会朝动力学的亚稳态发展,因此,目前的研究基本都认同实际高分子的结晶过程是由动力学而非热力学控制。高分子结晶过程被认为总是从生长时初始最小尺寸晶体处于热力学比较稳定的相开始,朝动力学上结晶最快的相上发展,晶体出现亚稳态,并相对稳定。某种条件下,该亚稳态会实现到稳态的转变。以下就几种比较经典的高分子结晶理论(包含成核动力学结晶理论和非成核动力学结晶理论)做简要介绍。

1. 成核动力学结晶理论

传统的高分子结晶理论建立在小分子成核与生长理论基础之上,对高分子结晶来说,在结晶初期体系被认为是均相的。当外界条件(如温度、压强等)变化时,体系中

便会出现转变为一个或几个较为稳定的新相的倾向,呈现出亚稳定状态。此时只要相变的驱动力足够大,这种转变就将借助小范围内程度甚大的体系涨落而开始,这种小范围的区域即新相的胚核(embryo)。当然,这种尺寸很小的胚核的出现而造成的体自由能的下降可能还不足以补偿界面能的增加,某些胚核短暂存在之后必将消失。因此,在体系涨落的作用下,新的胚核不断地出现和消失。偶尔,由于一连串有利的涨落,某些胚核的尺寸增大到可以稳定存在的程度,这种尺寸大于某一临界值的胚核便被称为新相的核心或晶核。成核不仅能引发结晶过程,而且还能引发晶体生长,并决定晶体的结构。经典成核理论认为结晶必须经历先成核而后生长的过程,不管是溶液结晶还是熔体结晶均不例外。在这个理论框架下,成核和生长的发生以及链段如何排入晶格便是理论家们的研究热点。

(1) 次级成核动力学理论

20世纪60年代提出的Hoffman-Lauritzen(LH)理论是最经典的高分子结晶成核理论之一,长期以来经过很多的修正和改进,但始终未离其基本思想。在此基础上,结合小分子结晶表面成核、生长的思路和动力学方面的考虑,同时引入"折叠链片晶"的概念。"折叠链片晶"是指高分子结晶时分子链采取近邻折叠的形式进行排列,形成薄片状晶体,厚度为5~20 mm,与之相比其他两个方向的尺寸非常大。高分子链折叠起来结晶是一种自然的动力学过程选择的结果,高分子结晶时发生链内自发折叠,为了产生最多的平行链堆砌和最小的暴露面积,一方面体自由能降低更多,另一方面表面自由能升高最少,形成高分子所特有的基本结晶形态结构。LH理论的基本出发点是次级成核理论,精髓如下:第一步,高分子链段首先在光滑的增长前沿表面放置它的第一个茎杆,这一步假定与成核相关。同时,位垒是茎杆平行排列的本体自由能和形成其他表面的自由能损失共同作用的结果,这个位垒是能量最高峰。第一个茎杆沉积在基体表面上最为困难,经历了最大的位垒,因此该步骤是结晶速率的慢步骤,初级成核速率为i。第二步,次级成核过程。以上一次形成的光滑前沿下为基底再结晶一段高分子链段,这一过程类似于成核过程,为了区别于初核过程,称之为次级成核。假设晶体基体长度为L,总结晶线速率为C,每一层的横向生长速率为g,成核速率为i,蛇形(或称动)速率为r,折叠表面自由能为σ_e。侧表面自由能为σ,每个链段的原子尺寸长和宽分别为a和b,初始片晶厚度为L_p。沿增长方向为a的茎杆厚度以速率g扩展,沿增长方向为b的茎杆厚度以增长速率G扩张。链折叠达到活化络合状态后,链段便以很快的结晶速率结到基体表面上,茎杆形成后在它的两边各出现一个可结晶成核的位置,此后上去的链段不再产生新的侧表面和侧表面自由能。这一过程要形成一个链折叠,伴随着邻近链段的再进入,高分子链沿着两侧像拉拉链一样很快就折叠进入晶格。次级成核的速率表达式为

$$G = G_0 \exp\left[-\frac{U^*}{R(T_c - T_\infty)} \right] \exp\left[-\frac{K_g}{T_e(T_m^0 - T_e)f} \right] \qquad (6-145)$$

式中,G为指前因子,包括与温度无关的所有项。第一指数项是扩散控制项,U^*是链运动的活化能,控制结晶性单元穿过界面的短程扩散;第二指数项是成核位垒项,反映临界尺寸的表面核增长的吉布斯自由能的贡献,其中结晶温度为T_c,过冷度$\Delta T = T_m^0 -$

T_c,T_m^0 为片晶的平衡熔点,f 是校正项,用于校正单位体积熔融热 Δh_f 随温度的变化,K_g 称为成核常数。

此模型给出了高分子链折叠结晶的理论模型,并推导出高分子结晶生长速率 G 和影响片晶厚度的具体解析式。另外,按照初级成核速率 i 与表面扩展速率 g 的相对关系可将高分子结晶分成三种方式,即方式(Regime)Ⅰ($I \ll g$)、方式Ⅱ($i \approx g$)和方式Ⅲ($i \gg g$)。方式Ⅰ的结晶温度高(低过冷度),成核速率 i 足够小,分子链能在新核形成之前自由地通过链折叠方式在片晶基体的宽度方向上以速率 g 扩展,迅速地在基体增长前沿产生一个厚为 b_0 宽为 L 的新层。晶体的总增长速率与成核速率成正比,即 $G_Ⅰ \propto ib_0L'$,晶体的增长表面很光滑。在低温下(高过冷度),总增长速率同样正比与表面成核速率,即 $G_Ⅲ \propto ib_0L'$,这时由于 i 非常大,使得分子链进一步扩展的空间很小。L' 是有效的基体宽度,$L' = n_Ⅲ a_0$,其中 $n_Ⅲ$ 的值为 2~3。通常情况下,L' 远小于 L。方式Ⅲ结晶主要通过分子链的成核过程的累积进行,而方式Ⅰ和Ⅱ是通过分子链的表面扩展生长的。方式Ⅲ形成的增长面在分子尺度上特别粗糙,因为结晶时存在多重成核和涉及多个增长平面。在中间温度区方式Ⅱ中,晶体的生长方式介于方式Ⅰ和Ⅲ之间,其成核速率高于方式Ⅰ。在晶体侧面,邻近核之间存在着扩展竞争,同时核的密度不如方式Ⅱ中的密集,从而阻碍侧面上的增长。晶体的总增长速率正比于成核速率的平方根,为 $G_Ⅱ \propto b_0(2ig)^{\frac{1}{2}}$;方式Ⅱ成核速率快,以致核之间的平均距离已接近链的宽度,生长面在微观尺度上是粗糙的。

(2)其他成核动力学理论

LH 模型忽略了生长前沿可能存在的一个即时的增厚过程,Wunderlich 等在实验中观察到,在高压下聚乙烯伸展链晶体出现了前沿增厚的现象。LH 模型同样难以对高分子分子分凝做出合理的解释,分子分凝的概念来源于从宽分布的高分子熔体或溶液中结晶时,只有超过某一临界分子量的高分子链才能在生长面上成核,从而进入晶格,否则只能继续保留在熔体或溶液中。从以上现象出发,Wunderlich 等提出了分子成核理论。他们认为在 LH 理论中,要求所有几十甚至几百个分子在成核以后的侧向生长保持同样的折叠程度,似乎不太可能;而在分子成核中,晶核的尺寸是固定的,它是由等于片晶厚度的链段长度决定的,仅对一根分子链做大致恒定折叠长度的要求,这在物理上更现实一点。每一个高分子链进入晶格都有一个过冷度的要求,且至少成核一次,在生长面上形成这种临界核是二次成核,然后铺展到整个生长面,这种结晶过程通常被称为分子成核理论。

Poin 提出了多接触途径理论。他认为在 LH 理论中,每个折叠杆进入晶格时都是以整体的方式进行似乎不太可能,分子链开始进入晶格时,可以探索更多的途径。他认为第一个折叠杆在晶体表面成核生长时,在任何时候都应该允许链段发生折叠,由于热力学稳定性的需要,这个杆的长度会有一个最短的限期。

Hikosaka 提出的滑移扩散理论可以看作一个二维生长理论,该理论认为,高分子链不仅能在生长前沿侧向进行铺展,也能通过链滑移而增厚在纵向伸长,该伸长过程依赖于核的厚度,也同样依赖于晶格结构、缺陷密度和链的构象,被称作二维次级成核理论。

2. 非成核动力学结晶理论——粗糙表面生长理论(SG 理论)

在任何动力学理论中,结晶时总存在两种相反的作用,一是结晶驱动力,二是结晶位垒。结晶驱动力与过冷度 ΔT 和 $(l-l_{min})$ 成正比,l_{min} 是指晶体临界核的大小,即任何一个稳定晶体的存在必须使自身的尺寸达到一个临界值,从而晶体的本体自由能超过晶体表面自由能。如果只存在结晶驱动力,最快的结晶速率将是那些具有无限大尺寸的晶体。实际上,片晶厚度总是一个有限值,这是因为有结晶"位垒"的存在阻碍了厚晶体的生长。对这一"位垒"的理解是不同动力学理论的根本分歧点。在 LH 理论中,这一"位垒"是基于热力学能量的能位垒,其值远大于 kgT,且会随片晶厚度的增加而增加。Sadler 和 Gilmer 认为"位垒"是熵位垒,该熵位垒模型(entropic barrier model)简称粗糙表面生长理论(SG 理论)。简单来说,在结晶过程中,一个分子会去试探多种构象形式,其中只有少部分构象形式是生长"允许"的,晶体生长往往会遇到某些"禁阻"的构象而终止。

该理论来源于小分子物质在结晶生长时出现的动力学粗化现象。在临界粗化温度 T_R 以下时,宏观上晶体表面是光滑的,其外表呈现为多个有规则的晶面;而在临界粗化温度 T_R 以上时,由于晶体生长位垒的消失,导致晶体表面变得粗糙。在这种情况下,生长速率与 ΔT 成正比。基于这种现象的启发,Sadler 和 Gilmer 对 LH 理论所认为的生长表面光滑持不同意见,他们认为光滑的生长面与实验事实严重不符。Sadler 认为高分子链段由于存在构象熵,结晶时极少能形成光滑的表面;同时认为表面成核理论所认为的位垒(晶体生长表面形成新的链节导致的表面能)会高估位垒的高度。SG 理论对高分子的结晶过程做如下具体描述:高分子链段吸附到粗糙的结晶表面上时,不一定会选择一个能够适宜晶体生长的构象,甚至可以在此处形成一次折叠或一个松散的折叠圈别住(pinning)链,以阻止晶体在此处的生长;折叠的长度小于热力学稳定长度时,形成短茎杆。这种短茎杆必须被消除才能恢复结晶行为。实际上,SG 理论是基于链排入晶格导致的构象熵的降低的理论,其中不利结晶的短茎杆的去除是增长动力学的控制要素。某些分子链盲目吸附(blind attachment)而产生了不适合结晶的构象,即产生了构象熵;晶体的生长受到阻碍,这个不利于晶体生长的位置被称为"pinning site";只有当分子调整在适当的位置时,晶体才能继续生长。有利的晶体生长仅仅发生在那些允许链段进入晶体生长的构象上,从而使晶体表面发生弯曲生长或产生粗糙的结晶表面。SG 理论借助计算机进行模拟验证,同样获得 LH 理论的主要结论如晶片厚度、结晶速率与过冷度的关系。

3. 高分子结晶经典理论问题和挑战

高分子结晶经典理论(如 LH 理论)在研究片晶生长问题上取得了很大成就,但采用本体自由能和表面自由能损失对成核进行判断可能存在很大问题,因为核的结构可能不同于增长结晶的结构,且初始核形成的动力学过程被忽略,采用的模型过于简单,模型参数的选取任意性较大,而且忽略了晶体和熔体间的界面结构;LH 理论是建立在准平衡态热力学理论之上的,并非真实的动力学描述,忽略了高分子链构象特征的热力学和动力学行为,而这对晶核的形成和增长极其关键;基于链尺度出发的理论还依然无法描述熔体和晶体以及二者共存区的相行为等,使得该理论在解决争议现象时显得力不从心,导致它一经提出就饱受争议。另外非常重要的一个问题是经典成核理论建立在成核和结晶尚未开始前体系是均相的这一前提下,然而这一根基近年来也开始动摇。SG 理论也有着类似的无法回答的问题。此外,SG 理论也存在着一个重要问题,迄今为止,即使对小分子物质也无法定义一个粗化转变温度,事实上 T_R 的测定从来没有任何的实验证据;对于有限厚度和有限侧向尺寸的高分子晶体,定义 T_R 更加困难(我们知道,任何相转变温度都是针对无限大体系而言的)。变通的办法是给出 T_R 的一个范围,但其上、下限仍很难得到。

参 考 文 献

第七章　固态相变的原理

【本章导读】

相同成分的金属材料在经过外界条件的改变之后,会呈现出不同的相及组织结构,其中相的改变使金属材料具有更加多样化的性能,例如在铁碳合金中,不同温度下的钢中可能存在奥氏体或者铁素体,从而使钢展现出不同的塑性变形能力。固态相变在金属材料中具有极其重要的影响力和作用。

本章主要讨论固态相变的基本类型、特点及其相变理论。主要内容包括相变热力学、相变动力学、固溶体的析出、共析转变、马氏体相变和贝氏体相变等。

【本章重点和难点】

掌握固溶体的析出,马氏体相变热力学、动力学,相变机制及其组织形态,贝氏体转变的特征及其组织形态和力学性能。理解马氏体相变和贝氏体相变的特点、机制及其对材料性能的影响。

相是合金中具有同一聚集状态、同一结构、同一性质,并与其他部分有明确界面分开的均匀组成部分,因此,固态金属及合金中发生的相变可能包含以下几种变化:晶体结构变化、化学成分变化、有序度变化。有些相变可以包含一种变化,如纯金属多晶型性转变只包含晶体结构变化,调幅分解只包含化学成分变化,固溶体的有序—无序转变只包含有序度变化,有些相变也可能包含几种变化,如共析转变包含晶体结构变化和化学成分变化,某些产生化合物的脱溶转变可能包含全部的三种变化。

当外界条件(例如温度、压力、应力、电场、磁场及辐射等)变化时,可能会引起材料发生相变,改变材料的组织、结构与性能,进而为材料的应用提供了更多选择。因此,材料科学中,了解相变理论及应用是非常重要的。

与气—固、气—液和液—固转变相同的是,固态变化时,新生相和母相(或称旧相)之间一般存在界面,相变需要足够大的过冷度(或过热度)以获得足够大的驱动力,相变总是向系统自由能降低的方向进行。不同的是,固态相变时新旧两相都是固体,新生相在固体中形核和生长在很大程度上会受到固体性质以及两固体间界面结构的影响,这是由于固体中原子间结合能大,原子一般呈规则排列(晶体),以及各种点阵缺陷的存在所致。

7.1　固态相变的特征和分类

7.1.1　固态相变的一般特征

固体具有确定的形状,较高的切变强度,内部原子在空间中呈现规则排列,如果是晶体,还会呈现明显的各向异性。固体中存在不同程度、分布不均匀的结构缺陷,导致固态相变有别于液固转变,呈现一些特有的转变特征。

1. 原子扩散速度慢

固态金属中的原子键合力强于液相,从而导致原子扩散速度极慢,液态金属的扩散系数可达 10^{-5} cm²/s,而固态金属的扩散系数仅为 $10^{-12} \sim 10^{-11}$ cm²/s,原子的扩散速度成为固态相变的主控因素[1]。

当相变温度较高时,即扩散不是固态相变的决定性因素,随着温度的降低,将使过冷度增大,相变驱动力增大,相变速度加快;若当过冷度大到某一程度,原子扩散速度骤减,扩散起到决定性作用时,进一步增大过冷度,可能降低相变速度。由于这个特点,快速冷却比较容易通过固态相变形核最快的温度区域,一般以 10^{2}℃/s 的冷却速度即可通过。然而,要想控制液态金属的结晶则需要极快的冷却速度,通常在 10^{6}℃/s 以上。对于固态相变,快速冷却可以抑制高温相,使高温相在不同的过冷度下进行相变,最终转变产物的性质有很大的变化空间[2]。

2. 非均匀形核

固态相变主要通过非均匀形核的方式进行,固态介质中存在空位、位错、堆垛层错、夹杂物等缺陷,这些缺陷分布很不均匀,能量水平各异,从而为非均匀形核创造了条件。如果晶核的形成使缺陷消失,则缺陷储存的能量将得以释放,可以降低甚至克服激活能势垒。缺陷能量愈高,愈有利于形核。与之相比,均匀形核难度要大得多,因为均匀形核需要更高的形核功,只有更大的过冷度才能达到所要求的相变驱动力,而过冷度太大使扩散变得困难,反而增加均匀形核的难度。

在固体的各类缺陷中,界面能量最高,故而材料的外表面、内表面(缩孔、气孔、裂纹等)、晶界、相界、孪晶界以及亚晶界一般是优先形核的位置,其次是位错,再次是空位和其他点缺陷。据此不难理解,当过冷度较低时,固态相变多沿表面和晶界进行,只有当过冷度较大时,才会在晶界和晶内同时进行[3]。

固态相变也不完全排除均匀形核方式。在相变驱动力较大,界面能和应变能等相变阻力较小,缺陷密度较低时,也可能发生均匀形核,或二者同时进行,固溶体形成初期的 G. P. 区的形成就属于均匀形核。然而,非均匀形核是固态相变最主要的形核方式。

3. 界面特点

发生固态相变时,新相与母相之间形成界面,界面结构对相变时的形核、长大过程及相变终了的组织形态产生重要影响,三种主要的相界面类型及其结构如图 7-1 所示。

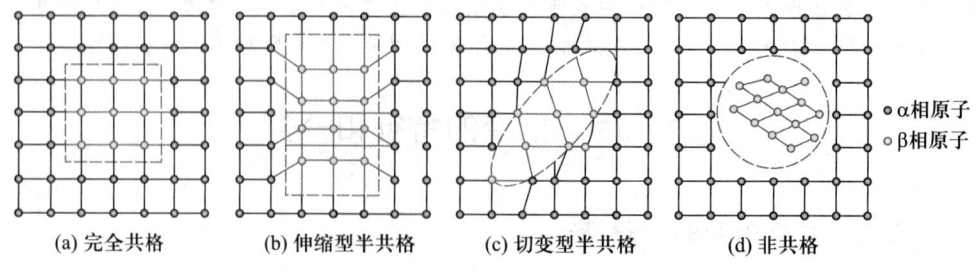

(a) 完全共格　　(b) 伸缩型半共格　　(c) 切变型半共格　　(d) 非共格

○α相原子
○β相原子

图 7-1　母相 α 与新生相 β 间的不同界面结构

　　① 完全共格界面　相界面上的原子同时位于新相与母相晶格的共同阵点上,即相界面的原子保持完全匹配。只有在两相的晶体结构、取向、晶格常数非常接近的情况下,才能形成完全共格界面。

　　② 半共格界面　当新相与母相在界面上原子的晶体结构或晶体常数差别较大时,若此时仍然维持共格界面,则涉及界面将会通过收缩或膨胀来保持,势必引起很大的弹性应变能,使界面结构处于不稳定状态。只有部分原子不完全匹配,才能降低能量维持稳定,如在界面上出现了一些位错,以降低因共格引起的弹性应变能,从而演变为半共格界面。显而易见,在位错附近的区域,新相与母相的原子匹配度较低,在位错之间的区域,原子匹配度较高。

　　③ 非共格界面　若新相与母相原子在界面上的晶体结构或晶格常数差异较大,界面原子完全不能匹配,从而形成非共格界面,这种界面类似于大角度晶界,该区域是由几个原子层厚的原子排列混乱区。

　　为描述新相与母相在界面上原子的匹配程度,引入界面错配度的概念,其定义是

$$\delta = \frac{a_\alpha - a_\beta}{a_\alpha} \tag{7-1}$$

式中,$a_\alpha > a_\beta$,且 a_α 与 a_β 分别代表新相与母相沿平行于界面同一晶向上的原子间距。δ 愈大,界面应变能愈大,共格界面将逐渐演变为非共格界面。通常认为,若 $\delta < 0.05$,相界面为共格界面;当 $0.05 < \delta < 0.25$,为半共格界面;如果 $\delta > 0.25$,为非共格界面。

　　在半共格界面上存在着相互平行的刃型位错,假设刃型位错的平均距离是 D,经过简单计算得

$$D = \frac{a_\beta}{\delta} \tag{7-2}$$

　　根据式(7-2)可知,$\delta \to 0$ 时,$D \to \infty$,界面上几乎不存在位错,为共格界面;当 $\delta \to \infty$ 时,$D \to 0$,界面位错密度极大,显著增加界面上原子排列混乱程度,形成非共格界面。

　　在三种相界面中,由于界面结构不同,界面性质也存在很大差异,这些都会影响固态相变的形核与生长过程,共格界面的原子匹配度最大,界面能最低;非共格界面的原子匹配度最差,界面能最高;半共格界面的界面能介于二者之间,类似于液态金属的形核,为尽可能降低固态相变的形核功,最有效的途径就是获得界面能最低的晶核。在形核过程中,形成共格界面的相变阻力最小,形成非共格界面的相变阻力最大,这可以解释相变形核初期,通常形成共格和半共格界面,可见固态相变是按阻力最小进行的。

　　事实上,共格界面不可能是完全共格的;完全共格界面只有在共格孪晶界上才能出现。这是因为新相与母相的晶体结构或者晶格常数总是存在一定的差异,在形成共格界面的同时,或多或少会在共格界面附近的一定范围内产生一定量的弹性畸变,出现弹性应变能。这种因相界共格引起的,并且仅限制在相界面附近的弹性应变能称为共格应变能。一般情况下,为维持两相在界面上的共格关系,势必会引起很大的共格应变能。在共格界面的情况下,两相的错配度越大,共格应变能越大,因此,共格界面的共格应变能最高,非共格界面的最低,半共格界面的介于二者之间。

　　经过分析可知:相变时形成何种界面,取决于界面能以及共格应变能,这是一对相

互制约的因素。若形成共格界面，界面能的降低超过所引起的共格应变能时，便形成共格界面，可以减小相变阻力，否则便形成半共格和非共格界面。即使在相变初期形成共格界面，随着相变的进行也将逐渐转变为半共格或非共格界面。在相变的形核阶段，新生相很细薄，由共格引起的应变能较小，特别是当两相中有一相的弹性模量较小时更如此，这是导致形核阶段容易形成共格界面的原因之一。

4. 新相与母相的位相关系

固态相变时，新相与母相之间通常存在一定的位相关系，例如在钢中发生 γ 相→马氏体相（α_M）转变时，新的$\{110\}$面平行于母相的密排面$\{111\}$，新的密排方向<111>平行于母相的密排方向<110>，表示为

$$\{111\}_\gamma // \{110\}_{\alpha_M}, <110>_\gamma // <111>_{\alpha_M}$$

不难看出，新相的取向取决于母相，而在液固转变过程中，新相的晶体取向可以是任意的。新相与母相之间相互平行的晶面或者晶向通常都是原子排列面或密排方向，也就是两相中晶面或晶界最相似的。这样的晶面或晶界相互平行，所形成界面的能量最低，形核阻力最小，易于形核。形核时新相与母相保持一定的位相关系，同样是固态相变按阻力最小进行的有效途径之一。

5. 惯习现象

为了维持共格，发生固态相变时，新相通常在母相一定的晶面和晶向上以针状或片状等形态成长，该现象称为惯习现象，该晶面和晶向分别称为惯习面和惯习方向。惯习面和惯习方向一般用母相的晶面和晶向指数进行表征。在许多情况下，惯习面和惯习方向就是母相的晶面和晶向，亦或是其他晶面或晶向，这与固态相变在阻力最小方向上进行有关。当界面能随新相的长大方向而改变时，为了减小应变能，新相会沿着应变能最小的方向长大，这是产生惯习现象的基本原因。然而，若相变条件不同，界面能和应变能这两个因素的作用程度也不同，就表现出有别于惯习现象的情况。

6. 亚稳相

固态相变的一个重要特点就是易产生亚稳相，亚稳相是晶体结构或者化学成分，或者两者都处于新相与母相之间的一种过渡相。部分固态相变甚至产生的都是亚稳相，不出现稳定相；有些固态相变可能会产生多种亚稳相。例如，在对 Al-Cu 合金时效处理时，稳定相是 θ 相（$CuAl_2$），在它形成前依次出现了 θ'' 和 θ' 两种亚稳相。钢在淬火时得到的马氏体和贝氏体是最常见的亚稳相。亚稳相总是在相变阻力大，平衡相变难以发生的情况下获得，比如新相与母相之间的比容差过大，晶体结构差别过分悬殊以及温度特别低导致原子扩散被抑制等。

亚稳相的晶体结构和化学成分更接近于母相，因此有时比稳定相更容易形成。亚稳相的形成虽然从热力学来说较为不利，但是从动力学看是有利的，有利于减小相变阻力。

7.1.2　固态相变的分类

固态相变种类较多，分类方式也各有不同，可以根据热力学、动力学、长大方式、成分或者结构变化进行分类，并且每种分类方法各有特点。

根据相变时热力学函数的变化特点,固态相变可分为一级相变和高级相变(二级或二级以上相变);按动力学,固态相变可分为扩散型相变、过渡型相变和非扩散型相变;按长大方式,固态相变可分为形核—长大型相变和连续型相变;按相变过程,固态相变可分为近平衡相变和远平衡相变。本章探讨从热力学角度的分类方法,继而讨论动力学分类方法。

(1) 按热力学分类

根据相变时热力学函数变化的特征。考虑 α 相转变为 β 相,$G^{\alpha} = G^{\beta}$,$\mu^{\alpha} = \mu^{\beta}$,若发生一级相变,两相化学势相同,但是他们的一阶偏导数不同,则会发生

$$\left.\begin{aligned} \left(\frac{\partial G^{\alpha}}{\partial T}\right)_p \neq \left(\frac{\partial G^{\beta}}{\partial T}\right)_p \\ \left(\frac{\partial G^{\alpha}}{\partial p}\right)_T \neq \left(\frac{\partial G^{\beta}}{\partial p}\right)_T \end{aligned}\right\} \tag{7-3}$$

然而

$$\left.\begin{aligned} \left(\frac{\partial G}{\partial p}\right)_T = V \\ \left(\frac{\partial G}{\partial T}\right)_p = -S \end{aligned}\right\} \tag{7-4}$$

根据式(7-3)和式(7-4)两式可得

$$\left.\begin{aligned} \Delta V \neq 0 \\ \Delta S \neq 0 \end{aligned}\right\} \tag{7-5}$$

说明如果发生一级相变,两相的体积和熵将产生不连续变化,也就是存在体积变化和相变潜热的吸收或释放。大部分相变是一级相变,如金属及合金的凝固、脱溶析出、马氏体相变等。

发生二级相变时,两相的化学势相同,并且其一阶偏导数也相同,然而二阶偏导数却不同,也就是

$$\left.\begin{aligned} \mu^{\alpha} = \mu^{\beta} \\ \left(\frac{\partial G^{\alpha}}{\partial T}\right)_p = \left(\frac{\partial G^{\beta}}{\partial T}\right)_p \\ \left(\frac{\partial G^{\alpha}}{\partial p}\right)_T = \left(\frac{\partial G^{\beta}}{\partial p}\right)_T \\ \left(\frac{\partial^2 G^{\alpha}}{\partial T^2}\right)_p \neq \left(\frac{\partial^2 G^{\beta}}{\partial T^2}\right)_p \\ \left(\frac{\partial^2 G^{\alpha}}{\partial p^2}\right)_T \neq \left(\frac{\partial^2 G^{\beta}}{\partial p^2}\right)_T \\ \left(\frac{\partial^2 G^{\alpha}}{\partial T \partial p}\right) \neq \left(\frac{\partial^2 G^{\beta}}{\partial T \partial p}\right) \end{aligned}\right\} \tag{7-6}$$

但是

$$\left(\frac{\partial^2 G}{\partial T^2}\right)_p = -\left(\frac{\partial S}{\partial T}\right)_p = -\frac{C_p}{T}$$

$$\left(\frac{\partial^2 G}{\partial p^2}\right)_T = \frac{V}{V}\left(\frac{\partial V}{\partial p}\right)_T = -VB \Bigg\} \tag{7-7}$$

$$\left(\frac{\partial^2 G}{\partial T\partial p}\right) = \frac{V}{V}\left(\frac{\partial V}{\partial T}\right)_p = VA$$

上述公式中,G 表示系统的自由能,μ 表示化学势,V 表示体积,S 表示系统的熵,C_p 代表恒压热容,A 代表膨胀系数,B 代表压缩系数。将式(7-7)中三式代入式(7-6),得

$$\begin{aligned} V^{\alpha} &= V^{\beta} \\ S^{\alpha} &= S^{\beta} \\ \Delta C_p &\neq 0 \\ \Delta A &\neq 0 \\ \Delta B &\neq 0 \end{aligned}\Bigg\} \tag{7-8}$$

发生二级相变时,两相的体积和熵不存在突变,无相变潜热及体积的改变,只有热容、膨胀/压缩系数产生突变,目前所发现的二级相变较少,如超导态转变、磁性转变、部分合金中的无序—有序化转变;三级及以上的相变并不常见。

根据式(7-5)和式(7-8)可知,若发生一级相变和二级相变,两相的自由能、熵及体积随温度的变化如图7-2所示,其中 T_C 为相变临界温度。

（2）按动力学分类

固态相变需要通过原子迁移方可进行,故而根据原子迁移的动力学,能够将相变分为扩散型相变、非扩散型相变以及介于二者之间的过渡型相变。

扩散型相变主要包括脱溶析出、共析转变、无序—有序化转变、同素异构转变等几类。该相变需要通过形核与长大的过程来完成,因此均要借助原子的长距离扩散,原子活动能力才会增强,从而相界面进行扩散型移动。因此,即使在形核初期是共格相界面,但是在晶核生长过程中,共格界面也会逐渐转变为非共格界面,否则会阻碍晶体生长。在这类相变中,相变过程主要取决于原子扩散的能力,所以扩散型相变一般在高温情况下发生。

非扩散型相变是通过切变的方式进行的。新生相生长不是通过原子扩散,

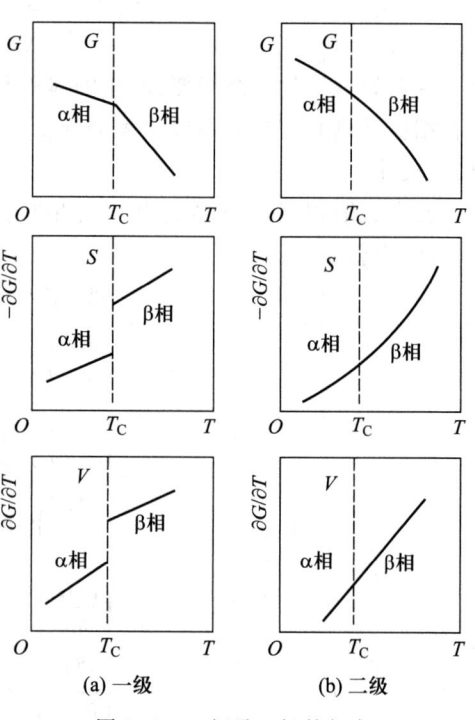

(a) 一级   (b) 二级

图 7-2 一级及二级的相变
自由能、熵和体积变化

而是通过类似于塑性变形的滑移或者孪生那样的切变或转动进行的,原子做有规则的迁移从而使点阵重组。通过切变方式,母相中的原子有组织地转入到新生相中。此时,相界面是共格的,转变前后两相的化学成分不变,两相的位相关系不变,马氏体相变是典型的非扩散型相变。

过渡型相变是介于扩散型相变和非扩散型相变之间的一类相变形式。常见的贝氏体相变属于过渡型相变。贝氏体是一种非层状组织,包含铁素体和碳化物,其中碳化物靠扩散长大,类似于扩散型相变;铁素体可能利用切变长大,类似于非扩散型相变。在贝氏体相变中,扩散型长大和非扩散型长大共同存在,相互制衡。

7.2 相变热力学

相变热力学是利用热力学基本原理,对材料在相变过程中的各种热力学现象进行计算、分析和讨论的,包括相的平衡状态、相的稳定性、相变方向以及相变驱动力等问题。相变热力学与动力学共同构成了材料科学的重要基础。

材料科学是研究材料的成分、组织、结构,以及外界环境与性能之间关系的学科。影响材料性能的这些内在因素、外在因素及其变化规律,材料中各种结构缺陷的形成和运动,以及它们之间的交互作用对材料性能的影响,都与相变热力学密切相关。

7.2.1 热力学基本原理

热力学系统所处的状态及其变化趋势决定了系统的热力学性质,而系统的状态及其变化取决于一系列热力学函数,热力学函数的意义及其相互作用是解决相变问题的理论基础。

1. 热力学定律

(1) 热力学第一定律

热力学第一定律是描述系统的内能、功及热量之间关系的能量守恒与转化定律。若系统发生微小变化,第一定律可以表示为

$$dU = \delta Q - \delta W \tag{7-9}$$

式中,U、Q 及 W 分别代表系统的内能、热量及功。内能是状态函数,热量和功是过程函数,后两者只有在特定条件下,才能转化为状态函数。如果系统只做膨胀功,式(7-9)进一步变为

$$dU = \delta Q - p dV \tag{7-10}$$

式中,p 和 V 分别为系统的压力和体积。引入状态函数焓 H,其定义为

$$H = U + pV \tag{7-11}$$

在恒容及恒压条件下,并利用上述定义及式(7-9),可推导出

$$\left.\begin{array}{l} dU = \delta Q_V = C_V dT \\ dH = \delta Q_p = C_p dT \end{array}\right\} \tag{7-12}$$

式(7-12)给出了在恒容和恒压条件下热容的表达式。

（2）热力学第二定律

为了进一步研究热力学系统自发变化的方向和限度，引入状态函数熵 S 的概念，用来描述孤立系统中自发过程的不可逆程度，其定义为

$$dS = \frac{\delta Q}{T} \tag{7-13}$$

式(7-13)中，δQ 为可逆过程的热效应。在恒压条件下，结合式(7-12)、式(7-13)可改写为

$$dS = \frac{\delta Q_p}{T} = \frac{C_p}{T}dT \tag{7-14}$$

根据热力学推导，对于孤立系统或绝热的不可逆过程，熵的变化满足下式

$$dS \geq 0 \tag{7-15}$$

式(7-15)为热力学第二定律的数学表达式，其意义为在孤立系统中发生的自发不可逆过程，熵值总是增加的，直到最后达到平衡状态。

（3）自由能最低原理

熵判据只适合于孤立系统，对于实际热力学系统，总熵变 dS 应该包括系统熵变 dS_s 和环境熵变 dS_e，因此根据式(7-15)，熵判据应扩充为

$$dS = dS_s + dS_e \geq 0 \tag{7-16}$$

定义恒温恒容条件下的亥姆霍兹自由能 F 和恒温恒压条件下的吉布斯自由能 G 分别为

$$\left.\begin{array}{l} F = U - TS \\ G = H - TS \end{array}\right\} \tag{7-17}$$

将式(7-17)中的两式代入式(7-16)中，经推导后获得恒温恒容或恒温恒压条件下的热力学判据，分别为

$$\left.\begin{array}{l} dF \leq 0 \\ dG \leq 0 \end{array}\right\} \tag{7-18}$$

式(7-18)的意义在于，在恒温恒容条件下或恒温恒压条件下，系统总是向自由能降低的方向进行，平衡状态时，自由能达到极小值，称为自由能最低原理。这两个判据在材料科学中均有广泛应用，至于采用何种判据，视具体需要解决的问题而定。

2. 热力学函数基本关系式

应用热力学理论解决实际问题时，常根据需要进行热力学函数间的转换，在材料科学中应用的主要函数关系如下

$$\left.\begin{array}{l} dU = TdS - pdV \\ dH = TdS + Vdp \\ dF = -SdT - pdV \\ dG = -SdT + Vdp \end{array}\right\} \tag{7-19}$$

由于自由能函数 F 和 G 可以是看作任意两个热力学参量的状态函数，对其进行全微分处理，则有

$$dF = \left(\frac{\partial F}{\partial T}\right)_V dT + \left(\frac{\partial F}{\partial V}\right)_T dV \left.\right\}$$
$$dG = \left(\frac{\partial G}{\partial T}\right)_p dT + \left(\frac{\partial G}{\partial p}\right)_T dp \left.\right\}$$
（7-20）

根据式（7-19）和式（7-20），经计算得到如下关系式

$$\left(\frac{\partial F}{\partial T}\right)_V = -S \left.\right\}$$
$$\left(\frac{\partial F}{\partial V}\right)_T = -p \left.\right\}$$
$$\left(\frac{\partial G}{\partial T}\right)_p = -S \left.\right\}$$
$$\left(\frac{\partial G}{\partial p}\right)_T = V \left.\right\}$$
（7-21）

3. 化学势

在由多组元组成的合金系统中，除了温度和压力会对系统产生影响外，各组元的物质的量也会影响系统，设组元 i 物质的量是 n_i，其偏摩尔吉布斯自由能或称化学势定义为

$$\mu_i = \left(\frac{\partial G}{\partial n_i}\right)_{T, p, n_{j \neq i}}$$
（7-22）

化学势的含义是，假设当系统的温度、压力及其他组元含量不变时，仅改变 i 组元所引起的系统自由能的变化。故而，合金系统自由能变化应表达为

$$dG = -SdT + Vdp + \sum_{i=1}^{n} \mu_i dn_i$$
（7-23）

由式（7-23）可知，在恒温恒压条件下，合金系统的自由能判据为

$$dG = \sum_{i=1}^{n} \mu_i dn_i \leq 0$$
（7-24）

7.2.2 固态相变的形核

大部分固态相变都要经历形核与晶核长大两个过程，根据形核是否对时间敏感，可以将其分为以下两种类型。

热激活形核是借助原子热运动使晶胚达到临界尺寸，其特点是不仅温度对形核有影响，而且时间对形核也有影响，晶核可以在等温过程中形成。一般扩散型相变发生在较高温度范围，故为热激活形核。当过冷度较小时，驱动力较小，晶核往往在缺陷处形成，是典型的非均匀形核；当过冷度较大时，驱动力增大，亦可发生均匀形核[4]。

非热激活形核不是通过原子扩散使晶胚达到临界尺寸，而是通过快速冷却在变温过程中形成的，故也称为变温形核。这种形核对时间不敏感，晶核难以在等温过程中形成，非热激活形核大都为非均匀形核，需要较大的过冷度，形核率极快，在马氏体相变中易于发生。

1. 均匀形核

均匀形核时除了产生界面能外,还产生弹性应变能,二者共同构成了相变阻力。正因如此,固态相变的形核阻力大于液体结晶。根据经典形核理论,固相中形成一个新晶核时的自由能变化可表达为

$$\Delta G = V\Delta G_V + S\sigma + V\omega \tag{7-25}$$

式(7-25)中,V 表示晶核体积;S 为晶核表面积;$\Delta G_V = G_N - G_P$ 为单位体积新相与母相的化学自由能差,当 $\Delta G_V < 0$ 时,为相变驱动力;σ 为单位面积界面能;ω 为单位体积弹性应变能。

假设晶核为半径为 r 的球体,式(7-25)变为

$$\Delta G = \frac{4}{3}\pi r^3 \Delta G_V + 4\pi r^2 \sigma + \frac{4}{3}\pi r^3 \omega \tag{7-26}$$

在式(7-26)中,令 $\frac{\partial \Delta G}{\partial r} = 0$,可推导出晶核的临界半径、临界体积和临界形核功分别为

$$\left.\begin{array}{l} r_c = -\dfrac{2\sigma}{\Delta G_V + \omega} \\[3mm] V_c = -\dfrac{32\pi\sigma^3}{3(\Delta G_V + \omega)^3} \\[3mm] \Delta G_c = \dfrac{16\pi\sigma^3}{3(\Delta G_V + \omega)^2} \end{array}\right\} \tag{7-27}$$

根据式(7-27)可知,晶核临界半径愈大,体系具有临界尺寸的晶核数愈少,形核功愈大,体系自由能急剧增加,导致临界半径和形核功愈大,形核愈发困难。与液态结晶晶核相比,在其他情况相同的情况下,由于固态相变增加了应变能阻力,使临界半径和形核功增大,表明在相变驱动力一定时,固态相变比液态结晶需要更大的过冷度。

形核功通过系统的能量起伏提供,能量起伏水平达到 ΔG_c 的概率正比于因子 $\exp\left(-\dfrac{\Delta G_c}{kT}\right)$,所以单位体积中出现临界晶核的数量也应该正比于该因子。临界晶核长大和熔化的概率相同,其中只有 50% 的晶核能够成为有效晶核。有效晶核需要补充一个及其以上的原子才能稳定长大,因此原子跨越相界面扩散至晶核表面并使其长大,同样也是一个概率问题。定义 Q 为原子扩散激活能,则临界晶核转变为稳定晶核的概率正比于因子 $\exp\left(-\dfrac{Q}{kT}\right)$。由此可以获得固态相变的形核率表达式

$$N = K\exp\left[-\frac{16\pi\sigma^3}{3kT(\Delta G_V + \omega)^2}\right]\exp\left(-\frac{Q}{kT}\right) \tag{7-28}$$

式中,k 为玻尔兹曼常数,K 为比例常数。

式(7-28)类似于液态结晶的形核率表达式。发生固态相变时,应变能的存在增加了形核功,同时固态原子的扩散激活能比液态大得多,导致固态相变比同等状态下液态结晶的形核率要低很多,从而解释了快速冷却能抑制固态相变的原因。

对固态相变本身来说,由于相变驱动力、弹性应变能、扩散系数的不同,导致不同

固态相变的难易程度也存在较大差异。应变能正比于材料的弹性模量,因此固体的刚性愈大,相变引起的应变能愈大,愈不利于相变的发生。由于应变能与弹性应变的平方成正比,故弹性应变作用更为强烈。据此可知,固态相变难以在两相的比容差过大或者温度过低的条件下发生,母相甚至可以长期存在。

(1) 相变驱动力

相变驱动力是新相与母相的化学自由能差 ΔG_V,大小不仅与温度有关,也与合金成分密切相关。

① 相变驱动力与温度的关系 对于没有磁性转变的金属或者合金(如 Ti)来说,升高温度,恒压热容 C_p 与焓 H 单调增加,而自由能 G 则单调下降。如果平衡两相是 α 和 β,由于他们之间的恒压热容 C_p 不同,导致两相的自由能温度曲线必然相交于某一临界温度 T_0,T_0 是两相自由能相等的温度,如图 7-3 所示。当 $T < T_0$ 时,$\Delta T = T_0 - T$ 称为过冷度,α 相转变为 β 相,相变驱动力为 $\Delta G_V^{\alpha \rightarrow \beta} = G_V^{\beta} - G_V^{\alpha}$;当 $T > T_0$ 时,$\Delta T = T_0 - T$ 称为过热度,β 相转变为 α 相,相变驱动力为 $\Delta G_V^{\beta \rightarrow \alpha} = G_V^{\alpha} - G_V^{\beta}$。

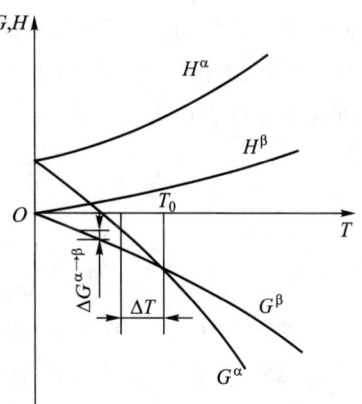

图 7-3 α、β 的自由焓和焓随温度的变化

在冷却过程中,α 相转变为 β 相的驱动力与过冷度的关系如下。在恒温恒压条件下,温度为 T 时

$$\Delta G_V^{\alpha \rightarrow \beta}(T) = \Delta H_V^{\alpha \rightarrow \beta}(T) - T\Delta S_V^{\alpha \rightarrow \beta}(T) \tag{7-29}$$

当 $T = T_0$ 时

$$\Delta G_V^{\alpha \rightarrow \beta}(T_0) = \Delta H_V^{\alpha \rightarrow \beta}(T_0) - T_0\Delta S_V^{\alpha \rightarrow \beta}(T_0) = 0 \tag{7-30}$$

由式(7-30)可得

$$\Delta S_V^{\alpha \rightarrow \beta}(T_0) \approx \frac{\Delta H_V^{\alpha \rightarrow \beta}(T_0)}{T_0} \tag{7-31}$$

如果过冷度较小,进行如下近似处理

$$\Delta H_V^{\alpha \rightarrow \beta}(T) \approx \Delta H_V^{\alpha \rightarrow \beta}(T_0), \Delta S_V^{\alpha \rightarrow \beta}(T) \approx \Delta S_V^{\alpha \rightarrow \beta}(T_0) \tag{7-32}$$

将式(7-32)中两式带入式(7-29),得

$$\Delta G_V^{\alpha \rightarrow \beta}(T) \approx \frac{\Delta H_V^{\alpha \rightarrow \beta}(T_0)\Delta T}{T_0} \tag{7-33}$$

式中,$\Delta H_V^{\alpha \rightarrow \beta}(T_0)$ 为相变潜热。

显而易见,相变驱动力正比于过冷度,温度愈低,过冷度愈大,驱动力愈大。而由式(7-27)可知,温度愈低,晶核的临界半径、临界体积和形核功均减小,愈易于形核。

对于具有磁性转变的金属或合金来说,恒压热容 C_p 并非随温度升高而单调增加,如图 7-4 所示。升温时,无磁性转变材料的 C_p 随温度变化如图中的虚线所示,具有磁性转变材料的 C_p 随温度变化如图中实线所示。低温铁磁性转变为高温顺磁性时,C_p 在居里点附近急剧增大,表明该过程产生额外的能量吸收,该能量被用于加热时消除磁有序结构。因此,具有磁性转变材料的 C_p 包含两个部分:一是与结构转变有关的热容,二是与磁性转变有关的热容。热容的异常变化将影响自由能—温度曲线,影响相的自由能大小及状态。通过计算发现,在居里点以下,铁磁状态比顺磁状态具有更低的自由能,更高的稳定性,这将影响铁磁性材料的相变驱动力。

② 相变驱动力与成分的关系 在压力一定时,单元系的自由能仅与温度有关,而合金成分是变化的,也将对系统的自由能产生影响。假设由 A、B 组元组成二元合金,令 G_i^0 为组元 i 在一个大气压下的吉布斯自由能,x_i 为组元 i 的摩尔分数,则合金的吉布斯自由能可表达为

$$G_S = G_A^0 + (G_B^0 - G_A^0) x_B + \Delta G_m \tag{7-34}$$

$$\Delta G_m = \Delta H_m - T\Delta S_m \tag{7-35}$$

$$\Delta H_m = \Omega x_A x_B \tag{7-36}$$

$$\Delta S_m = -R(x_1 \ln x_1 + x_2 \ln x_2) \tag{7-37}$$

上述公式中,ΔG_m 为两组元间的混合自由能,ΔH_m 为混合焓,Ω 为原子间相互作用参数,ΔS_m 为混合熵,用于度量固溶体所引起的原子混乱度,其值为正值。

根据式(7-34)~式(7-37)对固溶体自由能随成分的变化规律进行归纳,主要包含以下几点。

a. 理想固体,由于固溶体中同类原子之间、异类原子之间的结合能相同,混合焓 $\Delta H_m = 0$,原子呈无序分布。由式(7-35),得

$$\Delta G_m = \Delta H_m - T\Delta S_m = -T\Delta S_m < 0 \tag{7-38}$$

说明形成理想固溶体的自由能比纯组元的自由能低,G_S 与成分的关系如图 7-5 所示。

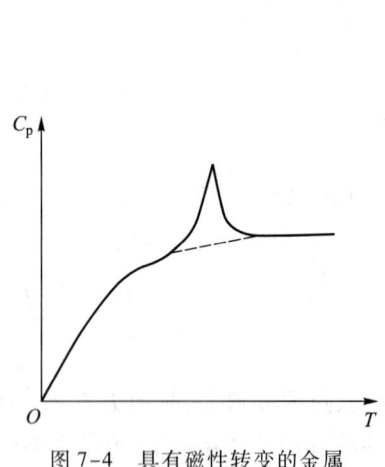

图 7-4 具有磁性转变的金属在居里点附近的热熔变化

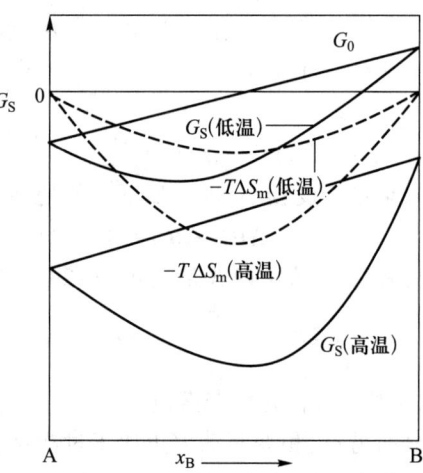

图 7-5 无序固溶体的自由能-成分曲线

b. 非理想固溶体,为了简化计算,ΔS_m 仍按理想固溶体进行处理,即忽略振动熵的变化和固溶体有序及偏聚引起的熵的变化,而 $\Delta H_m \neq 0$。若形成固溶体时放热,则

$\Delta H_{m}<0$，原子呈有序分布，固溶体自由能更低，G_S 与成分的关系如图 7-6 所示；若形成固溶体时吸热，则 $\Delta H_{m}>0$，原子呈偏聚分布，固溶体自由能升高，当 ΔH_{m} 足够大时，固溶体将在一定成分范围内分解为两相，出现了溶解度间隙，G_S 与成分的关系如图 7-7所示。

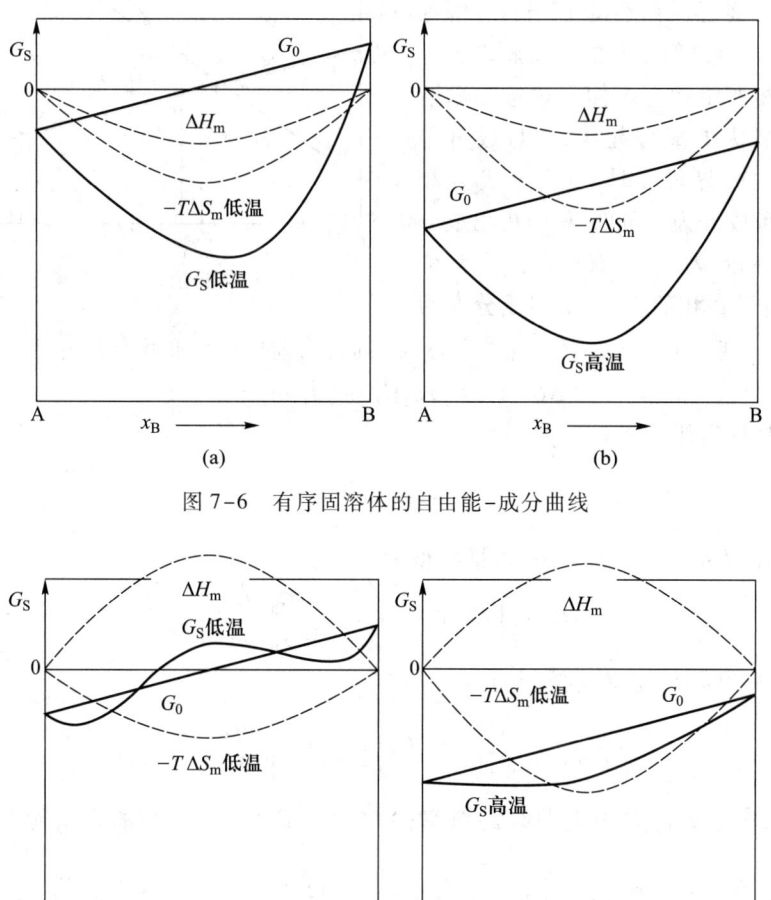

图 7-6　有序固溶体的自由能-成分曲线

图 7-7　偏聚固溶体的自由能-成分曲线

　　据上述分析可知，在一定温度和压力下，合金中各相自由能与成分密切相关，利用各相在一定温度下的自由能-成分曲线对研究相变具有重要价值。可以根据自由能-成分曲线来确定合金在形核时的相变驱动力。以过饱和固溶体的析出为例。在 T 温度时，从 α 相中析出 β 相，在该温度下的自由能变化曲线如图 7-8 所示。成分在 x_0 的 α 相在转变之前的吉布斯自由能为 G_0（图中 Q 点），转变之后形成 α 相和 β 相的混合物，平衡两相的成分点分别通过图 7-8 中公切线上的切点 a 点及 b 点确定。根据杠杆定理，混合物的吉布斯自由能点应落在公切线上的 m 点，系统自由能为 G_m。所以，系统的相变驱动力是两相达到平衡成分时的自由能差，$\Delta G = G_m - G_0 < 0$，由于混合物

的自由能低于 α 相的自由能,能够进行相变。

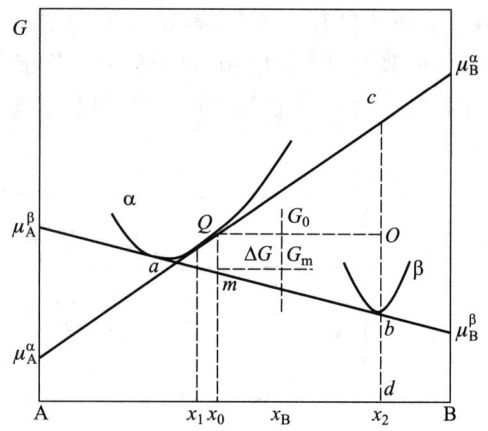

图 7-8　固体析出时的自由能变化曲线

然而合金在开始转变时,处于形核状态,α 相成分尚未达到平衡成分(图中 a 点),而是接近原始合金成分 x_0,例如位于 x_1 处。导致形核时的相变驱动力不同于总的相变驱动力。如若过饱和固溶体中产生较大的成分起伏,并且成分起伏尺寸超过临界尺寸时,就会形成 β 相晶核。如果成分为 x_0 的 α 相中析出成分为 x_2、物质的量为 n_2、吉布斯自由能为 G_2 的 β 相,由于 β 相的析出,α 相成分变为 x_1、物质的量变为 n_1、吉布斯自由能变为 G_1,则析出前后系统自由能变化为

$$\Delta G = (n_1 G_1 + n_2 G_2) - (n_1 + n_2) G_0 \tag{7-39}$$

根据杠杆定律可得

$$\frac{n_1}{n_2} = \frac{x_2 - x_0}{x_0 - x_1} \tag{7-40}$$

结合式(7-38)与式(7-40)可推导得

$$\Delta G = n_2 \left[G_2 - G_0 - (x_2 - x_0) \left(\frac{G_0 - G_1}{x_0 - x_1} \right) \right] \tag{7-41}$$

相变开始时,转变量较少,令 $x_1 \to x_0$,则

$$\Delta G' = \frac{\Delta G}{n_2} = G_2 - G_0 - (x_2 - x_0) \left(\frac{\mathrm{d}G}{\mathrm{d}x} \right)_{x_0} \tag{7-42}$$

式中,$\left(\dfrac{\mathrm{d}G}{\mathrm{d}x} \right)_{x_0}$ 代表 x_0 自由能曲线的斜率;$\Delta G'$ 为形成 1 mol β 相的自由能差,根据图 7-8 中的几何关系,可知 $G_2 = \overline{bd}$,$G_0 = \overline{od}$,$(x_2 - x_0) \left(\dfrac{\mathrm{d}G}{\mathrm{d}x} \right)_{x_0} = \overline{co}$,则 $\Delta G' = -\overline{cb}$,系统自由能降低,可以成为相变形核的驱动力。

由此获得用图解法确定相变驱动力的方法:过母相 α 的成分点 x_0 作自由能-成分曲线的切线,该切线与析出相 β 的成分垂线交于 c 点,β 相自由能曲线的切点为 b 点,那么线段 cb 就是 α 相转变为 β 相的形核驱动力。因此得出结论:从母相的成分点作自由能-成分曲线的切线,如果新相的自由能曲线位于该切线下方,相变驱动力 $\Delta G < 0$,有利于新相的形成,否则在切线上方,不利于形成新相。

(2)界面能

母相 α 相和新相 β 相均是 A-B 二元合金,它们之间相互接触形成 α/β 相界面,两相在界面上的晶格常数分别是 a_α、a_β,界面错配度[见式(7-7)]$\delta = (a_\alpha - a_\beta)/a_\alpha$。

① 共格界面能　若 $\delta = 0$,两相在界面上完全匹配,称为完全共格界面。根据准化学溶液模型,完全共格界面的界面能由化学能项构成,记为 σ_c,其取决于两相在界面

上化学键能变化。相界面结构模型如图 7-9 所示，S–S' 为相界面。

令 α 相和 β 相中 B 原子百分数分别为 x_α、x_β，N_s 为界面上原子的面密度，Z_s 为界面上原子的面配位数[面配位数远远小于体配位数，如 FCC 晶体的体配位数是 12，若以 (111) 作为界面，其面配位数仅为 3]。若 α 相和 β 相都是无序固溶体，α 相中 a–a' 面上的 A、B 原子数分别是 $N_s(1-x_\alpha)$ 和 $N_s x_\alpha$，那么面 1 上的 A 原子与面 2 上的 B 原子形成的 A–B 化学键数以及面 1 上的 B 原子与面 2 上的 A 原子形成的 A–B 化学键数分别为

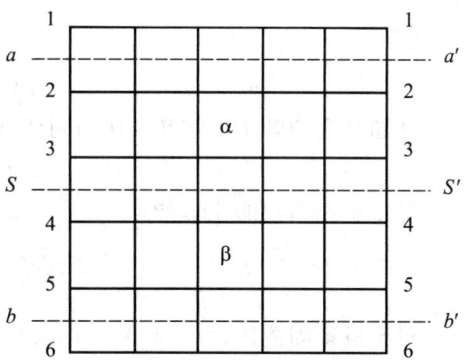

图 7-9 完全共格相界面的准化学溶液模型

$$\left.\begin{array}{l}(Q_{AB})_{\alpha 1} = N_S Z_S x_\alpha (1-x_\alpha)\\[4pt](Q_{AB})_{\alpha 2} = N_S Z_S x_\alpha (1-x_\alpha)\end{array}\right\} \tag{7-43}$$

则可推导出 α 相中 α–α' 面上 A–B 原子键合总数为

$$(Q_{AB})_\alpha = 2N_S Z_S x_\alpha (1-x_\alpha) \tag{7-44}$$

同理，可推导出 β 相中 b–b' 面上 A–B 原子键合总数为

$$(Q_{AB})_\beta = 2N_S Z_S x_\beta (1-x_\beta) \tag{7-45}$$

形成 α/β 相界面 S–S' 时，在相界面上 A–B 原子键合总数为

$$(Q_{AB})_S = N_S Z_S [x_\alpha (1-x_\beta) + x_\beta (1-x_\alpha)] \tag{7-46}$$

根据式 (7-44)~式 (7-46) 可以获得形成单位 α/β 相界面导致的 A–B 键数的变化

$$\begin{aligned}\Delta Q_{AB} &= (\Delta Q_{AB})_S - \frac{1}{2}[(\Delta Q_{AB})_\alpha + (\Delta Q_{AB})_\beta]\\[4pt]&= N_S Z_S (x_\alpha - x_\beta)^2\end{aligned} \tag{7-47}$$

经过分析可得，形成单位 α/β 相界面导致的 A–A 键数的变化和 B–B 键数的变化。

$$\Delta Q_{AA} = -1/2 N_S Z_S (x_\alpha - x_\beta)^2 \tag{7-48}$$

$$\Delta Q_{BB} = -1/2 N_S Z_S (x_\alpha - x_\beta)^2 \tag{7-49}$$

由此不难得出如下结论

$$\Delta Q_{AA} = \Delta Q_{BB} = -\frac{1}{2}\Delta Q_{AB} \tag{7-50}$$

根据准化学溶液模型，界面能的化学能项是由于形成相界面时原子之间的结合能变化引起的，令 E_{AA}、E_{BB}、E_{AB} 分别是 A–A、B–B、A–B 原子间的结合能，可看作与温度无关的常数，因此得界面能的化学能项为

$$\sigma_c = \Delta Q_{AB} E_{AB} + \Delta Q_{AA} E_{AA} + \Delta Q_{BB} E_{BB} \tag{7-51}$$

将式 (7-47) 和式 (7-50) 代入式 (7-51)，并令原子间相互作用参数

$$\Omega = E_{AB} - \frac{1}{2}(E_{AA} + E_{BB}) \tag{7-52}$$

则

$$\sigma_c = \Omega N_s Z_s (x_\alpha - x_\beta)^2 \tag{7-53}$$

已知合金的摩尔溶解热 ΔH 与阿伏伽德罗常数 N_0 及体配位数 Z 之间的关系是

$$\Delta H = N_0 Z \Omega \tag{7-54}$$

可得单位面积的化学能项

$$\sigma_c = \frac{N_s Z_s \Delta H}{N_0 Z}(x_\alpha - x_\beta)^2 \tag{7-55}$$

对于极稀固溶体，$(x_\alpha - x_\beta)^2 \to 1$，式(7-55)可简化为

$$\sigma_c \approx \frac{N_s Z_s \Delta H}{N_0 Z} \tag{7-56}$$

Cu 和 Ag 均是 FCC 结构晶体，Cu-Ag 合金也是 FCC 结构，实验测得 Cu-Ag 合金溶解热 $\Delta H = 3.56 \times 10^4$ J/mol。假设 $\{111\}$ 面是 Cu-Ag 相界面，原子面密度的平均值 $N_s = 1.577 \times 10^{15}/\text{cm}^2$，$Z_s = 3$，$Z = 12$，$N_0 = 6.023 \times 10^{23}/\text{mol}$，将已知数据代入式(7-56)可得，$\sigma_c = 0.23$ J/m^2。

如果 $0 < \delta < 0.05$，两相基本保持共格关系，但其中较软的一相将通过点阵的弹性变化使晶格常数发生改变 $a_\alpha \to a'_\alpha$，从而与 β 相在界面上完全匹配，此时新的界面错配度

$$\delta' = (a'_\alpha - a_\beta)/a'_\alpha = 0 \tag{7-57}$$

相应的共格应变能为

$$u = \mu \varepsilon^2 \tag{7-58}$$

式中，μ 表示 α 相切变模量。

② 半共格界面能　如果 $0.05 < \delta < 0.25$，相界面上将出现刃型位错，形成半共格界面，位错之间的区域基本匹配。半共格界面能包含化学能项 σ_c 和结构能项 σ_s。化学能项仍然按照式(7-55)、式(7-56)进行计算，结构能项实际上就是位错的应变能。

根据位错的弹性应力场理论，可知单位刃型位错的弹性应变能为

$$E_e = \frac{Gb^2}{4\pi(1-\nu)}\ln\frac{R}{r} \tag{7-59}$$

式中，ν 为泊松比，b 为位错的柏氏矢量，R 为位错应力场作用的半径，r 为位错中心区半径。

在相界面上刃型位错线沿相互垂直的方向构成位错网络结构，如图 7-10 所示，已知位错间距 $D = a_\beta/\delta$，单位面积上位错线的长度为 $2D/D^2 = 2/D$，R 取值约等于 D，则单位面积界面能的结构能项经计算为

$$\sigma_s = \frac{2E_e}{D} = \frac{Gb^2}{4\pi D(1-\nu)}\ln\frac{D}{r} \tag{7-60}$$

对 Cu-Ag 合金而言，如果 $\delta = 0.12$，相界面属于半共格界面，将有关数据代入式(7-60)可得，$\sigma_s \approx 0.35$ J/m^2。一般情况下，半共格界面能为 $0.2 \sim 0.5$ J/m^2。

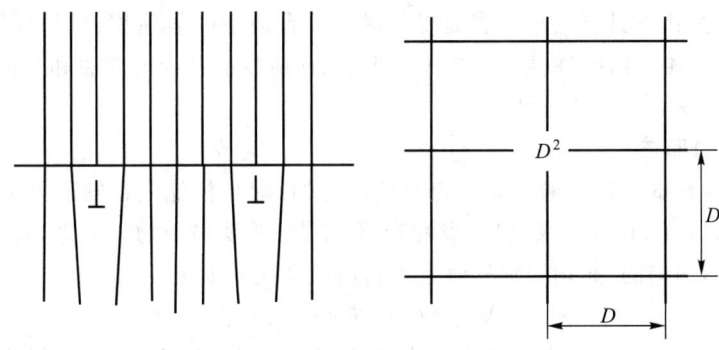

图 7-10 半共格相界面的结构能计算模型

③ 非共格界面能 如果 $\delta > 0.25$，相当于在相界面上每个原子间距就有一个位错，位错中心的严重畸变区几乎重叠，失去共格和半共格的特点，形成非共格相界面，非共格相界面的结构类似于大角度晶界，界面能通常较高，为 $0.5 \sim 1.0$ J/m^2。

（3）弹性应变能

只要保持弹性联系的新相和母相的比容不同或者新相和母相之间存在错配，就会产生弹性应变能，固态相变形成的弹性应变能分为共格应变能与比体积应变能。

① 共格应变能 新相与母相存在错配时，形成的共格界面造成弹性应力场而使系统自由能增加；界面错配度 δ 愈大，共格应变能愈大，如式（7-58）所示。

② 比体积应变能 比体积应变能是由于新相与母相的比容差异造成的。由于比容不同，在新相形成时必然要发生体积变化，造成两相内部产生弹性应变，诱发弹性应变能。两相比容差愈大，产生的弹性应变能愈大，当比容差一定时，弹性应变能取决于新相形状。

假设新相 β 在母相 α 中形成，并且母相 α 较软，诱发的弹性应变全部由 α 相承担；新相与母相均为各向同性，形成非共格相界面。Nabarro 建立了新相旋转椭球体模型，用于计算每个原子的弹性应变能，其中 R、R、y 分别为椭球的三个半轴。

$$\Delta G_e = \frac{2}{3}\mu^\alpha \Delta^2 f\left(\frac{y}{R}\right) \qquad (7\text{-}61)$$

$$\Delta = \frac{\nu^\beta - \nu^\alpha}{\nu^\beta} \qquad (7\text{-}62)$$

式中，μ^α 为 α 相的切变模量；ν^α、ν^β 分别为 α、β 相的原子体积，Δ 定义为体积错配度，$f(y/R)$ 是一个以形状参数 y/R 为变量的函数。

如图 7-11 所示，体积确定时，球状（y/R 趋近于 1）的应变能最高，圆盘状（y/R 趋近于 0）应变能最低，为针状（y/R 趋近于 ∞）时，应变能介于二者之间。

实际上，分析新相形状时，需要兼顾考虑弹性应变能和界面能。当以盘状析出时，应变

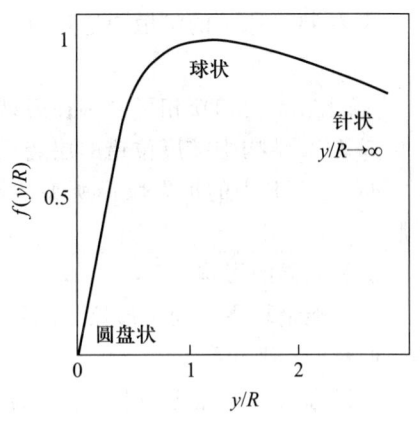

图 7-11 形状因子 y/R 对比体积弹性应变能的影响

能最小,但是盘状不具有最小的表面积。球状具有最小的表面积,可是球体的应变能最大。因此,新相析出时往往采取折中的形状,使应变能和界面能总和为最低值,一般呈现具有一定偏心度的椭球体。

2. 非均匀形核

固态相变基本上都是通过非均匀形核进行的,即晶核优先在缺陷处形成,这是由于各种结构缺陷(如晶界、亚晶界、滑移带、位错、层错及夹杂物界面等)在材料中的分布本身就是不均匀的,非均匀形核时系统自由能变化式如下

$$\Delta G = \Delta G_V V + S_\sigma + V_\omega + \Delta G_d \tag{7-63}$$

与均匀形核的系统自由能变化表达式(7-25)相比,式(7-63)中增加了缺陷能量项 ΔG_d,由于缺陷处能量较高,如果在缺陷处形核从而消除缺陷并释放其能量,则可降低甚至消除形核能垒,因此更有利于形核。ΔG_d 一直小于零,是相变的驱动力。根据缺陷理论,从维度的角度考虑,晶体中的缺陷可以分为点缺陷、线缺陷和面缺陷。其中空位、位错和晶界是三种典型缺陷。下面将按照空位、位错和晶界的顺序对其在固相形核中的作用加以讨论。

(1)空位的影响

空位主要通过以下几种方式间接对形核产生影响。

① 空位团的某一临界尺寸会崩塌成位错环,强化位错对形核的作用。

② 若两相比容差较大,相变阻力增大,难以形核。如果晶体中存在大量空位,能够利用吸收或释放空位来改变两相的比容,有利于加速形核。

③ 针对扩散型相变,原子扩散控制相变过程,而空位可增大置换型溶质原子的扩散系数,有利于形核。

(2)位错的影响

电子显微镜下的观察结果证实位错也是固态相变形核的有利位置,原因如下。

① 位错与溶质原子交互作用形成柯氏气团,使溶质原子偏聚在位错线附近,更大的成分起伏可以促进形核。

② 位错形核有利于消除位错,降低形核功。

③ 位错是原子的扩散快通道,可降低原子的扩散激活能,有利于核胚长大至临界尺寸。

④ 比容不同的新相可分别在刃型位错的拉应力区和压应力区,降低弹性应变能。

⑤ FCC 结构中扩展位错的层错区是 HCP 结构,可作为 FCC→HCP 转变的晶胚。反之亦然,HCP 中的扩展位错所夹的层错区是 FCC 结构,可作为 HCP→FCC 转变的晶胚。

(3)晶界的影响

晶界能量较高有利于形核。晶界形核时,新相与母相界面仅需部分重建,故而晶界是形核的重要位置。

假设母相 α 的晶界为非共格界面,新相 β 与母相 α 间的相界面也为非共格界面。一般而言,两晶粒之间接触相交成面,三晶粒接触相交成棱,四晶粒接触相交成隅。在晶界、晶棱及晶隅上形核各有特点。

在晶界上形核时,晶核形状应满足其表面积与体积之比最小的要求,同时各相之间的界面张力应达到平衡状态,故晶核应为透镜状,如图 7-12 所示。

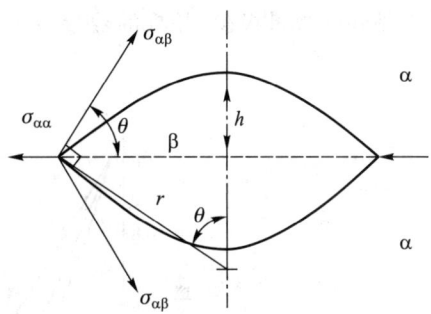

图 7-12 在 α 晶界形成的透镜状 β 晶核

令 ΔG_V 为单位体积两相的吉布斯自由能差,即相变驱动力;V 为晶核体积;$\sigma_{\alpha\alpha}$、$S_{\alpha\alpha}$ 分别为母相的晶界能及晶核中原有的晶界面积;$\sigma_{\alpha\beta}$、$S_{\alpha\beta}$ 分别为晶核与母相间的相界能及晶核与母相间的界面积,由图 7-12 可以获得如下几何关系。

$$\left.\begin{aligned} h &= r(1-\cos\theta) \\ V &= \frac{2}{3}\pi r^3 (2-3\cos\theta+\cos^3\theta) \\ S_{\alpha\alpha} &= \pi r^2 \sin^2\theta \\ S_{\alpha\beta} &= 4\pi r^2 (1-\cos\theta) \end{aligned}\right\} \tag{7-64}$$

根据图中的界面张力平衡可知

$$\sigma_{\alpha\alpha} = 2\sigma_{\alpha\beta}\cos\theta \tag{7-65}$$

如果忽略弹性应变能,则形成一个透镜状晶核引起的系统自由能变化为

$$\Delta G = V\Delta G_V + \sigma_{\alpha\beta}S_{\alpha\beta} - \sigma_{\alpha\alpha}S_{\alpha\alpha} \tag{7-66}$$

式(7-66)中最后一项为晶界能项,将式(7-64)和式(7-65)代入式(7-66),然后令 $\dfrac{\partial G}{\partial r} = 0$,可求出临界半径和形核功

$$r_c = \frac{2\sigma_{\alpha\beta}}{\Delta G_V} \tag{7-67}$$

$$\Delta G_c = \frac{8}{3}\pi(2-3\cos\theta+\cos^3\theta)\frac{\sigma_{\alpha\beta}^3}{\Delta G_V^2} \tag{7-68}$$

大角度晶界类似于非共格相界的结构,界面能相差不大,假设 $\sigma_{\alpha\alpha} = \sigma_{\alpha\beta}$,由式(7-65)中的 $\cos\theta = 1/2$,将其代入式(7-68),可得

$$\Delta G_c = \frac{5}{3}\pi\frac{\sigma_{\alpha\beta}^3}{\Delta G_V^2} \tag{7-69}$$

若取 $\sigma_{\alpha\alpha} = \sigma_{\alpha\beta} = 0.7\ \text{J/m}^2$,则按照式(7-69)求得等效临界半径约为 1 nm,此值远远大于共格界面晶核的临界半径,说明非共格界面晶核形成的难度较大。实际上晶界形核常见的情况是,晶核的一侧与母相晶界形成共格或半共格界面,故而具有较低的界面能,晶核的另一侧与母相形成非共格界面。这样的晶核在生长过程中只能向非共格界面一侧生长,共格一侧很难生长。

图 7-13 给出的相对形核功(即非均匀形核功与均匀形核功之比)与 $\cos\theta(\sigma_{\alpha\alpha}/2\sigma_{\alpha\beta})$ 之间的关系。显而易见,在不同类型界面形核的难易程度差别较大,晶隅处形核最为有利,在晶棱处形核难度居中,在晶界处的形核难度最高。然而在实际晶体中,

由于晶隅的数量极少,晶界的数量最多,所以综合分析可以确定晶界对形核率的贡献最大。

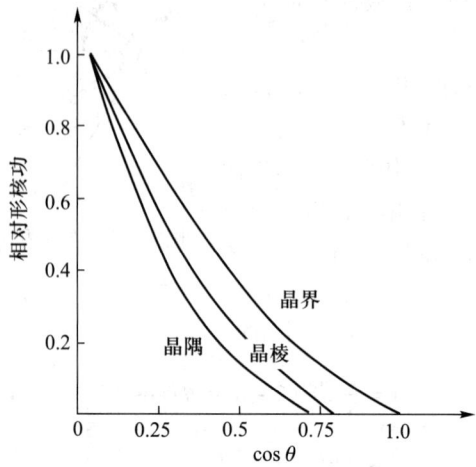

图 7-13　不同类型晶界形核的形核功比较

7.3　晶体长大动力学

对于一级相变来说,新相长大一方面取决于相界面类型,另一方面也受控于原子的迁移方式,从而形成了多种类型的相变。一级相变的长大类型及机制如图 7-14 所示,图中列举了各种长大机制及其具体的相变实例。长大是通过相界面推移进行的,通过控制界面移动的机制分析,长大类型可分为扩散型和非扩散型两种。

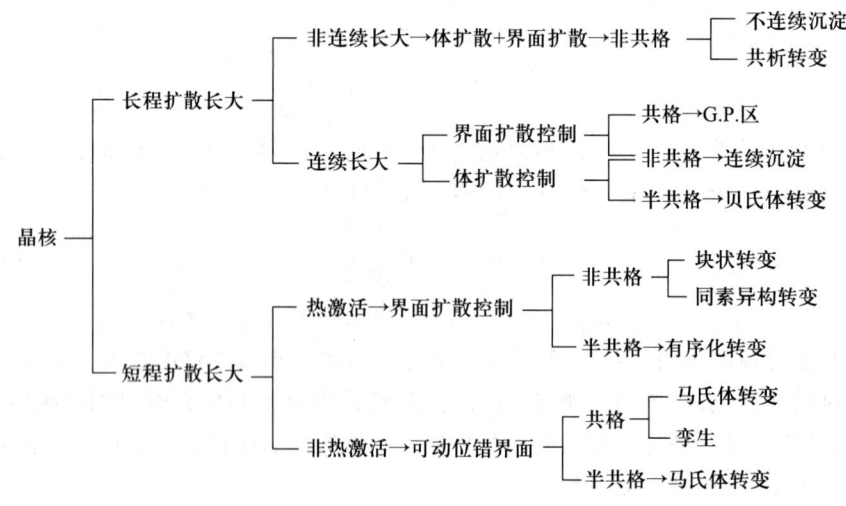

图 7-14　一级相变的长大类型及机制

根据原子扩散距离,又可将扩散型长大分为长程扩散与短程扩散两类。

长程扩散长大包含体扩散控制的长大和界面扩散控制的长大。

短程扩散长大也属于界面扩散控制的长大,它是通过界面上原子快速短程牵动转移到新生相中,所以两相的化学成分不变(或几乎不变),这一点区别于长程扩散的界面控制长大,例如块状转变。

7.3.1 扩散型长大

对于扩散型相变,一旦新相尺寸超过临界尺寸,即可自发长大。新相长大过程就是相界面移动过程,界面移动速度决定了新相的长大速度。扩散型界面移动的速度与界面结构密切相关,若是非共格界面,界面迁移速度受控于体扩散;若是共格或者半共格界面,界面迁移速度受控于界面扩散[5-6]。

1. 体扩散控制的长大

新相长大时,扩散是在含有一定浓度梯度的区间内进行,组元通过组元迁移进行扩散。以过饱和 α 相析出球形 β 相颗粒为例,探讨体扩散控制的长大过程。将成分为 x_0 的合金加热到 α 单相区,再急冷至溶解度曲线以下 T_1 温度保温,球形 β 相将从 α 相中析出。假设 β 相颗粒的半径为 r,并且在 α 相内均匀析出,两相之间保持非共格界面,界面能为各向同性,对应的 A–B 二元合金相图如图 7–15a 所示,探究 β 相颗粒的长大速度。

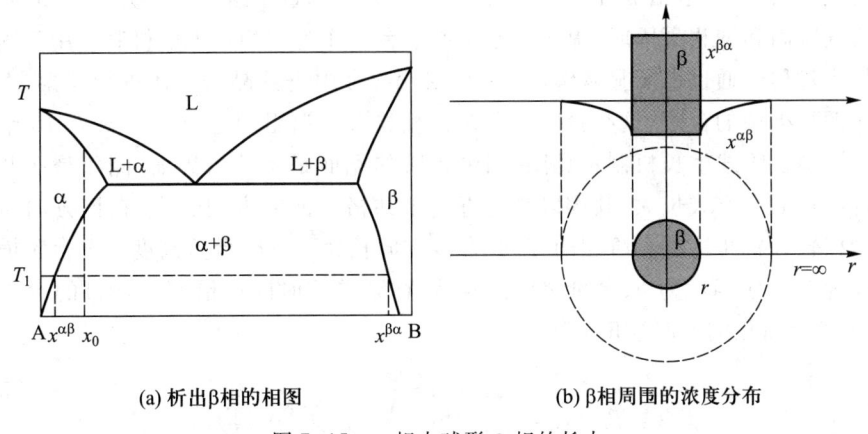

(a) 析出β相的相图　　　　(b) β相周围的浓度分布

图 7–15　α 相中球形 β 相的长大

图 7–15b 是相变过程中合成浓度分布曲线,可见 β 相颗粒周围的 α 相中存在浓度梯度,从而使 B 组元向 β 相颗粒扩散并使之长大。设在 dt 时间内 β 相颗粒半径长大了 dr 距离,β 相颗粒的体积增加了 $Sdr \approx 4\pi r^2 dr$,该体积内含有的总物质的量是 Sdr/V_m^β,其中 S 是 β 颗粒的表面积。V_m^β 是 β 相摩尔体积。根据溶质质量守恒原理,β 相颗粒长大由 α 相中所获得的 B 组元物质的量随时间的变化率为

$$\frac{dm_B}{dt} = \frac{Sdr}{V_m^\beta dt}(x^{\beta\alpha} - x^{\alpha\beta}) \tag{7-70}$$

它应等于在 α 相中向 β 相颗粒扩散所提供的 B 组元物质的量随时间的变化率,根据扩散第一定律得 B 组元的扩散流量为

$$\frac{dm_B}{dt} = \frac{SD^\alpha}{V_m^\alpha} \frac{dx^\alpha}{dr} \tag{7-71}$$

式中,V_m^α 为 α 相摩尔体积;D^α 为 α 相中 B 原子的扩散系数。

如果 α 相的过饱和度较低,可以将这个过程近似为稳态扩散过程,即扩散流量与时间无关。利用式(7-70)和式(7-71)进行化简,并认为扩散距离由 $\gamma \to \infty$ 时,浓度 $x^{\alpha\beta} \to x_0$,经计算可得

$$\frac{dm_B}{dt} = 4\pi r^2 D^\alpha \frac{x_0 - x^{\alpha\beta}}{r} \tag{7-72}$$

$$r^2 = \frac{2D^\alpha \Delta x^\alpha}{x^{\beta/\alpha} - x^{\alpha/\beta}} \frac{V_m^\beta}{x V_m^\alpha} t \tag{7-73}$$

式中,r 称作有效扩散距离,$\Delta x^\alpha = x_0 - x^{\alpha\beta}$ 称为固溶体的过饱和度。可以看出,β 相颗粒尺寸与长大时间呈现抛物线关系。如果在晶界处析出片状 β 相,β 相的厚度随时间的变化也满足抛物线关系。如果材料基体中不存在其他的阻碍因素,很多扩散型长大都符合这种关系。

若将式(7-73)对时间进行微分处理,可获得析出相长大速度。析出相长大速度正比于固溶体过饱和度,故而固溶体析出的驱动力源于过饱和度。

2. 界面扩散控制的长大

新相长大时,扩散沿界面进行,界面移动的方向垂直于组元扩散方向。Aronson 在研究蒸气凝固和液相凝固时,提出了单个原子台阶作为新相长大的机制应用于固态相变的长大过程。通过电子显微镜对 Fe-C 二元合金中先共晶铁素体进行观察,发现其中存在四种类型的台阶,这些台阶都是在新相长大时遇阻而造成的。图 7-16 给出了固态相变中台阶式生长机制示意图,图中台阶的宽面是半共格界面,侧面是非共格界面。若以扩散型方式长大,其难以在垂直于半共格界面的方向长大,在该方向通过原子由母相转入新相造成台阶侧向移动,在该方向长大了一个台阶高度。设台阶横向移动速度为 v,台阶高度为 h,台阶之间距离为 λ,则单位时间内沿宽面通过的台阶数为 $n = v/\lambda$,获得新相的增厚速度 u 为

$$u = nh = \frac{hv}{\lambda} \tag{7-74}$$

由式(7-74)可看出,界面上台阶密度愈大,台阶愈高,有利于新相的快速生长。

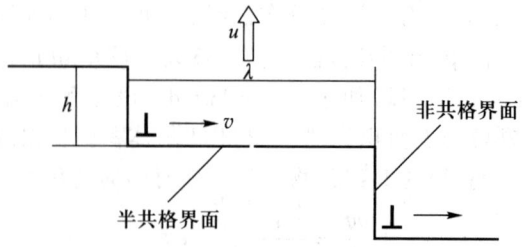

图 7-16   固态相变中台阶式生长机制示意图

台阶的侧向运动同样依靠位错运动进行。如图 7-16 所示,位于每个台阶前沿的

刃型位错的柏氏矢量平行于滑移面,当位错沿滑移面侧向运动时,就会使新相沿法向长大。

由于原子排列的致密性,台阶高度都较小,属于小台阶。但是在固态相变过程中,小台阶逐渐堆积成大台阶,一般称为巨型台阶。许多材料中的巨型台阶已被实验结果所证实。

7.3.2 相变动力学方程

等温相变动力学是反映在一定温度下的相转变量与转变时间的关系,新相的形核率和长大速度是影响相变动力学的主控因素。

1. 形核率与时间无关的等温动力学方程

如果新相在母相中以均匀形核方式形成,在长大时母相成分保持不变,形核率 $\dot{N}$ 和长大速度 u 均不随时间 t 改变。经过推导可得,已转变新相的体积分数与等温时间满足如下关系

$$x_t = \frac{V}{V_0} = 1 - \exp\left(\frac{-\eta N u^3 t^4}{4}\right) \tag{7-75}$$

式中,V_0 材料的原始体积;V 是已经转变的体积;η 为晶核的形状因子,若新相为球形,$\eta = 4\pi/3$。式(7-75)称为约翰逊-梅尔(Johnson-Mehl)方程。

2. 形核率与时间有关的等温动力学方程

通常情况下,固态相变均为非均匀形核,新相的长大速度 u 可以认为是常数,但是形核率 $\dot{N}$ 却是随时间延长而不断衰减,因为固体中优先形核的位置随着相变的进行而逐渐减少。如果单位体积母相中存在 N_0 个可供形核的位置,并且形核位置的数量随时间呈放射性衰减,经过 t 时间的相变之后,能够形核的位置数则为

$$N_t = N_0 \exp(-\nu t) \tag{7-76}$$

式中,ν 为形核的频率,是与时间无关的常数,那么 t 时刻新相的形核率为

$$\dot{N} = N_t \nu = N_0 \nu \exp(-\nu t) \tag{7-77}$$

形核率与时间有关的动力学方程与约翰逊-梅尔方程的推导过程相同,利用上式并经过计算得

当 νt 很大时

$$x_t = 1 - \exp(-\eta N_0 u^3 t^3) \tag{7-78}$$

当 νt 很小时

$$x_t = 1 - \exp(-\eta N_0 u^3 t^4 / 4) \tag{7-79}$$

通常情况下,时间 t 的次方为 3~4,受控于相变类型和形核位置。通常将以上两式合并写成一般形式,即

$$x_t = 1 - \exp(-bt^n) \tag{7-80}$$

式(7-78)、式(7-79)及式(7-80)称为阿夫拉米(Avrami)方程,方程中的系数通过实验进行确定。

7.4　扩散型相变

7.4.1　固溶体的脱溶

脱溶是指从过饱和固溶体中析出新相的过程,也称固溶体的析出或者沉淀。析出相可以是固溶体或者化合物,也可以是溶质原子富集区。

1. 析出条件及分类

由图 7-15 可知,在平衡组织含有固溶体的相图中,固溶体的溶解度一般随着温度降低而减小。如果将成分为 x_0 的合金加热到 α 相的溶解度曲线以上,即相图中的 T_1 温度以上时,在 α 单相区保温一段时间,然后快速降温至 T_1 以下得到过饱和固溶体,这个过程称为固溶处理。过饱和固溶体在热力学处于亚稳定态,随时会发生脱溶转变。能够发生脱溶转变的相图如图 7-17 所示。

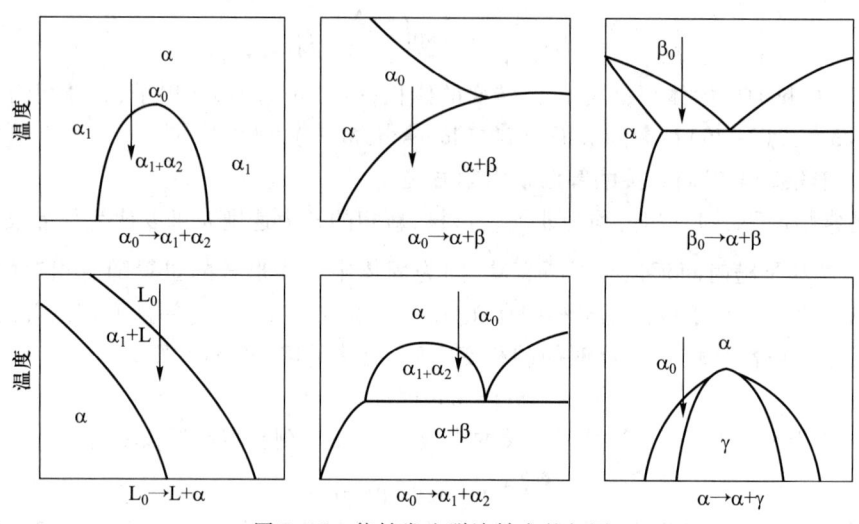

图 7-17　能够发生脱溶转变的相图

固溶体的脱溶转变应满足如下条件:① 固溶体的溶解度随着温度降低而减小;② 原子在脱溶温度下具有较强的扩散能力;③ 固溶体处于过饱和状态。固溶体的脱溶按析出条件和析出的组织特征可以分为如图 7-18 所示的几类。

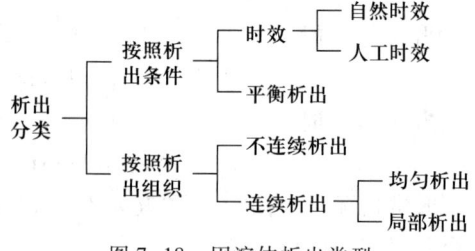

图 7-18　固溶体析出类型

（1）平衡析出与时效

固溶体在溶解度曲线以下缓慢降温或者析出温度接近于固溶度曲线,析出的是平衡相,析出相和母相的成分分别达到各自的溶解度曲线上的平衡浓度,这种析出称为平衡析出。

将固溶体淬冷(或急冷)到远离溶解度曲线的低温时,固溶体来不及进行分解,而析出亚稳定相(或称过渡相),这种非平衡态析出过程称为时效。在许多常见的合金中,时效能显著提高合金的强度和硬度,称为时效强化。时效强化是材料强化的一种重要手段,通过弥散分布在基体中形成沉淀相能够有效阻止晶界和位错运动,从而提高合金强度,进而在生产中得到广泛应用。

(2)连续析出与不连续析出

连续析出是指析出相以孤立的小颗粒在母相中均匀形成并且长大,析出相周围母相的成分是连续变化的。连续析出时,在析出初期或者析出相与基本的晶体结构和晶格常数非常接近时,析出相与基体保持共格关系,一般呈圆盘状、小片状或小球状;在析出后期或者析出相与基体的晶体结构相差太大时,析出相与基体保持非共格关系,一般为等轴状。

如果析出相在母相晶界处形核,同时呈胞状向晶粒内部生长,导致析出相与母相界面处,母相成分发生突变,这样的析出称为不连续析出。

(3)均匀析出与局部析出

析出相均匀地分布在母相中,这样的析出称为均匀析出;如果析出相择优地分布在合金的晶界、非共格孪晶界、滑移面等缺陷处,这种析出称为局部析出。连续析出既可以是均匀析出(过冷度较大时),也可以是局部析出(过冷度较小时),有时两种析出方式同时存在。

2. 连续析出

(1)连续析出的条件

Al-Cu 合金在降温过程中经常发生连续析出,被最早用来研究时效及时效强化过程。现以 Al-4% Cu 合金为例研究其连续析出过程,如图 7-19 所示。合金在室温下的平衡组织是 α 相和 θ 相的混合组织,其中 α 相是以 Al 为溶剂、Cu 为溶质形成的置换固溶体,θ 是金属间化合物 $CuAl_2$。将合金加热到 550 ℃并保温一段时间,θ 相全部溶入到 α 中形成单相 α 固溶体,快速降温得到过饱和 α 固溶体,然后在不同条件下进行等温时效处理,利用合金硬度随时效时间的变化来研究连续析出过程。根据图 7-20 的结果,可以获得如下规律:

① 合金未时效之前(过饱和 α 固溶体)的硬度很低;

② 合金硬度随时效时间的延长而升高,出现两个峰值,超过一定失效时间,硬度开始下降,称为过时效;

③ 时效温度对合金硬化具有显著作用,时效存在一个最佳温度,需要通过实验进行确定。

(2)连续析出过程及过渡相结构

在许多合金中,过饱和固溶体的连续析出都要经历一个复杂的过程,也就是获得平衡相之前,先形成一个或几个过渡相。Al-4% Cu 合金在适当温度进行时效处理,析出相的完整顺序为

G. P. 区→θ″→θ′→θ

先于平衡相 θ 之前析出的 G. P. 区、θ″、θ′都是过渡相,在每种析出相析出时,基体成分也发生相应的变化。应用电子显微镜及 X 射线衍射等技术手段,明确了析出相

的组织和结构。

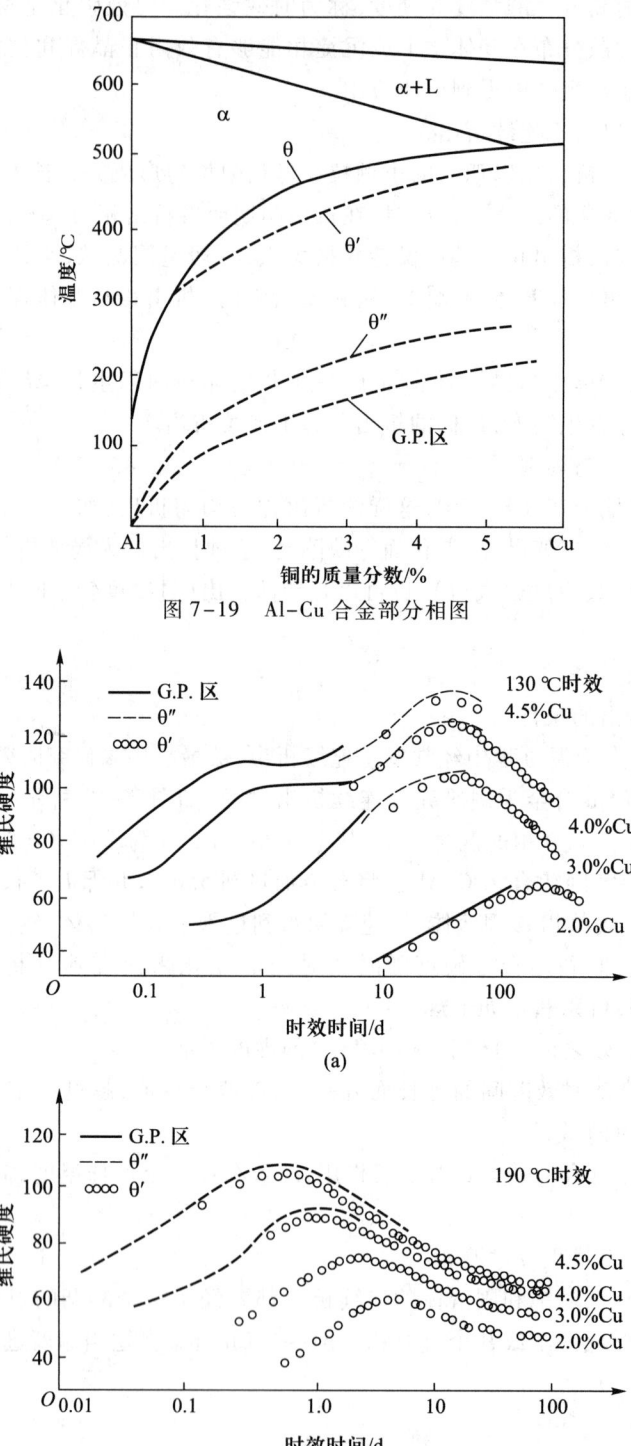

图 7-19　Al-Cu 合金部分相图

图 7-20　不同含铜量的 Al-Cu 合金时效硬化曲线

① G. P. 区　溶质原子偏聚区,在母相$\{100\}_\alpha$晶面上形成 Cu 原子富集区,在该区域 Cu 原子平均浓度为 90%,偏聚区的晶体结构与 α 相相同(α 为 FCC 结构,晶格常数 $a = b = c = 0.404$ nm),由于 Cu 与 Al 原子半径有所差别,导致富集区产生一定的点阵畸变。G. P. 区与基体保持完全共格关系,呈圆盘状,直径约为 8 nm,厚度仅为 0.3 ~ 0.6 nm,它们均匀地分布在 α 相基体上。1938 年 Guinier 和 Preston 各自独立用 X 射线单晶衍射方法发现该区域,故将其称为 G. P. 区。

② θ''相　通过均匀形核在 α 相中独立生成,也可通过 G. P. 区转换而来,是一个真正的过渡相。其成分接近于 $CuAl_2$,具有正方点阵,$a = b = 0.404$ nm,$c = 0.78$ nm(c 为垂直片状方向)。θ''相的惯习面为$\{001\}_\alpha$,呈圆盘状,厚度约为 2 nm,直径约为 30 nm,形状类似于 G. P. 区。它与基体的空间位向关系如下

$$\{001\}_{\theta''} /\!/ \{001\}_\alpha$$
$$<100>_{\theta''} /\!/ <100>_\alpha$$

由于 θ''相和 α 相的晶体结构和晶格参数的巨大差异,因此在界面区域内产生很大的点阵畸变,起到提高合金硬度与强度的作用。

③ θ'相　晶体结构类型也是正方结构,θ'相的形核是非均匀的,通常在位错线或者亚组织边界上,成分接近于 $CuAl_2$,$a = b = 0.404$ nm,$c = 0.58$ nm。θ'相的惯习面和位向关系与 θ''相同,呈圆盘状,直径在 100 nm 以上。由于圆盘析出物的宽面为共格或非共格,侧面已经变为非共格,所以界面附近的点阵畸变减弱,导致弱化了合金硬度。

④ θ 相　为平衡相,成分为 $CuAl_2$,具有正方点阵,$a = b = 0.606$ nm,$c = 0.487$ nm。难以存在与基体匹配的晶面,导致界面处点阵畸变减弱,合金软化效果显著。

图 7-21 给出了 Al-Cu 合金的母相、过渡相和平衡相的晶体结构及组织示意图。根据上述分析,即可对图 7-20 中 Al-Cu 合金在不同温度时效产生的现象给予解释。130 ℃时效时,G. P. 区的形成使合金硬度升高,形成时效曲线的第一个峰值。继续延长时效时间,由于 θ''相的析出,使硬度再次升高,从而使时效曲线出现第二个峰值。然而时效时间过长,导致 θ''相逐渐溶解,θ'相开始形成,当 θ''全部转变为 θ'时,由于点阵畸变程度的减弱,合金硬度不升反降,出现过时效现象。而在 190 ℃时效时,由于温度较高,并未出现 G. P. 区,直接析出 θ''相,时效曲线上只有一个峰值。因此,时效温度过高会导致合金硬度下降,容易产生过时效。时效温度过低时,原子扩散速度缓慢,也不利于时效。时效温度、时效时间以及合金的成分直接影响析出产物的形成、析出相类型和性能,最佳的时效温度、时效时间需要通过实验加以确定。

表 7-1 列出了部分常见合金的析出相及析出惯序。不难发现,由于每种合金的性质不同,析出产物的形貌和析出惯序存在较大差异。低温时效时,相变阻力较大,不利于过渡相和平衡相的析出,有利于形成 G. P. 区;但是在有些合金中,G. P. 区和过渡相未必出现。

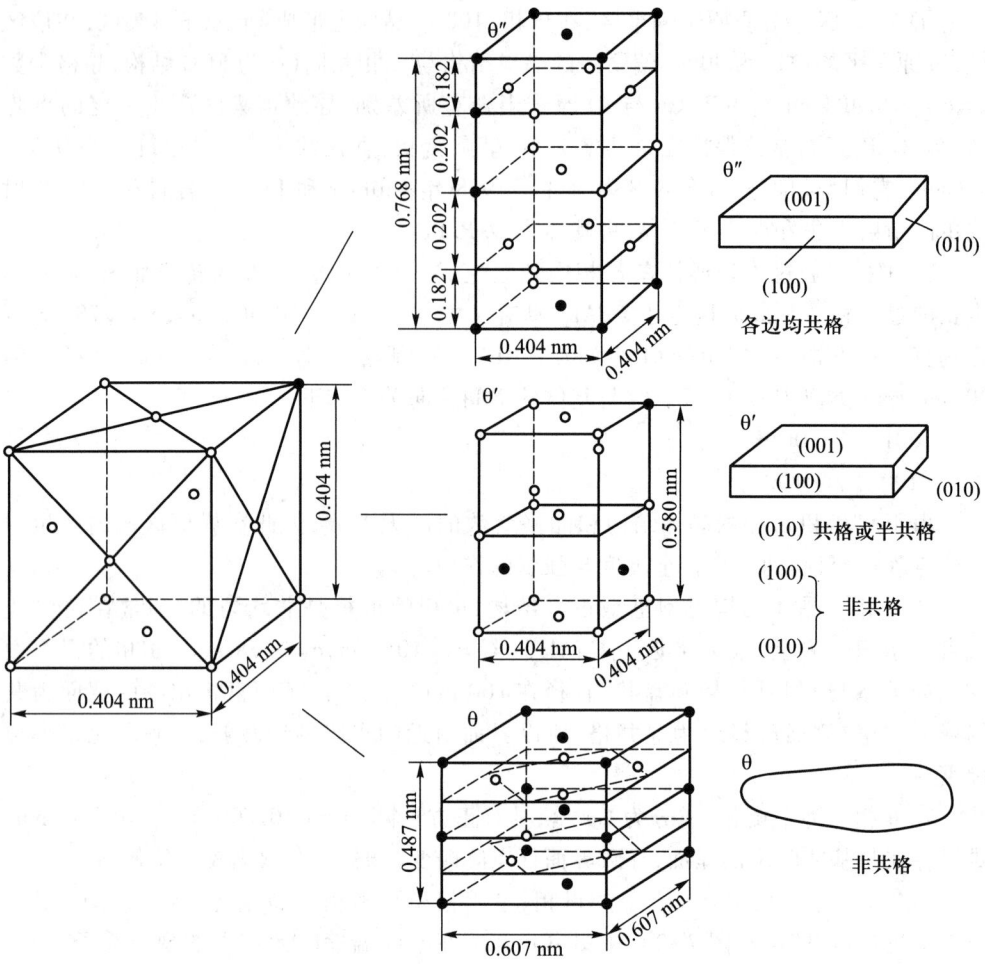

图 7-21 Al-Cu 合金的母相、过渡相和平衡相的晶体结构及组织示意图

表 7-1 部分常见合金的析出相及析出惯序

基体金属	合金	析出惯序
Al	Al-Ag	G. P. 区（球状）→γ′（片状）→γ（Ag₂Al）
	Al-Cu	G. P. 区（盘状）→θ″（盘状）→θ′（片状）→θ（CuAl₂）
	Al-Cu-Mg	G. P. 区（棒状）→S′（条状）→S（CuMgAl₂）
	Al-Zn-Mg	G. P. 区（球状）→η′（片状）→η（MgZn₂）
	Al-Mg-Si	G. P. 区（棒状）→β′（棒状）→β（Mg₂Si）
Cu	Cu-Be	G. P. 区（盘状）→γ′→γ（CuBe）
	Cu-Co	G. P. 区（球状）→β（Co）
	Cu-Cr-Zr-Mg	G. P. 区（Ⅰ）→G. P. 区（Ⅱ）→BCC 有序富 Cr 相
Fe	Fe-C	ε-碳化物（盘状）→Fe₃C
	Fe-N	α″（盘状）→Fe₄N

1）G. P. 区的形成速度

G. P. 区是通过原子扩散形成的,测量其形成时间就可以计算溶质原子的扩散系数。研究人员对 Al-2% Cu 合金 G. P. 区的形成过程进行了研究。将合金加热至 520 ℃ 生成 α 相保温后急剧降温,继而在室温下进行时效处理,测量出 Cu 原子在 3 h 内平均迁移了 4×10^{-7} cm,根据菲克定律,获得 Cu 在 Al 中的扩散系数为 2.8×10^{-18} cm²/s。此数值比 Cu 在室温下的扩散系数 2.3×10^{-25} cm²/s 大约提高了 1.2×10^{7} 倍。由此揭示了固溶体经固溶处理后可显著提高空位浓度。据此获知,G. P. 区初期形成速度取决于过饱和空位浓度,由于过饱和空位浓度随时间延长而呈指数衰减,G. P. 区的形成速度也会随时间逐渐衰减。

2）析出相粒子的长大驱动力

析出相析出初期,由于晶核曲率半径较小,因此影响固溶体基体的平衡浓度,进而影响析出相的长大。当粒状析出相 β 从 α 基体中析出时,由于粒子与基体之间存在相界面,设 A 为界面面积,σ 为比界面能,按前面的式(7-16),则系统的自由能变化应该增加界面能一项,即

$$dG = -SdT + Vdp + \sum_{i=1}^{n} \mu_i dn_i + \sigma dA \qquad (7-81)$$

对于 A-B 二元合金,在恒温恒压条件下,系统的平衡条件简化为

$$\mu_A dn_A + \mu_B dn_B + \sigma dA = 0 \qquad (7-82)$$

在 β 粒子从 α 基体中析出时,如果有 dn_B mol 的 B 组元从 α 相转移到 β 相,则此过程只改变了 B 组元物质的量,而 A 组元物质的量 n_A 没有变化,即 $dn_A = 0$。因此,β 相增加了 dn_B mol,α 相减少了 dn_B mol,则上式变为

$$\mu_B^{\beta} dn_B - \mu_B^{\alpha} dn_B + \sigma dA = 0 \qquad (7-83)$$

或者

$$\mu_B^{\alpha} = \mu_B^{\beta} + \sigma \frac{dA}{dn_B} \qquad (7-84)$$

假设析出相 β 为半径为 R 的球体,Ω 为 β 相的摩尔体积,V 为 β 相体积。对球形粒子有关系式,$dA/dV = 2/R$,将此关系式代入式(7-84)经过推导,可得

$$\mu_B^{\alpha}(R) = \mu_B^{\beta} + \frac{2\Omega\sigma}{r} \qquad (7-85)$$

根据式(7-85)可得,在 α 基体中析出 β 相粒子时,在相界面处 α 基体中 B 组元的化学势随 β 相粒子的曲率半径而变,β 相粒子半径愈小,基体中 B 组元的化学势愈高。

设在 α 相中存在半径分别为 r_1 及 r_2 两个 β 相粒子,相互邻近,如图 7-22 所示。由式(7-85)得二者的化学势差

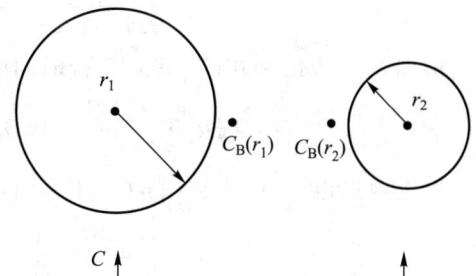

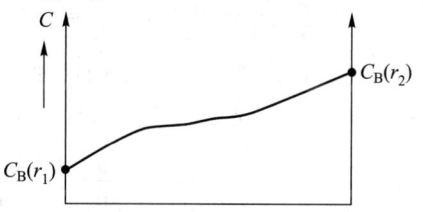

图 7-22　不同半径的粒子间浓度分布

$$\Delta\mu_\beta^\alpha = \mu_\beta^\alpha(r_2) - \mu_\beta^\alpha(r_1) = 2\Omega\sigma\left(\frac{1}{r_2} - \frac{1}{r_1}\right) \tag{7-86}$$

根据式(7-86),小粒子周围 B 组元的化学势高于大粒子周围 B 组元的化学势,导致 B 原子由小粒子向大粒子扩散,导致小粒子逐渐缩小直至消失,而大粒子长大,式(7-86)为析出相粒子长大的驱动力。

3) 溶质浓度分析

下面讨论两个不同尺寸粒子间的溶质原子的浓度分布。根据拉乌尔定律

$$\mu_i = \mu_i^0 + RT\ln a_i \tag{7-87}$$

式中,i 组元的活度 $a_i = \gamma_i C_i$,γ_i、C_i 分别为活度系数和浓度。因此

$$\Delta\mu_\beta^\alpha = \mu_\beta^\alpha(r_2) - \mu_\beta^\alpha(r_1) = RT\ln\frac{C_2}{C_1} \approx RT\frac{C_2 - C_1}{C_1} \tag{7-88}$$

令式(7-86)和式(7-88)相等,可获得 α 基体中大小粒子之间的浓度差

$$C_2 - C_1 = \frac{2\Omega\sigma C_1}{RT}\left(\frac{1}{r_2} - \frac{1}{r_1}\right) \tag{7-89}$$

α 相中的浓度分布如图 7-22 所示。

假设 $r_1 = \infty$,$r_2 = r$,相应的浓度 $C_1 = C_\infty$,$C_2 = C$,则式(7-89)转变为

$$C = C_\infty\left(1 + \frac{2\Omega\sigma}{RTr}\right) \tag{7-90}$$

这就是在基体中析出第二相粒子时粒子表面浓度随粒子半径的变化关系。显而易见,颗粒尺寸愈小,其表面溶质浓度愈高。

4) 长大速度

当析出相全部析出后,因为析出顺序存在差异,粒子的尺寸也有所不同,出现了大粒子吞并小粒子的现象。粒子的长大过程是通过溶质原子在基体中扩散进行的。

根据物质平衡原理和溶质原子在母相中的扩散分析可以推导出粒子的长大速度。当半径为 r_1 的粒子在 dt 时间内长大 dr_1 距离,则粒子长大速度为

$$\frac{dV_1}{\Omega dt} = \frac{d\left(\frac{4}{3}\pi r_1^3\right)}{\Omega dt} = \frac{4\pi r_1^2}{\Omega}\times\frac{dr_1}{dt} \tag{7-91}$$

根据式(7-71)和式(7-89),单位时间内,基体向粒子扩散的溶质原子流量为

$$4\pi R_1^2 D^\alpha\frac{C_2 - C_1}{C_1} = 4\pi D^\alpha R_1\frac{2\Omega\sigma C_1}{RT}\left(\frac{1}{r_2} - \frac{1}{r_1}\right) \tag{7-92}$$

以上两式相等,并且令 $C_1 = C_\infty$,C_∞ 即析出相的平衡溶解度,得粒子的长大速度为

$$\frac{dr_1}{dt} = \frac{2D^\alpha(\Omega)^2\sigma C_\infty}{RTr_1}\left(\frac{1}{r_2} - \frac{1}{r_1}\right) \tag{7-93}$$

在正常长大情况下,粒子的尺寸分布比较均匀,有些粒子长大,有些粒子缩小,而有些粒子不变,假设粒子 2 代表颗粒分布中的平均颗粒,即 $r_2 = \bar{r}$,式(7-93)变为

$$\frac{dr}{dt} = \frac{2D^\alpha(V_B^m)^2\sigma C_\infty}{RTr}\left(\frac{1}{\bar{r}} - \frac{1}{r_1}\right) \tag{7-94}$$

从式(7-94)可以得到如下结论

① 当 $r=\bar{r}$ 时，$\dfrac{\mathrm{d}r}{\mathrm{d}t}=0$，粒子无法长大；

② 当 $r<\bar{r}$ 时，$\dfrac{\mathrm{d}r}{\mathrm{d}t}<0$，小粒子溶解；

③ 当 $r>\bar{r}$ 时，$\dfrac{\mathrm{d}r}{\mathrm{d}t}>0$，大粒子长大；

④ 当 $r=2\bar{r}$ 时，$\dfrac{\mathrm{d}r}{\mathrm{d}t}$ 最大，粒子长大速度最快；

⑤ 在长大过程中，由于小粒子溶解，大粒子长大，粒子总数减少，平均粒子半径增大。$\bar{r}$ 会增加，如果 $r>2\bar{r}$，长大速度则会逐渐降低，图 7-23 给出了相变新生相粒子长大速度与粒子半径的关系。

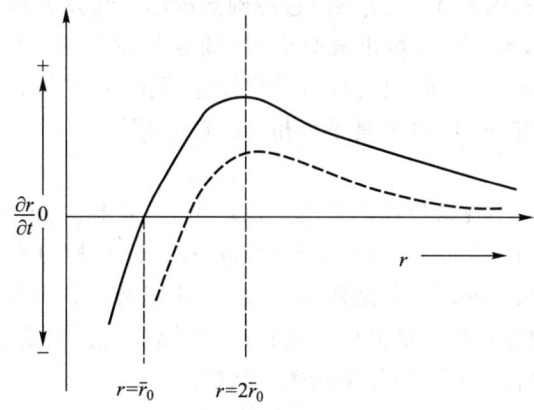

图 7-23 相变新生相粒子长大速度与粒子半径关系

为降低粒子长大速度，需降低溶质原子扩散系数 D^{α}、比界面能 σ 以及析出相的平衡溶解度 C_{∞}，这是发展耐热合金及高温合金的有效手段。例如，镍基合金中的 γ' 相 $[Ni_3(Al,Ti)]$ 与基体之间的 σ 很小；钨基和镍基合金中加入 ThO_2，则导致 C_{∞} 很小，铁素体耐热钢中合金碳化物的扩散系数很小，这些实例都是对上述理论的验证。

温度对第二相粒子的长大速度具有重要影响，从式（7-94）可以看出，升温似乎将降低长大速度，然而扩散系数 $D=D_0\exp(-Q/RT)$ 与温度呈指数增加，最终导致升温促进粒子长大。

3. 不连续析出

（1）不连续析出的特征

在部分合金中，析出相在晶界形核，随后既不是沿着晶界长成仿晶界形，也不是向晶粒内生长形成针状或者片状的魏氏组织，而是形成如图 7-24a 所示的胞状组织，反应前沿接近球形，与基体之间有明显的界面。胞状组织只向晶界的一侧生长，说明胞状组织与不向其长大的晶粒具有共格关系，界面的可动性低；与向其长大的晶粒具有共格关系，界面的可动性高。类似于珠光体的组织，胞状组织也是两相相间分布的层片状组织。

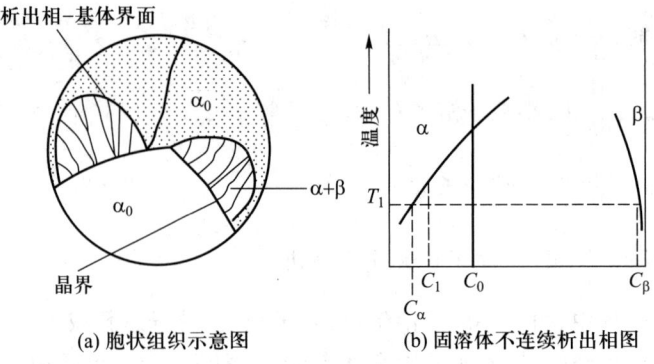

图 7-24 胞状组织示意图和固溶体不连续析出相图

将成分为 C_0 的 α 固溶体(记为 α_0)过冷到溶解度曲线以下的某一温度 T_1 发生不连续析出时,如图 7-24b 所示,析出成分为 C_1 的 α 固溶体(记为 α_1)和 β 相的混合物。α_1 的晶体结构与 α_0 相同,但是溶质成分较低,同时浓度高于 T_1 温度下的平衡浓度 C_α,即有一定的过饱和度,而 β 是平衡相,反应式如下

$$\alpha_0 \rightarrow \alpha_1 + \beta$$

不同于连续析出,不连续析出总是产生稳定相(如 β 相),而不是亚稳相。胞状组织中的 α_1 与基体 α_0 在界面存在成分不连续和晶体空间位相的不连续性。

胞状析出过程中,溶质原子扩散距离较短,与连续析出具有很大的不同点。同时胞状析出大部分出现在置换固溶体中。通常,不连续析出会干扰连续析出,使析出相分布不均匀,弱化材料的强度,应尽量避免胞状析出。

(2)脱溶胞的生长

不连续析出与连续析出一样,纵然都是扩散型相变,但是原子的扩散距离差异显著。发生连续析出,界面扩散通量大,受控制于体扩散;胞状析出扩散范围小,与片层间距为同一个数量级,主要受控于界面扩散。

假想胞状组织-基体界面是厚度为 λ 的平面,其侧面宽度为 1。胞状组织向基体中长大时,相当于成分为 C_0 的 α_0 基体进入界面,同时 α_1 相和 β 相离开界面。在脱溶胞基体界面中溶质原子通过界面扩散从 α_1 相前沿扩散至 β 相前沿,如图 7-25 所示,设 β 相厚度为 d_β,β 相与界面交界的面积为 $d_\beta \times 1 = d_\beta$,由于 β 相与其相邻 α 相在界面处达到局部平衡,因此 β 相前沿界面浓度为平衡浓度 C_α,则 β 相获得溶质原子的通量为

$$J_\beta = \frac{1}{d_\beta} \times \frac{dm}{dt} = v(C_\beta - C_\alpha) \approx R(C_\beta - C_0) \tag{7-95}$$

式中,dm/dt 为 β 相获得溶质原子的流速;v 为界面向母相的迁移速度,浓度单位是体积浓度。

此外,在胞状组织—基体界面中,溶质原子可以从两侧向 β 相片层进行扩散。界面扩散从 α_1 片中线开始,沿着界面向两侧进行,因为与 α 相相比,β 相很薄,所以在界面中溶质原子的扩散距离近似为 $d/2$,其中 d 为胞状组织层片间距。在 α 中线处的界面浓度为 C_0,β 相前沿界面浓度为 C_α,界面中的溶质浓度梯度为 $2(C_0 - C_\alpha)/d$,令 D_B 为溶质原子的界面扩散系数,则通过界面扩散提供给 β 相溶质原子的通量为

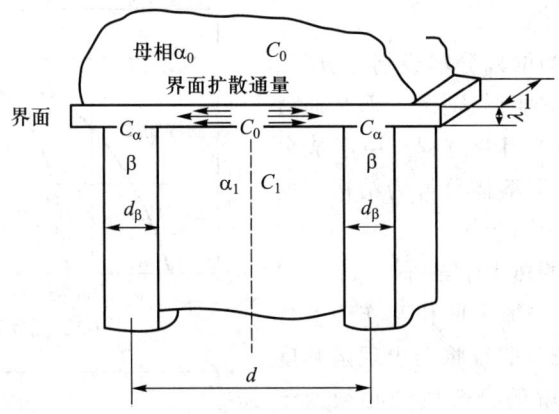

图 7-25 胞状组织长大模型

$$J_\beta = \frac{1}{2\lambda} \cdot \frac{\mathrm{d}m}{\mathrm{d}t} = D_B \frac{2(C_0 - C_\alpha)}{d} \tag{7-96}$$

在稳态扩散条件下,通过界面扩散提供给 β 相的溶质原子等于 β 相获得溶质原子的速度,根据式(7-95)和式(7-96)可以获得界面推移速度

$$v = \frac{4 D_B \lambda}{d d_\beta} \cdot \frac{C_0 - C_\alpha}{C_\beta - C_0} \tag{7-97}$$

根据质量守恒原理,转变之前的基体成分与转变之后的 α 相和 β 相成分之和相等,即

$$C_0 d = C_\beta d_\beta + C_1 (d - d_\beta)$$

解得

$$\frac{d_\beta}{d} = \frac{C_0 - C_1}{C_\beta - C_1} \tag{7-98}$$

令

$$Q = \frac{C_0 - C_1}{C_0 - C_\alpha} \tag{7-99}$$

Q 表示 α_1 的浓度偏离平衡浓度的程度,可以通过实验测量;若 $C_1 \rightarrow C_\alpha$,则 $Q \rightarrow 1$。将式(7-98)和式(7-99)代入式(7-97),则

$$v = \frac{4 D_B \lambda}{Q d^2} \cdot \frac{C_\beta - C_1}{C_\beta - C_0} \tag{7-100}$$

通常情况下,$C_\beta \gg C_1$,$C_\beta \gg C_0$,则式(7-100)可简化为

$$v = \frac{4 D_B \lambda}{Q d^2} \tag{7-101}$$

根据晶界扩散模型可知,v 正比于 D_B / λ^2,这一点区别于体扩散,体扩散中 v 正比于 D / λ,其中 D 为体扩散系数。同时不难看出,界面扩散系数越大,层片间距越薄,胞状组织的生长速度越快。

胞状析出通常发生在高度过饱和的固溶体中,形核困难,然而一旦形核,其生长速度较快,这是因为胞状组织的生长是依靠胞与基体之间的短程界面扩散进行的。

4. 调幅分解

调幅分解又称为增幅分解或拐点分解，其特点是相变时不需要形核长大，而是通过自发的成分起伏完成相变过程。由于成分起伏不断增加，导致固溶体分解为结构相同而成分不同的非均匀固溶体[7]。

（1）调幅分解的热力学条件

在二元合金中，当原子间相互作用参数 $\Omega_0>0$ 时，自由能-成分曲线将会出现溶解度间隙。发生调幅分解的合金成分必须处于自由能-成分曲线的两个拐点之间。图7-26b给出了对应于图7-26a中 T_2 温度下的自由能-成分曲线，其中，x_1、x_2 是公切线上的两个切点，x_3、x_4 是一对拐点，当合金成分 $x<x_1$ 或 $x>x_2$ 时，合金为单相 α 固溶体；当 $x_1<x<x_2$ 时，α 固溶体处于不稳定状态，分解为 α_1 和 α_2 两种成分不一的固溶体，从而使体系的自由能降低。在图7-26a中，相图中外圈实线为溶解度曲线，内圈实线为调幅

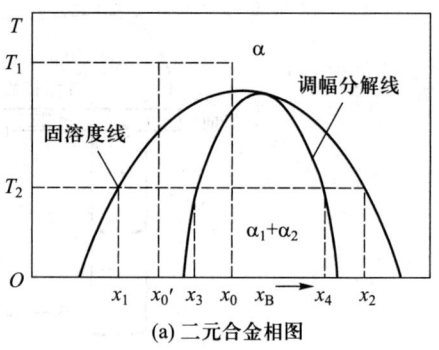

(a) 二元合金相图

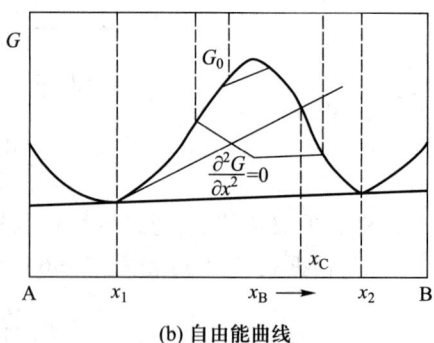

(b) 自由能曲线

图7-26　调幅分解的模型

分解线，只有合金成分位于自发分解线内才能发生调幅分解。

当成分为 x_0' 的合金在 α 相区保温后快速降温至溶解度曲线和调幅分解线之间的某一状态，合金中任何少量的成分变化，都将导致系统自由能升高，只有通过形核与长大析出第二相才能降低体系的自由能；将成分为 x_0 的合金加热之后降温至 T_2 温度，因为合金成分点在调幅分解线内侧，任何微弱的成分起伏，都将降低系统自由能，固溶体将通过上坡扩散的方式自发分解。因此，若发生调幅分解，合金的成分点必须位于自由能-成分曲线的两个 $\partial^2 G/\partial x^2=0$ 的拐点之间，分析如下。

将成分为 x 的固溶体过冷到调幅分解线内侧的某一温度时，如果发生微小的成分起伏，均匀成分 x 变为成分为 $x+\Delta x$ 和 $x-\Delta x$ 的两部分，则系统自由能变化为

$$\Delta G_V = \frac{1}{2}\left[G(x+\Delta x)+G(x-\Delta x) \right]-G(x) \tag{7-102}$$

按泰勒级数展开，则

$$\Delta G_V = \frac{1}{2}\left[G(x)+\frac{\partial G}{\partial x}\Delta x+\frac{1}{2}\times\frac{\partial^2 G}{\partial x^2}(\Delta x)^2+\cdots+G(x)-\frac{\partial G}{\partial x}\Delta x+\frac{1}{2}\times\frac{\partial^2 G}{\partial x^2}(\Delta x)^2-\cdots \right]-G(x)$$

$$\approx \frac{1}{2}\times\frac{\partial^2 G}{\partial x^2}(\Delta x)^2 \tag{7-103}$$

由于合金成分位于调幅分解线以内，$\partial^2 G/\partial x^2<0$，所以 $\Delta G_V<0$，说明成分起伏可降低合金的自由能，固溶体将自发分解为包含许多成分为 $x+\Delta x$ 和 $x-\Delta x$ 的微区组成的不均匀固溶体，成分波动 Δx 越大，$|\Delta G_V|$ 越大，调幅分解的速度越快，根据扩散理论，

发生调幅分解过程中将发生溶质原子的上坡扩散。

经过前面的分析可知,大部分合金中的 G. P. 区就是借助调幅分解形成的,与一般的脱溶转变有较大差异,调幅分解产生的溶质原子的富集区和贫化区之间无明显界面,其晶体结构相同,成分变化连续。如果仅从自由能角度考虑,忽略界面能和弹性应变能,调幅分解不存在形核功,无需克服热力学能垒,其生长是通过上坡扩散自发进行的,从而两个区的成分差异愈来愈大,直至完成分解。

调幅分解所形成的贫、富微区尺寸很小,为 5 ~ 10 nm,如果进行充分扩散,调幅分解速度很快,快冷通常难以抑制调幅分解,由于贫、富区间以共格界面的形式存在,调幅分解可以提高材料的强度。

(2)调幅分解的充分条件

当固溶体降温到调幅分解线以内时,驱动力 $\Delta G_v < 0$,从而为调幅分解提供了必要条件,然而这并不代表调幅分解一定可以发生,究其原因是调幅分解还存在着其他的阻力,如梯度能和弹性应变能。若发生调幅分解,固溶体中将形成尺寸很小的溶质原子贫、富区,在贫、富区之间的浓度梯度将会越来越大,从而影响原子间的化学键,导致原子的化学势升高,该能量称为梯度能,梯度能将在一定程度上阻碍调幅分解。发生调幅分解的同时,固溶体的点阵常数也将随成分变化而改变,如果溶质原子贫富区要保持共格关系,势必导致点阵发生弹性畸变而产生共格应变能。

因此,发生调幅分解时贫、富区尺寸越小,则浓度梯度越大,所产生的梯度能和共格应变能就越大。调幅分解与过饱和固溶体脱溶分解具有较大的区别,如表 7-2 和图 7-27a、b 所示。

表 7-2　调幅分解、形核长大两种脱溶方式的对比

脱溶类型	自由能-成分曲线特点	脱溶条件	形核特点	新相成分结构特点	界面特点	扩散方式	转变速度	颗粒尺寸
形核长大	凹型	过冷度、克服临界尺寸	形核	成分、结构均改变	明晰	下坡	慢	大
调幅分解	凸型	自由涨落	非形核	仅成分变化、晶体结构不变	无明显界面	上坡	快	小

7.4.2　奥氏体转变

钢在加热时发生的奥氏体转变也是一种典型的扩散型相变,该相变也是通过形核和长大过程完成的。奥氏体的形成及其晶粒尺寸对随后冷却时的转变产物及性能具有较大的影响。将钢加热到某一临界温度以上,将部分或者全部转变为奥氏体。

奥氏体是碳溶于 γ-Fe 形成的间隙固溶体,具有 FCC 结构。碳在其中的溶解度最高可达 2.11%。一般情况下,奥氏体具有良好的塑形、韧性以及较小的比容,因此在奥氏体转变时将会影响体积的变化。钢在加热时,奥氏体化的过程包含奥氏体晶核形成、奥氏体晶核长大、残余渗碳体溶解以及奥氏体均匀化四个过程。

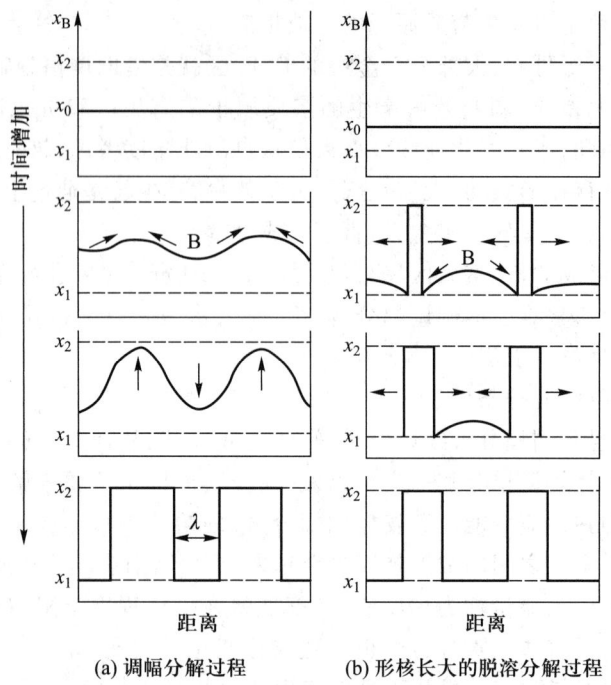

(a) 调幅分解过程　(b) 形核长大的脱溶分解过程

图 7-27　调幅分解过程及形核长大的脱溶分解过程

（1）奥氏体晶核形成

钢在加热时，奥氏体转变前后各相的晶体结构及其碳的质量分数将发生变化，因此奥氏体形核过程除了具有能量起伏和结构起伏之外，还具有极大的成分起伏。由于在界面处原子能量高，扩散快，成分波动大，导致铁素体和渗碳体相界面处优先形核。温度愈高，加热速度愈快，愈有利于形核。

（2）奥氏体晶核长大

完成形核之后，除了已有的铁素体/Fe_3C 界面之外，还产生了奥氏体/铁素体界面和奥氏体/Fe_3C 界面。由于奥氏体/Fe_3C 界面处奥氏体的碳的质量分数高于奥氏体/铁素体界面处奥氏体中的碳的质量分数，导致碳原子从奥氏体/Fe_3C 界面向奥氏体/铁素体界面迁移，Fe_3C 不断溶解，奥氏体不断长大。

（3）残余渗碳体溶解

Fe_3C 的碳的质量分数远高于铁素体的碳的质量分数，说明 Fe_3C 溶解速度要比铁素体缓慢得多，所以铁素体全部转变为奥氏体之后，仍将有部分渗碳体未溶解，需要进一步加热，才能使 Fe_3C 完全溶解。

（4）奥氏体均匀化

当铁素体和 Fe_3C 完全转变为奥氏体之后，碳原子在奥氏体中是非均匀分布的，原来 Fe_3C 存在的地方碳的质量分数高，铁素体存在的地方碳的质量分数低，需要对其进行长时间保温方可获得成分均匀的奥氏体。

为了使钢展现出不同的性能，需要对均匀化的奥氏体进行冷却处理，在不同温度下进行冷却时将会分别进行珠光体转变（扩散型相变）、贝氏体转变（半扩散型相变）

以及马氏体转变(非扩散型相变)。

7.4.3　珠光体转变

1. 概述

共析转变与共晶型转变类似,它是在共析相图上将合金加热到共析温度以上,并且进入到固溶体单相区,然后以缓慢速度冷却至共析温度(平衡结晶),或者过冷至共析温度以下的伪共析区(不平衡结晶)。母相固溶体以相互协作的方式生成两个成分和结构都不同的固相的过程,反应式可以表示如下。

$$\gamma \rightarrow \alpha + \beta$$

共析转变与共晶转变有一定的相同点,也就是它们的形核、长大过程及组织极其相似,属于典型的扩散型相变,差别是共析转变是固态相变,原子扩散难度大,转变速度慢,甚至在冷却速度较快或者低温时,转变过程将会受到抑制。

共析转变的产物称为共析组织。转变产物中两相的成分,结构及性质的不同将导致共析组织呈现不同的组织形态,最典型的共析组织是两相呈片状交替分布,此外,还有球状、纤维状共析组织等。

铁碳合金中的共析转变比较典型,可作为下面讨论的对象。钢在极其缓慢的加热与冷却过程中发生相变的临界点,均可参照铁碳平衡相图中的 A_1 线(PSK)、A_3 线(GS)和 A_{cm} 线(ES)进行确定。然而在实际的加热和冷却过程中,温度变化速度极快,相变存在温度滞后(ΔT),在一定的过热度或过冷度条件下进行。实际的相变临界温度与平衡相图中的临界温度有所偏离,偏离程度与温度变化速度正相关。为了有所区别,一般用 A_{c1}、A_{c3} 和 A_{ccm} 表示加热时的临界温度,A_{r1}、A_{r3} 和 A_{rcm} 表示冷却时的临界温度。

当碳的质量分数为 0.77% 的奥氏体(或 A)降温至共析温度 A_{r1} 以下时,将分解为 α 相和渗碳体(Fe_3C)的机械混合物,反应式为

$$\gamma_{0.77\%C} \rightarrow \alpha_{0.021\,8\%C} + Fe_3C_{6.69\%C}$$

其中,γ 相和 α 相分别为 FCC 和 BCC 结构,Fe_3C 为复杂正交结构。在铁碳合金中,称这种共析转变为珠光体转变,转变组织称为珠光体(Pearlite,用 P 表示)。珠光体的形成过程如下:一是通过 C 原子扩散形成高碳的 Fe_3C 和低碳的 α 相;二是晶格重构,由 FCC 结构的 γ 相转变为 BCC 结构的 α 相和复杂正交结构的 Fe_3C。

在珠光体转变过程中,改变冷却条件将获得不同形貌的珠光体,主要包含层片状珠光体和球状珠光体,下面将对其分别进行介绍。

(1) 层片状珠光体

在层片状珠光体中,一个奥氏体晶粒内可能出现几个层片位向不同的区域,每个层片位向一致的区域称为一个珠光体域或称珠光体团,它是在珠光体转变时由一个结晶核心长大而成的。珠光体组织的最重要特征是层片间距 λ,它是相邻层片的中心距离,也就是一片铁素体和一片渗碳体厚度之和,如图 7-28 所示。层片状珠光体按 λ 的尺寸分为三类:普通珠光体(P)的片层间距 λ 为 150～450 nm,通过金相显微镜即可观察,一般由奥氏体在高温区转变获得;索氏体(S)的片层间距 λ 为 80～150 nm,一般

在奥氏体转变的中温区形成;屈氏体(T)的片层间距 λ 为 30 ~ 80 nm,一般在奥氏体转变的低温区形成;对于索氏体和屈氏体,一般难以通过金相显微镜观察,需要通过电子显微镜观察。普通珠光体是平衡组织,而索氏体和屈氏体是非平衡组织,层片状珠光体型组织如图 7-29 所示。

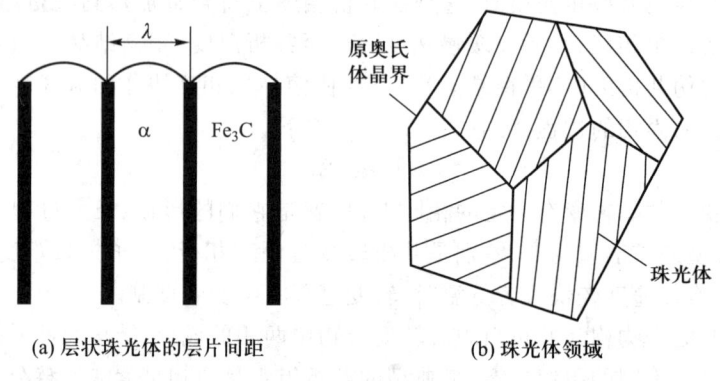

(a) 层状珠光体的层片间距　　　　　(b) 珠光体领域

图 7-28　层状珠光体的层片间距及珠光体领域

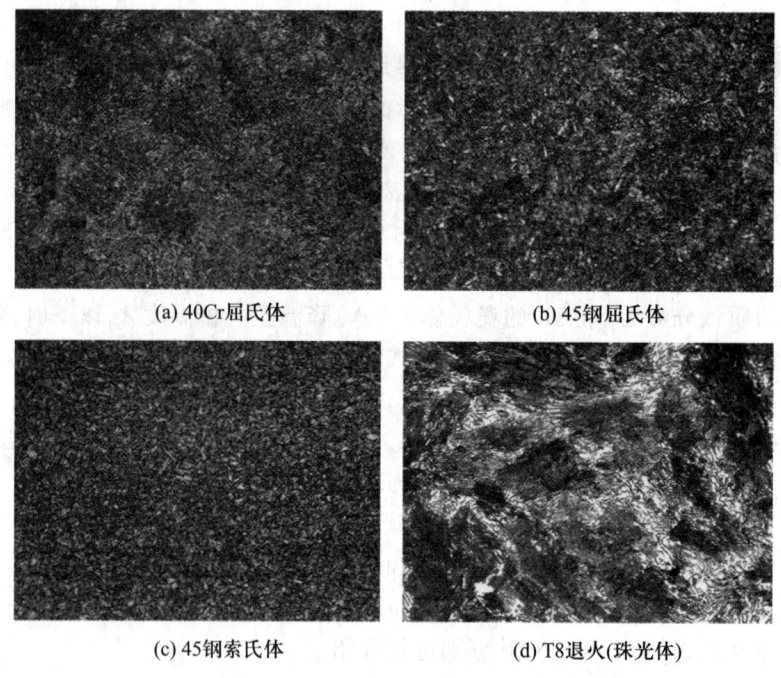

(a) 40Cr屈氏体　　　　　(b) 45钢屈氏体

(c) 45钢索氏体　　　　　(d) T8退火(珠光体)

图 7-29　不同珠光体金相照片

（2）球状珠光体

球状珠光体是渗碳体以球状或粒状弥散分布在铁素体基体上而形成的混合组织,通常通过球化退火工艺获得。高碳钢和高碳合金为了改善组织,提高性能,或者为了降低硬度提高切削加工性能,有时需要进行球化退火以获得球状珠光体。渗碳体的尺寸、数量、形态和分布直接决定珠光体组织和性能,图 7-30 是 T12 和 T10 钢的球状珠光体组织。

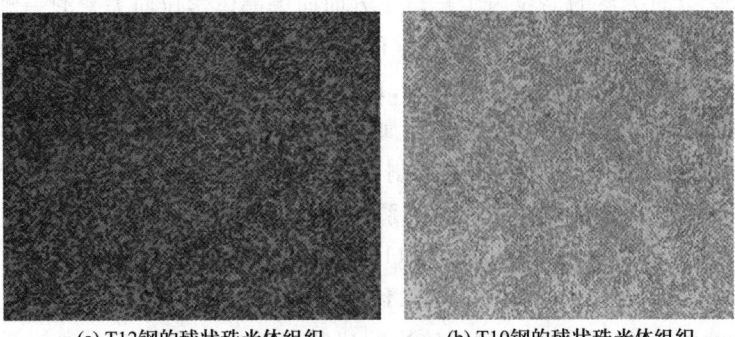

(a) T12钢的球状珠光体组织　　　　(b) T10钢的球状珠光体组织

图 7-30　T12 和 T10 钢的球状珠光体组织

2. 珠光体的形核

珠光体形核的驱动力是单位体积内转变前后的化学自由能差 $\Delta G_V = G_V^P - G_V^\gamma$。根据热力学分析,钢必须过冷到临界温度 T_c 以下,假设实际转变温度为 T,$\Delta T = T_c - T$ 称为过冷度。驱动力与过冷度之间的关系仍然遵守式(7-33),即

$$\Delta G_V(T) \approx \frac{\Delta H_V(T_c)\Delta T}{T_c} \tag{7-104}$$

式中,$\Delta H_V^{\gamma \to P}$ 是奥氏体向珠光体转变的相变潜热。珠光体形核的阻力包含弹性应变能和界面能两个方面。

由于存在能量、结构及成分起伏,珠光体晶核优先在原 γ 相晶界上形成。只有当过冷度 ΔT 较大,或者奥氏体成分不均匀甚至有未溶碳化物时,才可能在晶粒内部形核。

珠光体形核时,也存在领先相和受领相,这一点与共晶转变过程相似。通过电子显微镜观察,一般认为亚共析钢发生珠光体转变时,由于受到先共析 α 相的诱导,领先相是 α 相,过共析钢转变时因受到先共析渗碳体的诱导,领先相是渗碳体,共析钢的也是渗碳体。

假设珠光体转变的领先相是 Fe_3C,其首先在 γ 相晶界处形成,为降低弹性应变能,通常呈小片状。Fe_3C 片与其中一侧的 α 相晶粒保持晶体学位向的关系,如图 7-31 所示。当 Fe_3C 片形成时,必然吸收其两侧的 γ 相中的碳,使 Fe_3C/γ 界面处的碳含量降低,诱发了 α 片的形成,这样便形成了珠光体晶核。

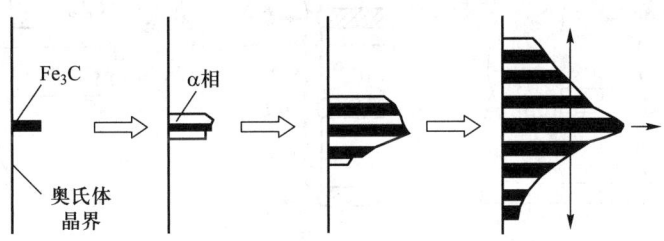

图 7-31　珠光体的形核与长大过程

珠光体晶核与其中一侧的晶粒保持晶体学位向关系,在长大过程中,珠光体难以朝具有晶体学位向关系的晶粒内生长。一方面向无晶体学位向关系的一侧长大,主要是通过层片数目的增多,而不是每一片厚度的增加;另一方面沿着片平行的方向纵向延伸。通过层片的反复交替形核和生长,最后形成一个珠光体领域。目前已证实,一个珠光体领域中的 α 相和 Fe_3C 是分别属于两个交替分布,有一定位向关系的单晶体,按照这样的分枝生长(或称搭桥)机制,珠光体的形成可以有效地降低形核功。新相与母相之间存在一定的晶体学位向关系,一些实验结果给出:

$$(111)_\gamma /\!/ (110)_\alpha /\!/ (001)_{Fe_3C}$$

$$[110]_\gamma /\!/ [111]_\alpha /\!/ [010]_{Fe_3C}$$

从扩散动力学角度考虑,将钢以较快的速度冷却或者在转变温度较低时,可显著降低碳原子的扩散速度,从而有利于层状珠光体的形成,最终形成层片状珠光体。由于层片状珠光体的总界面能较高,如果将钢在 A_{r1} 线附近缓慢冷却或者在 A_{r1} 线以下较高温度长时间保温,片状 Fe_3C 有球化的趋势以降低界面能,最终形成球状珠光体。

3. 珠光体的长大

珠光体长大时需要 C 和 Fe 原子的扩散,扩散途径有:① 奥氏体和铁素体内的体扩散;② 珠光体和奥氏体间的界面扩散。

设奥氏体原始碳浓度为 C_γ,将奥氏体过冷到 A_{r1} 以下 T_1 温度发生珠光体转变,各相平衡碳浓度见 Fe-Fe$_3$C 相图(图 7-32)。珠光体的长大过程是 P/γ 相界面向奥氏体中推移的过程如图 7-33a 所示;相界面推移依赖于界面处和界面前沿奥氏体中碳的扩散方式,如图 7-33b 所示,以及碳浓度分布,如图 7-33c 所示。在 P/γ 界面沿的奥氏体中,由于存在碳浓度差 $C_{\gamma/\alpha} - C_{x/Fe_3C}$,引起碳原子由 α/γ 界面前沿向 Fe_3C/γ 界面前沿的面扩散;同时,在奥氏体

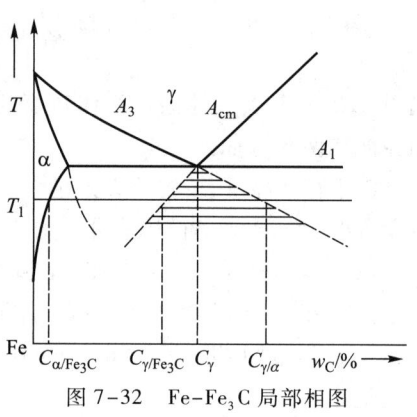

图 7-32 Fe-Fe$_3$C 局部相图

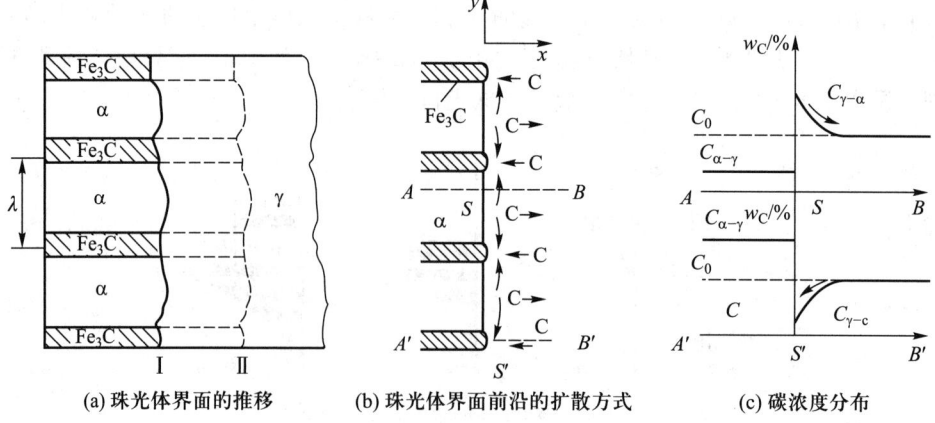

(a) 珠光体界面的推移　　(b) 珠光体界面前沿的扩散方式　　(c) 碳浓度分布

图 7-33 层片状珠光体的扩散型长大

中,由于存在碳浓度差 $C_\alpha - C_{x/Fe_3C}$ 和 $C_{\gamma/\alpha} - C_x$,还将引起碳原子在奥氏体中沿着垂直于 P/γ 界面的体扩散。碳原子的界面扩散和体扩散的结果使奥氏体中的碳浓度曲线变缓,从而破坏了各相在界面处的平衡浓度,导致系统自由能升高。为使各相在界面处的碳浓度恢复到平衡浓度,应使自由能重新降低到原来的水平,从而使 α 和 Fe_3C 协同纵向生长。

可以通过奥氏体中碳原子的扩散来研究 α 相和 Fe_3C 的协调性长大过程,从而计算珠光体的长大速度。为方便起见,碳浓度采用摩尔分数,设 P/γ 界面为平面时的奥氏体中的浓度差为 $(\Delta x_\gamma)_0 = x^0_{\gamma/\alpha} - x^0_{\gamma/Fe_3C}$,它驱动碳原子沿 P/γ 界面由 α 相向 Fe_3C 扩散,D_γ 为碳在奥氏体中的扩散系数;V^P_m、V^γ_m 分别为珠光体和奥氏体的摩尔体积;λ 为珠光体的层片间距,经过计算获得 P/γ 界面为平面情况下的珠光体长大速度

$$V = \frac{D_\gamma (\Delta x_\gamma)_0}{f_{Fe_3C} f_\alpha (x_{Fe_3C/\alpha} - x_{\alpha/Fe_3C})} \frac{V^P_m}{V^\gamma_m} \frac{1}{\lambda} \qquad (7-105)$$

式中,f_{Fe_3C}、f_α 分别为渗碳体和 α 相的摩尔分数。

式(7-105)是在 P/γ 界面为平面时得出的。实际上,由于相界面处存在界面张力平衡,相界面一般为曲面,根据热力学计算结果,相界面曲率越小,曲率内外侧的珠光体自由能将升高和降低。自由能的这种变化会扩大 Fe-Fe₃C 相图中的奥氏体相区,导致 GS 和 ES 线下移,降低浓度差 Δx_γ。经过推导,建立起浓度差与片层间距之间的定量关系

$$\Delta x_\gamma = (\Delta x_\gamma)_0 \left(1 - \frac{\lambda_c}{\lambda}\right) \qquad (7-106)$$

其中,λ_c 代表层片间距临界值。当珠光体在某一确定温度转变时,λ 为一固定值,原因如下:一方面,λ 减小,原子扩散距离减小,有利于扩散,从而有利于珠光体的形成;另一方面,λ 减小,单位体积中的相界面面积增多,总界面能增加,不利于珠光体的形成。

根据式(7-105)和式(7-106),可得到修正的珠光体长大速度,即

$$V = \frac{D_\gamma (\Delta x_\gamma)_0}{f_{Fe_3C} f_\alpha (x_{Fe_3C/\alpha} - x_{\alpha/Fe_3C})} \frac{V^P_m}{V^\gamma_m} \frac{1}{\lambda} \left(1 - \frac{\lambda_c}{\lambda}\right) \qquad (7-107)$$

由式(7-107)可以看出珠光体长大速度与 λ 之间的关系。珠光体长大存在一个最大速度,此时 $\lambda = 2\lambda_c$,如图 7-34 所示。实验证实,λ 与过冷度成反比,因此转变温度愈低或冷却速度愈快,λ 愈小。假如 $T_2 > T_1$,并且在两个温度下均可以获得珠光体组织,降温至 T_2 温度形成部分珠光体,继续降温至 T_1 温度使剩余的奥氏体转变为珠光体,则低温下形成的珠光体的 λ 更细小;若直接降温至 T_1 温度形成部分珠光体,然后再升温至 T_2 温度,将导致先形成的细

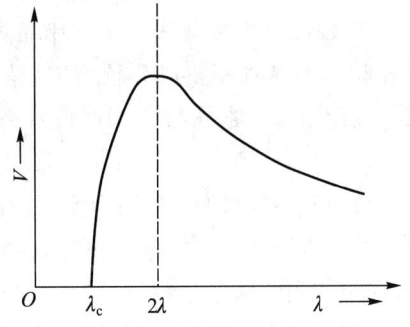

图 7-34　珠光体长大速度与层片间距的关系

小珠光体溶解并消失,再形成层片间距较厚的珠光体。

4. 先共析转变

根据图 7-32 中的 $Fe-Fe_3C$ 局部相图,亚共析钢和过共析钢从奥氏体单相区缓慢冷却进入两相区($\alpha+\gamma$ 或 $\gamma+Fe_3C$)时。在珠光体转变之前,先获得领先相 α 相或渗碳体,这种转变称为先共析转变,析出的 α 相和渗碳体分别称为先共析 α 相和先共析渗碳体(即二次渗碳体)。从图 7-32 可以看出,A_{cm} 线是 γ 相的溶解度曲线,降低温度,碳的溶解度降低。当过共析钢冷却到 A_{cm} 线以下时,碳在奥氏体中呈现过饱和状态,将脱溶析出渗碳体。然而,A_3 线是奥氏体向铁素体转变的多晶型转变线,并非碳在奥氏体中的溶解度曲线。

非共析钢奥氏体分解产物的组织形态取决于先共析相形态,亚共析钢中先共析铁素体的组织形态有以下三种类型。

① 块状 α 相 主要在 γ 相晶界形核,部分在晶粒内部形核,形成铁素体等轴晶,如图 7-35a 所示。钢在奥氏体化时晶粒较细,可以在相对较高的温度下进行冷却转变,有利于原子充分扩散而形成 α 相等轴晶。

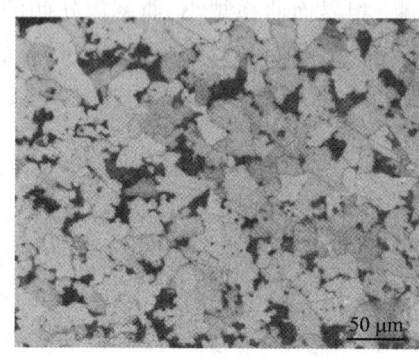

(a) 亚共析钢中的块状α相   (b) 过共析钢中的魏氏组织

图 7-35 亚共析钢中的块状 α 相及过共析钢中的魏氏组织

② 网状 α 相 在 γ 相晶界形核,形成非连续的仿晶界状的 α 相。如果钢的 γ 相晶粒较为粗大,并且在高温下进行冷却转变,α 相易呈网状。

③ 魏氏组织铁素体 在 γ 相晶界形核,然后向晶粒内部生长成针(片)状或锯齿状 α 相。加热时 γ 相成分较均匀,晶粒较粗大并且在低温下进行转变,易形成魏氏组织。魏氏组织铁素体与 γ 相保持共格或半共格界面关系,呈现特定晶体学位向关系。

$$\{110\}_\alpha /\!/ \{111\}_\gamma, <111>_\alpha /\!/ <110>_\gamma$$

$\{111\}_\gamma$ 和 $<110>_\gamma$ 分别为惯习方向和惯习面。

过共析钢中先共析渗碳体存在两种组织形态。一是非连续网状或连续网状渗碳体,钢中的碳的质量分数较低时形成不连续网状结构,碳的质量分数较高时为连续网状,与网状铁素体相比,网状渗碳体的厚度薄得多;二是魏氏组织渗碳体,当奥氏体成分均匀,晶粒粗大及冷却速度适中时,析出与奥氏体保持共格关系的针(片)状魏氏组织渗碳体,典型组织如图 7-35b 所示。魏氏组织会显著降低钢的塑性和韧性,一般采用完全退火或正火予以消除。

5. 伪共析转变

并非只有共析成分的合金才能发生共析转变,根据图 7-32 可得,非共析钢经过奥氏体化处理后进行缓慢冷却,由于无法抑制先共析相的产生,在转变过程中,得到先共析相和珠光体的复合组织。然而,奥氏体化处理后以较快的速度降温至铁碳相图的 *GS* 和 *ES* 延长线以下的温区(称为伪共析区)时,γ 相全部转变成索氏体或屈氏体而不再产生领先相。由于其成分不是共析成分,故称其为伪共析组织,转变类型称为伪共析转变。

当冷却速度相同时,非共析钢的成分越接近共析成分,冷却后获得的珠光体越多;同时,当钢的成分相同时,冷却速度越快,也趋向获得更多的珠光体。

6. 珠光体型组织的力学性能

(1)层片状珠光体

共析钢缓慢冷却到室温一般获得层片状珠光体组织,根据其片层间距 λ 的大小,将其细分为普通珠光体、索氏体和屈氏体。根据霍尔-佩奇公式可知,珠光体的力学性能主要由层片间距 λ 决定,λ 愈小,珠光体的强度和硬度愈高,同时其塑性和韧性也有所改善。故而在上述三种组织中,屈氏体的层片间距最小,硬度最高。普通珠光体的硬度为 22 ~ 27 HRC,而屈氏体硬度可达 38 ~ 43 HRC。

由于珠光体的基体是具有良好塑性和韧性的 α 相,材料强化通过渗碳体与 α 相之间相界面强化。渗碳体和 α 相间的相界面增加 α 相中位错的运动阻力,增加珠光体的强度和硬度。显而易见,λ 愈小,相界面面积愈大,强化作用愈显著。同时,λ 愈小意味着渗碳体片愈薄,在应力作用时会产生一定的弹性变形,有利于提高珠光体的塑性和韧性。

(2)球状珠光体

与层片状珠光体相比,球状渗碳体弥散分布于 α 相之中,未影响 α 相基体的连续性,在一定程度上降低了球状珠光体的强度和硬度,但是却极大改善了其塑性和韧性。渗碳体的球化效果愈好,分布愈弥散,综合力学性能愈好。

7.5 过渡型相变

过渡型相变也称为半扩散型相变,转变温度主要发生在中温区,属于中温转变。过渡型相变是介于珠光体相变与马氏体相变之间的一种转变过程,其中既需要借助共格切变由母相形成新相,又需要借助原子的短程扩散。常见的过渡型相变主要包括块状转变和贝氏体转变两种类型。

钢中贝氏体转变是一种典型的过渡型相变,本节将予以重点讨论。钢经过奥氏体化处理后过冷却至(连续冷却或者等温冷却)珠光体转变和马氏体转变区之间的中温范围,进行贝氏体转变,铁原子无法扩散将进行共格切变,碳原子尚能扩散,贝氏体转变可用如下反应式表示。

$$\gamma \rightarrow \alpha + 渗碳体$$

转变产物称为贝氏体(Bainite,简写为 B),与珠光体不同,贝氏体组织是过饱和铁素体和碳化物组成的复相组织。

7.5.1　贝氏体转变的特征

1930 年 E. C. Bain 在研究钢组织时发现这一转变,故将其称为贝氏体转变;1939 年 R. F. Mehl 对贝氏体转变进行更详细的划分,根据转变温度将其分为上贝氏体和下贝氏体。随着研究技术的不断提升,在不同钢中相继发现了其他类型的贝氏体,如 B_I 型无碳化物贝氏体、B_{III} 型贝氏体(它的铁素体形态与上贝氏体相似,碳化物形态与下贝氏体相似)、粒状贝氏体等。由于 B_I、B_{III} 型贝氏体中铁素体的形态类似于上贝氏体,故一般将这两种贝氏体归类为上贝氏体。贝氏体在转变过程中具有自身独有的一些特征。

(1) 贝氏体转变是一个形核与长大过程

贝氏体转变也需要经过形核与长大两个过程来完成,转变存在一定的孕育期,在此过程中,碳原子在 γ 相中重新分布而产生成分起伏。随着转变温度的降低,这种成分起伏的不均匀性增加,导致在 γ 相中形成了富碳区和贫碳区。当形核驱动力足够时,首先在贫碳区形成 α 相晶核。上贝氏体转变温度较高,过冷度较小,铁素体优先在 γ 相晶界处形成,下贝氏体转变温度较低,过冷度增大,α 相也可以在晶粒内部形成。当 α 相晶核超过临界尺寸后便开始长大,在长大过程中,过饱和的碳原子将不断地从 α 相内向 γ 相中扩散,结果在 α 相条间或 α 相片内部析出碳化物颗粒。贝氏体转变一般是等温形成,故实际生产过程中通常采用等温淬火获得贝氏体组织。

(2) 贝氏体转变通过切变方式进行

基体转变是通过切变机制进行的,主要事实有以下几个方面。

① 贝氏体中的 α 相在样品抛光表面上产生表面浮凸效应。

② 贝氏体中的 α 相与母相保持严格的晶体学位向关系。例如,共析钢在 350 ~ 450 ℃ 温度范围之间的上贝氏体存在西山关系。

$$\{110\}_\alpha /\!/ \{111\}_\gamma,<110>_\alpha /\!/ <211>_\gamma$$

在 250 ℃ 形成的下贝氏体的 α 相与母相保持 K-S 位向关系。

$$\{110\}_\alpha /\!/ \{111\}_\gamma,<111>_\alpha /\!/ <110>_\gamma$$

贝氏体中的渗碳体与 γ 相以及渗碳体与 α 相之间存在一定的位向关系。

③ 贝氏体中的 α 相总在 γ 相特定的晶面上析出,即有确定的惯习面。在中、高碳钢中,上贝氏体中 α 相的惯习面为 $\{111\}_\gamma$,下贝氏体的惯习面为 $\{225\}_\gamma$,分别与低碳马氏体和高碳马氏体的惯习面相同。

④ 上贝氏体及下贝氏体中的 α 相形态分别与低碳马氏体及高碳马氏体的形态相似。

(3) 贝氏体转变的温度范围

贝氏体转变也是在一个温度区间内进行的,其开始转变温度记为 B_s,终了转变温度记为 B_f。一般情况下,在贝氏体转变温度位于珠光体转变和马氏体转变之间。贝氏体的 B_f 点可能与马氏体的 M_s 点相同也可能略低于 M_s 点。在贝氏体转变温度区间,降低温度,碳原子的扩散能力减弱,贝氏体转变的产物及其机制也有所不同,在贝氏体转变温度区间的上部进行上贝氏体转变,下部进行下贝氏体转变。共析钢中的贝氏体转变温度为 240～550 ℃。当贝氏体转变温度较高时,生成的贝氏体尺寸较小,若转变温度较低,生成的贝氏体数量增多,导致贝氏体淬火后的组织中总存在一定量的残余奥氏体,因此贝氏体转变具有转变不完全性。

（4）贝氏体形态与转变温度的关系

贝氏体是由过饱和铁素体和碳化物组成的混合组织,组织形态取决于转变温度。上贝氏体的转变温度较高,贝氏体中铁素体的过饱和度小,铁素体呈板条状,且碳原子扩散能力较强,碳化物沿着铁素体条间析出。下贝氏体的转变温度较低,铁素体的过饱和度增大,形态呈片状,由于碳原子扩散能力下降,碳化物一般在铁素体片内部析出。

（5）贝氏体转变时的扩散

贝氏体转变属于中温转变,从而导致原子的扩散能力受到一定程度的抑制,合金元素难以扩散,而尺寸较小的碳原子仍然可以扩散,并且直接影响贝氏体的转变速度。

上贝氏体的转变温度较高,转变速度主要依赖于碳在 γ 相中的扩散;下贝氏体的转变温度较低,转变速度主要取决于碳在 α 相中的扩散。由于 γ 相是 FCC 结构,其致密度大于具有 BCC 结构的 α 相,使得碳在 γ 相中的扩散系数远小于其在 α 相中的扩散系数。温度较高时,碳原子能够由 α 相扩散到 γ 相中,在 γ 相中的扩散速度就成为相变的主要制约因素;温度较低时,碳原子只能在铁素体内部扩散。正因为贝氏体转变过程中伴随着碳原子的扩散,才导致转变速度远低于马氏体转变。

根据上述特征以及贝氏体转变时成分改变和转变速度远低于马氏体相变的实验现象,人们提出了若干贝氏体转变机制。柯俊和 P. F. Hehemann 等认为,贝氏体转变是一种在中温范围内铁原子以共格切变的方式进行,并且受碳原子扩散控制的相变。这种中温转变决定了贝氏体转变的过冷度及相变驱动力,原子迁移的方式和转变产物的形态与珠光体转变和马氏体转变具有较大差异。

7.5.2 贝氏体的组织形态

贝氏体组织形态受控于化学成分及贝氏体转变温度,高温 γ 相在中温区间内不同温度进行保温,析出的 α 相以及碳化物的分布形态不同,从而形成不同类型的贝氏体。贝氏体主要包含上贝氏体和下贝氏体。

1. 上贝氏体

上贝氏体在贝氏体转变温度区间上部形成,故而又称高温贝氏体,对中、高碳钢而言,其形成温度为 350～550 ℃。对于上贝氏体而言,包含以下两个主要特征。

（1）显微组织及形貌

在金相显微镜下 α 相呈羽毛状,或呈条状/针状,由于金相显微镜放大倍数较低,难以看清碳化物的形态;通过电子显微镜,可以进一步获得上贝氏体的细微结构,其形貌为一束束大致平行排列的条状 α 相和条间沉淀出的不连续碳化物所组成的混合物。条状 α 相自 γ 相晶界形核向晶粒内部生长,α 相束内的条间呈小角度晶界,α 相束之间呈大角度晶界。T8 钢中上贝氏体的金相组织如图 7-36 所示,可以清楚地看到成束的 α 相条。

图 7-36 T8 钢中上贝氏体的金相组织

若钢中碳的质量分数增加,α 相条之间的碳化物亦将增多,形态也将由颗粒状或短杆状逐渐变为断续状,α 相条增多且变薄;若碳的质量分数过高,碳化物则可在 α 相条内部析出。转变温度愈低,α 相条愈薄,条间碳化物愈细。

上贝氏体中的 α 相为板条状,类似于板条状马氏体,条宽为 $0.33 \sim 3.0 \ \mu m$,铁素体过饱和度低于板条状马氏体。转变温度较高时,α 相碳的质量分数接近于其平衡碳含量。

(2)亚结构

α 相条内部呈现高密度位错组态,位错密度为 $10^8 \sim 10^9 \ cm^{-2}$,远低于相同碳的质量分数的板条状马氏体,转变温度愈低,位错密度愈高。

上贝氏体的形成温度较高,导致驱动力较小,α 相晶核在 γ 相晶界处优先形成,继而并排向晶粒内部长大。同时,碳原子不断从 α 相条中排出并向其两侧扩散,由于碳原子在 α 相中超过其在 γ 相中的扩散速度,导致在转变温度较低和碳的质量分数较高的情况下,碳原子扩散较为困难,易于在 α 相条间富集,当富集的浓度足够高时,便在 α 相条间析出不连续的碳化物,形成上贝氏体组织。

2. 下贝氏体

下贝氏体是在贝氏体转变温度区间下部形成,称为低温贝氏体,对中、高碳钢,形成温度一般为 $240 \sim 350 \ ℃$。下贝氏体包含以下两个主要特征。

(1)显微组织及形貌

金相显微镜观察结果显示下贝氏体呈黑色针状、竹叶状或片状,原因是下贝氏体形成时 α 相片上弥散析出碳化物,在回火时产生,各 α 相片之间相交成一定角度。在电子显微镜下观察,可以看出 α 相片中析出排列成行的细粒状或薄片状碳化物,一般与 α 相长轴呈 $55° \sim 60°$ 夹角,下贝氏体中的 α 相为双凸透镜状,类似于片状马氏体,α 相过饱和度低于片状马氏体,但高于上贝氏体。T8 钢中下贝氏体的金相组织如图 7-37 所示。

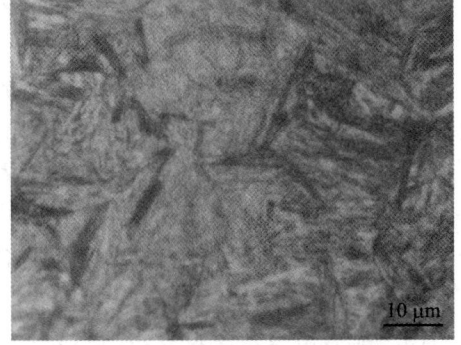

图 7-37 T8 钢中下贝氏体的金相组织

(2)亚结构

α 相片内部存在高密度位错,不存在孪晶亚结构,不同于片状马氏体,但是位错密度高于上贝氏体。

下贝氏体在低温下形成,碳原子在 γ 相中难以扩散,但在 α 相中仍可扩散,导致碳原子在 α 相片内的某些特定晶面上偏聚并弥散析出碳化物,形成下贝氏体组织。

除此之外还有无碳化物贝氏体、粒状贝氏体、反常贝氏体等,在本节中,仅介绍上贝氏体和下贝氏体,两种贝氏体的形成过程如图 7-38 所示。

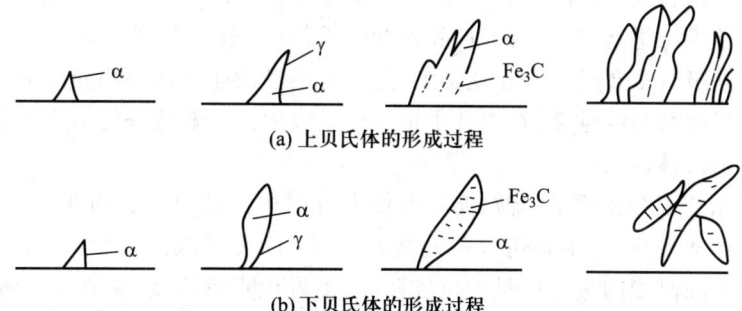

(a) 上贝氏体的形成过程

(b) 下贝氏体的形成过程

图 7-38 上贝氏体和下贝氏体形成过程

7.5.3 贝氏体的力学性能

贝氏体的力学性能主要取决于贝氏体的组织形态。贝氏体中的 α 相和碳化物的相对含量、形态、尺寸、分布均会对其性能产生影响。

1. 铁素体的影响

一方面,α 相的形态对贝氏体的强度产生较大影响,条状或针状 α 相比块状 α 相的强度和硬度要高,随着贝氏体转变温度的降低,α 相形态由块状、条状向片状转化;另一方面 α 相晶粒尺寸愈小,贝氏体的强度和硬度愈高,韧性和塑性也有所改善。钢的奥氏体化温度愈低,奥氏体晶粒愈小,愈有利于获得 α 相尺寸较小的贝氏体;贝氏体转变温度愈低,α 相尺寸也愈小。

2. 碳化物的影响

当碳化物尺寸一定时,钢中碳的质量分数增加,碳化物数量愈多,贝氏体的强度及硬度愈高,但会降低其塑性及韧性。当碳的质量分数一定时,转变温度愈低,碳化物分布愈弥散,则贝氏体的强度和硬度提高,塑性和韧性降低不多。当碳化物为粒状时,贝氏体的塑性和韧性较好,强度和硬度较低;碳化物为小片状时,贝氏体的塑性及韧性较差;碳化物为断续杆状时,塑性、韧性、强度、硬度均较差。

综上可得,上贝氏体在高温区形成,其中 α 相和碳化物均较粗大,尤其是碳化物呈不连续的短杆状分布于 α 相条中间,导致 α 相和碳化物的分布具有明显的方向性。在外力作用下,极易沿 α 相条间产生显微裂纹,导致贝氏体的塑性和韧性显著下降。下贝氏体在低温度区形成,生成的 α 相呈细小片状,碳化物在 α 相基体上弥散析出 α 相的过饱和度以及位错密度均较大,导致下贝氏体具有较高的强度、硬度、良好的塑性和韧性等综合性能。利用等温淬火的工艺获得下贝氏体组织是提高材料强韧性的重要方法之一。

7.6 马氏体相变

将钢加热到奥氏体单相区保温一段时间,若冷却速度足够快,以避免在冷却过程中的高温或中温转变,从而在 M_s(马氏体转变开始温度)和 M_f(马氏体转变终了温度)之间的低温范围内进行转变,转变产物称为马氏体(一般用 M 进行表示)。迄今为止,马氏体相变是极其重要的一种相变类型,是一种典型的非扩散型相变。由于马氏体相变可以极大强化材料的性能,在生产中得到广泛应用。一般将获得马氏体组织的热处理工艺称为马氏体淬火。

马氏体相变不存在原子扩散,亦或即使含有原子扩散但并非相变的主要过程,故将其称为非扩散型相变,主要包含两种基本类型:① 无扩散连续型马氏体相变,相变时仅需要原子在晶胞内进行微量的位置调整,不发生点阵应变,如在 Ti-Zn 合金中发现的 β 相→ω 相转变;② 形核—长大型马氏体相变,相变时产生点阵应变,并且以点阵畸变为主,本节主要讨论无扩散连续型马氏体相变。

通常来说,马氏体相变是共格切变型相变,其指相变过程不是借助原子扩散,而是借助切变方式使母相 γ 原子协同式地迁移至新相 M 中,迁移距离小于一个原子间距,并且在此过程中两相保持共格关系。只要相变具有该特征均称为马氏体相变,其转变产物称为马氏体。

除了早期在钢铁材料中发现的马氏体相变外,目前在许多有色金属、合金以及非金属材料中也相继发现了马氏体相变。根据理论分析,只要降温速度快,足以避免扩散型相变或者半扩散型相变,任意金属及合金的高温相均可发生马氏体相变。例如,Cu-Al 合金的 β 相→β′ 相转变,Cu-Zn 合金的 β 相→β′ 相转变,In-Ti 合金的 FCC→FCT 转变,Zr 中的 BCC→HCP 转变,Co 中的 FCC→HCP 转变,以及 ZrO$_2$ 的四方相→单斜相转变等,均属于马氏体相变。

7.6.1 马氏体相变的基本特征

1. 无扩散性

马氏体相变属于低温相变,如在共析钢中,马氏体转变温度为 $-230 \sim -50$ ℃,部分高合金钢的转变温度远低于 0 ℃。在如此低温的环境下,原子无法进行扩散,事实如下。

① 实验结果显示,马氏体与母相的碳的质量分数相同;

② 有些马氏体的有序结构与母相相同;

③ 有些合金即使在非常低的温度下进行马氏体相变时,其形成速度极快,如在 Fe-C、Fe-Ni 合金中,在 $-20 \sim -195$ ℃ 范围内,一片马氏体的形成时间仅需 $0.05 \sim 0.5$ μs。

实验证明,在低温下以单个原子跳动进行的扩散难以达到较高的形成速度,故而无扩散性是马氏体相变的基本特征。尽管有些实验证实,低碳马氏体相变由于形成温度较高,尺寸较小的碳原子可以进行微量的短程扩散,但其并非相变的主控因素。

一般情况下,马氏体相变是借助切变方式进行的,相界面处的母相原子协同地集体迁移到马氏体中,迁移距离小于一个原子间距,显著区别于扩散型相变。

2. 浮凸效应

马氏体相变时,除了体积变化外(钢中马氏体相变产生 3% ~4% 的体积应变),在相变区域中还将产生点阵畸变,经过抛光的样品表面产生晶面倾动,导致周围基体产生变形,这种现象称为表面浮凸,如图 7-39 所示。如果在抛光表面上预先画上一条直线刻痕,经过马氏体相变后,直线刻痕在相界面处出现转折,形成连续折线。

上述事实说明,马氏体相变是通过均匀切变方式进行的,刻痕在表面并未断开,

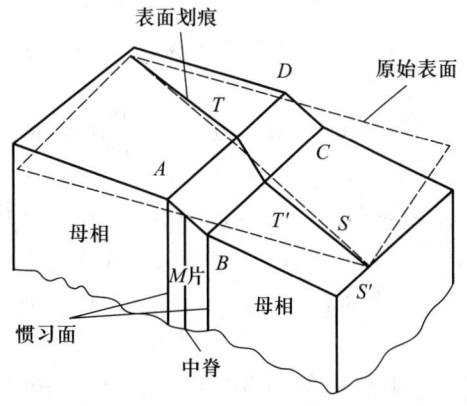

图 7-39 马氏体相变时的表面浮凸现象

而呈连续的折线,说明相界面并未发生转动,在相变中始终保持为平面。由于这些晶体学特征,在相界面上的原子始终为两相所共有,故马氏体与母相之间的界面为共格相界面。

3. 不畸变平面——惯习面

马氏体总是在母相的特定晶面上形成,并且具有特定的晶向,这个晶面和晶向分别称为马氏体的惯习面和惯习方向。马氏体的惯习面是马氏体与母相间的界面,也就是马氏体形成时的切动面,此面在生长过程中既不畸变也不转动,这样的不畸变平面则成为马氏体相变的惯习面。

马氏体的惯习面一般采用母相的晶面指数进行表示,惯习面类型与合金成分、相变温度密切相关。钢中马氏体惯习面具有如下特征:当 $w_c < 0.4\%$ 时,惯习面为 $\{111\}_\gamma$;在 $w_c = 0.5\% \sim 1.4\%$ 时,惯习面为 $\{225\}_\gamma$;当 $w_c > 1.4\%$ 时,惯习面为 $\{259\}_\gamma$。在实际材料中,惯习面指数一般通过 X 射线衍射的方法测量,马氏体惯习面的空间位相并非完全一样,不同马氏体的惯习面也有一定的分散度,会因马氏体片的析出顺序、形貌差异而有所区别。表 7-3 列出了常见马氏体相变中的晶体学关系。

表 7-3 常见马氏体相变中的晶体学关系

合金	转变类型	位向关系	惯习面	马氏体亚结构
Fe(0 ~ 0.4)% C	FCC→BCT	$(111)_\gamma /\!/ (011)_M$ $[10\bar{1}]_\gamma /\!/ [\bar{1}11]_M$	$\{111\}_\gamma$	位错
Fe(0.5 ~ 1.4)% C	FCC→BCT	$(111)_\gamma /\!/ (011)_M$ $[00\bar{1}]_\gamma /\!/ [\bar{1}\bar{1}1]_M$	$\{225\}_\gamma$	位错 孪晶
Fe(1.5 ~ 1.8)% C	FCC→BCT	$(111)_\gamma /\!/ (011)_M$ $[112]_\gamma /\!/ \langle 011 \rangle_M$	$\{259\}_\gamma$	孪晶
Fe(27 ~ 34)% Ni	FCC→BCC	$(111)_\gamma /\!/ (101)_M$ $[\bar{1}21]_\gamma /\!/ [10\bar{1}]_M$	$\{259\}_\gamma$	孪晶

续表

合金	转变类型	位向关系	惯习面	马氏体亚结构
$Fe(11 \sim 19)\% Ni-(0.4 \sim 1.2)\% C$	FCC→BCT	$(111)_\gamma // (011)_M$ $[10\overline{1}]_\gamma // [11\overline{1}]_M$	$\{259\}_\gamma$	孪晶
$Fe(7 \sim 10)\% Al-2\% C$	FCC→BCT	$(111)_\gamma // (011)_M$ $[10\overline{1}]_\gamma // [11\overline{1}]_M$	$\{3,10,15\}_\gamma$	孪晶
$Fe(2.8 \sim 8)\% Cr-(1.1 \sim 1.5)\% C$	FCC→BCT	/	$\{225\}_\gamma$	位错 孪晶
$Fe(0.7 \sim 3)\% N$	FCC→BCT	/	/	/
$Fe(13 \sim 25)\% Mn$	FCC→HCP	$\{111\}_\gamma // \{0001\}_{HCP}$ $\{11\overline{2}\}_\gamma // \{1\overline{1}00\}_{HCP}$	$\{111\}_\gamma$	/
$Fe(17 \sim 18)\% Cr-(8-9)\% Ni$	FCC→BCC	$\{111\}_\gamma // \{011\}_M$ $[00\overline{1}]_\gamma // [\overline{1}\overline{1}1]_M$	$\{225\}_\gamma$	位错

4. 基体与马氏体间的位向关系

马氏体的切变方式直接决定了马氏体与母相间的共格关系,相互存在明确的位向关系。如果两相中的原子密排面或者密排方向相互平行或者接近平行,则有利于形成界面能较低的相界。目前发现的位向关系主要有以下三个。

① 在 Fe-1.4% C 合金中存在 K-S(Kurdjumov-Sachs)关系

$$\{111\}_\gamma // \{110\}_M, <110>_\gamma // <110>_M$$

在奥氏体中存在四个 $\{111\}_\gamma$ 等价面,而在每个 $\{111\}_\gamma$ 面上,马氏体将产生六种不同的晶体学取向,导致马氏体产生 24 种不同的晶体学取向,称为 24 种马氏体变体。

② 西山(Nishiyama-Wassermann)关系存在于 Fe-30% Ni 合金中,在室温以上满足 K-S 关系,在-70 ℃以下具有以下关系

$$\{111\}_\gamma // \{110\}_M, <112>_\gamma // <110>_M$$

每个 $\{111\}_\gamma$ 面上马氏体有三种取向,由于存在四个 $\{111\}_\gamma$ 等价面,故将产生 12 种马氏体变体。在以上两种位向关系中,晶面指数相同,晶向指数产生了差异。

③ G-T(Greninger-Troiano)关系在 Fe-0.8% C-22% Ni 合金中发现的,位向关系与 K-S 关系基本相同,存在 1°~2°的偏差。

5. 变温形成

马氏体相变一般是在一个温度区间内形成,当高温 γ 相降温至 M_s 点时开始转变,冷却到 M_f 点时结束转变。由于马氏体的比容较大,相变时产生体积膨胀,引起未转变 γ 相的稳定化,即使温度低于 M_f 点,仍旧存在少量未转变的奥氏体,称为马氏体转变的不完全性,被保留下来的奥氏体称为残余奥氏体(用 A′或 γ′表示),如图 7-40 所示。显而易见,若 M_s 点低于室温,则淬火至室温时将得到全部的奥氏体;若 M_s 点在室温以上,M_f 点在室温以下,则淬火到室温时将保留相当数量的残余奥氏体。有些

高合金钢淬火后,组织中存在大量的 γ′ 相,导致钢的性能不确定,甚至变差。生产中,为了降低淬火组织中的 γ′ 相含量,有时将钢降温至室温以下的更低温度,使得未转变的 γ′ 相继续转变为马氏体,称为冷处理工艺。

绝大多数钢中的马氏体是变温形成,也即将钢冷却至 M_s 点以下的某一温度,马氏体便会瞬间产生,如果在这个温度继续等温,既不会出现新的马氏体,也不会使原有的马氏体继续长大。

6. 可逆相变

根据理论分析,马氏体相变能够可逆进行。将高温 γ 相以大于临界冷速降温至 M_s 点马氏体开始形成,降温至 M_f 点马氏体终止转变;若将马氏体加热将产生马氏体向 γ 相的逆转变,加热至 A_s 点时,γ 相开始形成,加热至 A_f 点时,奥氏体转变结束,马氏体全部转变为奥氏体。

由图 7-41 可以看出,Fe-Ni 和 Au-Cd 合金中存在马氏体可逆转变,马氏体转变和逆转变时的转变量与温度密切相关。马氏体可逆转变过程中存在共同点,冷却时的马氏体转变始于 M_s 点,终于 M_f 点;加热时 γ 相转变始于 A_s 点,终于 A_f 点。同时,在加热和冷却过程中都出现了相变滞后现象,相变滞后宽度可用 $\Delta T = A_s - M_s$ 或 $\Delta T = A_f - M_f$ 表示。两条曲线的差别在于相变滞后宽度明显不同,对于 Fe-Ni 合金而言,$\Delta T \approx 420\ ℃$,而对 Au-Cd 合金,$\Delta T \approx 16\ ℃$。

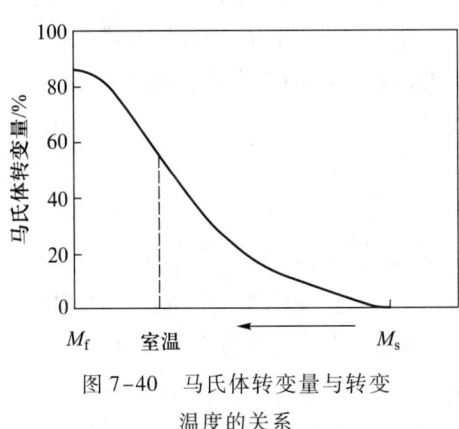

图 7-40 马氏体转变量与转变
温度的关系

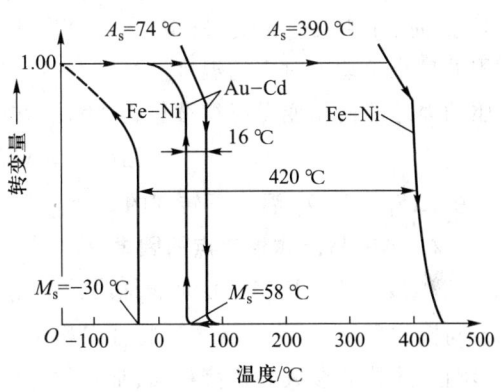

图 7-41 Fe-Ni 合金与 Au-Cd 合金的马氏体
转变可逆性比较

相变滞后是一级相变的基本特征,马氏体相变滞后产生的原因是冷却时一部分相变驱动力被用于克服应变能和界面能阻力,并以能量的形式储存于马氏体中;升温逆相变时,应变能和界面能得以释放。Au-Cd 合金滞后宽度远小于 Fe-Ni 合金,原因是两者的相变机制不同。Au-Cd 合金的马氏体相变机制不同于 Fe-Ni 合金等大多数马氏体相变,在升温逆相变时,通过奥氏体在马氏体中重新形核、长大,而原有的马氏体片随着温度升高逐渐缩小直至消失从而完成奥氏体转变,因此相变容易进行。

在钢铁等一些合金中,马氏体加热过程中,在未发生奥氏体转变之前,部分马氏体已经分解,如淬火钢在回火时所发生的马氏体分解及碳化物类型转变,在这些合金中无法再进行马氏体的逆相变。

可以看出,马氏体相变与扩散型相变的最大区别是相变的无扩散性和共格切变性。

7.6.2 马氏体相变热力学

1. 相变驱动力

根据相变的热力学条件可知,马氏体相变属于一级相变,其中 FCC→BCC 或 BCT 结构(体心正方)的转变被广为关注,在钢中进行马氏体相变的驱动力是马氏体与 γ 相之间的化学自由能差 $\Delta G_V^{\gamma \to M} = \Delta G_V^M - G_V^\gamma$,温度愈低,过冷度愈大,则相变驱动力愈大,两相的自由能随温度的变化曲线与图 7-3 类似,两相平衡时自由能之差为零,此时的温度设为 T_0,若马氏体相变不存在相变阻力,则 M_s 点等同于 T_0。然而,马氏体相变过程中存在很大的阻力,主要包括界面能、应变能、克服切变阻力所需的能量,以及马氏体中形成的位错或孪晶的能量等。界面能包含马氏体与 γ 相间的相界面能、马氏体变体间的界面能及孪晶界面能。应变能除了弹性应变能外,相变时因为马氏体周围的奥氏体的屈服强度较低,在 γ 相中会产生少量的塑性变形,从而产生塑性应变能。马氏体与 γ 相间的比体积应变能和共格应变能构成了弹性应变能。

在马氏体相变过程中,当合金冷却到 T_0 温度并不发生马氏体相变,只有温度低于 M_s 点时,才能发生相变,故 M_s 点的物理意义是 γ 相与马氏体的自由能差达到相变所需的最小驱动力对应的温度。当 T_0 一定时,M_s 点愈低,相变阻力增加,只有增加相变驱动力才能使相变得以继续进行,因此,在 M_s 点处的相变驱动力可近似表达为

$$\Delta G_V^{\gamma \to M} = \Delta S_V^{\gamma \to M}(T_0 - M_s) \tag{7-108}$$

式中,$\Delta S_V^{\gamma \to M}$ 为 T_0 温度下转变的熵变。

2. 影响马氏体相变点的因素

T_0 以及 M_s、M_f、A_s、A_f 是表征马氏体相变的基本特征参数,不同合金、同一合金的不同操作环境,都将导致上述特征参数的改变,最终影响相变的某些性质。其他因素影响上述特征参数的趋势相同,唯一的差别是变化幅度不同,下面简要介绍化学成分、塑性变形以及奥氏体化条件对特征参数的影响。

(1)化学成分的影响

合金的化学成分对 M_s 及 M_f 点的影响起主导作用,其中以溶质原子如 C、N 等的影响最为显著。增加钢中碳的质量分数,将增加马氏体相变的切变阻力,导致相变温度的降低。M_s 点呈现均匀连续下降的趋势,而 M_f 点在碳的质量分数小于 0.5% 时下降速度较快,超过 0.5% 下降趋势趋于平缓,此时 M_f 点已经低于 0 ℃,导致钢的淬火组织中存在较多的残余 γ 相。

除 Co、Al、Si 外,钢中大部分合金元素均会降低钢的 M_s 点,然而置换型溶质原子对特征温度的影响效果远低于间隙型溶质原子。将合金元素按降低 M_s 点的程度由强到弱进行排列:Mn、Cr、Ni、Mo、Cu、W、V、Ti。其中,W、V、Ti 是强化物形成元素,在钢中以碳化物形式存在,加热时只能少量溶入奥氏体,对 M_s 点影响不大。

（2）塑性变形的影响

对有些材料在 M_s 点以上进行塑性变形，可以应力诱发马氏体相变，使材料的 M_s 上升至 M_d 点，M_d 称为应力诱发马氏体相变的开始温度，M_d 的上限温度不会超过 T_0。塑性变形量愈大，变形温度愈低，应力诱发形成的马氏体量就愈多。

（3）奥氏体化条件的影响

钢的热处理工艺对马氏体相变点的影响较为复杂。一方面奥氏体化加热温度愈高或保温时间愈长，碳和合金元素溶入奥氏体中的就愈多，相变的切变阻力就愈大，导致 M_s 点下降。另一方面，加热温度过高或时间过长将减少 γ 相中的结构缺陷，有利于马氏体相变形核，降低相变阻力，使 M_s 点升高。

3. 马氏体相变的形核

（1）均匀形核理论

虽然马氏体相变速度极快，然而研究发现它仍然包含形核与长大两个过程。在奥氏体中也存在能量、结构及成分起伏，当某些微区具有足够大的起伏时，便会在这些微区内形成马氏体晶核。利用经典均匀形核理论，可以估算马氏体转变的形核功。假设马氏体晶核是半径为 r，厚度为 $2c$ 的椭球体（双凸透镜状），如图 7-42 所示。采取近似计算，晶核体积 $V \approx 4\pi r^2 c/3$，晶核表面积 $S \approx 2\pi r^2$，则形成一个椭球形的晶核，则系统自由能变化为

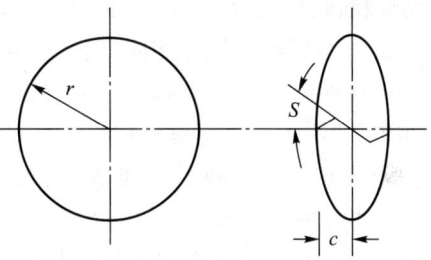

图 7-42 马氏体经典形核模型

$$\Delta G = \frac{4}{3}\pi r^2 c \Delta G_V + 2\pi r^2 \sigma + \frac{4}{3}\pi r c^2 A \tag{7-109}$$

式中，第一项为相变驱动力，第二和第三项分别为界面能和弹性应变能，二者共同构成了相变阻力。A 为应变能因子，材料一定时可将其看作常数进行处理。Ac/r 为单位体积马氏体的弹性应变能，该值随形状参量 c/r 进行变化，c/r 越小，椭球体越扁，弹性应变能越小。

当达到临界形核条件时，$(\partial \Delta G/\partial r)_c = 0$，$(\partial \Delta G/\partial c)_r = 0$，求出晶核的临界半径为 r_c、临界厚度为 c_c、临界形核功 ΔG_c 分别为

$$r_c = \frac{4A\sigma}{\Delta G_V^2} \tag{7-110}$$

$$c_c = -\frac{2\sigma}{\Delta G_V} \tag{7-111}$$

$$\Delta G_c = \frac{32\pi A^2 \sigma^3}{3\Delta G_V^4} \tag{7-112}$$

以及晶核临界体积为

$$V_c = -\frac{128\pi A^2 \sigma^3}{3\Delta G_V^5} \tag{7-113}$$

将相关实验数据 $A \approx 2.1 \times 10^9 \text{ J/m}^3$，$\sigma \approx 0.02 \text{ J/m}^2$，$-\Delta G_V \approx 1.64 \times 10^8 \text{ J/m}^3$ 代入式(7-112)，得出在 M_s 温度形成一片马氏体的临界形核功 $\Delta G_c \approx 1.64 \times 10^{-18} \text{ J}$，通过能量起伏克服该临界形核功，即使温度为 0 K 时也不可能发生马氏体相变，故经典形核理论不适合马氏体相变。

（2）非均匀形核理论

由于均匀形核理论与实验数据存在巨大差异，人们随后发展了多种非均匀形核理论，如位错形核理论、层错形核理论等。在这些理论中，均假设在母相中存在大量晶体缺陷，可以成为马氏体晶核的形核中心，属于非热激活形核，下面将通过实验予以证实。

将 Fe-Ni-C 合金做成直径位于 1~100 μm 的颗粒，将颗粒奥氏体化后冷却到 -40~-196 ℃，测量马氏体的转化率，得到如下结果。

① 马氏体的转化率随颗粒尺寸的增加而增加，说明虽然各个颗粒的成分相同，但是大颗粒包含的缺陷较多，因此马氏体转变是缺陷形核。

② 如果颗粒的尺寸相同，则转变温度越低，马氏体的转化率就越高，实验结果是，50 μm 的颗粒在 -40 ℃时马氏体的转化率为 5%，而在 -50 ℃时马氏体的转化率可达到 20%，说明不同温度对形核具有重要影响。-40 ℃时，首先在能力最强的缺陷上形核，-50 ℃时，由于驱动力的增加，能力较弱的缺陷也能够作为形核的场所。

据此可推断马氏体晶核是在母相中的晶界、亚晶界、位错等地方形成。Zener 揭示了 FCC 结构中原子密排面上的全位错分解为两个不全位错，不全位错之间的层错区在特定条件下将转变为 BCC 结构，从而解释了由 FCC→BCC 结构的马氏体转变。全位错分解为不全位错是能量降低的自发过程，分解后的不全位错由于位错弹性应力场的相互排斥而分开；同时由于层错宽度的增加，又将增加层错能。因此，在一定条件下扩展位错有一个平衡距离，只有层错能较低的扩展位错才有足够的宽度用于马氏体形核，这种形核模型在部分合金中已被实验所证实。

4. 马氏体形貌

马氏体相变总是按阻力最小，消耗能量最低的途径和方式进行，使生成的马氏体具有能量最低的形态。马氏体相变的阻力主要有界面能和弹性应变能，合在一起用 ΔG_r 表示。晶核的形貌对于马氏体的形貌起到决定性作用，马氏体晶核仍然采用图 7-42 所示的椭球体进行表示，形状参量 r、c 同前，形成一个马氏体晶核总的相变阻力为

$$\Delta G_r = 2\pi r^2 \sigma + \frac{4}{3}\pi r c^2 A \qquad (7\text{-}114)$$

单位体积的相变阻力为

$$\Delta G_r' = \frac{\Delta G_r}{V} = \frac{3\sigma}{2c} + \frac{Ac}{r} \qquad (7\text{-}115)$$

假设马氏体体积不变，可获得相变阻力最小的形状参量，即

$$\mathrm{d}V = 0, \mathrm{d}\Delta G_r' = 0 \qquad (7\text{-}116)$$

则

$$dV = \left(\frac{\partial V}{\partial r}\right)_c dr + \left(\frac{\partial V}{\partial c}\right)_r dc = \frac{4}{3}\pi(2rcdr + r^2dc) = 0 \tag{7-117}$$

得

$$dr = -\frac{r}{2c}dc \tag{7-118}$$

另一方面

$$d\Delta G'_r = \left(\frac{\partial \Delta G'_r}{\partial r}\right)_c dr + \left(\frac{\partial \Delta G'_r}{\partial c}\right)_r dc = -\frac{Ac}{r^2}dr + \left(-\frac{3\sigma}{2c^2} + \frac{A}{r}\right)dc = 0 \tag{7-119}$$

将式(7-118)代入上式,经整理得

$$\frac{c^2}{r} = \frac{\sigma}{A} \tag{7-120}$$

将式(7-119)带回式(7-114),最后得形核阻力的最小值

$$(\Delta G'_r)_{min} = \frac{5}{2}\left(\frac{\sigma}{c}\right) = \frac{5}{2}\left(\frac{cA}{r}\right) \tag{7-121}$$

由式(7-121)看出,在应变能因子 A 不变的情况下,c/r 值越小,形核阻力越小;根据式(7-120)可得,若界面能 σ 和 A 不变,c/r 必存在一个最佳值。形核阻力 ΔG_r 是由相变驱动力 ΔG_V 克服,形核阻力越大,所需要的相变驱动力也越大,所以 ΔG_V 与 c/r 也与密切相关。对于 Fe-Ni 合金而言,含 Ni 量较高的合金易形成 c/r 较大的凸透镜状马氏体,含 Ni 量较低的合金易形成 c/r 较小的板条状马氏体。

7.6.3 马氏体相变动力学

马氏体相变依赖于形核与长大过程,本节根据温度和时间对马氏体的形核及长大的影响,可以将马氏体相变分为四类。

1. 变温形核、恒温瞬时长大

此类马氏体相变的转变量仅与转变温度有关,而与转变时间无关,这种马氏体相变称为变温马氏体相变,产物称为变温马氏体。碳钢及合金钢中的马氏体相变一般都属于这种类型。

在 M_s 点以下的某一温度,马氏体瞬间形成一定数量的晶核,并瞬间长大到最终尺寸,若继续进行等温处理,马氏体既不形核,也不长大。若要继续形成马氏体则必须进一步降低温度,如图 7-43 所示。马氏体转变量受控于马氏体的形核率,而与长大速度无关。工业生产中,钢在淬火时所获得的马氏体量取决于淬火所达到的温度与 M_s 之间所产生的过冷度。过冷度愈大,淬火获得的马氏体量就愈多,残余 γ 相的量就愈少。

变温马氏体的形核速度取决于界面运动速度,其速度约为音速的1/3。长大速度也极快,然而与转变温度无关,温度范围在 $-20 \sim -195$ ℃时,Fe-Ni 合金中马氏体的长大速度经测定约为 2×10^5 cm/s,相当于形成一片马氏体的时间为 $(0.5 \sim 5.0) \times 10^{-7}$ s,马氏体长大激活能接近为零。

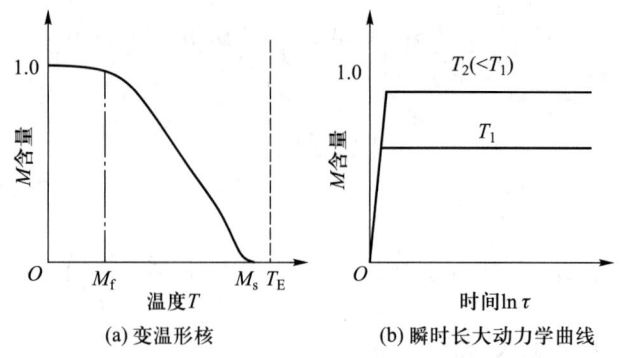

图 7-43 马氏体变温形核,瞬时长大动力学曲线

2. 变温形核、变温长大

Cu-Al、Cu-Cd 合金中的热弹性马氏体相变属于该类长大,其产物为形状记忆合金。在 M_s 点以下某一温度,形成马氏体并瞬间长大到一定尺寸,但并非最后尺寸,继续降低温度,一方面继续形核,另一方面马氏体继续长大。具有实用价值的形状记忆合金主要有铜基合金以及 Ni-Ti 基合金。热弹性马氏体相变与其他马氏体相变相比,其特点是相变时的界面能很小,可以忽略,相变阻力仅有弹性应变能。当合金降温至 M_s 点以下时,马氏体开始形核,但是难以快速长大到最终尺寸,继续降温时,马氏体继续长大,一直到相变驱动力与弹性应变能达到动态平衡,马氏体才停止长大。当升温进行逆相变时,马氏体向奥氏体转变不是通过重新形核,而是已有的马氏体片逐渐缩小直到完全消失,完成奥氏体转变;也就是说,马氏体片随着温度的升降而呈现出消长的现象,称为马氏体的热弹性。

热弹性马氏体的长大速度较慢,其生长速度可以通过肉眼进行观察,主要取决于变温速度或者外加应力的速度。

3. 等温马氏体相变

马氏体等温形核,瞬时长大的相变称为等温马氏体相变,转变产物称为等温马氏体。等温马氏体相变最早是在 Mn-Cu 合金钢中发现的,后来在 M_s 点较低的 Fe-Ni-Mn、Fe-Ni-Cr、高碳钢、高锰钢等合金中也发现完全的等温马氏体转变。马氏体晶核能够等温形成,并且存在孕育期,马氏体长大速度较快;马氏体转变量取决于形核率和转变时间,而与长大速度无关,属于热激活形核;绝大部分等温转变都无法进行到底,达到一定的转变量便停止。

4. 爆发式马氏体相变

在研究 Fe-Ni(-C) 合金时发现,当合金冷却到低于 0 ℃ 以下某一温度 M_b 的瞬间(千分之一秒),剧烈地形成大量的马氏体,其形核率和长大速度极快,均与温度无关,如图 7-44 所示,一般将这种转变称为爆发式马氏体相变,M_b 称为爆发式转变温度。

爆发式转变形成第一片马氏体时,其尖端应力足以触发另一片马氏体形成,随后形成连锁反应,形成的马氏体片呈现“Z”字形排列,展现出转变的协同特性。由于爆发式转变速度极快,常伴随有响声,并且释放出大量的相变潜热,可使试样升温达30 ℃。爆发转变量和合金的化学成分有关,条件适合时,甚至可达到70 ℃以上。

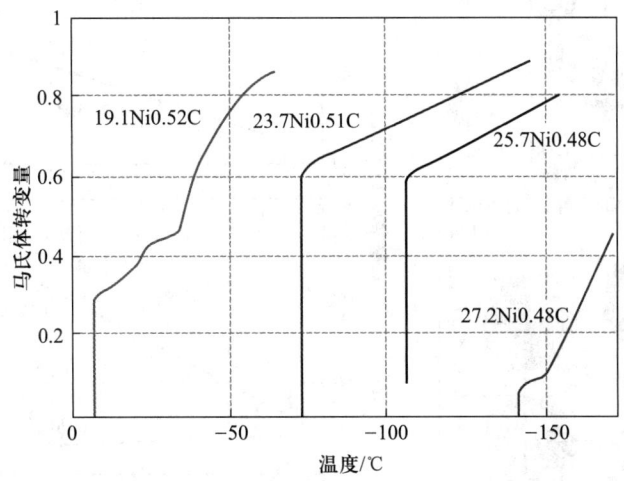

图 7-44 不同成分 Fe-Ni(-C)合金的马氏体转变

7.6.4 钢中马氏体的晶体结构

在不同材料中,马氏体晶体结构也存在差异,最具代表性并且应用最广泛的是钢和有色金属中的马氏体。下面以钢中的马氏体为例,阐述马氏体的晶体结构。

1. 马氏体的晶体结构

α-Fe 具有 BCC 结构,其中存在四面体间隙和八面体间隙,尽管八面体间隙半径小于四面体间隙半径($R_8 = 0.154R$,$R_4 = 0.291R$,R 为 Fe 原子半径),但是理论和实验均已证实绝大部分碳原子仍然占据八面体间隙中心的位置,原因是八面体间隙是扁八面体,其长轴为 $2^{1/2}a$,短轴为 c,碳原子处于其中所引起的弹性应变能相对较小。但是碳原子半径(0.077 nm)远大于八面体间隙半径(0.019 nm),碳原子的溶入必然引起 α-Fe 点阵产生强烈的非对称畸变,结果使八面体间隙的短轴伸长36%,长轴收缩4%,最后形成了 BCT 结构的马氏体,如图 7-45 所示。对于马氏体而言,它是碳溶于 α-Fe 所形成的过饱和固溶体,由于畸变的存在,最终形成体心正方(BCT)结构。

2. 马氏体点阵常数和碳的质量分数的关系

钢中马氏体转变的反应式为 $\gamma \rightarrow M$。转变之前的 γ 相与生成的马氏体成分相同,但晶体结构不同。γ 相是 FCC 结构,马氏体是 BCT 结构。钢在淬火时,高温 γ 相中处于平衡浓度的碳原子全部被固溶在低温 α-Fe 中,导致 α-Fe 中的碳原子处于过饱和状态,含碳量(质量分数)愈高,α-Fe 的过饱和程度愈大。通过 X 射线衍射技术测定 γ 相与马氏体的点阵常数与碳的质量分数的关系,证实了过饱和碳引起了 α-Fe 点阵的非对称畸变。随着碳的质量分数的升高,γ 相的点阵常数 a_γ 增加;马氏体的点阵常数 c 增加,a 减小,使马氏体正方度 c/a 增大,可以用如下线性函数进行表示。

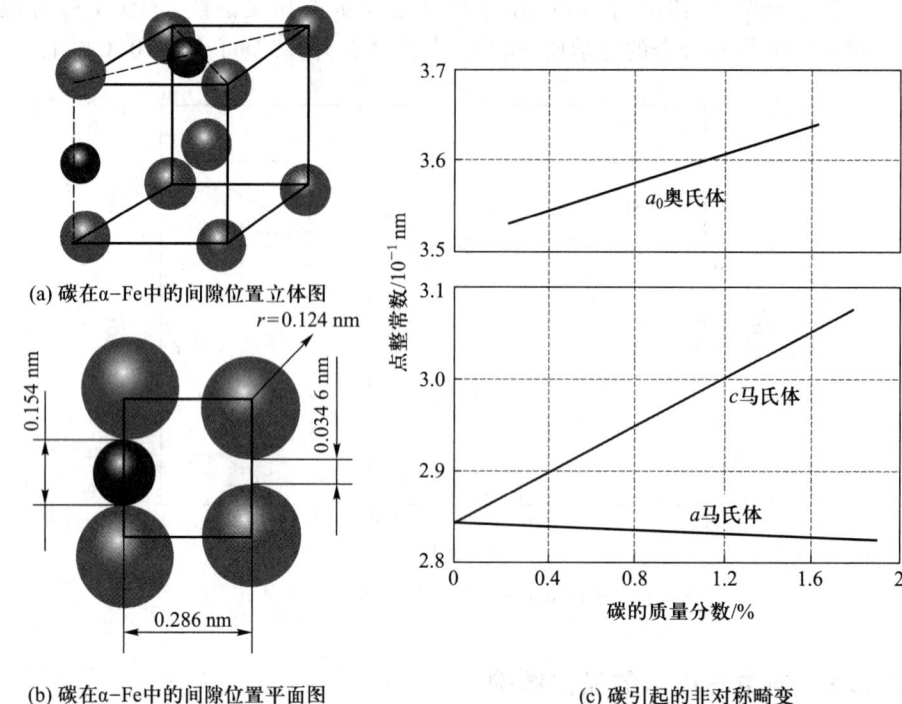

(a) 碳在α-Fe中的间隙位置立体图

(b) 碳在α-Fe中的间隙位置平面图

(c) 碳引起的非对称畸变

图 7-45 碳在 α-Fe 中的间隙位置以及马氏体中过饱和碳原子引起的点阵畸变

$$c = a_0 + \alpha x$$

$$a = a_0 - \beta x$$

$$c/a = 1 + \gamma x$$

式中，α-Fe 的点阵常数 $a_0 = 0.286\ 1$ nm；$\alpha = 0.116$，$\beta = 0.013$，$\gamma = 0.046$；x 为马氏体中碳的质量分数。α 和 β 值分别代表碳在 α-Fe 中引起的畸变程度。反之，通过测定马氏体的正方度 c/a 也可以确定钢中碳的质量分数。

7.6.5 马氏体的组织形态

马氏体的组织形态与合金的化学成分、转变温度密切相关，钢中存在板条状马氏体和片状马氏体两种基本类型。

1. 板条状马氏体

板条状马氏体是低碳钢、中碳钢、低碳合金钢、中碳合金钢在淬火时形成的典型组织，其内部亚结构为高密度位错，因此板条状马氏体又称位错马氏体，由于它主要存在于低碳钢中，也称为低碳马氏体。低碳钢淬火获得的板条状马氏体如图 7-46 所示，包含一束束平行排列的微细组织。电子显微镜观察发现，每一束马氏体是由更为细长的板条组成。图 7-47 是板条状马氏体的组织示意图。板条状马氏体主要特征可归纳如下。

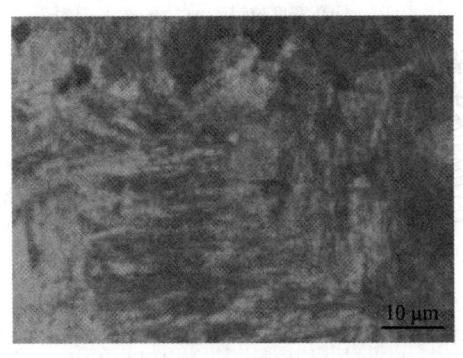

图 7-46 低碳钢淬火获得的板条状马氏体

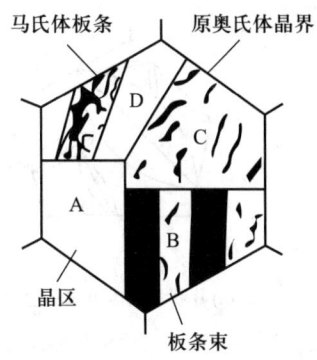

图 7-47 板条状马氏体组织示意图

（1）亚结构

马氏体板条内部为高密度位错，位错密度达 $(0.3 \sim 0.9) \times 10^{12}$ cm^{-2}，相当于金属经剧烈冷塑性变形后的位错密度。

（2）显微组织

一个马氏体晶粒通常包含 $3 \sim 5$ 个马氏体板条群（图 7-47 中 A 区），板条群之间存在明显的界面，每个板条群的尺寸为 $20 \sim 35$ μm；板条群又可分成一个或几个平行的马氏体同位向束，同位向束之间呈大角度界面（图 7-47 中 B 区）；一个板条群也可以只由一个同位向束组成（图 7-47 中 C 区）；每个同位向束是由平行的板条组成，板条间呈现小角度界面（图 7-47 中 D 区）。板条状马氏体的尺寸由大到小依次为板条群、同位向束及板条。

（3）马氏体空间形态与残余奥氏体

低碳马氏体为细长的板条状，板条均为单晶体，横界面近似为椭圆形，尺寸约 0.5 μm$\times 5.0$ μm$\times 20$ μm，低碳马氏体的惯习面为 $\{111\}_\gamma$。此外研究发现马氏体板条之间存在连续的残余奥氏体，且碳的质量分数较高。

2. 片状马氏体

片状马氏体是中碳钢、高碳钢、中碳合金钢、高碳合金钢在淬火时形成的典型组织，其内部亚结构主要是孪晶，故又称为孪晶马氏体，由于它总出现在高碳钢中，也称为高碳马氏体；根据其空间形态亦称为透镜片状马氏体或针状及竹叶状马氏体。图 7-48 是 T10 钢淬火后获得的片状马氏体金相组织，片状马氏体组织示意图及其孪晶亚结构见图 7-49。片状马氏体的主要特征包含以下几方面。

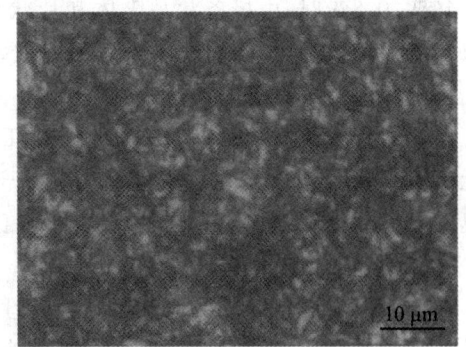

图 7-48 T10 钢淬火后获得的
片状马氏体金相组织

（1）亚结构

片状马氏体内部亚结构是极细的孪晶，孪晶间距离约为 5 nm，边缘为复杂的位错组态，位错可以松弛部分孪生变形产生的弹性应力，该特点与板条状马氏体显著不同。

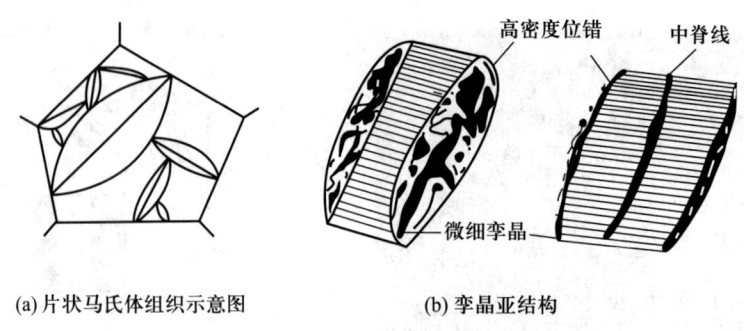

(a) 片状马氏体组织示意图　　　　(b) 孪晶亚结构

图 7-49　片状马氏体组织示意图及其孪晶亚结构

（2）显微组织

马氏体呈片状、针状或竹叶状，相互之间交错成一定的角度。在一个 γ 相晶粒内，先生成的马氏体片一般横贯整个晶粒，随后生成的马氏体片尺寸依次减小。

（3）空间形态

片状马氏体的空间形貌呈双凸透镜状，马氏体片中存在明显的中脊，中脊所在的晶面为马氏体惯习面，根据碳的质量分数的不同，惯习面分别为 $\{225\}_\gamma$ 或 $\{259\}_\gamma$。

3. 影响马氏体形态的因素

通常情况下，凡是使马氏体转变温度降低的因素都会减少淬火组织中的板条状马氏体含量，增加片状马氏体含量，同时马氏体的亚结构由位错逐渐转化为孪晶。

（1）碳的质量分数和合金元素

经过完全奥氏体化后淬火所得到的组织会因碳的质量分数的不同而产生差异。对于碳钢而言，增加碳的质量分数，将导致马氏体相变阻力增大，相变温度下降，减少板条状马氏体含量，增加片状马氏体含量。若 $w_C<0.2\%$，淬火组织基本为板条状马氏体；当 $w_C=0.2\%\sim0.4\%$ 时，淬火组织主要包含板条状马氏体和少量片状马氏体；当 $w_C=0.4\%\sim0.8\%$ 时，由板条状马氏体和片状马氏体共同构成；当 $w_C=0.8\%\sim1.0\%$ 时，以片状马氏体为主，同时含有少量板条状马氏体；当 $w_C>1.0\%$ 时，几乎全部由片状马氏体组成。

同时合金元素会对马氏体形态产生重要影响，钢中加入 Cr、Si、V 等缩小奥氏体区元素时，将导致马氏体转变温度升高，易于形成板条状马氏体；若加入 Ni、Mn、Co 等扩大奥氏体区元素，将使奥氏体单相区扩大，马氏体转变温度降低，偏向于形成片状马氏体。

（2）马氏体形成温度

马氏体形成温度主要取决于材料属性和 γ 相的碳的质量分数、合金元素种类和含量。凡是能降低转变温度的因素都将影响马氏体的组织形态及其亚结构，马氏体由板条状向片状转变，亚结构由位错向孪晶转变。

（3）奥氏体与马氏体的强度

马氏体相变是以共格切变的方式进行的，因此 γ 相与马氏体的屈服强度将影响马氏体相变及其形态。当 γ 相和马氏体的屈服强度均较低时，有利于马氏体形成时的滑移变形，有利于形成惯习面为 $\{111\}_\gamma$ 的板条状马氏体；若马氏体强度较高，有利于马氏体内的孪生变形,将形成惯习面为$\{225\}_\gamma$的片状马氏体;若γ相和马氏体强度均较高,只能在马氏体内进行孪生变形,则易于形成惯习面为$\{259\}_\gamma$的片状马氏体。

7.6.6 马氏体相变机制

如前所述,基于马氏体相变的非扩散性、浮凸效应及接近 0 K 时仍能以极高速度形成等主要事实,研究人员相继提出了若干马氏体相变的切变模型,最具代表性的包含 B(Bain)模型、K-S(Kurdju mov-Sachs)模型、G-T(Greninger-Troiano)模型及N(Nishiyama)模型。

从马氏体结构的角度进行分析,存在多种形式的马氏体相变,然而这些转变方式必须满足以下基本要求:马氏体的晶体结构、马氏体和γ相之间的位向关系、马氏体的惯习面以及相变产生的浮凸效应等方面,理论计算应该符合实际测量结果。本节仅从滑移和孪生变形角度在微观上对马氏体相变机制进行定性分析。

马氏体内部的亚结构包括位错、孪晶及层错等多种类型的缺陷,位错、孪晶及层错等缺陷是马氏体相变时滑移或孪生变形的产物。图 7-50 给出了马氏体相变过程中的滑移与孪生。

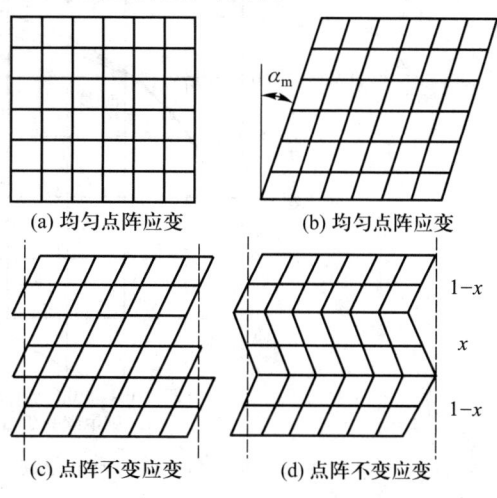

(a) 均匀点阵应变 (b) 均匀点阵应变

(c) 点阵不变应变 (d) 点阵不变应变

图 7-50 马氏体相变过程中的滑移与孪生

1. 均匀点阵应变

这种点阵应变使母相晶体结构转变为马氏体相晶体结构,这是马氏体相变的一次切变过程,如图 7-50a 和图 7-50b 所示。然而经过计算发现,母相仅经过一次切变过程所产生的相变应变量与实际测量值不符,也不满足马氏体亚结构的要求。

2. 点阵不变应变

晶体的滑移或者孪生变形作为辅助应变,在不改变已形成的马氏体结构的基础上,使相变应变量与实际测量值相符,这是马氏体相变过程中的二次切变。同时,二次切变使马氏体的亚结构与实际情况相符。如果点阵不变应变是滑移,则产生的亚结构是位错,得到是板条状马氏体,如图 7-50c 所示;如果点阵不变应变是孪生,则产生的亚结构是孪晶,将获得孪晶马氏体,如图 7-50d 所示,从而解释了马氏体亚结构的问题。

7.6.7 马氏体的力学性能

1. 强度和硬度

(1)硬度

钢经过淬火获得的淬火马氏体的强度和硬度(60 HRC)较高,马氏体的高硬度主要取决于奥氏体中间隙型溶质原子的含量,如 C、N,而置换型溶质原子对马氏体的高硬度影响微弱,这是由两类溶质原子在钢中所产生的晶格畸变程度不同所造成的。碳的质量分数对淬火钢硬度的影响如图 7-51 所示。碳的质量分数较小时,淬火钢的硬度随着碳的质量分数的增加而快速上升,当碳的质量分数超过 0.5% 时,淬火钢的硬度变化趋于平缓或有所下降(图中曲线 1 和 2)。曲线 1 为高于 A_{c3}(或 A_{cm})之上加热(不完全奥氏体化)淬火后的硬度,此时存在一定量未溶解的碳化物,奥氏体中的碳的质量分数降低,导致钢的 M_s 点下降,淬火后残余奥氏体量增多,降低淬火钢硬度;曲线 2 是在 A_{c1} 和 A_{c3}(或 A_{cm})之间加热(不完全奥氏体化)淬火后的硬度,此时也存在部分碳化物未溶解,γ 相中的碳的质量分数降低,钢的 M_s 点下降较少,淬火后残余 γ 相含量也较少,对淬火钢硬度影响不大;曲线 3 是淬火马氏体的硬度,可以看出马氏体的硬度一直随碳的质量分数的增加而升高。

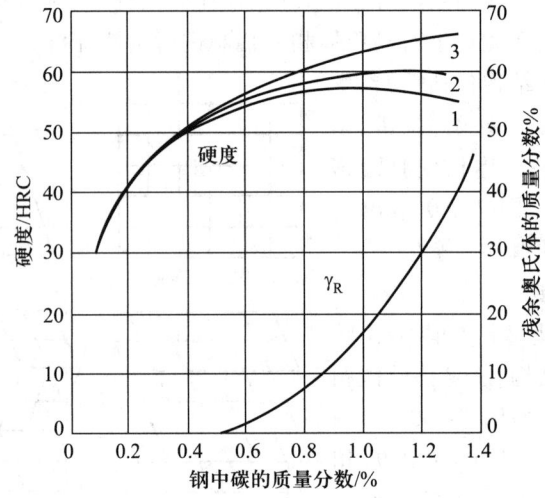

图 7-51　碳的质量分数对淬火钢硬度的影响

淬火马氏体可达到很高的强度和硬度,这是由马氏体中过饱和间隙型溶质原子和马氏体的亚结构所决定的。

(2) 强度

C、N 等间隙原子加热时将部分或全部溶入奥氏体中,淬火时被固溶在马氏体中,从而在马氏体结构内产生严重的非球形对称的弹性应力场,并且与位错发生强烈的交互作用,形成大量的柯氏气团,显著降低位错的易动性,增加了马氏体的强度和硬度,称为马氏体固溶强化。固溶强化是马氏体强化的重要手段之一。同时根据马氏体相变机制可知,马氏体形成时需要经过两次切变过程,其中点阵不变应变会在马氏体内部产生高密度的晶体缺陷(如位错、孪晶及层错等),导致马氏体的强度和硬度升高,称马氏体相变强化。

实验表明,无碳马氏体的屈服强度约为 280 MPa,而退火态铁素体的屈服强度仅为 120 MPa 左右,马氏体的相变强化可以显著提高材料的屈服强度。

板条状马氏体的亚结构是单纯的位错组态,位错具有一定的可动性,因此板条状马氏体的强度和硬度低于孪晶马氏体,但是它的塑性及韧性却优于孪晶马氏体;反之,孪晶马氏体的亚结构主要是孪晶,只有当马氏体中的滑移面和滑移方向与孪晶面和孪晶方向相一致的位错才能运动,位错运动难以进行,从而使孪晶马氏体的强度和硬度高于位错马氏体,但塑性和韧性却有较大幅度的降低。

2. 塑性和韧性

板条状马氏体的强度和硬度低于片状马氏体,但它的冲击韧性和断裂韧性优于片状马氏体,并且脆性转变温度也低。正因如此,淬火钢获得含有位错的板条状马氏体组织是金属强韧化的重要手段之一。马氏体的塑性和韧性主要取决于其亚结构,与板条状马氏体相比,片状马氏体的塑性和韧性较差取决于三个因素。一是片状马氏体的亚结构为孪晶,高密度孪晶的存在就要求只有与孪晶要素平行的滑移系才能开动,导致马氏体中的有效滑移系数量急剧降低;二是孪晶马氏体的生长速度极快,马氏体片之间又相交成一定的角度,这样当两片马氏体相遇时发生撞击,而在撞击处很容易产生显微裂纹;三是孪晶马氏体的碳的质量分数较高,特殊条件下,碳原子会沿孪晶界形成偏聚区或者析出不连续的碳化物薄片,降低其塑性和韧性。

一般情况下,淬火马氏体的强度及硬度很高,塑性和韧性较差。板条状马氏体具有良好的强韧性。由于淬火马氏体的塑性及韧性较差,淬火钢需要进行不同的回火处理,以改善钢的塑性和韧性。

参 考 文 献

第八章 材料的变形与再结晶

【本章导读】

材料在加工制备过程中或制成零部件后的服役过程中都会受到外力的作用。材料在受外力后会产生变形,外力较小时产生弹性变形,外力较大并超过一定临界值时则产生塑性变形,而当外力过大时就会产生裂纹最终出现断裂。金属材料经变形后,不仅其外形和尺寸发生变化,其内部组织和有关性能也发生变化,使之处于能量较高的状态。这种能量较高的状态是不稳定的,因此变形后的金属在重新加热时会发生回复和再结晶现象。本章主要讨论金属的变形特性,并在此基础上说明高分子和陶瓷材料的变形行为。分析各种内外因素对材料变形的影响,并讨论冷变形金属在回复和再结晶过程中组织、结构与性能的变化规律。

【本章重点和难点】

本章重点讨论金属的塑性变形、冷变形金属的回复和再结晶以及金属的热变形。掌握材料变形和再结晶的难点在于理解材料变形的微观机制及回复和再结晶的动力学机制。

许多机械零件在服役过程中都会受到外力和负载的作用,如用钢制成的机床中的轴、用铝合金制成的飞机机翼、用陶瓷制成的发动机热端零件、用聚合物基复合材料制成的飞机蒙皮等。这些零部件在服役中在外力或负载的作用下会发生变形,外力较小时产生弹性变形,外力较大并超过一定临界值时则产生塑性变形,而当外力过大时就会产生裂纹最终出现断裂。

如图 8-1 所示为低碳钢在单向拉伸时的应力-应变曲线。当应力低于 R_e 时,应力与应变成正比,此时应力去除后,变形完全消失,这种变形称为弹性变形,R_e 称为弹性极限。当应力超过 R_e 时,材料发生塑性变形,应力去除,变形只能部分恢复,而保留一部分永久变形。开始发生塑性变形的最小应力称为屈服极限 R_p。对于无明显屈服的材料,规定以产生 0.2% 残余变形的应力作为屈服极限,以 $R_{0.2}$ 表示。当外力超

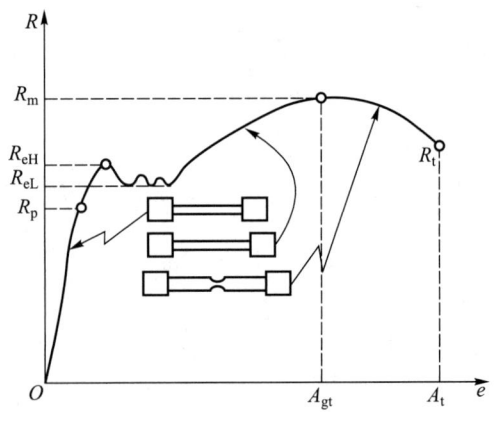

图 8-1 低碳钢在单向拉伸时的应力-应变曲线

过 $R_p(R_{0.2})$ 后,试样发生明显而均匀的塑性变形,欲使应变继续增大,则必须提高外力。这种塑性变形抗力随塑性变形增大而不断增加的现象称为加工硬化或应变硬化。当应力继续增大达到 R_m 后,试样的均匀变形结束,R_m 称为材料的抗拉强度或强度极限,它是材料极限承载能力的标志。当应力达到一定值时,试样开始发生不均匀塑性变形,并形成颈缩,试样截面积急剧减小导致载荷降低,应力开始下降,达到 R_f 时试样断裂。R_f 称为材料的条件断裂强度。然而对于机械零件所产生的任何变形都必须在允许范围内,更不能发生断裂。因此,弹性极限、屈服强度和抗拉强度这些强度指标在工程上具有重要意义同时金属材料在变形后的回复和再结晶过程中这些指标也会有相应变化。

8.1 材料的弹性变形

材料受外载作用时,总是先发生弹性变形。

8.1.1 弹性变形的特点

弹性变形的主要特点如下。

① 变形是可逆的,加载时变形,卸载后变形消失,晶体回到未变形状态;

② 应力与应变呈线性关系,即服从胡克定律(Hooke's law):

在正应力作用下 $\qquad\qquad\sigma=E\varepsilon$

在切应力作用下 $\qquad\qquad\tau=G\gamma$ $\qquad\qquad$ (8-1)

式中,σ、τ 分别为正应力和切应力,ε、γ 分别为正应变和切应变,E、G 分别为弹性模量(杨氏模量)与切变模量。弹性模量 E 和切变模量 G 是材料重要的物理和力学参量,二者间具有如下关系。

$$G=\frac{E}{2(1+\nu)}$$ $\qquad\qquad$ (8-2)

式中,ν 为材料的泊松比,表示侧向收缩能力,在拉伸试验时指材料横向收缩率与纵向伸长率的比值。一般金属材料的泊松比为 $0.25\sim0.35$,高分子材料则相对较大。

8.1.2 弹性模量的物理本质

弹性模量是原子间结合力的反映和度量[1-2]。当晶体在外力作用下发生弹性变形时,内部的原子间距离就偏离了平衡位置。在没有外力作用时,晶体内原子间的结合能和结合力在固体物理中是可以计算的,其结合能和作用力随距离的变化关系如图 8-2 所示。当原子处于平衡位置时,其原子间距为 x_e,势能 U 处于最低位置,相互作用力为零,这是最稳定状态。一旦受到外力,原子将偏离平衡位置,原子间距增大时将产生引力,原子间距减小时将产生斥力,在引力或斥力的作用下,原子恢复原来的位置。很明显,发生弹性变形的难易程度取决于作用力-原子间距曲线的斜率 $\mathrm{d}F/\mathrm{d}x$。

由于弹性模量是原子间结合力强弱的反映,所以弹性模量只取决于晶体的原子结合本性,不依赖于晶粒大小和组织形貌,是一个对组织不敏感的性能指标。加入少量合金元素和热处理对弹性模量的影响不大。如碳钢、铸铁和各种合金钢的弹性模量都差别不大,$E \approx 200$ GPa,而它们的屈服强度和抗拉强度却可以差别很大。

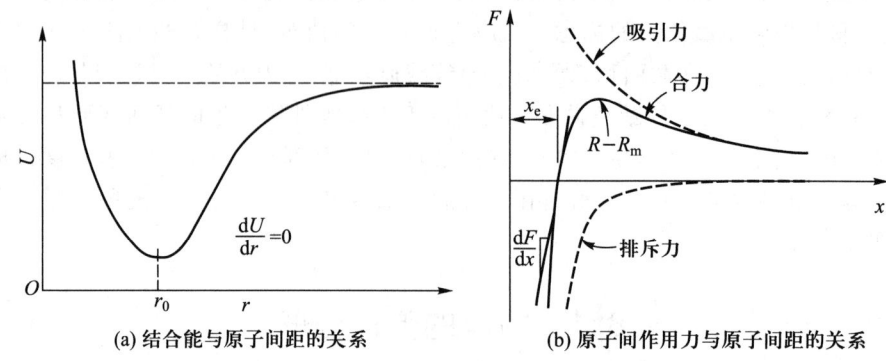

(a) 结合能与原子间距的关系　　　　(b) 原子间作用力与原子间距的关系

图 8-2　晶体内原子间的结合能和作用力

弹性模量在工程技术上可用于表示材料的刚度。有些零件或工程构件主要是按照刚度的要求设计的,如刚度条件满足,则强度一般情况下也是满足的,如飞机的主桁架主要考虑刚度。在外力相同的情况下,刚度越大的材料发生的弹性变形量越小。如铁的弹性模量是铝的 3 倍,因此铁的弹性变形只是铝的 1/3。

8.2　材料的塑性变形

塑性是材料在外力作用下保持材料完整性的能力[3]。当材料所受外力使材料中的应力超过材料的屈服极限,材料将产生不可逆的永久变形,即塑性变形。

工程中应用的材料大多为多晶体,而多晶体的变形与其中各个晶粒的变形行为密切相关,因此先讨论单晶体的塑性变形,再研究多晶体的塑性变形。

8.2.1　单晶体的塑性变形

在常温及低温下,单晶体塑性变形的基本方式有滑移、孪生和扭折三种,其中滑移是最基本的方式。

1. 滑移

（1）滑移现象

将预先经过抛光的纯铝或纯铁试样,在适当的变形之后,不需要腐蚀处理,在光学显微镜下就可看到试样表面内有许多平行的或几组交叉的细线,这些细线称为**滑移带**[4]。它是相对滑动的晶体层与试样表面的交线。通过电子显微镜可以发现,观察到的滑移带并不是简单的一条线,而是由一组平行线构成,称为**滑移线**。滑移线之间的距离仅约为 100 个原子间距,而每一滑移线的滑移量可达 1 000 个原子间距左右,如图8-3所示。由于晶体各部分的相对滑动,试样表面有许多台阶。试样内的滑移带不是均匀分布的,滑移线构成的滑移台阶高约为 100 nm。

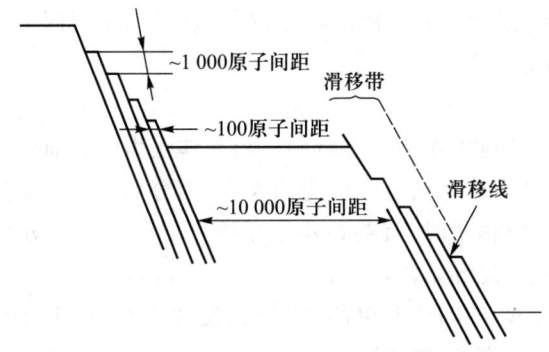

图 8-3 滑移带和滑移线的结构示意图

（2）滑移系

在塑性变形中，单晶体表面的滑移线并不是任意排列的，它们彼此之间相互平行或互成一定角度，表明滑移是沿着特定的晶面和晶向进行的，这些晶面和晶向分别称为滑移面和滑移方向。一个滑移面及其上的一个滑移方向组成一个滑移系。每一个滑移系表示晶体进行滑移时可能采取的一个空间取向。其他条件相同时，滑移系越多，滑移过程可能采取的空间取向越多，塑性越好。晶体结构不同，其滑移面和滑移方向不同，几种常见金属晶体结构的滑移面和滑移方向见表 8-1。

表 8-1　几种常见金属晶体结构的滑移面和滑移方向

金属	晶体结构	滑移面	滑移方向	滑移系数目
Cu、Al、Ni、Ag、Au	面心立方	$\{111\}$	$\langle 1\bar{1}0 \rangle$	12
α-Fe、W、Mo	体心立方	$\{1\bar{1}0\}$		12
α-Fe、W、		$\{1\bar{2}1\}$	$\langle 111 \rangle$	12
α-Fe、K		$\{2\bar{3}1\}$		24
Cd、Zn、Mg、α-Ti、Be	密排六方	$\{0001\}$		3
α-Ti、Mg、Zr		$\{10\bar{1}0\}$	$\langle \bar{1}2\bar{1}0 \rangle$	3
α-Ti、Mg		$\{10\bar{1}1\}$		6

从表 8-1 可见，滑移面和滑移方向总是金属晶体中原子排列最密的晶面和晶向。因为密排面之间的距离最大，面与面之间的结合力较小，滑移的阻力小，易滑动。而沿原子密排程度最大的方向上原子间距最近，原子从原始位置达到新的平衡位置所需要移动的距离小，阻力也小。

每一种晶格类型的金属都具有特定的滑移系，如面心立方金属的滑移系共有 12 个；密排六方金属有三个基面滑移系、三个柱面滑移系和六个锥面滑移系；体心立方金属不具有突出的最密排面，可能的滑移系有 48 个。

一般来说，滑移系的多少在一定程度上决定了金属塑性的好坏，如面心立方和体心立方金属的塑性要好于密排六方金属。然而，在其他条件相同时，金属塑性的好坏不只取决于滑移系的多少，还与滑移面原子密排程度及滑移的数目等因素有关。如

α-Fe有 48 个滑移系,但滑移方向比面心立方少,且滑移面上原子的密排程度也较低,故它的塑性比铝、铜等面心立方金属差。

(3) Schmid 定律

晶体的滑移是在切应力作用下进行的。当晶体受力时,晶体中的某个滑移系是否发生滑动,取决于沿此滑移系的分切应力的大小,当分切应力达到某一临界值时,滑移才能发生。当有许多滑移系时,就要看外力在哪个滑移系上的分切应力最大,分切应力最大的滑移系一般首先开始动作。

设有一截面积为 A_0 的圆柱形单晶体,受到拉力 F 的作用,如图 8-4 所示。拉伸轴与滑移面法向的夹角为 ϕ,拉伸轴与滑移方向的夹角为 λ,则 F 在滑移方向的分力为 $F\cos\lambda$,而滑移面的面积为 $A_0/\cos\phi$,则 P 在滑移方向的分切应力为

$$\tau = \frac{F}{A_0}\cos\phi\cos\lambda = m\sigma \qquad (8-3)$$

式中,A_0 为试样与拉伸轴垂直的截面积;$R = F/A_0$ 为试样上所加的拉伸应力;$m = \cos\phi\cos\lambda$ 为外加载荷相对于晶体滑移系的取向因子,也称为 Schmid 因子。把滑移系开动所需的最小分切应力称为临界分切应力(CRSS),并记为 τ_c。滑移系开动的临界分切应力是与外力取向无关的常数,此规律称为 Schmid 定律(或临界分切应力定律)。当滑移系中的分切应力达到临界分切应力值而开始滑移时,R 应为宏观上的起始屈服强度 R_p,则屈服强度与外力的取向无关。m 越大,则分切应力越大,越有利于晶体滑移。当滑移面法线、滑移方向与外力轴三者共面时,$m = \cos\phi\cos(90°-\phi)$,则 $\phi = 45°$ 时,$m = \frac{1}{2}\sin^2\phi = 0.5$,此时 m 的值最大,R_p 最小,即以最小的拉应力就能达到发生滑移所需的分切应力值。通常,称取向因子大的为软取向,而取向因子小的称为硬取向。取向因子 m 对屈服强度 R_p 的影响在只有一组滑移面的密排六方晶体中尤为明显,如图 8-5 所示。

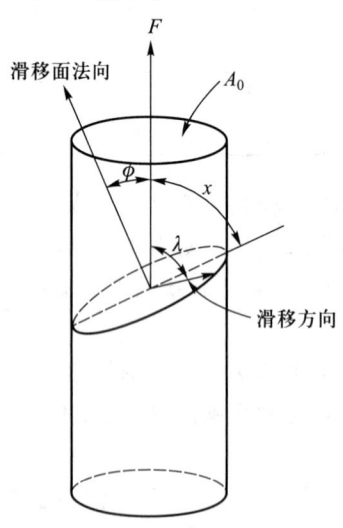

图 8-4 临界分切应力计算图

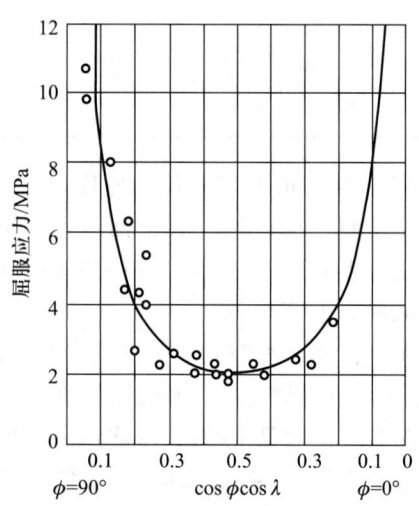

图 8-5 镁晶体拉伸时的屈服应力
与晶体取向的关系

Schmid 定律首先在六方晶系如 Zn、Mg 中得到证实。随后实验也证明 Schmid 定律也同样适用于面心立方金属(严格地说,拉力轴的位置不应在能使晶体发生许多滑移系同时动作的情况下)。但是,对体心立方金属而言,现已证明,它们是不服从 Schmid 定律的。具体表现为晶体滑移的临界切应力并不是常数,由于拉力轴的取向不同,τ_c 也在改变;另外,也发现了在 Schmid 因子为最大的晶体取向上作拉伸与压缩,两者的临界切应力是不同的。

临界分切应力 τ_c 的大小主要取决于金属的本性,与外力无关。当条件一定时,各种晶体的临界分切应力有其定值,但它是一个组织敏感参数,与金属的纯度、变形温度和速度、金属的加工和热处理状态及滑移系类型等因素有关。

(4) 滑移时晶体的转动

随着滑移的进行,除滑移面发生相对位移外,常常还伴随着晶体取向的改变(即晶面转动),对于只有一组滑移面的密排六方金属尤为明显。图 8-6 为单晶体拉伸变形过程示意图。当晶体受拉伸滑移时,如果不受夹头的限制,在滑移过程中,为使滑移面和滑移方向保持不变,拉伸轴线将发生如图 8-6b 所示的偏移。但实际上由于受夹头的限制,拉伸轴线的方向是不能改变的,因此必须使晶面作相应的转动,从而造成如图 8-6c 所示的晶体位向的改变,结果使滑移面和滑移方向逐渐趋于与拉伸轴线平行。同理,晶体受压变形时也要发生晶面转动,但转动的结果却是使滑移面逐渐趋于与压力轴线垂直,如图 8-7 所示。

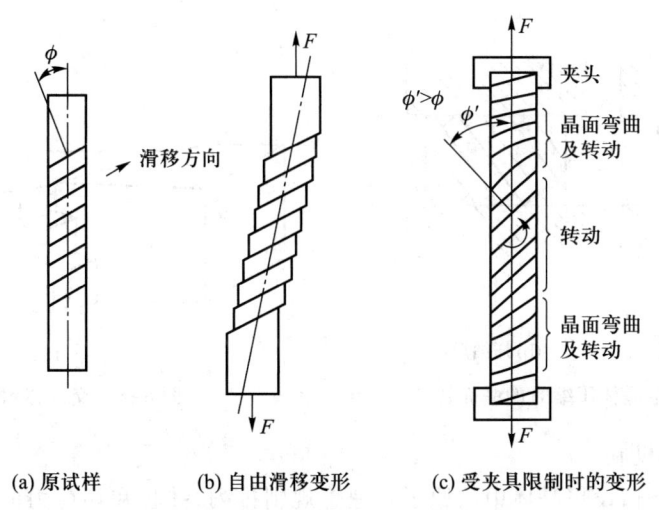

(a) 原试样　　　(b) 自由滑移变形　　　(c) 受夹具限制时的变形

图 8-6 单晶体拉伸变形过程示意图

可见,在滑移过程中,不仅滑移面发生转动,滑移方向也逐渐改变,而最终导致取向因子的改变。原来处于软取向的滑移系,拉伸时,随着晶体取向的改变而转为硬取向,使滑移变得越来越困难,这种现象称为几何硬化。反之,原来处于硬取向的滑移系,经滑移和转动后转为软取向,使滑移越来越易进行,这种现象称为几何软化。

(5) 多滑移与交滑移

Schmid 定律的意义,不仅在于阐明了晶体开始塑性变形时,切应力需达到某一临界值,而且也容易说明滑移变形可有单滑移、多滑移和交滑移几种情况。

对于具有多组滑移系的晶体,当只有一个滑移系统上的分切应力最大并达到了临界分切应力,这时只发生单滑移。在一个晶粒内只有一组平行的滑移线(带)。

当拉力轴在晶体的特定取向上,可能会使几个滑移系上的分切应力相等,同时达到了临界分切应力时,或者由于滑移时晶体的转动,使另一组滑移系的分切应力也达到临界值,则滑移在两组或多组滑移系上同时或交替进行,称为多滑移。发生多滑移时会出现几组交叉的滑移带。由于这些滑移系由不同位向的滑移面与滑移方向构成,所以当一个滑移系启动后,另一滑移系的滑动就必须穿越前者,两个滑移系上的位错会有交互作用,产生交割和反应,因而,多系滑移会产生较强的加工硬化。

对于具有多组滑移系的晶体,除发生多滑移外,还可出现两个或多个滑移面沿着某个共同的滑移方向同时或交替滑移,称为交滑移。交滑移是螺型位错在两个相交的滑移面上运动,当螺型位错在一个滑移面上运动遇到障碍,会转到另一滑移面上继续滑移,滑移方向不变,如图8-8所示。发生交滑移时会出现曲折或波纹状的滑移带。

体心立方金属因可以在$\{1\bar{1}0\}$、$\{1\bar{2}1\}$、$\{2\bar{3}1\}$晶面上滑移,滑移方向总是<111>,而成为最容易发生交滑移的晶体。交滑移发生的难易程度与晶体的层错能有关,层错能高的材料易发生交滑移。由于交滑移使滑移的灵活性更大,因此对晶体的塑性变形有重要影响。

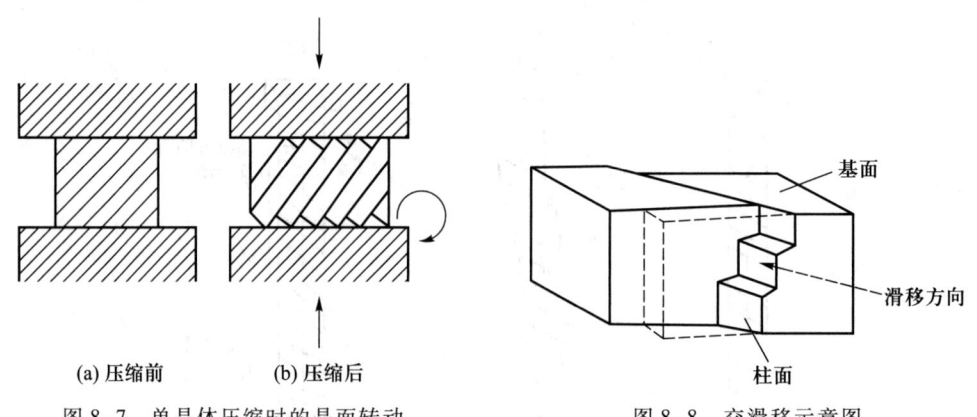

(a) 压缩前　　　　(b) 压缩后	
图8-7　单晶体压缩时的晶面转动	图8-8　交滑移示意图

(6) 滑移机制

晶体滑移时,设想晶体中的原子是理想规则排列,并且在切应力的作用下作整体相对滑移,即刚性滑移,如图8-9所示。可是按此模型算出的临界分切应力比实测值高了3~4个数量级,表明晶体滑移并不是晶体的一部分相对于另一部分沿着滑移面作刚性整体位移,而是通过位错运动来实现的,如图8-10所示。从图8-10中可看出,晶体在滑移时,并不是滑移面上的全部原子同时移动,而是只有位错线中心附近的少数原子移动很小的距离(小于1个原子间距),因此所需的应力要比晶体作整体刚性滑移低得多。当一个位错移到晶体表面时,便会在表面上留下一个原子间距的滑移台阶,其大小等于柏氏矢量。如果大量的位错滑过晶体,就会在晶体表面形成显微镜下能观察到的滑移痕迹,这就是滑移线的实质。因此,可将位错线看作是晶体中已滑移区域和未滑移区域的分界,如图 8-11 所示。

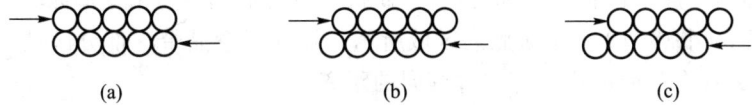

图 8-9　切应力作用下原子层刚性滑移示意图

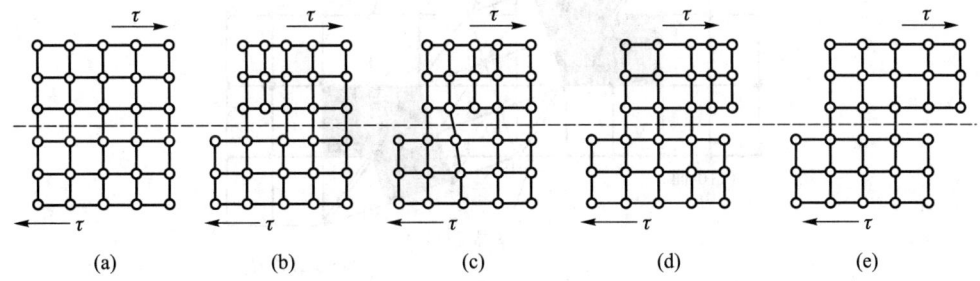

图 8-10　通过刃型位错移动使晶体滑移的示意图

螺型位错的运动也能导致晶体的滑移,但与刃型位错运动的过程并不相同。刃型位错运动的方向与其位错线垂直,即与 b 一致,因此,刃型位错的滑移面是由位错线与柏氏矢量所决定的平面,其滑移方向为 b 的方向;螺型位错运动的方向也垂直于位错线,但同时垂直于 b,即其运动方向与晶体滑移方向相互垂直。

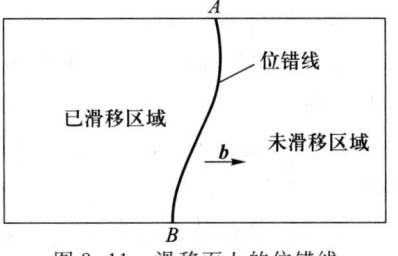

图 8-11　滑移面上的位错线

晶体的滑移必须在一定的外力作用下才能发生,说明位错的运动要克服阻力。位错运动的阻力首先来自点阵阻力,也称为派-纳(P-N)力。而位错运动的阻力除点阵阻力外,还有位错与位错的交互作用产生的阻力;运动位错交截后形成的扭折和割阶,尤其是螺型位错的割阶将对位错起钉扎作用,致使位错运动的阻力增加;与其他晶体缺陷(如点缺陷、其他位错、晶界和第二相质点等)交互作用对位错运动会产生阻力,导致晶体强化。

2. 孪生

孪生是塑性变形的另一种重要形式,它常作为滑移不易进行时的补充。

(1) 孪生变形现象

如图 8-12 所示,晶体在切应力作用下沿着一定的晶面(称为孪晶面)和晶向(称为孪晶方向),在一个区域内发生连续顺序的切变(图 8-12 中的虚线部分),变形的结果使这部分的晶体取向发生改变(晶体结构和对称性并未改变),这一变形过程称为孪生。变形与未变形两部分晶体合称为孪晶,在显微镜下呈带状或透镜状。已变形的晶体部分与未变形的晶体部分保持着镜面对称关系,这个对称镜面称为孪晶面。孪生变形和滑移变形的重要区别就在于前者使晶体取向改变了,而后者的晶体取向未改变。从面心立方晶体孪晶切变过程可以看出,在孪生变形区域(称为孪晶带)中的各晶面,其切变位移不是原子间距的整数倍,各晶面的原子位移量与到孪晶面的距离成正比。正是由于原子位移的这种特点,才使得孪生变形部分与未变形区域互以孪晶面为镜面对称(如图 8-12 中所涂黑的区域所示),而如果孪晶带这部分区域是可以滑移变形的,那么各个晶面的原子都移过等同的距离。

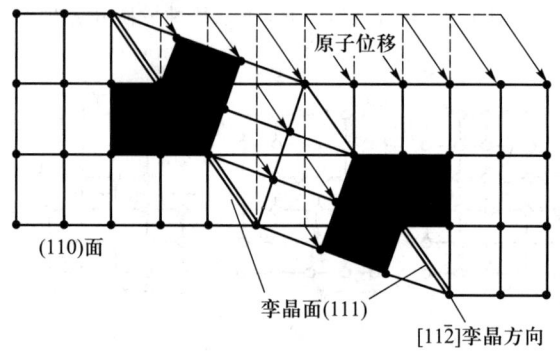

图 8-12　面心立方晶体的孪生变形

(2)孪生变形的特点

晶体的孪晶面和孪晶方向与其晶体结构类型有关。与滑移相比,孪生变形表现出如下特点。

① 孪生使一部分晶体发生了均匀切变,而滑移是不均匀的,只集中在一些滑移面上进行。

② 孪生后晶体变形部分与未变形部分成镜面对称关系,位向发生变化,而滑移后晶体上各部分的位向并未改变。

③ 孪生比滑移的临界分切应力高得多,因此孪生常萌发于滑移受阻引起的局部应力集中区。一些密排六方金属如镁、锌等常以孪生方式变形。体心立方金属如 α-Fe 在冲击载荷作用下或在低温下也会发生孪生变形。面心立方金属一般不发生孪生,但在极低温度下或受高速冲击载荷时,也不能排除这种变形方式。如铜在 4.2 K 拉伸时以孪生方式变形。

④ 孪生对塑性变形的贡献比滑移小得多。特别是密排六方金属更是如此。但孪生能够改变晶体位向,使滑移系转动到有利的位置。因此,当滑移困难时,可通过孪生调整取向而使晶体继续变形。

⑤ 由于孪生变形时,局部切变可达较大数量,所以在变形试样的抛光表面上可以看到浮凸,经重新抛光后,虽然表面浮凸可以去掉,但因已变形区与未变形区的晶体位向不同,所以偏光下或浸蚀后仍能看到孪晶。而滑移变形后的试样经抛光后滑移带消失。

3. 扭折

由于各种原因,晶体中不同部位的受力情况和变形方式可能有很大的差异,对于那些既不能进行滑移也不能进行孪生的地方,晶体将通过其他方式进行塑性变形。以密排六方结构的镉单晶进行纵向压缩变形为例,若外力恰与 HCP 的底面(0001)(即滑移面)平行,则由于此时 $\phi=90°$,$\cos\phi=0$,滑移面上的分切应力为零,晶体不能作滑移变形;若此时孪生过程阻力也很大,则也无法进行。在此情况下,如继续增大压力,则为了使晶体的形状与外力相适应,当外力超过某一临界值时,晶体将会产生局部弯曲,如图 8-13 所示,这种变形方式称为扭折,变形区域则称为扭折带。由图 8-13a 可见,扭折变形与孪生不同,它使扭折区晶体的取向发生了不对称性的变化,在 ABCD 区域内的点阵发生了扭曲,其左右两侧则发生了弯曲,扭曲区的上、下界面(AB、CD)是由符号相反的两列刃型位错所构成的,而每一弯曲区则由同号位错堆

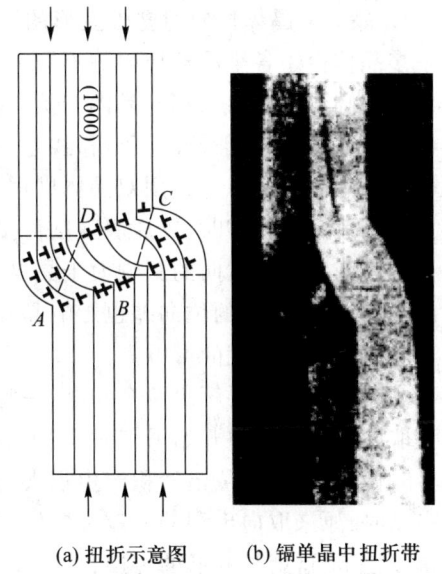

(a) 扭折示意图　　(b) 镉单晶中扭折带

图 8-13　单晶镉被压缩时的扭折

积而成,取向是逐渐弯曲过渡的,但左右两侧的位错符号恰好相反。这说明扭折区最初是一个由其他区域运动过来的位错所汇集的区域,位错的汇集产生了弯曲应力,使晶体点阵发生扭曲和弯曲从而形成扭折带。所以,扭折是一种协调性变形,它能引起应力松弛,使晶体不致断裂。晶体经扭折后,扭折区内的晶体取向与原来的取向不再相同,有可能使该区域内的滑移系处于有利取向,从而产生滑移。

扭折带不仅限于在上述情况下发生,还会伴随着形成孪晶而出现。在晶体作孪生变形时,由于孪晶区域的切变位移,迫使与之相邻接的周围晶体产生很大的应变,特别是在晶体两端受到约束时,与孪晶相邻接区的应变更大,为消除这种影响来适应其约束条件,在邻接区往往形成扭折带以实现过渡,如图 8-14 所示。

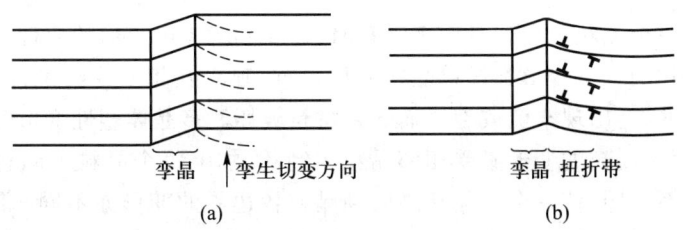

孪晶　↑孪生切变方向　　　　　孪晶　扭折带

(a)　　　　　　　　　　　　(b)

图 8-14　伴随着孪晶而形成的扭折带

8.2.2　多晶体的塑性变形

实际使用的材料大多是多晶体。室温下,多晶体中每个晶粒塑性变形的方式与单晶体相同,即主要是滑移和孪生。由于多晶体由许多取向不同的晶粒组成,晶粒之间存在晶界,使多晶体的变形要受晶界的阻碍和位向不同的晶粒的影响,同时各晶粒的变形又要相互协调与配合以保持材料的连续性[5-6]。

1. 晶界和晶体位向对塑性变形的影响

多晶体由于各个晶粒位向的不同,在外力作用下,Schmid 因子最大并且分切应力首先达到临界切应力的那些晶体开始滑移。当滑移扩展到邻近晶粒时,可看到滑移线终止于晶界附近,一般情况下滑移线是不穿越晶界的。说明晶界本身和晶体位向的差别会共同阻碍滑移。有人用双晶体试样测得拉伸时的屈服强度与两晶粒的取向差成正比。当取向差为零时,其屈服强度便接近于单晶体的数值,滑移线也可以穿越晶界。这似乎表明了晶体位向的影响大于晶界本身,实际上要把二者的影响完全清楚地分开是困难的,因为晶体的位向差也影响晶界的结构,且单用晶体位向差也难以解释晶粒大小对材料屈服强度的影响。

多晶体的变形要解决两个问题:一是变形的传递,二是变形的协调。当多晶体中少数取向有利的晶粒开始滑移时,一个晶粒位错在某一滑移系上开动后,在位错遇到晶界时便塞积起来,位错塞积产生很大的应力集中,当应力集中能使相邻晶粒的位错源启动时,原来取向不利的晶粒也开始变形,相邻晶粒变形使位错塞积产生的应力集中得以松弛,这就是变形的传递,如图 8-15 所示。

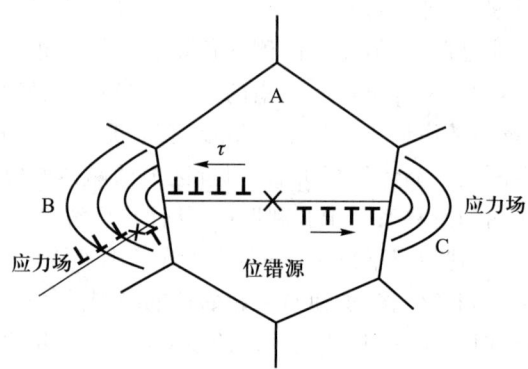

图 8-15　位错在晶界处塞积的示意图

当变形由一个晶粒传递到另一个晶粒时,还要同时考虑变形的协调。若多晶体在变形时各个晶粒的自身变形都像单晶体一样,彼此独立互相不受约束,晶界附近的变形将是不连续的,会出现空隙或裂缝而导致材料破坏。多晶体塑性变形时为了保证整体的连续性,每个晶粒的变形必受相邻晶粒的制约,加上每个晶粒不同边界所邻接的晶粒的位向关系不同,使一个晶粒从晶内到晶粒各边界的变形亦不同。图 8-16 所示为多晶铝变形试样内局部延伸率的变化。从图 8-16 可看出:① 跨过晶界的延伸率变化是连续的;② 靠近晶界处的延伸率较小;③ 细晶粒变形较均匀,而大晶粒变形不均匀。

在多晶体中,为使晶粒间的变形协调,不仅要求邻近晶粒的晶界附近区域有几个滑移系开动,即已变形晶粒除了变形的主滑移系统外,在晶界附近也要有几个滑移系同时开动。为了满足变形协调,理论计算本应有六个独立的滑移系,以保证六个独立的应变分量使晶粒的形状自由变化,在体积不变的情况下,$\Delta V = \varepsilon_{xx} + \varepsilon_{yy} + \varepsilon_{zz} = 0$,这样至少应有五个独立的滑移系同时启动。面心立方和体心立方金属滑移系较多,容易满足这个变形协调条件,因而具有较好的塑性。而密排六方金属独立滑移系少,晶粒间的协调变形性很差。为了实现变形协调,有两种方式:一种是在晶界附近区域,除了有基面滑移(0001)外,尚可能有柱面滑移$\{10\bar{1}0\}$或棱锥面滑移$\{10\bar{1}1\}$;另一种则是产生孪生变形,孪生和滑移结合起来,连续地进行变形,但塑性仍较差,而屈服强度则较单晶体有显著提高。

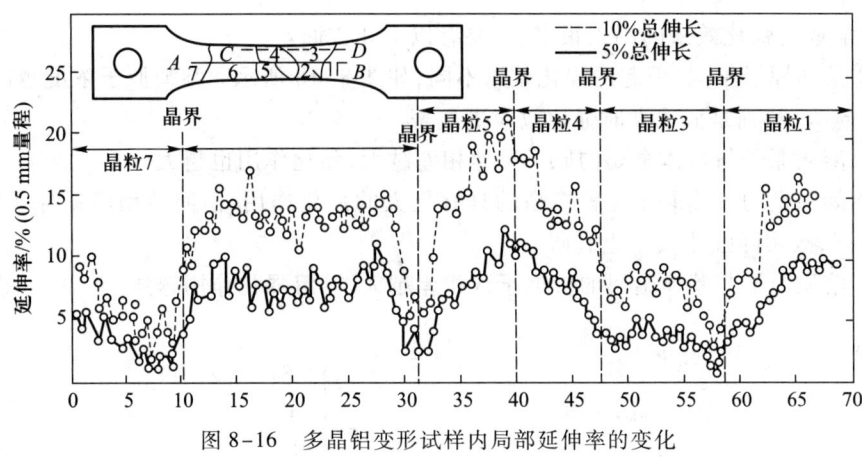

图 8-16 多晶铝变形试样内局部延伸率的变化

2. 晶粒大小对材料强度与塑性的影响

试验证明,在许多金属中屈服强度与晶粒大小的关系满足霍尔-佩奇(Hall-Petch)关系式

$$R_{eL} = \sigma_0 + k_y d^{-1/2} \tag{8-4}$$

式中,R_{eL}为材料屈服强度(对低碳钢,表示下屈服点),σ_0为晶内阻力或晶格摩擦力,d为晶粒的平均直径,k_y为与晶格类型、弹性模量、位错分布及位错钉扎程度等有关的常数。由式(8-4)可知,多晶体的屈服强度和晶粒的平均直径呈$-1/2$次方的关系,即晶粒越细,强度越高,称为细晶强化。

细化的晶粒在提高多晶体强度的同时,也使其塑性与韧性得以提高。晶粒越细,单位体积内晶粒越多,变形时同样的变形量可分散到更多的晶粒中,产生较均匀的变形而不会造成局部应力的过度集中,从而导致裂纹过早产生与发展。因此,细晶强化与固溶强化、形变强化、析出强化一样是提高材料强度的有效手段。

8.2.3 合金的塑性变形

合金化是提高材料强度的另一种方法,因此工业上使用的金属材料绝大多数是合金。按合金组成相的不同,合金可分为单相固溶体合金和多相合金。合金塑性变形的主要基本方式仍是滑移和孪生,但由于合金元素的存在使其组织、结构变化,因此,合金的塑性变形有新的特点。

1. 单相固溶体合金的塑性变形

单相固溶体合金中存在溶质原子,溶质原子对合金塑性变形的影响主要表现为固溶强化,即随溶质原子含量的提高,其塑性变形阻力提高,表现为强度、硬度提高而塑性、韧性降低。此外,有些固溶体会出现明显的屈服点和应变时效现象。

（1）固溶强化

图 8-17 为铝中固溶镁后的真应力-真应变曲线。从图中可以看出,溶质镁原子的加入,不仅提高了铝的屈服强度和总应力-应变曲线的水平,还提高了材料的加工硬化速率。

影响固溶强化效果的因素很多,主要有以下几方面。

① 溶质原子不同,引起的强化效果不同,如图 8-18 所示。溶质原子浓度越高,强化作用越大,特别是低浓度时强化效应更显著。

② 溶质原子与基体金属的原子尺寸相差越大,强化作用也越大。

③ 间隙型的溶质原子比置换型的具有更大的强化作用,但间隙型溶质原子的固溶度有限,故实际强化效果也有限。

④ 溶质原子与基体金属的价电子数相差越大,固溶强化作用越强。

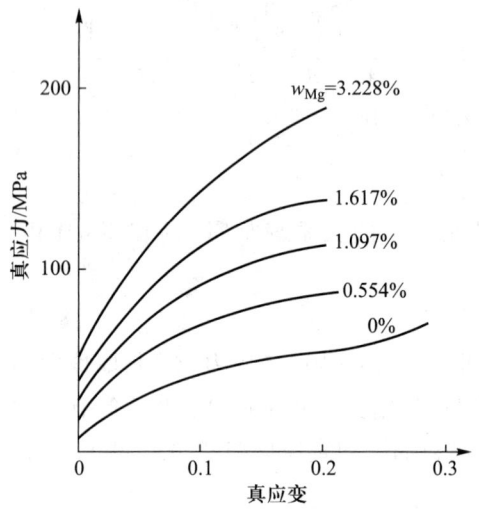

图 8-17   铝中固溶镁后的真应力-真应变曲线

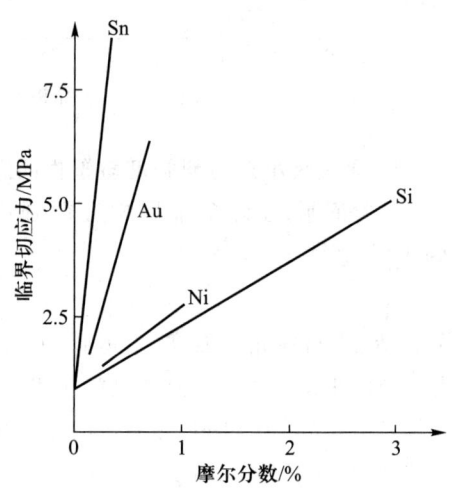

图 8-18   不同溶质元素对铜单晶
临界分切应力的影响

一般认为,固溶强化的实质是溶质原子与位错的弹性交互作用、电交互作用和化学交互作用。其中最主要的是溶质原子与位错的弹性交互作用,作用的结果使溶质原子趋于聚集在位错的周围,形成溶质原子气团,即所谓的柯氏（Cottrell）气团,以减小溶质原子溶入造成的晶体点阵畸变,降低体系的能量,使体系更加稳定。柯氏气团对位错有"钉扎"作用,为使位错挣脱气团的钉扎而运动或拖着气团运动,必须施加更大的外力。因此,固溶体合金的塑性变形阻力高于纯金属。

（2）屈服和应变时效

图 8-19 为碳的质量分数为 0.2% 的低碳钢退火态的工程应力-应变曲线及屈服现象,低碳钢在上屈服点开始塑性变形,当应力达到上屈服点之后开始应力降落,在下屈服点发生连续变形而应力并不升高,即出现水平平台,通常称为屈服平台。在屈服

平台范围,试样的变形先自夹头两端开始向中间延伸,在表面变形完成之后再扩展至心部,如图8-19中放大部分所示。在预先磨光并抛光的拉伸试样上,可清楚地看到与外力成一定角度的变形条纹,这称为吕德斯(Lüders)带。屈服平台就是吕德斯带的延伸和扩展过程。屈服平台之后产生明显的加工硬化。屈服平台的长短和钢的碳的质量分数有关,随着碳的质量分数增加,平台渐短乃至消失。

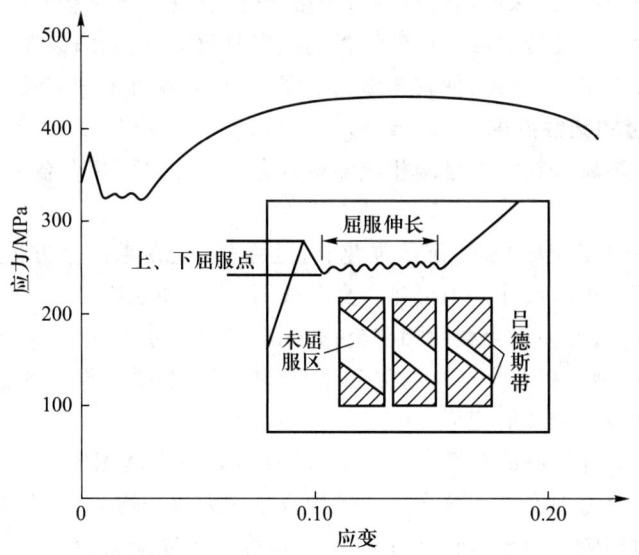

图8-19 碳的质量分数为0.2%的低碳钢退火态的工程应力-应变曲线及屈服现象

如果在试验之前对试样进行少量预塑性变形,则不出现明显的屈服点。如图8-20中线2所示,这是卸载后立即加载的情况。但若变形后在室温下放置一段较长的时间或在低温经过短时加热后,再进行拉伸,则屈服点又重新出现,且屈服应力提高(图8-20中线3),这种现象称为低碳钢的应变时效。

屈服点的出现通常与金属中溶有微量的杂质(或溶质)原子有关。由于溶质原子与位错的弹性交互作用,溶质原子总是趋于聚集在位错线受拉应力的部位以降低体系的畸变能,形成的溶质原子(Cottrell)气团对位错具有"钉扎"作用,致使R_{eL}升高。而位错一旦挣脱气团的钉扎,便

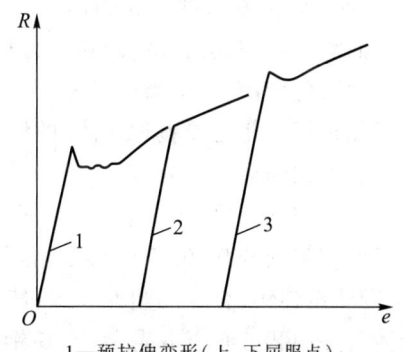

1—预拉伸变形(上、下屈服点);
2—卸载后立即再加载拉伸;
3—卸载后放置一段时间或
在200 ℃加热后再加载
图8-20 低碳钢拉伸试验

可在较小的应力下继续运动,这时拉伸曲线上又会出现下屈服点。若已经屈服的试样卸载后立即重新加载拉伸,由于位错已脱出气团的钉扎,则不出现屈服点。但若卸载后,放置较长时间或稍经加热后再进行拉伸,由于溶质原子已通过热扩散又重新聚集到位错线周围形成气团,故屈服现象又重新出现。

屈服点的出现还与位错的增殖有关。晶体塑性变形后,会引起大量的位错增殖,如 F-R 源和双交滑移等,在位错大量增殖后,在维持一定的应变速率时,流变应力 σ 就要降低,造成下屈服点的出现。

低碳钢的屈服和应变时效现象在实际生产中有重要意义。例如,深冲低碳钢薄板时,由于低碳钢出现不连续屈服,致使表面粗糙不平或皱折,为改善表面质量,可利用应变时效原理,将钢板在深冲前进行一道微量冷轧工序(压下量为 0.5% ~ 2%),这就等于预变形消除了不连续屈服。低碳钢板的应变时效,常使钢的韧性降低,为此,生产中常在钢中加入少量 Ti 或 Al,使其与氮(碳)原子结合,减小钢的应变时效倾向。

2. 多相合金的塑性变形

目前使用的金属材料大多是两相或多相合金。下面以两相合金为例,讨论其塑性变形特点。

第二相可通过相变热处理(沉淀强化、时效强化)或粉末冶金方法(弥散强化)获得。根据第二相粒子的尺寸大小可将合金分成两大类:如果第二相的尺寸与基体晶粒尺寸属同一数量级,称为聚合型两相合金;如果第二相尺寸很细小,且弥散分布于基体晶粒内,称为弥散型两相合金。这两类合金的塑性变形和强化规律各有特点。

(1)聚合型两相合金的变形

如果两相都具有较好的塑性,合金的变形阻力取决于两相的体积分数,可以按照等应变理论和等应力理论来计算合金的平均流变应力或平均应变,等应变理论假定塑性变形过程中两相应变相等,则合金产生一定应变的流变应力为

$$\overline{\sigma} = \phi_1\sigma_1 + \phi_2\sigma_2 \tag{8-5}$$

式中,ϕ_1、ϕ_2 分别为两个相的体积分数;σ_1、σ_2 分别为两个相的流变应力。

而等应力理论则假定两相应力相等,计算平均应变。可见,并非所有的第二相都能产生强化作用,只有当第二相较强时(如两相黄铜中的 β 相),合金才能强化。

如果第二相为硬脆相,合金的性能除与两相的相对含量有关外,在很大程度上取决于脆性相的形状和分布。

① 如果硬脆的第二相呈连续网状分布在塑性基体的晶界上,因塑性基体的晶粒被脆性相包围分割,使其变形能力无法发挥,经少量变形后,即沿晶脆断。脆性相越多,网状越连续,合金的塑性越差,甚至强度也随之降低。例如,过共析钢中的二次渗碳体若呈网状分布于 α 晶界上,使钢的脆性增加,强度、塑性下降。

② 如果硬脆的第二相呈层片状分布在基体相上,如钢中的珠光体组织,由于变形主要集中在基体相中,且位错的移动被限制在很短的距离内,增加了继续变形的阻力,使其强度提高。珠光体越细,片层间距越小,其强度越高,变形更加均匀,塑性也较好,类似于细晶强化。

③ 如果硬脆相呈较粗大颗粒状分布于基体上,如共析钢及过共析钢中经球化退火后的球状渗碳体,因基体连续,Fe_3C 对基体变形的阻碍作用大大减弱,故强度降低,塑性、韧性得到改善。

(2)弥散型两相合金的塑性变形

当第二相以细小弥散的微粒均匀分布于基体相中时,将产生显著的强化作用。第

二相粒子的强化作用通过其对位错运动的阻碍作用而表现出来。通常根据第二相微粒是否变形可将强化方式分为下面两类。

① 不可变形微粒的强化作用 位错绕过第二相粒子的示意图如图 8-21 所示,最早由奥罗万(E. Orowan)提出。当运动位错与不可变形微粒相遇时,将受到粒子的阻碍;随着外应力的增大,位错线受阻部分的弯曲加剧,以致围绕粒子的位错线在左右两边相遇,于是正、负位错彼此抵消,形成包围着粒子的位错环,而位错线的其余部分则越过粒子继续移动。

显然,位错绕过时,既要克服第二相粒子的阻碍作用,又要克服位错环对位错源的反向应力,且每个位错经过微粒时都要留下一个位错环[7-8]。因此,继续变形时必须增大外应力,从而使流变应力迅速提高。

位错绕过间距为 λ 的第二相微粒所需要的切应力为

$$\tau = \frac{Gb}{\lambda} \tag{8-6}$$

式中,G 为材料的切变弹性模量;b 为晶体的柏氏矢量的大小。

由式(8-6)可见,这种强化作用与第二相粒子间的距离 λ 成反比,λ 越小,强化效果越显著。因此,减小粒子尺寸(相同体积分数时,粒子尺寸越小,粒子间距也越小)或提高粒子的体积分数都会使合金的强度提高。此机制已被实验所证实。

② 可变形微粒的强化作用 当第二相为可变形微粒时,位错将切过粒子使其与基体一起变形,如图 8-22 所示。在这种情况下,强化作用取决于粒子本身的性质及其与基体的联系,主要有以下几方面的作用。

a. 由于粒子的结构往往与基体不同,故当位错切过粒子时,必然造成其滑移面上原子错排,需要错排能。

b. 如果粒子是有序相,则位错切过粒子时会打乱滑移面上下的有序排列,将在滑移面上产生反相畴界,需反相畴界能。

c. 每个位错切过粒子时,使其生成宽度为 b 的台阶,需表面能。

d. 粒子周围的弹性应力场与位错产生交互作用,阻碍位错运动。

e. 粒子的弹性模量与基体不同,引起位错能量和线张力变化。

上述强化因素的综合作用使合金强度得到提高。此外,粒子的尺寸和体积分数对强度也有影响。增加体积分数或增大粒子尺寸都有利于提高强度。

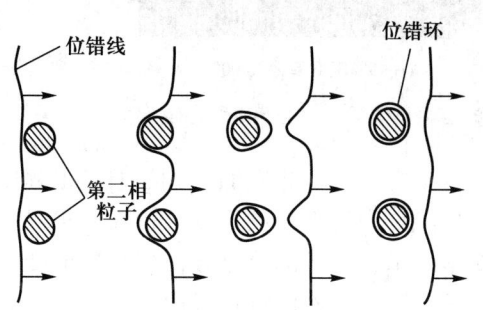

图 8-21 位错绕过第二相粒子的示意图

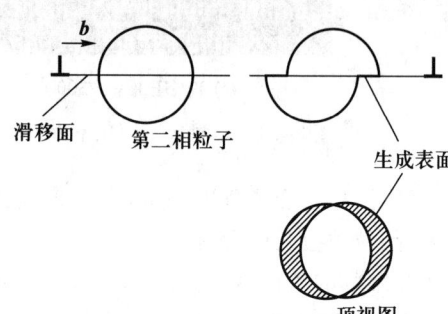

图 8-22 位错切过粒子示意图

一般,弥散强化型合金中的第二相粒子是借助粉末冶金方法加入的,是属于不可变形的,而沉淀强化型合金中的沉淀相粒子是合金时效处理时从过饱和固溶体中析出的,大多是属于可变形的,但当沉淀粒子在时效过程中长大到一定程度后,也会起到不可变形粒子的作用。不管哪种机制均受控于粒子的本性、尺寸和分布等因素,合理控制这些参数,可在一定范围内调整沉淀强化型和弥散强化型合金的强度和塑性。

8.2.4　冷变形金属的组织与性能

冷塑性变形后,不仅材料的外形和尺寸发生改变,其显微组织和各种性能也会发生变化。

1. 显微组织的变化

冷塑性变形后,金属材料的显微组织发生了明显的改变。各晶粒中除了出现大量的滑移带或孪晶带(若发生孪生变形)外,晶粒形状也发生了变化,如图8-23所示。

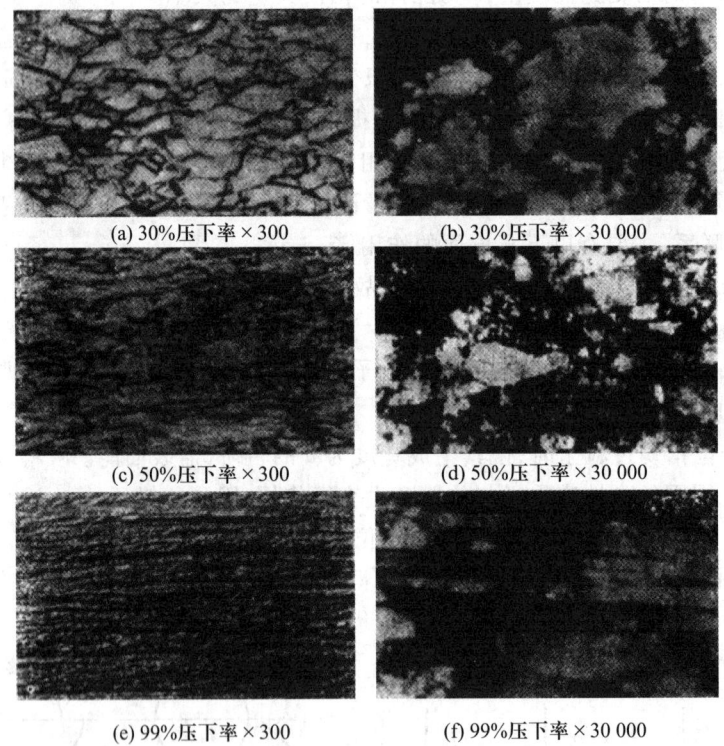

(a) 30%压下率×300　　(b) 30%压下率×30 000

(c) 50%压下率×300　　(d) 50%压下率×30 000

(e) 99%压下率×300　　(f) 99%压下率×30 000

图8-23　钢材以不同压下率冷轧后的光学显微组织及薄膜透射电镜像

可见,随着变形程度的增加,原来退火态的等轴晶粒沿变形方向拉长,且变形程度越大,晶粒被拉长的程度也越显著。当变形程度很大时,晶粒已难以分辨而呈现出一片如纤维状的条纹,称为纤维组织,如图8-23e所示。纤维的分布方向即材料流变伸展的方向,但需注意,塑性变形后的纤维组织只有当所观察的试样截面平行于变形方向时才能被观察到。塑性变形过程中,位错在应力作用下不断增殖和运动。随变形程度的增大,晶体中的位错密度迅速提高,经强烈冷变形后,位错密度可从原先退火态的 $10^6 \sim 10^7 \ cm^{-2}$ 增至 $10^{11} \sim 10^{12} \ cm^{-2}$。变形晶体中的位错组态及其分布等亚结构的变化,可借助透射电子显微分析来了解。经一定量的塑性变形后,晶体中的位错线通过运动与交互作用,开始呈现纷乱的不均匀分布,并形成位错缠结,如图 8-23b 所示。进一步增加变形程度时,大量位错发生聚集,并由缠结的位错组成胞状亚结构,如图 8-23d 所示。其中,高密度的缠结位错主要集中于胞的周围,构成了胞壁,而胞内的位错密度更低,这种结构称为变形亚结构或变形亚晶。此时,变形晶粒由许多这种胞状亚结构组成,各胞之间存在微小的位向差。随着变形程度的增大,变形胞的数量增多、尺寸减小。如果经强烈冷轧或冷拉等变形则出现纤维组织,其亚结构也将由大量细长状变形胞组成,如图 8-23f 所示。

研究指出,胞状亚结构的形成不仅与变形程度有关,还取决于材料类型。对于层错能较高的金属和合金(如铝、铁等),其扩展位错区较窄,可通过束集而发生交滑移,故在变形过程中经过位错的增殖和交互作用,容易出现明显的胞状结构;而层错能较低的金属材料(如不锈钢、α 黄铜),其扩展位错区较宽,使交滑移很困难,因此在这类材料中易观察到位错塞积群的存在。由于位错的移动性差,变形后大量的位错杂乱地排列于晶体中,构成较为均匀分布的复杂网络,故这类材料即使在大量变形时,出现胞状亚结构的倾向性也较小。

当金属中组织不均匀,如有枝晶偏析或夹杂物时,塑性变形会使这些区域伸长,从而在热加工或随后的热处理过程中出现带状组织。

2. 性能的变化

材料在塑性变形过程中,伴随着显微组织与结构的变化,其力学、物理和化学性能均相应地发生变化。

(1) 力学性能的变化(应变硬化或称加工硬化)

图 8-24 为工业纯铜和 45 钢冷塑性变形后的力学性能(强度和塑性)变化。从中可

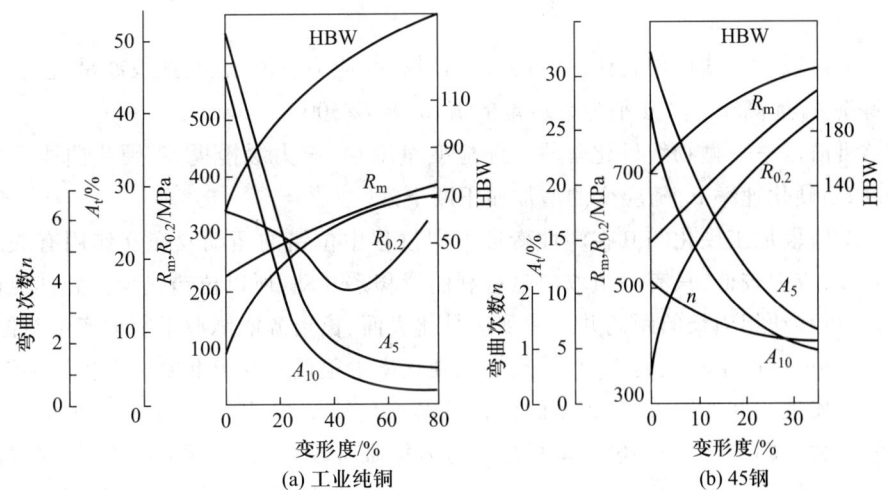

(a) 工业纯铜　　　　　　(b) 45钢

图 8-24　工业纯铜和 45 钢冷塑性变形后的力学性能(强度和塑性)变化

见,随着变形量的增加,材料的强度、硬度显著升高,塑性、韧性明显降低,这种现象称为加工硬化或应变硬化。加工硬化是金属材料的一项重要特性,可被用作强化金属的一种途径,特别是对那些不能通过热处理强化的材料尤为重要。如奥氏体不锈钢可用冷轧来提高其强度。金属冷冲成形也是利用金属材料的加工硬化特性,使塑性变形均匀分布于整个零件,不致因应变集中而引起局部破裂。加工硬化还可以提高零部件在服役过程中的安全性。零件在服役过程中往往会出现局部应力集中和过载,但材料的加工硬化特性会使局部过载产生的变形自行停止,从而提高零部件的安全性。

图 8-25 绘出了金属单晶体典型的加工硬化曲线,该曲线的塑性部分可分为三个阶段。

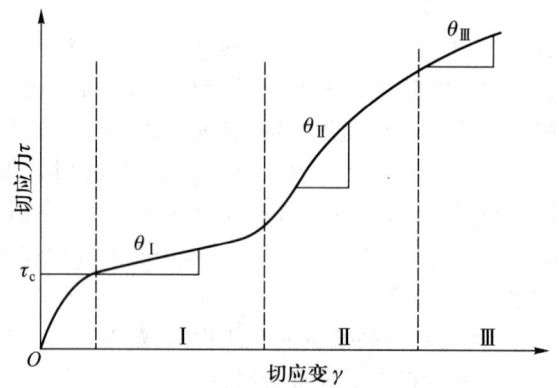

图 8-25　单晶体的切应力-切应变曲线

第 I 阶段——易滑移阶段。当分切应力 τ 达到临界分切应力值 τ_c 时,晶体进入塑性变形的初始阶段,应力增加不多,便能产生相当大的变形。此阶段接近于直线,其斜率为 $\theta_I\left(\theta=\dfrac{\mathrm{d}\tau}{\mathrm{d}\gamma}\text{或}\theta=\dfrac{\mathrm{d}\sigma}{\mathrm{d}\varepsilon}\right)$,即加工硬化速率很小,一般为 $10^{-4}G$ 数量级(G 为材料的切变模量)。

第 II 阶段——线性硬化阶段。随应变量增加,应力急剧增加,此段亦呈直线,且直线的斜率 θ_{II} 远高于 θ_I,几乎为一恒定的值,$\theta_{II}\approx G/300$。

第 III 阶段——抛物线硬化阶段。随应变量增加,应力缓慢提高,硬化曲线呈抛物线状,加工硬化速率 θ_{III} 随应变的增加而不断下降。

三个阶段加工硬化与其在塑性变形不同过程中位错的运动及交互作用有关。在第 I 阶段,应力较低,只有一组取向最有利的滑移系开动,所以位错很少受到其他位错的干扰,可移动相当长的距离并可能到达晶体表面,位错源能源源不断地产生新位错,因此,晶体可以产生较大的应变,并且加工硬化率也很低。在第 II 阶段发生了多滑移,位错之间发生相互作用,产生大量的位错缠结或位错塞积,阻止位错进一步运动。这些都使应力急剧上升,加工硬化率提高。进入第 III 阶段,在足够高的应力下,螺型位错可以通过交滑移而绕过障碍,异号位错还可以相互抵消,降低位错密度,使加工硬化速率呈下降趋势。

各种晶体的加工硬化曲线因其晶体结构类型、晶体位向、杂质含量及试验温度等因素的不同而有所差异。图8-26为三种典型晶体结构单晶体切应力-切应变曲线。可见，面心立方晶体显示出典型的三个阶段加工硬化特征。密排六方晶体的初始阶段与面心立方晶体相近，但第I阶段很长，远远超过了其他结构的晶体，以致第II阶段还未充分发展时试样就已经断裂了。这是因为密排六方金属滑移系较少，位错相互交割形成障碍的机会也较少。高纯度体心立方金属的室温加工硬化曲线与面心立方的相似，但如果含有微量杂质，则因杂质原子与位错的交互作用，将产生屈服现象并使曲线有所变化。

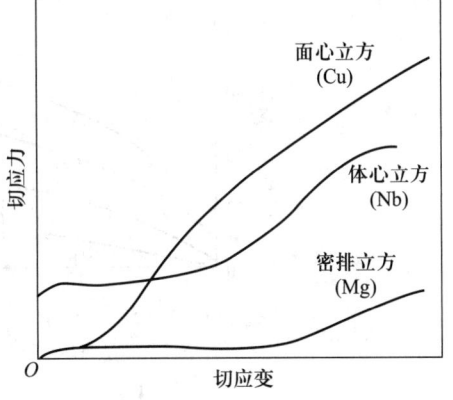

图8-26 三种典型晶体结构单晶体切应力-切应变曲线

对多晶体的塑性变形而言，因变形中晶界的阻碍作用和晶粒之间的协调配合要求，各晶粒不可能以单一滑移系动作，而必然有多组滑移系同时作用，因此多晶体的加工硬化曲线不会出现前述单晶体硬化曲线的第I阶段，而且其加工硬化曲线通常更陡，加工硬化速率更高（图8-27），且晶粒越细，硬化效果越明显。

金属加工硬化的机制可用金属的流变应力与位错密度 ρ 的关系来表示为

$$\tau = \tau_0 + \alpha G b \sqrt{\rho} \tag{8-7}$$

式中，τ 为加工硬化后的切应力；τ_0 为无加工硬化时所需的切应力；α 为与材料有关的常数，通常为 $0.1 \sim 1.0$；G 为材料的切变模量；b 为位错的柏氏矢量；ρ 为位错密度。

（2）其他物理、化学性能的变化

塑性变形后的金属材料，除力学性能外，其他结构敏感的物理、化学性能也都发生了明显的变化，这是因为塑性变形使材料中的点阵畸变、空位及位错等结构缺陷增加的缘故。如塑性变形可使金属的电阻率增加，且增加的程度与变形量大小成正比，但增加的幅度因材料而异。如冷拔纯铜的过程中，当变形量达82%时，其电阻率升高2%，而同样变形量的H70黄铜的电阻率升高20%，而冷拔钨丝的过程中，当变形量达99%时，其电阻率升高50%。塑性变形后，金属的电阻温度系数及磁导率降低，热导率也有所降低，铁磁材料的磁滞损耗及矫顽力增大。

塑性变形使金属中的结构缺陷增多，体系自由焓升高，从而使金属中的扩散过程加快，金属的化学活性增强，腐蚀速度加快。

1）变形织构

在塑性变形中，随着变形程度的增加，各个晶粒的滑移面和滑移方向都要向主应变方向转动，逐渐使多晶体中原来取向互不相同的各个晶粒在空间取向上呈现一定程度的规律性，这种现象称为择优取向，这种组织状态则称为变形织构。变形量越大，择优取向程度越大，表现出的织构越强。

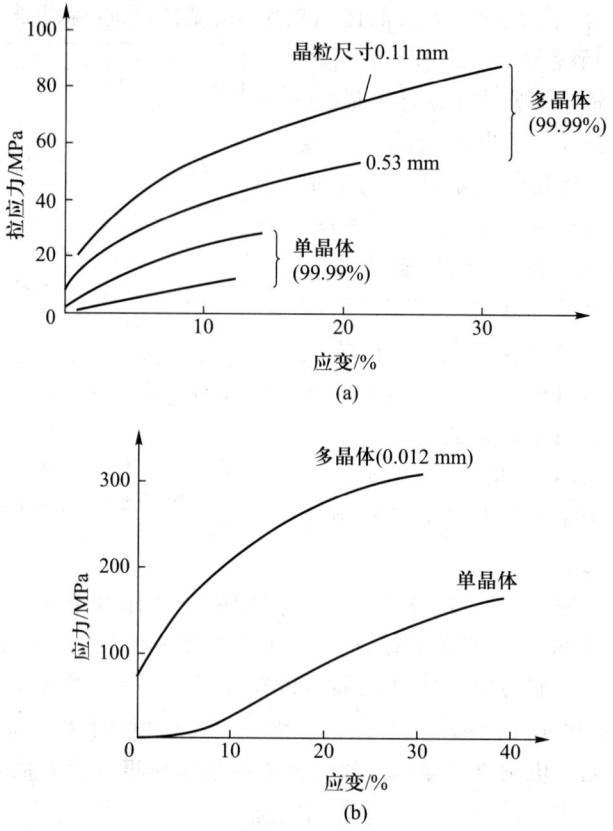

(a)

(b)

图 8-27   室温下单晶体与多晶体的应力-应变曲线比较

变形织构的类型取决于金属结构和加工变形方式,主要可分为两种类型。

① 丝织构   拔丝时形成的织构,其主要特征为各晶粒的某一晶向与拔丝方向平行或接近平行,可用与线轴平行的晶向 <uvw> 来表示,如图 8-28 所示。

② 板织构   轧板时形成的织构,其主要特征为各晶粒的某一晶面和晶向分别趋于同轧制面与轧制方向相平行,可用 {hkl} <uvw> 表示,如图 8-29 所示。

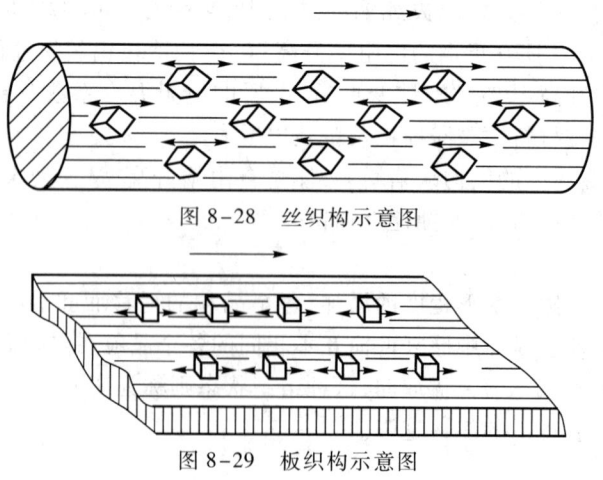

图 8-28   丝织构示意图

图 8-29   板织构示意图

几种常见金属及合金的丝织构与板织构如表 8-2 所列。

表 8-2 几种常见金属及合金的丝织构与板织构

晶体结构	金属或合金	丝织构	板织构
面心立方	Al、Cu、Au、Ni Cu-Ni Cu-Zn	$\langle 111 \rangle$ $\langle 111 \rangle + \langle 100 \rangle$	$\{110\}\langle 112 \rangle + \{112\}\langle 111 \rangle$ $\{110\}\langle 112 \rangle$
体心立方	α-Fe、Mo、W 铁素体钢	$\langle 110 \rangle$	$\{100\}\langle 011 \rangle + \{112\}\langle 110 \rangle +$ $\{111\}\langle 112 \rangle$
密排六方	Mg、Mg 合金 Zn	$\langle 2130 \rangle$ $\langle 0001 \rangle$ 与丝轴成 70°	$\{0001\}\langle 10\bar{1}0 \rangle$ $\{0001\}$ 与轧制面成 70°

多晶体材料无论经过多么剧烈的塑性变形,也不可能使所有晶粒都完全转到织构的取向上去,其集中程度取决于加工变形的方法、变形量、变形温度以及材料本身情况(金属类型、杂质、材料内原始取向等)等因素。实际应用中,经常用变形金属的极射赤面投影图来描述其织构及各晶粒织构取向的集中程度。

由于织构造成了各向异性,故它的存在对材料的加工成形性和使用性能都有很大的影响,尤其因为织构不仅出现在冷加工变形的材料中,即使进行了退火处理也仍然存在,故在工业生产中应予以高度重视。一般来说,不希望金属板材存在织构,当用有织构的轧制板材深冲零件时,织构会造成其沿各方向变形的不均匀性,使工件的边缘出现高低不平,产生了所谓"制耳",如图 8-30 所示。但在某些情况下,又有利用织构提高板材性能的例子,如变

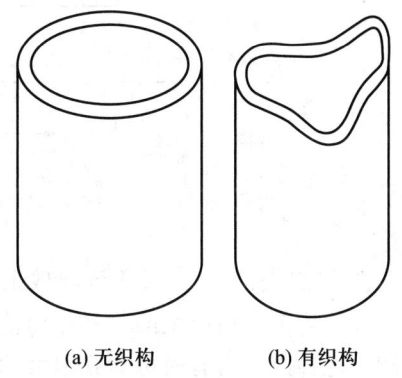

(a) 无织构 (b) 有织构

图 8-30 板材变形织构所造成的"制耳"

压器用硅钢片,由于 α-Fe 最易磁化,故生产中通过适当控制轧制工艺,可获得具有织构和磁化性能优异的硅钢片。当采用具有这种织构的硅钢片制作电动机时,可以减小铁损,提高效率。

2) 残余应力

塑性变形时外力所做的功除大部分转化成热之外,还有一小部分以畸变能的形式储存在变形材料内部。这部分能量称为储存能(stored energy),其大小因变形量、变形方式、变形温度以及材料本身性质而异,占总变形功的 10% ~ 15%,储存能具体表现为宏观残余应力、微观残余应力及点阵畸变。残余应力是一种内应力,它在工件中处于自相平衡状态,其产生是由于工件内部各区域变形不均匀性,以及相互间的牵制作用所致,按照残余应力平衡范围的不同,通常将残余应力分为三种。

① 第一类内应力，又称宏观残余应力，它是由工件不同部分的宏观变形不均匀性引起的，故其应力平衡范围包括整个工件。例如，将金属棒施以弯曲载荷（图8-31），则上边受拉而伸长，下边受到压缩；变形超过弹性极限产生塑性变形时，外力去除后被伸长的一边则存在压应力，短边则为拉应力；又如，金属线材经拔丝加工后（图8-32），由于拔丝模壁的阻力作用，线材的外表面变形较心部小，故表面受拉应力，而心部受压应力；再如，轧制时若轧制的板材表面的变形量大于中心部分的变形量，为了保持板材的连续性，变形量大的表面层承受压应力，而心部承受拉应力。这类残余应力使金属的力学性能和磁学性能局部地变为有向性，故在工业上有重要意义。这类残余应力所对应的畸变能不大，仅占总储存能的很小一部分，一般低于1%。

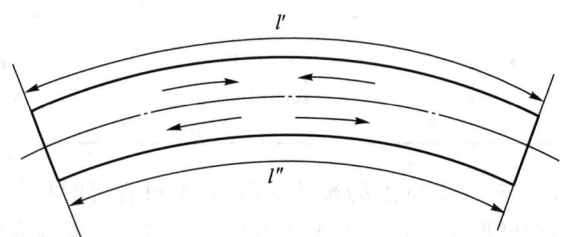

图8-31　金属棒弯曲变形后的残余应力

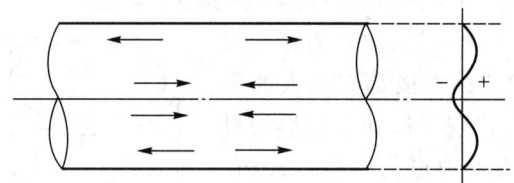

图8-32　金属拉丝后的残余应力

② 第二类内应力，又称微观残余应力。它是塑性变形时由于晶粒或亚晶粒之间的变形不均匀性而产生的。其作用范围与晶粒尺寸相当，即在晶粒或亚晶粒之间保持平衡。这种内应力有时可达到很大的数值，甚至可能造成显微裂纹并导致工件破坏。这类残余应力所对应的畸变能占总储存能的10%左右。

③ 第三类内应力，又称点阵畸变。它是在晶界或滑移面附近少量原子群范围的亚稳定平衡的"力"，是由于工件在塑性变形中形成的大量点阵缺陷如空位、间隙原子、位错等引起的，其作用范围很小，只有几十至几百纳米，故应确切地称之为"畸变"。变形金属中储存能的绝大部分（80%～90%）用于形成点阵畸变。这部分能量提高了变形晶体的能量，使之处于热力学不稳定状态，有使变形金属重新恢复到自由焓最低的稳定结构状态的自发趋势，并导致塑性变形金属在加热时产生回复及再结晶。

金属材料经塑性变形后的残余应力是不可避免的，它将对工件的变形、开裂和应力腐蚀产生影响和危害，故必须及时采取消除措施（如去应力退火处理）。但是，在某些特定条件下残余应力的存在也是有利的。例如，承受交变载荷的零件，若用表面滚压和喷丸处理,使零件表面产生压应力的应变层,借以达到强化表面的目的,可使其疲劳寿命成倍提高。

8.2.5　陶瓷材料的塑性变形

陶瓷材料具有强度高、重量轻、耐高温、耐磨损、耐腐蚀等一系列优点,作为结构材料,特别是高温结构材料极具潜力。但由于陶瓷材料的塑、韧性差,在一定程度上限制了它的应用。

1. 陶瓷晶体的塑性变形

陶瓷晶体一般由共价键和离子键结合,在室温静拉伸时,除少数几个具有简单晶体结构的晶体如 KCl 和 MgO 外,一般陶瓷晶体结构复杂,在室温下没有塑性,如图 8-33 所示。即弹性变形阶段结束后,立即发生脆性断裂,这与金属材料具有本质差异。与金属材料相比,陶瓷晶体具有如下特点。

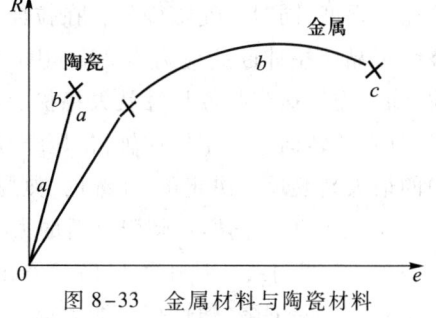

图 8-33　金属材料与陶瓷材料的应力-应变曲线

① 陶瓷晶体的弹性模量比金属大得多,常高出几倍,而塑性变形能力却比金属差很多,比较脆。这是由其原子键合特点决定的。共价键结合的陶瓷晶体中,原子之间通过共用电子对形式进行键合,具有方向性和饱和性,如图 8-34a 所示。塑性变形时,位错以水平方向运动时,必须破坏这种原子键合,而共价键的结合力很强且位错宽度一般又窄,使位错运动遇到很强的点阵阻力(P-N 力),而位错在金属晶体中运动时,却不会破坏由大量自由电子与金属正离子构成的金属键,因此共价键陶瓷,不论是单晶体还是多晶体,都具有比金属高得多的硬度、弹性模量和极低的塑性。

离子键结合的陶瓷材料,其离子晶体要求正负离子相间排列,在外力作用下,当位错运动一个原子间距时,由于存在巨大的同号离子的库仑静电斥力,使位错沿垂直或平行于离子键方向很难运动。但若位错沿 45° 方向运动,则在滑移过程中,相邻晶面始终由库仑力保持吸引,如图 8-34b 所示。因此,具有离子键的单晶体如 NaCl 和 MgO,在室温受压作用时可以进行相当多的塑性变形,但具有离子键结合的多晶体陶瓷变形时,相邻晶粒的变形的相互协调和相互制约,必须有至少五个独立的滑移系,这对即使具有面心立方结构的 NaCl 型多晶体也难以实现。因此,弹性模量较高且脆性较大。

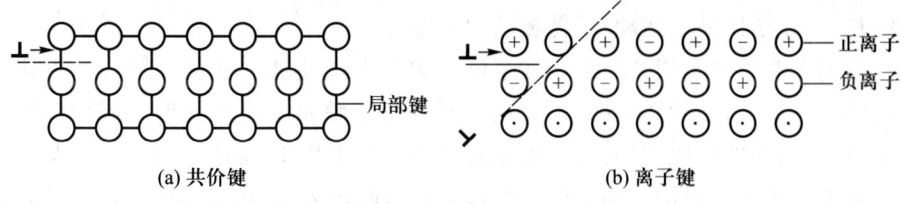

|　　(a) 共价键　　|　　(b) 离子键　　|

图 8-34　结合键对位错运动的影响

② 陶瓷晶体的弹性模量,不仅与结合键有关,还与其相的种类、分布及气孔率有关,而金属材料的弹性模量是一个组织不敏感参数。

③ 陶瓷的理论强度和实际断裂强度相差 1~3 个数量级,且陶瓷的压缩强度高于抗拉强度约一个数量级,而金属的抗拉强度和压缩强度一般相等。这是由于烧结合成的陶瓷材料中总是存在显微孔隙,在加热冷却过程中,由于热应力的存在,往往导致显微裂纹,并由于氧化腐蚀等因素在其表面形成裂纹,因此,在陶瓷材料中先天裂纹或多或少地总是存在。在外力作用下,在裂纹尖端会产生严重的应力集中,使裂纹尖端的最大应力可达到理论断裂强度或理论屈服强度(因陶瓷晶体中可动位错少,位错运动又困难,所以,一旦达到屈服强度就发生断裂),因而使陶瓷晶体的抗拉强度远低于理论屈服强度,同时也使陶瓷材料在拉伸与压缩情况下的力学特性明显不同。如 Al_2O_3 烧结多晶体拉伸断裂应力为 280 MPa,而压缩时的断裂应力则高达 2 100 MPa。因为拉伸时,裂纹达到临界尺寸就失稳扩展并立即断裂;而压缩时,裂纹闭合或者呈稳态缓慢扩展,并转向平行于压缩轴,使压缩强度提高。在拉伸时,陶瓷的抗拉强度是由晶体中的最大裂纹尺寸决定的;压缩时,则是由裂纹的平均尺寸决定的。

④ 变形温度同样对陶瓷材料的力学行为产生显著影响。图 8-35 为 MgO 多晶体的应力-应变曲线。从中可以清楚看出,室温下几乎脆断,变形温度提高使塑性变形所需外力大幅下降,塑性变形能力提高,脆性则降低。在高温下,陶瓷除了塑性变形变得容易外,还会发生蠕变和黏性流动现象。

⑤ 为了改善陶瓷的脆性,可采取降低晶粒尺寸,使其亚微米或纳米化来提高其塑性和韧性,采取氧化锆增韧,相变增韧,或采用纤维,或颗粒原位生长增强等有效途径来改善。

2. 非晶体陶瓷的塑性变形

非晶体陶瓷和晶体陶瓷不同,在玻璃化温度 T_g 以下,会产生弹性变形,在玻璃化温度 T_g 以上,材料的变形表现为类似液体的各向同性的黏滞性流动。分子链等原子团在应力作用下相互运动引起变形,这些原子团之间的引力即变形阻力。流动阻力与玻璃的黏度 η 有关。黏度 η 的大小又与温度有关,即

$$\eta = \eta_0 \exp\left(\frac{+Q_\eta}{RT}\right) \tag{8-8}$$

式中,Q_η 为黏滞变形的激活能;η_0 为常数。

需要注意的是,Q_η 前为正号,所以,随温度的升高,η 总是减小的。温度与成分对玻璃黏度的影响如图 8-36 所示。可见,改变玻璃组分,如加入 Na_2O 等变质剂会打破网络结构,使原子团易于运动,降低玻璃的黏度。

在玻璃生产中也利用产生表面残余压应力的办法使玻璃韧化。具体方法是将玻璃加热到退火温度,然后快速冷却,玻璃表面收缩变硬而内部仍很热,流动性很好,将玻璃变形,使表面的拉应力松弛,当玻璃心部冷却和收缩时,表层已刚硬,在表面产生残余压应力。因为一般的玻璃多因表面微裂纹引起破裂,而韧化玻璃使表面微裂纹在附加压应力下不易萌生和扩展,因此不易破裂。

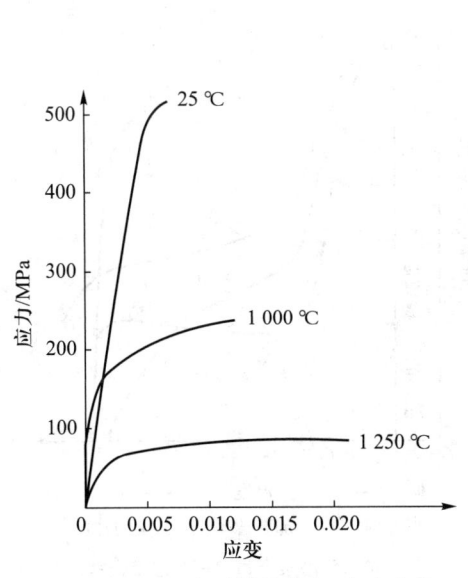

图 8-35　MgO 多晶体的应力-应变曲线

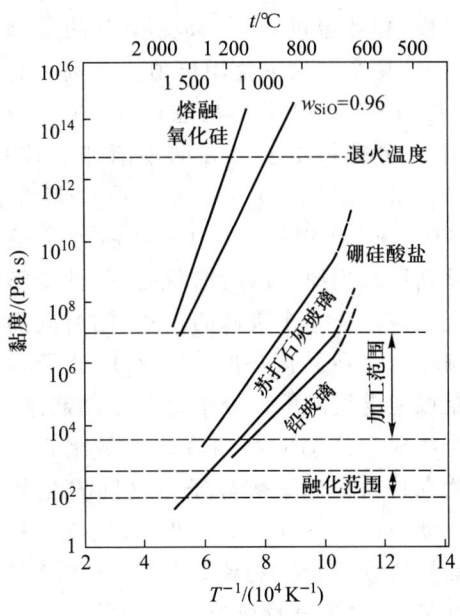

图 8-36　温度与成分对玻璃黏度的影响

8.2.6　高分子材料(聚合物)的塑性变形

高分子材料是目前已知材料中可变范围最宽的材料,包括从液体、软橡胶到刚性固体。与金属材料相比,高分子材料的变形强烈地依赖于温度和时间,表现为黏弹性,即介于弹性材料和黏性流体之间。

高分子材料的变形行为与其结构特点有关。高分子材料由大分子链构成,这种大分子链一般都具有柔性(但柔性链易引起黏性流动,可采用适当交联保证弹性),除了整个分子的相对运动外,还可实现分子不同链段之间的相对运动。这种分子的运动依赖于温度和时间,具有明显的松弛特性,可引起高分子材料变形。

1. 热塑性聚合物的变形

(1) 温度对热塑性聚合物变形的影响

对玻璃而言,在 T_g 以下只发生弹性变形,在 T_g 以上产生黏滞性流动。对于热塑性塑料而言,假如是简单结构,且为 100% 的无定形态,其变形情况与玻璃相似。另一种极端情况,假如得到结晶程度近于 100% 的塑料,那么其变形特性与金属相似。对一般的商用塑料,由于结晶度和交联程度的不同,其变形特性随温度的变化,如图 8-37 所示。热塑性聚合物随温度的升高可表现为玻璃态、高弹态(橡胶态)和黏流态。在玻璃态时($T < T_g$),如果对聚合物施加一定的外力,链段可作瞬时的微量伸缩和微小的键角改变,当去除外力后,聚合物立即恢复原状,这种变形称为瞬时弹性变形。常温下塑料的使用状态大多为玻璃态(皮革状或黏弹态)。聚合物为玻璃态时具有较好的力学性能,因此,凡是 T_g 高于室温的聚合物均可用作结构材料。当温度降至 T_g 以下某一温度 T_x 时,由于温度太低,分子热运动被冻结,主链键长和键角都不能变化,聚合物呈脆性,此时施加外力会使大分子链断裂,所以称 T_x 为脆化

温度,在此温度以下,高分子链的柔顺性消失,聚合物失去使用价值。在高弹态时($T_g < T < T_f$),分子链呈卷曲状,在外力作用下,卷曲链沿外力方向逐渐伸展拉直,产生很大弹性变形,其宏观变形量达100% ~ 1 000%。外力去除后分子链又逐渐回缩到原来的卷曲状态,弹性变形消失。该过程是个缓慢的过程,随时间而逐渐变化。在黏流态时($T > T_f$),分子动能足以使链段和整个分子链都运动起来,聚合物成为流动的黏稠液体。黏流态聚合物在外力作用下大分子链之间发生相对滑动而产生不可逆永久变形,该变形称为黏性流动变形。黏流态不同于玻璃态和高弹态,是聚合物成形加工的状态。在黏流态,聚合物可通过喷涂、吹塑等加工方法加工成各种产品。

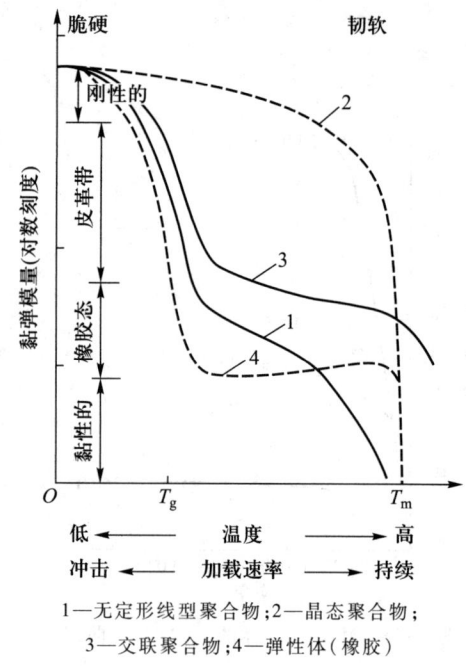

1—无定形线型聚合物;2—晶态聚合物;
3—交联聚合物;4—弹性体(橡胶)

图 8-37 黏弹模量与结构的关系

室温下,处于黏流态的聚合物属于流动性树脂,处于高弹态的称为橡胶,处于玻璃态的为塑料。从使用角度出发,作为橡胶使用的聚合物 T_g 越低越好,这样可保证在较低温度下仍不失去弹性;作为塑料使用的聚合物,T_g 越高越好,这样可保证在较高温度下仍保持玻璃态。通常可通过改变聚合物分子链的组成、结构和分子量大小而获得具有不同 T_g 的聚合物,以满足不同使用性能的要求。一般分子柔顺度越好,T_g 越低;分子键结合力越大,T_g 越高。

(2)热塑性聚合物的应力-应变曲线

图 8-38 给出了聚合物典型的应力-应变曲线。R_L、R_y、R_m 分别称为比例极限、屈服强度和断裂强度。当 $R < R_L$ 时,应力与应变呈线性关系,主要是由键长和键角的变化引起的普通弹性变形。当 $R > R_L$ 时,链段发生可恢复的运动,产生可恢复的变形,同时应力-应变曲线偏离线性关系。当 $R > R_y$ 时(塑料的屈服点难以测定,一般以应

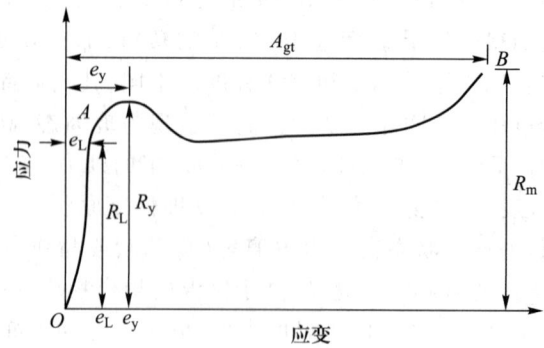

图 8-38 聚合物典型的应力-应变曲线

力-应变曲线上的最高点作为屈服点,而对应此屈服点的应变量一般为5% ~ 10%,比金属屈服点对应的变形量大得多。),聚合物屈服,同时出现应变软化,即应力随应变的增加而减小,随后出现应力平台,即应力不变而应变持续增加,最后出现应变强化导致材料断裂。屈服后产生的是塑性变形,即外力去除后,留有永久变形。

过了屈服点后,材料开始像金属一样在局部区域(如应力集中处)出现颈缩,但与金属材料一出现颈缩很快就断裂不同,塑料在出现颈缩后,再继续变形,其变形不是集中在原颈缩处使得该处越拉越细,而是颈缩区扩大,不断沿着试样长度方向延伸,直到整个试样的截面尺寸都均匀减小,如图8-39所示。在这一段变形过程中应力几乎不变,而变形量因材料、温度和变形速率而异,最大可达200% ~ 300%。当颈缩消失即整个试样都均匀变细之后,再继续变形,应力急剧升高,最后断裂。如果试样在拉断前卸载,或试样因被拉断而自动卸载,则拉伸中产生的大变形除少量可恢复外,大部分变形将保留下来,这样的拉伸过程称为冷拉。

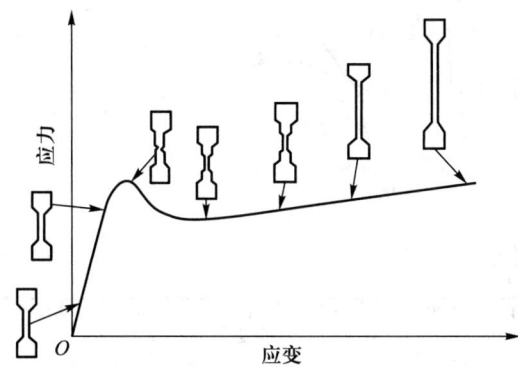

图8-39 冷拉过程的应力-应变曲线及试样形状变化示意图

在开始出现颈缩后,继续变形颈缩将沿着整个试样扩大,说明原颈缩处出现了加工硬化。X射线证明塑料中的大分子无论是呈无定形态还是呈结晶态,随着变形程度的增加,都逐渐发生了沿外力方向的定向排列,由于键的方向性(主要是共价键),在产生定向排列之后引起应变硬化。对于容易结晶的玻璃化温度较低的塑料,如聚乙烯、聚丙烯和尼龙在室温下拉伸,就可在不同程度上出现颈缩的稳定发展。而对于不易结晶的玻璃化温度较高的塑料,如聚苯乙烯、聚碳酸酯等,在室温下呈玻璃态,其拉伸时的应力-应变曲线如图8-40所示。开始变形时就不是均匀的,而是聚集的,且形成了银纹(crazing)。银纹初看上去好像微小的裂纹,厚度约为100 nm,而横向长度有几个微米。银纹在肉眼下就可看见,因为该处有明显的体积膨胀,可发生光的反射与散射,它通常起源于试样表面并与拉伸轴垂直。实际上银纹只是一些空穴状的区域,它并不是裂纹而只是裂纹将要萌生的早期阶段,在随后的变形过程中,这些空穴区域逐渐演变为裂纹。产生银纹的应力一般只有材料屈服强度的一半左右。银纹与裂纹不同,裂纹的两个张开面之间是完全空的,而银纹面之间由高度取向的纤维束和空穴组成,仍具有一定强度。银纹的形成是由于材料在拉应力下局部屈服和冷拉造成的,在多向压应力时不易形成银纹。

　　玻璃态聚合物冷拉后残留的变形,表面上看是不可恢复的塑性变形,但只要把试样加热到 T_g 以上,变形基本上能恢复。这说明冷拉中产生的变形属于高弹性范畴,这种在外力作用下被迫产生的高弹性称为强迫高弹性。强迫高弹性产生的原因是在外力的作用下,原来被冻结的链段得以克服摩擦阻力而运动,使分子链发生高度取向而产生大变形。

　　部分结晶聚合物冷拉后残留的变形大部分必须在温度升高到熔点 T_m 以上才能恢复。因为结晶聚合物的冷拉伴随着晶片的取向、结晶的破坏和再结晶等过程。取向导致的硬化使颈缩能沿试样扩展而不断裂。取向的晶片在 T_m 以下是热力学稳定的。

　　聚合物的冷拉变形目前已成为制备高模量和高强度纤维的重要工艺。

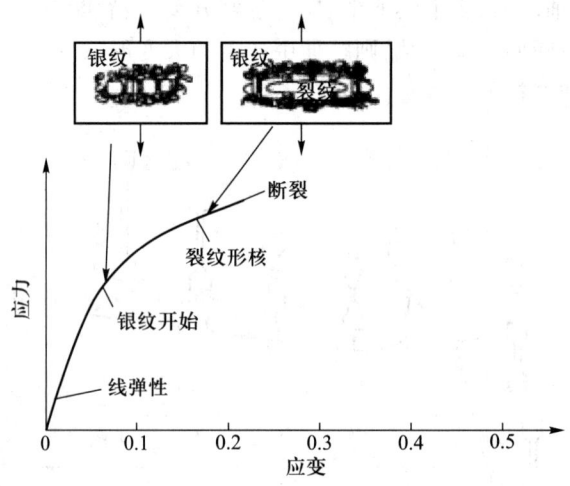

图 8-40　不易结晶的玻璃化温度较高的塑料拉伸时的应力-应变曲线

2. 热固性聚合物的变形

　　热固性聚合物是刚硬的三维网络结构,分子不易运动,通常在拉伸试验时表现出像脆性金属或陶瓷一样的变形特点。但是,在压应力下它们仍能发生大量的塑性变形。

　　图 8-41 为环氧树脂在室温下单向拉伸和压缩时的应力-应变曲线。环氧树脂的玻璃化温度 T_g 为 100 ℃,这种交联作用很强的聚合物,在室温下因呈刚硬的玻璃态,拉伸时像典型的脆性材料,而压缩时则容易剪切屈服,并有大量的变形,而且在屈服之后有"应变软化"现象。

　　应变软化具体表现为在屈服之后真应力下降,并不是因为产生了颈缩,在压应力作用下不发生颈缩。因此,这是这种材料本身固有的软化特性。环氧树脂剪切屈服的过程是均匀的,试样经受均匀变形而没有任何聚集化的迹象。这与其他玻璃态聚合物有些不同,某些聚合物产生剪切带,变形主要集中在剪切带内。例如,聚苯乙烯在平面应变压缩下,用有偏光装置的显微镜就可以清楚地看到,剪切带随着变形量的加大而增多,由于剪切带的形成产生应变软化。一旦在此小局域开始剪切屈服,由于较周围未变形的区域有较低的流变应力,变形可在此剪切带内一直继续下去,当然也有新的剪切带不断产生。

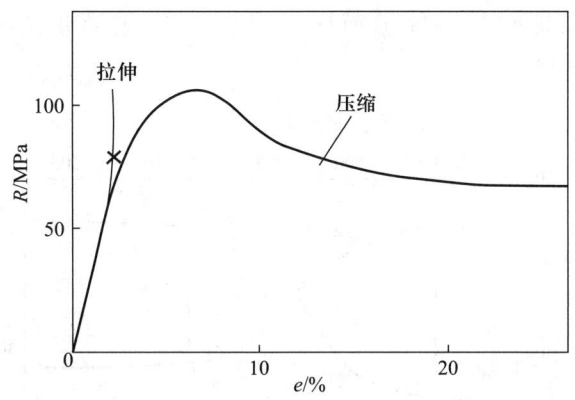

图 8-41　环氧树脂在室温下单向拉伸和压缩时的应力-应变曲线

8.3　冷变形金属的回复和再结晶

金属和合金经塑性变形后,不仅内部组织结构与各项性能均发生相应的变化,而且变形时所消耗的机械能除大部分转变为热能消失外,还有一小部分以各种类型的缺陷储存在变形金属内,使空位、位错等结构缺陷密度增加,畸变能升高,导致其处于热力学不稳定的高自由能状态,因此,如果升高温度使原子具有足够的活动能力,冷变形后的金属会自发恢复到变形前的低自由能状态,同时发生一系列组织与性能的变化。

根据显微组织和性能的不同,可将整个转变过程分为回复、再结晶和晶粒长大等过程。了解这些过程的发生和发展规律对于改善和控制金属材料的组织和性能具有重要的意义。

8.3.1　冷变形金属在加热时的组织与性能变化

冷变形后材料经重新加热进行退火之后,其组织和性能会发生变化,观察其在不同加热温度下变化的特点,可将退火过程分为回复、再结晶和晶粒长大三个阶段,如图8-42 所示。回复是指冷变形后金属加热时,尚未发生光学显微组织变化即新的无畸变晶粒出现之前所产生的亚结构和性能变化的阶段;再结晶是冷变形后金属在足够高的温度下加热时,通过新晶粒的形核和长大,以无畸变的等轴新晶粒逐渐取代变形晶粒的过程;晶粒长大是指再结晶完成后,继续升温或延长保温时间,晶粒继续长大的过程。

1. 显微组织的变化

图 8-43 为冷变形金属退火时晶粒形状和大小的变化。从图中可见,随着加热温度的升高和保温时间的延长,显微组织在回复、再结晶及晶粒长大三个阶段有明显的不同。在回复阶段,由于不发生大角度晶界的迁移,所以晶粒的形状和大小与变形后形态的相同,仍保持着纤维状或扁平状,从光学显微组织上几乎看不出变化。在再结晶阶段,首先是在畸变度大的区域产生新的无畸变晶粒的核心,然后逐渐消耗周围的变形基体而长大,直到变形组织完全转变为新的、无畸变的等轴晶粒为止。最后,在晶

界表面能的驱动下,新晶粒互相吞食而长大,从而得到一个在该条件下较为稳定的尺寸,这称为晶粒长大阶段。

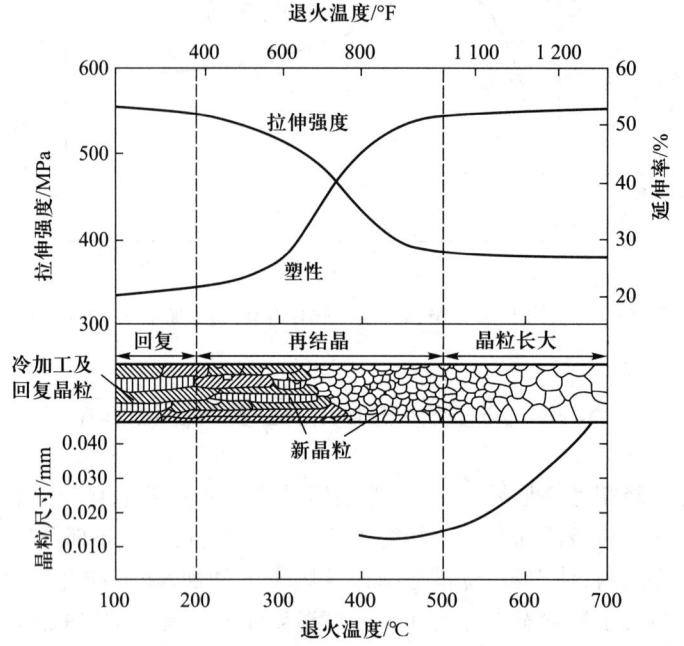

图 8-42 冷变形黄铜的拉伸强度、延伸率及晶粒尺寸随退火温度的变化

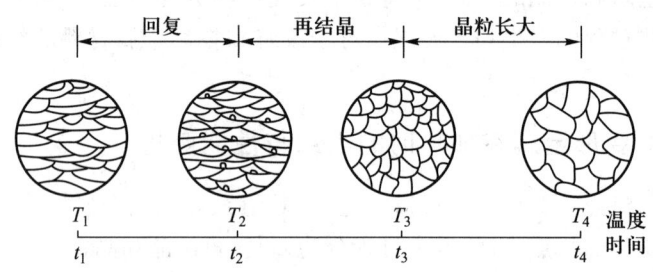

图 8-43 冷变形金属退火时晶粒形状和大小的变化

2. 性能的变化

图 8-44 给出了冷变形金属退火时性能的变化。

(1)力学性能的变化

回复阶段的强度、硬度及塑性的变化很小,约占总变化的 1/5,而在再结晶阶段随加热温度升高,强度、硬度显著下降,塑性急剧升高。上述情况主要与金属中的位错机制有关,即回复阶段时,变形金属仍保持很高的位错密度,而发生再结晶后,则由于位错密度显著降低,位错运动阻力减小,故强度与硬度明显下降,塑性急剧升高。在回复前期,晶粒尺寸变化不大,但在后期,尤其在接近再结晶及再结晶阶段,晶粒尺寸显著增大。当晶粒长大时,强度、硬度继续下降,塑性在晶粒粗化不太严重时仍会继续升高,晶粒粗化严重时,塑性也下降。

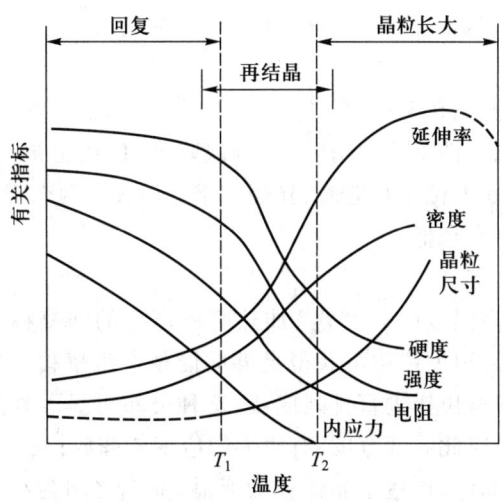

图 8-44 冷变形金属退火时性能的变化

（2）物理性能的变化

变形金属的电阻在回复阶段已表现出明显的下降趋势。因为电阻率与晶体点阵中的点缺陷（如空位、间隙原子等）密切相关，所以点缺陷所引起的点阵畸变会使传导电子产生散射，提高电阻率。它的散射作用比位错所引起的更为强烈。因此，在回复阶段电阻率的明显下降就标志着在此阶段点缺陷浓度有明显的减小。变形金属的密度在回复阶段变化不明显，而在再结晶阶段急剧升高，这除与前期点阵数目减少有关外，主要是由再结晶阶段位错密度显著降低所致。

（3）内应力的变化

回复阶段可以消除大部分或全部的宏观内应力，微观内应力则只有通过再结晶方可全部消除。

8.3.2 回复

1. 回复过程中微观结构的变化机制

回复是指冷变形后金属加热时，尚未发生光学显微组织变化即新的无畸变晶粒出现之前所产生的亚结构和性能变化的阶段。回复的驱动力可使弹性畸变能降低。根据回复阶段加热温度及内部结构变化特点、机制的不同，可将回复分为三种。

（1）低温回复

冷变形金属在较低温度 $[(0.1 \sim 0.3)T_m, T_m$ 为金属的熔点$]$ 加热时所产生的回复称为低温回复。因温度较低，原子活动能力有限，主要与点缺陷的迁移有关。冷变形时产生大量的点缺陷——空位与间隙原子，它们的形成主要是极多滑移后位错的交割在螺型位错上带有刃型割阶运动产生的。点缺陷运动所需的热激活能较低，因此可以在较低温度时就可以进行。它们可迁移至晶界或金属表面，并通过空位与位错的交互作用、空位与间隙原子的重新结合，以及空位聚合形成空位对、空位群和空位片崩塌成位错环而消失，从而使点缺陷密度下降。因此，对点缺陷很敏感的电阻在回复阶段明显下降。

（2）中温回复

冷变形金属在中温[$(0.3\sim0.5)T_m$]加热时所产生的回复称为中温回复。中温回复过程因温度稍高，原子活动能力增强，除点缺陷外，位错也被激活，会发生位错运动和重新分布。当滑移面上位错相遇时，异号位错会消失。两个刃型位错会形成空位或间隙原子，位错密度略有降低。

（3）高温回复

冷变形金属在较高温度（$\geq0.5T_m$）加热时所产生的回复称为高温回复。因温度较高，位错被充分激活，刃型位错可获得足够的能量产生攀移。攀移使滑移面上不规则的位错重新分布，刃型位错垂直排列成墙，这种分布可显著地降低位错的弹性畸变能，因此我们可看到对应此温度范围，有较大的应变能释放；晶粒内部被这种位错墙分割成许多小的完整的晶体，这些小晶体称为亚晶，亚晶之间为小角度晶界。此过程称为多边化，可用图8-45的位错模型解释。

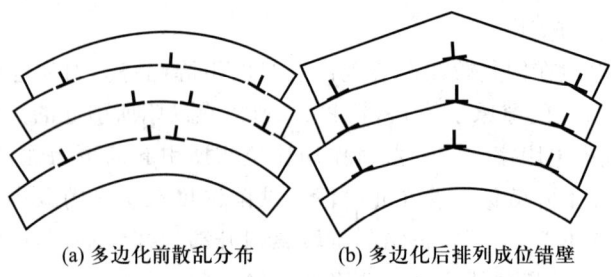

(a) 多边化前散乱分布　　　(b) 多边化后排列成位错壁

图8-45　刃型位错在多边化过程中的重新分布

高温回复多边化过程的驱动力主要来自应变能的下降。多边化过程的产生需要三个条件：① 塑性变形使晶体点阵发生弯曲；② 在滑移面上有塞积的同号刃型位错；③ 加热温度较高，能够使刃型位错产生攀移。

一般认为，在产生单滑移的单晶体中多边化过程最为典型；而在多晶体中，由于容易发生多系滑移，不同滑移系上的位错往往缠结在一起，形成胞状组织，故多晶体的高温回复机制比单晶体更为复杂，但从本质上看也包含位错的滑移和攀移。通过攀移使同一滑移面上异号位错相抵消，位错密度下降，位错重新排列成较稳定的组态，构成亚晶界，形成回复后的亚晶结构。

位错的攀移总是与吸收或放出大量空位有关，回复过程中电阻率的明显下降，主要是由于过量空位的减少和应变能的降低造成的；内应力的降低主要是由于晶体内弹性应变的基本消除造成的；硬度及强度下降不大则是由于位错密度下降不多，亚晶还较细小造成的。

冷变形金属经回复后使内应力得到很大程度的消除，同时又能保持冷变形的硬化效果，因此，回复退火又称为去应力退火。在实际生产中，经常利用冷变形的工件进行去应力退火降低其内应力，如冷冲件、冷拉钢丝、弹簧及锻件等。因此，一些铸件、焊接件及切削件，也须进行去应力退火。工件中内应力的降低，可避免工件的变形或开裂，提高其耐蚀性。

2. 回复动力学

回复动力学是研究冷变形金属在回复过程中性能恢复的速率,研究温度与时间对加工硬化去除的影响。以纯 Fe 为例,在 0 ℃先经过 5% 预变形,然后在不同温度下每隔一定时间测量其残留应变硬化,结果如图 8-46 所示。图中纵坐标以残留应变硬化分数 1-R 表示。R 为回复率。

$$1-R = \frac{\sigma - \sigma_0}{\sigma_m - \sigma_0} \tag{8-9}$$

式中,σ 为回复退火后的流变应力;σ_0 为完全退火后加工硬化全部消除后的流变应力;σ_m 为退火前即冷变形态的流变应力。

显然,1-R 越小,即回复率 R 越大,表示回复程度越大。

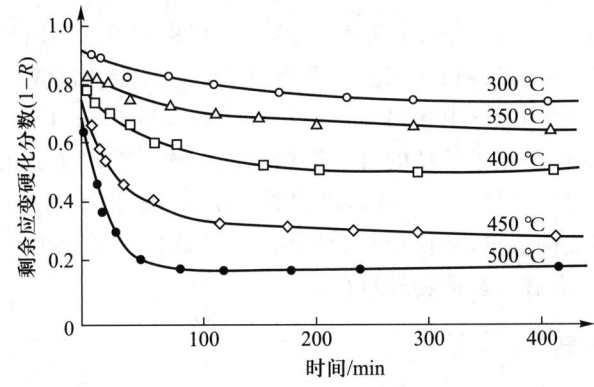

图 8-46　经拉伸变形的纯铁在不同温度下退火时屈服强度的回复动力学曲线

回复动力学曲线表明,回复是一个弛豫过程,表现出如下特点:① 没有孕育期;② 在一定温度下,初期的回复速率很快,随后即逐渐变慢,直到趋近于零;③ 每一温度的回复程度有一极限值,退火温度越高,这个极限值也越高,而达到此一极限值所需的时间则越短;④ 预变形量越大,起始的回复速率也越快,晶粒尺寸减小也有利于回复过程的加快。

这种回复特征通常可用一级反应方程来表达

$$\frac{\mathrm{d}x}{\mathrm{d}t} = -cx \tag{8-10}$$

式中,t 为恒温下的加热时间;x 为冷变形导致的性能增量经加热后的残留分数;c 为与材料和温度有关的比例常数;c 值与温度的关系具有典型的热激活过程的特点,可由著名的阿伦尼乌斯(Arrhenius)方程来描述

$$c = c_0 \mathrm{e}^{-Q/(RT)} \tag{8-11}$$

式中,Q 为激活能;R 为气体常数;T 为热力学温度;c_0 为比例常数。

将上式代入一级反应方程中并积分,以 x_0 表示开始时性能增量的残留分数,则得

$$\int_{x_0}^{x} \frac{\mathrm{d}x}{\mathrm{d}x} = -c_0 \mathrm{e}^{-Q/(RT)} \int_0^t \mathrm{d}t$$

$$\ln \frac{x_0}{x} = c_0 t e^{-Q/(RT)} \qquad (8-12)$$

如果采用两个不同温度将同一变形金属的性能回复到相同程度,则由式(8-12)可得

$$\frac{t_1}{t_2} = \exp\left(-\frac{Q}{R}\left(\frac{1}{T_2} - \frac{1}{T_1}\right)\right) \qquad (8-13)$$

由式(8-13)可见,温度越高,回复到相同程度所需时间越短,即回复速度随温度升高而增大,图8-46所示的不同温度等温退火曲线也表明了这一点。

在不同温度下,若考虑回复到相同程度,式(8-12)左边为常数,对式(8-12)两边取对数,可得

$$\ln t = A + \frac{Q}{RT} \qquad (8-14)$$

式中,A 为常数。作 $\ln t \sim 1/T$ 图,如为直线,由直线斜率即可求得回复过程的激活能。

实验研究表明,冷变形纯铁在回复时没有固定的激活能,回复程度不同,有不同的激活能值。例如,$R = 0.1$,$Q = 100$ kJ/mol;$R = 0.6$,$Q = 200$ kJ/mol,前一对数值与空位迁移能相近,后一对数值接近于铁的自扩散激活能。这说明对于铁的回复,不能用一种单一的控制速率过程来描述。这样求出的激活能也没有多少意义。实际上,冷变形程度、回复程度、回复的温度、杂质原子(比如区域精炼的和普通的纯铁)及金属的种类等许多因素,都影响着回复的物理过程。

8.3.3　再结晶

再结晶是指经冷变形的金属在足够高的温度下加热时,通过新晶粒的形核及长大,以无畸变的等轴晶粒取代变形晶粒的过程。和回复不同,再结晶是一个显微组织彻底改组,变形储存能充分释放,性能显著变化的过程。其转变动力学也与固态中多数相变相似,但再结晶转变没有晶体结构和化学成分的变化[9]。所以,从本质上说再结晶不属于相变。

再结晶在实际生产中很有意义。当冷变形产生强烈的加工硬化,使生产工艺(如拉拔线材)不能继续进行时,中间必须进行再结晶退火。另外,它也是改变金属组织与性能的一种方法,特别是对那些在固态下没有相变的金属材料,在适当的场合下可以应用。再结晶完成后组织形态及晶粒大小直接关系到金属性能。因此,下面着重讨论再结晶过程、影响因素以及生产上如何控制。

1. 再结晶的形核及长大

再结晶核心实际上是"现成的",它已存在于畸变能较大的区域,不需要原子逐个积累到超过某一临界尺寸。实验表明,根据金属及其变形程度不同,再结晶的核心一般通过两种方式形成,即晶界凸出形核和亚晶形核。

(1)晶界凸出形核

对于冷变形程度较小的金属(一般小于20%),再结晶核心一般采用凸出形核方式形成,即应变诱导晶界移动。

因总变形量较小,变形在各个晶粒中分布不均匀,各晶粒之间将由于变形不均匀性而引起位错密度的不同。如图 8-47 所示,A、B 两相邻晶粒中,当 B 晶粒因变形程度较大位错密度高于 A 晶粒中的位错密度时,即 B 晶粒的畸变能较高,多边化后 B 晶粒中所形成的亚晶尺寸也较 A 晶粒中所形成的亚晶尺寸细小。因此,晶界处 A 晶粒的某些亚晶会通过晶界迁移向 B 晶粒内凸出,以吞食 B 晶粒中亚晶的方式生长,体系自由能下降,形成无畸变的再结晶晶核。

再结晶时,晶界凸出形核的能量条件可根据图 8-48 所示的模型推导。设凸出形核核心为球冠状,球冠半径为 L,晶界的表面能为 γ,凸出的晶界由位置 Ⅰ 移到位置 Ⅱ 时扫过的体积为 dV,增加的晶界面积为 dA,由此而引起的单位体积总的自由能变化为 ΔG,而冷变形晶粒中单位体积的储存能为 E_s。假定晶界扫过地方的储存能全部释放,则凸出的晶界由位置 Ⅰ 移到位置 Ⅱ 时的自由能变化

$$\Delta G = -E_s + \gamma \frac{dA}{dV} \qquad (8-15)$$

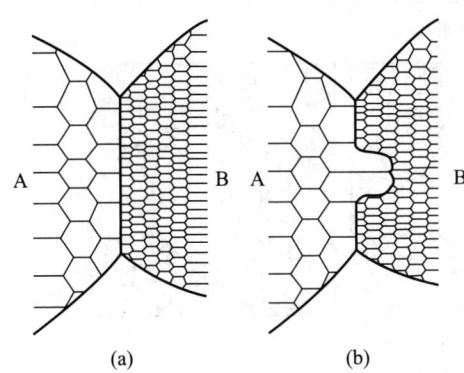

图 8-47　凸出形核时亚晶界长入相邻
晶粒示意图

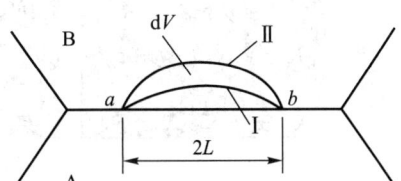

图 8-48　晶界凸出形核机制模型

对一个任意曲面,可定义两个主曲率半径 r_1 与 r_2,当该曲面移动时,有

$$\frac{dA}{dV} = \frac{1}{r_1} + \frac{1}{r_2}$$

如果该曲面为球面,且 $r_1 = r_2 = r$,则 $\dfrac{dA}{dV} = \dfrac{2}{r}$。因此,当凸出的晶界为球面时,其自由能变化量为

$$\Delta G = -E_s + \frac{2\gamma}{r} \qquad (8-16)$$

若晶界凸出段两端 a、b 固定,且晶界的表面能 γ 值恒定,则开始阶段随 ab 凸出弯曲,曲率半径 r 逐渐减小,ΔG 值增大。当 r 达到最小值 $\left(r_{\min} = \dfrac{ab}{2} = L\right)$ 时,ΔG 将达到最大值。此后,若继续凸出,由于 r 的增大使 ΔG 减小,于是,晶界将自发地向前推移。因此,一段长为 $2L$ 的晶界,其凸出形核的能量条件为 $\Delta G < 0$,即

$$E_s \geqslant \frac{2\gamma}{r} \qquad (8-17)$$

（2）亚晶形核

对于冷变形度较大的金属，再结晶核心往往由亚晶形核机制影响。

当金属变形度较大时，在再结晶前的高温回复阶段，由位错组成的胞状亚结构将发生多边化而形成回复亚晶。因金属变形量大，每个晶粒变形程度相差不大，晶界两侧晶粒内畸变能相近，再结晶晶核不可能以晶界凸出形核方式形成，而直接借助晶粒内某些无应变的亚晶成核，亚晶形核方式通常有两种，如图8-49所示。

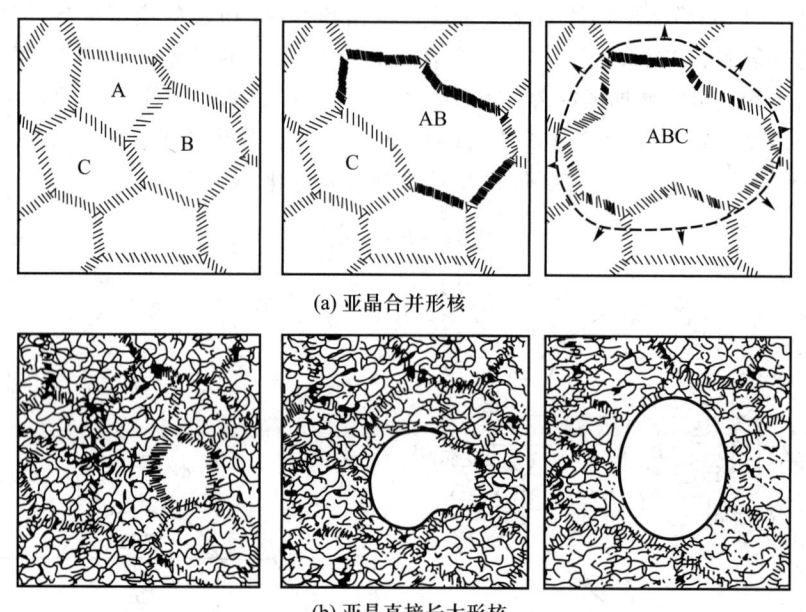

(a) 亚晶合并形核

(b) 亚晶直接长大形核

图8-49 再结晶亚晶形核机制示意图

① 亚晶合并形核。某些取向差较小的相邻亚晶边界上的位错网络通过解离、拆散并转移到其他亚晶界上，导致亚晶界的消失或亚晶之间的合并。在合并过程形成的新亚晶晶界不断吸纳位错而成为大角度晶界，它比小角度晶界具有大得多的迁移率，可以迅速移动，清除其移动路程中存在的位错，在它后面留下无畸变的晶体，从而形成再结晶晶核。因合并过程中存在位错的滑移和攀移，故要求金属有较高的层错能。

② 亚晶长大成核（或称为亚晶迁移成核）。某些取向差较大的亚晶界具有较高的移动性，可以直接吞食相邻亚晶粒。这种形核在层错能低的金属中易发生，实质上是某些亚晶直接长大，亚晶界发生迁移并逐渐变为大角度晶界。

亚晶形核的两种机制都是依靠亚晶粒的粗化发展为再结晶的晶核。亚晶粒本身是在剧烈应变的基体上通过多边化形成的几乎无位错的低能量区，通过消耗周围的高能量区长大成为再结晶的有效核心，因此，随着变形程度的增大，会产生更多的亚晶而有利于再结晶形核。这就是为什么再结晶后的晶粒会随着变形程度的增大而变细小。

（3）再结晶晶核的长大

以凸出方式形成的再结晶核心，一旦超过临界半径，便会自发地向高畸变能的晶粒中生长；以亚晶机制形成的再结晶核心，一旦形成大角度晶界，由于它较亚晶界大得多的迁移率，就可迅速移动，扫除其遇到的位错，留下无应变的晶体。

晶界迁移的驱动力主要是无畸变的新晶粒本身及与周围畸变的旧晶粒间的应变能差,晶界总是背向其曲率中心向畸变区域推进,直到无畸变的等轴晶粒逐渐消耗掉变形晶粒并相互接触,再结晶过程结束。

2. 再结晶动力学

再结晶动力学取决于形核率 $\dot{N}$ 和长大速率 $\dot{G}$ 的大小。若以纵坐标表示已发生再结晶的体积分数,横坐标表示时间,则由试验得到的经98%冷轧的纯铜在不同温度下的等温再结晶动力学曲线具有图8-50所示的典型"S"曲线特征。由图可知,再结晶过程有一孕育期,等温下的再结晶速度开始很小,随再结晶体积分数 ϕ_v 的增加而增大,并在50%时处达到最大,然后又逐渐减小,具有典型的形核——长大过程的动力学特征,与回复动力学有明显的区别。

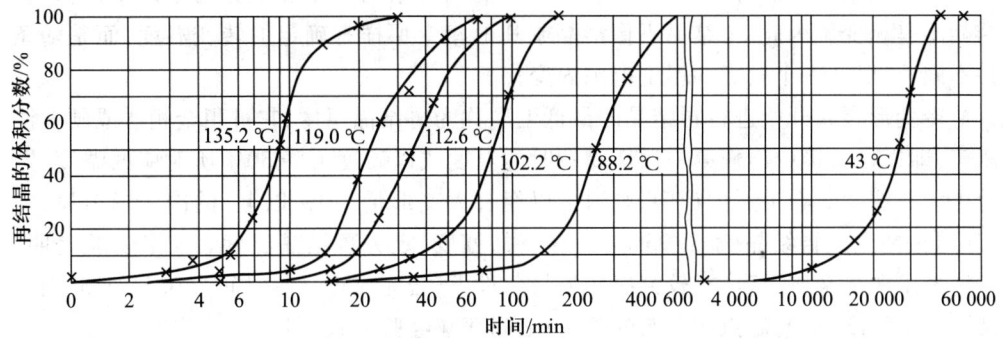

图8-50 经98%冷轧的纯铜在不同温度下的等温再结晶动力学曲线

由于等温再结晶时的形核率 $\dot{N}$ 随时间的增加而呈指数关系衰减,故通常采用阿夫拉米(Avrami)方程进行描述,即

$$\phi_v = 1 - e^{-Bt^K} \tag{8-18}$$

式中,ϕ_v 为在 t 时间已经再结晶的体积分数;B 和 K 为常数。

再结晶也是一种热激活过程,等温温度对再结晶速率 v 的影响可用阿伦尼乌斯公式表示

$$v = A e^{-Q_R/RT} \tag{8-19}$$

由于 $v \propto \dfrac{1}{t}$,故

$$\frac{1}{t} = A' e^{-Q_R/RT} \tag{8-20}$$

式中,Q_R 为再结晶激活能;R 为气体常数;T 为绝对温度,A' 为常数。对上式两边取对数,并应用常用对数($2.3\lg x = \ln x$),可得 $\dfrac{1}{T} = \dfrac{2.3R}{Q_R}\lg A' + \dfrac{2.3R}{Q_R}\lg t$。作 $\dfrac{1}{T} \sim \lg t$ 图,直线的斜率为 $2.3R/Q_R$。作图时常以 $\phi_v = 50\%$ 作为比较标准。照此方法求出的再结晶激活能是一常数,与回复动力学求出的回复激活能因回复程度而改变不同。这样测出的激活能,可以反映影响再结晶过程的因素,如纯铜拉伸变形40%后测得的 $Q_R = 129.8$ kJ/mol,而拉伸变形10%后测得的 $Q_R = 146.55$ kJ/mol;对于区域精炼的铝相同条件下的再结晶激活能因加入0.007% Cu 从62.8 kJ/mol提高到125.6 kJ/mol。

与等温回复的情况相似,在两个不同温度 T_1、T_2 产生同样程度的再结晶所需时间分别为 t_1、t_2,则

$$\frac{t_1}{t_2} = e^{-\frac{Q_R}{R}\left(\frac{1}{T_2} - \frac{1}{T_1}\right)} \tag{8-21}$$

这样,若知道某晶体的再结晶激活能及此晶体在某恒定温度完成再结晶所需的等温退火时间,就可计算出它在另一温度等温退火时完成再结晶所需的时间。例如,H70 黄铜的再结晶激活能为 251 kJ/mol,它在 400 ℃ 的恒温下完成再结晶需要 1 h,若在 390 ℃ 的恒温下完成再结晶就需要 1.97 h。

3. 再结晶温度

虽然再结晶是一个形核—长大过程并使组织形态发生了彻底改变,其转变动力学也有固态相变的特点,但再结晶前后各晶粒的点阵结构类型和成分都未改变,所以再结晶不是相变。因此,再结晶不像结晶或其他相变那样有确定的转变温度,而是随条件不同,可以在一个较宽的温度范围内变化。

冷变形金属开始进行再结晶的最低温度称为再结晶温度,它可用金相法或硬度法测定,即以显微镜中出现第一颗新晶粒时的温度或以硬度下降 50% 所对应的温度,定为再结晶温度。在工业生产中,则通常以经过大变形量(70% 以上)的冷变形金属,经 1 h 退火能完成再结晶($\phi_v \geq 95\%$)所对应的温度,定为再结晶温度。大量实验表明,对许多工业纯金属而言,在较大冷变形量条件下,若完成再结晶时间为 0.5～1 h,则再结晶开始温度 T_R 与熔点 T_m(绝对温度)之间存在经验公式,即

$$T_R = (0.35 \sim 0.45) T_m \tag{8-22}$$

再结晶温度并不是一个物理常数,它不仅随材料而改变,同一材料的冷变形程度、原始晶粒度等因素也会影响再结晶温度。

4. 影响再结晶的因素

(1) 变形程度

金属的冷变形程度越大,储存的变形能也越多,再结晶的驱动力就越大,因此再结晶温度越低,如图 8-51 所示。同时等温退火时的再结晶速度也越快。但当变形量增大到一定程度后,再结晶温度趋于稳定。所以,实际再结晶开始温度以较大冷变形量为条件之一。注意,在给定温度下发生再结晶需要一个最小变形量(临界变形程度)。低于此变形程度,不发生再结晶。变形程度越小,开始再结晶温度越高,意味着临界变形程度随退火温度升高而减小。

(2) 退火工艺参数

再结晶退火工艺参数如加热速度、加热温度与保温时间等对变形金属的再结晶有着不同程度的影响。

若加热速度过于缓慢时,变形金属在加热过程中有足够的时间进行回复,使点阵畸变程度降低,储存的应变能减小,从而使再结晶的驱动力减小,再结晶温度上升。但极快速度的加热也会因在各温度下停留时间过短而来不及形核与长大,致使再结晶温度升高。

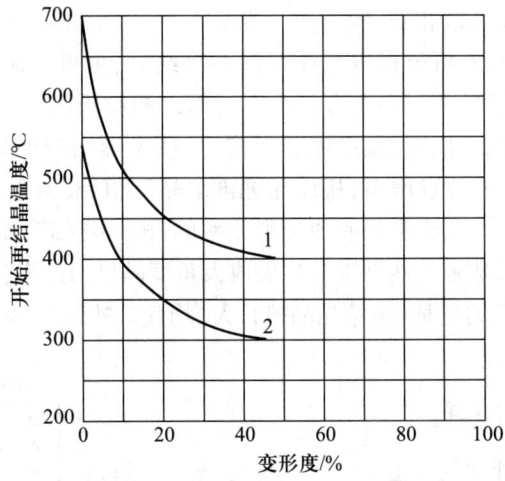

图 8-51 铁(1)和铝(2)的开始再结晶温度与预先冷变形程度的关系

当变形程度和退火保温时间一定时,退火温度越高,再结晶速度越快,产生一定体积分数的再结晶所需要的时间也越短,再结晶后的晶粒越粗大,如图 8-52 所示。而在一定范围内延长保温时间会降低再结晶温度,如图 8-53 所示。

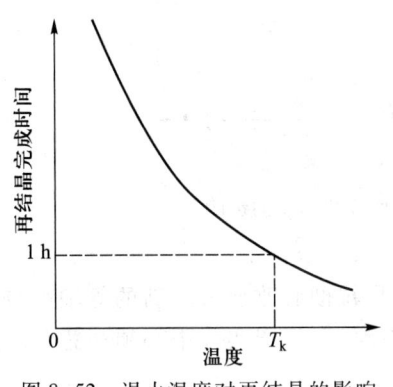

图 8-52 退火温度对再结晶的影响

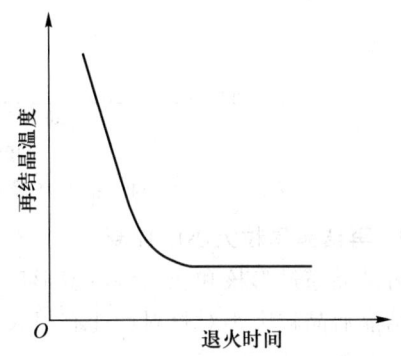

图 8-53 退火时间与再结晶温度的关系

(3) 原始晶粒尺寸

在其他条件相同的情况下,金属的原始晶粒越细小,则变形的抗力越大,冷变形后储存的畸变能越高,再结晶温度降低。此外,晶界往往是再结晶形核的有利区域,故细晶粒金属的再结晶形核率和长大速率均增加,所形成的新晶粒更细小,再结晶温度也将降低,有利于再结晶的进行。

(4) 微量溶质原子

微量溶质原子的存在可明显地升高再结晶温度,推迟再结晶过程的进行,这在许多金属(如 Al、Cu、Pb、Fe)中被证实。在区域精炼的铅中加入极微量的 Sn、Ag 和 Au,发现在 10^6 个原子中只要有 1 个 Au 或 Ag 原子,界面迁移的速度就可降低两个数量级(图 8-54),而生长的激活能从 20.9 kJ/mol(纯 Pb)增加到 125.61 kJ/mol(加入 Ag 或 Au 后)。这表明溶质原子可能与位错及晶界间存在交互作用,使溶质原子倾向在位错及晶界处偏聚,阻碍位错的运动和晶界的迁移,从而阻碍再结晶过程。

（5）第二相粒子（分散相粒子）

第二相粒子的存在既可能促进基体金属的再结晶，也可能阻碍其再结晶，主要取决于基体上第二相粒子的大小和分布。变形时第二相粒子间距和直径都比较大时，位错只能绕过或塞积在粒子周围，提高了变形抗力，使变形畸变能提高，同时，也增加了亚结构的不稳定性，使形核点增多，从而促进再结晶。相反，当金属中存在间距和直径都很小的第二相粒子时，虽然能促使加工硬化率的进一步提高，使位错密度增大，但对加热时位错重新排列形成亚结构并随后发展成大角度晶界的过程（也就是再结晶的形核过程），以及大角度晶界的迁移（再结晶晶核长大）均起钉扎作用，从而阻碍了再结晶。

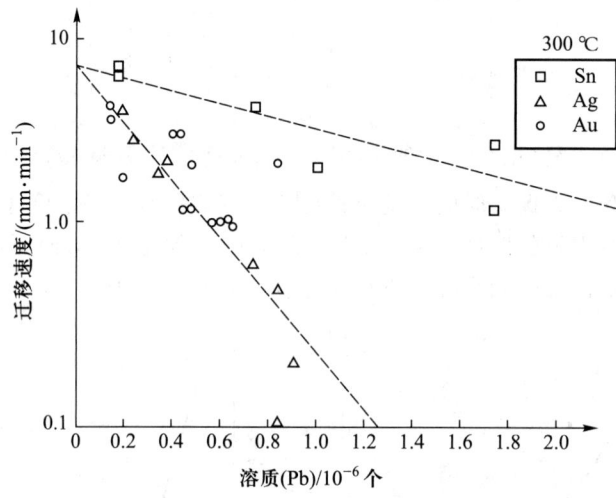

图 8-54 铅中溶质浓度对界面迁移速度的影响

5. 再结晶晶粒大小的控制

再结晶通过形核和长大将冷变形后的变形晶粒彻底改变成了新的等轴晶粒。由于再结晶后晶粒大小对材料性能有很大影响，因此，在生产实际中必须注意合理控制再结晶晶粒尺寸。

再结晶后晶粒的平均直径 d 与形核率 $\dot{N}$ 和晶核长大速率 $\dot{G}$ 间存在如下关系：

$$d = k\left(\frac{\dot{G}}{\dot{N}}\right)^{\frac{1}{4}} \qquad (8-23)$$

显然，要细化再结晶晶粒，必须减小 $\dot{N}/\dot{G}$ 的比值，即在高的再结晶形核率和低的晶核长大速率条件下，易获得细小的再结晶晶粒。可见，影响再结晶的因素也是影响再结晶晶粒大小的因素。

（1）变形程度

图 8-55 展示了金属的冷变形程度

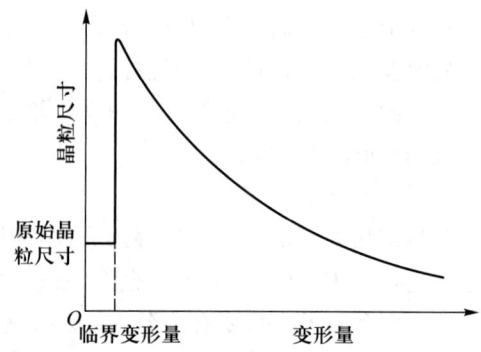

图 8-55 冷变形量与再结晶晶粒尺寸的关系

对再结晶后晶粒大小的影响。可见，当变形程度很小时因储存的畸变能不足以驱动再结晶，故晶粒大小没有变化。当变形程度为 2 % ~ 8 % 时，尽管此时的畸变能已足以引起再结晶,但由于变形程度不大,$\dot{N}/\dot{G}$ 比值很小,再结晶后的晶粒特别粗大,此时的变形程度即所谓临界变形程度。当变形程度大于临界变形程度时,则随变形程度的增加,晶粒逐渐细化。这是由于变形程度增加,储存的畸变能增大,$\dot{N}$ 和 $\dot{G}$ 都同时增加,但 $\dot{N}$ 的增大速率大于 $\dot{G}$ 的增大速率,使 $\dot{G}/\dot{N}$ 逐渐减小,如图 8-56 所示。

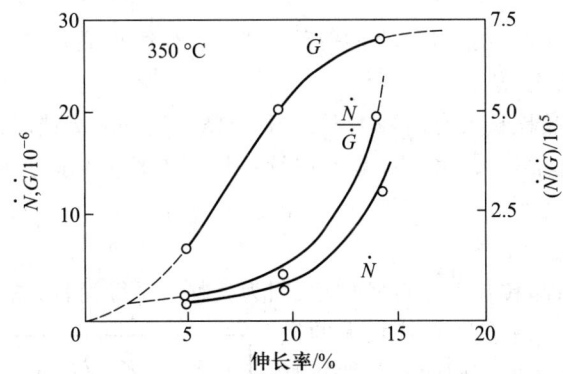

图 8-56 铝在 350 ℃再结晶时 $\dot{N}$、$\dot{G}$ 和 $\dot{N}/\dot{G}$ 与变形程度的关系

在生产实践中,要求细晶粒的金属材料应当避免在临界变形程度范围内加工,以免性能恶化。但有时也会对临界变形程度加以利用。例如,利用临界变形程度反复进行多次变形和再结晶退火,可使晶粒一次比一次粗大,最后甚至有可能获得单晶体。

（2）退火温度

因退火温度对 $\dot{N}/\dot{G}$ 比值影响微弱,故对刚完成再结晶时晶粒尺寸的影响也较弱。但提高退火温度可使再结晶的速度显著加快,临界变形程度减小,使再结晶后的晶粒粗大（图 8-57）。退火温度越高,临界变形程度越小,再结晶后的晶粒越大。

（3）原始晶粒尺寸

如图 8-58 所示,当变形程度一定时,原始晶粒越细,再结晶后的晶粒也越细。

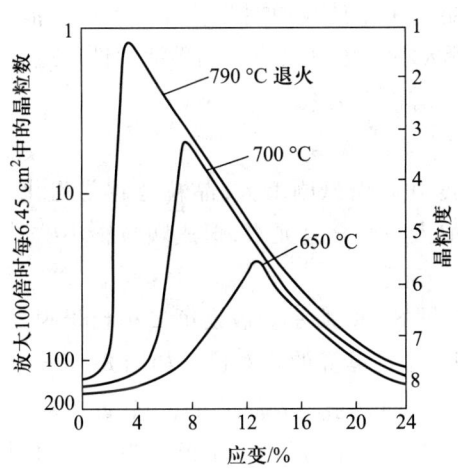

图 8-57 0.06% C 的低碳钢变形程度及退火
温度对再结晶后晶粒尺寸的影响

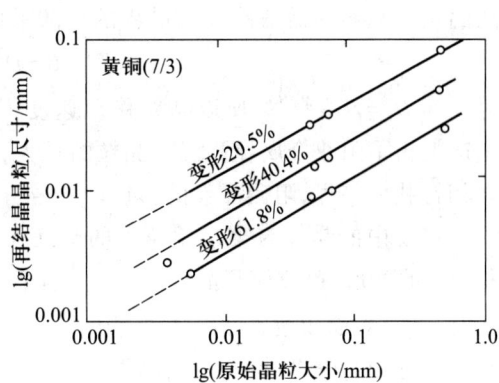

图 8-58 黄铜再结晶晶粒大小与变形程度
及原始晶粒大小的关系

这是因为原始晶粒细,变形储存能高,形核驱动力大,且形核点增多,最终使 $\dot{G}/\dot{N}$ 减小。

此外,变形温度、杂质含量、退火保温时间等也对再结晶晶粒大小有一定影响。

8.3.4 再结晶后的晶粒长大

再结晶结束后通常可获得细小的等轴晶粒,若继续提高加热温度或延长加热时间,晶粒将进一步长大。

再结晶完成后晶粒长大有两种类型:一种是随温度的升高或时间的延长而均匀地连续长大,称之为正常长大;另一种是不连续不均匀地长大,称为反常长大,也称为二次再结晶。

1. 晶粒的正常长大

再结晶完成后,晶粒长大是自发过程,因为就整个系统而言,晶粒长大的驱动力是降低其总界面能。若就个别晶粒长大的微观过程而言,晶粒界面的不同曲率是造成晶界迁移的直接原因。实际上晶粒长大时,晶界总是向着曲率中心的方向移动,并不断平直化,如图 8-59 所示。因此,晶粒长大过程就是"大吞小"及凹变平的过程。因为界面弯曲后,必然会有一表面张力指向曲率中心,力求使界面向曲率中心移动。在二维坐标中,晶界平直且夹角为 120° 的六边形是二维晶粒的最终稳定形状。另外要注意,再

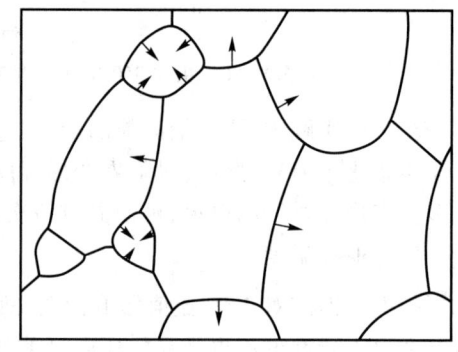

图 8-59　晶粒长大时晶界移动方向

结晶后晶粒的长大是界面向曲率中心移动,而再结晶核心的长大界面是背向曲率中心移动,因为后者长大的驱动力是减小畸变能。

减小表面能是晶粒长大的热力学条件,满足这个条件只说明晶粒有长大的可能,长大与否还需满足动力学条件,这就是晶界的活动性。温度是影响晶界活动性的最主要因素。晶界的活动性 B 与晶界的扩散系数 D_b 有以下关系

$$B = D_b / RT$$

而 $D_b = D_0 e^{-Q_b/RT}$,所以晶界移动速度因温度升高而急剧增大,晶粒也越易粗化。生产上为了阻止金属在高温下晶粒的长大,常加入一些合金元素,形成颗粒很小的第二相钉扎住晶界,阻碍晶界的移动。

移动中的晶界与第二相粒子的交互作用如图 8-60 所示。假设第二相粒子为半径为 r 的球形,单位面积晶界能为 γ_b,当第二相粒子与晶界的相对位置如图 8-60a 所示时,其晶界面积减小 πr^2,晶界能则减小 $\pi r^2 \gamma_b$,从而处于晶界能最小状态,此时粒子与晶界处于力学平衡位置,当晶界右移至图 8-60b 所示的位置时,不但因为晶界面积增大而增加了晶界能,而且在晶界表面张力作用下,与粒子相接触处晶界还会发生弯曲,以使晶界与粒子表面相垂直。若以 θ 表示与粒子接触晶界表面张力的作用方向和

晶界平衡位置间的夹角,则晶界右移至此位置时,晶界沿其移动方向对粒子所施加的拉力为

$$F = 2\pi r\cos\theta\gamma_b\sin\theta = \pi r\gamma_b\sin 2\theta \qquad (8-24)$$

此力等于在晶界移动的相反方向粒子对晶界移动所施的后拉力或约束力,当 $\theta = 45°$ 时,此约束力为最大,即

$$F_{max} = \pi r\gamma_b \qquad (8-25)$$

由于合金基体上均匀分布着许多第二相颗粒,因此,晶界迁移能力及其所决定的晶粒长大速度,既与第二相粒子的尺寸有关,又受单位体积中第二相粒子数量的影响。在第二相颗粒所占体积分数一定的条件下,颗粒越细,其数量越多,则晶界迁移的阻力也越大,故晶粒长大速度随第二相颗粒的细化而减小。当晶界能所提供的晶界迁移驱动力正好与第二相粒子对晶界迁移的阻力相等时,晶粒的正常长大停止。此时的晶粒平均直径称为极限晶粒平均直径 $\overline{D}_{lim}$,与单位体积合金中第二相粒子的体积分数 ϕ 及粒子尺寸 r 间存在如下关系

$$\overline{D}_{lim} = \frac{4r}{3\phi} \qquad (8-26)$$

可见,当合金中第二相粒子的体积分数一定时,粒子尺寸越小,极限平均晶粒尺寸也越小。

此外,杂质与微量合金元素及相邻晶粒间的位向差对晶界的迁移也有很大影响。当晶界两侧的晶粒位向较为接近或具有孪晶位向时,晶界迁移速度很小。但若晶粒间具有大角度晶界的位向差时,晶界能和扩散系数相应增大,因此其晶界的迁移速度也随之加快。而合金中固溶的微量溶质或杂质的存在能阻碍晶界的移动。因为晶界能量较高,对某些溶质或杂质原子有吸附作用,这些偏聚在晶界的溶质或杂质原子形成了一种气团,能"钉扎"或"拖曳"位错,使位错运动受阻。微量杂质原子对某些具有特殊位向差的晶界迁移速度影响较小,可能是这类晶界结构中的点阵重合性较高不利于杂质原子在晶界的吸附。

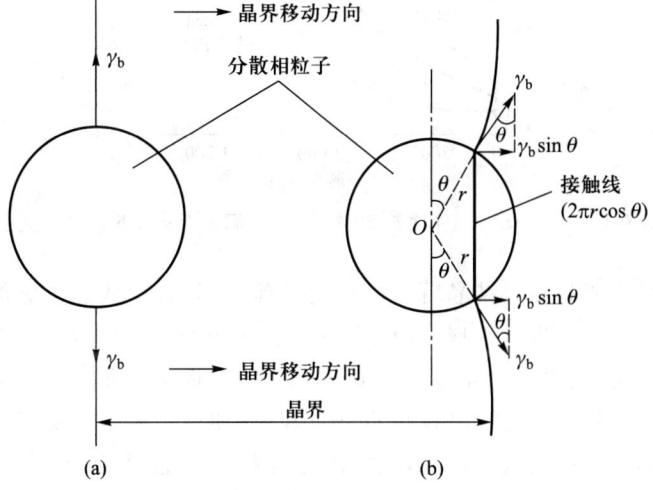

图 8-60 移动中的晶界与第二相粒子的交互作用

2. 晶粒的异常长大

再结晶完成后,正常的晶粒长大随温度的增加是连续变化的。但在一定条件下,对某些金属会出现当温度升高到某一数值时,晶粒会突然反常地长大,如图 8-61 所示,温度再升高,晶粒又趋于减小,这种现象称为晶粒的异常长大。这种晶粒的不均匀长大,好像在再结晶后均匀细小的等轴晶粒中又重新发生了再结晶,故又被称为二次再结晶。但是,晶粒的异常长大并不是靠重新产生新的晶核,只是在一次再结晶晶粒长大的过程中,某些局部区域的晶粒发生了优先长大。硅钢(Fe-3Si)冷轧变形程度为 50%,轧制成 0.35 mm 厚的薄板,当在不同温度退火 1 h 时,其二次再结晶晶粒长大的情况如图 8-62 所示。

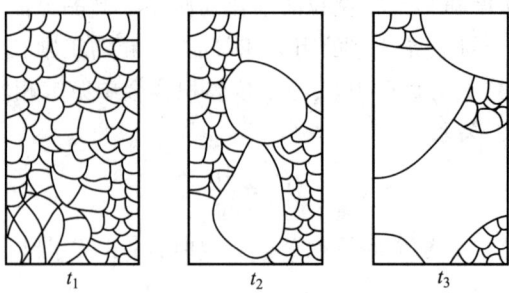

图 8-61   晶粒异常长大过程(t 为时间, $t_3 > t_2 > t_1$)

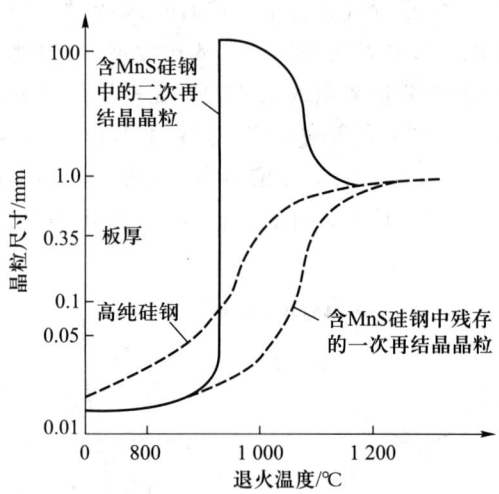

图 8-62   Fe-3Si 合金(冷轧 50% 后)不同温度退火 1 h 后晶粒大小

二次再结晶主要是在再结晶后晶粒长大过程中,只有少数晶粒能优先长大,而大多数晶粒不易长大。出现这种现象的原因是:① 由于冷变形造成了变形织构,再结晶退火至一定温度时(对硅钢片至少在 900 ℃ 以上)又形成了再结晶织构,当形成织构后,各个晶粒的取向趋于一致,晶粒间的位向差很小时,晶界是不易移动的,因为界面能是随位向差的增大而增大,直至形成大角度晶界,界面能才趋于一恒定值。因此,形成强烈织构后晶粒是不易长大的;②当加入少量杂质形成第二相(如硅铁中的 MnS)

能强烈钉扎住晶界,阻碍晶界的移动,晶粒也不会长大。这两种因素结合薄板的生产条件,又附加不易长大的因素。而当加热到高温时,某些局部地区的 MnS 夹杂溶解,该处的晶粒便优先长大,吞并了周围的晶粒,形成了晶粒的异常长大。

在有些情况下,如更高温度加热或在薄板中,还有可能在二次再结晶的基础上发生三次再结晶,其规律及机制与二次再结晶相同。

二次再结晶会形成非常粗大的晶粒及很不均匀的组织,不仅会降低材料的强度和塑、韧性,还会降低再次冷加工工件的表面粗糙度。因此,在制订冷变形材料的再结晶退火工艺时应注意避免发生二次再结晶。但是,对于某些磁性材料如硅钢片,却可利用二次再结晶产生强的再结晶织构(110)[001](即高斯织构)和获得粗大晶粒,以改善其磁性。实际生产中并不直接应用冷变形织构,而是应用再结晶织构。

8.3.5 再结晶后的退火及其组织控制

1. 再结晶退火

再结晶可消除冷变形金属的加工硬化效果及内应力,故再结晶退火被广泛用于金属冷变形加工的中间工序。再结晶退火是指将冷变形后的金属加热到再结晶温度以上 $100 \sim 200\ ^\circ\text{C}$,保温一段时间后,缓慢冷却到室温的过程。再结晶退火既可以用作中间退火软化冷变形金属,也可以作为最终退火使冷变形金属晶粒细化、改善组织。

2. 再结晶退火后的组织

再结晶退火过程中,回复、再结晶及晶粒长大往往是交错、重叠进行的,退火后的组织也是这些过程综合作用的结果,有时还会伴随退火孪晶和再结晶织构。

(1)再结晶退火后的晶粒大小

由前面分析可知,再结晶退火后的晶粒大小主要取决于预变形程度和退火温度。一般来说,变形程度越大,退火后晶粒越细小,而退火温度越高,晶粒越粗大。通常将退火温度、冷变形程度对晶粒大小的影响绘制成三维图形,称为再结晶图,它可作为制订冷变形金属材料退火工艺规范参数的参考依据。不同金属的再结晶图不同,图8-63

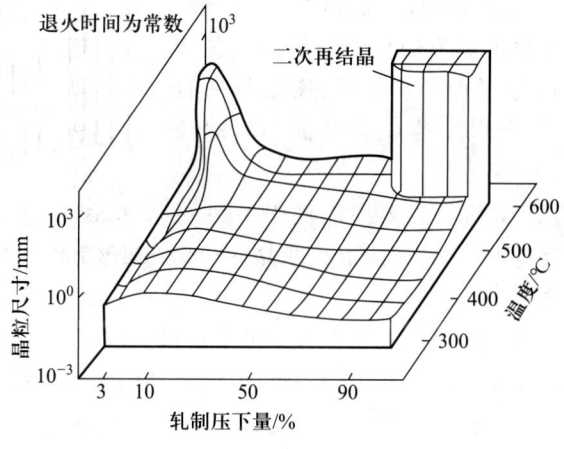

图 8-63 工业纯铝的再结晶图

为工业纯铝的再结晶图。从图中可见,存在两个粗晶区:一是临界变形区域;另一个是二次再结晶区域。后者对应的变形程度较大,退火温度也较高。显然,对于一般结构材料,制订变形及退火工艺时应避开这两个区域。

另外,其他工艺因素(如退火保温时间)对再结晶晶粒大小也有显著影响,再结晶图无法反映。

（2）退火孪晶

一些不易产生形变孪晶的面心立方金属,如 Cu、Ni、α-黄铜、γ-不锈钢等,经再结晶退火后,会出现如图 8-64 所示的退火孪晶。图 8-64a 中的 A、B、C 代表三种典型的退火孪晶形态。其中,A 是晶界交角处的退火孪晶,B 是贯穿晶粒的完整退火孪晶,C 为一端终止晶内的不完整退火孪晶。孪晶带两侧互相平行的晶面是共格孪晶界面,由 {111} 面组成;孪晶终止于晶粒内的界面,为非共格孪晶界。

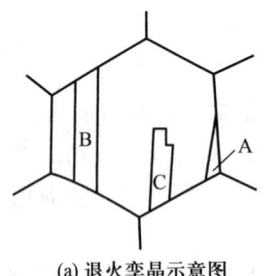

| (a) 退火孪晶示意图 | (b) α-黄铜的退火孪晶 |

图 8-64　退火孪晶

退火孪晶是在再结晶过程中因晶界迁移出现层错形成的。面心立方金属晶界迁移时 {111} 面的正常堆垛顺序为 ABCABCA…,但如果晶界处 {111} 面某层原子面错排,则会造成层错,即堆垛顺序变为 ABC̄BACBACBAC̄ABC,出现孪晶界 C̄。如果孪晶界面能远小于一般大角度晶界能,该层错就稳定下来成为孪晶核心并随大角度晶界的移动而长大。在长大过程中,如果 {111} 原子面再次错排,恢复原来的堆垛次序,则又形成一个孪晶界 C̄,两孪晶界间构成一退火孪晶,如图 8-65 所示。

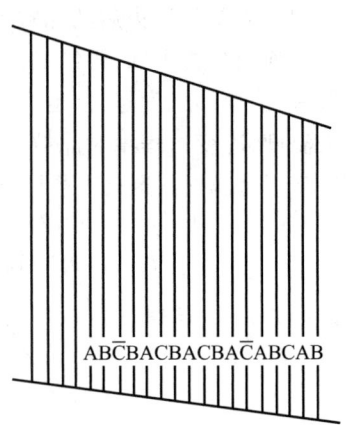

ABC̄BACBACBAC̄ABCAB

通常,面心立方金属的孪晶界面能低于一般的大角度晶界能的程度越大,越易形成退火孪晶。

图 8-65　面心立方结构的金属形成退火孪晶时 {111} 面的堆垛次序

（3）再结晶织构

具有变形织构的材料在再结晶退火时会再度获得织构,称为再结晶织构或退火织构。再结晶织构可能和原来的变形织构一致,但更常见的情况是和原来的变形织构完全不同。退火织构在晶粒长大过程中还会继续发展。少量其他元素的加入也能改变再结晶织构。另外,虽然普遍注意到变形织构和再结晶织构间的关系,但是,变形前材料的取向对再结晶织构也起很大的作用。

晶粒长大时的织构变化有两种情况:① 由不同的织构组分取代原来的织构组分;② 保留原来的织构,并使织构更锋锐、更强。第一种情况通常在二次再结晶时发生。

再结晶织构的本质取决于新晶粒的取向以及这些晶粒形核和长大速率的相对关系。长期以来,对再结晶织构的形成机制存在着争论,主要有择优取向形核理论和择优取向生长理论两类不同观点。

再结晶核心在变形基体中已经存在,除非发生变形孪晶可以改变取向外,不可能有其他取向存在。事实上,再结晶织构一般都与变形织构不同,所以不论什么理论,首要的问题是解释新的取向是如何产生的。下面分别介绍这两种观点。

择优取向形核理论:该理论认为,再结晶织构是形成的大多数再结晶核心都保持着原变形织构的择优取向,并经长大形成与原变形织构相一致的再结晶织构。这种理论仅限于解释与变形织构一致的再结晶织构的形成。由于再结晶过程比较复杂,影响再结晶的因素有很多,因此在很多情况下再结晶时不一定是择优取向形核,即使是择优取向形核为主导的过程,也不可能完全排除其他取向核心的形成。

择优取向生长理论:该理论认为,即使金属中存在强烈的变形织构,但再结晶形核的取向与变形织构无关,而核心生长时,晶界迁移速率却与晶界两侧(晶核与变形基体间)的位向差有关。存在变形织构时,大多数变形晶粒取向相近,仅有某些取向有利的再结晶晶核能够通过消耗变形基体而迅速长大,即发生了择优取向生长,其他取向晶粒的生长则被抑制,最终形成再结晶织构。这种再结晶织构与原变形织构既可能一致,也可能呈一定取向关系。

许多研究表明,择优取向生长理论较为接近实际情况,有人还提出了择优取向形核加择优取向生长的综合理论,可能更符合实际。

再结晶织构使材料出现各向异性,退火后继续变形时各方向变形不均匀,可通过调整冷变形量、合金成分和组织、退火后的变形工艺等避免或消除强烈的织构影响。但在用作磁性材料等用途时可利用织构。

8.4 金属的热变形

金属加工变形往往在高温条件下进行,如锻压、热轧、挤压等,其中一部分直接以热加工态使用,如一些锻件,另一部分则为中间产品,如各种型材。不论是半成品还是最终产品,它们的组织和性能都会不同程度地受到热加工过程的影响。

金属在再结晶温度以上的加工变形称为热变形,更严格地说,热变形是指金属在应变硬化速率等于其软化速率温度以上的变形。因此,冷、热变形不能以温度高、低来区分,而应根据其再结晶温度(若忽略应变速率的影响)来判定。如低熔点金属铅、锡等再结晶温度低于室温,室温下变形也是热变形;而高熔点金属如钨,再结晶温度为1 200 ℃,在1 000 ℃变形也是冷变形。

热变形实质上是变形中加工硬化与动态软化同时进行的过程,应变硬化被动态软化所抵消,因而不显示硬化作用。在热变形过程中动态软化包括动态回复和动态再结晶两种方式,热变形停止后,高温下还会发生静态回复和静态再结晶。

与冷加工相比,热变形具有许多优点,但也有一定的局限性,如热变形中不发生强化作用,塑性变形量可以达到很大,适用于大零件的成形及将大金属锭变形至很小尺寸。热变形还可以改善铸锭组织,消除气孔、偏析、粗大晶粒等,但热加工中由于金属与氧生成氧化物,导致表面较粗糙。而且金属在热变形后冷却中产生收缩,使加工零件难以达到精确尺寸。

8.4.1 动态回复与动态再结晶

1. 动态回复

在塑性变形过程中发生的回复称为动态回复,较易发生在层错能较高的金属如铝及铝合金、纯铁、铁素体钢等的热加工过程。如图 8-66 所示为纯铁 700 ℃时的动态回复真应力-真应变曲线。从图中可见,动态回复可以分为三个不同阶段。

① 微应变阶段。应力增大很快,并开始出现加工硬化,总应变<1%。

② 均匀应变阶段。斜率逐渐下降,材料开始均匀塑性变形,同时出现动态回复,"加工硬化"部分被动态回复所引起的"软化"所抵消。

③ 稳态流变阶段。加工硬化与动态回复的软化作用接近平衡,加工硬化率趋于零,变形在近乎恒定的流变应力下继续进行,此阶段称为稳定阶段。稳态流变的应力受温度和应变速率影响很大。

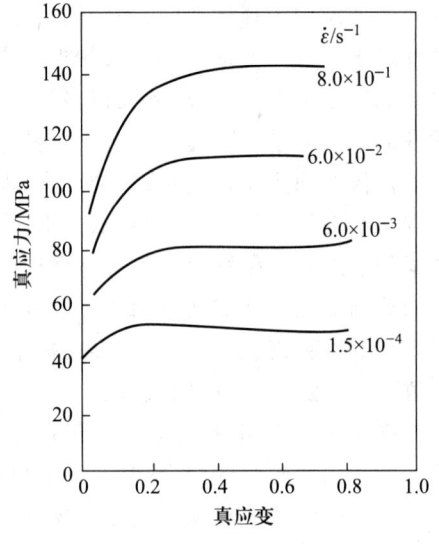

图 8-66 纯铁 700 ℃时的动态回复真应力-真应变曲线

当变形温度一定时,应变速率越大,达到稳定的应力和应变也越大;当应变速率一定时,变形温度越高,则达到稳定态的应力和应变越小。

热变形开始阶段,由于加工硬化效果强,位错密度通过增殖不断增加,开始形成位错缠结和胞状亚结构。动态回复引起的软化过程是通过刃型位错的攀移、螺型位错的交滑移,使异号位错抵消,位错密度降低的结果。在稳定阶段,由于加工硬化和软化达到平衡,位错增殖和消失平衡,位错密度基本恒定。

类似静态回复,动态回复中也发生晶粒的多边化,形成亚晶。亚晶在稳定阶段保持等轴状和恒定尺寸,其尺寸受变形速率和变形温度的影响。一般变形速率越小,变形温度越高,生成的亚晶尺寸越大。

2. 动态再结晶

在塑性变形过程中发生的再结晶称为动态再结晶,较易发生在层错能较低的金属如铜及铜合金、镍合金、奥氏体钢等的热加工过程。如图 8-67 所示为低碳钢动态再结晶时的真应力-真应变曲线。

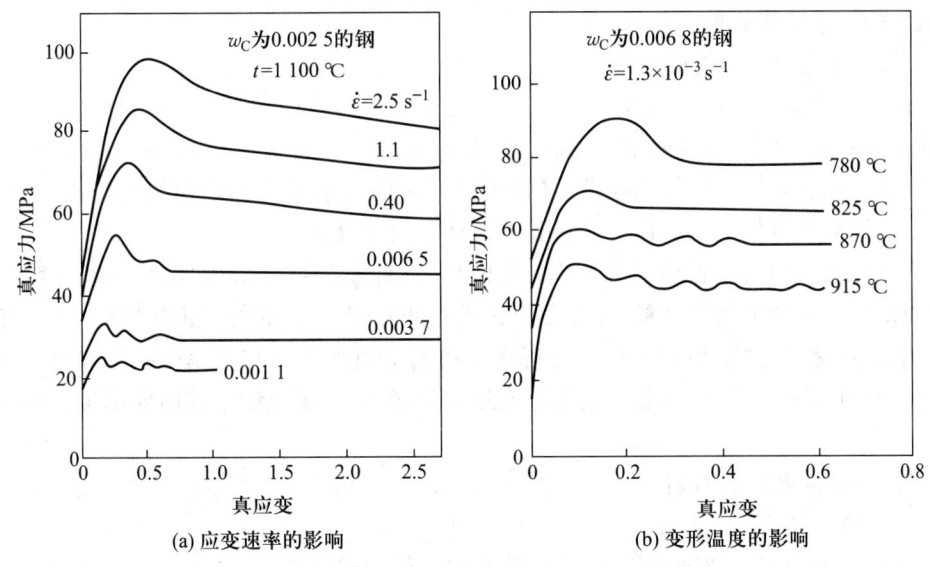

图 8-67 低碳钢动态再结晶时的真应力-真应变曲线

从图 8-67 中可见,在高应变速率下,动态再结晶过程也分三个阶段。

① 微应变加工硬化阶段。应变量低于开始发生动态再结晶的临界应变程度,应力随应变增加迅速升高,未发生动态再结晶。

② 动态再结晶开始阶段。应变量大于开始发生动态再结晶的临界应变程度,此时虽已出现动态再结晶软化,但加工硬化仍占主导地位。当应力达到最大值后,由于再结晶加快,应力将随应变增加而下降。

③ 稳态流变阶段。应变量大于发生均匀变形的应变量,加工硬化与动态再结晶软化达到动态平衡,流变应力趋于恒定。

在低应变速率和较高的变形温度下,由于位错密度增加速率较小,动态再结晶后,必须有进一步的加工硬化,才能再一次积累位错密度发生再结晶,加工硬化和动态再结晶软化交替进行,应力-应变曲线出现波动,呈波浪状。

在热加工过程中,动态再结晶也是通过形核和长大完成的,动态再结晶的形核方式与应变速率及由此引起的位错组态变化有关。当应变速率较低时,动态再结晶是通过原晶界的凸出机制形核;而当应变速率较高时,则通过亚晶聚集长大方式进行。且由于动态再结晶的晶核形成及晶粒长大期间仍受变形作用,使之具有反复形核、有限生长的特点。动态再结晶后得到细小的等轴晶粒,晶粒大小受变形速率和变形温度的影响。提高变形温度,降低变形速率,晶粒较粗大,且由于晶粒内部继续变形的作用,动态再结晶后的晶粒内有较高的位错密度及位错缠结,使动态再结晶组织有较高的强度和硬度。

8.4.2 热变形对组织性能的影响

除了铸件和烧结件外,几乎所有的金属材料在制成成品的过程中均需经过热加工,而且不管是中间工序还是最终工序,金属经热加工后,其组织与性能必然会对最终产品性能带来很大影响。

1. 对室温力学性能的影响

热加工不会使金属材料发生加工硬化,但能消除铸造中的某些缺陷,如将气孔、疏松焊合改善夹杂物和脆性物的形状、大小及分布;部分消除某些偏析;将粗大柱状晶、树枝晶变为细小、均匀的等轴晶粒,其结果使材料的致密度和力学性能有所提高。因此,金属材料经热加工后比铸态材料具有较佳的力学性能。

金属热加工时,控制动态回复使亚晶细化,这种亚组织可借适当的冷却速度保留到室温,具有这种组织的材料,其强度要比动态再结晶的金属高。通常把形成亚组织而产生的强化称为"亚组织强化",它可作为提高金属强度的有效途径。例如,铝及其合金的亚组织强化、钢和高温合金的形变热处理、低合金高强度钢控制轧制等,均与亚晶细化有关。

2. 对材料组织的影响

（1）改善铸态组织缺陷

铸态材料的某些缺陷如气孔、疏松等在热变形中焊合,部分消除偏析,将粗大的铸态柱状晶和树枝晶改造成细小、均匀的等轴晶粒,如图 8-68 所示,改善夹杂物或脆性相的形态与分布,使材料的致密性和力学性能,特别是塑性、韧性显著提高。

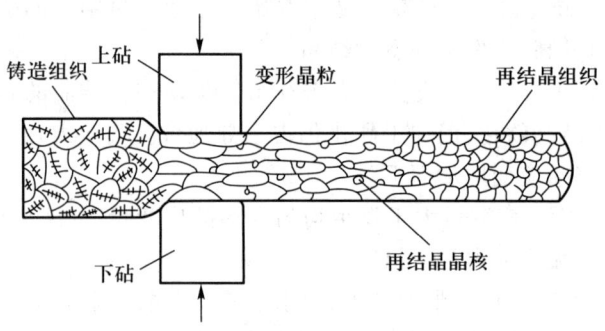

图 8-68　铸造组织变为再结晶组织的示意图

（2）形成加工流线（纤维组织）

在热变形中,某些枝晶偏析、夹杂物、第二相等将随组织变形而伸长,沿变形方向分布,晶粒发生再结晶,形成新的等轴晶粒,而夹杂物等仍沿变形方向呈纤维状分布,称为流线或纤维组织。这种组织的存在使材料的力学性能呈现各向异性,顺纤维的方向较垂直于纤维方向具有较高的力学性能,特别是塑性与韧性,为了充分利用热加工纤维组织这一力学性能特点,用热加工方法制造零件时,所制订的热加工工艺应保证零件中的流线有正确的分布,尽量使流线与零件工作时所受到最大拉应力的方向相一致,而与外加的切应力或冲击力的方向垂直。

（3）形成带状组织

复相合金中的各个相,在热加工时沿着变形方向交替地呈带状分布,这种组织称为"带状组织",例如,低碳钢经热轧后珠光体和铁素体常沿轧向呈带状或层状分布构成"带状组织"。对于高碳高合金钢而言,由于存在较多的共晶碳化物,因此在加热时也呈带状分布。带状组织的形成有两种可能,一种是由于枝晶偏析或夹杂物在压力加工过程中被拉长所造成的;另一种是铸锭中存在偏析,压力加工过程中偏析区沿变形方向伸长呈条带状分布,冷却时,由于偏析区成分不同而转变为不同的组织。

带状组织的存在也将引起性能明显的降低,尤其是在同时兼有纤维状夹杂物情况下,其横向的塑性和冲击韧性显著降低,为了防止和消除带状组织,一是避免在两相区变形;二是减小夹杂物元素的含量;三是采用正火处理或高温扩散退火加正火处理消除。

8.4.3 蠕变

对于需要长期在高温条件下工作的零部件,如果仅考虑常温短时静载下的力学性能是不够的,还需特别考虑温度和载荷持续作用时间的影响。所谓蠕变,是指材料在长时间的恒定载荷作用下所发生的慢而连续的塑性流变现象。一般蠕变时的应变速率很低,通常在 $10^{-10} \sim 10^{-3}\ \mathrm{s}^{-1}$ 范围内,且依应力大小而定,对金属晶体,通常 $T > 0.3T_{\mathrm{m}}$ 时,蠕变现象才比较明显,因此,对高温使用的材料,蠕变的研究具有重要意义。

1. 蠕变曲线

材料蠕变过程可用蠕变实验得到的蠕变曲线来描述。蠕变曲线是在恒载荷(或恒应力)作用下,应变量随时间变化的关系曲线。晶体材料(金属、陶瓷)典型的蠕变曲线如图 8-69 所示。整个蠕变过程可分为三个阶段。

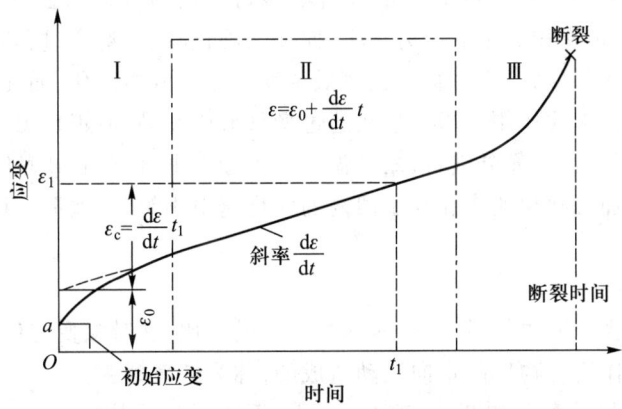

图 8-69　晶体材料(金属、陶瓷)典型的蠕变曲线

Ⅰ——减速蠕变阶段,也称过渡蠕变阶段。Oa 为外载荷引起的初始应变,从 a 点开始产生蠕变,且开始蠕变速率很大,随时间延长,蠕变速率逐渐减小,到此阶段终了时,蠕变速率达到最小值,是一个加工硬化过程。

Ⅱ——恒速蠕变阶段,也称稳态蠕变阶段。这一阶段特点是蠕变速率保持不变,因此也称恒速蠕变阶段。一般所指的蠕变速率就是这一阶段的,是衡量材料抗蠕变性能的重要指标。

Ⅲ——加速蠕变阶段。在蠕变过程后期,蠕变速率不断增大直至断裂。

不同材料在不同条件下的蠕变曲线是不同的。同一种材料的蠕变曲线随着温度与应力的增高,蠕变第二阶段的时间渐短,蠕变很快由Ⅰ过渡到Ⅲ,使高温下服役的零件寿命大大缩短。

蠕变过程最重要的参数是稳态蠕变速率,因为蠕变寿命和总的伸长率均取决于它。这一阶段的蠕变速率 $\dot{\varepsilon}$ 与温度有指数关系,并考虑到蠕变同回复、再结晶等过程一样也是热激活过程,因此可用下列一般关系式表示

$$\dot{\varepsilon} = C\sigma^n e^{-Q/RT} \tag{8-27}$$

式中,Q 为蠕变激活能;C 为材料常数;n 为应力指数,高分子材料的应力指数为 $1\sim 2$,金属的应力指数为 $3\sim 7$。固定 σ,分别测定 $\dot{\varepsilon}$ 与 $1/T$,可从 $\ln\dot{\varepsilon}\sim 1/T$ 关系中求得蠕变激活能 Q。对大多数金属和陶瓷而言,当 $T=0.5T_m$ 时,蠕变激活能与自扩散的激活能十分接近,说明控制蠕变速率的过程是由扩散过程所控制的。蠕变现象可看作在应力作用下金属原子流的扩散,扩散过程起着决定性作用。

2. 蠕变机制

在纯金属和耐热钢中均发现,在蠕变过程中常伴随硬度、弹性模量、内耗以及电阻等性能随时间而变化,说明在蠕变过程中有组织结构的变化。这些变化包括位错运动(滑移、攀移)、点缺陷(原子、空位)扩散、晶界滑动,它们是蠕变变形的主要机制。

(1)位错运动

在蠕变过程中,滑移仍然是一种重要的变形方式,在一般情况下若滑移面上的位错运动受阻产生塞积,滑移便不能进行,只有在更大的切应力下才能使位错重新开始增殖,但在高温下,刃型位错可借助热激活攀移到邻近的滑移面上并继续滑移,很明显,攀移减小了位错塞积产生的应力集中,使加工硬化减弱,这个过程和螺型位错交滑移能减少加工硬化相似,但交滑移只在较低温度下有效减弱强化,而在 $0.3T_m$ 以上,刃型位错的攀移起较大的作用。刃型位错通过攀移形成亚晶,或正负刃型位错通过攀移后相互消失,回复过程能充分进行,故高温下的回复过程主要是刃型位错的攀移。当蠕变变形引起的加工硬化速率和高温回复的软化速率相等时,就形成稳定的蠕变第二阶段。

(2)原子扩散

当温度很高且应力很低时,蠕变速率与应力成正比,这时蠕变与位错关系不大,蠕变主要是由应力作用下物质的定向流动造成的,称为扩散蠕变。

扩散蠕变机制示意图如图 8-70 所示,上、下方晶界受拉应力,空位形成能较低,空位浓度较高;两侧晶界由于侧向收缩而受压应力,空位浓度较低。由于存在空位浓度梯度,上、下晶界的空位将向两侧晶界扩散迁移,而原子扩散方向恰好相反,造成晶粒沿拉伸方向伸长。根据空位扩散路径不同,又可分为两种:第一种是空位在晶内扩散,称为 Nabarro-Herring 蠕变;第二种是空位沿晶界扩散,称为 Coble 蠕变。前者发生在相对较高的温度,而后者则发生在相对较低的温度。

(3)晶界滑动

高温下,由于晶界强度下降,晶界上的原子容易扩散,在载荷作用下晶界将产生滑动和迁移,从而对蠕变伸长做出贡献,但贡献的大小视蠕变试验条件而定。随着温度升高,应力降低,晶粒尺寸减小,晶界滑动对蠕变的贡献增大,但在总的蠕变量中所占

的比例并不大,一般约为 10%,有时可以占总蠕变量的 30% ~ 40%。

实际上,为保持相邻晶粒之间的密合,扩散蠕变总是伴随着晶界滑动的。晶界的滑动是沿最大切应力方向进行的,主要靠晶界位错源产生的固有晶界位错来进行,与温度和晶界形貌等因素有关。

上述蠕变机制在不同的温度和应力下所起的作用不同,这可由蠕变机制图来描述。图 8-71 为典型的蠕变机制图,图中的边界线清楚地划分了各种机制的作用范围,不同的材料只是这些边界线的位置不同而已。

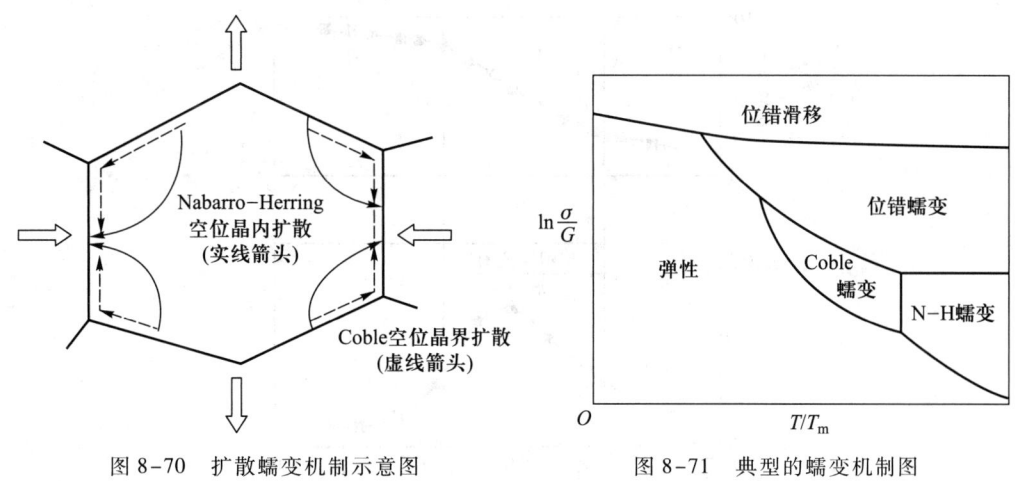

图 8-70 扩散蠕变机制示意图   图 8-71 典型的蠕变机制图

8.4.4 超塑性

某些材料在一定条件下进行热拉伸时,可获得断面伸长率达 500% ~ 2 000% 的均匀塑性变形,且不发生缩颈现象,材料的这种特性称为超塑性。

为了使材料获得超塑性,通常应满足以下三个条件。

① 具有等轴细小(晶粒直径<10 μm)的两相组织,且在超塑性变形过程中保持稳定,晶粒不显著长大;

② 超塑性变形应在一定温度范围内进行,一般为 $(0.5 \sim 0.65) T_m$;

③ 低的应变速率,一般在 $10^{-4} \sim 10^{-2}$ s^{-1} 范围内,以保证晶界扩散过程得以顺利进行。

1. 超塑性的特征

在高温下材料的流变应力 σ 不仅是应变 ε 和温度 T 的函数,而且对应变速率 $\dot{\varepsilon}$ 也很敏感,如图 8-72 所示,且满足以下关系

$$\sigma(\varepsilon, T) = k\dot{\varepsilon}^m \qquad (8-28)$$

式中,k 为由材料决定的常数;m 称为应变速率敏感指数,m 值越大,应力 σ 对应变速率 $\dot{\varepsilon}$ 越敏感。在室温下,对一般的金属材料 m 值很小,在 0.01 ~ 0.04 范围内,温度升高,晶粒变细,m 值可变大,要使金属具备超塑性,m 至少在 0.3 以上。故在组织超塑性中,获得微晶很关键。对共晶合金而言,可经热变形让共晶组织发生再结晶来获得

微晶;对共析合金而言,可经热变形或淬火后来获得微晶;而对析出型合金而言,可经热变形或降温变形获得微晶,m 值反映了材料拉伸时抗缩颈能力,是评定材料潜在超塑性的重要参数,一般来说,材料的伸长率随 m 值的增大而增大。

为了获得较高的超塑性,要求材料的 m 值一般不小于 0.5。m 值越大,表示应力对应变速率越敏感,超塑性现象越显著。m 值可作 $\lg \sigma$-$\lg \dot{\varepsilon}$ 图,由下式求得

$$m = \left(\frac{\partial \lg \sigma}{\partial \lg \dot{\varepsilon}} \right)_{\varepsilon, T} \approx \frac{\Delta \lg \sigma}{\Delta \lg \dot{\varepsilon}} = \frac{\lg \sigma_2 - \lg \sigma_1}{\lg \dot{\varepsilon}_2 - \lg \dot{\varepsilon}_1} = \frac{\lg(\sigma_2/\sigma_1)}{\lg(\dot{\varepsilon}_2/\dot{\varepsilon}_1)} \tag{8-29}$$

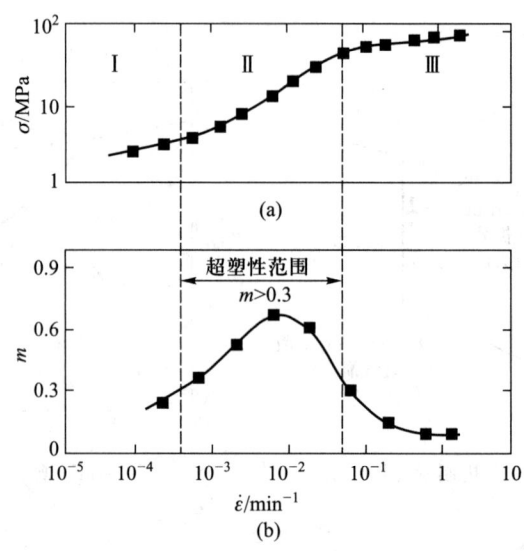

图 8-72　Mg-Al 共晶合金在 350 ℃变形时的 σ、m 与 $\dot{\varepsilon}$ 的关系
（晶粒尺寸为 6 μm）

变形温度和晶粒尺寸对超塑性材料 $\lg \sigma$-$\lg \dot{\varepsilon}$ 及 m-$\lg \dot{\varepsilon}$ 关系曲线的影响如图 8-73 所示。从图中可见,适当提高变形温度或减小晶粒尺寸,使所有应变速率下的流变应力均降低,且低应变速率时更为显著,超塑性的应变速率范围移至较高的应变速率,m 的最大值增大,并移至更高的应变速率。

2. 超塑性机制

大量实验表明,超塑性变形时组织结构变化具有以下特征。

① 超塑性变形后不会出现滑移线,没有亚结构的形成和位错密度的增加;

② 超塑性变形后晶粒会有所长大,但晶粒形状始终保持等轴;

③ 原来两相呈带状分布的合金,在超塑性变形后可变为均匀分布;

④ 具有再结晶织构的合金超塑性变形后织构消失,各晶粒位向趋于混乱。

上述组织变化特征与超塑性变形的机制密切相关。多数观点认为是由晶界的转动与晶粒的转动所致的。如图 8-74 所示,假若对一组由四个六边形晶粒所组成的整体沿纵向施加一拉伸应力,则横向必受一压应力,在这些应力作用下,通过晶界滑移、移动和原子的定向扩散,晶粒由初始状态 a 经过中间状态 b、c 至最终状态 d,最终和初始状态的晶粒形状相同,但位置发生了变化,并导致整体沿纵向伸长,使整体试样发

生变形。因此,超塑性变形时,试样的宏观变化是依靠晶粒的换位,而这种换位又是通过晶界的滑动与扩散来完成的。

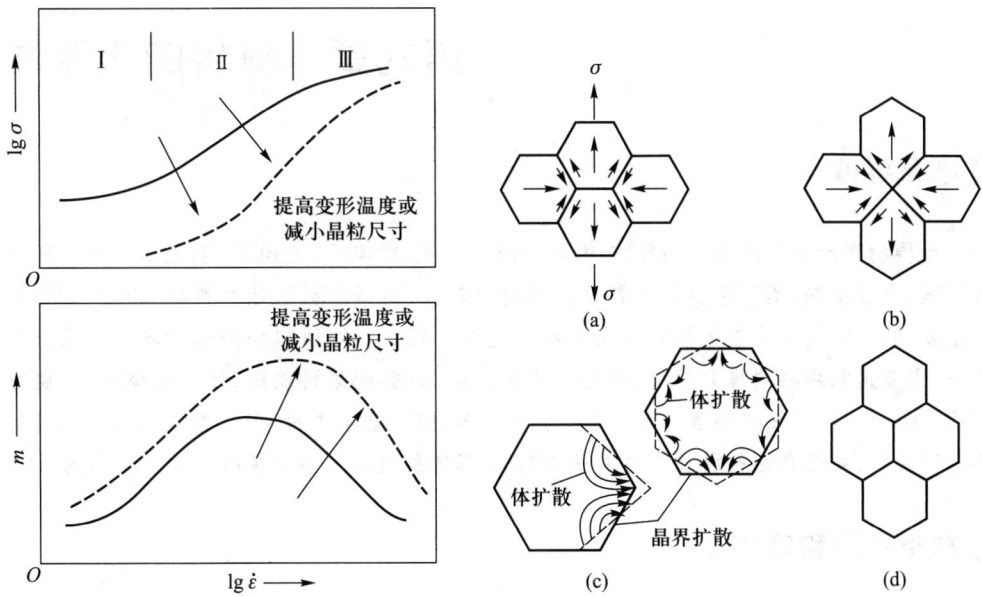

图 8-73　变形温度和晶粒尺寸对超塑性
材料的 $\lg \sigma$-$\lg \dot{\varepsilon}$ 及 m-$\lg \dot{\varepsilon}$ 关系曲线的影响

图 8-74　微晶超塑性变形机制示意图

　　除了上述的组织超塑性外,还有一种相变超塑性,即对具有固态相变的材料可以采用在相变温度上下循环加热与冷却,来诱导它们发生反复的相变过程,使其中的原子在未施加外力时就发生剧烈的运动,从而获得超塑性。

3. 超塑性的应用

　　超塑性合金在特定的温度和应变速率下,延展性特别大,具有和高温聚合物及玻璃相似的特征,故可用塑料和玻璃工业的成形加工,如像玻璃那样进行吹制,而且形状复杂的零件可以一次成形。由于在变形时无弹性变形,成形后没有回弹,故尺寸精度高,表面粗糙度低。因高温下材料的变形抗力低,成形所需的设备吨位大大降低。另外,因变形速率低,对模具材料要求也不高。

　　超塑性成形对强度高而塑性差的材料,如钛合金、金属间化合物等尤为重要。但要实现超塑成形需要严格控制组织和成形条件,这不仅使得成本增加,还会带来模具和成形材料的氧化问题。

参 考 文 献

第九章 材料的功能性

【本章导读】

世界材料产业的产值以每年约 30% 的速度增长,微电子、光电子、新能源等成了研究最活跃,发展最快,最为投资者所看好的新材料领域,材料创新已成为推动人类文明进步的重要动力之一,也促进了技术的发展和产业的升级。功能材料作为新材料的主要分支之一,主要是利用材料具有的电、磁、光、热等效应,以实现某种功能,如半导体材料、磁性材料、光敏材料、热敏材料等。本章主要介绍导电性能、热学性能、光学性能和磁性能等材料的功能性,重点介绍各种功能性的基本概念、基本原理及一些相关的典型材料实例。

【本章重点和难点】

半导体材料、磁性材料、光敏材料、热敏材料的特性和应用。

9.1 材料的导电性能

9.1.1 电阻率和电导率

通过导体的电流 I 与两端的电压 U 的关系可以用欧姆定律表示,即

$$U = RI \tag{9-1}$$

式中,R 表示导体的电阻,其值不仅与导体本身的性质有关,而且还与其长度 L 及截面积 S 有关,即

$$R = \rho \frac{L}{S} \tag{9-2}$$

式中,ρ 称为电阻率或比电阻,单位为 $\Omega \cdot m$。电阻率只与材料特性有关,而与导体的几何尺寸无关,因此 ρ 是评定材料导电性的基本参数,ρ 的倒数 σ 被称作电导率,即 $\sigma = \dfrac{1}{\rho}$,单位为 $\Omega^{-1} \cdot m^{-1}$。

不同材料的导电性差别很大。金属的电阻率从银(Ag)的 1.46×10^{-8} $\Omega \cdot m$ 到锰(Mn)的 2.6×10^{-6} $\Omega \cdot m$。导电性最佳的材料(如银和铜)和导电性最差的材料(如聚苯乙烯和金刚石)之间电阻率的差别可达 23 个数量级。根据导电性能的好坏,可将材料分为导体、半导体和绝缘体。导体的 ρ 值小于 10^{-2} $\Omega \cdot m$,绝缘体的 ρ 值大于 10^{10} $\Omega \cdot m$,半导体的 ρ 值一般为 $10^{-2} \sim 10^{10}$ $\Omega \cdot m$。不同材料的导电性相差如此巨大

是由它们的结构与导电性质决定的。

9.1.2 固体能带理论

人类对导电性的物理本质的认识经历了三个重要阶段,最早提出的是经典自由电子理论,后来随着量子力学的发展,又提出了量子自由电子理论和能带理论。下面对能带理论进行介绍。

1. 能带的形成

对单个原子,电子是处在不同的分立能级上。例如,一个原子有一个 2s 能级,三个 2p 能级,五个 3d 能级。每个能级上可容许有两个自旋方向相反的电子,但当大量原子组成晶体后,各个原子的能级会因电子云的重叠产生分裂现象。理论计算表明:在由 N 个原子组成的晶体中,每个原子的一个能级将分裂成 N 个,每个能级上的电子数不变。这样,对 N 个原子组成的晶体,2s 态上就有 $2N$ 个电子,2p 态上有 $6N$ 个电子等。能级分裂后,其最高和最低能级之间的能量差只有几十个 eV。组成晶体的原子数对它影响不大。而在实际晶体中,即使小到体积只有 1 mm³,所包含的原子数也有 $N=10^{19}$ 左右,当分裂成的 10^{19} 个能级只分布在几十个 eV 的范围内时,每一能级的间隔是如此之小,以至于我们只能把电子的能量或能级看成连续变化的,这就形成了能带。因此,对固体而言,主要讨论的就是能带而不是能级,相应地就是 1s 能带、2s 能带、2p 能带等。能带的形成如图 9-1 所示。

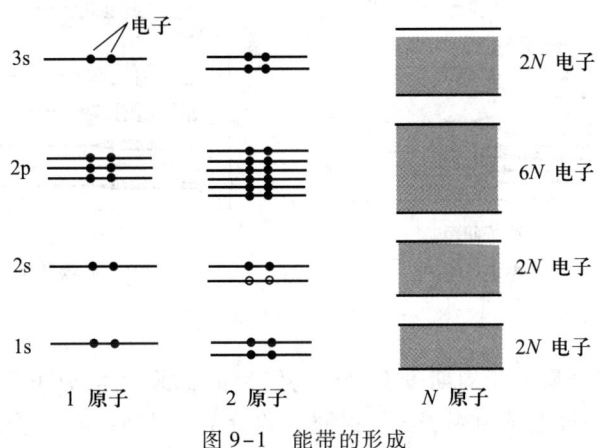

图 9-1 能带的形成

能带理论就是研究金属中的价电子在周期势场作用下的能量分布问题。把能级所组成的能带称为允带,而把这些能带之间存在着一些无电子能级的能量区域,称为禁带。电子可以具有允带中各能级的能量,但允带中每个能级只允许有两个不同自旋磁量子数的电子存在。在外加电场的作用下电子有无活动的余地,即能否转向电场正端运动的能级上去而产生电流,这取决于物质的能带结构。而能带结构则与价电子数、禁带的宽度及允带的空能级等因素有关[1-2]。

2. 金属的能带结构与导电性

对于碱金属,位于周期表 IA 族,其外层都有一个价电子。例如,锂中为 2s 电子,钠中为 3s 电子,钾中为 4s 电子,铷和铯则分别为 5s 和 6s 电子。这些作为单个碱金属原子的 s 能级,在形成固体时将分裂成很宽的能带,而且电子是半充满的。图 9-2a 表示 Na 的能带结构。图中阴影区为电子完全填满能级的部分。在 3s 能带上只有一半能级是被电子占据,这一部分能带称价带(也称满带)。而 3s 能带的上半部分所有能级都是空着的,没有电子,这一部分能带称为导带。在外加电场下,电子可由价带跃迁到导带,这就形成了电流,也是导电性的由来。因此,只有那些电子未填满能带的材料才有导电性。

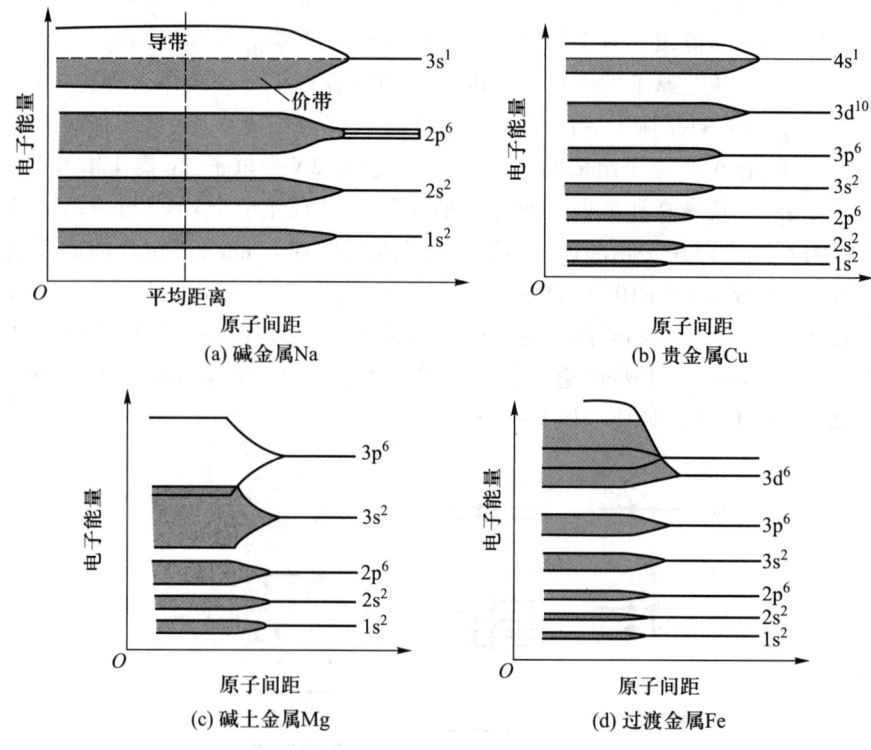

图 9-2　各种金属的能带结构

Cu、Ag、Au 等金属位于周期表 IB 族,它们和碱金属一样,原子的最外层只有一个价电子。铜原子的价电子为 4s 电子,银原子的价电子为 5s 电子,金原子的价电子则为 6s 电子。但它们与碱金属不同,内部填满了 d 壳层,而碱金属 d 壳层是完全空着的,填满 d 壳层的电子和原子核有强的交互作用,使 s 壳层的电子与核的作用大大减弱,因而这些金属中的价带电子更容易在外加电场下进入导带,故有极好的导电性。

碱土金属从其电子结构来看,似乎能带已被电子填满,如 Mg 的电子结构为 $1s^2 2s^2 2p^6 3s^2$,理应是绝缘体,但大量原子结合成固体时,除了造成能级分裂形成能带外,还会产生能带重叠。例如,Mg 的 3p 能带和 3s 能带重叠(图 9-2c),3s 能带上的电子就可跃迁到 3p 能带上,因而也有较好的导电性,故能带的重叠实际可容纳的电子数为 $8N$。过渡族金属的特点是都具有未填满的 d 电子层。它可分为三组,分别对应着 3d、4d 和 5d 电子层未填满的情况。以 Fe 为例,$4s^2$ 填满后,再填充 3d,d 层本可填充 10 个电子,但只有 6 个电子可用。当铁原子形成晶体时,其 4s 能带和 3d 能带重叠(图 9-2d)。由于价电子和内层电子有强的交互作用,因此铁的导电性就稍差些。

3. 费米能

气体分子的能量是服从麦克斯韦-玻尔兹曼分布规律的,但对固体中的电子来说,电子的状态和能量都是量子化的,以经典力学为基础的麦克斯韦-玻尔兹曼分布规律就不再适用。由于固体中的电子服从泡利不相容原理,电子的能量分布要用费米-狄拉克(Fermi-Dirac)量子统计来描述。

按照费米-狄拉克统计,能量在 E 到 $E+dE$ 之间的电子数为

$$N(E)dE = S(E)f(E)dE \tag{9-3}$$

式中,$S(E)$ 为状态函数;$S(E)dE$ 代表在 E 到 $E+dE$ 能量范围内量子数目,它由四个量子数即主量子数 n、轨道量子数 l、磁量子数 m_1 和自旋量子数 m_s 决定。泡利不相容原理规定:一个原子中不可能有两个电子具有相同的一组量子数,即每个电子应有不同的量子态。

$$S(E) = 4\pi V_c \frac{(2m)^{3/2}}{h^3} E^{1/2} \tag{9-4}$$

式中,V_c 为晶体体积;m 为电子质量;h 为普朗克常数。

式(9-3)中,$f(E)$ 称为费米分布函数。它代表在一定温度下电子占有能量为 E 的状态的概率。由量子统计可导出

$$f(E) = \frac{1}{e^{(E-E_f)/kT} + 1} \tag{9-5}$$

式中,E_f 称为费米能量,相应的能级称为费米能级。E_f 在固体物理特别是在半导体中是一个十分重要的参数,其数值由能带中电子浓度和温度决定。

为了说明费米能级 E_f 的意义,我们先看看费米分布函数的特性。

由式(9-5)可知,当 $T=0$ 时,如 $E<E_f$,$f(E)=1$;如 $E>E_f$,$f(E)=0$。$T=0$ 时,$f(E)$ 随 E 变化的图形如图 9-3 所示。这就是说,在绝对零度时,凡能量小于费米能的所有能态,全部为电子占据。电子按泡

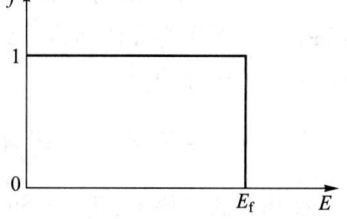

图 9-3 绝对零度时的费米分布函数

利不相容原理由最低能量开始逐一填满了 E_f 以下的各能级。E_f 代表了电子所占有的能级的最高能量水平,超过 E_f 的各能态全部空着,没有电子占据。

如 $T\neq0$,由式(9-5)可知:若 $E=E_f$ 则 $f(E)=1/2$;若 $E<E_f$,则 $1>f(E)>1/2$;若 $E>E_f$,则 $0<f(E)<1/2$。这表明温度较高时,由于电子的热运动,它可从价带中跃迁到导带中去,成为导带电子,而在价带中留下了空穴。让我们定量计算一下不同温度下的费米分布,例如室温 300 K,在 E_f 上下改变 ±0.05 eV、±0.01 eV 的情况。

$$300\text{ K},kT = (8.63\times10^{-5})\times(300)\text{ eV} = 0.025\text{ eV}$$

$$f(E_f) = \frac{1}{e^{(E-E_f)/0.025}+1} = \frac{1}{e^0+1} = 0.50$$

$$f(E_f+0.05) = \frac{1}{e^{(E-E_f)/0.025}+1} = \frac{1}{e^{0.05}+1} = 0.12$$

$$f(E_f+0.01) = \frac{1}{e^{(E-E_f)/0.025}+1} = \frac{1}{e^{0.01}+1} = 0.02$$

由于费米分布在 E_f 两侧是对称的,可知 $f(E_f-0.05) = 0.88$，$f(E_f-0.01) = 0.98$。

以上计算说明,虽然温度影响费米分布,但由于 E_f 很大,kT 很小,$f(E)$ 变化剧烈的部分,通常只在离 E_f 左右为 0.1 eV 的区间,由 $f(E) = 1(E<E_f)$ 很快过渡到 $f(E) = 0(E>E_f)$。图 9-4 画出了在 0 K、300 K 和 1 000 K 电子的费米分布。

因此可以这样理解费米能的意义。

① E_f 以下的能级基本上是被电子填满的,E_f 以上的能级基本上是空的。虽然只要 $T \neq 0$,相当于 E_f 能量水平的能级被电子占据的概率为 1/2。但由上面费米分布特性可知,对于一个未被电子填满的能级来说,可推测它必定就在 E_f 附近。

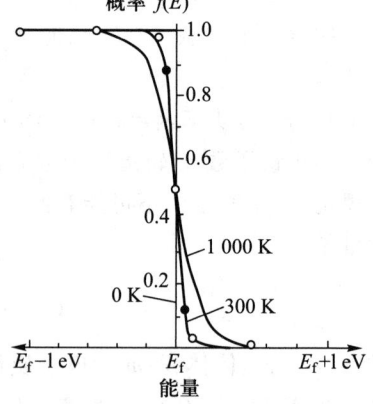

图 9-4　在 0 K、300 K 和 1 000 K 电子的费米分布

② 由于热运动,电子可具有大于 E_f 的能量而跃迁到导带中,但只集中在导带的底部。同样理由,价带中的空穴也多集中在价带的顶部。电子和空穴都有导电的本领,我们称之为载流子。

③ 对于一般金属而言,E_f 处于价带和导带的分界处。对于半导体而言,E_f 位于禁带中央。对于半导体而言,已知 E_f 即可求出载流子浓度,因此可计算电导率。这点将在下一节中详细讨论。

9.1.3　半导体与绝缘体

在周期表Ⅳ族 C、Si、Ge、Sn 为半导体元素。从电子结构上看,如 C 为 $1s^2 2s^2 2p^2$。初看起来,由于 p 带电子远未填满,这些元素似乎有良好的导电性,但因为它们是共价键结合,2s 带和 2p 带杂交,形成了两个 sp^3 杂化带,每个杂化带可含 $4N$ 个电子,而两个杂化带之间有较大的能隙 E_g。C、Si 等是 4 价元素,可用的电子数就是 $4N$,当完全填满一个杂化带 sp^3 之后。中间隔开一个较大的能隙 E_g,上面才是另一个杂化带(图 9-5)。对上面的杂化带已没有电子可填充。由于电场和温度的影响,电子能否由价带跃迁到空的导带中,主要取决于能隙的大小。C、Si、Ge、Sn 的能隙分别

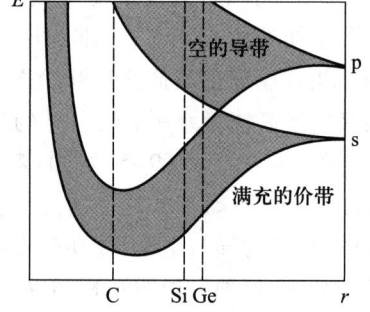

图 9-5　金刚石(C)、硅(Si) 和锗(Ge)的能带结构

为 5.4 eV、1.1 eV、0.67 eV 和 0.08 eV,这就决定了金刚石为绝缘体,Si 和 Ge 为半导体,而 Sn 则为导电性弱的导体。

例题 9-1 估计电子在室温(27 ℃)下进入导带的概率① 金刚石;② 硅;③ 锗;④ 锡。

解:对上述材料费米能 E_f 位于价带和导带的中央电子必须获得能量 $E_f + \frac{1}{2}E_g$ 才能进入导带。

① 金刚石 $E = E_f + \frac{1}{2}(5.4 \text{ eV}) = E_f + 2.7 \text{ eV}$

$$f(E_f + 2.7) = \frac{1}{e^{(E-E_f)/0.025} + 1} = \frac{1}{e^{108} + 1} = 1.2 \times 10^{-47}$$

同样步骤可求得

② 硅 $f(E) = 2.5 \times 10^{-10}$

③ 锗 $f(E) = 1.5 \times 10^{-6}$

④ 锡 $f(E) = 0.17$

由此可知,金刚石中进入导带的电子数几乎为零,Sn 有 17% 的电子可进入导带,因此金刚石为绝缘体,Sn 可算作导体,而 Si、Ge 为半导体。

9.2 半 导 体

9.2.1 本征半导体

本征半导体通常是高纯度的、不掺有杂质的半导体,它表示半导体本身固有的特性。对于本征半导体,导带的电子完全来自价带,价带因此失去了等数量的电子而形成空穴[3-4]。所以,本征半导体中导带的电子浓度和价带中的空穴浓度是相等的。

从导电能力看,电子和空穴对产生电流有同样的功效,所以半导体的电导率应该是两者共同作用的结果

$$\sigma = n_e q \mu_e + n_h q \mu_h$$

式中,n_e 是导带的电子数;n_h 是价带中的空穴数;μ_e 和 μ_h 分别为电子和空穴的迁移率。因 $n_e = n_h = n$,故

$$\sigma = nq(\mu_e + \mu_h) \tag{9-6}$$

根据费米分布,要求电子浓度,先要求出 E_f。

当 T 不为零时,导带中的电子浓度应由式(9-3)给出

$$n_e = \frac{1}{V} \int S(E) f(E) \, dE$$

导带中最低的能量是 E_c,所以计算导带中电子的能级密度时,E 应该以 $E - E_c$ 来代替,n_e 的积分下限也应是 E_c,所以

$$n_e = \frac{1}{V} \int_{E_c}^{\infty} S(E - E_c) f(E) \, dE$$

代入式(9-4)和式(9-5),则

$$S(E-E_c) = 4\pi V_c \frac{(2m)^{3/2}}{h^3}(E-E_c)^{1/2}$$

$$f(E) = \frac{1}{e^{(E-E_f)/kT}+1}$$

积分后可以得到

$$n_e = 2\frac{(2\pi mkT)^{3/2}}{h^3}e^{-(E_c-E_f)/kT} \tag{9-7}$$

在价带空穴浓度 n_h 的计算中,式(9-5)中的 $f(E)$ 应以 $1-f(E)$ 来代替;另外对空穴来讲,价带顶能量 E_V 是最高能量,状态密度中的 E 需用 E_V-E 来代替,积分限则应该从 E_V 到 $-\infty$,即

$$n_h = \frac{1}{V}\int_{-\infty}^{E_V}S(E_V-E)(1-f(E))\,dE$$

计算的结果为

$$n_h = 2\frac{(2\pi mkT)^{3/2}}{h^3}e^{-(E_f-E_V)/kT} \tag{9-8}$$

在本征半导体中,$n_e=n_h$,比较式(9-5)和式(9-6)可知

$$E_c-E_f = E_f-E_V$$

即

$$E_f = \frac{1}{2}(E_c+E_V) = \frac{1}{2}E_g+E_V$$

E_g 为禁带宽度或能隙,$E_g=E_c-E_V$。因此,对本征半导体,费米能位于禁带中央,而电导率 σ 就可写成

$$\sigma = 2\frac{(2\pi mkT)^{3/2}}{h^3}q(\mu_e+\mu_h)e^{-E_g/2kT} \tag{9-9}$$

式(9-9)中无论 $T^{3/2}$ 项或 $\mu_e+\mu_h$ 随温度的变化都没有指数项,所以本征半导体的电导率基本上随温度的升高成指数增长。通常,在实际应用上简化成以下形式

$$\sigma = \sigma_0 e^{-E_g/2kT} \tag{9-10}$$

作 $\ln\sigma - \frac{1}{T}$ 图,$\ln\sigma = \ln\sigma_0 - \frac{E_g}{2k}\frac{1}{T}$,由此可求出禁带宽度(图9-6)。

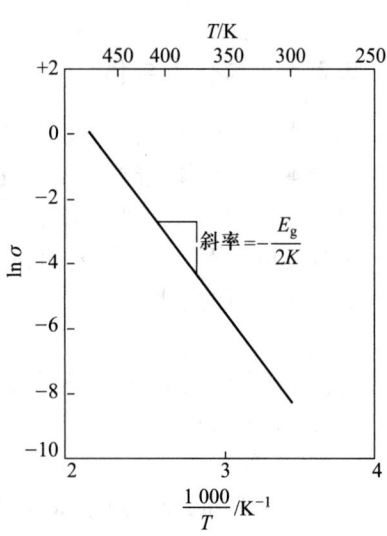

图9-6 能隙的测量

例题9-2 有某种半导体,实验测出其在 20 ℃下的电导率为 250 $\Omega^{-1}\cdot m^{-1}$。100 ℃时为 1 100 $\Omega^{-1}\cdot m^{-1}$,问能隙 E_g 有多大?

解:

$$\ln\sigma_{T_1} = \ln\sigma_0 - \frac{E_g}{2k}\frac{1}{T_1}$$

$$\ln\sigma_{T_2} = \ln\sigma_0 - \frac{E_g}{2k}\frac{1}{T_2}$$

$$\ln \sigma_{T_1} - \ln \sigma_{T_2} = \ln \frac{\sigma_{T_1}}{\sigma_{T_2}} - \frac{E_g}{2k}\left(\frac{1}{T_1} - \frac{1}{T_2}\right)$$

$$E_g = \frac{(2k)\ln(\sigma_{T_2}/\sigma_{T_1})}{1/T_1 - 1/T_2} = \frac{(2 \times 86.2 \times 10^{-6} \, eV/K)\ln(1\,100/250)}{1/293 \, K^{-1} - 1/373 \, K^{-1}} = 0.349 \, eV$$

9.2.2 掺杂半导体

本征半导体的电导率不容易控制,温度稍许改变电导率就可差别很大。在本征半导体中有意加入少量的杂质元素,它们或者是周期表中的 VA 的元素,或者是ⅢA 族的元素,它们能大大地改变能带中的电子浓度或空穴浓度。与本征半导体不同的是,导带的电子或价带的空穴,可以独立改变,也就是说电子浓度和空穴浓度可以是不等的。同时,随着掺杂的杂质元素和数量的不同,费米能级也不在禁带中央,或者向上方移动(如 n 型),或者向下方移动(如 p 型),实际使用的半导体都是掺杂半导体。

1. n 型半导体

在纯半导体中加入少量杂质元素,这些杂质元素属于周期表 VA 族如 P、As、Sb 等。当 VA 族元素掺到硅(或锗)单晶中取代了原先的一个硅(或锗)原子之后,因其有五个价电子,除可与相邻的四个硅(或锗)原子形成共价键外,还多出一个电子。这个额外电子与原子结合不那么紧密,只需要较小的能量 E_d 就可进入导带(图 9-7a),这时控制半导体电导率的就不再是能隙 E_g 的大小而是 E_d 了。因为 VA 族元素能向半导体导带提供电子,故叫施主杂质。显然,当施主杂质的电子进入导带时,在价带中并没有相应的空穴产生。

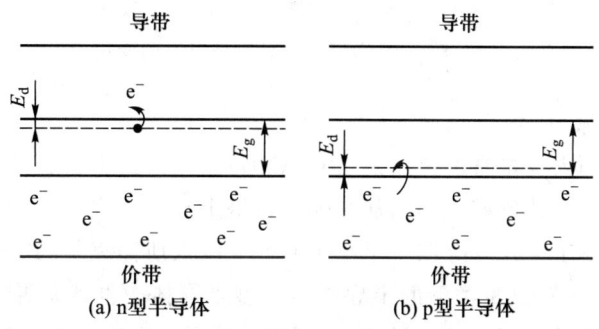

(a) n型半导体 (b) p型半导体

图 9-7 能级图

在计算 n 型半导体的载流子浓度时,除了主要考虑施主杂质电子外,也要考虑本征半导体固有的电子和空穴的浓度,即

$$n_{总} = n_e(施主) + n_e(本征) + n_h(本征)$$

$$或 \; n_{总} = n_{0d}\exp\left(\frac{-E_d}{kT}\right) + 2n_0\exp\left(\frac{-E_g}{2kT}\right)$$

式中,第一项为施主杂质的电子浓度,第二项为无杂质纯半导体的电子和空穴浓度。n_{0d} 和 n_0 均大致为常数。低温时,纯半导体中电子的热激活跃迁概率很小,这时电子总数 $n_{总} = n_{0d}\exp\left(\frac{-E_d}{kT}\right)$。当温度增加,有越来越多的施主杂质原子能克服 E_d 进入导

带,最后直到所有杂质电子全部进入导带。当达到这一温度后,我们称为施主耗尽。此时的电导率实际上是常数。因为一方面没有更多的杂质电子可用,另一方面温度还太低,不足以产生明显数量的本征电子及空穴。所以,$\sigma = n_d q \mu_e$,式中 n_d 为杂质电子的最大数目,它取决于加入半导体中杂质原子的多少。通常选择在施主耗尽即显示平台温度的范围工作(图9-8)。一般说来,具有高能隙 E_g 的半导体,也有最宽的平台温度范围。在更高温度时,纯半导体中的电子和空穴对导电起作用,它们的数量取决于指数项 $\exp\left(\dfrac{-E_g}{2kT}\right)$,电导率也随之增加,因此温度超过平台范围之后的电导率为

$$\sigma = q n_d \mu_e + q(\mu_e + \mu_h) n_0 \exp(-E_g/2kT)$$

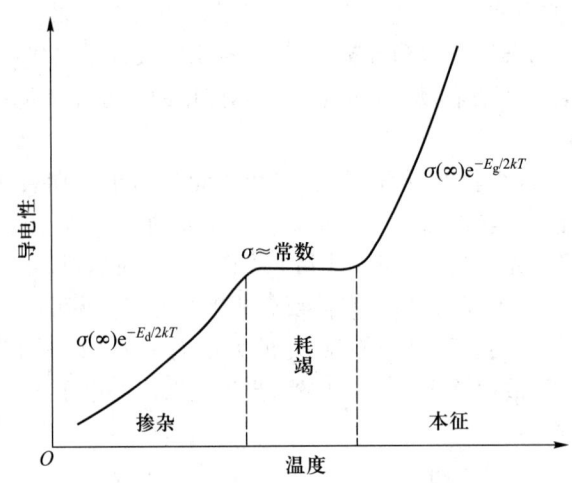

图9-8 n 型半导体电导率随温度的变化

2. p 型半导体

在半导体中加入少量 ⅢA 族元素如 B、Al、Ga、In 时,由于它们只有三个价电子,要代替硅或锗形成四个共价键就必须从其他共价键上夺取一个电子,而在一些被夺取了电子的地方就留下了空穴。夺取一个电子并产生空穴所需克服的能垒只稍高于价带,用 E_d 表示(图9-7b),这种类型的半导体叫 p 型半导体。也就是说,利用杂质元素在导带上产生大量电子的叫 n 型半导体,而利用杂质元素在价带上产生大量空穴的叫 p 型半导体。与前面讨论 n 型半导体一样,它们的电导率和温度的关系,仍有图9-8所示的规律。

需要说明的是,p 型或 n 型半导体的导电能力虽然大大增强,但并不能直接用来制造半导体器件。通常是在一块晶片上,采取一定的工艺措施,在两边掺入不同的杂质元素,分别形成 p 型和 n 型半导体,它们的交界面上就构成了 PN 结,只有 PN 结才有单向导电的特性。

3. 半导体化合物

除了硅或锗单晶制成半导体外,还有许多化合物也同样可作为半导体。这些化合物可分成两类,一类是按化学比的化合物,一类是不按化学比的化合物。

按化学比的化合物,通常是金属间化合物,其晶体结构和能带结构都和硅与锗相似。例如,周期表中ⅢA和VA元素的结合就是典型的例子,三价的镓和五价的砷形成 GaAs,每个原子平均为四价。镓的 $4s^2 4p^1$ 和砷的 $4s^2 4p^3$ 能带相互作用杂化成两个能带,每一能带能容纳 $4N$ 个电子,价带与导带之间有较大的能隙 $E_g = 1.35$ eV,Ga、As 可掺杂或成为 p 型或成为 n 型半导体。因其能隙较大,可产生宽的平台温度范围和大的载流子迁移率,所以有较高的电导率。

非化学比的半导体化合物是按离子键结合的化合物,它们或者含有阴离子产生 p 型半导体,或者含有阳离子产生 n 型半导体。许多氧化物和硫化物均有此特性。例如有过剩的 Zn 原子加入 ZnO,Zn 原子以 Zn^{2+} 态进入 ZnO 中,放出两个电子从而提供了载流子,这些电子只需很小的能量 E_d 就可进入导带,如图 9-9 所示。

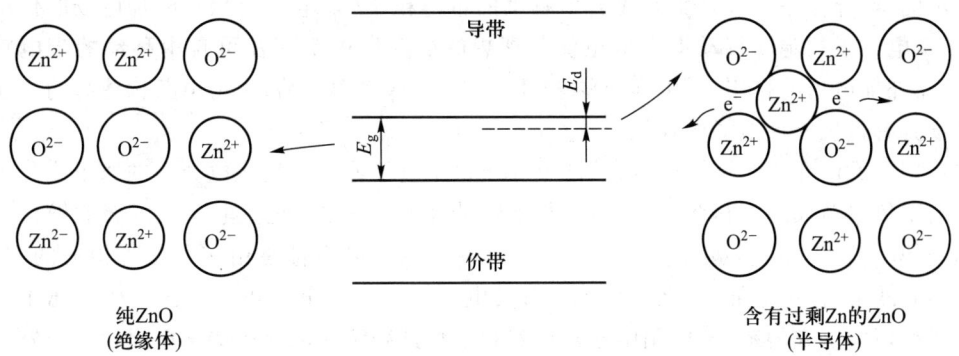

纯ZnO
(绝缘体)

含有过剩Zn的ZnO
(半导体)

图 9-9　非化学比化合物形成的 n 型半导体

9.2.3　温度对半导体电阻的影响

半导体的导电性随温度的变化与金属不同,呈现出复杂的变化规律。在讨论时要考虑两种散射机制和电离杂质散射。由于点阵振动使原子间距发生变化而偏离理想周期排列,引起禁带宽度的空间起伏,从而使载流子的势能随空间变化,导致载流子的散射。显然,温度越高振动越激烈,对载流子的散射越强,迁移率下降。至于电离杂质对载流子的散射则是由于温度升高载流子热运动速度加大,电离杂质的散射也相应减弱,导致迁移率增加。正是由于这两种散射机制作用的结果,使半导体的导电性随温度的变化与金属不同,呈现复杂的变化规律。

如图 9-10 所示为 n 型半导体电阻率在不同温度区间的变化规律。在低温区,施主杂质并未全部电离。随着温度的升高,电离施主增多使导带电子浓度增加。与此同时,在该温度区内点阵振动尚较微弱,散射的主要机制为杂质电离,因此载流子的迁移率随温度的上升而增加。尽管电离施主数量的增多在一定程度上也

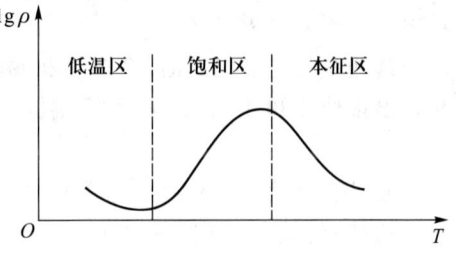

图 9-10　n 型半导体电阻率在不同温度区间的变化规律

会限制迁移率的增加,但综合的结果仍然使电阻率下降。当升高到一定温度后杂质全部电离,称为饱和区。由于本征激发尚未开始,载流子浓度基本上保持恒定。然而,这时点阵振动的声子散射已起主要作用而使迁移率下降,因此导致电阻率随温度的升高而增高。温度的进一步升高,进入本征区,由于本征激发,载流子随温度而显著增加的作用已远远超过声子散射的作用,故又使电阻率重新下降。

9.3 电 介 质

电介质就是在电场作用下,能建立极化的物质。通常是指电阻率大于 $10^{10}\ \Omega \cdot cm$ 的一类在电场中以感应而并非传导的方式呈现其电化学性质的物质。电介质与电导体不同,电导体中存在着大量可自由移动的带电粒子(如电子等),在外加电场的作用下,带电粒子的定向移动即形成电流。理想的电介质中不存在可自由移动的带电粒子,在外加电场的作用下,电介质的表面会形成一些束缚电荷,束缚电荷构建起的内建电场具有抵抗外加电场的作用。

理想的电介质是不导电的,因此电介质也是电绝缘的。组成电介质的原子或分子中的正负电荷束缚得很紧,在一般条件下不能相互分离,因此在电介质内部能做自由运动的电荷(电子)极少。实际电介质中存在的微弱导电性是由多种机理构成的,包括杂质缺陷、体内电导、表面电导等。有关电介质微弱导电性机理的详细研究属于电介质物理学研究的范畴,应用中通常从宏观上将其归结为电介质的漏电损耗。当外电场超过某个极限值时,电介质会被击穿从而失去绝缘介电性能。

电介质极化后,分子电偶极矩沿外电场方向有序排列,极化强度不为零,同时,电介质表面和体内出现束缚电荷。某些电介质除上述结果外,还具有与极化有关的许多特殊电效应,下面对常见的三种特殊效应做简单介绍。

1. 压电效应

压电效应是在一定条件下实现机械能与电能相互转化的现象。居里兄弟于1880年在石英晶体的表面发现这种效应,人们根据这种效应研制成压电材料,现已广泛地应用于传感器、换能器、无损检测和通信技术等领域。

压电效应是当某些材料受到机械力而产生拉伸或压缩时,其内部会产生极化现象,使材料相对的两个表面出现等量异号电荷的现象,外力越大,则表面电荷就越多,这种效应一般称作正压电效应。表面电荷的符号视外力的方向而定,具有这种效应的材料称之为压电材料。

当这些材料上加电场时,会产生机械形变(伸长或缩短),如果是交变电场,则就会交替出现伸长和压缩,即发生机械振动。这种现象称之为逆压电效应(电致伸缩效应)。

一般具有钙钛矿、钨青铜、铋层状等结构的材料能产生压电效应,这些材料的形状一般呈粉体、纤维状、薄膜或块状,按组成元,压电材料可分为压电单晶[如石英晶体、铌酸锂($LiNbO_3$)和钽酸锂($LiTaO_3$)等]、压电陶瓷[如钛酸钡($BaTiO_3$)系和锆酸铅(PZT)系陶瓷等]、压电聚合物[如聚偏氟乙烯(PVDF)、奇数尼龙、P(VDF–TrFE)共聚物]、复合压电材料等。

2. 热释电效应

所谓的热释电效应是指某些电介质表面温度变化时,介质表面就会产生电荷的现象。电介质在电场中会发生极化现象,然而对于绝大多数介质来说,在电场除去以后,极化现象也随之消失。但有一些晶体,在去除外部电场后,仍然能保持极化状态,这就是"自发极化",即晶体材料内部某个方向上正负电荷的中心不重合,有电偶极矩,在材料表面形成一定量的极化电荷。但通常由于其表面俘获了大气中游离的正负电荷而保持了电平衡的状态。但当温度升高时,这种材料内部的极化强度会降低,极化电荷急剧减少,而表面被俘获的游离电荷变化缓慢,跟不上材料表面极化电荷的减少速度,因此在一段时间内材料表面就剩下多余的游离电荷,相当于材料释放出一部分电荷。随后,剩下的游离电荷逐步脱离晶体表面,晶体又重新达到电平衡的状态,对外不显电性。

热释电材料吸收外部辐射,温度升高,产生电偶极矩的变化,然后产生电流,所产生的电流大小与晶体的温度变化率成正比。且当热释电材料的温度单一变化时,偶极子之间的距离和链角也发生变化,使极化强度发生变化,极化强度的大小等于单位体积的偶极矩,它与出现在晶体电极表面单位面积内的面电荷成正比。当晶体温度不变时,晶体表面的电荷被来自外部的自由电荷中和。晶体温度变化越大,极化强度变化就越大,表示大量的电荷聚集在电极。电流为单位时间电荷的变化,所以,当热释电材料温度单一变化的时候便产生电流。若 dt 时间内,热释电材料吸收热辐射,温度变化 $d\Delta t$,极化强度变化 dP,则材料单位面积产生的电流可表示为

$$J = \frac{dP}{dt} = \frac{d\Delta t}{dt}$$

目前,热释电材料主要可分为单晶材料[如 TGS(硫酸三甘肽)、DTGS(氘化的 TGS)、CdS、LiTaO$_3$、LiNbO$_3$、SBN(铌酸锶钡)、PGO(锗酸铅)、KTN(钽铌酸钾等)],高分子有机聚合物及复合材料[如 PVF(聚氟乙烯)、PVDF(聚偏二氟乙烯)、P(VDF-Tr-FE)(偏二氟乙烯-三氟乙烯共聚物)、四氟乙烯-六氟丙烯共聚物、PVDF-PT(聚偏二氟乙烯与钛酸铅复合)、PVDF-PZT(聚偏二氟乙烯与锆钛酸铅复合)、PT/ P(VDF-TrFE)、PVDF-TGS 等]和金属氧化物陶瓷及薄膜材料[如 ZnO、BaTiO$_3$、PMN(镁铌酸铅)、PST(钽钪酸铅)、BST(钛酸锶钡)、PbTiO$_3$、PLT(钛酸铅镧)、PZT(锆钛酸铅)、PZNFT(PbZrO$_3$-Pb(NbFe)O$_3$-PbTiO$_3$)、PLZT(锆钛酸铅镧)等]。

3. 铁电性

在一些电介质晶体中存在许多自发极化的小区域,每个自发极化的小区域称为铁电畴,其线度数量级为微米级。同一铁电畴内各个电偶极矩取向相同,不同铁电畴的自发极化方向一般不同,因此宏观上总的电偶极矩为零。在外电场作用下各铁电畴的极化方向趋于一致,极化强度 P 与电场强度 E 有非线性关系。在峰值固定的交变电场反复作用下,P 与 E 的关系曲线类似于磁滞回线,称为电滞回线。以上性质称为铁电性,具有铁电性的电介质称铁电体。

铁电体是热释电的一个亚类,铁电体具有很高的电容率。铁电体必定同时具有压

电性和热电性,此外,一些铁电体还具有非线性光学效应、电光效应、声光效应、光折变效应等。铁电体主要分为两大类:一类以磷酸二氢钾(简称 KDP)为代表,具有氢键,从顺电相过渡到铁电相,是无序到有序的相变;另一类则以钛酸钡为代表,从顺电相到铁电相的过渡是由于其中两个子晶格发生相对位移而导致的。

不同铁电体各自具有一个固定温度 T_C,当温度升高到某一临界值 T_C 时,铁电畴互解,铁电性消失,铁电体转变为普通电介质,T_C 称为铁电居里温度。各种铁电体的临界温度 T_C 相差悬殊,例如钛酸钡的 T_C 为 120 ℃,而 KDP 晶体要在-150 ℃以下才表现出铁电性。

9.4 材料的热学性能

材料的热学性能包括热容、热膨胀、热传导、热电性等。

9.4.1 热容

质量为 m 的物体温度升高 1 K 所需的热量,称为该物体的热容,用大写 C 表示,单位为 J/K。显然,热容 C 与物体的质量成正比。单位质量的物体温度升高 1 K 所需的热量,称为该物体的比热容,用 c 或 $\bar{c}$ 表示,单位为 J/(kg·K)。

热容和比热容与加热、冷却过程有关。如在加热或冷却过程中外界压力保持不变(即定压),称为比定压热容,用 c_p 表示;如在加热或冷却过程中物体体积保持不变(即定容),称为比定容热容,用 c_V 表示。

热力学中,在定压条件下将质量为 m 的物体从温度 0 K 加热到 T 所吸收的热量 Q 称为该物体的热焓,用 H 表示,即

$$H = Q = \bar{c}_p m T \tag{9-11}$$

式中,$\bar{c}_p$ 为 0 K ~ T 范围内的平均比定压热容。

在金属研究中,还常用摩尔热容。1 mol 金属温度升高 1 K 所需的热量称为该金属的摩尔热容,用大写 C_m 表示,单位为 J/(mol·K)。摩尔热容常以摩尔定压热容 $c_{p,m}$ 或摩尔定容热容 $c_{V,m}$ 表示,它和比热容有如下关系

$$c_{p,m} = c_p M$$
$$c_{V,m} = c_V M \tag{9-12}$$

实验指出,任何材料在较高温度时 $c_{V,m}$ 都趋于一个恒定值,$c_{V,m} = 3R = 25 \text{J/(mol·K)}$。只不过金属通常在室温以上其 $c_{V,m}$ 就很快接近于 $3R$,而陶瓷要在 1 000 ℃ 左右才趋于这一数值(图 9-11)只有在低温时材料的热容才很快地降低。如果将摩尔热容看作一常数,$c_{V,m} = 25 \text{ J/(mol·K)}$,Al 的摩尔质量为 0.026 98 kg/mol,则计算的比热容为 927 J/(mol·K),而实验测定值为 913 J/(mol·K),两者十分接近。一般金属都可这样估计。

摩尔热容是个十分稳定的物理性能,由图 9-11 可以看出,不论是导体金属还是绝缘体陶瓷,在高温时它们的摩尔热容没有区别。材料的结构如位错密度、空位和晶粒大小都对它影响很小。

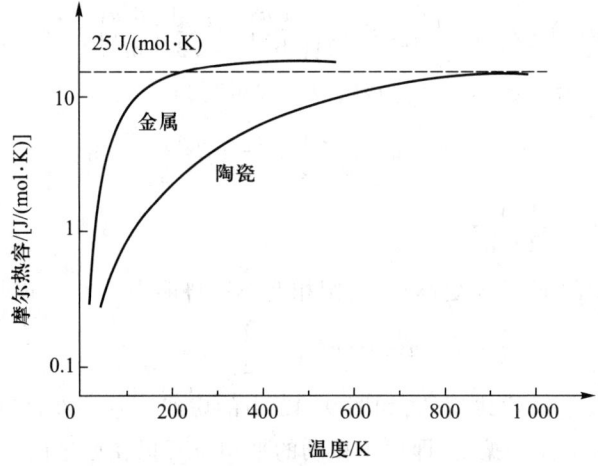

图 9-11 金属与陶瓷的摩尔热容和温度的关系

材料的热容或比热容理论比较复杂,这里我们只用经典理论做简单解释。当晶体中原子作热振动时,任一原子在偏离其平衡位置时都受到一个回复力的作用,回复力的大小和其位移成正比,$F = -Kx$,因此可看作简谐运动。当一个原子作简谐运动时,也会使相邻原子偏离其平衡位置,这种振动像弹性波一样在晶体内传播。对于每个原子,若忽略自由电子对比热容的贡献,其振动能量只是正离子的热振动造成的,我们把它看作一个谐振子。晶体中如有 N 个原子,则点阵能量就是 N 个谐振子能量的总和。

简谐振子可作三维振动,每个振动自由度的能量为 kT(势能 $\frac{1}{2}kT$+动能 $\frac{1}{2}kT$),所以,总的能量为

$$E = (3N)(kT) = 3NkT \tag{9-13}$$

按照定义,每摩尔定容热容 c_V 为

$$c_V = \frac{1}{n}\frac{dE}{dT} = 3\frac{N}{n}k = 3N_A k = 3R \tag{9-14}$$

式中,k 是玻尔兹曼常数,n 是物质的量,N_A 是阿伏伽德罗常数,R 是气体常数。这一关系通常称为杜隆—珀蒂定律。它预示任何晶体的摩尔定容热容都是一常数,而与物质的种类及温度无关,这与高温下的实验结果是一致的。但是,经典理论不能解释所测得的比热容下降现象,以后德拜用量子理论做出更完善的解释,这在固体物理课程中有详细阐述。

9.4.2 热膨胀

物体在加热或冷却时的热胀冷缩现象称为热膨胀。热膨胀是事物的客观规律,怎样解释这一现象呢?让我们以双原子模型做定性的讨论。

设两个原子中的一个固定在原点,另一个原子的平衡位置为 r_0,如图 9-12 所示,离开平衡位置的位移以 x 表示,即位移后的位释为 $r = r_0+x$,现在把两个原子相互作用的势能公式 $u(r) = u(r_0+x)$ 对 r_0 展开,得

$$u(r) = u(r_0) + \left(\frac{\mathrm{d}u}{\mathrm{d}r}\right)_{r_0} x + \frac{1}{2!}\left(\frac{\mathrm{d}^2 u}{\mathrm{d}r^2}\right)_{r_0} x^2 + \frac{1}{3!}\left(\frac{\mathrm{d}^3 u}{\mathrm{d}r^3}\right)_{r_0} x^3 + \cdots$$

其中,第一项 $u(r_0)$ 为常数,第二项为零,故上式可写为

$$u(r) = u(r_0) + \frac{1}{2}\alpha x^2 - \frac{1}{3}\beta x^3 + \cdots$$

其中, $\alpha = \left(\frac{\mathrm{d}^2 u}{\mathrm{d}r^2}\right)_{r_0}, \beta = -\frac{1}{2}\left(\frac{\mathrm{d}^3 u}{\mathrm{d}r^3}\right)_{r_0}$。

若略去上式中的 x^3 项及更高次项,则相互作用势能为

$$u(r) = u(r_0) + \frac{1}{2}\alpha x^2$$

这时势能曲线是抛物线型的,如图 9-12 中的虚线所示。在这种情况下,原子围绕平衡位置作对称的简谐振动,即原子振动的平均位置仍在原来的平衡位置 r_0 处,此时的势能曲线是对称的,温度升高只能使振幅加大,但在 r_0 两边的振幅恒相等,即平均的平衡位置总在 r_0 处,这样,就不会产生热膨胀,要解释热膨胀,就不能略去 x^3 项,即 $u(r)$ 应写为

$$u(r) = u(r_0) + \frac{1}{2}\alpha x^2 - \frac{1}{3}\beta x^3$$

这时的势能曲线如图 9-12 所示中的实线所示,是非对称的。可以看出,原子振动时的平均位置就不再是平衡位置,是随着温度的上升、振动的增强而向右移动,即增大两原子间的距离,因而显示出热膨胀。这说明热膨胀现象是由于原子的非简谐振动(非线性振动)产生的。注意,在解释比热容的产生时,是把原子的热运动看作简谐振动来处理的。

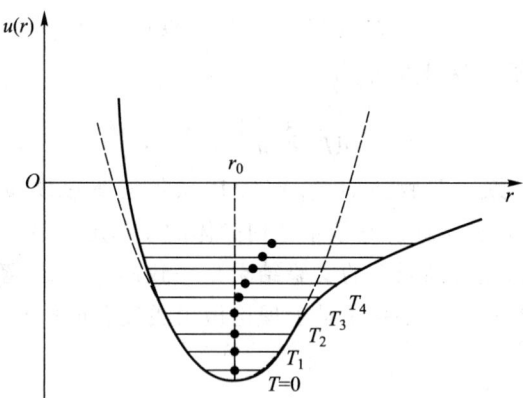

图 9-12　原子间相互作用的势能曲线

由图 9-12 可以定性地看出,如原子间的结合能大,则势能曲线的能谷越低或势阱越深,热膨胀就越困难,给定温度下的热膨胀系数就越小。材料的熔点是结合能大小的标志,因此,熔点越高的金属,其线膨胀系数 $\alpha_1 \left(\alpha_1 = \frac{1}{l}\frac{\Delta l}{\Delta T}\right)$ 就越小(图 9-13)。在图 9-13 中还标出了 Sn 和 Si 的膨胀系数,它们远落在曲线的下方,这是因为 Si 和 Sn

都是由很强的共价键结合而成的。Si_3Ni_4、SiC 陶瓷膨胀系数也是很低的;相反,像结合键力弱的聚合物(如聚乙烯等)的膨胀系数就很大。

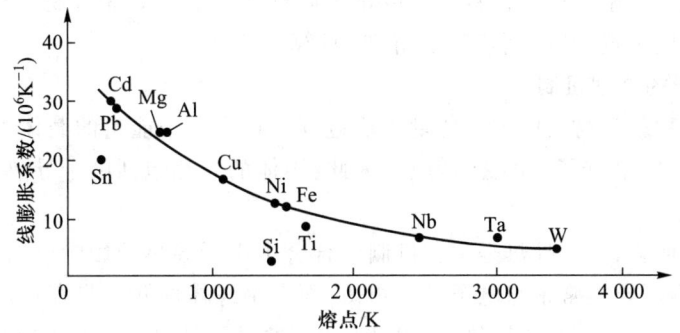

图 9-13 金属的线膨胀系数与其熔点的关系

9.4.3 热传导

不同温度的物体具有不同的内能,同一物体不同区域,如果温度不等,则它们热运动的激烈程度不同,含有的内能不同。这些不同温度的物体或区域,在相互靠近或接触时,会以传热的形式交换能量。由于材料相邻部分间的温差而发生的能量迁移称为热传导。

1. 材料的导热性和热导率

实验证明,对于一根两端温度分别为 T_1、T_2 的均匀金属棒,当各点温度不随时间变化(稳态)时,单位时间内通过单位截面上的热流密度 q 正比于该棒的温度梯度 $\dfrac{dT}{dx}$。即

$$q = -\lambda \frac{dT}{dx} \tag{9-15}$$

式中,负号表示热量向低温方向传播。比例系数 λ 称为热导率(亦称导热系数),单位为 W/(m·K) 或 W/(cm·K)。该式被称为简化的傅里叶(Fourier)导热定律。热导率反映了物质的导热能力,随物质的不同有很大差异。

理论分析表明,不稳定导热过程与体系的热焓相联系,而热焓的变化速率与材料的导热能力 λ 成正比,与储热能力(体积热容)成反比。因此,工程上常采用与热导率有关的一个参数,热扩散率 α,定义为

$$\alpha = \frac{\lambda}{\rho c_p} \tag{9-16}$$

式中,α 为热扩散率;λ 为热导率;ρ 为密度;c_p 为比定压热容。热扩散率的引入是出于不稳定热传导过程的需要。在不稳定热传导过程中,材料内经历着热传导的同时还有温度场随时间的变化。热扩散率正是把两者联系起来的物理量,表示温度变化的速率。在加热和冷却相同的条件下,α 越大的材料各处的温差越小。

与电导率和电阻率之间的关系一样,也可以引入热阻率 $\omega = 1/\lambda$ 的概念,且同样可以把合金固溶体的热阻分为基本热阻(本征热阻)$\omega(T)$ 和残余热阻 ω_0 两部分。基

本热阻也是基质纯组元的热阻,为温度的函数,而残余热阻则与温度无关,即

$$\omega = \omega_0 + \omega(T) \tag{9-17}$$

由于热阻的大小表征着材料对热传导的阻隔能力,故可以根据材料热阻的数值对工程技术的不同装置进行"隔热"或"导热"计算。

2. 热传导的物理机制

热传导过程就是材料内部的能量传输过程。在固体中能量的载体可以有自由电子、声子(点阵波)和光子(电磁辐射)。因此,固体的导热包括电子导热、声子导热和光子导热。

对纯金属而言,电子导热是主要机制。合金中声子导热的影响会增强,在半金属或半导体内,声子导热常常与电子导热相仿,而在绝缘体内几乎只存在声子导热一种形式。通常可以不考虑光子导热,因为只有在极高温下才可能有光子导热存在。根据不同导热机制的贡献,可以把固体材料的热导率写成

$$\lambda = \lambda_e + \lambda_1 \tag{9-18}$$

式中,λ_e 是电子的热导率;λ_1 是声子(点阵波)的热导率。

金属中电子热导率和声子热导率之比 $\lambda_e/\lambda_1 \approx 30$。可见,金属中电子导热占主导地位,而声子对导热的贡献仅占全部的几十分之一。同样可知金属热导率与绝缘体热导率之比约为 30。

对于金属而言,导热性和导电性有一定的关系

$$\frac{\lambda}{\sigma T} = L = 2.3 \times 10^{-8} \ \text{W} \cdot \Omega \cdot \text{K}^{-2} \tag{9-19}$$

式中,λ 为热导率;σ 为电导率;L 为洛伦兹常数。金属中的点阵缺陷如空位位错、显微组织以及加工工艺也影响其导热性能,例如,冷加工、固溶强化以及多相组织都会降低材料的导热性能。

在陶瓷和其他绝缘材料中,因为禁带的能隙太大,电子不能被激发到导带,因此不能靠电子导热,这时主要靠声子来导热。声子是晶格热振动时的量子化描述,在晶格的原子热振动时,其热能的吸收或传递都是靠一个个声子进行的,声子的能量为 hf,f 为振动频率,因此许多陶瓷在高温时的导热性能有所改善。

与前两种材料相比,半导体的导热既依靠声子也依靠电子。低温时声子是热能的主要载体,而在高温时由于半导体的能隙相对地要小些,电子容易获得足够的能量被激发到导带起传热作用,因此半导体在高温时其热导率显著增加。

9.4.4 热电性

在金属导线组成的回路中,存在温差或通以电流时,会产生热能与电能相互转换的效应,称为金属的热电性。

热电偶能用于温度测量是由于热电偶材料具有热电性,另外,金属和合金的热电性是一个对组织和结构敏感的物理量。它对合金成分和组织变化的反应比电阻还明显,因此,热电势测量常用于研究合金的成分及组织的变化规律,而且是一种很有效的分析方法。

1. 金属的热电效应

（1）塞贝克（Seebeck）效应

1821 年塞贝克发现在锑与铜两种金属导线组成的回路中，当两个接触点处于不同温度（$T_1 < T_2$）时，回路中将出现电流，称为热电流，产生这种电流的电动势称为热电势。这种由于温差而产生的热电现象称为塞贝克效应。当两接触点的温差不大时，所产生的热电势与温差成正比，即

$$E_{AB} = S_{AB} \Delta T \tag{9-20}$$

式中，E_{AB} 为 A、B 两种材料所产生的热电势；$\Delta T = T_2 - T_1$ 为两接点间的温差；S_{AB} 不仅取决于两种材料的特性，且与温度有关，称为塞贝克系数，其物理意义为两种材料的相对热电势。

（2）佩尔捷（Peltier）效应

1834 年佩尔捷发现电流通过两种金属 A、B 的接点时，除了因电流流经电路而产生的焦耳效应外，还会在接点处额外产生吸热或放热效应，这种热电现象称为佩尔捷效应。单位时间内两种金属接点吸收（或放出）的热量 Q_P 称为佩尔捷热，它与流过接点的电流 I 成正比，可写成

$$Q_P = \Pi_{AB} I \tag{9-21}$$

式中，Π_{AB} 取决于两种材料的性质，称为佩尔捷系数。佩尔捷效应发生的热量总是叠加到焦耳热中或从中减去，而不能以单独的形式得到。

（3）汤姆孙（Thomson）效应

1847 年汤姆孙发现，当电流通过一个有温差的金属导体时，在整个导体上除产生焦耳热外还会产生放热或吸热现象，这种热电现象称为汤姆孙效应。单位时间内单位长度导体所吸收（或放出）的热量 Q_T，称为汤姆孙热，与通过电流 I 成正比，与导体中的温度梯度 dT/dx 成正比，可写成

$$Q_T = \tau I \frac{dT}{dx} \tag{9-22}$$

式中，τ 取决于材料的性质，称为汤姆孙系数。若电流方向与温度梯度产生的热流方向一致时，为放热效应；反之，若电流方向与温度梯度产生的热流方向不一致时，为吸热效应。

综上所述，在有不同接点温度 T_1 和 T_2 的金属导体 AB 中，上述所有三种效应将同时出现。倘若回路闭合，热电势将引起热电流。当热电流通过接点时，其中一个接点放出佩尔捷热，另一个接点吸收佩尔捷热。由于存在温度降落，导体 A 和 B 中又有热电流通过，故也将出现汤姆孙效应，即在每一条导体的全长上放出或吸收汤姆孙热。

2. 影响热电势的因素

金属及合金的热电势取决于它们的成分和组织状态。

（1）金属本性的影响

不同金属由于其电子逸出功和自由电子密度不同，故热电势不同。大量的实验数据表明，纯金属的绝对热电势率依下列次序从小到大：Si、Sb、Fe、Mo、Cd、W、Au、Ag、Zn、Rh、Ir、Tl、Cs、Ta、Sn、Pb、Mg、Al、Hg、Pt、Na、Pd、K、Ni、Co、Bi。其数值大小为几微伏

每度到几十微伏每度,且通常为温度的函数。

（2）合金化的影响

当形成固溶体时,对一般的低浓度固溶体合金而言,合金的热电势随着溶质浓度增高而降低。当形成化合物时,随着合金成分的变化,当在某一成分形成化合物时,合金的热电势要发生跃变(增高或降低)。当形成半导体性质的化合物时,由于共价结合增强,合金的热电势将会显著增大。当形成多相合金时,其热电势处于组成合金的两相热电势之间,它与各相的形态和分布有关。若两相的电导率相接近,则热电势几乎与各相的体积浓度成直线关系。

（3）组织转变的影响

当发生相变时,由于各相的热电势不同,故组织转变热电势会发生改变。

（4）塑性形变的影响

冷形变对金属的热电势也有影响。如将形变和退火状态的合金组成电偶,随着加工硬化程度的增高,热电势值增大。经过加工硬化的铁和退火态的铁组成电偶,前者为负,后者为正。若对固溶体合金进行冷形变,并进行形变直接或间接引起析出或马氏体转变时,将导致合金的热电势发生相应的变化。

（5）钢的碳的质量分数及热处理的影响

碳钢的成分和组织对热电势有很显著的影响。相同碳的质量分数的钢,由于淬火状态碳固溶于 α-Fe 中,使淬火态比退火态的热电势值显著增大。同是淬火状态,钢中的碳的质量分数越高,热电势值越大;而退火状态的组织,碳的质量分数越高,渗碳体的数量越多,热电势值也越大。

（6）压力的影响

压力对金属热电势率的影响首先是由于原子大小及其间距在高压下发生了变化,提高了费米能,改变了能带结构,从而影响扩散热电势率;其次,高压改变了声速、声子极化以及电子与声子的交互作用,从而影响声子的引热电势率。这些因素只是在高压系统中才需要考虑,一般情况下可以忽略。

（7）磁场的影响

在液氮的低温下,磁场对金属热电势的影响相当明显。强磁场对金属热电势的影响可以用磁场改变了与费米能有关的能态密度,从而引起电导率和热电势率的变化来解释。

9.5　材料的光学性能

在物理学中我们已经知道,光具有波动和微粒的两重性,在解释光与电之间的能量转换时,多用光的微粒性概念。当用这种概念时,光的能量就不是均匀连续地分布在它传播的空间,而是集中在一个光子上,光子的能量为

$$E = h\nu = h\frac{c}{\lambda} \tag{9-23}$$

式中,h 为普朗克常数,数值为 6.626×10^{-34} J·s;ν 为光的频率;c 为光速,数值为 $3 \times$

10^8 m/s；λ 为波长。由式(9-23)可知，光子的能量与其波长的长短成反比。当电子吸收光子时，每次总是吸收一个光子，而不能只吸收光子的一部分。光子是最早发现的构成物质的基本粒子之一。

9.5.1 光与固体的交互作用

当光从一种介质进入另一种介质时(如从空气进入固体)，一部分透过介质，一部分被吸收，一部分在两种介质的界面被反射，还有一部分被散射(图9-14)。

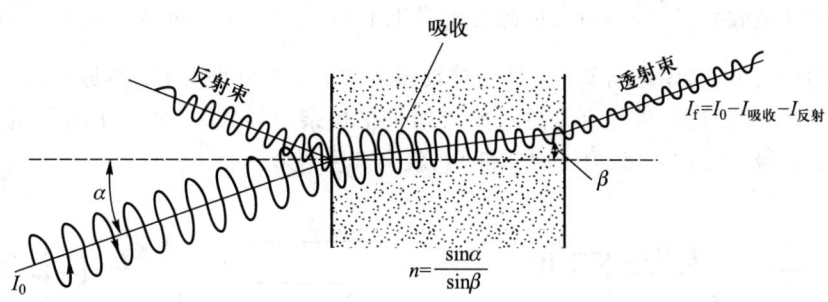

图9-14 光与固体介质的作用

从微观上分析，光子与固体材料相互作用，实际上是光子与固体材料中的原子、离子、电子之间的相互作用，作用的两种重要结果如下。

1. 电子极化

电磁辐射的电场分量，在可见光频率范围内，电场分量与传播过程中的每个原子发生作用，引起电子极化，即造成电子云和原子核电荷重心发生相对位移。其结果是当光线通过介质时，一部分能量被吸收，同时光波速度减小，导致折射产生。

2. 电子能态转变

光子被吸收和反射都可能涉及固体材料中电子能态的转变。若原子吸收光子能量后，电子发生能量变化，ΔE 与光子的频率关系为 $\Delta E = h\nu$。式中，h 为普朗克常量，ν 为入射光子频率。此处应明确以下两个概念：① 原子中电子能级是分立的，能级间存在着特定的 ΔE，因此只有能量为 ΔE 的光子才能被该原子通过电子能态转变而吸收。② 受激发电子不可能无限长时间地保持在激发状态，经过一段时间后，它又会衰变回基态，同时发射出电磁波，衰变的途径不同发射出的电磁波频率就不同。

9.5.2 光的吸收与透射

光的吸收是材料中的微观粒子与光相互作用过程中表现出的能量交换过程。光作为一种能量流，在穿过介质时，当入射光子的能量与介质中某两个能级之间的能量差值相等时，将引起介质的价电子跃迁，或使原子振动而消耗能量。此外，介质中的价电子会吸收光子能量而被激发，当尚未退激时，在运动中与其他分子碰撞，电子的能量转变成分子的动能亦即热能，从而构成光能的衰减，这就是产生光吸收的原因。即使在对光不发生散射的透明介质中，如玻璃、水溶液中，光也会有能量的损失。

在金属中,因为价带与导带是重叠的,它们之间没有能隙,因此,不管入射光子的能量 $h\nu$ 多小,电子都可以吸收它而跃迁到一个新的能态上去。所以金属能吸收各种波长的光,因此是不透明的,如图 9-15a 所示;对多数绝缘体材料,在价带与导带间有大的能隙,如图 9-15b 所示,电子不能获得足够的能量逃逸出价带,因此也就不发生吸收。如果光子不和材料中的缺陷有交互作用,绝缘材料就是透明的,像玻璃、高纯度的结晶陶瓷和无定形聚合物都是这种情况。对半导体材料来说,因为能隙小于绝缘体,如本征半导体,当入射的光子能量大于能隙,价带中的电子就被激发到导带中去,这称为本征吸收。对于硅和锗,能隙分别为 1.1 eV 和 0.7 eV,可从公式 $\lambda = \dfrac{hc}{E_g}$ 中求出能通过的最短波长,因此得知,硅和锗对较短的波长(如可见光)是不透过的,产生吸收;而对波长较长的红外线则是透过的。如果是掺杂半导体,只要光子的能量大于施主和受主能级,如图 9-15c 中的 E_d 和 E_a,就会产生吸收。

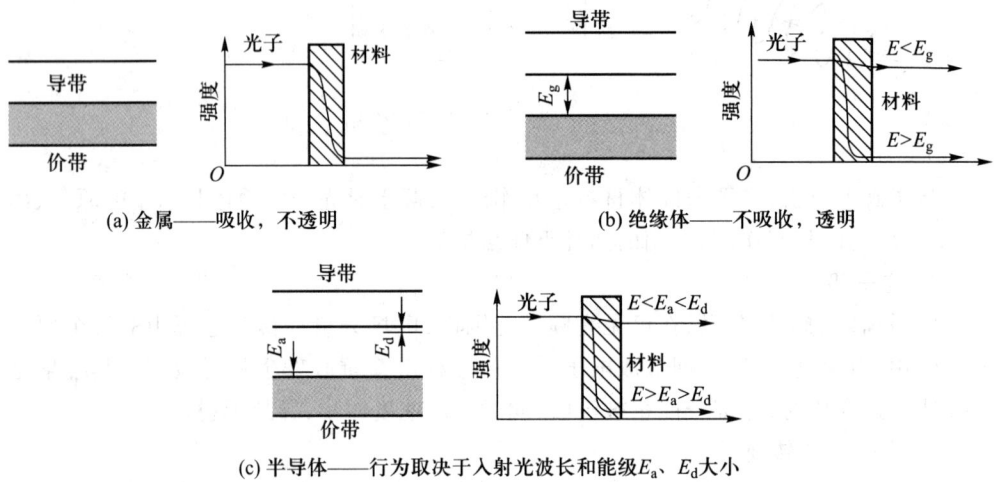

(a) 金属——吸收,不透明 　　(b) 绝缘体——不吸收,透明

(c) 半导体——行为取决于入射光波长和能级 E_a、E_d 大小

图 9-15　各种类型材料的光吸收行为

当根据能隙标准来判断时,绝缘体和多数半导体,其对长波长的光子是能透过的,因此是透明的。然而杂质和缺陷可以减少光子的透过,一些杂质会产生施主和受主的能级,另一些缺陷像气孔和晶界可使光子被散射,使材料变得不透明,结晶的聚合物就比无定形聚合物更易吸收光子。

人们解释金属的光吸收行为时,会想到如果用可见光照射金属时,光子被全部吸收的话,金属会呈一片黑色。事实上,当电子一旦被激发到导带中,它们又立刻回落到能量较低的稳定态,并发射出与入射光子相同波长的光束,因而,金属就具有反光性能了。其实,即使对那些透明的材料,入射光子束也会发生一些反射。

通常用反射率 R 表示被反射光束的百分数。在真空中

$$R = \left(\frac{n-1}{n+1}\right)^2 \times 100 \tag{9-24}$$

式中,n 为折射率,具有较高折射率的材料也具有较大的反射性能。

9.5.3 材料的发光性能

1. 材料的光发射

材料吸收外界能量后,其中部分能量以频率在可见光范围向外发射,称为发光。固体在平衡态(稳态)下不会发光,只有外界以各种形式的能量使固体中的电子(或空穴)处于激发态后才可能有发光现象。材料发光可分为平衡辐射和非平衡辐射两大类。平衡辐射的性质只与辐射体的温度和发射本领有关。当材料开始加热时,电子被热激发到较高能级,特别是原子外壳层电子与核作用较弱时,易激发,当电子跳回它们的正常能级时就发射出低能长波光子,波长位于可见光之外。温度继续增加,热激活增加,发射高能量的光子增加,则辐射谱变成连续谱,其强度分布取决于温度。由于发射的光子包括可见光波长的光子,所以热辐射材料的颜色和亮度随温度而变化。不同材料的热辐射能力是不同的。这样,在较低温度下热辐射的波长太长以至不可见。温度增加,发射出短波长光子。在高温下材料热辐射出所有可见光的光子,所以辐射称为白光辐射,即看到材料为白亮的。用高温计测量辐射光的频带范围,便可以估计出材料的温度。非平衡辐射是在外界激发下物体偏离了原来的热平衡态,继而发出的辐射。光子作用于固体材料引起的发光现象就是固体材料的非平衡辐射,这里只讨论固体材料的非平衡辐射。

材料光发射的性质与它们的能量结构密切相关。我们知道,固体的基本能量结构是能带。固体中常常通过人为的方法掺杂一些与基质不同的成分,以改善固体的发光性能。杂质离子具有分立的能级,它们常出现在禁带中。固体发光的微观过程可以分为两个步骤:第一步,对材料进行激发,即以各种方式输入能量,将固体中电子的能量提高到一个非平衡态,称为"激发态";第二步,处于激发态的电子自发地向低能级跃迁,同时发射光子。

如图 9-16a 所示,对于金属而言,因为价带与导带的重叠没有能隙,光吸收后发射光子的能量很小,其对应的波长超过可见光谱范围,因此没有发光现象;而对一些陶瓷和半导体材料而言,就可能产生发光。如图 9-16b 所示,当价带与导带间有能隙为 E_g,有外界激发源使价带中的电子跃迁到导带,但电子在高能级的导带中是不稳定的,它们在那里停留的时间很短,只 10^{-8} s 左右,就又自发地返回低能级的价带中,并相应地放出光子,其波长为 $\lambda = \dfrac{hc}{E_g}$;当外界激发源去除,发光现象随即很快消失,这称为荧光。有一类材料,因含有杂质和缺陷,如 ZnS 中含有少量的铜、银、金,或 ZnS 含极为过量的锌,这些微量杂质在能隙中引入了施主能级,如图 9-16c 所示,被激发到导带中的电子在返回价带之前,先落入了施主能级并被俘获住,停留一段较长的时间,电子在逃脱这个陷阱之后才返回价带中的低能级,这时也相应地放出光子,其波长 $\lambda = \dfrac{hc}{E_g - E_d}$,由于这种发光能持续一段较长的时间,便称为磷光。磷光与荧光的大致分界是激发源去除后,发光时间短于 10^{-8} s 称为荧光,时间更长些则为磷光。在彩色电视中使用了三种磷光材料,我们人为设计出不同的能隙,使它们分别产生红绿蓝三种磷光。

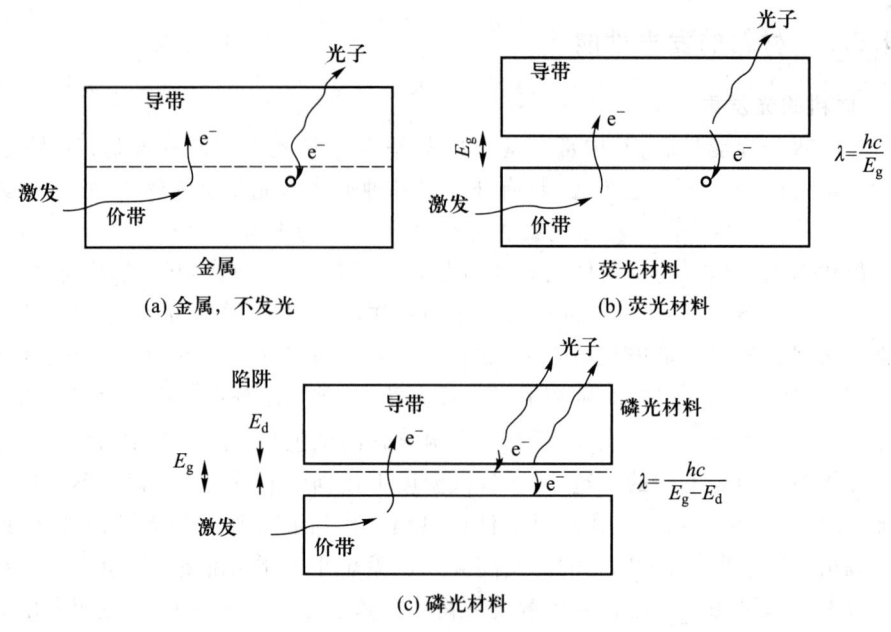

图 9-16 材料的发光性能

例题 9-3 ZnS 的能隙为 3.54 eV,要激发 ZnS 的电子需要光子的波长是多少? 若在 Zn 中加入杂质,使之在导带下的 1.38 eV 处产生一能量陷阱,试问发光时的波长是多少?

解:① 激发电子进入导带的最大波长为

$$\lambda = \frac{hc}{E_g} = \frac{6.62 \times 10^{-34} \times 3 \times 10^8}{3.54 \times 1.6 \times 10^{-19}} \text{ m} = 3.506 \times 10^{-7} \text{ m} = 350.6 \text{ nm}$$

这个波长相当于紫外线。

② 在电子返回价带之前首先落入了陷阱。其发射光子的波长为

$$\lambda = \frac{hc}{E_g} = \frac{6.62 \times 10^{-34} \times 3 \times 10^8}{1.38 \times 1.6 \times 10^{-19}} \text{ m} = 8.995 \times 10^{-7} \text{ m} = 899.5 \text{ nm}$$

此相当于红外线谱,不可见。

③ 当电子逃脱陷阱再返回价带,发射光子的波长为

$$\lambda = \frac{hc}{E_g} = \frac{6.62 \times 10^{-34} \times 3 \times 10^8}{(3.54 - 1.38) \times 1.6 \times 10^{-19}} \text{ m} = 5.747 \times 10^{-7} \text{ m} = 574.7 \text{ nm}$$

此时可见光呈黄色。

2. 材料的受激辐射和激光

前面介绍的材料在发光时所发射的光子均是随机、独立的,即产生的光波不具有相干性。而激光则是在外来光子的激发下诱发电子能态的转变,从而发射出与外来光子的频率、位相、传输方式以及偏振态均相同的相干光波。激光是材料发光性能的重要应用。这里,我们从材料的电子结构谈激光的产生。材料在外界光子的作用下,电子从低能级 E_1 跃迁到 E_2,这是光的吸收过程;而原处于高能态的电子在外界光子的作用下又返回低能级,如图 9-17 所示,A 电子从 E_2 返回 E_1,并放出一个光子 $h\nu = E_2 -$

E_1，这称为受激辐射（如果没有外界光子的作用，电子也可自发地从高能级跃迁到低能级并产生辐射，这称为自发辐射）。并不是任何频率的外界光都可以在原子上引起受激辐射，显然，只有能量为 $h\nu = E_2 - E_1$ 的光子才能引起受激辐射。受激辐射的特点是，如果一个能量为 $h\nu$ 的光子引发了受激辐射，受激辐射产生的光子也是 $h\nu$，这样，与原来的一个光子一起，就有了两个能量都是 $h\nu$ 的光子，让这两个光子继续去引发，就可得到更多的相同能量的光子。与普通光源不同，受激辐射光由入射光引发而产生，位相偏振等都与入射光相同，因此能有较好的相干性。然而，激光虽是由于受激辐射而产生，但在外界光子引发受激辐射的同时，也发生吸收过程。且在通常情况下，外界光子被吸收的可能性更大，引发受激辐射的可能性却很小，因为处于低能态的原子数总是很多的，要维持连续不断的受激辐射，只有让高能级的原子数大于低能级的原子数，才可使受激辐射的概率大于吸收概率，这是产生激光的必要条件，这个条件也称为粒子数反转。

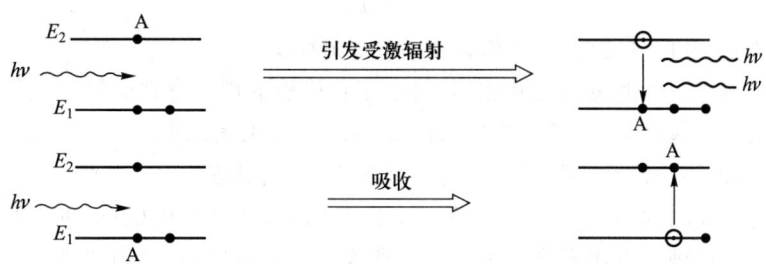

图 9-17 入射光子引发受激辐射或被吸收

要实现粒子数反转并不容易，激光技术是 20 世纪 60 年代后才开始应用的，因为通过外来光的照射，固然可将低能态的原子激发到高能态上去，但它们在高能态上的时间只能维持 10^{-8} s 左右，然后就自发跃迁又立即回到低能态来。之后，人们发现有些元素如氦、氖、氩以及稀有元素钕（Nd）、铬锰等，它们有特殊的亚稳态能级，也就是原子可在这种高能级上驻留较长的时间而不发生自发跃迁，这才为实现粒子反转提供了可能。例如 20 世纪 60 年代初应用的红宝石激光器，是在 Al_2O_3 上掺杂有少量的铬，铬中的重要能级见图 9-18，其中有亚稳态能级 E_2，在最初平衡态时各能级的粒子数 $n_1 > n_2 > n_3$。当

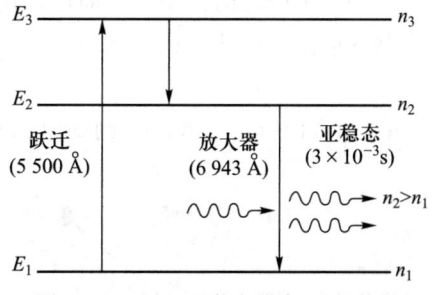

图 9-18 红宝石激光器中 Cr 的能级

用波长为 550 nm 的黄绿光照射原子时，铬原子吸收这一波长的光子，从能级 1 跃迁到能级 3，但随后立即自发跃迁到能级 2，并能在这一能级上维持较长时间（3×10^{-8} s）。这样，便可不断地把低能级上（E_1）的粒子"搬运"到能级 2 上来，最后达到了 $n_2 > n_1$。这样虽产生了激光，但还是短寿命的、微弱的，要达到实用目的，还要经过光谐振器，使光子不断增殖，最后产生很强的位相相同的单色光。激光有很多应用，光导纤维就是其中一例。

9.6 材料的磁性能

9.6.1 基本磁学量

1. 磁矩

磁矩是描述载流线圈或微观粒子磁性的物理量。物质磁性最直观的表现是两个磁体之间的吸引力或排斥力。磁体中受引力或排斥力最大的区域称为磁体的极,简称磁极。这样,上述现象就可以用磁极间的相互作用来描述,这种相互作用与静电荷之间的相互作用类似。迄今为止,所发现的磁体上都有两个自由磁极的存在。考虑强度为 $m_1(\mathrm{Wb})$ 和 $m_2(\mathrm{Wb})$,距离为 r 的两个磁极,相互之间的作用力 $F(\mathrm{N})$ 为

$$F = \frac{m_1 m_2}{4\pi\mu_0 r^2} \tag{9-25}$$

这里的 μ_0 为真空磁导率,其值为 $4\pi\times10^{-7}$ H/m。

磁极之间之所以能发生相互作用,是由于在磁极的周围存在磁场。磁体周围磁场的分布可用磁力线表示,通常用磁体吸附铁屑的情况来表征磁力线的疏密,磁极吸附的铁屑越多,说明磁极在空间散发的磁力线越密,磁场越强。

通常直导线的周围也会产生磁场。对于微小磁体所产生的磁场,可以由平面电流回路来产生。这种可以用无限小电流回路所表示的小磁体,定义为偶极子。设磁偶极子的磁极强度为 m,磁极间距离为 l,则用 $j_m = ml$ 表示磁偶极子所具有的磁偶极矩。j_m 的方向由 S 极指向 N 极,如图 9-19a 所示,单位是 Wb·m。

虽然磁偶极子磁性的强弱可以由磁偶极矩来表示,但实际上往往很难精确地确定磁极的位置,以及确定磁偶极矩的大小。

磁偶极子磁性的大小和方向可以用磁矩来表示。磁矩定义为磁偶极子等效的平面回路的电流和回路面积的乘积,即

$$\boldsymbol{\mu}_m = \boldsymbol{i} \cdot \boldsymbol{S} \tag{9-26}$$

$\boldsymbol{\mu}_m$ 的方向由右手螺旋定则确定,如图 9-19b。$\boldsymbol{\mu}_m$ 的单位是 A·m²。

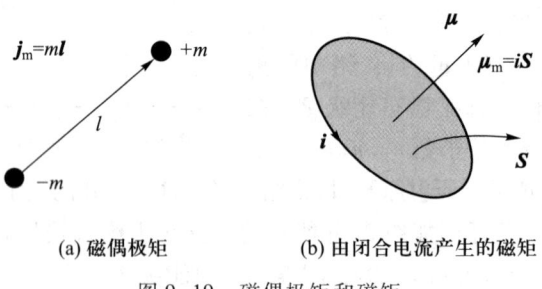

(a) 磁偶极矩　　　　　(b) 由闭合电流产生的磁矩

图 9-19　磁偶极矩和磁矩

j_m 和 $\boldsymbol{\mu}_m$ 虽然有自己的单位和数值,却都是表征磁偶极子磁性强弱和方向的物理量,两者之间存在关系

$$\boldsymbol{j}_m = \mu_0 \boldsymbol{\mu}_m \tag{9-27}$$

上式表明,磁偶极矩等于真空磁导率与磁矩的乘积。

在原子中,电子绕原子核作轨道运动。电子在原子壳层中的轨道运动是稳定的,这种运动与通常的电流闭合回路相比较,在磁性上是等效的。因此,原子中电子的轨道运动,同无限小尺寸的电流闭合回路一样,可以视为磁偶极子,其磁矩的大小由式(9-27)确定。

2. 磁化强度

磁化强度是描述磁介质磁化状态的物理量。在经典磁学中,磁化强度或磁性极化是表示磁性物质永久的或者诱发的偶极磁矩的矢量场。通常用符号 M 表示。磁化强度定义为媒质微小体元 ΔV 内的全部分子磁矩矢量和与 ΔV 之比。

磁极化强度定义为单位体积磁体内磁偶极矩矢量和,用 $\boldsymbol{J}_m$ 表示

$$\boldsymbol{J}_m = \frac{\sum_{i=1}^{n} \boldsymbol{j}_{mi}}{\Delta V} \qquad (\text{Wb} \cdot \text{m}^{-2}) \tag{9-28}$$

定义单位体积磁体内磁偶极子具有的磁矩矢量和为磁化强度,用 $\boldsymbol{M}$ 表示:

$$\boldsymbol{M} = \frac{\sum_{i=1}^{n} \boldsymbol{\mu}_{mi}}{\Delta V} \qquad (\text{A} \cdot \text{m}^{-1}) \tag{9-29}$$

$\boldsymbol{J}_m$ 和 $\boldsymbol{M}$ 虽然有各自的单位和数值,却都是用来描述磁体磁化的方向和强度。它们之间也存在关系

$$\boldsymbol{J}_m = \mu \boldsymbol{M} \tag{9-30}$$

如果这些磁偶极子磁矩的大小相等且相互平行排列,如图 9-20a 所示。则磁化强度简化为

$$\boldsymbol{M} = N\boldsymbol{\mu}_m$$

式中,N 表示单位体积内磁矩 $\boldsymbol{\mu}_m$ 的总数。

磁偶极子又可以用微小电流回路来表示,这样磁体内部就由很多基本的闭合电流环充满,如图 9-20b 所示。磁体内部相邻电流因方向相反而互相抵消,只有在表面一层上的电流未被抵消。

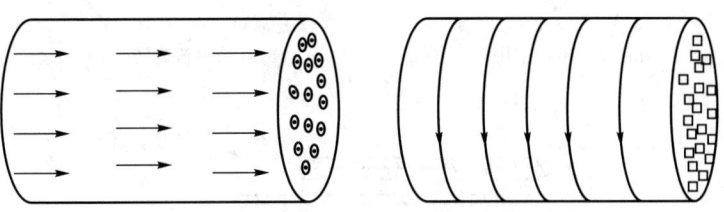

(a) 将磁化强度看作磁偶极子的集合　　　(b) 将磁化强度看作闭合电流环的集合

图 9-20　从两个角度理解磁化强度

3. 磁场强度 H 和磁感应强度 B

磁场强度在历史上最先由磁荷观点引出。类比于电荷的库仑定律,人们认为存在

正负两种磁荷,并提出磁荷的库仑定律。单位正点磁荷在磁场中所受的力称为磁场强度 H。后来安培提出分子电流假说,认为并不存在磁荷,磁现象的本质是分子电流。自此磁场的强度多用磁感应强度 B 表示。但是在磁介质的磁化问题中,磁场强度 H 作为一个导出的辅助量仍然发挥着重要作用。

磁场对置于其中的磁极产生力的作用,该力与磁极强度和磁场强度的乘积成正比。设磁极强度为 m,磁场强度为 H,磁极受到力的大小为 F,则有

$$F = mH \tag{9-31}$$

通过比较式(9-25)和式(9-31),相距为 r 的两个磁极 m_1、m_2,其中每一个磁极均置于另外一个磁极所产生的磁场中,磁极 m_1、m_2 处磁场大小分别为

$$H_{m1} = \frac{m_2}{4\pi\mu_0 r^2}, H_{m2} = \frac{m_1}{4\pi\mu_0 r^2}$$

由式(9-31)给出磁场强度 H 的定义:单位强度的磁场对应于 1 Wb 强度的磁极受到 1 N 的力。磁场强度的单位是 A/m。

虽然永磁体和电流都能产生磁场,但是在实际应用中,常常用电流来产生磁场,并用稳定电流在空间产生磁场的强度来规定磁场强度的单位。在 SI 制中,用电流 $I = 1$ A 通过直导线,在距离导线为 $r = \frac{1}{2\pi}$ m 处得到的磁场强度,规定为 1 个磁场强度单位,即 A/m。电流产生磁场常见有三种形式。

无限长载流直导线的磁场强度表示为

$$H = \frac{I}{2\pi r} \tag{9-32}$$

式中,I 为通过直导线的电流;r 为计算点到导线的距离。H 的方向是切于与导线垂直的且以导线为轴的圆周,如图 9-21a 所示。

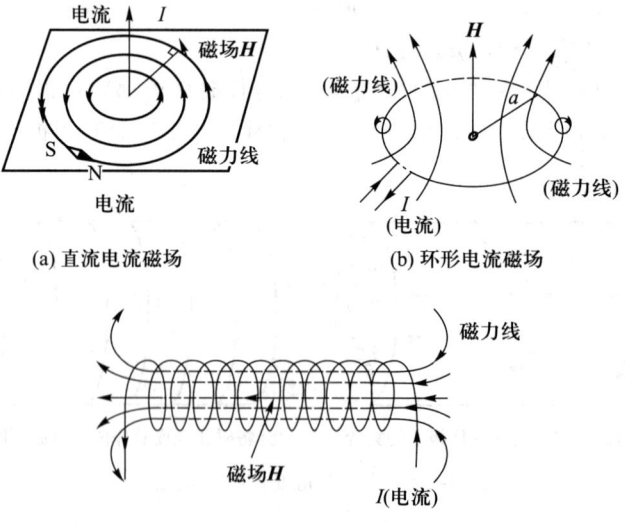

(a) 直流电流磁场　　(b) 环形电流磁场

(c) 螺线管电流磁场

图 9-21　电流形成磁场的基本类型

载流环形线圈圆心上的磁场强度表示为

$$H = \frac{1}{2r} \qquad (9-33)$$

式中,I 为通过环形线圈的电流;r 为环形线圈的半径;H 的方向按右手螺旋定则确定,如图 9-21b 所示。

无限长载流螺线管的磁场强度为

$$H = nI \qquad (9-34)$$

式中,I 为流经环形线圈的电流;n 为螺线管上单位长度的线圈匝数;H 的方向为螺线管的轴线方向,如图 9-21c 所示。

有时在一些情况下,确定磁场效应的量是磁感应强度 B,而不是磁场强度 H。在 SI 单位制中,磁感应强度的定义公式是

$$B = \mu_0(H+M) \qquad (9-35)$$

式中,B 的单位是 T 或 Wb·m^{-2}。

在真空中,$M=0$,则 $B=\mu_0 H$,B 和 H 始终是平行的,数值上也呈比例,两者的关系只由真空磁导率 μ_0 来联系。但在磁体内部,两者的关系就复杂得多,必须由式(9-35)来表示,方向也不一定平行。

4. 磁化率和磁导率

对于置于外磁场中的磁体,其磁化强度 M 和外磁场强度 H 存在以下关系

$$M = \chi H \qquad (9-36)$$

式中,χ 为磁体的磁化率,它是表征磁体磁性强弱的一个参量。

将式(9-36)代入式(9-35),可得

$$B = \mu_0(H+\chi H) = \mu_0(1+\chi)H \qquad (9-37)$$

定义

$$\mu = 1+\chi \qquad (9-38)$$

为相对磁导率,即

$$\mu = \frac{B}{\mu_0 H} \qquad (9-39)$$

式中,磁导率是表征磁体的磁性、导磁性及磁化难易程度的一个磁学量。

在不同的磁化条件下,磁导率有不同的表达形式。

起始磁导率 μ_i

$$\mu_i = \frac{1}{\mu_0}\lim_{H \to 0}\frac{B}{H} \qquad (9-40)$$

起始磁导率是磁中性状态下磁导率的极限值。

最大磁导率 μ_{max}

$$\mu_{max} = \frac{1}{\mu_0}\left(\frac{B}{H}\right)_{max} \qquad (9-41)$$

在起始磁化曲线上,磁导率随磁场强度的不同而不同,其最大值称为最大磁导率 μ_{max}。

复数磁导率 $\widetilde{\mu}$

$$\widetilde{\mu} = \mu' - \mu'' \tag{9-42}$$

磁体在变化的磁场中磁化时,其磁感应强度和磁场强度之间存在相位差,只能用复数表示。它们在复数表示法中的商同样是一个复数。$\widetilde{\mu}$ 的形式通常如式(9-42)所示,其中 μ' 和 μ'' 分别是复数形式的实部和虚部。

增量磁导率 μ_{Δ}

$$\mu_{\Delta} = \frac{1}{\mu_0} \frac{\Delta B}{\Delta H} \tag{9-43}$$

磁体在恒定磁场 H_0 作用下,叠加一个较小的交变磁场,表现出的磁导率为增量磁导率。式(9-43)中,ΔB 和 ΔH 分别为交变磁感应强度和交变磁感应强度的峰值。

可逆磁导率 μ_{rev}

$$\mu_{rev} = \lim_{\Delta H \to 0} \mu_{\Delta} \tag{9-44}$$

当交变磁场强度趋于 0 时,增量磁导率的极限值定义为可逆磁导率。

微分磁导率 μ_{diff}

$$\mu_{diff} = \frac{1}{\mu_0} \frac{dB}{dH} \tag{9-45}$$

起始磁化曲线上任一点的斜率被称为微分磁化率。

不可逆磁导率 μ_{irr}

$$\mu_{irr} = \mu_{diff} - \mu_{rev} \tag{9-46}$$

不可逆磁导率是由不可逆磁化而引起的。

另外,连接原点 O 与起始磁化曲线上任一点的直线的斜率被称为总磁导率 μ_{tot}。不管哪种磁导率,其值都不是常数,而是磁化强度的函数。

9.6.2 磁性的分类

磁性是物质普遍存在的性质,是由物质原子内部结构决定的。物质在磁场强度为 H 的磁场作用下都有一定的磁化强度 M 与之响应,它是单位体积中物质的总磁矩。通常用磁化率

$$\chi = \frac{M}{H}$$

来表示物质磁化的难易程度,是描述物质磁性的重要物理量。

按 χ 的大小、符号以及与温度、磁场的关系,可将磁性分为五类。

1. 抗磁性

抗磁性是 19 世纪后半叶发现和研究的一类弱磁性物质的性质。这类物质的主要特点是磁化率 $\chi < 0$,即它在外磁场中产生的磁化强度与磁场方向相反。在不均匀磁场中,这类物质的受力方向指向磁场减弱的方向。其次,这类物质磁化率的绝对值非常小,仅为 $10^{-7} \sim 10^{-6}$。典型抗磁性物质的磁化率不随温度的变化而变化。如果物质元素的电子壳层被填满,原子中总的电子轨道磁矩和电子自旋磁矩等于零,从而没有原

子磁矩。在磁场作用下,电子的轨道运动将在洛伦兹力作用下产生一个附加运动,产生一个与外磁场方向相反但数值很小的感应磁矩,因此 $\chi<0$。抗磁性是由于束缚在原子(或离子)内的电子轨道运动对外磁场的抗磁性而产生的,方向与外磁场方向相反。因为任何原子都存在电子的轨道运动,这种抗磁性是普遍存在的。然而,大多数物质的抗磁性被其顺磁性所掩盖,只有一小部分物质表现出抗磁性。惰性元素的电子壳层是满的,原子磁矩为零,所以惰性气体可表现出抗磁性。满电子壳层的原子或离子组成的晶体,原子或离子的磁矩为零,又没有传导电子,这种晶体也表现为抗磁性,其磁性极弱,且是非永久性的,只有当外场存在时这种形式才能持续。

2. 顺磁性

顺磁性是 19 世纪后半叶发现和研究的一类弱磁性物质的性质。这类物质的磁化率 $\chi>0$,并且 χ 的数值很小(一般为 $10^{-6} \sim 10^{-5}$)。该类物质的原子磁矩间无相互作用,为自由磁矩,热平衡下为无规则分布,受外加磁场作用后,原子磁矩的角度分布发生变化,沿着接近于外磁场方向作择优分布,因此引起顺磁磁化强度(顺磁性郎之万理论)。在外磁场作用下,每个原子磁矩倾向于沿外磁场方向排列,宏观上能显示出极弱的磁性,物质被磁化。多数顺磁性物质的磁化率 χ 随温度升高而下降,χ^{-1} 与 T 呈线性关系。顺磁性主要有三种类型:① 自由电子的顺磁性,又称泡利顺磁性;② 物质中的原子或离子具有固有磁矩,它们之间的相互作用很弱以至于难以形成固有磁矩的有序排列,例如许多过渡元素或稀土元素的绝缘化合物、一些含稀土元素的合金、有机化合物中的自由基等就属于这一类,称为正常顺磁性;③ 当温度超过临界温度时,铁磁、反铁磁及亚铁磁物质所呈现的顺磁性。

顺磁体材料在原子结构上的特点:由于未填满电子的电子壳层,因此每个原子的电子磁矩总矢量和不为零,原子具有净磁矩或永久磁矩。当物质不受外磁场作用时,由于热运动,各原子的永久磁矩的取向是混乱的,其宏观磁矩等于零,不显示磁性。当有磁场时,各原子的磁矩趋于磁场方向排列的概率就要大些,磁矩在磁场方向分量的平均值就不会等于零,在顺着磁场方向上有宏观磁矩产生。

3. 铁磁性

铁磁性是最早研究并得到应用的一类强磁性物质所具有的性质。早在 18 世纪 50 年代就有人做过磁化钢针的实验,19 世纪末居里完成了铁磁物质的磁性随温度变化的测量。铁磁性物质其磁化率 $\chi \gg 0$,在没有外磁场的情况下,交换作用使材料内部邻近原子的磁矩自旋平行排列,产生所谓的“自发磁化”。由于铁磁性物质内部分为很多磁畴,各个磁畴的自发磁化取向各不相同,因此在没有外磁场时,整个物质对外不呈现磁性。铁磁性材料有以下基本特征。

① 具有很高的饱和磁化强度,是一类强磁性物质。在许多铁磁性材料中,不需要很强的磁场就能磁化饱和,在同样的磁场作用下呈现比普通顺磁性物质高得多的磁化强度。

② 存在临界温度 T_C,称为居里温度。只有 $T<T_C$ 时才能呈现铁磁性,其饱和磁化强度随温度升高而减少,温度远离 T_C 时变化缓慢,当温度上升至 T_C 时,快速下降为

零,铁磁性消失。在 $T>T_C$ 时,表现为顺磁性,其顺磁磁化率与温度的关系服从 Curie-Weiss 定律,$\chi = \dfrac{C}{T-\theta}$,其中 C 为居里常数,θ 为顺磁居里温度,θ 一般略高于 T_C。

③ 存在磁滞现象。磁化曲线是非线性的,而且存在磁滞回线。磁化强度 M 随磁场强度 H 非线性增加至饱和,饱和磁化强度为 M_s,然后将 H 减少至零,这时保留一定的磁化强度 M_r,称为剩余磁化强度,再加反向磁场才能使 M 变为零,该反向磁场 H_C 称为矫顽力。当磁场变化时,材料因磁感应或磁化可得到磁滞回线,如图 9-22 所示。

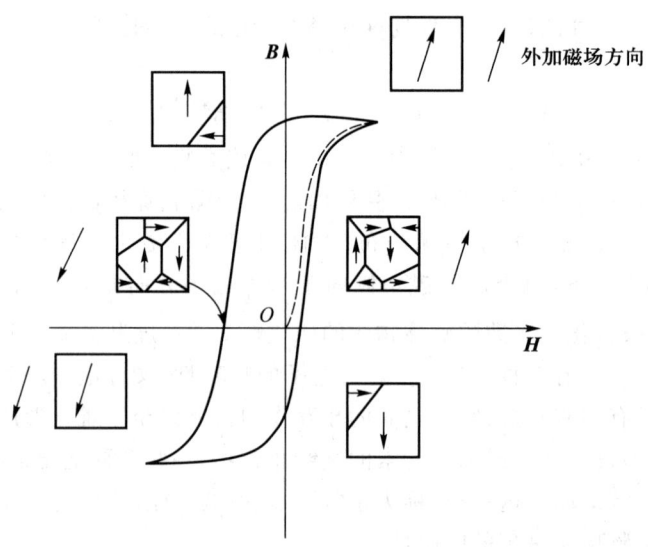

图 9-22 铁磁物质磁滞回线和各部分磁畴结构的变化

铁磁性材料在消磁状态下被分割成许多被称为磁畴的小区域,磁畴尺寸大小不等,但平均小于晶粒尺寸。在每一磁畴内电子的自旋磁矩方向相同,通常都是沿着易磁化方向,从而使单个磁畴具有很高的磁饱和强度,犹如一个很强的小磁体。但不同磁畴之间磁化方向不同,因此各磁畴之间的磁化相互抵消。因此宏观铁磁体,在无外磁场作用下,并不表现出磁性。因此铁磁体的磁化过程就是磁体由多磁畴状态转变为与外磁场同向的单一磁畴的过程。

磁化曲线可用磁畴移动来解释。外加磁场时,磁畴的运动按磁化曲线可分为三个区域:磁场强度较低时(图 9-23),磁畴壁的运动是可逆的,去磁时,磁化强度沿着原路线减小。磁场强度再增加,磁畴壁的运动就是不可逆的。这种不可逆的运动方式决定了去磁时必有剩磁存在,也就是晶体内部存在着一定数量的磁畴,其磁矩仍沿着外磁场方向。当磁场强度再继续增

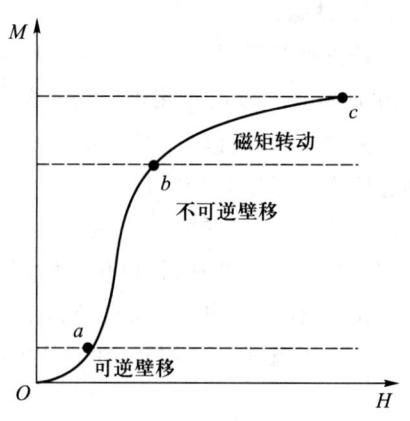

图 9-23 M-H 磁化曲线

加,由于有的磁畴长大,有的磁畴缩小,大磁畴的磁矩向量会逐渐转向外磁场方向,最

后使磁化趋于饱和。

产生磁畴壁运动不可逆的原因是晶体内部存在着杂质原子、位错和晶界这些晶体缺陷，它们阻碍磁畴壁的运动。若材料含有第二相，第二相的界面也同样阻碍磁畴壁的运动。如果磁畴壁难运动，必然会带来较大的剩磁和大的矫顽力，这就是硬磁材料。反之，磁畴壁易于运动的是软磁材料，这种类型的材料，大多是单晶且位错密度较低的材料。

④ 具有铁磁性的元素只有 Fe、Co、Ni 以及稀土元素 Gd、Tb、Dy、Ho、Er、Tm，其中 Curie 温度在室温以上只有 Fe、Co、Ni 和 Gd。目前广泛应用的磁性材料是由过渡元素和稀土元素所组成的合金或化合物。

4. 反铁磁性

反铁磁性是 20 世纪 30 年代至 50 年代初被发现并加以研究的一类弱磁性物质的性质。在宏观磁性上，$\chi>0$，χ 的数值为 $10^{-5} \sim 10^{-3}$，类似顺磁性。物质中原子磁矩可以反平行有序排列，可将晶体分成两个晶格，每个子晶格内磁矩是平行的，而不同子晶格的磁矩反向平行，相互抵消，磁矩有序而净磁矩为零，在宏观上不显示磁矩，这种磁有序状态称为反铁磁性，其磁性极弱，且是非永久性的，只有当外场存在时这种形式才能持续。反铁磁性物质磁性随温度变化过程中存在临界温度 T_N，称为奈尔温度。当 $T<T_N$ 时铁磁性物质呈现反铁磁性，是一种弱磁性，磁化率随温度降低而减小；当 $T>T_N$ 时，铁磁性物质呈现顺磁性，其磁化率与温度的关系仍具有 Curie-Weiss 定律的形式

$$\chi = \frac{C}{T-\theta}$$

式中，C 为 Curie 常数，θ 为顺磁奈尔温度，与铁磁性的形式不同，分母中的符号相反。

5. 亚铁磁性

亚铁磁性是 1930 年到 1940 年被集中研究的一类很特殊的强磁性物质中的性质。在宏观磁性上，它类似于铁磁性物质在居里温度以下时，存在按磁畴分布的自发磁化，能够被磁化饱和，存在磁滞现象；在居里温度以上，自发磁化消失，转变为顺磁性。而且 $\chi>0$，χ 的数值较大（$10^{-1} \sim 10^4$），χ 是 H 和 T 的函数并与磁化历史有关；在结构上，又类似于反铁磁性，近邻磁矩反向。所不同的是，近邻离子的磁矩大小不同。其原子（或离子）的磁矩反平行有序排列，但由于反平行磁矩的大小和数量不相等，不能完全抵消，因此在宏观上显示铁磁性的特点，如存在居里温度，有磁滞现象等，其磁化强度一般小于铁磁性物质，故称反铁磁性。由于微观磁有序不同，亚铁磁性是一种未抵消的反铁磁性，因此它又具有不同于铁磁性的特点。

亚磁性微观结构可以分成两个（或多个）子晶格，磁化强度分别为 M_A 和 M_B，总的磁化强度为 $M = M_A + M_B$，随温度的上升，M_A 和 M_B 随 T 的变化曲线的具体形状不同，导致 M 随 T 的变化可能出现特殊的情况。在 T_C 以下的某一温度，M_A 和 M_B 恰好抵消，$M=0$，这一温度称为抵消点；当温度上升或下降经过抵消点时，磁化强度 M 反向。这种特殊的抵消点现象已在某些亚铁磁性物质中观察到。

9.6.3 磁性材料的分类

作为一类重要的功能材料,磁性材料广泛应用于当代电力、自动化、信息、工业以及军事领域。当前主流的三大磁性材料是软磁材料、硬磁材料和磁记录材料。除此之外,磁性材料家族还包括了磁制冷材料、磁致伸缩材料、磁电阻材料等新型功能磁性材料。

1. 软磁材料

通常把矫顽力小于 0.8 kA/m 的材料称之为软磁材料,特点是容易受外加磁场磁化,又容易退磁且磁滞回线较窄。软磁材料用途广泛,常用来制作电动机、变压器、电磁铁等电器的铁芯。现有的软磁材料主要是合金,例如 Fe-Si 合金、Fe-Ni 合金、Fe-Al 合金和 Fe-Co 合金等。软磁铁氧体,包括 Mn-Zn 系、Ni-Mn 系等。此外非晶、纳米晶和薄膜也可以制成软磁材料,在一些特殊领域发挥重要作用。

(1) 电工纯铁

电工纯铁是人们最早和最常用的金属软磁材料,其碳的质量分数极低,含铁量高于 99.95%。特点为矫顽力低,磁导率高,导电导热以及加工性能好,易焊接并有一定的耐蚀性并且成本较为低廉。其主要缺陷为电阻低,用于交流条件下会产生大的涡流损耗。电工纯铁的软磁性能主要受到杂质元素的影响。固溶态杂质原子使得局部区域晶格发生畸变,形成应力场。该应力场与材料的磁致伸缩发生相互作用,具有磁弹性能,导致磁畴壁移动困难,矫顽力增加,磁导率降低。电工纯铁主要用于直流或者低频磁化条件下电器仪表中的磁性元件、电子管零件、直流电动机以及小型异步电动机的导磁材料以及直流屏蔽材料等。

(2) Fe-Si 合金

如果在纯铁中加入质量分数为 0.38% ~ 4.5% 的硅,使之形成固溶体,就可以提高材料的电阻率并降低涡流损耗,这种材料就被称作硅铁合金。随着纯铁中硅的含量的增加,磁滞损耗降低,而在弱磁以及中等磁场下,磁导率增加。其主要用于各种形式的电动机、发电机和变压器的铁芯,在遏流圈、电磁机构、继电器、测量仪表中也有大量的使用。

(3) Fe-Ni 合金

Fe-Ni 系软磁合金一般称为坡莫合金(英文 permalloy 字头的译音),意为导磁合金,专指镍的质量分数为 34% ~ 84% 的二元或者多元 Ni-Fe 基软磁合金。其在弱场下具有较高的磁导率,它们的饱和磁感应强度一般为 0.6 ~ 1.0 T。同时通过适当的工艺,可以有效地控制磁性能。铁镍系软磁合金在退火态下具有优异的冷加工性能,一般制成薄带(约 5 μm)或细微丝,可用于较高频率的交流电磁场中。

(4) Fe-Al 合金

Fe-Al 合金是指以铁和铝为主要元素组成的软磁合金系列。研究表明,当铝的质量分数在 16% 以下时,便可以热轧成板材或者带材;当铝的质量分数在 5% 以上时,合金的冷轧非常困难。我国 Fe-Al 合金的主要牌号有 1J16、1J13、1J12 和 1J6 等。国产 $w_{Al} = 16\%$ 的 Fe-Al 合金的磁性能见表 9-1。

表 9-1　国产 $w_{Al} = 16\%$ 的 Fe-Al 合金的磁性能

厚度/mm	水平	$\mu_{0.005}/\mu_0$	μ_m/μ_0	$H_c/(79.6\ \text{A/m})$	$B_{30}/(10^{-4}\ \text{T})$	$B_{r30}/(10^{-4}\ \text{T})$
0.1	最高	4 500 ~ 6 500	50 000 ~ 75 000	0.041 ~ 0.055	7 500　~ 9 300	3 700 ~ 4 400
	一般	2 500 ~ 3 500	25 000 ~ 35 000	0.07　~ 0.09		
0.2	最高	20 000 ~ 32 000	150 000 ~ 200 000	0.013 ~ 0.017	6 500 ~ 7 500	2 700 ~ 3 500
	一般	4 000 ~ 8 000	50 000　~ 100 000	0.02 ~ 0.03		

（5）Fe-Co 合金

Fe-Co 合金主要是指钴的质量分数为 50% 的合金,该类合金由于具有高饱和磁化强度、高居里温度、高磁导率、低矫顽力以及低磁各向异性常数等独特的软磁性能而广受关注,通常称之为坡明德(permendur)合金,主要用于制作直流电磁铁芯和极头材料、航空发电机定子材料等。Fe-Co 合金的磁性能见表 9-2。

表 9-2　Fe-Co 合金的磁性能

	$\rho/(\mu\Omega \cdot \text{cm})$	B_s/T	B_r/T	$M_m/(\text{mH/m})(\text{Gs/Oe})$	$H_c/(\text{A/m})$
$Co_{27}Cr_{0.5}Fe$	19	2.36	1.00	3.5(2 800)	200
$Co_{35}Cr_{0.5}Fe$	40	2.4	—	—	200
$V_2Co_{49}Fe_{49}$	25	2.4	1.5	10(8 000)	400
$V_2Co_{49}Fe_{49}$	25	2.5	2.2	115.6(92 500)	16

（6）铁氧体软磁材料

软磁铁氧体是发展早、应用广泛的一种铁氧体材料。铁氧体软磁材料的磁性来自亚铁磁性,其饱和磁化强度较低,但是电阻率高于金属软磁材料,具有较好的高频性能。软磁铁氧体按材料可分为 Mn-Zn 铁氧体、Ni-Zn 铁氧体、Li-Zn 铁氧体和 Mg-Zn 铁氧体等。

① Mn-Zn 铁氧体,电阻率较低,起始磁导率较高,一般用于 1 kHz 到 10 MHz 的频率范围,可制作电感器、变压器、滤波器的磁芯、磁头以及天线棒,通常被称为铁氧体磁芯。

② Ni-Zn 铁氧体,由于其高频、宽频、高阻抗、低损耗的特点,通常应用于 10 kHz 到 300 MHz 的范围,可用于制作中周变压器、磁头、短波天线棒、调谐电感电抗器以及磁饱和放大器等的磁芯。还可在高频强磁场下用作发射机终端的级间耦合变压器和质子同步加速器谐振腔的加速磁体等。

③ Li-Zn 铁氧体属于尖晶石结构,具有较高的电阻率、高的居里温度和较低的烧结温度,同时由于其不包含贵金属,成本较为低廉。

④ Mg-Zn 铁氧体主要用于 25 MHz 以下,高频特性低于 Ni-Zn 铁氧体;低频特性比 Mn-Zn 铁氧体要低。但是由于其不含贵金属元素,成本较低,经济性较好,在某些条件下具有实用价值。

（7）非晶态软磁材料

非晶态软磁材料不存在位错与晶界,因此具有高的磁导率与低的矫顽力。其机械强度高,硬度大,抗化学腐蚀能力强,抗辐射能力强。同时由于其较高的电阻率高频性能强于晶态材料,然而其热力学不稳定,耐热性差,可加工性能差。目前非晶合金主要用于计算机磁头、磁带、遏流器铁芯、电力变压器、应力传感器、距离传感器等。

（8）纳米晶软磁材料

纳米晶软磁材料具有很多块体不具备的磁性性能,是当今世界材料的研究热点之一。此类软磁材料的优点在于高磁感应强度、高磁导率、低损耗,并且成本低廉。纳米晶软磁材料主要通过非晶晶化获得,首先制备非晶条带,然后退火使其纳米晶化。当前纳米晶主要用于变压器、饱和式电抗器、互感器、磁体、磁开关以及传感器等。

2. 硬磁材料

通常把矫顽力大于 0.8 kA/m 的材料称为硬磁材料,也可以称为永磁材料。其特点为各向异性场高,矫顽力高,磁滞回线面积大,磁饱和需要的外场大,去磁后仍能长期保留很强的磁性。目前常用的永磁材料有金属永磁材料,主要包括 Al-Ni-Co 铁氧体永磁材料、Fe-Cr-Co 永磁材料和 Mn-Al-C 永磁材料;铁氧体永磁材料以及稀土永磁材料。

（1）Al-Ni-Co 永磁材料

Al-Ni-Co 永磁材料是以铁、铝、镍、钴为基本组成,少量添加铜、铌、钛等合金元素的永磁材料。这类合金具有较高的脆性,难以进行塑性加工,只能通过铸造以及随后的机加工制成零件,其磁性能见表 9-3。对于该合金,其主要优点为剩磁高,其磁性能的热稳定良好,居里点较高（750 ℃ 以上）;缺点是矫顽力非常低（限制了磁能积的提升）,退磁曲线非线性。因此铝镍钴磁铁虽然容易被磁化,同样也容易退磁。此外,该合金含有成本较高的钴和镍元素,经济性一般。20 世纪 60 年代以后,随着铁氧体永磁材料和稀土永磁材料的相继问世,Al-Ni-Co 永磁材料在电机中的应用逐步被取代,所占比例呈下降趋势。

表 9-3　Al-Ni-Co 永磁合金的磁性能

| 牌号 | 成分 | | | | | $B_r/$ | $H_c/$ | $(B \cdot H)_{max}/$ | 备注 |
	Al	Ni	Co	Cu	i	(10^4 T)	(79.6 A/m)	(7.96 kJ/m^3)	
AlNiCo3	9	15	15	4	—	7 500	600	1.60	各向同性
AlNiCo4	8	24	24	3	0.3	12 000	550	4.00	各向异性
AlNiCo5	8	24	24	3	0.3	12 500	600	5.00	各向异性
AlNiCo6	8	24	24	3	0.3	13 000	700	6.5	柱状晶
AlNiCo8	7	34	34	4	5	8 000	1 250	4.00	各向同性

（2）Fe-Cr-Co 永磁材料

这类材料可以进行各种冷热塑性变形加工,以制成各种不同的形状,如片、棒、丝、管等。这是一种应用广泛的金属硬磁合金,主要用于电话受话器、电度表、转速表、空气滤波器和陀螺仪等。该合金可以通过改变组分含量以及添加其他元素改变其永磁性能。

（3）Mn-Al-C 永磁材料

合金经过塑性变形加工后易磁化轴沿[001]取向,得到具有各向异性特性的材料（表9-4）。Mn-Al-C 具有良好的加工性能。同时,该合金具有较好的耐氧化性,表面不需要进行特殊处理即可在常温大气条件下使用。此外,其较小的密度对于永磁回路的轻量化十分有利。目前,Mn-Al-C 永磁合金主要应用于要求较高力学强度与形状较为复杂,需要机加工的场合。

表 9-4　Mn-Al-C 永磁合金的磁性能

合金类型	成分（质量分数）	$B_r/(10^4\ T)$	$H_c/(79.6\ A/m)$	$(B\cdot H)_{max}/(7.96\ kJ/m^3)$
多晶	69.5Mn-29.95Al-0.55C	6 600	2 750	7.8
	69.25Mn-30.24Al-0.51C	6 500	2 550	7.0
单晶	72.1Mn-26.9Al-1C	6 900	2 350	9.0
	72.1Mn-26.78Al-1.12C	7 000	2 300	9.2

（4）铁氧体永磁材料

是由铁的氧化物和锶（或者钡等）化合物按照一定比例混合制备而成。永磁铁氧体磁性能不高,但是其原材料丰富,成本较低,经济性良好,工业成熟,故在许多领域依旧应用广泛。永磁铁氧体主要应用于电动机、电声、测控等。

（5）稀土永磁材料

稀土永磁材料是指稀土金属（R 或 RE）与 3d 过渡族金属（TM）组成的永磁合金。(R-Co) 永磁合金,包括 RCo_5 和 R_2Co_{17}。其磁能积大,饱和磁化强度高,在使用温度范围内能保持高的饱和磁化强度。Nd-Fe-B 永磁材料,由于钐、钴资源缺乏,1983 年通过粉末冶金技术烧结了 NdFeB 和用溶体快淬技术制备了 NdFeB 薄带,这就是第三代稀土永磁材料 $Nd_2Fe_{14}B$。由于其优良的磁性能,以及丰富的钕、铁资源,使得产品的性价比高。$Nd_2Fe_{14}B$ 的发展很快,其产量自其研制成功开始一直保持极高的增速,迅速改变了永磁材料生产和应用的局面。在工艺上也取得进步,烧结、快淬、热挤压、铸造等制备方法出现并得以改进。到目前为止,NdFeB 磁体的产量仅次于永磁铁氧体。但是,NdFeB 磁体也存在明显的不足:合金的居里点较低,磁性能的热稳定性不佳,一般只能在较低的温度范围使用,难以应用于温度较高的场合。可以从矫顽力和居里温度下手,一方面提高磁体矫顽力,使其在较高温度环境下使用;另一方面可以提高 NdFeB 磁体的居里温度,从而降低磁体在较高温度下的可逆损失。此外,NdFeB 磁体的一大缺陷是易氧化,耐蚀性不高,一般需采用表面处理。对于 NdFeB 磁体,常见的表面处理方式有纳米螯合薄膜无镀层处理、磷化、电镀、电泳、真空气相沉积、化学镀、有机喷塑等。烧结 NdFeB 磁体广泛应用于电子、电力机械、医疗器械、玩具、包装、五金机械、航天航空等领域,较常见的有永磁电动机、扬声器、磁选机、计算机磁盘驱动器、磁共振成像设备仪表等。

3. 磁记录材料

磁记录材料是指利用磁特性和磁效应输入、记录、存储和输出信息的磁性材料,主要分为磁头材料和磁记录介质材料。磁头材料一般包括合金磁头材料、铁氧体磁头材料、非晶态磁头材料以及多层膜磁头材料。磁介质材料主要包括颗粒介质与薄膜介质。

① 合金磁头材料具有高磁导率和高饱和磁通密度的优势。目前,常用的合金磁头材料包括含钼坡莫合金和仙台斯特合金。前者饱和磁化强度较高,但耐磨性较差,不利于应用于运动速度较高的场合;后者的磁导率与高镍的 Fe-Ni 合金相当,硬度大。饱和磁感应强度约为 1 T,该合金优势在于高的耐磨性与优良的高频特性,劣势在于合金的加工性能较差。

② 铁氧体磁头材料以 Mn-Zn 和 Ni-Zn 为主,电阻率较高,从而涡流以及相应的损耗较低。铁氧体磁头材料耐磨损,耐环境性能优良,在与介质接触时,性能不会劣化。但是与其他合金相比,其饱和磁化强度低,因此其记录密度难以进一步提高。为了提高其饱和磁化率,现在正在着力开发非晶、纳米晶以及多层膜等磁芯材料。

③ 非晶态磁头材料具有优良的软磁性能。由于其无序的原子排列,其晶体磁各向异性常数等于 0,同时不存在由于晶界引起的内应力,其矫顽力较低。因此可以作为一类优秀的磁头材料。

④ 多层膜磁头材料是利用不同成分的超薄膜进行周期性沉淀获得。以 Fe-Cr/Ni-Fe 多层膜为例,多层膜抑制了柱状晶生长(抑制了各向异性),微晶化获得了低磁致应变。但其耐热性差,在 500 ℃ 热处理后晶粒长大,磁性能下降。

γ-Fe_2O_3 磁粉是最早实用的氧化铁颗粒磁粉,品种多,用途广,用量大,稳定性好,因此常用于录音、录像磁带、仪器磁带、计算机硬盘等领域。它也是包括磁粉和金属磁粉的原材料。当前使用的 γ-Fe_2O_3 磁粉都是针状颗粒,它的颗粒结构对磁粉的性能影响很大。

CrO_2 磁粉的矫顽力高于 γ-Fe_2O_3 磁粉,同时具有很好的结构完整性和磁晶结构。这种磁粉适用于灵敏度高,色彩逼真,图像清晰的录音磁带与录像磁带,但是这种磁粉的生产需要高温高压,工艺复杂,毒性大,安全性不佳,限制了它的使用。

金属磁粉具有矫顽力高,比饱和磁化强度高,粒度细,填充密度大等优点,但是其表面需要保护防止氧化。

在磁场中沉淀的磁膜作为计算机存储元件具有显著的优点(开关时间在毫微秒级)。一般薄膜介质由基底、附加层、磁性层和保护层组成。大部分实用的磁性薄膜是 Co 基金属合金。

4. 新型功能磁性材料

新型功能磁性材料是指将材料的磁性与其他特性相结合,得到的具有特殊功能的磁性材料。利用物体在磁场中磁化时,在磁化方向会发生伸长或缩短的特性制作的磁致伸缩材料,在伺服电动机领域具有广阔的前景;利用材料电阻随着磁场变化的特性得到的磁阻材料广泛应用于磁头以及传感器等领域;利用磁化以及去磁过程的吸放热得到的磁制冷材料有望取代传统的制冷行业。

① Tb-Dy-Fe 系磁致伸缩材料具有很大的磁致伸缩系数,同时它的磁晶各向异性比较小,是一种较为理想的磁致伸缩材料。然而这种材料成本较高,脆性较大,此外较小的电阻使其高频工况下会产生较大的涡流,导致材料温度升高,降低其磁致伸缩性能。

② 磁阻材料可以应用于磁电阻磁头、磁电阻随机存储器、磁电阻传感器。在磁存储中信息的记录与读出原理是磁致电阻效应。磁致电阻磁头的核心是一片金属材料,其电阻随磁场的变化而变化。磁头采用分离式设计,由感应磁头写、磁致电阻磁头读。磁场的微弱变化对应于磁电阻的显著变化,高灵敏的磁电阻磁头是读取高密度磁记录信息较为理想的手段。目前常用的随机存储器均易失性,即断电后,随机存储器存储数据会丢失,对于信息的安全具有较大的威胁,发展非易失磁随机存储器则对推动数据安全具有重大意义。磁电阻传感器可以将非磁学量转化为磁学量并进行高精度的测量。

③ 磁制冷材料作为一种高效清洁的新型固态制冷技术,有望在未来取代当前主流的蒸汽制冷技术。磁制冷材料性能的好坏直接关系到磁制冷的功耗的效率。因此,开发新型、廉价和高效的室温磁制冷材料是室温磁制冷机实用化乃至商业化的关键。Ni_2MnGa 系 Heusler 合金磁制冷材料直接利用一级马氏体磁相变,具有较大的熵变,是一种潜在的磁制冷材料;Gd 系金属磁制冷材料的稀土 Gd 的居里点是 293 K,是稀土金属中自旋角动量最大,居里温度最高的;$LaFe_{13-x}M_x$ 金属间化合物是具有一级磁相变的材料,因此表现出巨大的磁熵变。

参 考 文 献

第十章 材料科学基础理论在典型材料性能调控中的应用

【本章导读】

本章结合前面所学章节中晶体结构、相图、凝固、塑性变形等内容,介绍不锈钢实际生产、应用中相关的合金元素与晶体结构、微观组织偏析现象,使役过程中微观组织结构稳定性及使役性能变化,铁素体、奥氏体、双相不锈钢轧制过程中再结晶等知识。介绍镁合金的特点,位错理论在镁合金中应用,塑性变形机制和研究现状。介绍一种非常重要的无机非金属材料——碳材料,对不同碳材料的堆积方式、晶体学、对称性、制取方法和发展阶段等分别做了简要概述。进一步从碳化过程、石墨化过程、碳材料的表面结构、碳的晶体结构、碳的形态、碳的晶体结构等方面剖析了碳材料的结构。介绍了高熵合金的四大效应,力学性能及其功能性。

【本章重点和难点】

重点掌握合金元素与晶体结构、微观组织偏析、变形与再结晶、晶体学、热力学、碳和炭的区别、镁合金的塑性变形机制、高熵合金的四大效应。理解合金元素与组织结构、成分偏析与加工性能、微观组织演变和材料使役性能关系、碳材料的晶体结构、碳材料的制取方法、石墨化过程、高熵合金的力学性能及其调控手段。

10.1 不 锈 钢

不锈钢是指钢中 Cr 的质量分数大于 10.5% 的钢,且以耐蚀性和不锈性为主要实用性能的一系列铁基合金。由于 Cr 的作用,钢材表面生成一层致密的不溶解于某些介质的坚固的富 Cr 氧化薄膜(钝化膜),使金属与外界介质隔离而不发生化学作用。不锈钢按组织结构可分为奥氏体不锈钢、马氏体不锈钢、铁素体不锈钢、双相不锈钢和沉淀硬化不锈钢。

10.1.1 合金元素与晶体结构

1. 相图

图 10-1 为 Fe-Cr-Ni 三元合金 750 ℃ 水平等温截面图。可以看出,铁、铬二元合金主要形成铁素体 α、σ 相,当在铁、铬中添加镍以后,才会出现奥氏体 γ 相。

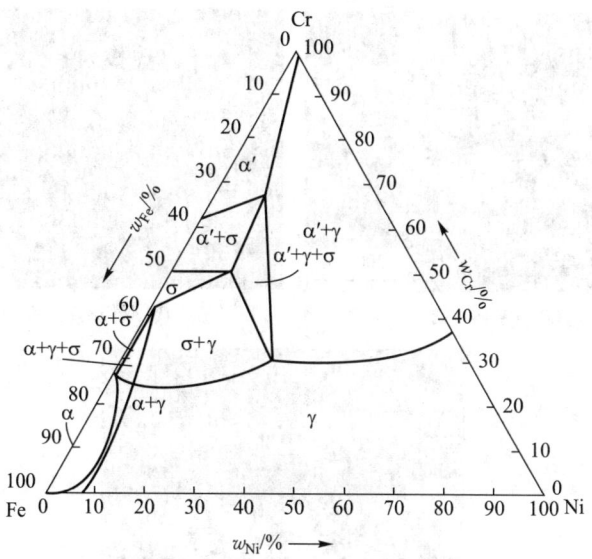

图 10-1　Fe-Cr-Ni 三元合金 750 ℃水平等温截面图

　　图 10-2 为 Fe-Cr-Ni 三元合金的变温截面图。可以看出,随着铬、镍含量及温度的变化,α、γ 相区的形状发生了明显的变化。首先由左向右,经历了 α 单相区、α+γ 两相区、γ 单相区,这一变化主要是镍含量的影响,如 1Cr17 对应的为铁素体不锈钢,0Cr22Ni5 对应的为双相不锈钢,1Cr18Ni9 对应的为奥氏体不锈钢。同时温度的不同也会影响到 α／(α+γ)／γ 相区的变化,从图中可以看到,随着温度的升高相界线弯向了右侧,表明高温时 γ 相逐渐减少,α 相逐渐增多,在低温时 α+γ 两相区基本稳定。通常不锈钢中添加氮可以提高高温下奥氏体的稳定性,如图 10-2 所示的阴影部分,为添加氮后的相界线变化趋势,氮的加入扩大了 α+γ 两相区。合金元素在双相不锈钢 α 相、γ 相中含量是不同的,α 相中富集了铁素体形成元素,而 γ 相中富集了奥氏体形成元素。

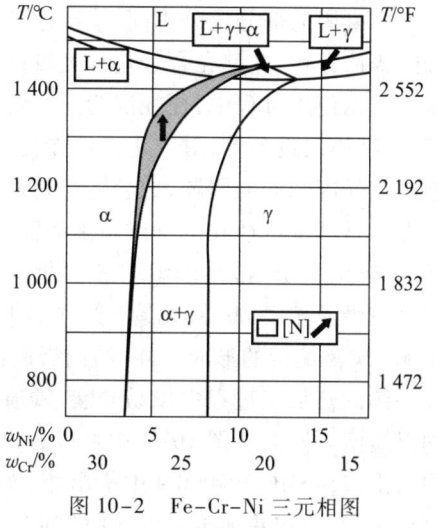

图 10-2　Fe-Cr-Ni 三元相图
变温截面图[1]

　　2. 显微组织

　　图 10-3 所示为常见的铁素体不锈钢、双相不锈钢、奥氏体不锈钢的微观组织结构。特别需要说明的是,奥氏体不锈钢由于层错能低,故其组织中往往存在大量的孪晶,这也成为判定其是否为奥氏体结构的一个简单方法。

10.1.2　微观组织偏析

　　铸件(锭)中化学成分不均匀的现象称为偏析,在实际生产中,几乎所有金属都要

(a) 铁素体不锈钢 　　　　(b) 双相不锈钢

(c) 奥氏体不锈钢

图 10-3　常见的铁素体不锈钢、双相不锈钢、奥氏体不锈钢微观组织

经过由液态到固态的凝固过程,当合金凝固时,由于发生溶质的重新分配,先凝固的部分与后凝固的部分成分不同,就产生了溶质的偏析现象。偏析现象在不锈钢、高温合金中普遍存在,尤其在合金化程度较高,锭型较大的条件下更容易发生。在传统奥氏体不锈钢使用过程中,往往因为一些苛刻的工作环境,如海洋开发、垃圾焚烧、石油化工、造纸漂白设备等,对其耐蚀性能提出新的挑战。为了解决常规奥氏体不锈钢耐蚀性以及强度偏低的问题,成分优化是最为有效的方法,通过添加更多的铬、镍、钼、氮可以提高材料抗点蚀和抗缝隙腐蚀的能力,所形成的这类钢被称为超级奥氏体不锈钢。例如,超级不锈钢 254SMO 中钼含量高达 6%,其在凝固时极易发生溶质再分配,尤其凝固前沿液相中 Mo 偏聚最为严重,同时其他元素在奥氏体中低的扩散能力,也加剧了 Mo 枝晶偏析的形成。Mo 的偏析使得在富含 Mo 的区域析出大量的 σ 相,这使铸坯在后续的热加工过程中极易开裂,常通过控制凝固工艺、合理的均匀化热处理工艺等加以缓解。同时从图 10-4 中可以看出,在 550 ~ 1 100 ℃ 这些析出相又极易从奥氏体中析出,254SMO、654SMO 中析出相(如碳化物、σ 相)的析出时间很短。由于析出温度范围宽,造成热加工温度区间很窄,导致材料高温热塑性很差,σ 相往往在晶界处析出,引起晶界脆化,热轧过程中会使热轧板极易发生开裂现象。

　　超级奥氏体不锈钢凝固过程中元素偏析和析出十分严重,热加工过程中高温氧化烧损严重,二次相析出敏感,变形抗力大,高温塑性差,已经成为其生产和应用过程中的技术瓶颈问题。

　　这些 σ 相的存在将严重影响后续的加工和使用,通常要进行高温均匀化处理,以使得 σ 相回溶到奥氏体基体中,但温度过高将发生晶粒长大现象,高温氧化严重甚至

发生 Mo 的烧损。如图 10-5 所示为 254SMO 在 1 220 ℃固溶分别保温 0 h、1 h、2 h、
5 h 后的微观组织,可以看到,随着保温时间的延长,σ 析出相越来越少,固溶时间达到
5 小时后,才成为单一的奥氏体组织。表明高温下富含 Cr、Mo 的 σ 相,可以通过扩散
回溶到基体奥氏体组织中。

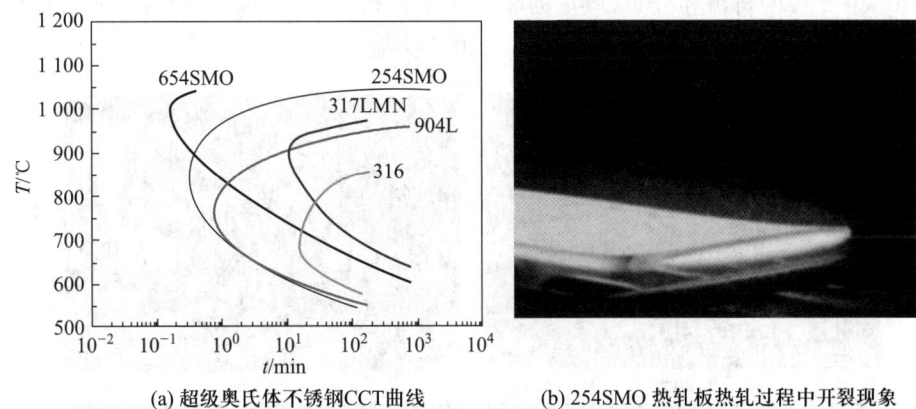

(a) 超级奥氏体不锈钢CCT曲线 (b) 254SMO 热轧板热轧过程中开裂现象

图 10-4　超级奥氏体不锈钢 CCT 曲线、254SMO 热轧板热轧过程中开裂现象

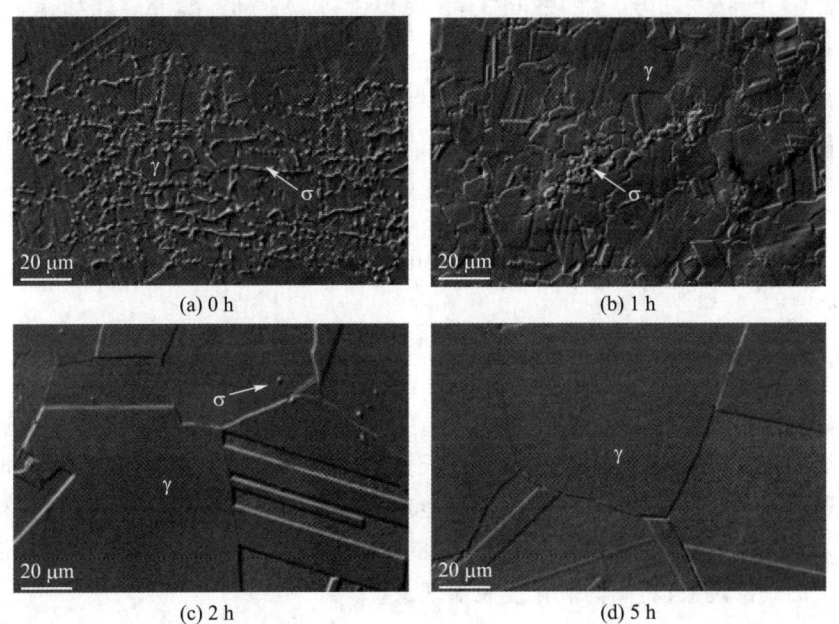

(a) 0 h　　(b) 1 h

(c) 2 h　　(d) 5 h

图 10-5　254SMO 在 1 220 ℃固溶分别保温 0 h、1 h、2 h、5 h 后的微观组织

该超级奥氏体不锈钢面临着诸多问题:① 凝固过程中合金元素(尤其 Mo)偏析严
重;② 热加工过程中组织稳定性差,σ 等易于析出;③ 热加工温度区间窄,热塑性差,
开裂倾向严重;④ 热加工温度过高时易发生高温氧化,Mo 极易挥发;⑤ σ 相的析出严
重降低材料耐点蚀和晶间腐蚀性能。因此,如何降低 Mo 元素晶界偏析,抑制二次相
析出是改善热塑性、耐蚀性的关键。硼被广泛应用于低合金高强度钢、不锈钢、超级不

锈钢和镍基合金等。利用其特殊的偏聚和析出机制,用以提高钢的淬透性、增强中子吸收能力、强化晶界、改善热塑性和耐磨性、抗高温蠕变能力等。对于超级不锈钢和镍基合金,主要利用硼可降低界面能的特殊偏聚行为,改善其热加工性能。为了改善 σ相的偏聚行为,将微量硼加入 254SMO 中,如图 10-6 所示,B 的加入可明显改善254SMO 中 σ 相的析出和分布,微量的硼可减缓 σ 相在晶界的偏聚倾向。可以看到含硼 254SMO 在 1 220 ℃固溶保温 1 h 后,σ 相已经基本消除。

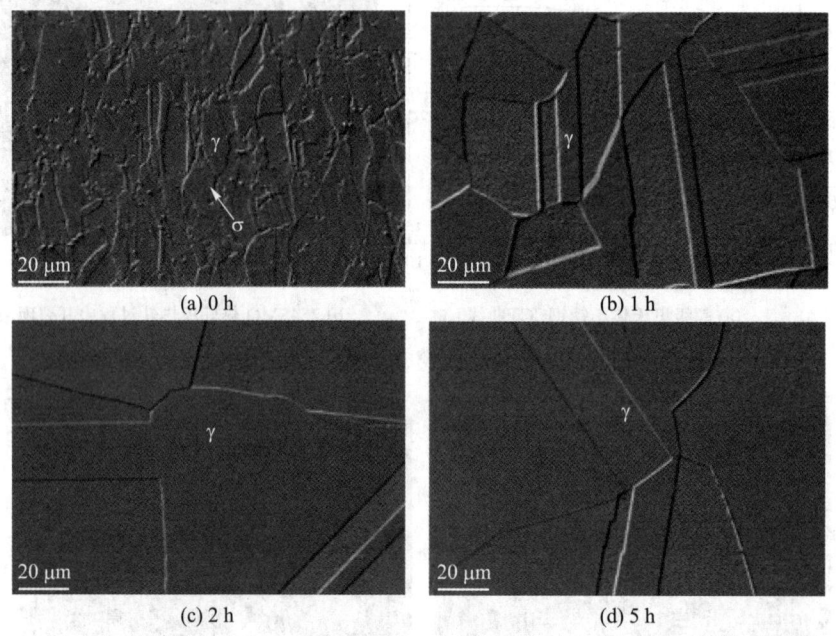

图 10-6　含硼超级奥氏体不锈钢 254SMO 固溶 0 h、1 h、2 h、5 h 后微观组织[2]

10.1.3　组织稳定性与使役性能

提高蒸汽温度和压力,从而大幅度提高电厂锅炉的效率,降低煤耗和污染物排放,这对锅炉用关键材料提出了更高要求,奥氏体耐热钢(Super304H、HR3C)在长时间高温运行过程中,其微观结构的演变会对性能产生明显影响,导致出现高温塑性变形行为及失效破坏,如图 10-7 所示,左图为超超临界电站机组锅炉过热器管长期使用过程中发生的爆管现象,右图为氧化皮脱落现象。

在 600 ℃等级超超临界锅炉材料中,Super304H 的晶内弥散分布 ε 富 Cu 相和 MX相,高温时效过程中 ε 富 Cu 相仍然能够保持纳米级的尺度且均匀分布,有很好的强化作用,而 $M_{23}C_6$ 型碳化物易于在奥氏体晶界上聚集长大。HR3C 是 Fe-25Cr-20Ni基耐热不锈钢,通过复合添加 Nb、N 形成弥散分布、细小的 NbCrN 相,以及富 Nb 碳、氮化物和 $M_{23}C_6$ 共同强化,具有较高的高温强度。高温时效过程中,NbCrN 相主要在晶内析出,而 $M_{23}C_6$ 主要在晶界析出,同时在局部区域有 M_6C 析出。

如图 10-8 所示为 HR3C 奥氏体耐热钢 700 ℃不同持久时间试样的显微组织,图

10-8a 显示了 HR3C 初始状态,为奥氏体组织,内部有微量白色 NbCN 等析出相;图 10-8b 为载荷100 MPa 运行 13 251 h 后的微观组织,可以看到,经过 13 251 h 沿晶界析出了一定量的碳化物析出相;图 10-8c 为经 130 MPa 运行 5 986 h 后的微观组织,沿晶界析出的碳化物析出相越来越多,在晶粒内部也有一定数量的析出相;图 10-8d 为经 170 MPa 运行 1 489 h 断裂后的微观组织,沿晶界析出的析出相更多,且在晶粒内部也析出了大量的析出相,表明析出相的主要元素 Cr、C 等在 700 ℃ 长时间运行过程中,有向晶界迁移、扩散的倾向。

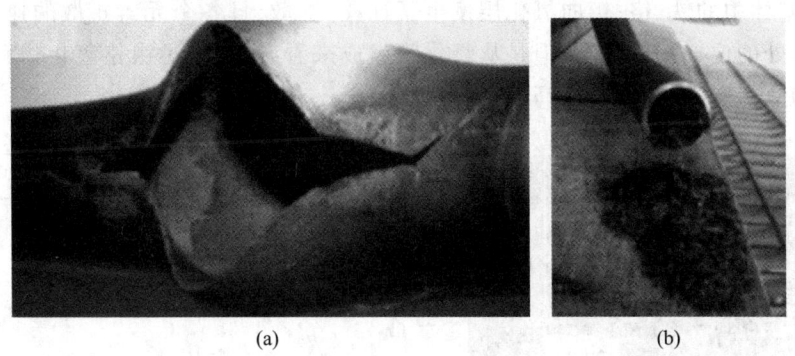

(a)   (b)

图 10-7   超超临界电站机组锅炉过热器管长期使用过程中的爆管形貌

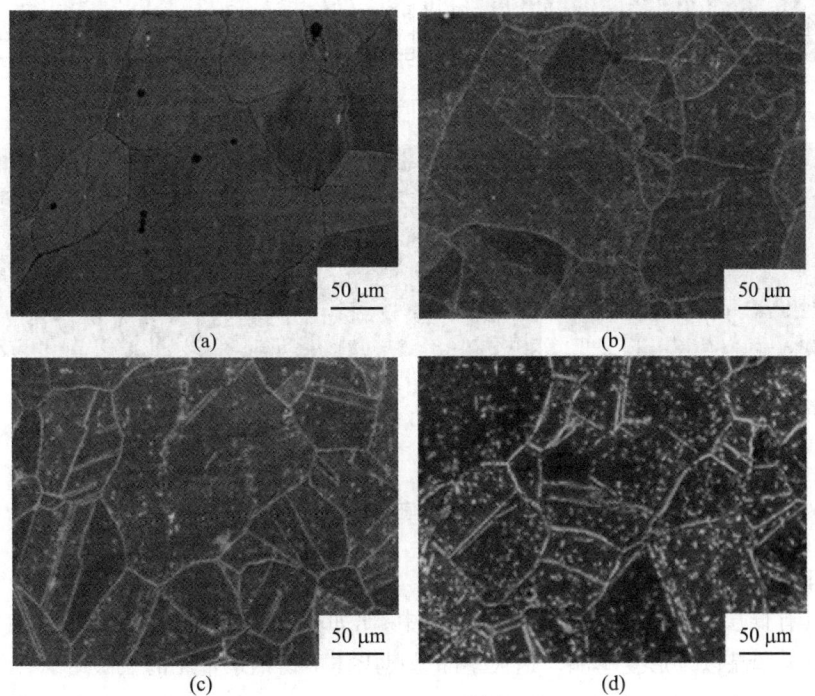

(a)   (b)

(c)   (d)

图 10-8   HR3C 奥氏体耐热钢 700 ℃ 不同持久时间试样的显微组织

奥氏体耐热钢在长时间高温运行过程中,表面的抗氧化性既是保证材料高温蠕变强度的前提,又是过热器使用寿命和安全可靠性的关键因素。然而,当处于高温、水蒸气、硫化物等气氛中时,传统奥氏体耐热钢的抗氧化性难以达到要求。此时,Al、Nb 的加入可提高奥氏体耐热钢的抗氧化性能。

图 10-9 为含铝奥氏体耐热钢 800 ℃氧化 120 h 氧化层组成及成分分布。图 10-9a 为氧化膜表面形貌,可以看到氧化膜由几层组成;图 10-9b 为横截面由表层氧化层至基体各元素的成分分布,氧化膜主要分为三部分:表面富铁氧化物、次表层富铬氧化物、再往内富铝氧化物;图 10-9c 也可以看出来铁、铬、铝的分布情况与图 10-9b 一致。从以上含铝奥氏体耐热钢高温氧化来看,原本其内部成分是均匀的,但是在氧化过程中,基体中的铁、铬、铝向氧化层发生了迁移、扩散,且各个元素扩散的速率、扩散量以及所处的位置均有差别,但是从氧化膜组成来看,次表层是由铬氧化物和铝氧化物组成的致密层,因此具有较高的抗氧化性能。

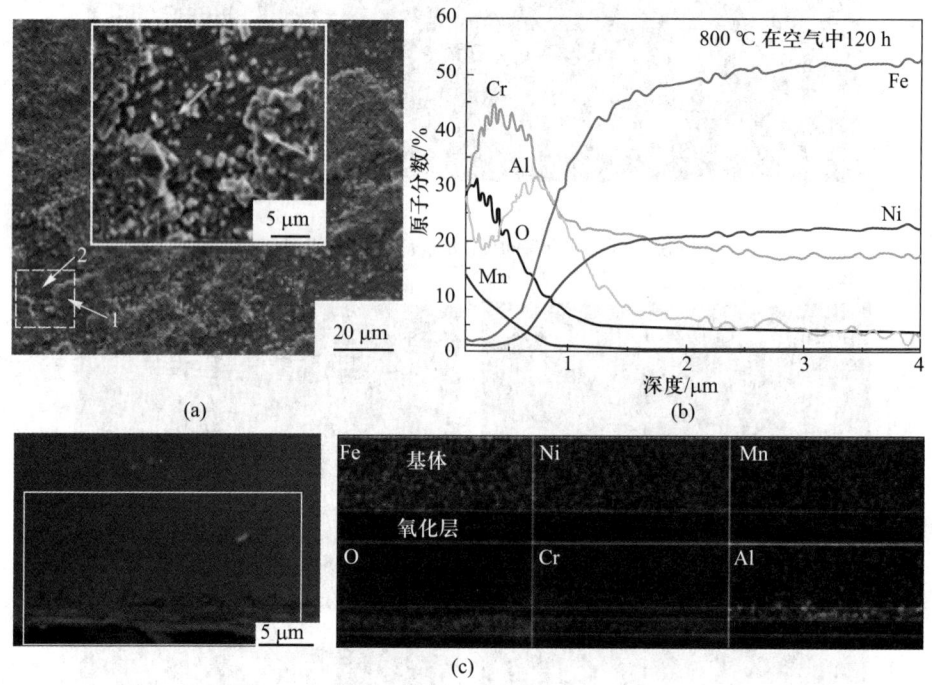

图 10-9　含铝奥氏体耐热钢 800 ℃氧化 120 h 氧化层组成及成分分布

10.1.4　变形与再结晶(铁素体、奥氏体、双相不锈钢轧制)

1. 孪晶

在具有低层错能的面心立方金属材料中,比如奥氏体不锈钢、铜合金、镍合金等常常存在退火孪晶以及形变孪晶。退火孪晶是奥氏体不锈钢中常见的显微组织,图 10-10 为 304 奥氏体不锈钢、2 707 双相不锈钢微观组织中的孪晶。从图 10-10 中可以看到,平行的条状组织就是退火孪晶,如图中箭头所示。图 10-10a 奥氏体不锈钢中奥氏体晶粒内部存在大量的孪晶;图 10-10b 中双相不锈钢与奥氏体不锈钢相比,双相不锈钢中有的相晶粒内部存在孪晶,有的相晶粒内部没有孪晶,那么有孪晶的相为奥氏体,而没有孪晶的相为铁素体,这也是分辨奥氏体组织的一个有效方法。

(a) 304奥氏体不锈钢   (b) 2 707双相不锈钢

图 10-10　304 奥氏体不锈钢、2 707 双相不锈钢微观组织中的孪晶

2. 再结晶

2 205 双相不锈钢中 α、γ 两相的力学性能有一定差异,因此在变形过程中两个相的变形能力也不相同,通常 α 相较 γ 相更容易变形,由于动态再结晶的进行需要以一定的塑性变形量为前提,故 2 205 双相不锈钢在变形量、变形温度一定时,双相组织中只有 α 相发生了动态再结晶,并且动态再结晶的形成和变形量、加热温度、变形速率有直接的关系。图 10-11 示出了 2 205 双相不锈钢在不同变形温度、变形量以及不同保温时间条件下的微观组织,铸态下两个相中均没有孪晶、再结晶等,在变形温度为

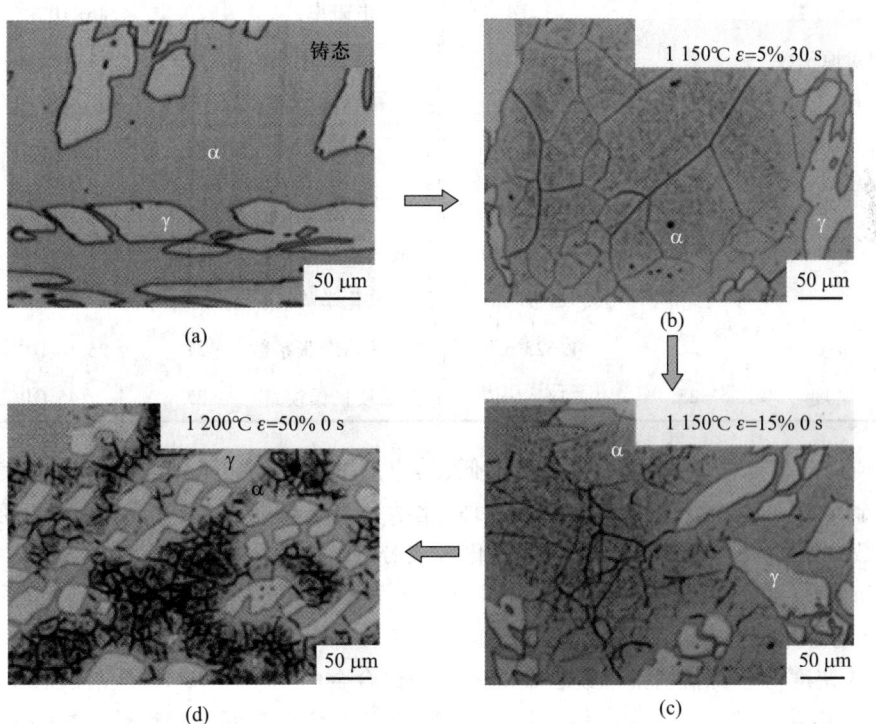

图 10-11　2 205 双相不锈钢微观组织中再结晶

1 150 ℃、变形量为5%、保温30 s后的微观组织中,α 相发生了动态再结晶。对比来看,加热温度越高,α 相发生动态再结晶的区域越多,从图中还可以说明,γ 相周围新转变的 α 相,由于变形量不够,同样也难以发生动态再结晶,动态再结晶的温度较高,当变形量增大,形变率较低时有利于动态再结晶的形成。

10.2 镁及镁合金

Mg 是地壳中储量较多的金属元素之一($w_{Mg}=2.7\%$),仅次于 Al 和 Fe 而居于第三位。此外,占地球表面积70%的海洋也是一个天然的镁资源宝库,据测算,每立方米的海水中约含有 1.3 kg 的镁。仅死海的镁,若得到全部开发的话,就可供人类使用22 000 年[3]。

10.2.1 镁及镁合金的特点

在元素周期表中,镁的原子序数为 12,属 IIA 族碱土金属。纯镁的密度为 1.738 g/cm^3,普通镁合金的密度在 1.3 ~ 1.9 g/cm^3[4-5],最轻的镁合金(Mg-Li)密度仅 0.95 g/cm^3,可漂浮于水上。纯镁的物理性能与工程性质如表 10-1 所示。

表 10-1 纯镁的物理性能与工程性质

性质	温度/℃	数值	性质	温度/℃	数值
原子序数		12	电阻率	20	4.46×10^{-8} Ω · cm
相对原子数		24.305 0	热导率	27	156 W/(m · K)
熔点		(650±0.5)℃	热扩散率	27	0.874 cm^2/s
沸点		1 090℃	比热容	27	0.870 9 kJ/(kg · K)
结构	25	密排六方	线收缩	650 ~ 20	1.9%
a		0.320 94 nm	液—固体收缩	650	4.2%
c		0.521 07 nm	电化学势		-2.37 V
a/c		1.623 6	多晶镁热膨胀系数	27	$25.0\times10^{-6}/K$
密度	25	1.738 g/cm^3	多晶镁杨氏模量	25	45 GPa

纯镁的优点很多,但是力学性能较低,其应用范围受到很大的限制。在纯镁中添加合金元素,可以显著改善镁合金的物理、化学和力学性能,根据实际需要,已经开发出为数众多的镁合金体系。一般按照化学成分,镁合金主要划分为 Mg-Al、Mg-Mn、Mg-Zn 等二元系,以及 Mg-Al-Zn、Mg-Al-Mn、Mg-Mn-Ce、Mg-Zn-Zr 等三元系及其他多元系镁合金。大多数镁合金具有如下特点[6-7]。

① 密度低、结构轻,常规镁合金的密度是铝合金的 60% ~ 70%,是钢铁的 20% ~ 30%,应用在工程中可大大减轻结构件质量,能显著减小车辆启动惯性,增大载重,可用于航天、航空飞行器上。

② 比强度和比弹性模量高,镁合金的屈服强度与铝合金大体相当,只稍低于碳钢,是塑料的 4~5 倍;比弹性模量与高强铝合金、合金钢大致相同。

③ 弹性模量低,当受外力作用时,应力分布将更为均匀,可以避免过高的应力集中。在弹性范围内承受冲击载荷时,所吸收的能量比铝高 50% 左右,适合于制造承受猛烈冲击的零部件。

④ 阻尼性能好,适合于制备抗振零部件。

⑤ 切削加工性能优良,其切削速度大大高于其他金属。切削时对刀具的消耗很低。

⑥ 抗疲劳性能良好,在长期使用条件下其裂纹倾向较低,使用寿命长。

⑦ 导热和导电性优良,电磁屏蔽性能好,适宜制造电磁干扰的电子产品。

⑧ 具有高的负电性,可作为牺牲阳极材料,防止其他金属的腐蚀,保护更重要的金属构件不受腐蚀破坏。

⑨ 铸造性能优良。

⑩ 易于回收利用,具有环保性。

因此,镁合金被认为是 21 世纪最有开发和应用潜力的"绿色材料"。但镁作为一种新型轻质工程材料,其开发和应用还具有很大的发展潜力。正如著名材料专家 Cahn 所指出,在材料领域里还没有任何材料像镁那样,其发展潜力和实际应用现状之间存在如此大的差异[8]。

10.2.2 镁合金的塑性变形

1. 镁合金的晶体结构与位错特征

镁属于密排六方晶体结构(图 10-12[7]),$a = 0.320\ 9$ nm,$c = 0.521\ 1$ nm,$c/a = 1.623\ 6$,与理论值 1.633 十分接近。与面心立方金属一样,HCP 结构的镁合金也属于密堆结构。但与面心立方晶体结构金属由(111)面按"ABCABC…"顺序堆垛而成不同,镁合金的密排面为(0001)面,理想完整的结构是由(0001)面按"ABABAB…"的顺序堆垛而成的。虽然密排六方晶体的体致密度和原子配位数与面心立方晶体相同,但由于两种晶体原子密排面的堆垛方式不同,晶体的塑性变形能力相差悬殊。

与铝、铜、铁等金属相比,镁合金的位错特征不一样。在密排六方镁合金中,主要存在以下几种可能的位错[9]。

① a 位错　即柏氏矢量为 $\dfrac{a}{3}<11\bar{2}0>$ 的单位位错。这是镁合金内柏氏矢量最小的位错,其柏氏矢量位于(0001)基面并沿基面各条底边方向。a 位错是镁合金中运动能力最强的位错,能沿基面、棱柱面及锥面发生滑移。

② c 位错　即柏氏矢量为 $c<0001>$ 的单位位错。与 a 位错一样,c 位错也属于镁合金中的全位错。

③ c+a 位错　即柏氏矢量为 $\sqrt{c^2+a^2}<11\bar{2}3>$ 的全位错。a 位错与 c+a 位错是镁合

金中常见的两种位错。与 $\frac{a}{3}<11\bar{2}0>$ 的单位位错相比，c+a 位错的柏氏矢量大，晶面间距较小，因此位错芯窄，运动能力较差而不易发生滑移。

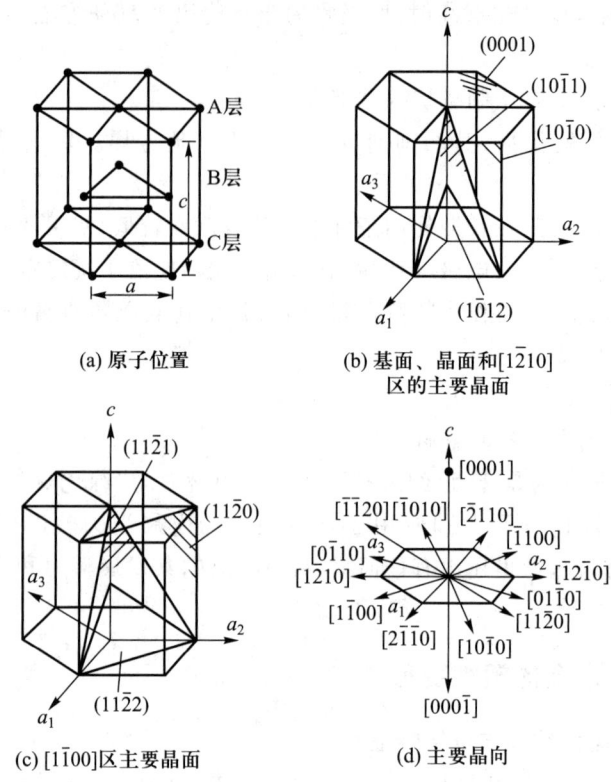

(a) 原子位置   (b) 基面、晶面和[$1\bar{2}10$] 区的主要晶面

(c) [$1\bar{1}00$]区主要晶面   (d) 主要晶向

图 10-12 金属镁的晶体结构[5]

2. 镁合金的滑移变形

由于晶体发生塑性变形时滑移面总是原子排列的最密排面，而滑移方向总是原子排列的最密排方向，因此多晶密排六方结构的镁 $<11\bar{2}0>$ 晶向是原子排列最紧密的方向，也是最容易发生滑移的方向。包含 $<11\bar{2}0>$ 晶向的晶面主要有（0001）基面、三个 $\{10\bar{1}0\}$ 棱柱面和六个 $\{10\bar{1}1\}$ 锥面，棱柱面和锥面滑移一般只有在应力集中较严重的晶界附近才能发生。此外，$<11\bar{2}3>$ 晶向是潜在的滑移方向，包含 $<11\bar{2}3>$ 晶向的晶面包括 $\{10\bar{1}1\}$、$\{11\bar{2}1\}$、$\{10\bar{1}2\}$ 及 $\{11\bar{2}2\}$ 等锥面。按照滑移方向分类，可将镁合金的滑移分为 a 滑移和 c+a 滑移；而按照滑移面分类，则镁合金的滑移可分为基面滑移和非基面滑移（包括棱柱面滑移和锥面滑移）。概括起来，镁合金中主要存在以下几个独立的滑移系。

（1）基面滑移系

（0001）基面是镁合金中原子排列最紧密的晶面，也是镁合金中最基本的滑移系，其实质是柏氏矢量为 $\frac{a}{3}<11\bar{2}0>$ 的单位位错的滑移（通常称为 a 滑移），其中滑移面为

（0001）基面,滑移方向为<$11\bar{2}0$>晶向。由于每组晶面上有[$11\bar{2}0$]、[$\bar{1}2\bar{1}0$]、[$2\bar{1}\,\bar{1}0$]三个滑移方向,因而基面滑移共有三个滑移系。但沿[$2\bar{1}\,\bar{1}0$]方向的滑移可由[$11\bar{2}0$]和[$\bar{1}2\bar{1}0$]两个方向的滑移叠加而成,因此从晶体学角度看基面滑移其实只能提供两个独立的滑移系。

（2）棱柱面滑移

棱柱面滑移系也是镁合金中常见的一种滑移系,棱柱面滑移也属于柏氏矢量为 $\frac{a}{3}$<$11\bar{2}0$>的单位位错的滑移。根据滑移面的不同,有两种类型的棱柱面滑移系,即 $\{10\bar{1}0\}$ 和 $\{11\bar{2}0\}$ 滑移,二者的滑移方向均为<$11\bar{2}0$>,一共能提供两个独立的滑移系。

在室温附近,镁合金棱柱面滑移的临界切应力（critical resolved shear stress,CRSS）远大于基面滑移（图 10-13）,因此一般情况下不易启动。但当温度升高或晶粒尺寸细化至 10 μm 以下时,棱柱面滑移可在镁合金的塑性变形过程中发挥重要作用。

基面滑移系和棱柱面滑移系一共只能提供四个独立的滑移系,不能充分满足 Von-Mises 准则。尤为重要的是,基面滑移和棱柱面滑移皆为 a 位错滑移,滑移方向为平行于基面而垂直于 c 轴的<$11\bar{2}0$>方向,无法协调沿 c 轴方向的应变。因此,要想使多晶镁合金具有良好的均匀塑性变形能力,必须借助孪生或充分开动其潜在的锥面滑移系。

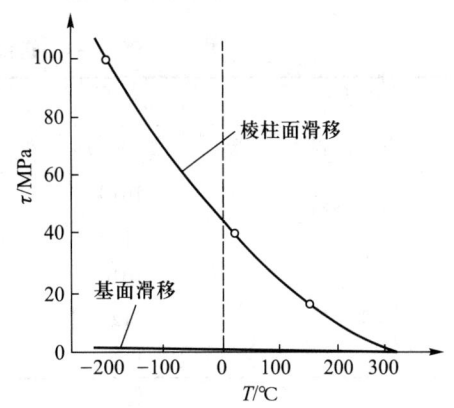

图 10-13　镁的基面与非基面上临界切应力与温度的关系[10]

（3）锥面滑移系

镁合金中的锥面滑移分为 a 位错滑移和 c+a 位错滑移。其中 a 位错锥面滑移从晶体学角度分析可将其看作基面滑移和棱柱面滑移综合作用的结果,因此不能提供新的独立的滑移系。c+a 位错是镁合金中最常见的两种全位错之一,其柏氏矢量较大,一般情况下不易发生滑移,是镁合金中潜在的滑移系。当变形温度升高或晶粒细化时,c+a 位错滑移将被激活,因此 c+a 位错滑移是最重要的锥面滑移,在镁合金的塑性变形过程中发挥着重要作用。

锥面滑移系可用通式表达为 $\{hkil\}$<$11\bar{2}3$>,其中最常见的 $\{hkil\}$ 晶面包括 $\{10\bar{1}1\}$、$\{11\bar{2}1\}$、$\{10\bar{1}2\}$ 及 $\{11\bar{2}2\}$,滑移方向则为稳定的<$11\bar{2}3$>晶向。在镁合金中,$\{hkil\}$<$11\bar{2}3$>锥面滑移能提供五个独立的滑移系（表 10-2[11]）,特别是其滑移方向为<$11\bar{2}3$>晶向,能很好地协调沿 c 轴方向的变形,即使在基面和棱柱面滑移系不能启动的情况下也能完全满足 Von-Mises 准则。$\{hkil\}$<$11\bar{2}3$>锥面滑移能减小镁单晶的塑性各向异性,从而使塑性以及加工性能得以改善,因此通常也将镁合金中的 c+a 位错滑移称为锥面滑移。研究表明[11]，镁合金多晶体内锥面滑移一般发生在应力高度集中的区域，如晶体表面或界面、晶界和孪晶界附近及晶粒内部 a 位错和 c 位错的交界处。滑移系的开动能力受其临界剪切应力大小的支配，而相应的滑移量由滑移面的位错特征决定。表 10-3 列出了镁合金塑性变形模式及相对临界剪切应力[12]。从表中可以看到，柱面滑移和锥面滑移的相对 CRSS 变化范围大，它受变形温度等变形条件的影响。在室温变形中，柱面滑移和锥面滑移的相对 CRSS 远高于基面滑移而不易被启动。基面滑移只能提供两个独立的滑移系，不满足均匀变形所需的五个独立的滑移系。尽管 c+a 位错滑移能提供五个独立的滑移系，但室温时镁合金锥面滑移的临界剪切应力远大于基面滑移，锥面滑移往往在高温下才能发挥作用。因此当变形温度较低时，孪生就成为协调镁合金塑性变形的重要机制[13-16]。

表 10-2　镁合金中的独立滑移系

滑移系	滑移面	滑移方向	独立滑移系数量
基面滑移	(0001)	$<11\bar{2}0>$	2
棱柱面滑移	$\{10\bar{1}0\}$ $\{11\bar{2}0\}$	$<1\bar{1}20>$	2
锥面滑移	$\{10\bar{1}0\}$ $\{11\bar{2}1\}$ $\{11\bar{2}2\}$	$<11\bar{2}0>$ $<11\bar{2}3>$	4 5

表 10-3　镁合金塑性变形模式及相对临界剪切应力

变形模式	滑移面和方向	相对 CRSS
基面	$(0001)<2\bar{1}\bar{1}0>$	1
棱柱面	$\{01\bar{1}0\}<2\bar{1}\bar{1}0>$	1～5
第一角锥面	$\{01\bar{1}1\}<2\bar{1}\bar{1}0>$	1～5
第二角锥面	$\{\bar{1}2\bar{1}2\}<\bar{1}2\bar{1}3>$	1～7
孪生	$\{10\bar{1}2\}<01\bar{1}1>$	0.5～7

3. 镁合金中的孪生

孪生是指在切应力的作用下，晶体的一部分沿着一定的晶面（又称孪生面）和一定的晶向（又称孪生方向）发生均匀切变的过程。孪生变形后，晶体的变形部分和未变形部分构成镜面对称关系，镜面两侧晶体的相对位向发生了改变。孪生的形成方式主要有两种：一种孪晶是通过晶体生长过程中的形核理论和核心长大而形成的，如在退火时形成的孪晶称为退火孪晶，相变时形成的孪晶称为相变孪晶；另一种是通过塑性变形而形成的孪晶，称为变形孪晶[17]。

作为一种塑性变形方式，孪生所需的临界应力一般比滑移的大。因此，滑移系较多的体心立方（BCC）和面心立方（FCC）金属，只有当变形温度很低，应变速率极高或在变形后期位错堆积使滑移受阻时，孪生才能成为塑性变形的主要机制。在 HCP 结构的纯金属和合金中,孪生也是一种重要的晶内塑性变形机制。在一个相当宽的温度范围内,滑移、孪生和断裂是相互竞争的应力释放形式。在室温下由于棱柱面和锥面滑移的 CRSS 较高而很难启动,只有基面和基面上三个密排方向($a_1 = 1/3[11\bar{2}0]$、$a_2 = 1/3[2\bar{1}\bar{1}0]$ 和 $a_3 = 1/3[\bar{1}2\bar{1}0]$)组成了两个独立滑移系,提供垂直于 c 轴方向的应变,而平行于 c 轴方向的应变主要由锥面孪生来产生[18]。一般认为,在 HCP 晶体结构金属中孪生主要发生在七种锥面上,即一级 $\{10\bar{1}k\}$($k = 1, 2, 3$)和二级 $\{11\bar{2}k\}$($k = 1, 2, 3, 4$)锥面,且孪生模式和孪生要素及孪生切变均受 c/a 值的影响。HCP 金属常见的孪生模式如表 10-4 所示。研究表明[19-20],在镁合金中除了表 10-4 中所列出的孪晶系外,还存在其他类型的孪生系,如 $\{30\bar{3}4\}$、$\{10\bar{1}3\}$、$\{10\bar{1}4\}$、$\{10\bar{1}5\}$、$\{2\bar{2}05\}$ 等。

表 10-4 HCP 晶体结构金属中常见的孪晶模式和孪生要素($\gamma = c/a$)[21]

K_1	K_2	η_1	η_2	N_t	N_s/N_t	q	s
$\{10\bar{1}2\}$	$\{10\bar{1}\bar{2}\}$	$\langle 10\bar{1}\bar{1}\rangle$	$\langle \bar{1}011\rangle$	8	3/4	4	$\dfrac{\gamma^2-3}{\gamma\sqrt{3}}$
$\{10\bar{1}1\}$	$\{10\bar{1}\bar{3}\}$	$\langle 10\bar{1}\bar{2}\rangle$	$\langle 30\bar{3}2\rangle$	32	7/8	8	$\dfrac{4\gamma^2-9}{4\gamma\sqrt{3}}$
$\{10\bar{2}2\}$	$\{11\bar{2}\bar{4}\}$	$\dfrac{1}{3}\langle 11\bar{2}\bar{3}\rangle$	$\dfrac{1}{3}\langle 2\bar{2}\bar{4}3\rangle$	12	2/3	6	$\dfrac{2(\gamma^2-2)}{3\gamma}$
$\{10\bar{2}1\}$	$\{0002\}$	$\dfrac{1}{3}\langle \bar{1}\bar{1}26\rangle$	$\dfrac{1}{3}\langle 11\bar{2}0\rangle$	8	1/2	2	$\dfrac{1}{\gamma}$

注:N_s——发生切变的原子数量;N_t——每个孪晶单元中的原子数量;q——孪晶中包含的惯习面 K_1 的数量;s——孪生剪切量。

在金属塑性变形过程中,孪生切变量一般都小于滑移变形量,因此孪生本身对晶体塑性变形的直接贡献并不大,但孪生的作用在于调整晶体的取向并释放应力集中,激发进一步的滑移,使滑移和孪生交替进行,这样就可以获得较大的变形。对于具有 HCP 结构的镁合金来说,因其滑移系少,孪生就在其塑性变形过程中起着重要的作用。对于纯镁其 $c/a = 1.623\ 6$,镁合金的 c/a 一般也小于 $\sqrt{3}$。当垂直于基面压缩或平行于基面拉伸时,其晶面取向既不利于滑移,也不可能发生孪生,所以孪生对其总的应变量贡献不大。当垂直于基面拉伸或平行于基面压缩时,在变形开始阶段基面处于硬取向,难以发生滑移,但可发生孪生。孪生导致孪晶区域内的晶体取向发生改变,使基面偏离硬取向,于是孪晶内的晶体满足滑移发生的条件,开始滑移。Koike 等[20]对细晶镁合金变形机理的研究表明,在塑性变形过程中由于仅通过位错运动难以获得有效的调节,此时孪生可以作为一种附加的调节机理。

研究表明[22],孪生(及高次孪生)在 Mg-Al-Zn 系合金的塑性变形中起着非常重要的作用,具体如下。

① 孪晶改变了晶粒取向,使不利于滑移或孪晶的晶体学取向变得有利。

② 使晶界可以较好地满足相邻晶粒之间的弹性应变不相容性。

③ 孪晶之间反应生成二次孪晶,提高合金的整体塑性。

④ 释放局部应力,减小裂纹形核,并且钝化裂纹尖端,阻碍裂纹的扩展。

因此从微观上讲,Mg-Al-Zn 系合金塑性的改善可以从优化形变孪晶的形态来考虑。小池淳一等人认为,镁合金中的主要孪生模式为 $\{10\bar{1}2\}$ 和 $\{10\bar{1}1\}$ 孪晶,由于前者的相对 CRSS 较后者小,因此在变形初期易发生 $\{10\bar{1}2\}$ 孪生,对位错滑移所引起的各向异性有一定的调节作用;而 $\{10\bar{1}1\}$ 孪晶主要在变形后期形成,并可产生局部变形而引发断裂源。因此,依靠孪生来弥补镁合金滑移系少,塑性各向异性强的缺陷是非常困难的。要充分满足多晶体均匀塑性变形的条件,必须通过晶粒细化或动态再结晶,利用晶界滑动来协调镁合金的塑性变形[23]。

4. 镁合金的塑性成形

当前镁合金产品以铸造件特别是压铸件为主。然而,镁合金压铸件存在晶粒粗大,力学性能较差,易产生缺陷等缺点,大大限制了镁合金的应用范围。通过塑性加工可以有效地改善镁合金的微观组织,提高材料的力学性能[24]。对镁合金塑性加工技术的研究已经成为当今镁合金研究和发展的重要方向,并且已经取得一定的成果。常用的成形方式主要有锻造成形、挤压成形、轧制成形以及强烈塑性变形等。

(1)锻造成形

锻造是一种借助工具或模具在冲击或压力作用下加工金属机械零件或零件毛坯的方法。相对于铸造成形,镁合金锻造成形具有一定的优势[25]。

① 当晶粒取向与主载荷方向一致时,镁合金锻件具有优异的静态和动态强度;

② 镁合金锻件组织致密、无孔隙,性能优异,可以用于对气密性要求严格的场合。

但锻造是一个极其复杂的变形过程,在锻造过程中往往会出现局部不均匀变形,从而导致工件组织、性能不均匀,且影响模具使用寿命。因此,通常要求通过控制工艺和优化模具设计使变形尽量均匀。

(2)轧制成形

一般采用平板状的镁合金铸锭轧制成形法来制备镁合金板材。轧制前,先要预热镁合金铸锭,然后在往复式轧机中反复轧制以减小铸锭厚度并破坏铸态组织。由于被轧板坯和轧机轧辊接触时间很短,且轧辊很少预热,因此,如果板坯不进行二次预热,那么每道次压下率只能达到 10% 左右。通常在最终道次中润滑轧辊。粗轧后,将镁合金板坯重新加热到 588~643 K,并在平板精轧中将其轧制到最终的厚度和状态。

目前镁合金板材的应用受到很大的限制,其产量和用量均远不及钢铁及铝、铜等有色金属。制约镁合金板材发展的因素主要有两个:① 大部分镁合金的室温塑性变形能力较差,且轧制板材中存在严重的各向异性;② 镁合金板材制备工艺不够成熟,力学性能还需进一步提高。

(3)挤压成形

挤压是指对放在挤压筒中的锭坯的一端施加压力,使之通过模孔以实现塑性变形的一种压力加工方法。镁合金的挤压工艺与其他金属类似,典型挤压温度范围是

300~400 ℃,挤压温度的高低取决于合金种类和挤压件形状。在挤压时,为了减小坯料与挤压筒及凹模之间的摩擦,防止黏模,降低摩擦力,有利于金属流动,必须采用润滑剂,同时润滑剂还起到隔热的作用,从而提高模具寿命。镁合金挤压的挤压比在10∶1~100∶1 范围内变化,已预挤压的锭坯挤压比可适当增大。工件在挤压成形过程中会生成大量的热量,因此必须充分散热,否则会导致镁合金发生热裂。挤压件脱模后,为了保持微细、均匀的显微组织,可采用强迫气冷或水冷进行淬火。挤压具有细化晶粒的作用,同时能提高材料的强度和塑性。ZK60 合金经 423 K 挤压后抗拉强度上升到 500 MPa 以上,这可归因于晶粒细化。

（4）超塑成形

超塑性是指在一定条件下超出一般塑性指标的金属特性。一般情况下金属变形时伸长率均小于 100%,而具有超塑性的金属在超塑条件下伸长率可达到百分之几百甚至几千,且变形抗力非常小。超塑成形是指利用材料在一定条件下的超塑特性,即在一定的温度、变形速度和显微组织下进行大变形加工的一种成形方法[26]。

镁合金塑性较低,用常规方法加工较难,近年来美国和日本等国对镁合金的超塑性成形技术进行了研究。研究表明,很多变形镁合金在一定条件下具有超塑性,可以一次成形复杂的零件。如 AZ31、AZ61 和 ZK60 在适宜的条件下呈现超塑性能,不论板材和棒材,其最大伸长率可达 200% 以上,而变形抗力却非常小,这就为成形加工提供了极为有利的条件,可以用很小的力一次成形复杂的零件。但有两点要注意:一是材料的晶粒度要小于 10 μm,这就要求对材料进行一定变形量的预加工,如采用挤压、轧制等以破碎其原始晶粒;二是应变速率均较低,尤其是 AZ 系的 AZ31 和 AZ61 合金应变速率更低,这不利于大批量生产。

10.2.3　镁合金塑性成形的研究现状

由于常规镁合金的力学性能较差,尤其是室温塑性远远不能满足工程结构件的需要,因此改善镁合金的力学性能成了镁合金研究领域内的重要课题。提高镁合金的力学性能的主要途径有如下三种。

1. 改变镁合金的晶体结构

众所周知,晶体材料的塑性与晶体的晶格类型有很密切的关系,通过加入某些合金元素改变镁合金的晶体结构,使之在室温下由密排六方的晶体结构转变为体心立方或面心立方晶体结构,在变形过程中可动滑移系增加,从而提高合金的加工成形能力。研究表明,锂作为合金元素加入镁中,不仅进一步降低其密度,而且根据合金相图得知,当镁合金中的锂含量达到或超过 8% 以后,将使镁合金从密排六方结构部分或完全转变为立方结构,改变其变形机制,从而大大改善其变形能力。如具有体心立方结构的镁合金 LA141A（Mg-14% Li-1% Al）和 7LS141A（Mg-14% Li-1% Si）,并以板材、挤压材和铸件的形式生产,主要用于航空和军事领域。但是该合金的强度较低,如LA141A（Mg-14% Li-1Al）的抗拉强度仅仅为 130 MPa,后来在合金中加入第三组元如铝、银、镉及锌后,由于可生成共格 Li_aX_b 相,因而产生明显的时效强化效应。但是该合金对时效很敏感,在应用上受到很大的限制[27]。

2. 激活棱柱滑移面，增加可开动滑移系

纯镁的棱柱滑移面 $\{10\bar{1}0\}<11\bar{2}0>$ 是不活泼的，当采用常规铸造方法时加入锂及铟可激活这些滑移面，这样可以使镁合金在较低的温度下具有很好的塑性，但是这种合金的固溶强化值很低，加工硬化的效应很低，而且其耐蚀性也很差，不具有实用价值。

3. 细化晶粒

通常情况下，屈服强度与晶粒尺寸之间的关系可以用 Hall-Petch 等式来表示：$\sigma=\sigma_0+Kd^{-1/2}$，式中 K 为泰勒因子，是个常数，d 为晶粒尺寸，σ 值随着泰勒因子 K 的增加而增大，泰勒因子与滑移系的数目密切相关，由于密排六方金属的滑移系数目很少，因此泰勒因子比面心立方和体心立方金属大，密排六方金属具有很强的细晶强化效应。镁的 Hall-Petch 系数 $K=280$ MPa $\cdot\sqrt{m}$，而纯铝的 Hall-Petch 系数为 68 MPa $\cdot\sqrt{m}$，镁的 Hall-Petch 系数为纯铝的 4 倍[28]，通过晶粒细化提高镁合金强度的效果比铝显著。此外，由于晶粒细化使材料内部的晶界增多，在变形过程中晶粒转动的力矩减小，晶粒之间的变形更加协调，能够在提高材料强度的同时，改善材料的塑性，据研究表明纯镁的晶粒尺寸细化到 8 μm 以下时则使延性转变降至室温。因此，该方法已经成为改善镁合金性能的主要方法。

10.3　碳材料结构与性质

本节主要介绍了一种非常重要的无机非金属材料——碳材料，这种古老又年轻的材料在燃料化学（煤化学、石油化学）学科领域里逐渐发展壮大，并且品种越来越多，规模越来越大。为了更清晰地认识碳材料，本节对不同碳材料的堆积方式、晶体学、对称性、制取方法和发展阶段等做简要概述。分别从碳化过程、石墨化过程、碳材料的表面结构、碳的晶体结构、碳的形态、碳的晶体结构等方面进一步剖析碳材料的结构，让我们对碳和炭的区别有了更深一层的认识。在介绍完碳材料的结构后，进一步分析碳材料的性质，其中包括碳材料的织构性质（真密度及体积密度和气孔率等概念的解释与测试等）、热学性质（比热、热导率、热膨胀系数和抗热振性等的解释与判定）、力学性质（机械强度、弹性模量和耐磨性的判定）、电磁学性质（导电性和比电阻以及磁学性质的定义与解释）和化学性质（与气体、酸碱盐等的反应过程及机理等）等。前三个部分介绍碳材料的结构与性质的总体认识，后边针对性地对第二代碳材料（石墨）、第三代碳材料（金刚石和碳纤维等）和第四代碳材料（富勒烯、碳纳米管、石墨烯、碳包覆金属纳米颗粒、碳气凝胶和石墨炔等材料）的结构、制备、性质以及应用等方面做详细的描述，深层展示碳材料的发展历史。之后描述碳材料在国内外的前沿进展、碳材料领域内的奇闻轶事以及发明等，扩宽国际视野，进一步认识碳材料。本节的重点主要在于碳材料的性质，我们探究碳材料的结构就是为了应用碳材料，并应用碳材料去做各种研究，但是难点也在碳材料结构上，通透了解碳材料结构，才能更好地服务于碳材料在各种领域的应用。

10.3.1 概述

1. 碳材料

碳材料是无机非金属材料领域的一个独立分支,涉及物理和化学的各个领域,在材料学上占有一定的地位。

碳元素在自然界中分布很广,在整个宇宙中的丰度列第六位,在地球上丰度列第14位,是地球上形成化合物最多的元素,90% 左右以 $CaCO_3$ 的形式存在。自然界中碳的资源以两种类型存在:一种是循环性资源,即由植物和动物所代表的生物和 CO_2;另一种是循环速度很慢,但数量极大的堆积物,如碳酸盐矿物和有机质堆积物。

碳材料是指选用石墨、无定形碳或含碳化合物作为主要原料,经过特定的生产工艺过程而得到的无机非金属材料,其主要成分是碳。地球上天然碳单质存在于金刚石、石墨、无烟煤中,碳质优的较少,多数碳制品多为人工合成,例如碳纤维、石墨、金刚石、富勒烯、碳纳米管、焦炭、炭黑、活性炭、卡宾、石墨烯和 C/C 复合物等。

碳材料在某种意义上可以认为是一种高级的耐火材料,它在 3 000 ℃ 以上也不会熔化,在常压下,没有熔点,只有在 3 500 ℃ 以上才会升华,作为耐火材料是其他材料无法比拟的,但它的致命弱点在于易氧化。

碳材料结构多样,性质也是多种多样,甚至令人难以捉摸它的"脾气",它是地球上现有最软也是最硬的材料;是绝缘体,同时也是良导体;是良好的绝热材料,同时也是良好的导热材料;是全吸光材料,同时也是全透光材料。碳材料各种综合性能十分优良,它有金属和陶瓷的性能,能起到单一的金属和陶瓷起不到的作用。

① 良好的导电性与导热性。碳可以认为是共价半导体和金属的中间物——半金属,导电性与导热性能好,热膨胀系数低,既可作为金属也可作为陶瓷使用;

② 润滑性。c 轴方向的层间结合力很弱,稍受力就能使石墨层间产生移动,作为抗磨材料使用,但是只在有水分的条件下才有此功能。

③ 高的抗热震性。熔点高,热膨胀系数低,热导率高,温度梯度小,同时强度随温度增加而增加,为 20～40 MPa。

④ 良好的化学稳定性。在非氧化性气氛中是化学惰性的,可作为耐腐蚀材料。

⑤ 良好的核物理性能。可以作为核反应堆材料。

近年来,碳材料由于其结构多样性、功能多样性,被广泛地应用于各个工业部门,从航空航天到日常生活都有它的存在。主要应用于冶金、化工、机械、汽车、医疗、环保、建筑日常生活等领域,尤其是航天和核工业部门不可缺少的工程结构材料。

2. 碳材料的发展

从古至今,碳材料一直与我们人类的生活与发展息息相关,它既是一种古老的材料,对它的利用可追溯到纪元前,其大量工业生产和应用也早在 19 世纪中叶就已经出现。同时,它也是一种年轻的材料,人们对这种固体材料的基础理论研究仅仅起源于20 世纪初。此后很长的年代里,碳结构的研究是在固体(晶体)结构领域发展起来的,因现代科学技术进步衍生出很多新产品。早期研究一直属于物理学科,后来碳化的研究则在燃料化学(煤化学、石油化学)学科领域里发展壮大。20 世纪 50 年代末期起,高分子学科领域加强了在高温聚合物方向的探索,广泛开展了高聚物热解碳的研究,与此同时,诱发了从聚合物转化成碳及其碳化机理的研究工作。可以看到,在碳材料科学作为独立分支存在之前,其萌生与早期发展都起源于相邻学科领域。

说碳材料古老是指地球上有了人类的同时,人们就对碳就有了初步的认识。自人类起源,人类的祖先用木炭为热能来取暖和烧熟食物(能源材料);进入人类文明时代后,我们的祖先便用木炭作为彩陶的黑色颜料和精致的黑陶配料,用木炭作吸潮剂,后来用烟制墨,木炭制火药,用骨炭制解毒内服药;公元 4 世纪前后,进入铜器时代,人类就用木炭还原法来冶炼铜和铁(化学材料);18 世纪初,主要碳材料为木炭,人类用焦炭作还原剂,发展炼钢工业;19 世纪中期,主要发展焦炭和石墨,人类将电极工业化,并采用电路法炼制钢灰;1895 年,人们陆续开始研究电极、电刷和电极糊的开发和应用;1907 年,环境问题开始引发关注,人们将活性炭用于解决环境问题;20 世纪 40 ~ 50 年代,人们研究高纯高密石墨,用石墨和黏土混合制成石墨坩埚冶炼其他金属(现代石墨坩埚的雏形)。

说碳材料年轻是指从比较粗糙的碳材料中通过各种方法提取现代高质量碳材料,应用于各种工业中各工业先进国家也仅有一百多年的历史,在我国仅有 70 多年的历史。1895 年,美国的艾奇逊在研制碳化硅时发现了人造石墨,后来制成电解和冶炼用石墨电极,现代碳材料的生产才真正开始;20 世纪初,伴随着电热工业的发展,碳材料工业取得飞速的发展;1942 年,美国的费米用高纯石墨作为核反应堆中子减速材料,高纯石墨出现后,应用于电子工业中锗和硅的提纯,随后又研制出用于电火花加工工艺和航空用的高密石墨、再结晶石墨、热解石墨以及非结晶的玻璃炭;20 世纪 60 年代开始,世界上不断出现许多新型碳材料,如玻璃炭、热解炭和热解石墨、碳纤维、炭毡、炭布、各种碳纤维复合材料、膨胀石墨材料、塑料成形炭、氟化石墨;20 世纪 80 年代,陆续发现了金刚石薄膜和富勒烯(fullerene),1996 年,以巴基球为代表的富勒烯荣获诺贝尔化学奖;21 世纪初,石墨烯(graphene)首次被报道,2010 年,英国曼彻斯特大学安德烈·盖姆和康斯坦丁·诺沃肖洛夫由于在石墨烯材料方面的卓越研究荣获诺贝尔物理学奖。

近几年,对碳石墨材料研究的势头只增不减,例如,石墨层间化合物的研究可能在超导材料、高能电池材料等方面有所突破,C/C、C/陶瓷、C/金属、C/树脂等复合材料也在材料科学上有所发现。

1955 年 10 月,我国建成吉林炭素厂,经过 70 多年的努力,已初具规模,石墨电极占世界的 8%,已能生产三十多个品种几百个规格的石墨材料,基本上可以满足国内各工业部门的需要。现主要进行沥青中间相、碳纤维及 C/C 复合材料、针状焦、超高功率电极、石墨层间化合物、金刚石薄膜、碳纳米管、石墨烯及其各种复合物的研究。

10.3.2　碳材料的分类

碳材料的结构可以从堆积方式、晶体学、对称性、制取方法和发展阶段等多个角度划分。

① 从晶体学角度而言可划分为晶体和无定形。

② 从堆积方式可以分为石墨、玻璃碳、碳纤维和炭黑等。

根据石墨化程度,碳材料一般分为石墨类和非石墨类,石墨类有天然石墨、人造石墨及石墨化碳材料,包括碳纤维、改性石墨(MG)、复合石墨(CG)、处理人造石墨(TAG)、石墨化的中间相碳微球(MCMB)等。根据沃伦的理论模型,非石墨类碳材料可分为两类:易石墨化碳及难石墨化碳,也就是通常所说的软碳(soft carbon)和硬碳(hard carbon),这两大类型碳的区别主要在于晶体结构参数随热处理温度的变化趋向不同。

③ 从对称性来分类可分为非对称、点对称、轴对称和面对称等。

④ 从制取方式分类可分为普通碳材料和特种碳材料。

普通碳材料由粉末冶金(或陶瓷法)方法制取,包括大型碳材料和小型碳材料。大型碳材料制品主要有电弧炉用石墨电极、电解食盐用石墨阳极、炼铝用预焙阳极、高炉炼铝以及电炉用碳块、电解镁镍等用石墨化碳块等,这些主要作为导电材料和耐火材料使用,有时也同时兼顾两方面的功能。小型碳材料主要有铸模和电火花加工用碳材料、半导体技术用石墨元件、机械用碳、照明用碳棒等。

特种碳材料由热解法制取,特种碳材料主要有碳纤维及其复合材料、热解石墨、玻璃碳、柔性石墨、泡沫石墨、氟化石墨等,它们属于新型碳材料的范畴。它们许多都是作为功能材料而使用,它们的出现和使用可以说是材料发展史上的一场革命。目前,人们主要集中在研究球形碳、金刚石薄膜、碳纳米管以及石墨烯,其中,石墨烯的研究领域越来越热。

⑤ 从发展阶段分类可分为四代碳材料。

5 000—10 000 年前,出现第一代碳材料——木炭。木炭是木材或木质原料经过不完全燃烧,或者在隔绝空气的条件下热解,所残留的深褐色或黑色多孔固体燃料,利用碳的化学性质,作燃料和还原剂炼铜和炼铁,主要用于燃料、炼钢和炼铁等领域。19世纪初,出现第二代碳材料,主要有烧结型[利用碳的物理性质(导电、耐热、耐腐蚀、耐摩擦等)],比如炭黑和碳材料等。第二次世界大战后,发展到第三代碳材料,主要有金刚石、直线型碳、碳纤维、玻璃碳、金刚石薄膜、石墨层间化合物(可膨胀石墨)、气相生长碳纤维、中间相沥青基碳纤维、碳化硅晶体和碳/碳复合材料。进入现代工业以来,第四代碳材料应运而生——新型碳材料,主要有富勒烯、碳纳米管、碳纳米洋葱、碳包覆纳米金属颗粒、碳气凝胶和石墨烯。

10.3.3　碳材料的结构基础

1. 碳的生成及碳化过程

在地壳中,碳元素的含量为第 16 位。碳的资源有两种类型存在于自然界中。一种是循环型的资源,由动物和植物为代表和 CO_2 气体,另一种是循环速度极慢但数量巨大的堆积物。从地球化学的观点来看,碳以单质或化合物的种种形式存在于自然界中。

(1) 自然界中的碳

自然界中存在的单质碳有金刚石、石墨、炔碳。自然界中碳氢化合物经高温高压作用,反应后的生成物可能是炔碳、石墨,也可能是金刚石。金刚石的生成条件极为苛刻,天然金刚石极为稀罕,从碳氢化合物向纯碳的转化过程中,向石墨转化较为容易。

（2）碳的生成

从碳素的观点,碳氢化合物转化为碳的过程为碳化。碳化是在隔绝空气的条件下,在热的作用下,使碳氢化合物中的氢脱去,而得到碳的一个过程,这是一个从有机物转化为无机物的一个过程。不同有机物经过碳化生成的碳都是碳素工业的原料,如表 10-5 所示。在碳材料具有石墨化结构以前,必须首先经历一个碳化过程,然后再在 2 000 ℃以上进行石墨化。液相碳化生成的是焦(软碳),固相碳化生成的是碳(硬碳)。不同有机物在不同反应条件下可以得到不同结构、不同结晶程度以及不同组合形式的碳。

表 10-5　不同有机物碳化生成的碳

初始原料	中间原料	碳化时的形态	生成的碳素材料
石油	重油	液相	石油焦
煤	/	液相	冶金焦
煤	煤焦油、煤沥青	液相	沥青焦
植物	/	固相	木炭、活性炭
木材	纤维素	固相	纤维状
天然气	/	气相	热解炭黑、石墨
合成高分子	/	固相	硬质碳、纤维素

（3）碳化过程

沃克指出:"自有机物前躯体出发,通过热处理使其转化成具有可被控制的微晶排列的碳固体,这一知识乃是碳素材料科学的核心。""正是特定原料在经历碳化以后所生成的碳固体的结构,它决定了碳的各种物理和化学性质以及它们的应用方向。"这些都足以说明碳化过程的重要性。

碳化机理依据碳化所处的相态分为气相碳化、液相碳化和固相碳化。其中液相碳化主要与中间相碳微珠的形成有关,固相碳化主要与聚合物的裂解碳化有关,气相碳化的发展经历的时间较长,下面主要介绍烃类高温热解通过气相进行碳化的机理。

从 20 世纪初到 30 世纪中期,石油和燃料化学工业出现了汽油、煤油、低碳烃煤气和不饱和烃如乙烯、乙炔(乙炔是生产有机合成原料如乙酸、甲醛、乙醛等物质的原料)等的增长需求,从而带动了高温气相热解反应的研究。尽管当时科技界都认为烃类高温气相转化所伴生的表面碳膜为无用的副产品,但却吸引了众多的学者来研究这种碳的生成机理,以便创造条件抑制它的生成。

其中提出的机理主要包括苏联学者戴斯涅尔和法尔凯斯提出的表面直接分解机理、美国贝尔电话研究所的葛利兹代尔提出的液滴理论。在 20 世纪 50 年代,葛利兹代尔的液滴理论几乎统治着西方学术界,而在苏联则以戴斯涅尔的表面直接分解理论占据统治地位。

美国宾夕法尼亚州立大学的金尼将上述两种表面上看似矛盾的观点进行统一成为气相热解导致生成各种亚类型碳的统一理论。他从20世纪50年代就对烃类的气相热解反应动力学和机理开展了系统的工作,在第三次国际碳会议(1957年)的一篇总结论文中报道了四种亚类型的气相碳,即表面碳薄膜、浅灰金属光泽(Ⅰ型碳),厚碳膜(Ⅱ型碳),海绵状碳,黑褐色(Ⅲ型碳),炭黑(Ⅳ型碳)。当苯在900~1 400 ℃以很低浓度的气体通过反应管时,主要生成Ⅰ型碳。当将反应物浓度提高时,随着反应时间的加长,生成粗糙表面的薄膜逐渐转换成气相中生成的羽毛状物,反应时间进一步增加,使碳膜最后转成厚碳膜。在同一反应器的下游堆积有海绵状碳,最后在气流出口处沉降有炭黑堆积物。他推测了四种碳的生成机理(图10-14):薄碳膜乃是在完全排除气相反应的条件下,完全由反应物直接碰撞表面而被吸附后在表面上进行脱氢聚合而成,厚碳片乃是气相反应和纯表面热解过程的混合生成物,海绵碳则是由于更深度碳化液滴在气相凝聚、落到反应器下游,最终碳化而成,炭黑则为纯气生成液滴在气相中吸收气体多环芳烃(反应物的气相热解初期生成物)而长大并最终在气相中单独碳化而成。

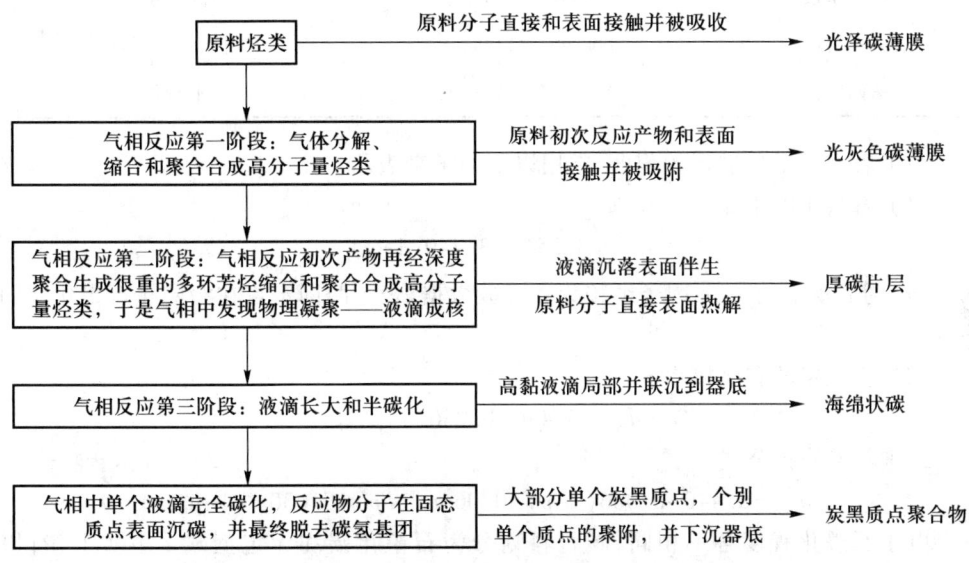

图10-14　气相碳化的机理示意图

在碳化过程中,碳材料的密度逐渐增加。在碳化初期由于小分子的"溢出"等原因生成孔隙,孔隙的数目一般是先增加,800 ℃以后逐渐减少。对于孔结构而言,有开孔和闭孔两种。其中,碳材料中的孔根据其大小可以分为三种:大孔(>100 nm)、中孔(10-100 nm)和微孔(<10 nm)。微孔可以用小角度X射线衍射(XRD)来测量,一般为透镜状,周围被微晶平面所包围。在碳化初期除生成孔隙外,还存在间隙原子。

2. 石墨化过程

在碳化过程中也会发生石墨化过程,但是此时的石墨晶体很小,因此不认为是石墨化过程。石墨化过程一般是指在碳化过程以后继续进行的热处理过程,温度通常在2 000 ℃以上。在石墨化过程中,随石墨化程度的提高,碳材料的密度逐渐增加,而对于孔隙数目而言则是逐渐减少的。孔结构同样有开孔和闭孔两种,随石墨化程度的增加,闭孔的相对含量较低,而开孔的相对含量升高。除此之外,在石墨化过程中还会发生碳原子的重排。以炉黑为例,在2 600 ℃经过30 min石墨化处理后,由于石墨化过程中热应力的解脱和各向异性的热膨胀现象,原炭黑中具有曲率的碳层面变平直。另外,为了适应局部应变,在平面的弧线结合处发生了一系列的位错和调节(accommodation),层面间存在畸变(distortions)。由于相邻同向层面的合并和原来曲折层面的变直,石墨化处理以后炉黑的层间距变小,分布也变窄,范围为0.335 ~ 0.346 nm,平均值为0.340 nm,而石墨烯的堆积数目和有序程度增加(表10-6)。

表 10-6　石墨化过程中石墨烯分子在不同温度阶段的堆积情况

阶段	温度范围/℃	石墨化阶段
第一阶段	<1 000	扁平的基本石墨烯单元
第二阶段	1 000 ~ 1 500	扭曲的石墨烯栏
第三阶段	1 500 ~ 2 000	扭曲的石墨层
第四阶段	>2 000	平行层

为了表示石墨化进行的程度,常用以下因子来表示。

(1) 石墨化因子 g

$$\bar{a}_3 = 3.354g + 3.440(1-g)$$

式中,$\bar{a}_3$ 为表观层间距;g 因子纯粹为一经验数据,表示两固定点在湍层和石墨化层间的概率。

(2) 相邻层的有序概率 p

$$d_{002} = 3.440 - 0.086(1-p^2)$$

或进一步修正公式

$$d_{002} = 3.440 - 0.086(1-p) - 0.064p(1-p) - 0.030p^2(1-p)$$

由于石墨化程度各不相同,碳材料划分为石墨化碳和无定型碳。事实上,石墨化碳和无定型碳这两者都含有石墨晶体和无定形区,只是各自的相对含量有所不同。一般而言,无定形区中存在应变,由 sp^3 杂化碳原子及有序碳区间的石墨烯分子等组成。

3. 碳材料的表面结构

(1) 粗糙因子

除了HOPG的平面外,碳材料表面总存在某种程度的粗糙。粗糙因子为微观面积与几何面积之比

$$\sigma = A_m / A_g$$

微观面积 A_m 为吸附或通过动力学测量得到的面积;几何面积 A_g 或宏观面积则为外观检查或计时安培分析法确定; $\sigma \geqslant 1$;端面积 A_e 也可以根据 A_g 、 σ 和 f_e 计算出来:

$$A_e = A_g \sigma f_e$$

（2）物理吸附杂质

对于碳材料,其物理吸附性能差异很大,不同的材料,在不同的气氛下表现的性能会不相同,以 θ_p 表示碳材料表面被杂质物理吸附所覆盖的比例。

（3）化学吸附

干净的碳表面碳原子的价态并不饱和,易于吸附不同的分子,特别是含氧原子。在这里,我们只讨论表面氧化物,表面氧化物对碳材料的表面化学影响很大。随表面处理的不同,氧化物在表面可分为单层或多层。其中,表面结构因素的表征方法有很多,如超高真空技术（俄歇电子能谱、光电子能谱）、拉曼光谱和红外光谱、接触角和湿润角、隧道扫描电镜、热解吸质谱等。

4. 碳的晶体结构

有机物受热残留的碳,一般为无定形碳,虽然没有宏观的晶体学性质结构,但在极其微小的区域内,它们还是有程度不同的合乎晶体定义的有序排列结构,是由大小不同的二维微晶堆积起来的中间相包块球体（集合体）。

碳是由直径为 20～50 Å 的微晶组成（例如石油焦、沥青焦）,炭黑、木炭、纤维素碳的微晶更小。因原料的化学组成和分子结构不同,碳化后,各种微晶状态也还保留着其母体结构的特征。

乱层结构模型将碳分为三种:可石墨化碳、难石墨化碳、介于两者之间的碳。

易石墨化碳,又称软碳,微晶定向性较好,微晶交叉联结较少层间距大部分为 3.44 Å,由分子量较大的而且含氧和其他杂质元素较少的稠环芳烃焦化而成,有石油焦、沥青焦。由于焦化初期熔融,其六角平面网络能按液相模式流动成层状叠合。易石墨化碳的结构特点是有流动状纹路或条纹状外观,微晶大原子团的堆积大致都是平行定向的,交叉联结很少,易石墨化。

难石墨化碳,微晶的定向性差,交叉联结很多,交叉的分子中间有许多间隙,占总体积 20%～50%,平均层间距达 3.7 Å。由线状的聚合物或含氧量高的有机物碳化而得,如木炭、糖碳、玻璃碳,焦化时经由固相碳化而得。这种结构模型的特征是难石墨化碳,交叉联结即使达到升华温度并也不易消除。例如炭黑是一种难石墨化的碳,由液态或气态碳氢化合物在不完全燃烧或热分解过程中形成。形状为球形,呈乱层结构,它是由 3～5 层的平行的六角网格聚在一起形成的微晶,多个微晶集合成炭黑粒子。影响炭黑结构的因素:升温速度、压力、气氛、外加物等。

5. 碳的形态

自然界中可以采集到的碳有三种,金刚石、石墨和各种煤炭[29]。金刚石和石墨为结晶形态的碳,具有晶体的特征,其结构如图 10-15 所示,各种煤炭为无定形碳。

无定形碳也具有石墨结构,只不过晶体甚微（微晶）,它们在结构和性质上都有明显的差别（表 10-7）。

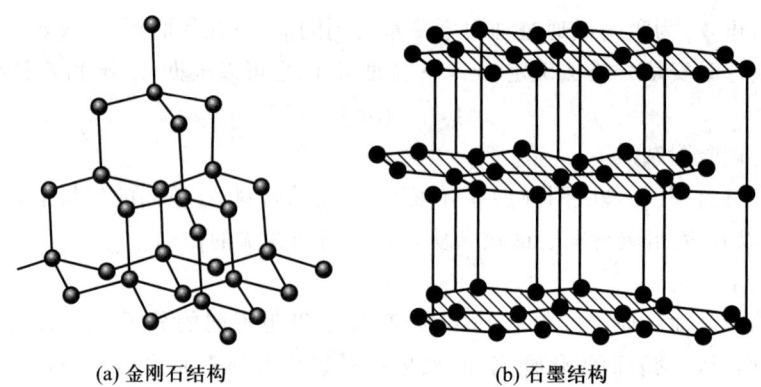

(a) 金刚石结构　　　　　　　　　(b) 石墨结构

图 10-15　金刚石和石墨结构示意图

表 10-7　碳的同素异形体

同素体名称	金刚石	石墨	卡宾
杂化电子轨道	sp^3	sp^2	sp
键形式	单键	双键	三键
结构	正四面体	六角平面	线状
原子的共价键距	1.54	1.33	1.26
真密度	3.52	2.26	1.9~2.0
莫氏硬度	10	≈2	金刚石与石墨
导电性	绝缘体	电导体	半导体
比热/[J/(kg·℃)]	0.51	0.71	比石墨大

　　碳原子的原子序数为 6,它的电子层结构为 $1s^2 2s^2 2p^2$,根据量子力学的观点,可以在空间取三个垂直的方向,两个 $2p$ 态电子存在排斥作用,尽可能占据两个不同的轨道,在外部条件作用下 $2s$ 电子激发到 $2p^2$ 态,从而成为 $2s^1 2p_x^1 2p_y^1 2p_z^1$,就有四个未成对的电子可对外成键,根据杂化轨道理论,这些电子重新组合为新的"杂化"轨道,然后对外成键。

　　(1) 金刚石结构的形成

　　当外层电子的四个轨道互相混合,形成 sp^3 杂化轨道。碳原子按 sp^3 杂化轨道互相成键时,每个碳原子与相邻的四个碳原子形成四个共价键,就形成了金刚石的四面体晶体结构。

　　(2) 石墨结构的形成

　　形成了 sp^2 杂化,许多碳原子在同一个平面互相接近而结合时,它们就易于采用 sp^2 杂化,彼此间以三个共价键形成六角环形网络,$2p_z$ 电子是自由的,可以在整个六角平面网络体的层与层间流动,因此石墨易于导电,许多大片网状分子平行堆积,它们就会通过范德瓦耳斯力(分子键)结合形成石墨的晶体结构。石墨的晶体结构中存在着共价键、金属键及分子键[30]。

（3）金刚石和石墨的转化

金刚石中 C–C 键长为 1.54 Å，石墨中 C–C 键长为 1.42 Å，结合力很强，熔点高。金刚石与石墨由于晶格结合键不同导致物理性质有很大差别，但在一定条件下二者可以互相转化，且已被实践证明，石墨转化为金刚石需高温高压（5～10 个标准大气压，1 000～2 000 ℃）；在常压下需 2 000 ℃ 以上，才可使金刚石转化为石墨。

石墨有各向异性，层面间和同一层面的导电性相差 1 至 10 000 倍，导热性热膨胀系数，机械强度也呈各向异性。由于层面间原子结合力大，热振动困难，石墨的热容小。石墨的晶体结构中，层面间结合力小，易于解理，从而具有润滑性。

6. 碳的晶体结构

石墨晶体是由大量碳原子组成的六角环形网状结构的多层叠合体（即六角环网络在三维方向伸展的周期性点阵）。晶格参数：每个菱形边长 $a_o = 2.46$ Å，碳原子间键长 $b = 1.42$ Å，$d_{002} = 3.354$ Å，$C_o = 6.708$ Å，原子间的结合力为 627 kJ/mol，层间结合力为 5.4 kJ/mol。

石墨层间有两种排列方式，因而形成两种石墨晶体，一种为六方晶系石墨呈 ABAB 排列；另一种为菱面体晶系石墨，呈 ABCABC 排列，大多数天然石墨和人造石墨为六方晶系结构，菱面体石墨实际上是一种有缺陷的石墨。天然石墨中存在 20% 的菱面体石墨，人造石墨中都是六方晶系石墨，因为人造石墨是经高温而得，经过 2 000 ℃，ABCABC 可转化为 ABAB。

石墨的晶体结构可由 X 射线衍射法加以测定，可测定出 d_{002}（相邻层面间距），C_o（两个位置相对应的层面间距），L_c（在 c 轴方向，上晶粒的平均厚度）。根据测定可计算出石墨化度，用其来表示碳材料经热处理后晶体结构接近理想石墨晶格的程度。

在天然石墨或人造石墨中不可能达到理想石墨的晶体结构。石墨的主要缺陷主要有以下四种。

① 层面堆积缺陷，即不像 ABAB 或 ABCABC 排列，层面间距可能较大，大于 3.354 Å；

② 石墨晶格中六角形网络边缘上的缺陷（主要有杂质缺陷）即 C 原子空着的原子键与 H、O、OH 等结合，温度越高杂质越小；

③ 空洞缺陷，即六角环形网络中出现局部断裂的 C–C 键，这些碳原子有较高的化学活性；

④ 晶格位错。碳是一种晶体结构不发达、结晶程度较低的碳。通过热处理，碳可转化为石墨，使晶体趋于完善。理想石墨的晶体结构一般是不存在的，从结晶度非常高的天然石墨中还是可以找到单晶石墨，但仅有几个毫米大小，现通过热解可以制得单晶石墨，碳素工业生产的人造石墨是一种晶体紊乱堆积的多晶石墨。

理想的石墨性能存在着明显的各向异性。碳晶体微小，排列完全不规则，它的聚集状态各向同性，生产的碳石墨材料有异向性也有少量同向性。根据结晶完善程度，有碳质和石墨碳之分，碳质，晶体结构不发达，结晶程度较低，也称无定形碳。碳和石墨在晶体结构上没有明显分界线。

10.3.4 碳材料的性质

1. 碳材料的织构性质

碳材料的许多物理化学性质与宏观组织结构有关,表征宏观组织结构性质的一些物理量为真密度、体积密度、气孔率、孔径分布及气体渗透率等。

（1）真密度

理想石墨的真密度为 2.266 g/cm³,碳材料的真密度<2.266 g/cm³,天然石墨和人造石墨(致密)为 2.25 g/cm³ 左右,而普通人造石墨为 2.20 g/cm³,碳制品通常为 2.0 g/cm³,真密度反映碳材料的基本质点的致密程度及排列规则程度。对于天然石墨和石墨化制品可以反映石墨结晶的完善程度。对于碳质原料真密度反映碳化的程度,对于半成品及成品可以反映热处理的程度,可用真密度指导生产。

（2）体积密度及气孔率

体积密度用于反映材料中颗粒堆积的紧密程度及规则排列的程度,用于衡量宏观组织结构的致密程度。通常石墨制品为 1.55 ~ 1.70 g/cm³,碳制品一般为 1.4 ~ 1.55 g/cm³,而焦炭为 0.85 ~ 1.05 g/cm³,无烟煤为 1.61 g/cm³。体积密度影响碳材料的机械性能和热学性能,它的大小与原料性质、配料的粒度、组成结合剂用量及工艺条件(混合质量成形压力焙烧温度石化温度等)有关。碳材料为多孔材料,通常有 20% 左右的气孔率,石墨材料的气孔率大于碳材料的气孔率,一般大于 20%。

2. 碳材料的热学性质

（1）比热

石墨的比热比较大,并且随温度的增加而增加,同时低温下不同品种的石墨(天然石墨和人造石墨)比热差别不大。杜隆-珀蒂定律明确指出一切元素的晶体在高温下的比热应为 25 J/(mol·K),而石墨在温度为 298 K 时的比热为 8.36 J/(mol·K),温度为 2 000 K 时比热为 25.08 J/(mol·K),3 000 K 为 31.27 J/(mol·K)。

（2）热导率

碳材料的热导率较大,是一种热的良导体,同时热导率具有明显的各向异性,理想石墨或接近于理想石墨沿晶体层面方向的导热比垂直于层面方向的大数倍到数十倍(热传递通过自由电子和热振动进行传递,碳材料主要通过热振动传热,主要沿微晶层面进行传热)。碳和石墨比热相差不大但热导率相差很大,石墨的导热系数是碳制品的 10 倍左右,石墨为热的良导体,某些碳材料(多孔碳、碳毡、碳布)导热系数小,为高温绝热材料。

碳材料导热系数的影响因素主要有四种:① 石墨在某一温度下导热系数达到最大值;② 导热系数与体积密度成正比,与气孔率成反比;③ 导热系数与比电阻成反比,$\lambda \cdot D = 0.13$ (20 ℃);④ 结晶程度越完善,导热系数越大,天然石墨的导热系数高于人造石墨。

（3）热膨胀系数

碳材料的热膨胀系数小,呈各向异性,一般为 $(1 \sim 4) \times 10^{-6}$/K,热膨胀系数与所用原料工艺条件有关。① 对于难石墨化碳,真密度增加,热膨胀系数增加,而易石墨化的碳,真密度增加膨胀系数减少,对于易石墨化的焦炭生产的制品比用难石墨化的碳生产的制品的热膨胀系数小很多;② 制品的体密度增加,热膨胀系数降低;③ 人造石墨,石墨化程度增高,热膨胀系数减少。

（4）抗热震性

其计算公式如下

$$R = \frac{p}{\alpha E}\left(\frac{\lambda}{C_p \cdot d_0}\right)^{1/2}$$

括号中的式子为温度传导系数,温度传导系数越高,产生的热应力越小。

碳材料属于具有良好抗热震性的材料,由于 d_0 增加,P 增加,R 增加,但 E 也增加;α 增加不利于 R 的增加,因此对于热震性要求高的制品,宜采用大颗粒配料,以使制品的 d_0 不至于太高。

3. 碳材料的力学性质

（1）机械强度

反映机械强度一般由抗压强度、抗折强度和抗拉强度衡量,通常测定抗压强度。碳材料与其他材料相比强度较低,普通石墨制品为 16 ~ 35 MPa,碳制品为 25 ~ 45 MPa,高强石墨为 80 ~ 100 MPa。碳制品的强度大于石墨制品,随温度增加强度增加,2 500 ℃时的强度比在室温下高 1 倍,随后下降,到 2 800 ℃失去强度。产生这种情况的原因主要有两个方面:① 低温时,不产生局部塑性变形,在较低负荷下,应力相当集中,引起破裂,当温度升高,塑性增强,在应力集中点附近产生局部变形,使应力有所分散,负荷加大也不破裂;② 多晶石墨中膨胀系数有各向异性,晶粒内部从高温冷却后留下较大的内应力,内应力随温度的增加而降低,使强度增加。

影响强度的因素主要有三个方面:① 原料的颗粒强度增加,制品的强度增加;② 粒度组成,细粒度组成会提高强度;③ 结合剂,高温沥青强度高,加入量要适中,过多或过少,都使强度降低。

（2）弹性模量

与金属材料相比,碳材料弹性模量较低,它属脆性材料,在室温下易发生脆性断裂。对于石墨制品体密度增大,弹性模量增加,弹性模量随着温度的升高而增加,并且具有方向性,弹性模量用于判断材料的抗热震性,弹性模量越低,其抗热震性越好。

（3）耐磨性

石墨易于附着于滑动表面,易于解理,且吸收水分,而具有较高的耐磨性。其耐磨性与滑动速度、介质、气氛、温度等有关。其摩擦系数随温度的增高而降低。

4. 碳材料的电磁学性质

（1）导电性和比电阻

由于自由电子的存在,碳材料在层面方向具有良好的导电性,而层与层间由分子键相连,导电能力差得多,对于天然石墨或人造石墨可相差 100 至 1 000 倍,各向异性特别大,而人造石墨相差较小,为 1.2 ~ 1.4 倍,因为人造石墨为多晶体,其导电的方向受焦炭颗粒排列择优取向的影响。

导电性随温度的改变而发生变化,并随晶体的完善程度而增加,由于石墨的禁带较小,受热激发到导带上的电子增多,同时,晶格受热产生热振动,阻碍电子流动,碳的导电性随温度的变化受二者的共同作用。导电能力由比电阻反映,石墨制品的比电阻为 $6 \sim 15$ $\Omega \cdot mm^2/m$,碳制品的比电阻为 $50 \sim 90$ $\Omega \cdot mm^2/m$。

影响比电阻的主要因素:① 原料比电阻低,制品的比电阻也低;② 热处理温度增加,比电阻降低。碳材料的比电阻随温度的变化较复杂,它的电阻温度系数在 $700 \sim 900$ K以下为负值,在 900 K 以上为正值。

（2）磁学性质

碳材料在磁场中的磁感应强度 B' 与外磁场的磁力线方向相反,属抗磁性物质。

5. 碳材料的化学性质

（1）与气体的反应

石墨的化学稳定性比碳高,常温下与气体不反应,与水蒸气在 700 ℃ 开始反应,与 CO_2 在 900 ℃ 反应,与 F_2 在 400 ℃ 反应,与 S 在高于 700 ℃ 时反应,与氢的反应较难。碳的反应稳定性受最终热处理温度、杂质含量（如 Fe、Ca、Na、V 等起催化作用的元素）、晶格完善程度和气孔率等影响。

（2）与酸碱盐的反应

石墨除与强氧化性酸（王水、铬酸、浓硫酸、浓硝酸）和强氧化性盐（重铬酸钾、高锰酸钾）反应以外,不易与沸点以下（熔点）的任何酸碱盐反应。石墨被酸盐氧化后,氧侵入石墨晶格,使石墨发生膨胀,生成氧化石墨或石墨酸,它们属于层间化合物。

（3）碳化物的生成

碳在高温下能与许多金属和非金属发生反应生成碳化物,生成的碳化物均为固体,不挥发,不溶解于一般溶剂中。

10.3.5 第二代碳材料——石墨

石墨（graphite）是一种结晶形碳,六方晶系。在石墨晶体中,同层的碳原子以 sp^2 杂化形成共价键,每一个碳原子以三个共价键与另外三个原子相连。六个碳原子在同一个平面上形成了正六边形的环,伸展成片层结构,这里 C—C 键的键长皆为 142 pm,这正好属于原子晶体的键长范围,因此对于同一层来说,它是原子晶体。在同一平面的碳原子还各剩下一个 p 轨道,它们相互重叠。电子比较自由,相当于金属中的自由电子,所以石墨能导热和导电,这正是金属晶体特征。石墨晶体中层与层之间相隔 340 pm,距离较大,是以范德瓦耳斯力结合起来的,即层与层之间属于分子晶体。但是,由于同一平面层上的碳原子间结合很强,极难破坏,所以石墨的熔点也很高,化学性质也稳定。鉴于它特殊的成键方式,不能单一地认为是单晶体或者是多晶体,按现代的表述方式,石墨是一种混合晶体。

工业上将石墨矿石分为晶质（鳞片状）石墨矿石和稳晶质（土状）石墨矿石两大类。晶质石墨矿石一般可分为致密状和鳞片状两种。① 致密状石墨又叫块状石墨,此类石墨结晶明显晶体肉眼可见。颗粒直径大于 0.1 mm,比表面积范围集中在 $0.1 \sim 1$ m^2/g,晶体排列杂乱无章,呈致密块状构造。这种石墨的碳的质量分数一般为 $60\% \sim 65\%$,有时达 $80\% \sim 98\%$,但其可塑性和滑腻性不如鳞片石墨好。② 鳞片状石墨呈鳞片状,这是在高强度的压力下变质而成的,有大鳞片和细鳞片之分。此类石墨矿石的特点是品位不高,一般碳的质量分数为 2% ~3% 或 10% ~25%,是自然界中可浮性最好的矿石之一,经过多磨多选可得高品位石墨精矿。这类石墨的可浮性、润滑性、可塑性均比其他类型石墨优越,因此它的工业价值较大。还有一类隐晶质石墨又称微晶石墨或土状石墨,这种石墨的晶体直径一般小于 1 μm,比表面积范围集中在 1 ~ 5 m²/g,是微晶石墨的集合体,只有在电子显微镜下才能见到晶形。此类石墨的特点是表面呈土状,缺乏光泽,润滑性比鳞片石墨稍差。一般应用于铸造行业比较多。随着石墨提纯技术的提高,土状石墨应用越来越广泛。

石墨可用于生产耐火材料、导电材料、耐磨材料、润滑剂、耐高温密封材料、耐腐蚀材料、隔热材料、吸附材料、摩擦材料和防辐射材料等,这些材料广泛应用于冶金、石油化工、机械工业、电子产业、核工业和国防工业。在钢铁工业,石墨耐火材料可作为电弧高炉和氧气转炉的耐火炉衬、钢水包耐火衬等,石墨耐火材料主要是整体浇铸材料、镁碳砖和铝石墨耐火材料。石墨在机械工业中常作为润滑剂。润滑油往往不能在高速、高温、高压的条件下使用,而石墨耐磨材料可以在 −200 ~ 2 000 ℃ 的温度范围里,且很高的滑动速度下,作为润滑剂使用。石墨还用于粉末冶金和金属铸造成膜材料,石墨粉加入钢水中增加碳的质量分数,使高碳钢具有许多优异性能。在电气工业上用作制造电极、电刷、碳棒、碳管、水银整流器的正极、石墨垫圈、电话零件、电视机显像管的涂层等。经过特殊加工的石墨,具有耐腐蚀、高导热率、低渗透率的特点,大量用于制作热交换器、反应槽、凝缩器、燃烧塔、吸收塔、冷却器、加热器、过滤器、泵设备,广泛应用于石油化工、湿法冶金、酸碱生产、合成纤维、造纸等工业部门,可节省大量的金属材料。由于石墨的热膨胀系数小,而且能耐急冷急热的变化,可作为玻璃器的铸模,使用石墨后黑色金属的铸件尺寸精确,表面光洁成品率高,不经加工或稍做加工就可使用,因此节省了大量金属。石墨作为良好的中子减速剂用于原子反应堆中,铀—石墨反应堆是目前应用较多的一种原子反应堆。作为动力用的原子能反应堆中的减速材料应当具有高熔点、稳定、耐腐蚀的性能,石墨完全可以满足上述要求。

10.3.6 第三代碳材料

1. 金刚石

金刚石俗称"金刚钻",也就是我们常说的钻石的原身,它是一种由碳元素组成的矿物,是自然界中由单质元素组成的物质,是碳的同素异形体。金刚石有各种颜色,从无色到黑色都有,无色的最佳。它们可以是透明的,也可以是半透明或不透明。许多金刚石带些黄色,这主要是由于金刚石中含有杂质。金刚石的折射率非常高,色散性能也很强,这就是金刚石会反射五彩缤纷闪光的原因。金刚石在 X 射线照射下会发蓝绿色荧光。金刚石原生矿仅产出于金伯利岩或少数钾镁煌斑岩中。金伯利岩等是它们的母岩,其他地方的金刚石都是被河流、冰川搬运过去的。金刚石一般为粒状,如果将金刚石加热到 1 000 ℃ 时,它会缓慢地变成石墨和二氧化碳气体。

金刚石的颜色取决于纯净程度、所含杂质元素的种类和含量,极纯净者无色,一般多呈不同程度的黄、褐、灰、绿、蓝、乳白和紫色等。纯净者透明,含杂质的半透明或不透明。在阴极射线、X 射线和紫外线下,会发出不同的绿色、天蓝、紫色、黄绿色等荧光。在日光曝晒后至暗室内发淡青蓝色磷光。金刚石呈金刚光泽,少数呈油脂或金属光泽,具有高折射率,一般为 2.40~2.48。

金刚石结构分为等轴晶系四面六面体立方体和六方晶系钻石两类。在钻石晶体中,碳原子按四面体成键方式互相连接,组成无限的三维骨架,是典型的原子晶体。每个碳原子都以 sp^3 杂化轨道与另外四个碳原子形成共价键,构成正四面体。由于钻石中的 C-C 键很强,所有的价电子都参与了共价键的形成,没有自由电子,所以钻石不仅硬度大,熔点极高,而且不导电。在工业上,钻石主要用于制造钻探用的探头和磨削工具,形状完整的还用于制造首饰等高档装饰品。

金刚石化学性质稳定,具有耐酸性和耐碱性,高温下不与浓 HF、HCl、HNO_3 作用,只在 Na_2CO_3、$NaNO_3$、KNO_3 的熔融体中,或与 $K_2Cr_2O_7$ 和 H_2SO_4 的混合物一起煮沸时,表面才会稍有氧化;金刚石会在 O_2、CO、CO_2、H_2、H_2O、CH_4 的高温气体中被腐蚀。

金刚石还具有非磁性、不良导电性、亲油疏水性和摩擦生电性等。根据金刚石的氮杂质含量和热、电、光学性质的差异,可将金刚石分为Ⅰ型和Ⅱ型两类,并进一步细分为Ⅰa、Ⅰb、Ⅱa、Ⅱb 四个亚类。Ⅰ型金刚石,特别是Ⅰa亚型,为常见的普通金刚石,约占天然金刚石总量的98%。Ⅰ型金刚石均含有一定数量的氮,具有较好的导热性、较差的导电性和较好的晶形。Ⅱ型金刚石极为罕见,含极少(或几乎不含)氮,具有良好的导热性和曲面晶体的特点。只有Ⅱb型金刚石具有良好的半导体性能,Ⅱb亚型金刚石具有半导电性。由于Ⅱ型金刚石的性能优异,因此多用于空间技术和尖端工业。

人工合成金刚石的方法主要有两种:高温高压法及化学气相沉积法。高温高压法技术已非常成熟,并已产业化,国内产量极高,为世界之最。化学气相沉积法仍主要存在于实验室中。

2. 碳纤维

碳纤维(carbon fibre,CF)是主要由碳元素组成的纤维状碳材料,其化学组成中碳元素占总质量的90%以上,它不仅具有碳材料的固有本征特性,又兼备纺织纤维的柔软可加工性。其杨氏模量是传统玻璃纤维(GF)的三倍多,是新一代增强纤维,居近代五大增强纤维[CF、BF(硼纤维)、KF(芳纶纤维)、AF(氧化铝纤维)、SF(碳化硅纤维)]之首。

碳纤维被誉为21世纪的"新材料之王",具有优越的物理和化学性能,其同体积质量不到钢的1/4,但抗拉强度是钢的7~9倍。由于碳纤维具有出色的力学性能和化学稳定性,是目前已大量生产的高性能纤维中具有最高的比强度和最高的比模量的纤维。特别是在2 000 ℃以上的高温惰性环境中,碳材料是唯一强度不下降的物质,是其他主要结构材料(金属及其合金)所无法比拟的。此外,碳纤维还兼有其他多种优良性能,如低密度、耐高温、耐腐蚀、耐摩擦、抗疲劳、高振动衰减性、高电导性及热导性、低热膨胀系数、高 X 光穿透性、非磁性但有电磁屏蔽性、良好的尺寸稳定性等,被大量用作复合材料的增强材料。用碳纤维制成的树脂基复合材料比模量比钢和铝合金高5倍,比强度高3倍以上。同时,具有优越的耐热冲击、耐烧蚀性能,因此在航空、航天工业、汽车、运动车辆和钓具等领域中得到广泛应用。

碳纤维一般以力学性能和制造原材料进行分类。按力学性能一般可分为两类：① 通用型（GP）碳纤维；② 高性能型（HP）碳纤维。按原材料可分为三类：① 聚丙烯腈基（PAN）碳纤维；② 沥青基碳纤维；③ 黏胶基（纤维素）碳纤维。

碳纤维自 19 世纪 60 年代兴起以来，经过多年的发展，在技术、工艺等各方面都取得了长足的进展，应用领域也在不断扩展，从以前主要集中在航空航天及代表科技前沿的军事领域逐步拓展到工业应用领域，特别是近几年以来，碳纤维复合材料在土木工程、交通运输、压力容器、石油开采、纺织机械等方面的应用大幅增长，更有新开发的应用领域不断见诸报道。如利用碳纤维复合材料制造人工韧带、人造假肢、人造骨骼、航天光学遥感器结构件等。与国外的发展相比，国内的碳纤维工业化生产还处于相对较低的水平，没有形成规模，碳纤维的需求与供应之间脱节。从国外的发展经验来看碳纤维是一种可以形成庞大产业带的基础产品，并随其成本的降低而在金属、陶瓷、玻纤等材料的传统应用领域得到广泛应用，同时因其高科技门槛，又可在一定时期形成相对垄断产品。因此，碳纤维及其复合材料的开发有长期稳定的发展前景。

10.3.7 第四代碳材料

1. 富勒烯

富勒烯（fullerene）是单质碳被发现的第三种同素异形体。任何由碳一种元素组成，并且以球状、椭圆状或管状结构存在的物质，都可以称为富勒烯，富勒烯指的是一类物质。富勒烯与石墨结构类似，但石墨的结构中只有六元环，而富勒烯中可能存在五元环。富勒烯结构示意图如图 10-16 所示。

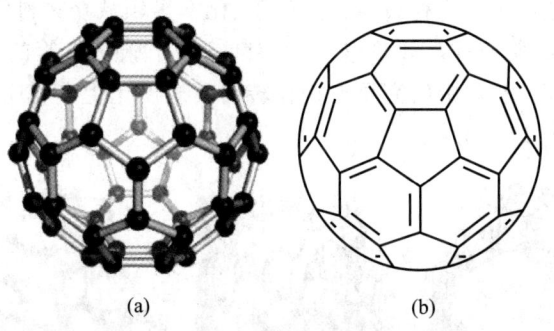

(a)   (b)

图 10-16　富勒烯结构示意图

富勒烯是一系列由纯碳组成的原子簇的总称。它们是由非平面的五元环、六元环等构成的封闭式空心球形或椭球形结构的共轭烯烃。其中，C_{60} 的分子结构为球形 32 面体，是由 60 个碳原子以 20 个六元环和 12 个五元环连接而成的具有 30 个碳碳双键的球状空心对称分子。与石墨相似，C_{60} 中每个碳原子与周围三个碳原子形成三个 σ 键。C 原子采取 sp^2 杂化，用三个杂化轨道形成 σ 键，每个 C 原子剩下的一个轨道与球面呈 101.6°，形成 π 键，故具有芳香性。

富勒烯的制备方法主要有蒸发石墨法、苯燃烧法及爆炸辅助气相沉积法（爆轰法)等。① 蒸发石墨法主要是在较高温度的作用下,使石墨蒸发出游离态的碳,从而为富勒烯的形成提供原材料;② 苯燃烧法是通过苯在一定的碳氧比,并在稀有气体作为稀释气的前提下,对苯进行燃烧,从而获得富勒烯,由于其成本较低,产量较高,已经成为工业生产富勒烯的主要方法;③ 爆炸辅助气相沉积法就是利用炸药爆轰产生的高温高压,使爆轰反应区的含有碳原子的物质发生分解、裂解或相变,所有碳原子或部分碳原子之间重新组合,从而制备富勒烯的方法。

富勒烯的应用前景:C_{60}分子为绝缘体,但在C_{60}分子之间放入碱性金属后,C_{60}与碱金属的系列化合物将转变为超导体,并且这类超导体具有很高的超导温度,并且具有电流密度大,稳定性高等特点。在C_{60}的甲苯溶液中加入某些过量的强攻电子有机物,得到黑色的微晶沉淀,此种沉淀是一种不含有金属材料的有机软磁性物质。然而,有机软磁在磁性记忆材料中有重要的应用前景,因此研究和开发富勒烯的有机软磁材料具有重要的应用前景。C_{60}还具有较大的非线性光学系数和高稳定性等特点,使其作为新型非线性光学材料具有重要的研究价值,在光计算、光记忆、光信号处理及控制等方面具有重要的应用前景。

随着富勒烯应用研究的不断深入,市场对富勒烯的需求也日益增加。与日本和美国等国家相比,我国富勒烯研究工作相对落后,而且没有工业化规模生产富勒烯的企业。鉴于这一现状,我国迫切需要加快富勒烯制备方法的研究,寻求高产率、低成本的工业化富勒烯制备方法。

2. 碳纳米管

碳纳米管(carbon nanotube,CNT)自1991年被日本电镜学家Iijima在用电弧法制备C_{60}的过程中首次发现后,由于其独特的结构及优良的力学、电学和化学等性能,呈现出广阔的应用前景,吸引了材料、物理、电子、化学等领域众多科学家的极大关注,成为国际新材料领域的研究前沿和热点[31]。目前,关于碳纳米管的特性和制备方法的研究已取得很大的进展,其中研究重点正在转向其规模化生产和应用领域。碳纳米管结构示意图如图10-17所示。

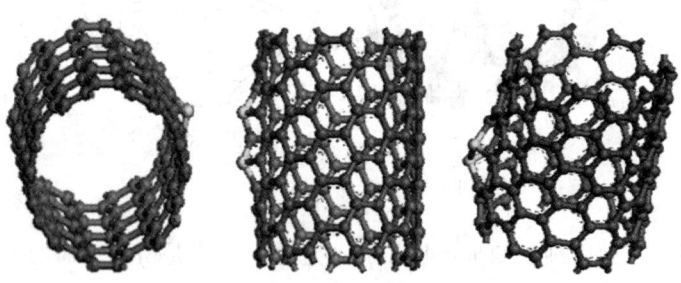

图10-17 碳纳米管结构示意图

碳纳米管可看作由石墨片层绕中心轴按一定的螺旋度卷曲而成的管状物,管子两端一般也是由含五边形的半球面网格封口。碳纳米管中每个碳原子和相邻的三个碳原子相连,形成六角形网格结构,因此碳纳米管中的碳原子以sp^2杂化为主,但碳纳米管中六角形网格结构会产生一定的弯曲,形成空间拓扑结构,其中可形成一定的sp^3

杂化键,所以它是以 sp^2 杂化为主,也含有一定的 sp^3 杂化。直径较小的碳纳米管曲率较大,sp^3 杂化的比例也大,反之,sp^3 杂化的比例较小,碳纳米管的形变也会改变 sp^2 和 sp^3 杂化的比例。碳纳米管一般由单层或多层组成,相应地称为单壁碳纳米管(SWCNT)和多壁碳纳米管(MWCNT)。单壁碳纳米管的直径在零点几纳米到几纳米之间,长度可达几十微米,多壁碳纳米管直径在几纳米到几十纳米之间,长度却可达几毫米,层与层之间保持固定的间距,与石墨的层间距相当,约为 0.34 nm。多壁碳纳米管结构复杂,不易确定,单壁碳纳米管结构相对简单,理论上已有较深入的研究。碳纳米管的晶体结构为密排六方(HCP),以 $a = 0.245\ 68$ nm,$c = 0.685\ 2$ nm,$c/a = 2.786$,与石墨相比,a 值稍小而 c 值稍大,表明碳纳米管同一层碳管内原子间有更强的键合力和极高的同轴向性是一个在管轴方向具有周期性的一维晶体,可被看作理想的一维材料。

碳纳米管作为纳米材料中最具潜力的材料之一,其制备工艺的研究得到广泛关注。碳纳米管的制备方法主要有石墨电弧法、激光蒸发法、催化裂解法、化学气相沉积法、模板法以及凝聚相电解生成法等。① 石墨电弧法主要是将稀有气体或者氢气通入真空反应室内,采用较大石墨棒作为阴极,细石墨棒作为阳极,在电弧放热的过程中,阳极石墨不断被消耗,阴极上生成含有碳纳米管的产物。② 激光蒸发法主要是在高温电阻炉中采用激光蒸发石墨靶材,通入流动的氩气,使蒸发物冷却到水冷铜板上,板上生成物中就含有碳纳米管。③ 催化裂解法主要是将一氧化碳、甲烷、乙烯等含碳气体在高温和催化剂的作用下分解生成碳纳米管。④ 化学气相沉积法基本原理是将含碳气体在催化剂的作用下,在催化剂的表面生成碳纳米管。⑤ 模板法原理是通过采用纳米级到微米级的多孔材料作为模板,通过电化学作用以及沉淀法等作用使物质的原子沉淀到模板的孔径上,从而形成纳米级的碳管。⑥ 凝聚相电解生成法是在约 600 ℃ 的温度及保护气体的作用下,并采用一定的电压电流去电解卤化物碱盐,从而生成碳纳米管。

碳纳米管因其独特的结构而具有优良的性能。它具有极高的机械强度和理想的弹性,其杨氏模量与金刚石相当,约为 1 TPa,是钢的 5 倍左右,为已知材料的最高模量,其弹性应变最高可达 12%。在碳纳米管内,由于电子的量子限域所致,电子只能在石墨片中沿着碳纳米管的轴向运动,因此碳纳米管表现出独特的电学性能。实验发现根据其直径和螺旋度的不同,它既可以表现出金属性又可以表现出半导体性。由于碳纳米管的尖端具有纳米尺度的曲率半径,在相对较低的电压下就能够发射出大量的电子,因此碳纳米管呈现出优良的场致发射特性,非常适合于用作各种场致发射器件的阴极。

另外由于碳纳米管壁能被某些化学反应溶解掉,因此可以以其为模具将金属灌满碳纳米管,制成碳纳米管导线。碳纳米管可做锂离子电池的电极,提高电池的寿命,改善电池的性能。碳纳米管还被视为新一代平面显示屏的好材料,不但可以使屏幕成像更清晰,而且更容易做成更薄的显示器。碳纳米管还具有储氢的能力,具有安全、高效的特点,是未来储氢很具有前景的材料。这些优良的力学和电学性能又使碳纳米管成为复合材料领域最有前景的研究热点。另外,碳纳米管很高的热稳定性和化学稳定性,优异的热传导能力、超导性能和光学性能等也引起了人们极大的关注。随着碳纳米管合成技术的日益成熟,低成本大量合成碳纳米管已经成为可能,探索和研究碳纳米管的应用已成为当务之急,具有重大的实用价值。

3. 石墨烯

石墨烯(graphene)是一种由碳原子以 sp^2 杂化轨道组成六角型呈蜂巢晶格的二维碳纳米材料。实际上石墨烯本来就存在于自然界,只是难以剥离出单层结构。石墨烯一层层叠起来就是石墨,厚 1 mm 的石墨大约包含 300 万层石墨烯。铅笔在纸上轻轻划过,留下的痕迹就可能是几层甚至仅仅一层石墨烯[32]。

2004 年,英国曼彻斯特大学的两位科学家安德烈·盖姆(Andre Geim)和康斯坦丁·诺沃肖洛夫(Konstantin Novoselov)发现他们能用一种非常简单的方法得到越来越薄的石墨薄片。他们从高定向热解石墨中剥离出石墨片,然后将薄片的两面黏在一种特殊的胶带上,撕开胶带,就能把石墨片一分为二。不断地这样操作,于是薄片越来越薄,最后,他们得到了仅由一层碳原子构成的薄片,这就是石墨烯。

这以后,制备石墨烯的新方法层出不穷。2009 年,安德烈·盖姆和康斯坦丁·诺沃肖洛夫在单层和双层石墨烯体系中分别发现了整数量子霍尔效应及常温条件下的量子霍尔效应,他们也因此获得 2010 年度诺贝尔物理学奖。在发现石墨烯以前,大多数物理学家认为,热力学涨落不允许任何二维晶体在有限温度下存在。所以它的发现立即震撼了凝聚体物理学学术界。虽然理论和实验界都认为完美的二维结构无法在非绝对零度稳定存在,但是单层石墨烯能够在实验中被制备出来,石墨烯结构示意图如图 10-18 所示。

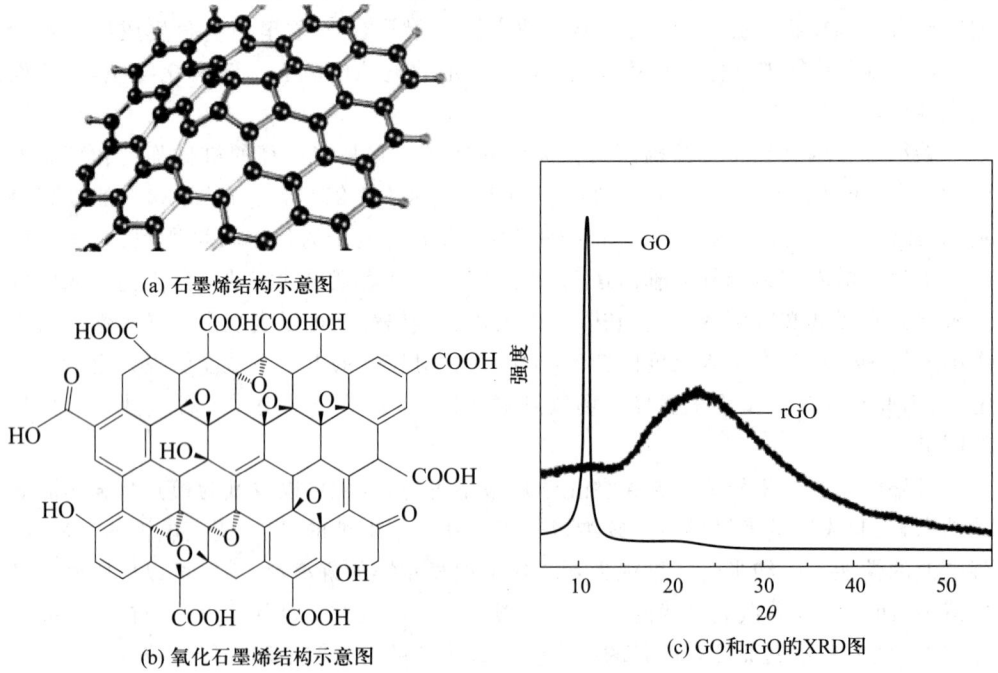

(a) 石墨烯结构示意图

(b) 氧化石墨烯结构示意图

(c) GO 和 rGO 的 XRD 图

图 10-18　石墨烯结构示意图

石墨烯内部碳原子的排列方式与石墨单原子层一样以 sp^2 杂化轨道成键,并有如下的特点:碳原子有四个价电子,其中三个电子生成 sp^2 键,即每个碳原子都贡献一个位于 p_z 轨道上的未成键电子,近邻原子的 p_z 轨道与平面成垂直方向可形成 π 键,新形成的 π 键呈半填满状态。研究证实,石墨烯中碳原子的配位数为 3,每两个相邻碳原子间的键长为 $1.42×10^{-10}$ m,键与键之间的夹角为 120°。除了 σ 键与其他碳原子链接成六角环的蜂窝式层状结构外,每个碳原子的垂直于层平面的 p_z 轨道可以形成贯穿全层的多原子的大 π 键(与苯环类似),因此具有优良的导电和光学性能。

石墨烯的这种特殊结构蕴含了丰富而奇特的物理现象,使石墨烯表现出许多优异的物理化学性质,如石墨烯的强度是已测试材料中最高的,达 130 GPa,是钢的 100 多倍;其载流子迁移率达 $1.5×10^4$ cm^2 · V^{-1} · S^{-1},是目前已知的具有最高迁移率的锑化铟材料的 2 倍,超过商用硅片迁移率的 10 倍,在特定条件下(如低温骤冷等),其迁移率甚至可高达 $2.5×10^5$ cm^2 · V^{-1} · S^{-1};石墨烯的热导率可达 $5×10^3$ W · m^{-1} · K^{-1},是金刚石的 3 倍;另外,石墨烯还具有室温量子霍尔效应及室温铁磁性等特殊性质[33]。石墨烯的这些优异特性引起科技界新一轮的“碳”研究热潮。

目前,制备石墨烯的主要方法包括化学气相沉积法、氧化还原法、SiC 外延生长法、微机械剥离法等。① 化学气相沉积法制备石墨烯,通常是让各种含碳元素气体通过载气代入反应器发生反应,然后在基片上沉积出石墨烯;② 氧化还原法通过对石墨氧化处理,使石墨表面结合含氧官能团,并形成分散在溶液中的氧化石墨或氧化石墨烯,利用水中剥离方法,得到能够稳定存在的氧化石墨或石墨烯胶体,通过各种还原方法还原氧化石墨,最终可获得大小和厚度不等的石墨烯;③ SiC 外延生长法是通过对单晶 SiC 进行超高真空和高温加热,去除单晶 SiC 的 Si 原子,使 C 原子重构生成极薄的石墨烯层;④ 微机械剥离法是将高度定向热解的石墨用光刻胶固定在玻璃衬底上,通过透明胶带反复摩擦石墨表面而产生絮状石墨片,在这些絮片状的晶体中含有单层或数层石墨烯。

随着人们对石墨烯研究的不断深入以及制备方法的改进,石墨烯在复合材料、纳米器件和储氢材料等领域得到了广泛的关注。与此同时,人们需要大量结构完整的高质量石墨烯材料。这就要求提高现有制备工艺的水平。微机械法显然不能满足未来工业化的要求。氧化石墨还原法虽然能够以相对较低的成本制备出大量的石墨烯,使得其在复合材料和防静电涂料等领域有很大的应用前景,然而石墨烯的电子结构以及晶体的完整性均受到强氧化剂严重的破坏,将使其电子性质受到影响,一定程度上限制了在精密的微电子领域的应用。化学生长法可以制备出大面积连续且性能优异的石墨烯薄膜半导体材料,而且现有的半导体加工技术也可以对石墨烯薄膜材料进行剪裁修饰,使得化学生长法制备的石墨烯材料在微电子领域有着巨大的应用潜力。然而化学沉积法制备石墨烯的途径还在进一步探索、完善中,现阶段工艺的不成熟以及较高的成本都限制了其大规模应用。如何大量、低成本制备高质量的石墨烯材料应该是未来研究的一个重点。

4. 碳包覆金属纳米颗粒

碳包覆金属纳米材料(carbon encapsulated metal nanomaterials)作为一种新型的金

属碳复合纳米材料,其制备、性能与应用的研究已成为碳科学与材料科学领域的研究热点。碳包覆金属纳米颗粒是一种类富勒烯碳葱填充金属颗粒,形成的一种具有核/壳结构的纳米材料。这种材料最初是由美国 Rouff 小组在 1993 年采用电弧法蒸发气化掺 La 的阳极石墨棒时在所得到的烟灰中发现的,它是由多层石墨层片壳包覆 La 纳米颗粒核的新型纳米材料。碳包覆 La 纳米材料的成功合成引起了科学家对碳包覆金属纳米材料的广泛关注。因为这种碳包覆金属颗粒不仅具有独特的物理化学性质,而且碳包覆层对所包覆的金属粒子具有保护作用,拓展了这类纳米颗粒材料的应用范围,使这种材料在化学、材料、物理等领域有着巨大的潜在应用价值。

到目前为止,已具备了许多相关的制备碳包覆金属纳米材料的方法,其中比较常见的方法有电弧放电法、离子束法、激光法、化学气相沉积法、高温处理法等;还有低温热解法,包括有机质碳化、生物基碳化、碳基转化。目前最常用的制备碳包覆金属纳米颗粒的制备方法就是电弧放电法,它也是最早发现碳包覆型结构材料所采用的方法。① 电弧放电法一般在真空反应室中完成,由石墨组成的阴极和阳极在一定直流电压条件下电弧放电蒸发石墨,通常充当阳极的石墨电极是由所需包覆的金属的单质或者是金属氧化物一起组成的混合电极,当反应持续不断消耗阳极的石墨并沉积在阴极或者反应壁上,收集到的样品就能观察到碳包覆金属纳米颗粒。② 化学气相沉积法是反应物质在气态条件下发生化学反应,生成固态物质沉积在加热的固态基体表面,进而制得固体材料的工艺技术。③ 热解法是一种比较新颖且产量较高的方法,其基本原理是利用可溶性的有机金属化合物或络合物作为金属源,以合适的石油芳香烃类物质作为碳源,两者在合适的温度压强和惰性气体中发生热解反应,产生的芳烃平面大分子逐渐将金属纳米颗粒包裹形成碳包覆金属纳米材料。

碳包覆金属纳米颗粒因其界面单元所占比例极大,以及尺寸和界面效应使得它具有优异的电性能,如高电导率、高介电性。这种材料在电学量子器件上的应用是目前一个研究热点。纳米材料的高介电性可以在电容器总体尺寸缩小的情况下保持高电容量,碳包覆纳米材料是制造这种电容器的理想材料。但目前纳米级高容量的超微型电容器的设计和制备尚处于实验室阶段。此外其在磁头、磁阻随机存储器、传感器、金属晶体管等微电子器件也有巨大应用空间。

① 碳包覆金属纳米材料在磁记录介质领域有广泛的应用前景。随着信息技术的发展,需要记录的信息量不断增加,要求记录材料高性能化,特别是记录高密度化。为了提高磁记录密度,磁记录介质中的磁性颗粒尺寸已由微米、亚微米向纳米尺度过渡。近年来,磁盘记录密度突飞猛进,现已超过 10 Gb/in^2。随着纳米技术的不断开发,磁记录纳米材料的发展更具有潜力。② 由于碳包覆金属纳米材料的小尺寸效应,其具有大块材料所不具备的特殊的光学性能。材料的光学非线性、光吸收、光反射、光传输过程中的能量损耗等都与材料颗粒尺寸有很强的关联,纳米级碳包覆金属材料可应用到特殊性能的光学器件中。③ 生物医学材料与其他材料的不同之处在于,材料不仅应具有必要的理化性能,还必须具有良好的生物相容性。碳包覆金属纳米颗粒由于表层是由碳组成,是一种安全无毒的前驱体材料,这是它能用于人体的重要前提。碳包覆金属纳米颗粒的尺寸一般比生物体内的细胞小得多,且具有较好的生物相容性使其

在生物医学方面有着巨大的潜在应用价值。

5. 碳气凝胶

气凝胶是一种新型纳米级多孔性非晶材料,其孔隙率达 $80\% \sim 98\%$,典型孔隙尺寸小于 50 nm,网络胶体颗粒尺寸为 $3 \sim 20$ nm,比表面积为 $200 \sim 1\ 100\ m^2/cm^3$,密度范围为 $0.03 \sim 0.80\ g/cm^3$。气凝胶具有连续的三维纳米网络结构,它的密度极低是目前最轻的固态材料,几乎可以和云雾比较,所以又被称为"固体烟雾"或"固体空气"。由于其独特的纳米网络结构,气凝胶还具有最低的热导率、折射指数、声速和最低的电阻率,在保温、隔音、环保、催化、吸附和高性能电容等方面具有广阔的应用前景。

碳气凝胶最先是由 Pekala 等在 20 世纪 80 年代末研制成功的,其突出特点是网络连续,电导率高,孔洞微小且相互贯通,比表面积大,密度变化范围大,是制造高性能电容器和电池的新一代理想材料。这种材料的低温电导率随温度连续单调变化,在一定温区范围内(<100 K)其电阻温度敏感度远大于传统的掺碳玻璃、锗以及其他金属电阻温度计材料,有望成为一种理想的低温温度计材料。经过活性基修饰的碳气凝胶在电分析化学上已得到重要的应用。

碳气凝胶是一种多孔网络状的非晶碳材料,一般通过高温碳化有机气凝胶而得到。以间苯二酚(resorcinol)与甲醛(formaldehyde)经溶胶—凝胶反应生成的有机气凝胶(简称 RF 气凝胶)具有孔洞率高,比表面积大和密度变化广等优点,是迄今为止常温常压下热导率最低的固态材料[约 $0.012\ W/(m \cdot K)$]。RF 气凝胶碳化后生成的碳气凝胶(即 CRF 碳气凝胶)不仅继承了 RF 气凝胶的大部分优点,而且具备优良的电化学性能,在超级双电层电容器、可充电电池、燃料电池、分子筛、海水淡化及催化剂载体等方面极具应用潜力。

10.3.8 石墨炔

石墨炔(graphdiyne),是继富勒烯、碳纳米管、石墨烯之后,一种新的全碳纳米结构材料,是由 1,3-二炔键将苯环共轭连接形成二维平面网络结构的全碳分子,具有丰富的碳化学键、大的共轭体系、宽面间距、优良的化学稳定性,被誉为是最稳定的一种人工合成的二炔碳的同素异形体。由于其特殊的电子结构及类似硅优异的半导体性能,石墨炔有望可以广泛应用于电子、半导体以及新能源领域。石墨炔结构示意图如图 10-19 所示。

石墨炔是由二炔键将六个苯环共轭连接形成的具有二维平面网络结构的全碳分子,其 sp 与 sp^2 杂化态的成键方式决定了它的独特分子构型,使其具有优异的电学、光学和光电性能,在信息技术、电子、能源、催化以及光电等领域具有潜在的应用前景。自 2010 年被成功合成后,石墨炔的研究吸引了不同领域科学家的广泛关注,已经在石墨炔的理论预测、合成方法及应用方面开展了大量研究工作,使石墨炔研究稳定地进入了一个较快发展时期,并正在形成了一个新的研究热点和领域[34]。

一般来说,在石墨炔分子内有三种类型的 C—C 键:在中心芳香苯环上 $C(sp^2)-C(sp^2)$ 键,键长大约为 0.143 nm;连接 C≡C 和 C=C 的 $C(sp^2)-C(sp)$ 键,键长大约为 0.140 nm;以及连接 C≡C 的 $C(sp)-C(sp)$ 键,键长是 0.123 nm。从结构上来说,石墨炔具备与石墨烯相同的六边形对称构型,能量最小化的石墨炔的优化的晶胞参数分别

是棱长 $a=b=0.686$ nm，$c=0.672$ nm，交角 $\theta=120°$，层间距大约是 0.33 nm。

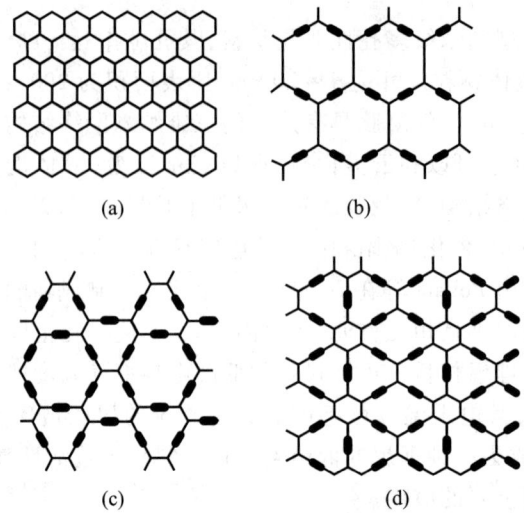

(a)   (b)

(c)   (d)

图 10-19 石墨炔结构示意图

自从石墨炔被提出后，国际上著名的功能分子研究组都开始了相关的研究并探索制备石墨炔。直至 2010 年，才由中国科学院化学研究所李玉良等首次提出，并利用在铜表面上通过化学原位反应的方法成功地合成了大面积的石墨炔（graphdiyne）薄膜，为石墨炔从理论研究迈向实验测试奠定了基础。通过这种方法得到的石墨炔，在相邻的苯环之间具有两个炔键。这也证实了以 sp 与 sp^2 杂化态形成的石墨炔可以通过人工合成的方法制备得到。石墨炔的合成，推动了石墨炔性质和应用的研究。最新的理论研究和实验结果均显示，石墨炔在能源、环境、催化、电子等领域均显示了许多优越性质和性能。

石墨炔兼具二维材料和三维多孔材料的特征，并具有优良的电子传输性能，其大比表面积和多孔通道可以容纳大量的离子如锂离子等，因此可以作为锂离子相关储能器件的材料。包括锂离子电池、锂离子电容器等的负极材料，显示出优异的储锂性能；也可作为储氢材料，特别是与金属如锂、钙复合后，在储氢的容量和结合强度上，都显示出巨大的潜力。石墨炔的 sp 杂化碳原子的本征性质，使石墨炔更易于掺杂和被修饰，石墨炔的"面内"图案化反应倾向于发生在三键位置，从而使碳原子从 sp 到 sp^2 杂化转化时的平面网络结构得以很好的保留。基于吸附原子的不同种类和分布，导致产生的掺杂和修饰后的石墨炔可能呈现不同的导电行为或为半导体和金属性，这为石墨炔应用提供了更大空间，并可用于调控石墨炔的结构和能级，从而选择性地应用于电子和光电子器件、化学传感器或能量储存等领域。sp 和 sp^2 炔键、苯环的存在，使石墨炔具有多重共轭的电子结构，在具备狄拉克锥的同时，其带隙能也可通过多种途径调控，这使得石墨炔既可以作为非金属高活性催化剂替代许多贵金属催化剂，也可以以载体的形式，负载和分散金属催化剂，应用于光催化等方面。经过水热反应，石墨炔的二炔键可以部分转变为适合电子传输的二维 π 共轭结构，从而使其作为一种在光催化降解过程的电子传输材料。此外,石墨炔也能在太阳能电池的空穴传输层和电子传输层中发挥其独特的改善作用,在包括有机、钙钛矿等太阳能电池中得到显著的应用效果。这些研究成果均显示石墨炔材料在能源领域的巨大潜力和应用价值。

10.4 高熵合金

10.4.1 合金的发展历史

材料的发展史与人类的文明史息息相关,在石器时代,古代人使用的天然材料包括石头、木材、皮革、骨头和天然金属(如金、银和铜)。这些材料包括了三种基本材料类别:陶瓷、聚合物和金属。在石器时代之后,青铜、铁和钢相继出现,因为从它们各自的矿石中还原出铜、锡、铅、汞和铁相对比较容易。后来随着生产技术的发展,这些材料得到了大量的使用,例如,含锡和铅的铜合金以及含碳的铁合金即铸铁和钢。与陶瓷和聚合物相比,大多数合金都表现出了良好的强度和韧性,因此在日常生活、运输、建筑和武器中都得到了广泛的使用。由于当时金属的开采和冶炼等技术存在很大困难,因此金属元素及合金的发现相对比较缓慢。然而,在第一次工业革命之后取得了重大进展,科学家通过各种新的技术手段发现和合成一些新的元素,由此制备出了许多新的合金,这使得材料进入了快速发展阶段。之后,人们开发并商业化了大约30种合金,每种合金都是以一种金属元素为主[35]。众所周知的工业合金包括高速钢、因瓦合金、不锈钢、铝合金、铝镍钴合金、坡莫合金、铜铍合金、高温合金和钛合金。还有20世纪中期新开发的合金包括镍—铝、钛—铝和铁—铝金属间化合物以及特殊应用的合金和金属玻璃。

10.4.2 高熵合金的定义

2004年,中国台湾学者叶均蔚打破传统合金的设计模式,率先提出了一种新的合金概念,即高熵合金(也称多主元合金或多组元高熵合金)[35]。高熵合金是基于"化学无序"发展的新材料,主要从熵的角度开发和研究合金材料,突破了过去合金单基元的限制。

高熵合金有两种定义方式,第一种定义方式基于合金的组元数,定义为由五种或者五种以上主元素且每种主元素按等原子比或者接近等原子比组成,为了拓宽合金设计的范围,高熵合金的每种主元的原子含量在5%~35%。如果包含其他的次要元素,则该元素的百分比含量不超过5%。这种定义可以表达为

$$n_{major} \geqslant 5\%, 5\% \leqslant X_i \leqslant 35\% \text{ 和 } n_{minor} \geqslant 0, X_j \leqslant 5\% \tag{10-1}$$

式中,n_{major} 和 n_{minor} 分别是主元素和次要元素的含量,X_i 和 X_j 分别是主元素 i 和次元素 j 的原子百分比含量。

高熵合金的另一种定义方式是基于合金的混合熵予以判断的。根据玻尔兹曼热力学统计原理,一个体系的熵可以表示为

$$\Delta S = k \ln W \tag{10-2}$$

式中,k 为波尔兹曼常数,与摩尔气体常数 R 有关,值为 $1.38×10^{-23}$ J/K;W 为热力学概率,代表在宏观态中包含微观态的总数。

对于任意 n 组元固溶体,其中第 i 组分的摩尔分数为 C_i,其每摩尔混合熵的变化为

$$\Delta S = -R \sum_{i=1}^{n} C_i \ln C_i \qquad (10-3)$$

式中,R 为理想气体常数,8.314 J/(K·mol)。根据极值定理,当 $C_1 = C_2 = \cdots = C_n$ 时,ΔS 取极大值 $R\ln n$。

从式(10-3)可以看出,对于理想固溶体而言,体系的组元越多,各个组元含量越接近,其混合熵就越大,如图 10-20 所示。

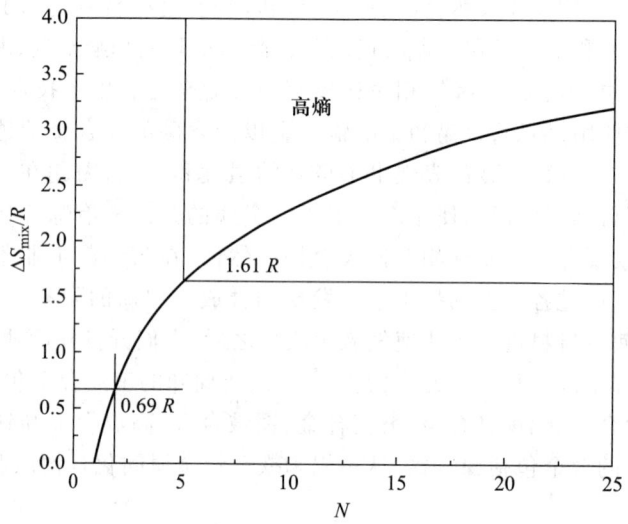

图 10-20　等原子比合金混合熵与组元数的关系曲线

叶均蔚等学者认为 $\Delta S = 1.5R$ 是高温时抵抗原子间强键合力的必要条件,因此,可以给出高熵合金的第二种定义:合金中各原子随机占位,无论是处于单相还是多相,其混合熵大于 $1.5R$ 的合金称为高熵合金。这种定义可以表达为

$$\Delta S \geqslant 1.5R \qquad (10-4)$$

根据混合熵的值,可以将合金材料大致划分为高熵合金、中熵合金及低熵合金三类,如图 10-21 所示。

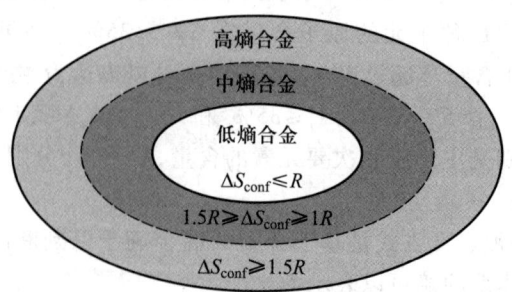

图 10-21　材料按混合熵分类示意图

　　尽管两种定义都涵盖广泛的合金,但这两种定义大多有重叠的部分,不重叠区域的成分也被认为是高熵合金。例如,$CoCrCu_{0.2}Fe_{0.2}Ni$ 可以被认为是高熵合金,因为它满足第一种定义,其原子比为 $29.4:29.4:5.9:5.9:29.4$,然而它的混合熵大约为 $1.41R$,并不满足第二个定义。在这种条件下,这类合金仍然属于高熵合金。再比如,25 种元素组成的等摩尔合金,虽然每个元素的原子浓度只有 4%,但由于混合熵为 $3.219R$,该合金仍然是高熵合金。因此,一种只符合这两种定义中的一种的合金也可被视为高熵合金。对于四组元等摩尔合金 $CoCrFeNi$,有时候被认为是高熵合金,因为它的成分和混合熵接近这两个定义的下限。不难看出,两种高熵合金的定义都有自身的缺陷和不足,所以这里给出的高熵合金的定义只是起指导作用,而不是硬性法则。

　　应该注意的是,提出"高熵合金"的意义在于打破了经典吉布斯相律的思维惯式,拓宽了材料设计和开发的思维方式,故此不必囿于高熵合金的定义。还需说明的是,两种高熵合金的定义都没有以合金形成固溶体结构为必要条件。近年来,高熵合金的发展不局限于为设计而设计,而是设计出高性能的第二代高熵合金[36]:通常由四种及以上组元组成,元素含量非等原子比,含有双相甚至多相的高性能低成本高熵合金。总之,如果将金属及固溶体合金简单看成理想固溶体合金材料,从青铜器时代、铁器时代到 20 世纪中后期的多金属合金时代,再到 21 世纪开始的高熵合金时代,可以看出,人类社会所使用的金属及合金向着高混合熵的方向发展,如图 10-22 所示。

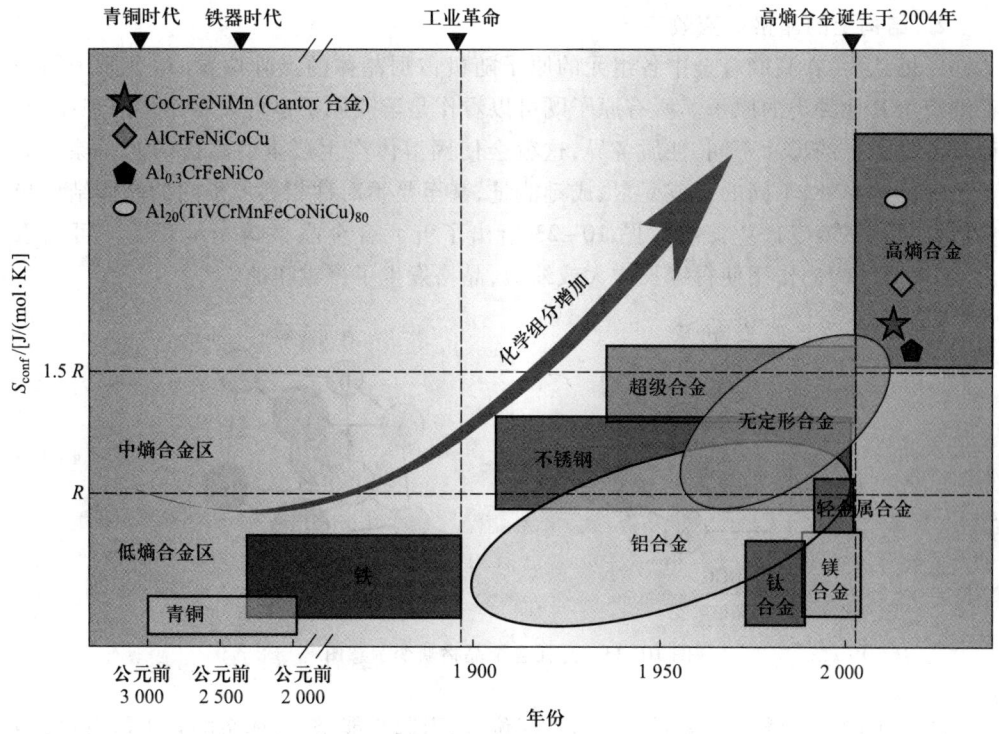

图 10-22　不同时代所用的典型金属及合金的混合熵范围

10.4.3　高熵合金的四大效应

高熵合金作为一种新的合金体系,其在动力学、组织结构、性能等方面有不同于传统合金的特点。基于目前对高熵合金的研究结果,人们总结出高熵合金多方面的基本规律,即所谓的四大效应:热力学上的高熵效应、结构上的晶格畸变效应、动力学上的缓慢扩散效应和性能上的"鸡尾酒"效应。由于高熵合金的研究发展很快,因此高熵合金新的特点被持续地发掘,但是仍然可以包括在这四大效应之内。

1. 热力学上的高熵效应

高熵合金的高熵效应主要体现在高的混合熵对合金相形成的影响。根据热力学知识,合金的混合自由能增量可表述为 $\Delta G_{mix} = \Delta H_{mix} - T\Delta S_{mix}$。显然,高的混合熵可以有效降低合金体系的自由能,提高合金的稳定性。而在高熵合金可能形成的各种合金相中(金属间化合物、非晶合金以及随机互溶的固溶体等),随机互溶的固溶体具有最高的混合熵。因此,当多组元合金的混合熵高到能够抵消混合焓的作用时,将会有利于固溶体的生成,使其倾向于形成简单的 FCC、BCC 或 HCP 固溶体相。另外,高的混合熵意味着合金体系的混乱程度大,合金化原子在晶格的点阵位置上随机分布,从而降低合金原子有序化和偏析的趋势,抑制有序金属化合物的生成和相分离的发生。高熵合金生成相的数目要远小于经典吉布斯相律所预测的合金系所能形成的最大平衡相数目,主要归结为高的混合熵增加了元素间的相溶性,抑制了金属间化合物的出现。

2. 结构上的晶格畸变效应

一般认为,在高熵合金中各组元的原子随机占据晶体的点阵位置,每个原子周围都围绕着其他种类的原子。所有原子既可以看作是溶质原子也可看作是溶剂原子,而且各类原子的尺寸不同,性质各异,这就会使固溶体产生严重的晶格畸变。除了原子尺寸的差异外,不同的组成元素、成键能量,甚至是不对称相邻原子间的晶体结构趋势都会对晶格畸变产生影响。图 10-23 给出了五元合金晶格畸变示意图。可以看出,不同原子间的作用使得键长增大或缩短,晶格发生了严重扭曲。

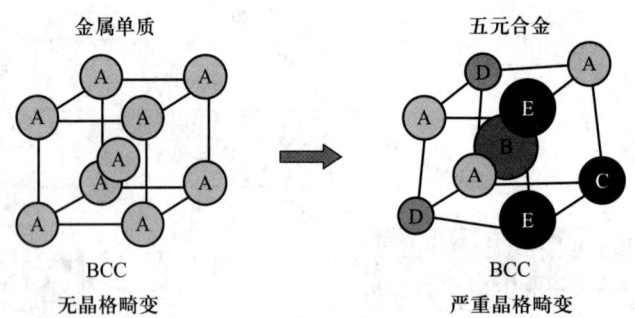

图 10-23　五元合金晶格畸变示意图

结构上的晶格畸变使得原子偏离平衡位置,引起势能增加,体系的自由能升高,相当于处于亚稳态,从而对晶体的一系列物理和化学性质产生影响。比如严重的晶格畸变所导致高的内应力可以阻碍位错的运动,从而提升材料的强度;同时,高的内应力使得电子被散射的概率增加,进而使得合金的电阻率增高;与此相似,热在固体中的传导是通过点阵振动波(声子)和自由电子实现的,严重的晶格畸变会增加声子和点阵的散射,从而降低热导率。此外,由于严重的晶格畸变存在,使得各个衍射晶面粗糙不平,发生布拉格衍射时,X 射线被严重散射,因此高熵合金的衍射峰强度会降低,如图 10-24 所示[37]。

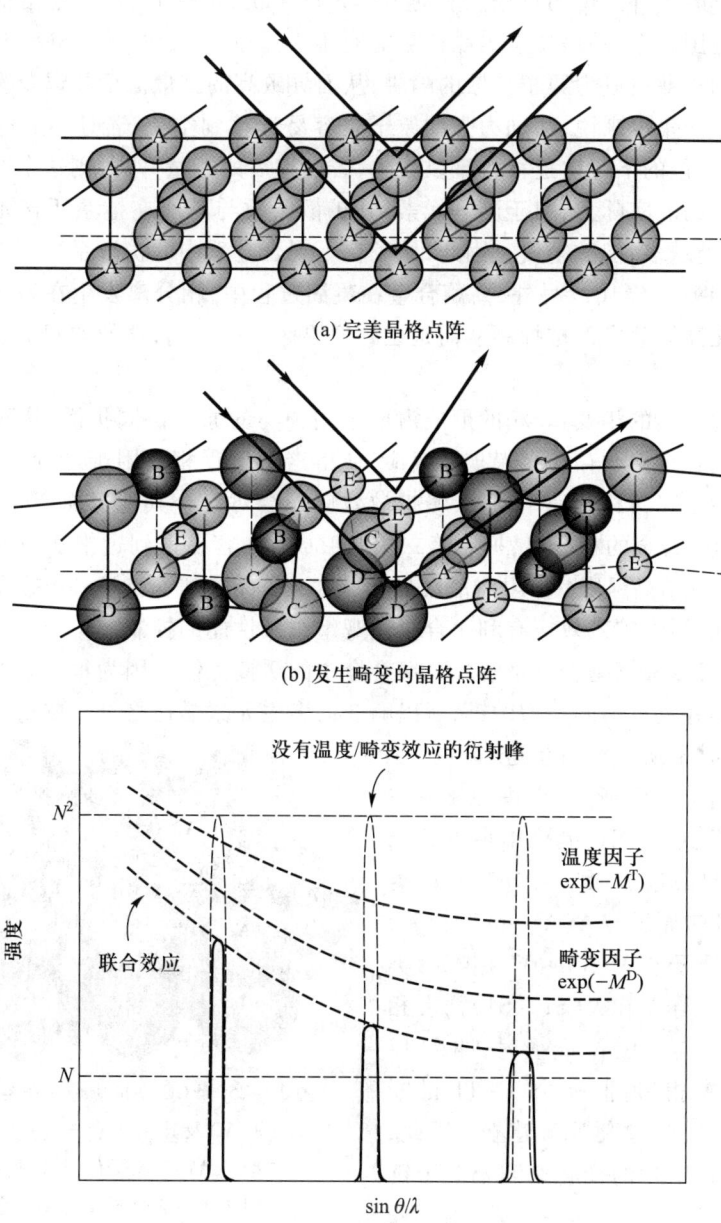

(a) 完美晶格点阵

(b) 发生畸变的晶格点阵

(c) 温度和晶格畸变对XRD衍射峰强度的影响

图 10-24　晶格畸变效应对 XRD 衍射的影响示意图[4]

3. 动力学上的缓慢扩散效应

高熵合金中不同组元原子间的相互作用以及晶格畸变,都会严重影响其组元间的协同扩散,从而限制高熵合金中原子的有效扩散速率。根据前面的阐述,高熵合金中所有原子都可以认为是溶质原子。那么,任何一个原子在此类晶格中的扩散都有别于其在传统合金晶格中的扩散。高熵合金主要通过空位机制进行扩散,其扩散过程也可描述为原子不断填补空位的过程。从动力学角度来讲,扩散时,每个空位都被其他种类的原子所包围,不同晶格位置的晶格势能有很大差别,大量的低晶格势能的点阵位置阻碍原子的扩散或成为原子扩散的陷阱,从而导致高的扩散激活能以及缓慢的扩散速率。从能量的角度来说,活动力强的原子更容易迁移到空位,若迁移到空位后体系能量降低,则空位的下一次迁移将难以发生,若迁移后的能量升高,则这个原子是难以迁移到空位上的。实际上,对于同一元素,其扩散系数与其所在体系所含元素的个数有关,元素种类越多,扩散越慢。因此,原子在不同合金系中的扩散系数可以总结为高熵合金<不锈钢<纯金属。另外,高熵合金在凝固过程中,相分离发生在高温区间时往往会由于存在高熵效应而被抑制从而延迟到低温区间的时间,这便加剧了缓慢扩散效应的影响。

对于扩散控制的相变,新相的形成需要不同种类的原子协同扩散,从而实现成分的分离。高熵合金由于存在缓慢扩散效应,使得这个过程相对困难,因此提高了组织的稳定性。除了减缓相变速率外,缓慢扩散效应还会对合金其他方面产生影响,主要体现在:① 影响合金的相分离,抑制第二相的形成;② 容易得到过饱和固溶体及细小沉淀;③ 提高再结晶温度;④ 阻碍晶粒形核长大;⑤ 提高蠕变抗性;⑥ 提高合金的热稳定性。因此,缓慢扩散效应有利于合金微观组织及性能的控制。

此外,还可以根据畸变晶格解释高熵合金中的缓慢扩散。因为每个原子被不同种类的原子包围并具有不同类型的键,所以畸变的多主元素晶格将具有波动的晶格势能(LPE),用于原子从一个位置迁移到另一个位置。如图 10-25 所示,考虑原子—空位对(A-V)及其在 FCC 晶格中最近邻原子。A-V 对的最近邻原子可分为三种类型。类型 1(T1)原子与 A(A1~A7)相邻,类型-2(T2)原子与 V(V1~V7)相邻,类型-3(T3)原子与 A 和 V(S1~S4)两者相邻。当原子 A 与空位 V 交换时,四个 T3 原子仍然与 A 相邻,但七个 A-T1 键断裂,而七个新的 A-T2 键则被建立。因此,当原子迁移时,LPE 的变化来自 A-T1 键和 A-T2 键之间的相互作用能差。结果,这种波动的 LPE 会使原子的扩散比具有

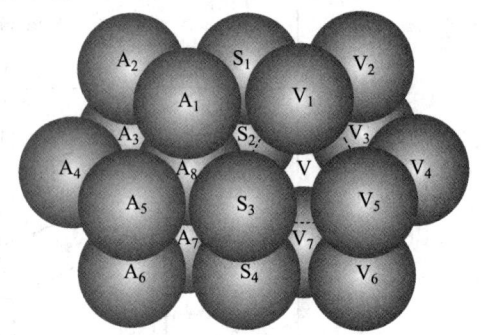

图 10-25 FCC 晶格中原子—空位对
(A-V)及其相邻原子的说明:
类型 1,A1-7 原子仅与 A 相邻;
类型 2,V1-7 原子仅与 V 相邻;
类型 3 ,S1-4 原子与 A 和 V 相邻

均匀 LPE 的晶格更难,如图 10-25 所示。这就好比沿着崎岖道路驾驶汽车,与平滑路面上相比,障碍物越高,则速度越慢。对空位的自扩散,所需的激活能也低于具有均匀

晶格势能的未畸变晶格。考虑相同的因素,小的原子的间隙扩散尽管不需要空位辅助,但其扩散缓慢并且其在畸变晶格中的激活能更高。

4. 性能上的"鸡尾酒"效应

"鸡尾酒"效应最早由印度学者 Ranganatha 提出,该效应强调元素的一些性质最终会体现对合金的宏观性能的影响。换句话说,合金组元的一些微观性质会最终反映在合金的宏观性能上,如:密度、强度、抗氧化性、耐腐蚀性等。例如,如果在合金中加入较多的轻元素,合金的整体密度将会减小;若加入较多的抗氧化元素(如铝、硅、铬),合金的高温抗氧化能力会显著提高;如果在 Fe-Co-Cr-Ni 系高熵合金中加入结合力强的 Al 元素,会促进 BCC 相的形成,则合金的强度将增加。图 10-26 展示了添加 Al 对铸态 CuCoNiCrAl$_x$Fe 合金硬度的影响[38]。在设计特殊性能的高熵合金方面,"鸡尾酒"效应为我们提供了更多的可能与选择。"鸡尾酒效应"的范围从原子级多主元复合效应到微尺度多相复合效应。因此,在根据"鸡尾酒效应"选择合适的成分和工艺之前,合金设计师必须了解相关影响因素。例如,美国空军相关实验室开发的难熔高熵合金的熔点远高于镍基和钴基高温合金的熔点。这仅仅是因为选择了难熔元素作为构成要素。根据混合定则,四元合金 MoNbTaW 和五元合金 MoNbTaVW 的熔点高于 2 600 ℃。结果,两种合金都显示出比高温合金高得多的抗软化性,并且在 1 600 ℃时的屈服强度高于 400 MPa。

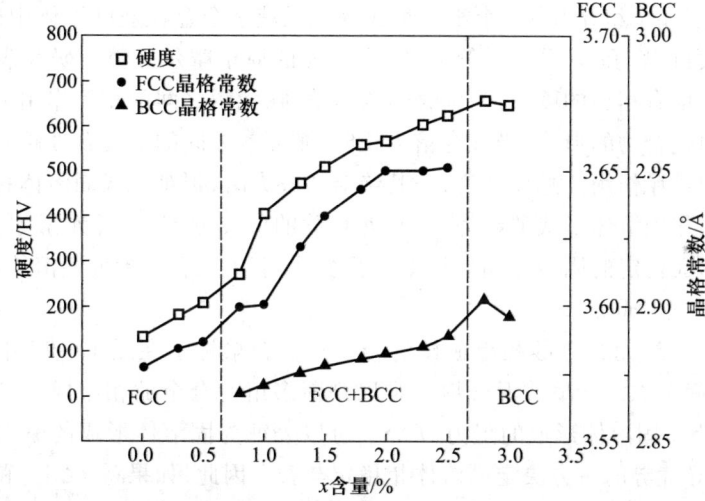

图 10-26 铸态 CuCoNiCrAl$_x$Fe 系高熵合金硬度及相组成随 Al 含量的变化[38]

10.4.4 高熵合金的相形成规律

在进行高熵合金的成分设计时,通常希望合金能够具有单一的多组元固溶体组织或以多组元固溶体为主的组织。但并不是任意五种或五种以上的元素都能形成高熵合金,而且在很多高熵合金中,除了固溶体相的生成外,还伴随着金属间化合物相、纳米相以及非晶相等合金相的析出。不同相的出现对高熵合金的综合性能都会产生影响。此外,通过实验发现,不同结构的固溶体相所体现出的性能也有差异。相对而言,

BCC 结构的固溶体相具有较高的强度和较低的塑性,而 FCC 结构固溶体相具有较低的强度和较高的塑性。因此,对多组元高熵合金的相稳定性及相形成规律的研究有助于高熵合金的性能控制,并能对高熵合金的成分设计做出有效指导。

1. 热力学判据

倘若动力学因素不被考虑在内,即合金的制备方法和冷却方式相同,相形成受吉布斯自由能 G 大小的控制,它与系统的焓和熵有关。

(1) 混合熵 ΔS_{mix} 对固溶体相形成的影响

混合熵的计算公式为式(10-3),可以看出,在多组元合金体系中,ΔS_{mix} 永远为正值。相比而言,多组元合金具有较高的混合熵。高的混合熵能显著降低凝固过程中的自由能,降低凝固过程中有序和偏析的倾向,从而使固溶体比金属间化合物或其他有序相更容易形成和更稳定。而且,温度越高,混合熵的作用就越明显。因此,从热力学的角度考虑,$T\Delta S_{mix}$ 的值可以用来表征多组元合金中固溶体相形成的动力。根据实验统计,多组元合金形成固溶体相的混合熵范围为 $12 \sim 17.5$ J/(K·mol)。

(2) 混合焓 ΔH_{mix} 对固溶体相形成的影响

根据规则熔体模型,只考虑合金中最近邻原子间的键能,则 n 元合金中固溶体的混合焓 ΔH_{mix} 可用以下公式表达为

$$\Delta H_{mix} = \sum_{i=1, i \neq j}^{n} 4\Delta H_{ij} X_i X_j \tag{10-5}$$

ΔH_{ij} 是由第 i 个组元和第 j 个组元组成的二元液态合金在规则溶体中的混合焓,n 代表元素的数目,X_i 和 X_j 分别是第 i 和 j 个主元的原子摩尔分数。研究表明,合金相的形成与混合焓有相当的联系:当混合焓为负值时,元素之间的相互作用力很强,更容易导致金属间化合物的形成;当混合焓为正时,则元素之间的可混合性越差,起到元素聚集和偏析的排斥作用。总体来说,当其绝对值较大时,很难形成固溶体相。因此,混合焓可以被当作固溶体形成的阻力,只有混合焓的值接近零,各种元素才能随机地分布于合金中形成稳定的固溶体相。根据实验统计,多组元合金形成固溶体相的混合焓范围为 $-15 \sim 5$ kJ/mol。

将报道的多组元合金的相组成按混合熵和混合焓标示在图 10-27 中,从图中可以看出,单方面考虑混合熵或混合焓是难以判断多组元合金的相组成的。前面提到,ΔH_{mix} 可以认为是固溶体形成的阻力,$T\Delta S_{mix}$ 可以表征为固溶体形成的驱动力,两者相互博弈,占主导优势的一方决定固溶体相稳定与否。因此,如果将 $T\Delta S_{mix}$ 和 ΔH_{mix} 两个参数结合起来就能描述多组元合金中固溶体相的稳定性。于是,一个新的参数 Ω 被提出,其具体的表达式如下

$$\Omega = \frac{T\Delta S_{mix}}{\Delta H_{mix}} \tag{10-6}$$

$$T_m = \sum_{i=1}^{n} X_i (T_m)_i \tag{10-7}$$

式中,T_m 为合金的熔点;$(T_m)_i$ 为合金中第 i 个组元元素的熔点,均以绝对温度计算。

由式(10-6)可知,参数 Ω 的数值为正,表示合金凝固时多组元固溶体的形成能力。而且 $\Omega = 1$ 可以认为是多组元固溶体形成的临界值,即在固溶体形成过程中,熵的

作用等于焓的作用。如果 $\Omega>1$,则在合金凝固时,混合熵对固溶体形成的作用超过了混合焓的作用,合金易于形成固溶体;如果 $\Omega<1$,则混合熵的作用弱于混合焓的作用,混合焓在固溶体的形成自由能中占主导地位,于是固溶体的形核会受到抑制,金属间化合物或相分离将优先形成。因此,$\Omega>1$ 可作为多组元高熵合金的固溶体形成判据。

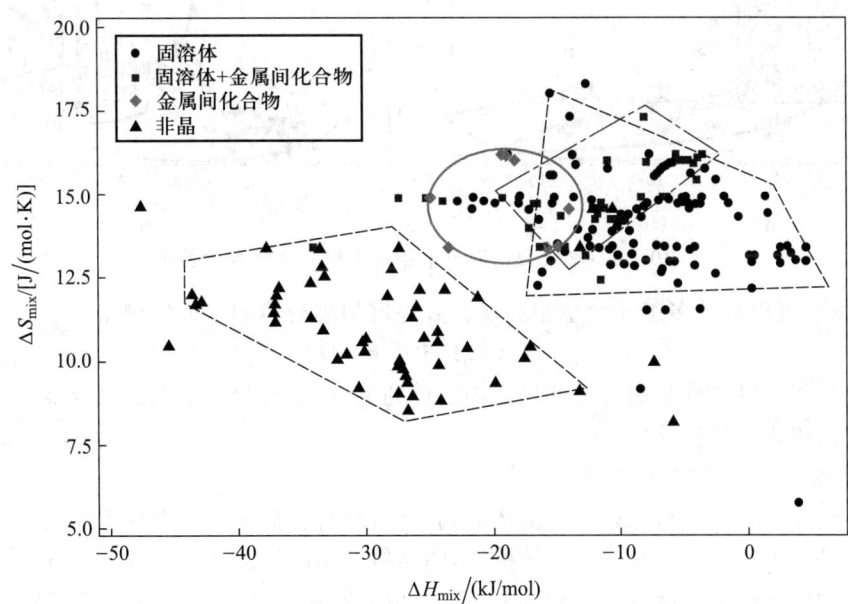

图 10-27　多组元合金的相组成与混合熵(ΔS_{mix})、混合焓(ΔH_{mix})的关系 Ω 判据

2. 原子尺寸差

除了热力学因素外,合金元素的原子尺寸差同样会影响多组元合金的固溶体相的稳定性。在多组元合金中,一种原子既可当作溶质又可当作溶剂,较大的原子半径差必然会引起晶格的严重畸变,进而使系统自由能升高,从而导致形成的固溶体不稳定,固溶度降低;另外,大的原子尺寸差将会使得原子在合金中的扩散很艰难,使得相转变速率降低和组元偏聚,甚至会形成非晶相以及纳米相。只有当合金的元素尺寸相似时,各合金元素原子才能相互取代,形成无序的固溶体相。为了综合描述 n 元合金中的固溶体组元的原子尺寸差,参数 δ(综合原子半径差)由以下公式表达

$$\delta = 100\% \sqrt{\sum_{i=1}^{n} X_i (1 - r_i/\bar{r})^2} \tag{10-8}$$

式中,$\bar{r}$ 是合金元素原子的平均半径,r_i 是第 i 个元素原子的半径。根据实验统计,当 δ 较小时(一般 $\delta \leqslant 6.6\%$),多组元合金更易形成固溶体相,当 δ 较大时,多组元合金更倾向形成金属间化合物甚至是非晶相。

参数 Ω 与原子半径差 δ、组元个数 N 的关系如图 10-28 所示。

由图 10-28a 可以看出,固溶体一般都具有较小的 δ 值和较大的 Ω 值,相反,金属间化合物和非晶都具有较大的 δ 值和较小的 Ω 值。由图 10-28b 可以看出,高熵合金固溶体出现在较大的 Ω 和 N 值时,而非晶出现在较低的 Ω 和 N 值时。

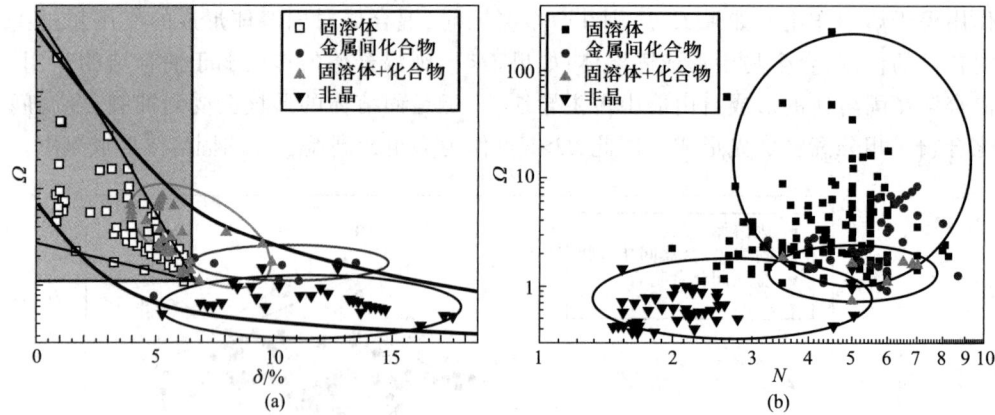

图 10-28　参数 Ω 与原子半径差 δ、组元个数 N 的关系

因此,可以总结多组元合金中高熵合金稳定的固溶体相形成的判据

$$\Omega \geqslant 1.1, \delta \leqslant 6.6\% \tag{10-9}$$

此判据可以在合金制备之前预测固溶体的形成,故可为多组元高熵合金的成分设计及性能优化提供指导。

3. 价电子浓度(VEC)判据

多组元合金形成高熵合金固溶体的判据已经给出,但是高熵合金中形成的固溶体通常都是 FCC、BCC 或 HCP 晶体结构,不同晶格类型的性能各不一样[39]。通常来说,FCC 结构固溶体相强度较低但塑性较好,而 BCC 结构的固溶体相强度较高但塑性较差。为了能够预测高熵合金固溶体的晶格类型进而预估合金性能,引入了价电子浓度(VEC)判据。价电子浓度在控制合金的相稳定性和物理性能方面起着至关重要的作用。对于多组元高熵合金,合金的 VEC 被定义如下

$$VEC = \sum_{i=1}^{n} X_i \, (VEC)_i \tag{10-10}$$

式中,X_i 为第 i 个原子的原子含量;$(VEC)_i$ 为第 i 个原子的价电子浓度。郭晟等人总结出通过价电子浓度 VEC 判断相结构的规律,如图 10-29 所示。

当 VEC≥8.0 时,固溶体倾向于单一的 FCC 相;当 6.87≤VEC≤8.0 时,合金组织是 FCC 和 BCC 共存的混合相;当 VEC≤6.87 时,FCC 相消失,为单一的 BCC 相。然而,经过进一步的研究发现,当 VEC≤2.8 时,合金中出现了单一的 HCP 结构。除了这种方法以外,合金的组织结构还可以通过 CALPHAD 相图模拟计算、AIDM 以及 DFT(第一性原理密度泛函数理论)来预测。

在使用 VEC 规则方面有一些需要注意:① 目前为止,VEC 判据只适用于铸造合金,其他的制备方法所得的合金是否适用还未验证。② 该理论是在合金结构是固溶体的前提下应用的。③ 用此方法判断的固溶体,并不能区分是无序的还是有序的。例如,无序的 BCC 相和有序的 B2 相都认为是 BCC 固溶体。④ 形成 FCC 或 BCC 固溶体并不一定意味着形成一个 FCC 或 BCC 相,也可能是两个无序的 FCC 或 BCC 相。⑤ 临界值 6.87 和 8.0 仅仅是参考数值,不是定值。在不同的合金体系,甚至不同的制备条件都会发生变化。但有一点是可以确定的:VEC 值越低,对于形成 BCC 相越有

利;而 VEC 值越高,越易于形成 FCC 相。⑥ 目前已经证实稀土高熵合金的结构为 HCP 结构,其 VEC 为 3,高于 2.8[40]。

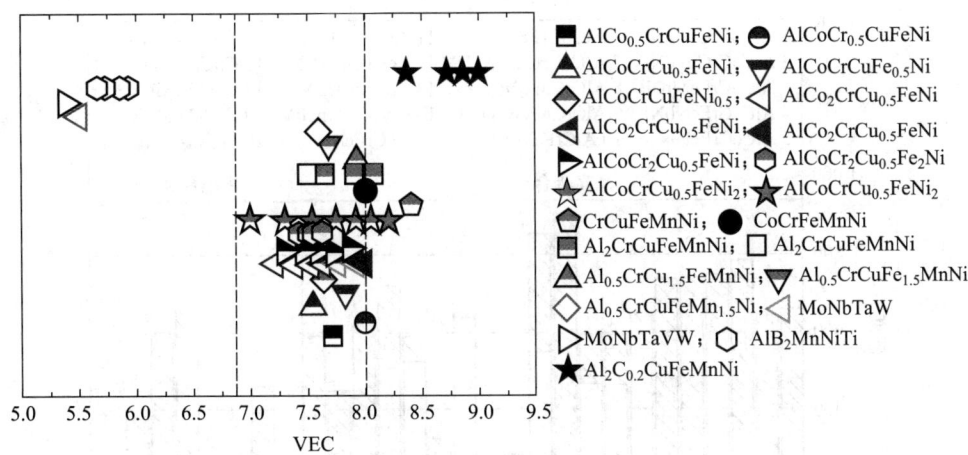

图 10-29　不同高熵合金系列价电子浓度 VEC 的分布图[39]

10.4.5　高熵合金的力学性能

作为一种全新的合金体系,多组元高熵合金特殊的组织结构赋予其优良的综合性能。到目前为止,通过研究发现,高熵合金具有优于传统合金的许多优异的力学性能,例如,高熵合金具有高强度、高耐磨性和耐高温软化等优异性能。

1. 高熵合金的室温力学性能

硬度是描述金属材料力学性能的最简便方法之一。材料的维氏硬度测试简单高效且不需要大尺寸样品。对于一些薄膜高熵合金,无法直接测量薄膜的屈服应力,此时显微硬度便能很容易地测出其力学参数。高熵合金的硬度在 140~900 HV 时变化很大,这主要取决于合金体系和相关的处理方法。图 10-30 给出了 20 种高熵合金与传统合金的硬度值汇总[41]。从图中可以看出,在每个合金体系中硬度都有很大的变化。例如,AlCoCrCuFeNi 合金系的硬度值就从 154 HV 变化到 658 HV,这主要取决于高熵合金的化学成分、制造方法和后续的热处理工艺。例如,AlCrMnFnNi 和 AlCrFeMoNi 合金体系的硬度值,通常高于传统的钢铁和有色合金。图 10-30 中,主要以面心立方(FCC)相为主的合金即 CoCrFeNi、CoCrCuFeNi 和 CoCrFeMnNi 的铸态高熵合金的硬度值通常在室温下较低,但随着 Al 和 Ti 含量的增加,形成较强的第二相而使得硬度提高。以体心立方(BCC)为主的难熔高熵合金的平均硬度值相对较高,例如 HfNbTa-TiZrTi、MoNbTaW、MoNbTaVW、AlMo$_{0.5}$NbTa$_{0.5}$TiZr 和 Al$_{0.4}$Hf$_{0.6}$NbTaTiZr 高熵合金的硬度值分别为 390 HV、454 HV、535 HV、591 HV 和 500 HV。因此,选择的合金体系和后续加工方式对合金的硬度至关重要。

高熵合金由于合金组成元素较多,且各元素原子半径存在差异导致晶格存在不同程度的畸变,阻碍位错的运动,并且由于合金中组元数较多,增加了原子协同扩散的难度,导致新相难以长大,易于析出纳米相和有序相,晶格畸变和协同扩散两者共同作用,使得高熵合金具有形成高强、高硬固溶体的优势。因此,高强度和高硬度是高熵合金的主要力学性能。

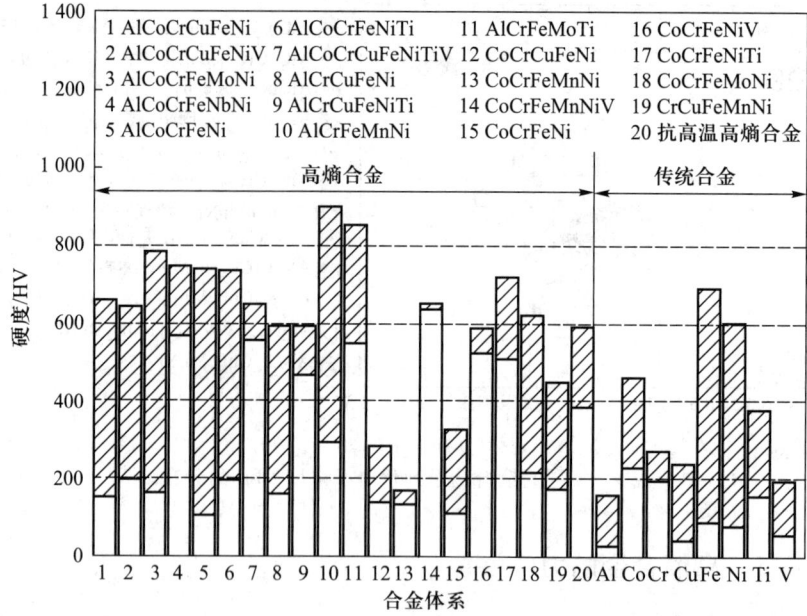

图 10-30　20 种高熵合金与传统合金的硬度值汇总(图中阴影区表示每种合金的硬度范围)

　　和高强度的非晶合金相比,高熵合金表现出了优异的综合力学性能。表 10-8 为铸态 $Cu_xAlCoCrFeNiTi_{0.5}$ 系高熵合金与典型的非晶合金的性能对比。对比发现,此合金系中 $Cu_0AlCoCrFeNiTi_{0.5}$ 合金具有非常优异的力学性能,归其原因为 Ti 原子的加入,使合金产生了固溶强化效应。在高熵合金体系中,Ti 原子与其他几种元素都具有相同的概率占据着晶格点阵,加之 Ti 原子半径较大,在原子溶入晶格时会引起晶格畸变,晶格畸变能增加显著,从而加强了合金固溶强化效应。另外,合金基体中有较多的第二相析出,产生了第二相强化。与非晶合金相比较,该高熵合金具有较高强度和良好的塑性。

表 10-8　铸态 $Cu_xAlCoFeCrNiTi_{0.5}$ 系高熵合金在与典型的非晶合金的性能对比[42]

合金成分	相组成	E	σ_y	σ_{max}	ε_e	ε_p
$Cu_xAlCoFeCrNiTi_0$	BCC	177.7	2.26	3.32	1.12	23.22
$Cu_xAlCoFeCrNiTi_{0.25}$	BCC	110.5	2.00	2.46	2.17	9.05
$Cu_xAlCoFeCrNiTi_{0.5}$	BCC	107.8	1.98	2.37	2.34	6.04
$Mg_{81}Cu_{9.3}Y_{4.7}Zn_5$	BMG+LOS	19.2	0.55	1.16	2.9	18.5
$Zr_{56.2}Ti_{13.8}Nb_5Cu_{6.9}$	BMG+BCC	110.0	1.30	1.70	1.2	6.8
$Cu_{48}Zr_{48}Al_4$	BMG+CuZr	102.8	1.20	1.88	2.2	5.3
$Ti_{40}Zr_{25}Ni_3Cu_{12}Be_{20}$	BMG	90.0	1.68	1.78	1.8	3.2
$Zr_{41.2}Ti_{13.8}Cu_{12.5}Ni_{10}Be_{22.5}$	BMG	96.3	1.64	1.76	1.8	0.3
$Co_{43}Fe_{20}Ta_{5.5}B_{31.5}$	BMG	268.0	5.19	5.19	2.1	…

目前,相关学者对多组元高熵合金的室温拉伸性能开展了大量的研究。应力-应变曲线的形状受高熵合金组织结构的影响很大。图10-31为铸态 Al_xCoCrFeMnNi 高熵合金的室温拉伸应力-应变曲线。在单相 FCC 区域中(以 Al0、Al4、Al7 和 Al8 表示);合金的性能类似固溶体,虽然强度较低,但塑性很高。在混合结构区(FCC+BCC相,以 Al9、Al10 和 Al11 表示);合金表现为复合材料,强度急剧增加,但延展性降低。在单相 BCC 区域,合金变得非常易碎[43]。应力-应变曲线的形状也受高熵合金晶粒尺寸的影响,细晶材料具有比粗晶材料更高的强度。通常,细晶材料在屈服后应力-应变曲线上有小的应力降,而粗粒料既没有明显的屈服点也没有应力降。

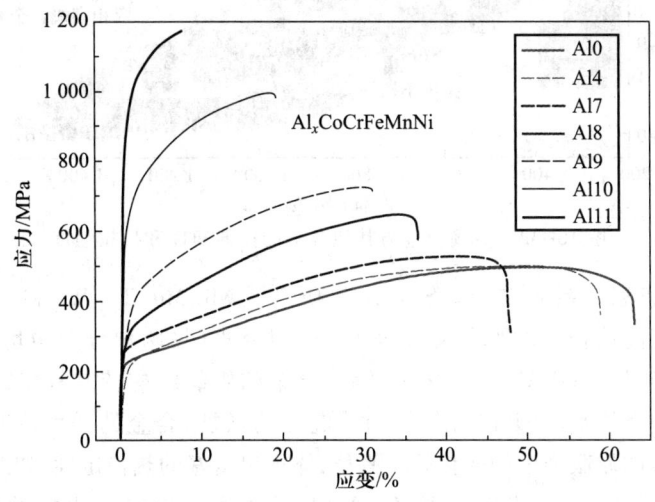

图 10-31 铸态 Al_xCoCrFeMnNi 高熵合金的室温拉伸应力-应变曲线[43]

BCC 高熵合金尽管强度很高,但不论是加工成形还是热处理都很难实现较为宏观的塑性变形。相比具有 BCC 结构的高熵合金,FCC 类高熵合金可以通过热加工方法获得强韧性的最佳匹配。例如:CoCrFeNi(Al,Ti)、$Al_{0.3}$CoCrFeNi、CoCrFeNiMn、$Fe_{50}Mn_{30}Co_{10}Cr_{10}$、$Fe_{40}Mn_{40}Co_{10}Cr_{10}$、$Al_{0.45}$CoCrFeNi 等 FCC 类高熵合金。FCC 高熵合金的断裂强度和拉伸塑性优于大部分钢铁材料,可以接近甚至超过一些 TRIP 钢和 TWIP钢,如图 10-32 所示,非常有望作为高强塑积合金而应用于现代汽车工业。

2. 高熵合金的高温力学性能

传统高温合金主要是指以铁、镍和钴为基,在 600 ℃ 以上的高温及一定应力作用下长期工作的一类金属材料,具有优异的高温强度,良好的抗氧化和抗热腐蚀性能,良好的疲劳性能、断裂韧性等综合性能,又被称为"超合金"。传统合金如钢铁材料,在淬火硬化后再回火,会有明显软化现象,即使耐高温回火的高速钢其最高使用温度也不过 550 ℃ 而已,当使用温度超过 550 ℃ 后,就发生明显软化。而高熵合金可以在更高的温度下仍然保持较高的强度和硬度。CoCrFeNiAl 高熵合金在 500 ℃ 下压缩屈服强度仍然高于 1 000 MPa。而 CoCrFeNiCuAl$_x$ 系列合金同样具有良好的热稳定性能,其中成分为 CoCrFeNiCuAl$_{0.5}$ 的合金,高温强度甚至可以持续到 800 ℃,并具有良好的塑性以及很大的加工硬化能力,而且在高的应变速率下和较低的温度区间中其强度还

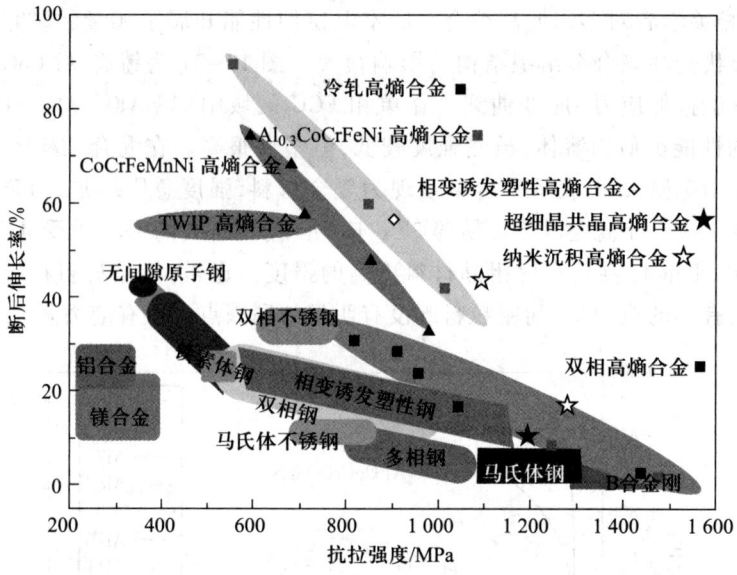

图 10-32   高熵合金与其他合金的拉伸塑性和抗拉强度

表现出明显的正温度系数[44-45]。Senkov 等研究了 $Nb_{25}Mo_{25}Ta_{25}W_{25}$ 和 $V_{20}Nb_{20}Mo_{20}Ta_{20}W_{20}$ 两种高熔点高熵合金的组织及力学性能。研究表明：两种合金中均只存在简单的 BCC 结构，且经过 1 400 ℃退火 19 小时后，合金的组织结构依然稳定；而力学性能方面，虽然两种合金的室温塑性有限，但随着温度的增加，合金的塑性流变增加，且超过 600 ℃以后合金的屈服强度的变化趋于平稳，体现出良好的热稳定性，如图 10-33 所示。相比于镍基高温合金，在温度超过 800 ℃时，这两种合金具有更好的抗高温软化能力。根据 $\Delta G_{mix} = \Delta H_{mix} - T\Delta S_{mix}$，可以看出，合金系统的环境温度越高，合金的混合熵作用就越显著，从而使得体系的热力学稳定性更高，因此高熵合金具有更为优异的高温性能。

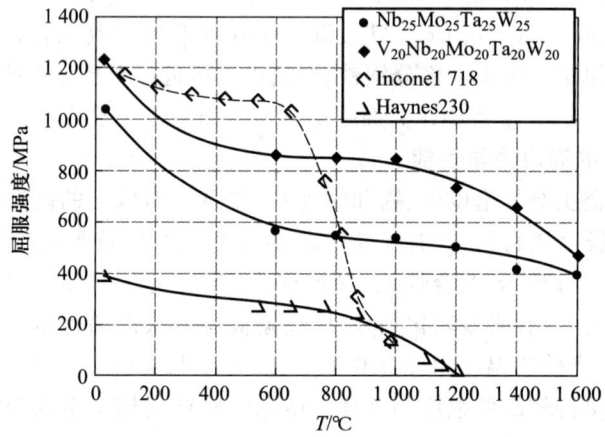

图 10-33 $Nb_{25}Mo_{25}Ta_{25}W_{25}$ 和 $V_{20}Nb_{20}Mo_{20}Ta_{20}W_{20}$ 合金
在不同温度下的力学性能

3. 高熵合金的低温力学性能

超低温材料在深空探测、应用超导和气体工业领域有诸多应用。随着聚变反应堆领域和空间技术的进步,针对高性能低温材料的需求越来越迫切。乔珺威等早在2010年就在高熵合金领域首次开展了 AlCoCrFeNi 高熵合金在低温(77 K)下的力学性能的研究。研究发现合金在低温时的屈服强度、断裂强度均较室温时有所提高,但塑性变化不大,断裂模式由室温时的沿晶断裂转变为低温时的穿晶断裂。因此,当温度降低时,合金并没有发生韧脆转变。

Laktionova 等人[43] 则研究了 Al$_{0.5}$CoCrCuFeNi 合金在 300 ~ 4.2 K 温度范围内的压缩变形行为,也没有发现韧脆转变现象,合金在低温下依然具有大的塑性变形量(4.2 K 时变形量可达 8%),并且合金的屈服强度从 300 K 时的 450 MPa 增加到 4.2 K 时的 750 MPa。当温度低于 15 K 时,在合金的应力—应变曲线上还观察到了明显的锯齿流变行为。Gludovatz 等人[44] 研究发现 CoCrFeMnNi 高熵合金具有"越低温,越强韧"的特性,并且具有非常高的断裂韧性(>200 MPa·m$^{1/2}$),特别是在 77 K 下具有比传统低温钢更为优异的强韧性,是迄今为止发现的具有最高断裂韧性的工程技术合金,如图 10-34 所示。

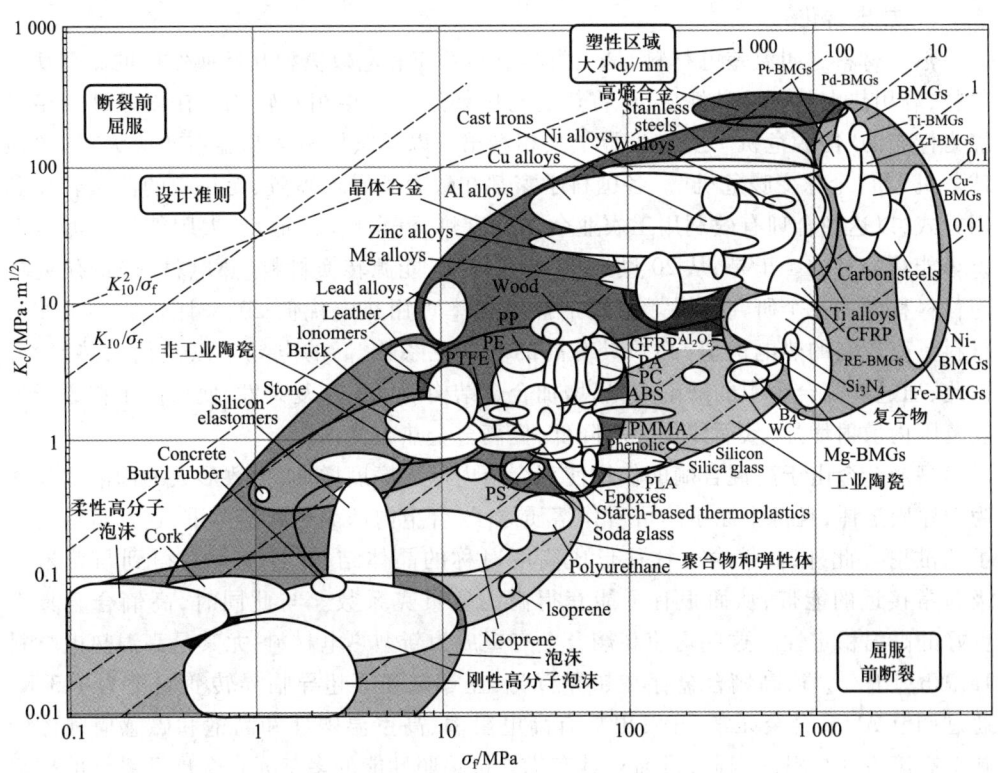

图 10-34 合金的断裂韧性和屈服强度关系图

10.4.6 高熵合金的其他性能

虽然高熵合金的研究还处于初级阶段,然而,高熵合金所展现出的优良性能使其可能成为具有广泛应用前景的结构材料。高熵合金的未来发展涉及结构材料、功能材料、能源与环保材料等不同领域。以下就抗辐照材料、极端条件(低温、高温)结构材料、热电材料以及超导材料等方面的发展趋势进行简单陈述。

1. 抗辐照性能

核电具有清洁、高效、较安全和经济等特点。因此,核能的开发和应用在全世界范围内得到了广泛关注。然而,在核裂变的过程中存在大量的辐射,具有很大的危害性。因此,对核反应堆结构材料的性能要求十分严格。尤其是对核燃料包壳材料而言,其工作条件最为苛刻,不仅要面临高温、高压和强烈的中子辐照,同时还要承受腐蚀、冲刷、振动以及氢脆的威胁。目前最常用的包壳材料为锆合金、镍合金以及不锈钢材料。而随着对核能的可持续性、安全性以及经济性等方面要求的提高,特别是第四代核电系统的提出及设计,对包壳材料性能要求更加严格与苛刻,即其工作温度更高,辐射剂量更大并且传热介质的腐蚀性更强。传统的核结构材料已经很难满足先进反应堆的设计和发展要求,因此,需要开发具有更好的高温稳定性和抗辐照性能的结构材料来代替。高熵合金具有的众多优异的性能,尤其是优良的高温稳定性能和缓慢扩散效应,使得高熵合金在核反应堆结构材料方面展现出应用前景。

2. 热电转化

热电材料又叫温差电材料,是一类具有热效应和电效应相互转换作用的新型功能材料,利用热电材料这种性质,可将热能与电能进行直接相互转化。在以原油价格暴涨为标志的"能源危机"之后,世界上又相继出现以臭氧层破坏和温室效应为首的"地球危机"和"全球变暖危机"。各国科学家都在致力于寻求高效、无污染的能量转化利用方式,以达到合理有效利用工农业余热及废热、汽车废气、地热、太阳能以及海洋温差等能量的目的。于是,从 20 世纪 90 年代以来,能源转换材料(热电材料)的研究成为材料科学的一个研究热点。材料的热电效率可用热电优值 ZT 来评估。为了使得材料具有较高的热电优值,必须具有高的塞贝克系数、高的电导率以及低的热导率。因此,通过提高合金中的缺陷数量,增加合金结构的无序和复杂性,使得声子在原子尺度范围内散射增加,从而使热导率降低,提高合金热电优值。

高熵合金由于高混合熵的作用使其合金内部无序度增加,导致形成的固溶体往往为无序固溶体,且每个原子均可看作溶质原子,合金内部晶格畸变严重,这都将增大声子的散射。此外,高熵合金往往形成高度对称的晶体结构,这使得其得到与费米能级非常接近的能带,从而很有可能获得高的塞贝克系数。与此同时,高熵合金具有良好的高温稳定性。这些均使高熵合金有望成为新型热电材料,尤其是高温热电材料 $Ta_{34}Nb_{33}Hf_8Zr_{14}Ti_{11}$ 高熵合金存在超导行为,在零磁场下超导临界转变温度为 7.3 K。通过调节 Al、Si 合金元素,开发出具有高电阻率、高室温塑性和高饱和磁感应强度的新型高熵磁性材料。因此,目前对具有优异抗辐照性能的多基元合金展开系统的抗辐照机理及性能的研究,对未来的科学研究和技术应用具有重要的意义。

3. 储氢性能

温室效应主要是由 CO_2 的排放造成的。不会产生 CO_2 的各种绿色能源,如氢气、太阳能和风能已被广泛探索。氢能是一种有效且方便的能源,但是氢的易燃性和爆炸危险性使得氢的储存成为一个重要的问题。在各种储氢技术中,金属氢化物以其安全、低成本、高储存容量和高吸收/解吸可逆性而被认为是一种优良的储氢材料。

第一个高熵合金体系设计的储氢合金是由 Kao 等研究的等摩尔 CoFeMnTiVZr 合金[46]。CoFeMnTiVZr 高熵合金具有单一的 AB_2 C14 结构(有序 HCP 结构),其中 Ti 和 Zr 占据 A 位置,而 Co、Fe、Mn 和 V 占据 B 位置。由于合金体系中的高熵效应,使具有相似原子尺寸和化学性质的不同元素的取代降低了总自由能。$CoFeMnTi_{0.5 \sim 2.5}VZr$、$CoFeMnTiV_{0.4 \sim 3.0}Zr$ 和 $CoFeMnTiVZr_{0.4 \sim 3.0}$ 合金在压力组成等温线(PCI)试验前后均存在单一的 C14 Laves 相。因此,在不改变 C14 晶体结构的情况下,通过大幅度改变 Ti、V 和 Zr 的含量,可以改善 $CoFeMnTi_xV_yZr_z$ 合金的吸放氢性能和储氢性能。控制最大储氢容量(H/M)的因素是合金元素与氢之间的亲和性。由于 Ti 和 Zr 参与 $CoFeMnTi_xVZr$(表示为 Ti_x)和 $CoFeMnTiVZr_z$(表示为 Zr_z)合金的吸氢过程,结果表明,H/M 最大值分别在 $0.5 \leq x \leq 2$ 和 $0.4 \leq z \leq 2.3$ 范围内随 x 和 z 的增大而增大。在室温下,$CoFeMnTi_2VZr$ 合金的最大 H_2 吸收量为 1.8%。图 10-35 展示了 25 ℃ 时 $CoFeMnTiV_yZr(V_y)$ 合金的 PCI 曲线。这证实了 Ti 和 Zr 的加入促进了氢的吸收。$Ti_{2 \sim 2.5}$ 和 $Zr_{2.3 \sim 3}$ 合金中 $(H/M)_{max}$ 的减少是由于 Ti 和 Zr 的严重偏析所致。测定了 Ti_x、V_y 和 Zr_z 合金在 25 ℃ 和 80 ℃ 下的吸氢动力学,以及这些合金达到它们吸收能力的 90% 所需的时间 $t_{0.9}$。参数 $t_{0.9}$ 是估算合金吸氢动力学的实用指标。高熵合金在储氢方面大有可为。

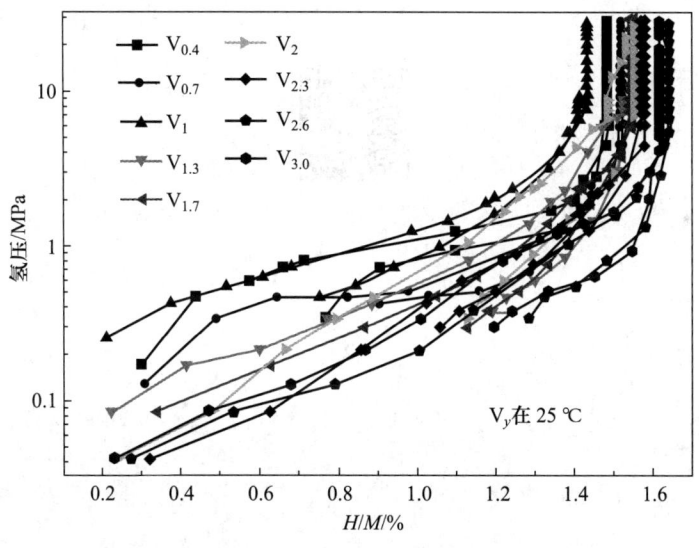

图 10-35 25 ℃ 时 $CoFeMnTiV_yZr(V_y)$ 合金的 PCI 曲线

4. 磁性能

高熵合金的组成中经常含有铁磁性的铁、钴、镍等金属元素,因此具有磁性能。例如,具有均匀多晶结构的三元等原子 FeCoNi 合金具有较高的饱和磁化强度 M_s,值为 1 047 emu/cc(1 emu/cc = 10^3 A/m),矫顽力较低。磁性元素(Fe、Co、Ni)含量越多,饱和磁化强度越高。然而,反铁磁性 Cr 的数量和分布可以产生显著的影响。饱和磁化强度通常低于 500 emu/cc,除非磁性元素的浓度非常高。大多数报道的高熵合金具有小于 100 Oe(Oe 为高斯单位制,$1\ Oe = \dfrac{1\ 000}{4\pi}\ A/m$)的矫顽力。

　　Chou 等人[47]研究了 $Al_{0-2.0}CoCrFeNi$(表示为 H-x)合金均匀化条件下的磁学行为。所有的 H-x 合金在低温下(5 K 和 50 K)均为铁磁性。此外,H-1.25($x=1.25$)和 H-2.0 合金的饱和磁化强度(M_s)超过 H-0 和 H-0.25 合金,表明在低温下 BCC 相的 M_s 值高于 FCC 相。在室温(300 K)下,H-0.5、H-1.25 和 H-2.0 合金保持铁磁性,而 H-0、H-0.25 和 H-0.75 合金保持顺磁性。在 FCC/BCC 双相区,通过对 BCC 贡献和 FCC 贡献的线性叠加,以及 $x=0.5$ 和 0.75 时各相的体积分数,估算出 5 K 时各相的饱和磁化强度(M_s),得到 $M_{s,FCC}=167.78\ emu/cc$ and $M_{s,BCC}=54.79\ emu/cc$。$M_{s,BCC}<M_{s,FCC}$ 是由于无序 BCC 相中由于调幅分解而形成的富 Al、Ni 相的存在所造成的。M 值在 $0\leqslant x\leqslant 0.25$ 和 $1.25\leqslant x\leqslant 2.0$ 范围内随着 x 的增加而降低。合金 H-0 的 M_s 值和磁化率均小于合金 H-0.25,表明 Al 降低了 FCC 相合金($0\leqslant x\leqslant 0.25$)的铁磁性。另一方面,H-2.0 的 M_s 值小于 H-1.25,因为 H-2.0 合金主要为富 Al、Ni 的有序 BCC 相,而 H-1.25 合金 B2 相较少,无序 BCC 相较多。总之,Al 的加入降低了单相 FCC 和单相 BCC H-x 合金的铁磁性。在单一的 BCC 相中,M_s 值减少是由于 Al 含量较高的富 Al、Ni、B2 相的体积分数较大所引起的。

参 考 文 献